Sie erhalten gratis gegen Einsendung dieses

Gutscheins

den

Nachtrag

zum vorliegenden Führer.

D1702189

Der Führer wird regelmässig auf den aktuellsten Stand gebracht. Gegen diesen Gutschein erhalten Sie das neueste Nachtragsblatt zugesandt. Jeder Nachtrag ersetzt den vorangehenden. Personen, welche zu dem Gratis-Nachtragsblatt, weitere Ausgaben der Korrekturblätter wünschen, sind gebeten, uns pro Blatt Fr. 2.- in Briefmarken zuzustellen. Für Sendungen ausserhalb Europas ist zusätzlich ein INTERNATIONALER ANTWORTSCHEIN beizulegen. In der Bundesrepublik wohnhafte Personen senden den Gutschein an K. Därr (siehe untenstehende Adresse), alle anderen an den TCS.

Senden an:

- TCS, Touristische Information, Postfach, CH-1211 GENF 3.
- Därr's Expeditions-Service, Hauptstrasse 26, D-8011 HEIMSTETTEN/Mü.

Betrifft: DURCH AFRIKA, 5. Ausgabe.

☐ Ich bemühe mich, Ihnen Ungenauigkeiten in Ihrem Text mitzuteilen. Sollten meine Korrekturen nützlich sein, erhalte ich ein Gratisexemplar der nächsten Ausgabe.

Wahrscheinliches Datum meiner Rückkehr:_____

☐ Bitte senden Sie mir die Gratis-Nachtragsblätter.

Name und Vorname

Strasse

PLZ   Ort   Land

DURCH AFRIKA

1. Teil: Vorbereitung und Ablauf der Reise

1. Allgemeines über die Reise

1.1. Einführung

Sahara, ein Name, der wie eine Legende klingt, gleichbedeutend mit Abenteuern und Heldentaten. 8,7 Millionen Quadratkilometer, weit und breit Sand und Stein, unendlich wie ein Ozean. Sie ist die grösste Wüste der Erde und erstreckt sich quer durch Afrika, von den Ufern des Atlantiks bis zum Roten Meer, über eine Entfernung von etwa 6000 Kilometern. Ihre Breite ist um die Hälfte geringer und liegt zwischen dem 34. und 16. Grad nördlicher Breite.

Die Sahara, im Norden von den Atlasketten begrenzt, hat ein mannigfaches Relief. Inmitten dieser riesigen Hochebenen erheben sich die zum Teil vulkanischen Berge des Hoggar, Air und Tibesti. Sanddünen bedecken weniger als ein Viertel der Oberfläche, der andere Teil besteht aus steinigem Boden.

Die Sahara ist eine Welt für sich, deren Weite nicht nach menschlichen Massen zu erfassen ist. Wenn der Reisende plötzlich in diese seltsame Umgebung gestellt ist, spürt er mit einem Schlag die Winzigkeit des Menschen und seine Gebrechlichkeit gegenüber den Naturgewalten. Die Wüste ist immer bewohnt gewesen, und alle, die dort leben, die Tuareg (Nomaden des Hoggar und Tassili), die mischblütigen Teda von Tibesti, die Mauren (im Westen der Sahara), die Chamba (Nomaden im Nordwesten der Sahara), alles Völker, die der Kamelkultur angehören, die Haratin, schwarze Sklaven der Nomaden, denen das Wasser und die Oasen gehören, und die sesshaften Mozabiten, welche einer besonderen mohammedanischen Sekte (Ibaditen) angehören, alle sind durch ihre Heimaterde, ihren Boden, sehr stark geprägt. Während die Ägypter dank des Niltals eine tausendjährige Zivilisation entwickeln konnten, gelang es den anderen Wüstenvölkern gerade nur zu überleben.

Die Sahara ist aber nicht nur eine tote Wüste. Das Mineralsalz hat sich in diesem Boden erhalten, weil es selten durch Regenfälle ausgeschwemmt wird. Überall, wo Wasser fliesst, sind die reinsten Paradiese aus frischem Grün, Farben, Düften und Stille entstanden, die um so schöner sind, als der Übergang so krass ist.

Neben dem Zauber der Oasen dringt aber die Zivilisation mit Riesenschritten ein. Eisenbergwerke werden eröffnet, Erdöl wird gefördert, dessen Leitungen die Wüste schnurgerade durchziehen. Und doch ist diese von der Sonne verbrannte Erde noch heute «das Land des Durstes und des Todes», das die Kamelführer lieben und dessen Eigenart viele fast unwiderstehlich anzieht.

Westafrika, das ist Schwarzafrika, mit seinem Farbenreichtum, sei es in der Bekleidung, auf den Märkten, in den Hütten, Städten oder auch nur auf den Tamtams mit blitzenden Zähnen lachender Schwarzer!

Dieses Gebiet beginnt im südlichen Teil der Sahara (Sahel) und erstreckt sich bis zum Tropenwald am Atlantischen Ozean, im Golf von Guinea. Aus dieser Gegend stammen übrigens viele Schwarze Amerikas.

Zentralafrika lässt sich ungefähr abgrenzen durch das Kongobecken und dessen anliegende Gebiete (Gabon, Zaire, Zentralafrika). Für den Touristen ist dieser Teil Afrikas vor allem ein immenser, feuchter, undurchdringlicher Tropenwald. Seine Geheimnisse wurden erst vor knapp hundert Jahren von Erforschern wie Stanley entdeckt.

Ostafrika bedeutet für den Touristen die Heimat der wilden Tiere. Tatsächlich kann man in diesem Paradies in einem einzigen Tag Hunderte, wenn nicht Tausende von Tieren beobachten. Wie weit fühlen wir uns hier von Asphalt, Verkehr, Menschengedränge usw. entfernt! Man stösst hier aber auch auf stolze, schöne und kriegerische Afrikaner, die hier, kaum 50 km von den grossen, modernen Städten entfernt, ihr Leben fristen.

Südafrika oder **Australafrika** liefert viel Stoff für die Presse. Lassen wir aber hier die Politik beiseite; sie ist ohnehin Sache der Spezialisten.

Australafrika vermittelt ein sehr abwechslungsreiches Bild: grosse Wälder, Wüsten, weite Ebenen und Berge, wie auch allerlei Natursehenswürdigkeiten.

1.2. Das Wetter in Afrika

Es ist von grösster Wichtigkeit, seine Reisestrecke nach den Jahreszeiten zu wählen. Der Erfolg des Unternehmens hängt in grossem Masse davon ab. Die nachstehende Tabelle wird den Reisenden helfen, die günstigsten Monate zu finden.

Sahara: Aus Sicherheitsgründen ist von einer Durchquerung des grossen Südteils der Sahara vom 15. Mai bis 15. September wegen der grossen Hitze und der häufigen Sandstürme abzuraten. Hingegen sind Dezember, Januar und Februar im allgemeinen sehr angenehm.

Westafrika: Während einer Regenperiode ist das Fahren schwierig oder sogar unmöglich, aber die grossen Verkehrswege sind im allgemeinen befahrbar, siehe Regentabelle der Michelin-Karte. Auf gewissen Strassen findet man «Regenbarrieren», welche den Tropen-Verkehr nach starken Regenfällen oder einem Gewitter für 24 Stunden untersagen. Wenn es alle 12 Stunden während einer Stunde regnet, könnte es sein, dass Sie während einigen Tagen in einem Dorf steckenbleiben.

Zentralafrika: Die schon bei normalem Wetter im allgemeinen sehr mittelmässigen Strassen leiden während der Regenzeit bedenklich. Am Äquator lassen sich die Jahreszeiten nur schwer abgrenzen: Studieren Sie sorgfältig die Regentabelle der Michelin-Karte. Überschwemmte Strassen werden mittels einer Regenbarriere geschlossen.

Die Gegenden sind von Norden nach Süden angegeben	Januar	Februar	März	April	Mai	Juni	Juli	August	September	Oktober	November	Dezember
Nordafrika	○	○									○	○
Saharagebiet					×	×	×	×	×			
Westafrika						○	○	○	○	○		
Äquatorial-Afrika (3 °—14 ° N.)				○	○	○	◎	◎	○	○	○	
Äquatorial-Afrika (südlich d. 3 ° N.)		○	○	○	○				○	○	○	
Äthiopien (nördlich d. 6 ° S.)						○	○	○	○			
Äthiopien (südlich d. 6 ° S.)			○	○	○	○						
Süd-Sudan						○	○	○	○	○		
Nord-Nigeria				○	○	○	○	○	○	○		
Nord-Zaire	○	○	○	○	○	○	○	○	○	○	○	○
Uganda			○	◎	◎	○			○	○		
Kenia			○	◎	◎						○	○
Nord-Tansania			○	◎	○						○	
Angola	○	○	○	○								○
Süd-Zaire	◎	◎	○							○	○	◎
Zentral-Tansania	◎	○	○									○
Süd-Tansania	○	○	◎	◎	○							○
Sambia	◎	◎	○	○							○	○
Malawi	◎	◎	○	○							○	○
Rhodesien	◎	◎	○								○	○
Mozambique	○	○	○	○							○	○
Südwest-Afrika	◎	◎	◎	○						○	○	○
Nordosten von Südafrika	○	○	○	○							○	○
Südosten von Südafrika	○	○	○							○	○	○
Südwesten von Südafrika				○	○	○	○	○	○	○		

□ im allgemeinen trockene Monate

× sozusagen kein Regen
Gefahr wegen Hitze

○ Regenzeit, mässige Regenfälle

◎ Regenzeit, reichlich Regenfälle

Ostafrika: Der Verkehr ist im allgemeinen das ganze Jahr hindurch problemlos, mit Ausnahme einiger Schwierigkeiten kurz nach einem Unwetter: Wegen Überschwemmung oder Verschlammung gesperrte, jedoch von der Sonne rasch wieder getrocknete Strassen. Während oder kurz nach der Regenzeit ist die Beobachtung der Tiere des hohen Grases wegen behindert.

Südafrika: Je nach der Art des Gebietes (Wüste, Wald usw.) ist die Situation verschieden. Beachten Sie die Regentabelle der Michelin-Karte. Vergessen Sie nicht, dass die Jahreszeiten südlich des Äquators im Verhältnis zu uns umgekehrt sind: Weihnachten fällt mitten in den Sommer! Das Klima Südafrikas lässt sich etwa mit demjenigen Nordafrikas vergleichen: Heiss im Sommer, kalt im Winter und fast das ganze Jahr hindurch schönes Wetter.

1.3. Karte der Entfernungen und des Strassenzustandes

Viele Reisende machen sich keine richtige Vorstellung, wie riesig die Entfernungen sind und wieviel Zeit daher nötig ist, um ihre Pläne auszuführen. Es ist klar, dass eine Reise durch Afrika nicht mit einem Taschenatlas vorbereitet werden kann. Dieses Unterneh-

men muss im Gegenteil gründlich durchstudiert werden, sowohl in geographischer, menschlicher, technischer wie auch in finanzieller Hinsicht.

Als erstes muss demnach ein Budget aufgestellt und eine möglichst genaue Berechnung der zu fahrenden Distanzen vorgenommen werden.

Zunächst finden Sie eine Übersichtskarte mit den Entfernungen zwischen den wichtigsten Städten Europas und den Häfen, in denen man sich nach Afrika einschiffen kann.

Nachstehend eine Übersichtskarte Afrikas mit Angabe der Entfernungen auf den grossen Durchgangsstrassen und des Strassenzustandes. Sie können auf den ersten Blick die geteerten Strassen (————), die mit jeder Art Fahrzeug befahrbaren Pisten (— — — —) und die nur für geländegängige Fahrzeuge geeigneten Hauptpisten (......) erkennen.

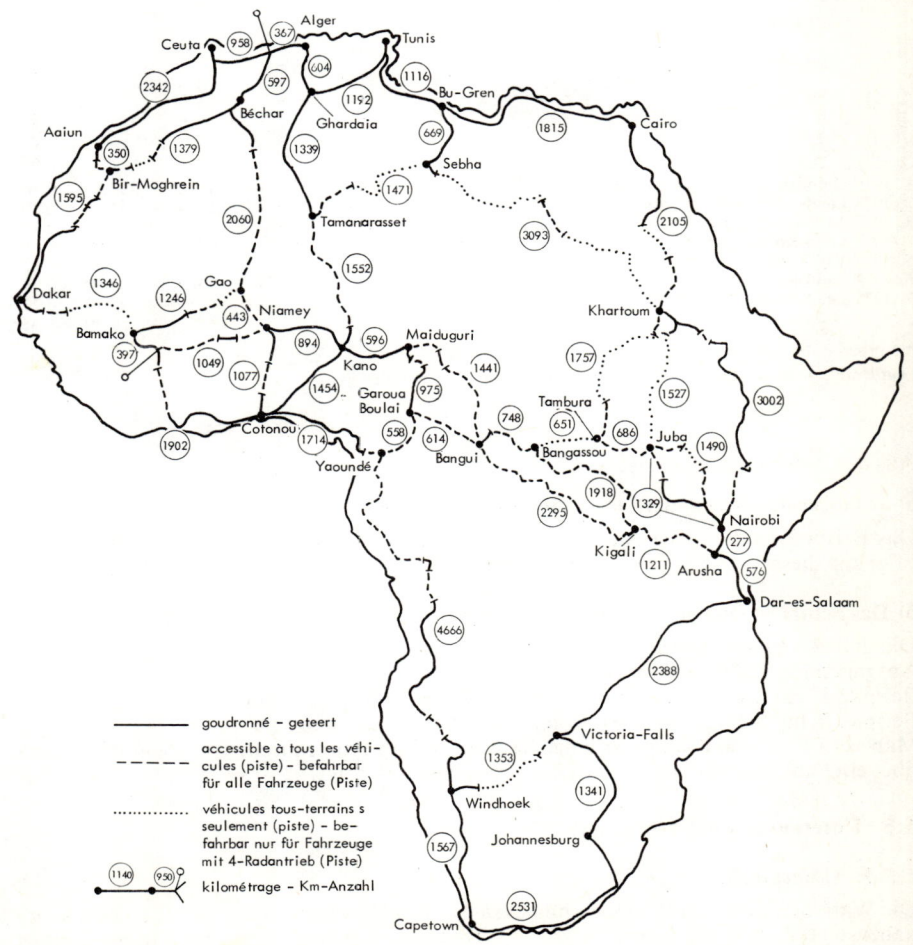

1.4. Reisekosten

Natürlich können wir nicht für jede Reise ein Budget erstellen, da die jeweiligen Ziele, der Typ und mechanische Zustand des Fahrzeuges, die Aufenthaltsdauer, die Reisegewohnheiten und der gewünschte Komfort von einem Fall zum andern verschieden sind. Man kann in Afrika billig reisen und leben, sofern man Zeit hat und sich mit einer sehr relativen Bequemlichkeit begnügt.

Wer sparen will, muss imstande sein, kleine Schäden an seinem Wagen selber zu reparieren. Er sollte natürlich auch nach Möglichkeit vermeiden, im Hotel zu wohnen und im Restaurant zu essen, und sollte seine Einkäufe in den Supermärkten oder auf den Lokalmärkten machen, wo Gemüse, Früchte und Fleisch nicht teuer sind.

Nachstehend einige Kostenbeispiele von Afrikareisen:

Beispiel Nr.	Reisejahr	Fahrzeug	Anzahl Tage	Anzahl km	Verpflegung, Camping und Verschiedenes	Treibstoff, Öl	Reparaturen	Visa	Auto-Fähren	Gesamtkosten in SFr. oder DM	Kosten pro Tag	Kosten pro km
1.	1979	Unimog	37	11 100	1110.—	1200.—	500.—	100.—	1160.—	4 070.—	110.—	0.36
2.	1978	Land-Rover	40	10 690	2614.—				630.—	3 244.—	81.10	0.30
3.	1977	2 CV	62	13 372	1087.—	740.—	493.—	103.—	—.—	2 423.—	39.10	0.18
4.	1977	Land-Rover	110	14 000	3450.—	2800.—	1400.—	—.—	479.—	8 129.—	73.90	0.58
5.	1978	VW-Bus	165	23 872	2331.—	3150.—	—.—	—.—	—.—	5 481.—	33.20	0.22
6.	1972	Land-Rover	245	28 000	2900.—	3900.—	400.—	100.—	—.—	7 300.—	29.80	0.26
7.	1978	Land-Rover	335	37 000	3732.—	2700.—	1511.—	437.—	230.—	8 610.—	25.70	0.23
										13 260.—*	39.50*	0.35*

* Vorbereitungskosten inbegriffen

(Zur Umrechnung der Beträge in öS sind die Zahlen mit 8 zu multiplizieren)

Aus den obigen Beispielen ist zu ersehen:

a) Je länger die Reisedauer, desto niedriger die Kosten

Das Beispiel 4 bildet eine Ausnahme, da die Kosten für Reparaturen und für die Verpflegung dieser Reisegruppe sehr hoch sind.

b) Das Schiff ist ein teures Transportmittel

Die drei Beispiele mit den höchsten Tageskosten sind auch diejenigen mit den grössten Ausgaben für Schiffstransporte.
Beispiel 1 hat Schiffstransporte von total 892 km: Kosten pro km Fr.   1.30
Beispiel 2 hat Schiffstransporte von total 850 km: Kosten pro km Fr.   —.74
Man vermeide soweit möglich lange Transporte mit Autofähren, vor allem wenn man über ein Fahrzeug mit Schlaf- und Kochgelegenheit verfügt.

1.5. Unterkunft und Verpflegung

1.5.1. Unterkunft

Die Wahl der Unterkunft ist Geschmacksache. Einige vertragen das Hotel nicht, andere haben eine Abneigung gegen das Zelten. Ideal ist es sicherlich, wenn man **im eigenen**

Wagen schlafen kann: Es gibt keine Unannehmlichkeiten mit dem harten oder feuchten Boden, kein Ungeziefer, und die Frage der Bewachung des Fahrzeuges ist ebenfalls gelöst (siehe auch Kap. 3.9., Einrichtung des Fahrzeugs für die Nacht). Da es jedoch in Schwarzafrika sehr wenig Campingplätze gibt, muss man jeden Abend einen geeigneten Platz finden. Will man in einem Dorf oder in dessen Nähe übernachten, empfiehlt sich allerdings, eine Erlaubnis bei der Polizei, dem Dorfvorstand oder dem Besitzer des Grundstückes einzuholen. In bewohnten Gebieten kann man die Nacht in der Nähe der Polizeistationen, bei Tankstellen, in Schulhöfen, auf den Hotelparkplätzen (oft unter der Voraussetzung, dass man im Hotel isst) oder auch in Missionsgärten verbringen. Selbstverständlich achte man darauf, dass man den Platz peinlichst sauber hinterlässt (Eimer unter den Abfluss des Fahrzeuges aufstellen, keine Papiere oder Abfälle zurücklassen usw.).

Zelten kann man vor allem in Marokko, Algerien, Tunesien, in Südwestafrika (Namibia), in Südafrika und in Rhodesien. In den Nationalparks ist es im allgemeinen möglich, Bungalows oder auch (oft) Zelte zu mieten. Wo man sich auch für die Nacht einrichtet, immer ist eine Genehmigung bei der zuständigen Stelle (siehe oben) einzuholen. Siehe auch Kap. 5.5.1. (Camping-Zelte) und 5.5.2. (Matratzen und Schlafsäcke).

Wer nicht sparen muss, kann natürlich **im Hotel nächtigen.** In den grösseren Ortschaften und auch in bestimmten touristischen Gegenden gibt es Hotels mit europäischem Standard. Sie sind allerdings teuer (zwischen SFr. 40.— / US-$ 24.50 und SFr. 100.— / US-$ 61.50 pro Nacht). Sie verfügen fast immer über eine Klimaanlage, und sämtliche Zimmer sind mit Radio, Dusche oder Bad ausgestattet. Manchmal ist sogar ein Fernsehgerät vorhanden.

Es gibt auch kleinere Hotels und in bestimmten Ländern Resthouses mit «eingeborenem» Komfort, d.h. ohne Möbel. Bett-Tücher und Decken stehen manchmal zur Verfügung; da dies aber nicht immer der Fall ist, nehme man lieber einen Schlafsack und eine Luft- oder Schaumgummimatratze mit.

1.5.2. Verpflegung

Die Versorgung mit Lebensmitteln ist in Afrika relativ beschränkt. Man sollte daher während der ganzen Reise einen Vorrat an gewissen Grundnahrungsmitteln (Reis, Zukker, Suppen usw.) mit sich führen und das übrige in den grösseren Städten oder auf den Lokalmärkten einkaufen. Produkte aus dem Ausland oder aus weit entfernten Regionen sind meist sehr teuer.

Siehe auch unter 5.3. (Lebensmittel), 5.4. (Wasser), 5.5.3. (Geschirr und Kocher) und 5.2.3. (Hygienemassnahmen).

1.6. Wie man sich auf der Reise verhalten soll

Sie sind auf der Suche nach neuen Horizonten und nach exotischen Eindrücken. Sie werden auf Ihre Kosten kommen. Vergessen Sie jedoch nicht, dass die Sitten und Gebräuche von Land zu Land verschieden sind. Als Ausländer müssen Sie sich anpassen. Wenn Sie folgende Regeln beachten, werden Sie überall willkommen sein und können so zum guten Ruf der ausländischen Touristen beitragen.

1. Mischen Sie sich nicht in **landesinterne Angelegenheiten.** Jedes Land verfügt über Spezialisten, die sich mit den entsprechenden Problemen befassen. Sind Sie kein solcher, so hüten Sie sich davor, Ratschläge zu erteilen und Kritik zu äussern.

2. Betreten Sie in **muselmanischen Ländern** die Moscheen nicht, schauen Sie die Frauen nicht an und fotografieren Sie diese nicht. Verhalten Sie sich bei religiösen Zeremonien nicht auffällig. Während des Ramadans sollten Sie es vermeiden, in der Öffentlichkeit tagsüber zu essen und zu trinken.

3. **Feilschen** Sie in den Ländern in denen es üblich ist; aber bieten Sie nie weniger, als die Ware wirklich wert ist.

4. Verteilen Sie keine unnötigen **Trinkgelder,** geben Sie Kindern oder Scheinbettlern kein Geld, aber bieten Sie für erwiesene Dienste eine den dortigen Verhältnissen angemessene Summe oder ein passendes Objekt an.

5. **Fotografieren:** Muselmanen und Europäer sind nicht die einzigen, die sich ungern von Fremden fotografieren lassen. Denken Sie auch an die schwarze Bevölkerung. Zeigen Sie Ihren Fotoapparat und achten Sie auf die Reaktion. Notfalls verzichten Sie darauf, Aufnahmen zu machen. Bei Porträtaufnahmen drängen Sie sich mit Ihrer Kamera nicht auf, sondern bitten Sie um Erlaubnis. Zahlen Sie nicht, Sie sind nicht an einem Jahrmarkt.

Denken Sie auch daran, dass es im allgemeinen verboten ist, Landschaften in Grenznähe, Brücken, Staudämme, Fabriken, Bahnhöfe und natürlich militärische Anlagen zu fotografieren oder zu filmen.

6. Die Weissen sind keineswegs überlegen, sie sind nur von anderer Mentalität. Denken Sie daran im Umgang mit den Einwohnern. Bleiben Sie ruhig, seien Sie geduldig und höflich. Primitiv in seinem Verhalten ist oft der Tourist selbst, nicht der Einheimische. Seien Sie darauf bedacht, niemanden zu verletzen.

7. Tragen Sie praktische und **korrekte** Kleider. In den muselmanischen Ländern (diese sind zahlreicher, als man glaubt) sollten Frauen sich nicht ohne Kopfbedeckung in der Öffentlichkeit zeigen; in den Städten ziehe man saubere Jeans (nicht zu eng) und ein sauberes Hemd an.

8. Wenn Sie sich nach dem Weg erkundigen müssen, fragen Sie bei drei verschiedenen Leuten. Stimmen mindestens zwei Antworten überein, so sind Sie auf dem richtigen Weg.

9. Denken Sie daran, dass ein Kompliment immer angenehm ist. Lernen Sie **einige Wörter der Landessprachen,** vor allem Gruss- und Dankformeln. Oft möchten die Einheimischen wissen, woher Sie kommen, Näheres über Ihre Familie erfahren usw. Nehmen Sie also Fotos von Ihren Angehörigen mit, vom Haus, in dem Sie wohnen, von Ihrer Stadt und von den typischen Gegenden Ihres Landes.

10. An den afrikanischen Grenzposten muss man **längere Wartezeiten** in Kauf nehmen. Die Formalitäten sind langwierig und manchmal seltsam. Seien Sie geduldig und vor allem freundlich mit den Polizisten und Zöllnern. Schon eine ungeduldige Geste kann unabsehbare Folgen haben.

11. **Warnung:** Betreten Sie nie verbotene Zonen, selbst wenn andere behaupten, dies ohne Schwierigkeiten getan zu haben. Verbote werden nie leichtfertig erlassen, sondern immer aus zwingenden Gründen. Die Nichteinhaltung ist sträflicher Leichtsinn und kann Sie in grosse Schwierigkeiten bringen, im schlimmsten Fall sogar das Leben kosten.

12. Wenn Sie der Ansicht sind, dass Afrika schmutzig, armselig und unkomfortabel ist, bleiben Sie ruhig in Ihrem Land (Sie kennen es bestimmt noch viel zuwenig).

1.7. Grenzübergänge

In Afrika erfordern die Grenzformalitäten viel Geduld. Im allgemeinen sind die Grenzposten nur tagsüber geöffnet, meistens von 7 bis 18 Uhr; in manchen heissen Gegenden von 7 bis 11 und von 16 bis 20 Uhr. Einige wichtige Übergänge sind durchgehend offen. Bevor man sich an einen kleinen Grenzposten begibt, erkundige man sich in der Hauptstadt, ob eine Sondergenehmigung dazu erforderlich ist.

Um Komplikationen und lange Wartezeiten zu vermeiden, erscheine man an der Grenze erst dann, wenn alle notwendigen Papiere vorhanden sind. Erforderlich sind:

Für das Fahrzeug: (Einzelheiten unter Kapitel 6)

— der nationale und der internationale Führerschein (Fahrausweis)
— der nationale und der internationale Zulassungsschein (Fahrzeugausweis)

— das Grenzpassierscheinheft (carnet de passage)
— die grüne Versicherungs-Karte.

Für den Reisenden: (Einzelheiten unter Kapitel 6)

Der Reisepass, der mindestens bis zum Ende des Aufenthaltes im Einreiseland gültig sein muss; das Visum (**Achtung:** Nur selten an der Grenze erhältlich). Seien Sie höflich den Zollbeamten gegenüber (siehe auch Abs. 10 unter Kapitel 1.6.). Vergessen Sie nicht, dass der Zöllner in Afrika eine wichtige Persönlichkeit darstellt und er sich seiner Bedeutung wohl bewusst ist (schliesslich ist er der Hüter der Grenzen seines Landes!). Er sollte daher entsprechend behandelt werden.

1.8. Schiffsverbindungen

Viele Schiffe verkehren regelmässig zwischen Europa und Afrika. Nachstehend finden Sie eine Tabelle dieser Verbindungen.

Strecken	Fahrtdauer	Frequenz Sommer	Frequenz Winter	Reedereien
1. Spanien—Afrika				
Algeciras—Ceuta	1.30 Std.	7—9 × Tag	2—4 × Tag	Trasmediterranea
Algeciras—Ceuta	45 Min.	8 × Tag	8 × Tag	Isnasa
Algeciras—Tanger	2.30 Std.	3—4 × Tag	2—3 × Tag	Trasmed./Limadet
Alicante—Oran	10 Std.	s. Fahrplan	s. Fahrplan	CNAN
Almeria—Mellila	7—9 Std.	6 × Woche	3 × Woche	Trasmediterranea
Barcelona—Benghazi	6 Tage	jede 3. W.	—	General National
Barcelona—Tripoli	5 Tage	jede 3. W.	—	General National
Malaga—Casablanca	15 Std.	s. Fahrplan	—	Paquet
Malaga—Tanger	5 Std.	4 × Woche	2 × Woche	Limadet
Malaga—Mellila	8—9 Std.	1 × Tag	6 × Woche	Trasmediterranea
Motril—Casablanca	23 Std.	s. Fahrplan	—	Paquet
Palma—Alger	10 Std.	2—3 × Monat	s. Fahrplan	CNAN
Palma—Benghazi	5 Tage	jede 3. W.	—	General National
Palma—Tripoli	4 Tage	jede 3. W.	—	General National
2. Frankreich—Afrika				
Marseille—Alger	31 Std.	2—3 × Monat	—	CNAN
Marseille—Alger	24 Std.	15—22 × Monat	15—22 × Monat	SNCM/CNAN
Marseille—Annaba	22.30—24 Std.	4—5 × Monat	2—4 × Monat	SNCM/CNAN
Marseille—Bejaïa	24 Std.	5—6 × Monat	4—5 × Monat	SNCM/CNAN
Marseille—Oran	30 Std.	3—4 × Monat	s. Fahrplan	SNCM/CNAN
Marseille—Oran	30—34 Std.	3—4 × Monat	2—4 × Monat	CNAN
Marseille—Benghazi	4 Tage	jede 3. W.	—	General National
Marseille—Tripoli	3 Tage	jede 3. W.	—	General National
Marseille—Tunis	23—25 Std.	1 × Woche	s. Fahrplan	SNCM/CTN
Sète—Alger	24—25 Std.	2—4 × Monat	2—3 × Monat	CNAN
Sète—Oran	29—34 Std.	3 × Monat	1—4 × Monat	CNAN
Sète—Tanger	38 Std.	2 × Woche	2 × Woche	Cie Marocaine de Navigation
Toulon—Agadir	70 Std.	1 × Monat	1 × Monat	Paquet
Toulon—Casablanca	46 Std.	1 × Monat	1 × Monat	Paquet
Toulon—Dakar	6 Tage	1 × Monat	1 × Monat	Paquet
3. Italien—Afrika				
Ancona—Alexandria	79 Std.	1 × Woche	1 × Woche	DFDS
Catania—Benghazi	2 Tage	jede 3. W.	—	General National
Catania—Tripoli	1 Tag	jede 3. W.	—	General National
Genua—Tunis	24 Std.	s. Fahrplan	s. Fahrplan	CTN
Genua—Tunis	32 Std.	1 × Woche	1 × Woche	DFDS
Genua—Tunis	29.30 Std.	1 × Woche	1 × Woche	Tirrenia
Neapel—Benghazi	3 Tage	jede 3. W.	—	General National
Neapel—Tripoli	2 Tage	jede 3. W.	—	General National
Neapel—Tunis	20 Std.	1 × Woche	1 × Woche	Tirrenia

Strecken	Fahrtdauer	Frequenz Sommer	Frequenz Winter	Reedereien
Palermo—Tunis	8.45 Std.	1 × Woche	1 × Woche	Tirrenia
Trapani—Tunis	7.30 Std.	1 × Woche	1 × Woche	Tirrenia
Venedig—Alexandria	81 Std.	1 × Woche	1 × Woche	Adriatica Line
Venedig—Alexandria	4 ½ Tage	jeden 10. Tag	jeden 10. Tag	Federal Arab Maritime Co.
4. Griechenland—Afrika				
Korfu—Alexandria	68 Std.	jeden 10. Tag	jeden 10. Tag	Federal Arab Maritime Co.
Heraklion—Alexandria	23 Std.	1 × Woche	1 × Woche	DFDS
Patras—Alexandria	43 Std.	1 × Woche	1 × Woche	DFDS
Piräus—Alexandria	35 Std.	1 × Woche	1 × Woche	Adriatica Line
Piräus—Alexandria	35 Std.	jeden 10. Tag	jeden 10. Tag	Federal Arab Maritime Co.
Piräus—Benghazi	2 Tage	jede 3. W.	—	General National
Piräus—Tripoli	4 Tage	jede 3. W.	—	General National

Die auf der vorangehenden Liste angegebenen Verbindungen (per 31.8.1979) können ohne vorherige Ankündigungen seitens der Reedereien Änderungen erfahren.

Es gibt auch einige Frachtschiffslinien, vor allem nach Äquatorial- und Südafrika. Schriftliche Anfragen aus Europa sind sinnlos, da die entsprechenden Reedereien Ihr Schreiben nicht beantworten werden. Die Überfahrtspreise sowie die Abfahrtszeiten richten sich nach der Frachtart und nach dem Andrang in den Häfen und können daher stark variieren.

Hat die Reederei ihren Sitz in Europa, so erkundigt man sich am besten bei einer internationalen Speditionsfirma oder im Reisebüro. Befindet sich der Sitz ausserhalb Europas, so wartet man besser bis zur Ankunft im Hafen und erkundigt sich an Ort und Stelle.

Ganz allgemein verzeichnet der Schiffsverkehr einen starken Rückgang. Da die Beförderung von Passagieren mit mehr administrativen Umtrieben verbunden ist als der Transport von Waren, verzichten die Reedereien eher auf zusätzliche Einnahmen, als sich mit Passagieren Schwierigkeiten auf den Hals zu laden.

Reisen Sie nicht in der billigsten Klasse, und sei es auch nur für 24 Stunden, Sie würden es sicherlich bereuen.

Rechnen Sie nicht damit, dass Sie an Bord arbeiten können, um die Überfahrt zu finanzieren. Nur «eingetragene Seeleute» haben das Recht dazu.

1.9. Postsendungen

Die Post, die Sie abschicken: Versenden Sie Ihre Post nur durch das Hauptpostamt einer grösseren Stadt und achten Sie wenn möglich darauf, dass die Briefe in Ihrer Gegenwart abgestempelt werden. Werfen Sie diese nie in Strassenbriefkästen.

Verwenden Sie möglichst Aerogramme: Der Postbeamte kann so die aufgedruckte Marke nicht entfernen.

Schreiben Sie Reiseaufzeichnungen mit einem Durchschlag und behalten Sie diesen, bis der Empfänger den Empfang bestätigt hat.

Senden Sie alle Briefe per Luftpost. Vermeiden Sie es, Pakete zu verschicken; übergeben Sie diese lieber einer nach Europa zurückkehrenden Person.

Damit Ihre Filme schneller am Zoll abgefertigt werden, verwenden Sie zum Versand den Originalumschlag (keine neutrale Verpackung). Siehe auch Kapitel 5.6. (Fotoausrüstung).

Die Post, die Sie empfangen: Geben Sie rechtzeitig Ihren Verwandten und Freunden eine Kontaktadresse in einer grossen Stadt. Die Idealadresse wäre diejenige der diplomatischen Vertretung Ihres Landes. Dies wird jedoch nicht immer geschätzt, und man wird möglicherweise von Ihnen eine Gebühr verlangen, wenn Sie Ihre Post dort abholen. Höflichkeitshalber sollten Sie die Vertretungen im voraus benachrichtigen und

Anweisungen erteilen für den Fall, dass Sie definitiv verhindert sind, vorbeizukommen. Sie können Ihre Briefe auch an eine American-Express-Agentur oder postlagernd (General Post Office, Poste restante) adressieren lassen. In diesem Fall sind Sie jedoch dem guten Willen des Postangestellten und seinem Sortierungssystem ausgeliefert. Versuchen Sie, selbst den Stapel Briefe durchzusehen. Die Sendungen werden nur kurze Zeit aufbewahrt und dann an den Absender zurückgeschickt. Lassen Sie sich keine Pakete schicken. Über Geldüberweisungen siehe unter Kap. 6.8.4.

1.10. Empfang europäischer Radiosendungen in Afrika

Die meisten europäischen Länder haben Kurzwellensender, die in Afrika empfangen werden können. Diese Sendungen sind nicht nur wichtig, weil sie an Afrika-Reisende Hilfsrufe ausstrahlen, sondern auch weil sie Nachrichten sowohl aus der Heimat als auch aus Afrika bringen. (BBC: This week in Africa, African News.)
Informationen über diese Programme sind an folgenden Adressen erhältlich:
BBC, London WC 2 B4 PH, P.O. Box 76, Bush House (Programme in englischer Sprache).
Deutsche Welle, D-5 Köln 51. Bonnerstrasse 211, Postfach 100 444 (in deutscher Sprache).
Schweizer Radio International, Giacomettistrasse 1, CH-3000 Bern 15, Tel. 031 / 44 66 44 (in französischer und deutscher Sprache).
Österreichischer Rundfunk (ORF), Auslandsdienst auf Kurzwelle, A-1136 Wien (in deutscher, englischer und französischer Sprache).
RTB (Radio-Télévision Belge), Centre de production international, Place E. Flagey 18 a, B-1050 Bruxelles (in französischer Sprache).
Radio France, 116, av. du Président Kennedy, 75116 Paris (in französischer und englischer Sprache).
Um die Sender zu empfangen, genügt ein gutes Radio mit Kurz- und Mittelwellen. Ein Apparat mit UKW erübrigt sich, da es in Afrika praktisch keine UKW-Sender gibt.

1.11. Wie verhält man sich bei einem Unfall

Bei einem reinen Sachschaden-Unfall riskieren Sie nichts, wenn Sie am Unfallort bleiben, um die zur Unfallmeldung nötigen Angaben aufzunehmen. Wird hingegen eine Person oder auch nur ein Tier verletzt (das oft der einzige Reichtum seines Besitzers ist), so wird die Bevölkerung alsbald herbeiströmen, und Sie laufen Gefahr, gelyncht oder gesteinigt zu werden... Bleiben Sie auf keinen Fall am Unfallort. Suchen Sie sofort die nächstgelegenen Behörden auf und melden Sie dort Ihren Unfall.

1.12. Diebstahl

Diebstähle kommen vor allem in Städten und an den von Touristen besuchten Stränden vor. Auf dem Lande wird man dadurch nur selten belästigt. Seien Sie stets wachsam und denken Sie immer daran, dass sogar ein gut abgeschlossenes Fahrzeug von einem geschickten Dieb aufgebrochen werden kann.
Im Gegensatz zu Europa, wo vor allem die professionellen Diebe ihr Unwesen treiben, kann man in Afrika Opfer von Diebstählen werden, welche von Leuten begangen wurden, denen man so etwas am allerwenigsten zugetraut hätte.
Ein absolut sicheres Rezept gibt es leider nicht, um sich hundertprozentig vor Diebstählen zu schützen; trotzdem seien nachstehend einige Hinweise gegeben, um die Risiken entscheidend einzuschränken.

— Sofern die Möglichkeit besteht, sollte immer jemand im Fahrzeug zurückbleiben, um dieses zu bewachen.
— Sind bewachte oder gedeckte Parkplätze vorhanden, soll man diese ausnahmslos benutzen. Ist dies nicht der Fall, empfiehlt es sich, das Fahrzeug in unmittelbarer Nähe von Polizeistationen zu parkieren.
— Äusserste Vorsicht sei geboten bei der Übertragung der Bewachung des Fahrzeuges an Eingeborene. Nicht selten sind es Mitglieder einer organisierten Bande, die kurz nach Ihrem Weggehen die Kameraden benachrichtigen.
— Vor dem Weggehen sollte man sich vergewissern, dass alle Schliessvorrichtungen, Fenster, Türen, Motorhaube usw. geschlossen sind.
— Auch sollte man darauf achten, dass wertvolle Gegenstände, wie zum Beispiel Fotokameras, Radios und Tonbandgeräte, nicht für jedermann sichtbar im Fahrzeug herumliegen. Meistens regen solche Objekte, welche für die Einheimischen kaum käuflich sind, da der Wert oft das Salär mehrerer Monate ausmachen würde, zum Diebstahl an.
— Sicherlich bieten die Versicherungen gegen Diebstahl einen gewissen Schutz, aber die Fälle, in denen man wirklich entschädigt wird, sind selten. Man sollte vor allem auf das «Kleingedruckte» achten, das am Schluss der Versicherungsverträge zu finden ist, und nichts unterschreiben, bevor man alle Klauseln aufmerksam durchgelesen hat (siehe Kap. 6, Abs. 6.9.5.).

1.13. Reisegefährten

Treffen Sie Ihre Reisevorbereitungen nur mit Leuten, die dann auch wirklich in Ihrem Fahrzeug mitfahren werden und zählen Sie nicht ausschliesslich auf andere mitstartende Fahrzeuge.
Es ist nämlich viel schwieriger, Europa mit mehreren Wagen zu verlassen, mit deren Insassen Sie befreundet sind, und ständig mit ihnen zu reisen, als einen Tag, eine Woche, ja sogar einen Monat mit Reisenden im Geleit zu fahren, die Sie unterwegs kennengelernt haben. Ihre Besatzung muss selbständig sein, und Sie dürfen sich nicht etwa verunsichern lassen, wenn schliesslich Ihr Fahrzeug allein startet.
Das Schwierigste ist meistens der Aufbruch. Ferner ist es nicht so einfach, einen oder mehrere Gefährten zu finden, die aus den gleichen Gründen wie Sie und im gleichen Rhythmus reisen. Daher ist es wesentlich, die Reisegefährten vor der Abreise gut zu kennen, schon mit ihnen unter einem Dach gelebt und eventuell kurze gemeinsame Reisen unternommen zu haben. Es kommt nicht so sehr darauf an, ob sie ähnlich oder verschieden sind, sondern viel mehr auf das gemeinsame Ziel, den gleichen Rhythmus und auf dieselben Interessen, die den «anderen» nicht stören.
Suchen Sie Reisegefährten in Ihrer näheren Umgebung, so können Sie diese besser prüfen. Klären Sie alle Punkte vor der Abreise: Termine, Kosten, Fahrzeug, Reiseroute, Dauer, Geschlecht usw.
Wenn es Ihnen gelingt, den geeigneten Reisegefährten zu finden und dann aufzubrechen, sollte eigentlich alles gut gehen. Personen, die gemeinsame Interessen haben, vertragen leichter die unvermeidlichen Spannungen und Probleme, welche sich durch diese neue Lebensart ergeben; lebt man doch sozusagen ununterbrochen auf engem Raum zusammen.

1.14. Haustiere

Manche Leute könnten sich eine lange Reise ohne ihr Haustier gar nicht vorstellen. Sie behaupten, die Trennung scheinte ihnen unerträglich. Dabei ist es weitaus unerträglicher, mit einem Tier zu reisen. Lassen wir Katzen, Kanarienvögel und Zierfische beiseite und sprechen wir nur vom Hund. Ihr Hund ist kaum darauf erpicht, neue Horizonte zu entdecken, denn für ihn heisst es, jeden Tag stundenlang in einem schlecht ge-

lüfteten Fahrzeug geschüttelt werden und unter der Hitze zu leiden. Sich um ihn zu kümmern, würde viel Zeit kosten, das Futter könnte recht problematisch werden und eine Krankheit würde Sie in eine recht schwierige Lage versetzen. Rechnen Sie auch nicht damit, dass er Sie nachts bewacht.
Dies ist jedoch noch das kleinere Übel, wenn man an die Formalitäten denkt, die von Land zu Land verschieden sind: Entweder sind Tiere absolut verboten, oder sie müssen 20 Tage — auf Kosten des Besitzers — in der Quarantäne bleiben; die Behörden müssen im voraus benachrichtigt werden, damit ein Tierarzt sich an der Grenze einfindet; ein tierärztliches Zeugnis muss im Inland oder in einem Konsulat spätestens 6 Tage (und höchstens 1 Monat) vor der Einreise ausgestellt worden sein usw., usw.
Sorgen Sie also rechtzeitig dafür, dass jemand sich in Ihrer Abwesenheit um Ihre Haustiere kümmert.

1.15. Reisedokumentation, Karten, Reiseführer, Bordbuch

Sie werden mehr von der Reise haben, wenn Sie über die Länder, die Sie besuchen, und über deren Bevölkerung Bescheid wissen.
Die Kenntnis der Geschichte der verschiedenen Länder wird Ihnen helfen, ihre heutige Lage und Probleme zu verstehen. Sind Sie mit den fremden Mentalitäten und Gebräuchen vertraut, so werden Sie sich viele Taktfehler ersparen. Eine rechtzeitig aufgestellte Liste der Sehenswürdigkeiten und Museen wird Sie davor bewahren, an wichtigen Objekten vorbeizufahren. Machen Sie sich auch mit der Kunst und Kultur der verschiedenen Regionen (Architektur, Malerei, Religion, Sprache usw.) vertraut.
Am Schluss dieses Bandes finden Sie eine Liste von nützlichen Büchern, Karten und Reiseführern mit Angabe der Adressen, wo Sie sie bestellen können.
Eigene Reiseaufzeichnungen oder gar ein Bordbuch sind geeignet, Ihre Reiseeindrücke und Erfahrungen festzuhalten, die auch für andere Reisende nützlich sein können. Denken Sie an diejenigen, die nach Ihnen reisen.
Für Ihre Bemerkungen zu diesem Führer sind wir Ihnen dankbar. Zu diesem Zweck finden Sie am Schluss ein Abreissblatt, dem Sie, wenn nötig, weitere Blätter beifügen können.

2. Wahl des Fahrzeuges

2.1. Allgemeines

Die Nutzlast des Fahrzeuges muss so berechnet sein, dass sie ohne Überlastungsgefahr den Transport der Passagiere, des Gepäcks, der Lebensmittel-, Wasser- und Treibstoffreserven sowie der unerlässlichen Ersatzteile erlaubt. Im Hinblick auf die Schwierigkeiten der Strassen und Pisten sollte man 75 % der vom Erbauer angegebenen Nutzlast nicht überschreiten.
Motorräder oder side-cars mit Einradantrieb eignen sich nicht für die Wüste. Das gleiche gilt für Gepäck- und Wohnanhänger.
Der Motor sollte stark und die Bodenfreiheit möglichst hoch sein (mindestens 15 cm).
Die Radgrösse muss im Verhältnis zur Last stehen und spielt eine wichtige Rolle, wenn man im Sande fahren muss: so hat z.B. ein Mini-BMC zu kleine Räder, hingegen sind die Räder eines Citroën 2 CV gut proportioniert. Je grösser die Reifen dimensioniert sind, desto besser werden sie im Sand haften und um so kleiner ist auch das Risiko des Platzens eines Reifens auf einem scharfen Felsstück. Von grossem Vorteil ist natürlich ein Fahrzeug mit Vierradantrieb, ganz besonders in sand- oder schlammreichen Gebieten oder ganz allgemein für Fahrten ausserhalb der grossen Verkehrswege.

Falls Sie auf den Pisten des Hoggars und des Tanezroufts zu bleiben gedenken, ist es nicht nötig, ein «geländegängiges» Fahrzeug zu erwerben. Dagegen ist der Vierradantrieb für alle anderen Pisten von grossem Vorteil. Die Einsandungsgefahr ist geringer und die Durchschnittsgeschwindigkeit höher. Wer allein reist, muss auf alle Fälle diesen Fahrzeugtyp wählen. Manchmal wird man Ihnen sagen, dass diese oder jene Piste, die als schwierig gilt, mit einem normalen Personenwagen befahren werden konnte. Das mag sein, jedoch ist die Gefahr grosser Beschädigungen am Fahrzeug sehr gross. Sein Marktwert wird jedenfalls stark sinken, während ein Fahrzeug mit Vierradantrieb einen guten Verkaufspreis behalten wird.

Schliesslich ist es auch wichtig, dass die Marke Ihres Fahrzeuges im Ausland gut vertreten ist, damit Sie Ersatzteile und sachkundige (?) Mechaniker finden können. Am meisten vertreten sind Volkswagen und Land-Rover. Peugeot und Citroën werden in der Sahara oft gebraucht und kennen deshalb empfohlen werden.

Es ist davon abzuraten, mit einem heiklen oder komplizierten Wagen zu reisen (Superbenzin gibt es oft nicht). Ein luftgekühlter Motor lässt gewisse Pannen vermeiden (Leitung, Kühler). Bei sehr grosser Hitze und schlechten Strassen ist ein wassergekühlter Motor theoretisch allerdings besser.

Als erstes muss man entscheiden, ob man mit dem Fahrzeug nur reisen oder auch darin schlafen will. Alles hängt von dem jeweiligen Etappenziel ab. In der Sahara kann man unter freiem Himmel schlafen, mit einem einfachen Schlafsack und einem Segeltuch gegen die Nachtfeuchte. In den Ortschaften sowie in Äquatorial-Afrika (feuchter Äquatorial-Wald) kann man nicht im Freien nächtigen. Für dieses Gebiet ist es besser, mit einem für das Campieren eingerichteten oder wenigstens mit Liegesitzen versehenen Wagen zu reisen, schon um die fixe Idee auszuschalten, um jeden Preis den Endpunkt der Etappe erreichen zu müssen.

2.2. Wo kauft man das geeignete Fahrzeug?

Ein neues Fahrzeug erwirbt man sicherlich bei einer Vertretung der entsprechenden Marke.

Einen Gebrauchtwagen kauft man entweder von einem Privatbesitzer oder bei einem Autohändler mit einer Vertretung der in Frage kommenden oder einer andern Marke.

Fahrzeuge, die von Privaten verkauft werden, sind vielleicht billiger, ihr Zustand lässt aber unter Umständen zu wünschen übrig.

Kauft man den Wagen bei einem Privatunternehmen, versuche man, sich mit dem früheren Fahrer über das Fahrzeug zu unterhalten. Da er meistens am Verkauf unbeteiligt ist, wird er sich offener darüber äussern als der Verkäufer selbst. Ein Wagen, der von ein und derselben Person gefahren und instand gehalten wurde, ist immer in besserem Zustand, als einer, der durch viele Hände gegangen ist.

Kauft man bei einem Händler, so wende man sich zuerst an einen Vertreter der in Frage kommenden Marke. Dieser kennt sich am besten aus, und da er das Fahrzeug für den Wiederverkauf instand setzt, wird er die Mängel besser feststellen können. Da er ausserdem die Ersatzteile auf Lager hat, fallen die Abholkosten weg. Die ganze Arbeit wird ihn also billiger zu stehen kommen als einem markenfremden Wiederverkäufer.

Fahrzeuge, die von der Armee, der Post oder den öffentlichen Verkehrsunternehmen angeboten werden, sind nicht zu empfehlen. Auch wenn der Verkaufspreis sehr niedrig ist, sind die Überholungskosten so hoch, dass der Wagen teurer wird als ein gutes Gebrauchtfahrzeug.

2.3. Zulassung

2.3.1. In der Schweiz:

In der Schweiz gibt es zwei Möglichkeiten:

a) Übliche Nummernschilder

Diese Zulassung sollte man immer dann wählen, wenn man eine Reise ins Ausland mit Rückkehr in die Schweiz plant.
Vorteile: Sowohl neue als auch gebrauchte Fahrzeuge kann man so immatrikulieren lassen, da der Zoll schon bei der Einfuhr in die Schweiz bezahlt wurde; die Kaution für das Grenzpassierscheinheft entspricht dem normalen Tarif; der graue Fahrzeugausweis (Kraftfahrzeugschein) ist für die Gesamtdauer der Reise gültig.
Nachteile: Der Besitzer muss die Haftpflichtversicherung auch während der Reise bezahlen. Siehe dazu auch Kapitel 6.9.1. (Haftpflichtversicherung).

b) Zollkennzeichen («Z»-Schilder)

Diese Zulassung ist immer möglich, wenn man eine ausgedehnte Reise ins Ausland unternimmt. Die Nachteile sind jedoch grösser als die Vorteile.
Vorteile: Es ist so möglich, ein in der Schweiz zollfrei gekauftes Fahrzeug oder einen im Ausland erworbenen Neu- oder Gebrauchtwagen zu immatrikulieren. Die Versicherung wird nur für die Zeit bezahlt, in der die Schilder gültig sind.
Nachteile: Sehr hohe Kaution für das Grenzpassierscheinheft. Fahrzeugausweis (Kraftfahrzeugschein) verfällt (man darf ihn so nie im Ausland vorzeigen). Falls der Wohnort auf den Zeitpunkt der Abreise nicht offiziell geändert wird, erhält man die Zollkennzeichen erst 10 Tage vor der Abreise. Im Falle eines Wohnortwechsels (Umzug) sind die Schilder schon 3 Monate zuvor erhältlich. Für weitere Auskünfte wende man sich an die Motorfahrzeugkontrolle des jeweiligen Kantons.

2.3.2. In Deutschland

Die Lage in Deutschland ist ähnlich wie in der Schweiz:

a) Übliche Schilder

Vorteile: wie in der Schweiz.
Nachteile: wie in der Schweiz.

b) Zollkennzeichen

Vorteile: Wenn man die Kraftfahrzeugsteuer bezahlt, darf man im Gegensatz zur Regelung in der Schweiz (10 Tage bzw. 3 Monate) ein ganzes Jahr damit fahren.
Nachteile: wie in der Schweiz. Sehr hohe Versicherungskosten.
Für genauere Auskünfte wende man sich an die Zulassungsstellen.

2.3.3. In Österreich

Für Personen, die keinen Wohnsitz in Österreich haben, werden sogenannte «Kennzeichen zur vorübergehenden Zulassung» ausgegeben. Sie können entweder bei Fahrzeugen, die in Österreich verzollt sind, oder auch für unverzollte Fahrzeuge verwendet werden. Bei unverzollten Fahrzeugen wird vom Zollamt gegen Erlag einer Sicherstellung von öS 1000,— ein Vormerkschein ausgestellt. Die Sicherstellung wird bei der Ausreise vom Grenzzollamt retourniert.
Die Gültigkeit der Kennzeichen beträgt 12 Monate. Sie kann um weitere 12 Monate verlängert werden. Das Fahrzeug muss bei dieser Gelegenheit allerdings vorgeführt werden.

Nachteile: Die Gültigkeit der Kennzeichen ist abhängig von einer bei einer österreichischen Versicherungsgesellschaft abgeschlossenen Haftpflichtversicherung.
Es ist äusserst schwer, eine Versicherungsgesellschaft zu finden, die bereit ist, eine Haftpflichtversicherung für eine Person auszugeben, die keinen Wohnsitz in Österreich hat.

2.4. Antriebsarten

2.4.1. Frontantrieb

Die Vorteile des Frontantriebs: Der Wagen hat eine bessere Strassenhaltung, haftet in den Kurven besser auf der Fahrbahn und kommt leichter aus Spurrinnen heraus. Diesen Vorteilen stehen jedoch etliche Nachteile gegenüber: schnellere Abnützung der Vorderreifen; die Vorderachse ist zuwenig belastet, wenn der Wagen (hinten) vollbeladen ist; die Kraftübertragung ist anfälliger als bei einem Fahrzeug mit Heckantrieb. Man darf deshalb die Radaufhängung nicht zu hoch einstellen: je grösser der Winkel ist, den die Kardanwelle mit den Rädern und dem Getriebe bildet, um so schneller nützen sich die Gelenke ab.

2.4.2. Heckantrieb

Ihrer einfachen Bauweise wegen sind die Wagen mit Heckantrieb leichter zu reparieren. Gerade deshalb sind Fahrzeuge wie Peugeot 403, 404 oder 504 in Afrika besonders geschätzt.
Da jedoch die Hinterachse vieler Wagen mit Heckantrieb starr ist, haften bei schlechtem Boden die Hinterräder nicht so gut auf der Fahrbahn wie bei einem Fahrzeug mit Frontantrieb.

2.4.3. Vierradantrieb

Wer die Hauptpisten auch nur auf kurze Strecken verlassen will, muss mit einem Fahrzeug reisen, mit dem er fast überall durchkommt und bei welchem die Gefahr des Einsandens geringer ist.
Allerdings kann das Gewicht ein Nachteil sein, vor allem auf weichem Sand, wo ein leichter Wagen mit Zweiradantrieb manchmal besser durchkommt. Bei einem Fahrzeug mit Vierradantrieb sind sämtliche Teile (Chassis, Lenkung, Getriebe oder Radaufhängung) viel widerstandsfähiger als bei einem normalen Wagen, denn alles wurde in Hinsicht auf das Befahren von Pisten durchdacht. Bei allen Fahrzeugen empfiehlt sich ein Sperrdifferential, vor allem in schlammigen Passagen. Ist es jedoch nicht abschaltbar, so darf man auf harter Fahrbahn die scharfen Kurven nicht zu schnell fahren, da es sich sonst frühzeitig abnützt.

2.5. Treibstoff: Benzin oder Diesel?

2.5.1. Dieselmotor

Für eine Afrika-Reise hat der Dieselmotor viele **Vorteile.** Erstens läuft er um so besser, je höher die Temperatur ist. Zweitens findet man in Afrika diesen Treibstoff überall und zu einem viel niedrigeren Preis. Seine Robustheit ist ausserdem wohlbekannt, und da er ohne Zündung arbeitet, können dort auch keine Pannen auftreten. Schliesslich kann der Treibstoff ohne Risiko in Plastikkanistern transportiert werden, da er sich nicht unter der Hitze in Gas verwandelt. Ein anderer Vorteil besteht darin, dass die Maximalleistung bei einer viel niedrigeren Tourenzahl erzielt wird als beim Benzinmotor.

Der Verbrauch ist daher geringer. Der Dieselmotor verunreinigt die Luft weniger als der Benzinmotor.
Seine Hauptnachteile sind die geringere Motorleistung, der unangenehme Geruch, der Motorlärm und die Unmöglichkeit, ihn, auch nur kurz, überdrehen zu lassen.

2.5.2. Benzinmotor

Sein Hauptvorteil besteht darin, dass er bei gleicher Zylinderzahl eine viel höhere Leistung erbringt als der Dieselmotor, was sich in schwierigen Situationen als sehr nützlich erweisen kann. Ein Benzinmotor lässt sich ausserdem vom Laien leichter reparieren als ein Dieselmotor, denn nicht jeder ist in der Lage, eine Einspritzpumpe auszubauen, richtig einzustellen und nachher wieder fachgerecht einzubauen.
Seine Nachteile bestehen darin, dass es in Afrika schwieriger ist, Benzin von ausreichender Qualität zu finden. Man entscheide sich immer für ein Fahrzeug, das mit Normalbenzin fährt, da Super praktisch nur in grossen Städten vorhanden ist.
Ein anderer Nachteil besteht in der grösseren Anfälligkeit der Zusatzaggregate. Mit Ausnahme des Einspritzmotors sind die Benzinmotoren mit einem Vergaser versehen, der störungsanfällig ist und Pannen verursachen kann. Eine defekte Zündung kann Sie dazu zwingen, die Reise zu unterbrechen. Auch die Benzinpumpe kann versagen. Da sie eine Flüssigkeitspumpe ist, besteht die Gefahr, dass sie bei grosser Hitze, wenn der Treibstoff sich in Gas verwandelt, aussetzt. In diesem Fall muss man warten, bis der Treibstoff abgekühlt ist, um weiterfahren zu können.

2.6. Die verschiedenen Fahrzeugtypen

2.6.1. Citroën 2 CV, 3 CV und Dyane

Vorteil: Leichtes Gewicht, grosse Räder (vorteilhaft im Sand und bei Schlaglöchern), einfache Bauweise, robuster Motor (vor allem bei den früheren Modellen).
Nachteile: Zu geringe Leistung, zu geringe Nutzlast, zu schwache Ladefläche, die sich bei Überladung oder zu starker Beanspruchung auf der Fahrbahn durchbiegen kann.

2.6.2. Peugeot 403, 404 und 504

Vorteile: Robustheit, einfache Bauweise, daher überall zu reparieren, qualitativ gute Dieselmotoren, hohe Nutzlast, vor allem beim Kombiwagen, in Afrika sehr verbreitet.
Nachteile: Hohes Gewicht, der Motor wird schnell heiss, vor allem bei alten Modellen, rostanfällig (am unteren Teil des Kastens und an den Kotflügeln).

2.6.3. Renault 4

Vorteile: Ausgezeichneter, robuster Motor, niedriger Benzinverbrauch, dichtes Vertreternetz, einfache Bauweise.
Nachteile: Leistung knapp ausreichend, Nutzlast knapp ausreichend, relativ hohe Anfälligkeit der Kraftübertragungsorgane (vor allem bei alten Modellen), zu schwache Ladefläche.

2.6.4. VW-Bus

Vorteile: Bewohnbarkeit und hohe Nutzlast, weltbekannt, sehr einfache Bauweise, Widerstandsfähigkeit der alten Motoren.
Nachteile: Motorkühlung lässt zu wünschen übrig; Einbau eines Ölthermometers unerlässlich; Anfälligkeit der Kraftübertragungsorgane (bei den neuen Modellen); Anfälligkeit der Kupplung; die Ausführung mit 2-Liter-Motor ist ausserhalb Europas wenig bekannt; Schrauben und Muttern lockern sich auf Pisten und Wellblech; hoher Preis.

2.6.5. Land-Rover

Vorteile: Bewohnbarkeit (Typ 109), hohe Nutzlast, robuster Motor (4 Zylinder, Benzin oder Diesel), solides Fahrgestell (vor allem bei alten Modellen), sehr bekanntes Fahrzeug, Einbau von Peugeot-Dieselmotor möglich, Vierradantrieb.

Nachteile: Hohes Gewicht, nicht bewohnbar (Typ 88), geringe Widerstandsfähigkeit des Fahrgestells und der Vorderachse (bei den neuen Modellen), Kühlung und Getriebe anfällig, teure Ersatzteile, geringe Widerstandsfähigkeit des Motors (6 Zylinder), hoher Preis.

2.6.6. Range-Rover

Vorteile: Komfort, Bewohnbarkeit, hohe Leistung.

Nachteile: Hoher Preis, geringe Nutzlast, geringe Widerstandsfähigkeit des Motors, hoher Treibstoffverbrauch, schwaches Dach, Ersatzteile in Afrika kaum zu finden.

2.6.7. Toyota Landcruiser

Vorteile: Ausrüstung, Komfort, Leistung, hohe Nutzlast, niedriger Preis.

Nachteile: Relativ hohe Anfälligkeit der Kupplung, nicht bewohnbar (Plane- oder Hard-top-Ausführung), hoher Treibstoffverbrauch, 6-Zylinder-Benzinmotor ziemlich anfällig, Marke noch relativ unbekannt in Afrika.

2.6.8. Unimog

Vorteile: Unverwüstliches Fahrzeug, hohe Nutzlast, absolute Zuverlässigkeit des Motors, sehr widerstandsfähiges Fahrgestell.

Nachteile: Hoher Preis (neu), Treibstoffverbrauch (bis zu 70 l/100 km, je nach Modell), Motorkühlung manchmal schwierig, hohes Gewicht, Mangel an Komfort.

2.6.9. Pinzgauer

Vorteile: Hohe Bodenfreiheit, hohe Leistung, hohe Nutzlast, grosse Widerstandsfähigkeit.

Nachteile: Mangel an Komfort, hoher Preis, hoher Verbrauch (bis zu 50 l/100 km), in Afrika noch wenig bekannt.

2.6.10. Lada Niva

Vorteile: Preis, Strassenhaltung, gedrängter Bau, Robustheit, Oktanzahl regulierbar.

Nachteile: 1. Gang sehr lang, Ersatzteile schwer zu finden (sogar in Europa), Bewohnbarkeit, Nutzlast (für lange Etappen), elektrische Ausrüstung, Reifendimensionen, Ausarbeitung.

2.6.11. Tracteur Cournil

Vorteile: Sehr gutes Verhalten im Gelände, einfache und robuste Konstruktion, Nutzlast, viele Varianten möglich.

Nachteile: Zubehör von schlechter Qualität, unbequem, sehr beschränktes Verteilernetz, ältere Bauteile.

2.6.12. Citroën Méhari

Vorteile: Ausgezeichnetes, der Funktion angepasstes Getriebe. Siehe auch unter 2.6.1.
Nachteile: Siehe auch unter 2.6.1.

2.6.13. Saviem TP 3 (Croisière des Sables)

Vorteile: Im französisch sprechenden Teil Afrikas sehr bekannter Lastwagen (genannt

l'Increvable — der Unverwüstliche). Mechanischer Teil sehr robust und einfach gebaut, sehr grosse Nutzlast und -fläche.
Nachteile: Kühlung der Modelle vor 1978, Kupplungskabel schwach, Treibstoffverbrauch (in erträglichem Rahmen angesichts des Gewichts und der Nutzlast), Lastwagen-Komfort, Karosserie rostempfindlich.

2.7. Vertretungen der unter 2.6. angeführten Marken in Afrika

Es ist uns nicht möglich, eine detaillierte Liste der afrikanischen Länder aufzustellen, in denen die unter 2.6. angeführten Marken vertreten sind. Am besten erkundigt man sich bei einem Konzessionär nach den Adressen der Markenvertreter in Afrika.

2.8. Motorpannen und ihre Feststellung

Die nachfolgenden Tabellen können Ihnen helfen, Motorpannen anhand der «Symptome» aufzufinden.
Die Tabellen erheben keinen Anspruch auf Vollständigkeit. Es handelt sich um eine Anleitung zur Auffindung von Störungen ohne unnötiges Testen von Teilen, die nichts mit der Panne zu tun haben.

2.8.1 Benzinmotor

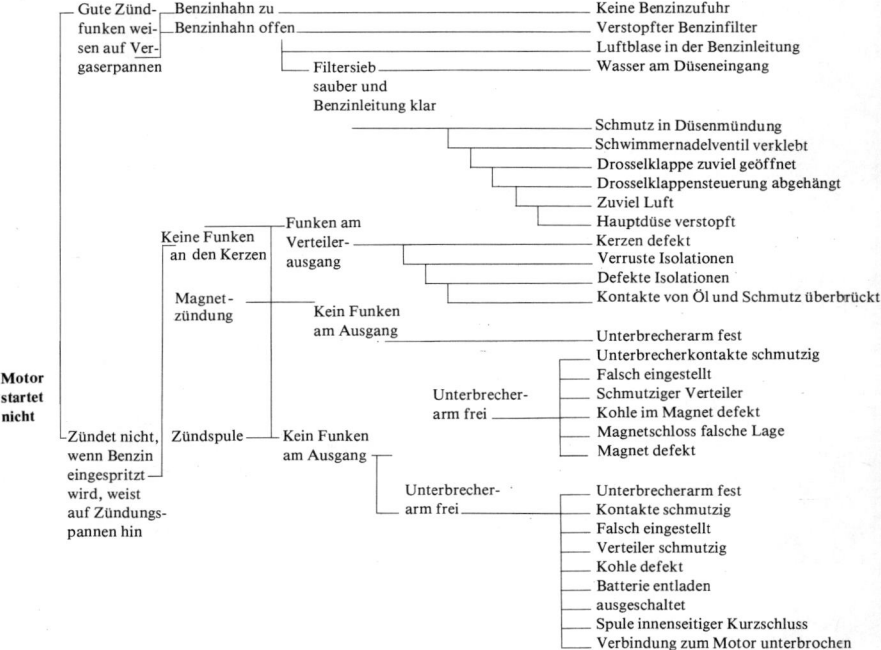

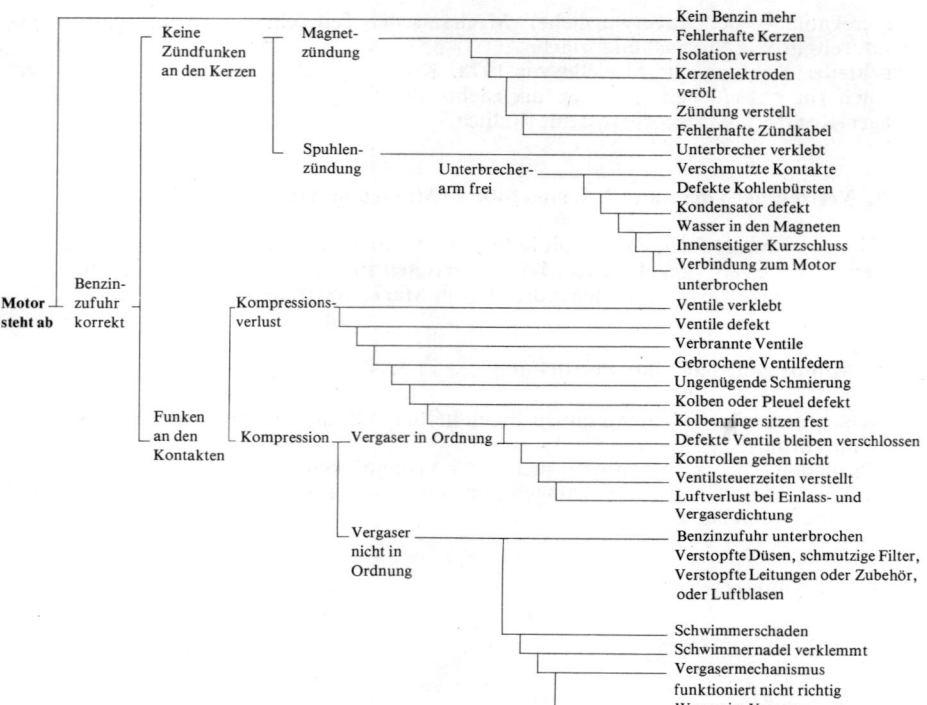

Motor steht ab ─ Benzinzufuhr korrekt

- Keine Zündfunken an den Kerzen
  - Magnetzündung
    - Kein Benzin mehr
    - Fehlerhafte Kerzen
    - Isolation verrust
    - Kerzenelektroden verölt
    - Zündung verstellt
    - Fehlerhafte Zündkabel
  - Spuhlenzündung
    - Unterbrecher verklebt
    - Unterbrecherarm frei
      - Verschmutzte Kontakte
      - Defekte Kohlenbürsten
      - Kondensator defekt
      - Wasser in den Magneten
      - Innenseitiger Kurzschluss
      - Verbindung zum Motor unterbrochen
- Funken an den Kontakten
  - Kompressionsverlust
    - Ventile verklebt
    - Ventile defekt
    - Verbrannte Ventile
    - Gebrochene Ventilfedern
    - Ungenügende Schmierung
    - Kolben oder Pleuel defekt
    - Kolbenringe sitzen fest
  - Kompression
    - Vergaser in Ordnung
      - Defekte Ventile bleiben verschlossen
      - Kontrollen gehen nicht
      - Ventilsteuerzeiten verstellt
      - Luftverlust bei Einlass- und Vergaserdichtung
    - Vergaser nicht in Ordnung
      - Benzinzufuhr unterbrochen
      - Verstopfte Düsen, schmutzige Filter, Verstopfte Leitungen oder Zubehör, oder Luftblasen
      - Schwimmerschaden
      - Schwimmernadel verklemmt
      - Vergasermechanismus funktioniert nicht richtig
      - Wasser im Vergaser

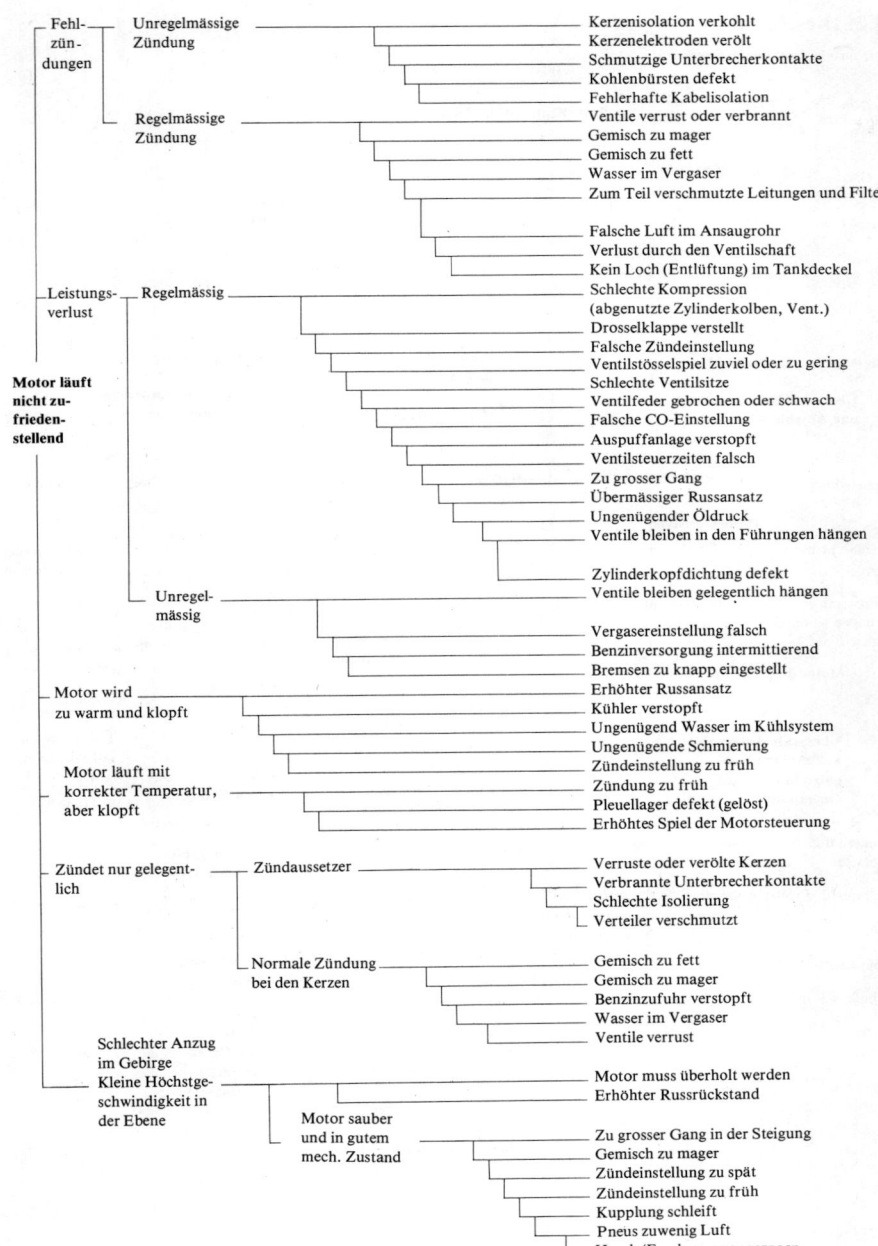

2.8.2. Dieselmotor

Motor springt nicht oder schwer an

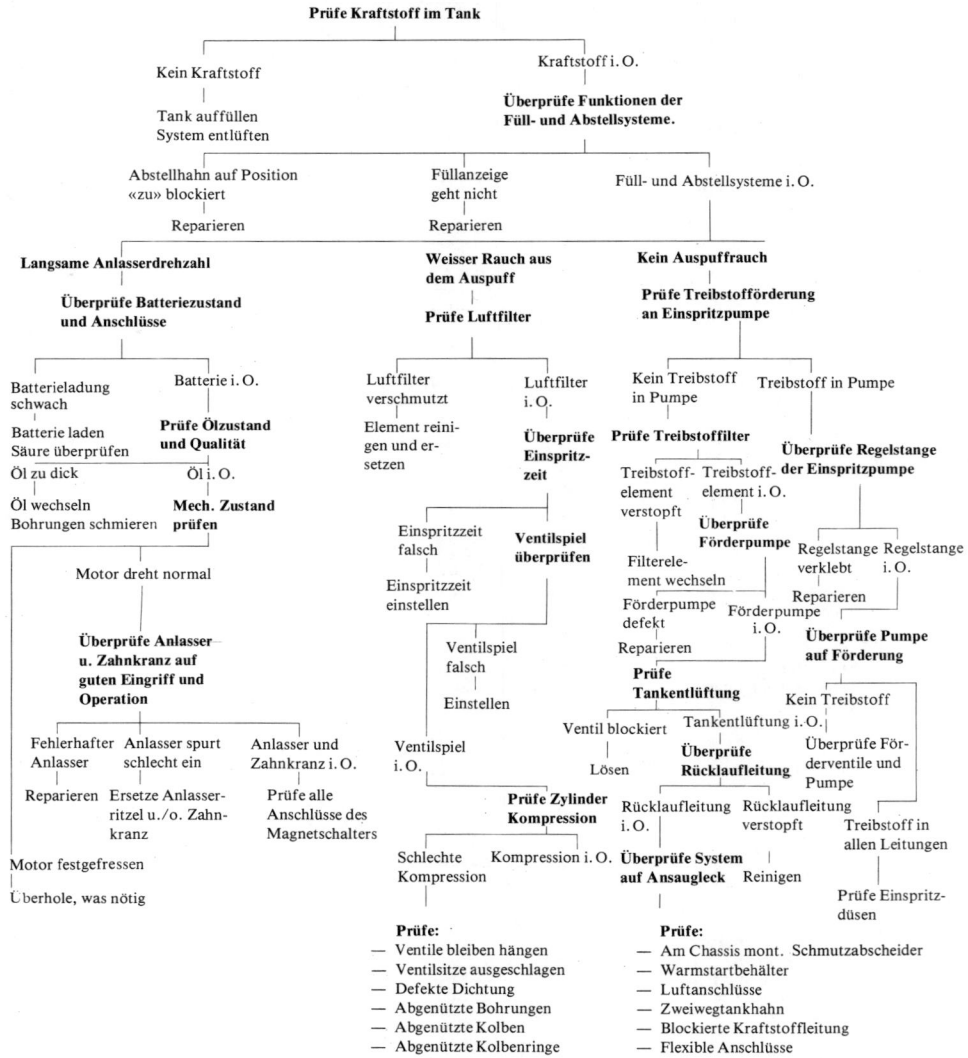

Prüfe Kraftstoff im Tank

Kein Kraftstoff
Tank auffüllen System entlüften

Kraftstoff i. O.
Überprüfe Funktionen der Füll- und Abstellsysteme.

Abstellhahn auf Position «zu» blockiert
Reparieren

Füllanzeige geht nicht
Reparieren

Füll- und Abstellsysteme i. O.

Langsame Anlasserdrehzahl

Überprüfe Batteriezustand und Anschlüsse

Weisser Rauch aus dem Auspuff

Prüfe Luftfilter

Kein Auspuffrauch

Prüfe Treibstofförderung an Einspritzpumpe

Batterieladung schwach
Batterie laden Säure überprüfen
Öl zu dick
Öl wechseln Bohrungen schmieren

Batterie i. O.
Prüfe Ölzustand und Qualität
Öl i. O.
Mech. Zustand prüfen

Motor dreht normal

Überprüfe Anlasser u. Zahnkranz auf guten Eingriff und Operation

Luftfilter verschmutzt
Element reinigen und ersetzen

Einspritzzeit falsch
Einspritzzeit einstellen

Ventilspiel falsch
Einstellen

Ventilspiel i. O.

Luftfilter i. O.
Überprüfe Einspritzzeit

Ventilspiel überprüfen

Prüfe Zylinder Kompression

Schlechte Kompression

Kompression i. O.

Kein Treibstoff in Pumpe
Prüfe Treibstoffilter
Treibstoffelement verstopft
Filterelement wechseln
Förderpumpe defekt
Reparieren
Prüfe Tankentlüftung
Ventil blockiert
Lösen

Treibstoff in Pumpe
Überprüfe Regelstange der Einspritzpumpe
Treibstoffelement i. O.
Überprüfe Förderpumpe
Förderpumpe i. O.

Regelstange verklebt
Reparieren
Überprüfe Pumpe auf Förderung

Regelstange i. O.

Kein Treibstoff
Überprüfe Rücklaufleitung
Rücklaufleitung i. O.
Überprüfe System auf Ansaugleck

Tankentlüftung i. O.
Überprüfe Rücklaufleitung

Rücklaufleitung verstopft
Reinigen

Überprüfe Förderventile und Pumpe

Treibstoff in allen Leitungen
Prüfe Einspritzdüsen

Fehlerhafter Anlasser
Reparieren
Motor festgefressen
Überhole, was nötig

Anlasser spurt schlecht ein
Ersetze Anlasserritzel u./o. Zahnkranz

Anlasser und Zahnkranz i. O.
Prüfe alle Anschlüsse des Magnetschalters

Prüfe:
— Ventile bleiben hängen
— Ventilsitze ausgeschlagen
— Defekte Dichtung
— Abgenützte Bohrungen
— Abgenützte Kolben
— Abgenützte Kolbenringe

Prüfe:
— Am Chassis mont. Schmutzabscheider
— Warmstartbehälter
— Luftanschlüsse
— Zweiwegtankahn
— Blockierte Kraftstoffleitung
— Flexible Anschlüsse

Motor startet und steht anschliessend still   **Prüfe Treibstofftank**

Treibstoffvorrat tief   **Prüfe Tankentlüftung**   Kraftstoffvorrat i. O.

Auftanken, System entlüften

    Entlüftung verstopft   Tankentlüftung i. O.

    reinigen   Anlage entlüften

    Prüfe Luftreiniger

Luftfilter verstopft   Luftfilter i. O.

Prüfe Benzinfilter

Benzinfilter verstopft   Benzinfilter i. O.

Element ersetzen   **Prüfe Kraftstoff-Förderpumpe**

Kraftstofförderpumpe defekt   Kraftstofförderpumpe i. O.

Reparieren oder ersetzen   **Prüfe Benzinleitungen**

Kraftstoffleitung verstopft   Benzinleitung i. O.

reinigen   **Prüfe Einspritzdüsen**

Zu viele Dichtringe   Falsche Ein-   Einspritzdüsen fehlerhaft   Einspritzdüsen i. O.
      spritzdüsen montiert

Ersetzen durch   Ersetzen durch rich-
Dichtring   tige Einspritzdüsen

Überprüfe Drehzahl Anschlagschraube

Drehzahl Anschlagschraube nicht   Drehzahl Anschlagschraube
korrekt   korrekt

Prüfe Kraftstoffeinspritzverstellung

Einspritzzeit nicht korrekt   Einspritzpumpe i. O.

einstellen   **Prüfe Reguliergestänge**

Reguliergestänge nicht korrekt   Reguliergestänge i. O.

einstellen oder ersetzen   **Überprüfe Ventilspiel**

Ventilspiel nicht korrekt   Ventilspiel i. O.

einstellen, wo nötig   **Prüfe Kompression**

schlechte Kompression   Kompression i. O.

Prüfe: **Prüfe die Motorsteuerzeiten**
 — Ventilsitze
 — Gängigkeit der Ventile   Überprüfe Einspritzpumpe
 — Abnutzung der Ringe, Kolben
 — Abnutzung der Bohrungen
 — Zustand Zylinderkopfdichtung

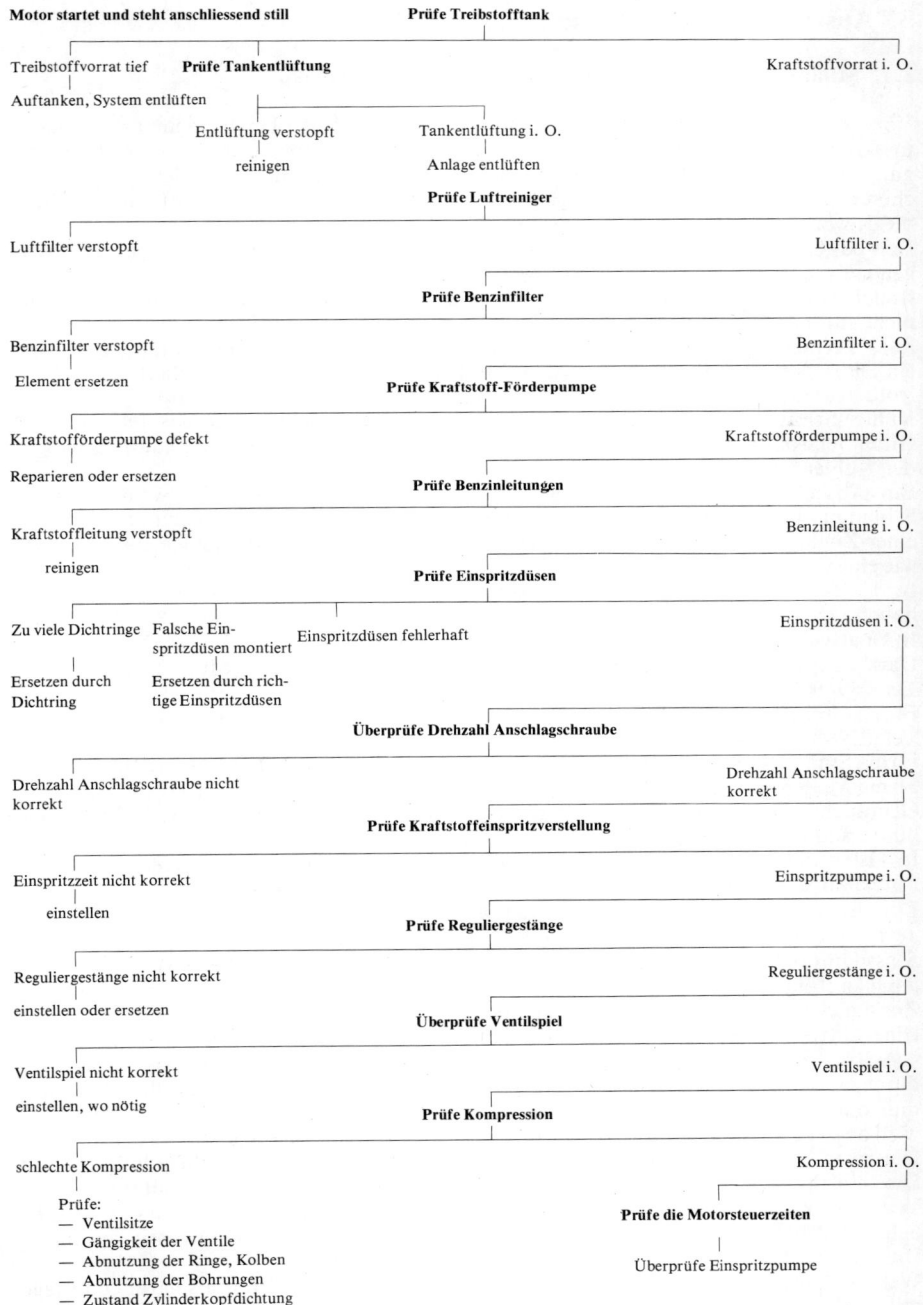

3. Ausrüstung des Fahrzeuges

3.1. Minimalausrüstung für die Wüste und für Schwarzafrika

Von Vorteil ist es, wenn alle wesentlichen Teile, die mit den Unebenheiten des Bodens in Berührung kommen könnten, geschützt werden (Motor, Getriebe, Kraftübertragung, Lenkgetriebe, Benzintank). Zu diesem Zwecke kann man ein oder mehrere Bleche unter dem Fahrgestell befestigen, die man vorne direkt gegen die Stossstange aufbiegt, wodurch eine Art Schlitten entsteht.

Den besten Schutz gegen Staub bietet ein Ölbadluftfilter (mit Luftzufuhr auf dem Wagendach) anstelle des Papierfilters, den man in der Regel auf neueren Fahrzeugen vorfindet. Dieser Filter muss häufig gereinigt werden, vor allem, wenn sich die Luftzufuhr nicht auf dem Dach befindet.

Zur Vermeidung von Motorschäden empfehlen wir, ein Ölthermometer sowie ein Öldruckmanometer einbauen zu lassen. Damit kann der gute Motorlauf besser kontrolliert werden.

Kühler-Schutzgitter sind nicht erforderlich, denn die Insekten, die das feinmaschige Gitter verstopfen, sind ein weiteres Hindernis für die Luftzufuhr. Man kann ebensogut den Kühler selbst reinigen.

Ein Abschleppseil, oder besser ein Abschleppkabel, ist notwendig, wenn man im Schlamm oder in Flussbetten steckenbleibt. Auch ein Zuggerät sollte dazu gehören. Mit einer Zugkraft von 800 bis 3200 kg lieferbar, haben diese Geräte die gleichen Vorteile wie eine Winde, sind aber 2- bis 3mal leichter und viel billiger.

In der **Schweiz** sind diese Geräte in jeder grösseren Stadt in Eisenwarengeschäften zu haben.

In **Deutschland** kann man sie bei folgenden Firmen bestellen:

Därr's Expeditions-Service, Hauptstrasse 26, D-8011 Heimstetten/Mü., Tel. 089/903 15 19

Firma Greifzug, D-5070 Bergisch Gladbach, Postfach 130, Schneidtbach Strasse 19, Tel. 02202 350 41

Firma Stahlgruber, D-8 München 80, Einstein Strasse 130, Tel. 089 / 415 12 22

Firma Meili & Co., D-6450 Hanau, Friedrichstrasse 24, Tel. 06181 / 31081

Gebrauchte Geräte (Armee) liefert die Firma Matz, am Sophienhof 33, D-239 Flensburg, zum Preis von ungefähr DM 400.—.

In **Österreich** sind sie bei der Firma Ing. Hof-Expeditionsausrüstung, A-1090 Wien, Porzellangasse 49a, und A-1150 Wien, Grenzgasse 8, erhältlich.

Dem Entsandungsmaterial ist ein Sonderkapitel (3.3.) gewidmet.

Je nach Reisedauer ist es ratsam, die Aufhängung z.B. durch Anbringung stärkerer Stossdämpfer und Tragfedern (je nach Fahrzeugtyp) zu verstärken. Man kann sich auch «aufblasbare» Stossdämpfer (z.B. Niveau lift) besorgen.

Zusätzliche Benzintanks sind nützlich, aber gewöhnliche Metallkanister genügen auch.

Eine Luftpumpe ist unbedingt erforderlich, da es oft vorkommt, dass man auf sandigen Strecken Luft aus den Reifen ablassen und später wieder pumpen muss, um besser durchzukommen. Die Fusspumpe ist weniger anstrengend, aber da sich ihr Mechanismus nahe am Boden befindet, besteht die Gefahr, dass sie schnell blockiert. Die Luft wird ausserdem unregelmässig zugeführt, was zur Erhitzung des Schlauches führt.

Die beste Pumpe ist ohne Zweifel die Handpumpe (ähnlich der Fahrradpumpe) mit Druckluftbehälter. Bei diesem Typ ist der Kolben mit dem Druckluftbehälter durch ein Ventil verbunden. Auf diesem Behälter befindet sich der Druckmesser. Vom Druckluftbehälter geht auch der Schlauch weg, der die Pumpe mit dem Reifenventil verbindet. Die Luft wird regelmässiger zugeführt und erhitzt sich weniger.

Welche Pumpe man auch wählt, soll man nicht vergessen, ein Brett als harte Unterlage mitzunehmen, damit die Pumpe nicht direkt in den Sand zu liegen kommt.

3.2. Zusätzliche Ausrüstung

Neben der im Absatz 3.1. beschriebenen Grundausrüstung können auch verschiedene Zusatzgeräte und Zubehörteile nützlich sein.
Der Einbau einer elektronischen Zündung vom Typ «Multi Flash» ist sehr zu empfehlen. Dies ermöglicht, ohne grossen Umbau auf die normale Zündung zurückzukommen; dazu wird auch eine Abnützung der Unterbrecherkontakte verhindert und die auf Pisten mühsame Einstellung, die bei einer normalen Zündung notwendig ist, überflüssig.
Mit der elektronischen Zündung ist es möglich, auch mit halbleerer Batterie, bei kaltem oder feuchtem Wetter ohne Schwierigkeiten zu starten. Das Gerät ist ausserdem benzinsparend (9,5 % bei einem am Tenere getesteten Unimog).
In der Schweiz kostet das Gerät etwa SFr. 175.— und ist bei Carelec, 39, Avenue du Lignon, CH-1219 Le Lignon, Tel. 022 / 96 52 64, erhältlich.
In **Österreich** sind elektronische Zündungen in jeder grösseren Autoelektriker-Werkstätte erhältlich (Preis inkl. Einbau etwa öS 1200.—).
Der Kompass, der auf bezeichneten Pisten nicht unbedingt erforderlich ist, kann bei vielen Gelegenheiten, vor allem auf Strecken ausserhalb der Pisten, nützlich sein. Für solche Fälle empfiehlt es sich, mindestens zwei Kompasse pro Fahrzeug mitzunehmen und mit Hilfe von Sonne und Uhr nachzuprüfen, ob diese gut funktionieren. Sich dabei mindestens 20 m vom Wagen entfernen (wegen des Magnetfeldes). Bei Sandstürmen können elektrische Spannungen auftreten.
Bei grösseren Expeditionen ist auch ein Sextant zu empfehlen.
Ein genauer Kilometerzähler dient ebenfalls als präzise Hilfe.
Da es nur wenige Wegweiser gibt und die Distanztafeln ausserordentlich selten sind, ist es wichtig zu wissen, wo man sich befindet, um Abzweigungen oder Wasserstellen nicht zu verpassen. Eine regelmässige Kontrolle der durchfahrenen Distanz ist deshalb unerlässlich; es bedarf hiezu lediglich eines Blocks und Bleistiftes. Zur leichteren Berechnung und als Gedächtnisstütze leistet auch einer der kleinen, in Warenhäusern erhältlichen Handzähler gute Dienste. Die ideale Lösung wäre das Anbringen eines Kilometerzählers mit manueller Rückstellung auf Null. Der Preis dieses Gerätes liegt in der Schweiz zwischen Fr. 100.— und 200.—; für die Montage muss man rund Fr. 80.— rechnen. Spezialisiert für den Verkauf und die Montage dieser Präzisionszähler ist die Firma E. O. Bär in Bern, Zürich und Genf.
Hilfe: Im Falle einer Panne in der Wüste ist es wichtig, dass man so schnell wie möglich gefunden wird. Als Notsignale kann man folgende Gegenstände benützen:
1 weisses Tuch, 1 rotes Tuch, 1 grosser Spiegel.
Für Expeditionen ausserhalb der grossen Sahara-Strassen sollte man zusätzlich 2 schwarze und 2 rote Rauchbomben mitnehmen.
Angesichts der aktuellen politischen Lage in manchen afrikanischen Ländern (siehe Kap. 7) ist es nicht ratsam, Leuchtpistolen mitzunehmen, die für militärisches Material gehalten werden und ihrem Besitzer grosse Schwierigkeiten verursachen könnte.
Denken Sie daran, dass es auf Sie ankommt, ob Sie auf fremde Hilfe angewiesen sind oder nicht. Durch Dritte organisierte Hilfe führt nicht immer zum erwarteten Erfolg, und manchmal gibt es diese einfach nicht (siehe auch Kap. 4, Abs. 4.1.3.).

3.3. Entsandungsausrüstung

Das Einsanden gehört zu jeder Wüstenfahrt. Wie oft es vorkommt, hängt vom Schwierigkeitsgrad der gewählten Piste, vom Wagentyp, von dessen Stärke und Ausrüstung ab und nicht zuletzt von der Geschicklichkeit des Fahrers, den besten Weg zu erkennen und zu bewältigen.
Gegen das Einsanden sind Gitter erforderlich, die aus verschiedenem Material bestehen

können: Metalleitern, durchlöcherte Blechplatten, Maschendraht usw. Für alle Fahrzeuge ist es ratsam, ein steifes Gitterwerk zu wählen, da weiches Gitterwerk dazu neigt, sich um die Räder zu wickeln. Für leichte Fahrzeuge können spezielle Leichtmetall-Leitern ausreichend sein. Das Beste ist eine Lochplatte aus Aluminium (manchmal aus Stahl), wie etwa die Luftlandebleche, die im Zweiten Weltkrieg auf Flugplätzen in der Wüste verwendet wurden. Ihre Höchstlänge darf den Radabstand minus Raddurchmesser nicht überschreiten. Diese Bleche sind an folgenden Adressen erhältlich:

In der Schweiz: André Pahud, 150, Route de Saint-Julien, CH-1228 Plan-les-Ouates, Tel. 022/94 47 47 / 82 90 19. Preis: SFr. 140.— per Paar (Länge 1,50 m, Breite 0,42 m, Stärke 4 mm).

Transa, Gesellschaft für Förderung des Alternativtourismus, Josefstrasse 21, CH-8005 Zürich, Tel. 01/42 90 40.

In Deutschland: Därr's Expeditions-Service, Hauptstrasse 26, D-8011 Heimstetten/Mü. Tel. 089/903 15 19. Preis: DM 90.— per Paar (Länge 1,50 m, Breite 0,42 m, Stärke 4 mm).

In Österreich: Ing. Hof, A-1090 Wien, Porzellangasse 49a, und A-1150 Wien, Grenzgasse 8.

Eine Schaufel mit kurzem Stiel, ein zusätzlicher Wagenheber, 2 starke Bretter als Unterlage für den Wagenheber, eine Eisenstange als Hebel und ein Abschleppseil sollten ebenfalls zur Ausrüstung gehören.

3.4. Wahl und Reparatur der Reifen

3.4.1. Wahl der Reifen

Von schlauchlosen Reifen ist abzuraten, da bei einer Beschädigung der Felgen Luft entweicht und die Reifen nicht mehr mit einer Hand- oder Fusspumpe wieder aufgepumpt werden können.

Für den Sand braucht das Relief der Lauffläche nicht besonders ausgeprägt zu sein. Man kann also mit bis zu 50 % abgenutzten Pneus fahren, sofern der Unterbau (Karkasse) in tadellosem Zustand ist. Es lohnt sich nicht, einen Satz Spezialreifen für den Sand mitzunehmen, für vielleicht nur 1000 km.

Für kleine Räder sind Radialreifen zu vermeiden, da ihre biegsamen Flanken auf felsigen Pisten leichter verletzt werden als Normalreifen. Wir empfehlen Diagonal-Sommerreifen mit einer Tragfähigkeit von 6 bis 8 ply oder mehr und mit einer möglichst breiten Lauffläche. Werden sehr breite Laufflächen gewählt, so müssen eventuell die Radlager verstärkt werden, da sie mehr Arbeit zu leisten haben.

Nehmen Sie aus Europa genügend Pneus (auch abgefahrene) mit, da sie in Afrika oft teuer sind und es nicht überall solche gibt.

Bei defektem Wagenheber den Wagen bei der Achse oder bei der Feder abstützen und unter dem auszuwechselnden Rad ein Loch graben. Vor der Weiterfahrt das Loch zuschütten.

3.4.2. Wie repariert man die Reifen?

Bei einem Reifendefekt Ersatzrad anbringen und beschädigten Reifen sofort reparieren. Dies ist unbedingt notwendig, denn die nächste Panne kann nachts, während eines Sandsturmes, auf einer baufälligen Brücke oder in gefährdeter Gegend auftreten.

Um den defekten Reifen von der Felge zu nehmen, legen Sie das Rad flach auf den Boden. Mit dem Vorderrad des Autos fahren Sie nun langsam tangential knapp neben der Felge auf den Reifen auf, während ein Mitfahrer als Gegengewicht auf das Rad steht.

Führen Sie dann die Reparatur an einer windgeschützten Stelle aus; achten Sie darauf, dass der Schlauch frei von Sand bleibt.

Kleben Sie den Flick erst dann auf den Schlauch, wenn er ganz sauber und fettfrei ist. Wenn nötig, schleifen Sie die Flickstelle mit feinem Schmirgelpapier ab, damit die Gummilösung besser hält. Etwas Talkpuder erleichtert das Montieren des Reifens und des Schlauches.

Wenn der Reifen einen Riss an der Flanke aufweist, bringen Sie innen und aussen ein festes, grosses Stück Gummi an. Verwenden Sie dann das Rad als Reserve- oder Hinterrad. Fahren Sie damit langsam auf geteerten Strassen, um Unfälle zu vermeiden. Wenn die Reparatur richtig durchgeführt wurde, kann der Reifen monatelang halten.

Um den Reifen wieder auf die Felge zu bringen, fängt man immer bei der dem Ventil entgegengesetzten Seite an und beginnt, den Reifen aufzupumpen, bevor man das Ventil befestigt.

Ist der Reifen zu stark beschädigt, um wieder montiert zu werden, lässt man ihn am Rande der Piste als Wegmarkierung liegen. Wenn die Panne nicht in der Wüste auftritt, bringe man diesen auf einen Schuttplatz.

3.5. Technische Handbücher zu den im Absatz 2.6. angeführten Fahrzeugen

Erkundigen Sie sich zuerst bei der Markenvertretung. Wenn diese die gewünschte Dokumentation nicht vermitteln kann, suchen Sie eine grössere Buchhandlung auf, deren Auto-Abteilung Zeitschriften führt, die technische und praktische Informationen über die meisten Fahrzeuge — alt und neu — enthalten. Die Zeitschrift «Revue Technique Automobile» u.a. bringt detaillierte Pläne und Skizzen der verschiedenen Autoteile. Wenn man immer noch nicht das Richtige gefunden hat, wende man sich direkt an den Hersteller (Adressen siehe unten).

Für den VW-Bus ist zurzeit das beste Handbuch:
«Volkswagen-Service and Repair Handbook» (englisch), das man an folgenden Adressen erhalten kann: Foyles London, Charing Cross Street 119—125, 68 London; Därr's Expeditionsservice, Hauptstrasse 26, D-8011 Heimstetten / München, Tel. 089 / 903 15 19. Preis: DM 29.—.

Die Firma Volkswagen liefert kostenlos (nur in deutscher Sprache) folgende Broschüren: «Tropenanleitung für VW-Personenwagen und Transporter», «Gleit- und Steinschlagbleche für den VW Typ II» und «Vorbereitung des VW-Transporters für Reisen mit Expeditionscharakter».

Für Land- und Range-Rover führt die oben erwähnte Firma Därr Reparaturanleitungen und Listen von Ersatzteilen in deutscher oder englischer Sprache zu einem Preis von DM 60.—.

Die gleiche Firma verkauft auch technische Handbücher zu den verschiedenen Unimog-Fahrzeugen ab DM 10.— (einfache Gebrauchsanleitung, die mit dem neuen Fahrzeug mitgeliefert wird) bis zu DM 120.— (das für Werkstätten bestimmte ausführliche Reparaturhandbuch).

Besitzer von Citroën-Wagen (besonders 2 CV) verlangen bei ihrem Konzessionär die interessante Broschüre (in französischer Sprache) «Ici commence l'aventure» (1974), mit ausgezeichneten Skizzen zur Montage der Spezialausrüstung.

Technische Ratgeber sind in Österreich bei der Buchhandlung Helmut Godai, A-1110 Wien, Mariahilferstrasse 169, erhältlich.

Adressen der Hersteller der unter 2.6. angeführten Fahrzeugtypen:

Citroën: S.A. André Citroën, 133, Quai André Citroën, F-75015 Paris.
Cournil: Société Gevarm, F-42260 St-Germain-Laval, Tel. (77) 72 39 77.
Lada: Shiguli, v/o Autoexport, Volkhonka Str. 14, 119 902 Moskau, UdSSR.
Mercedes: Daimler-Benz AG, D-7000 Stuttgart-Untertürkheim.

Mercedes Kombi-Fahrzeuge: Daimler-Benz AG, D-6729 Wörth bei Karlsruhe.
Peugeot: S. A. des automobiles Peugeot, F-25600 Sochaux.
Renault: Régie nationale des usines Renault, F-92100 Boulogne-Billancourt (Seine).
Rover: Rover-British-Leyland UK, Ltd., B 91 3 AA Solihull Warwickshire, Grossbritannien.
Saviem: Saviem-Renault S. A., F-92150 Suresnes.
Toyota: Toyota Motor Co. Ltd., Toyota-Shi, Aichi Ken (Japan).
Volkswagen: VW-Werke AG, Postfach, D-3180 Wolfsburg.

Eventuell können Sie mit Hilfe der Markenvertreter die Adressen vervollständigen. Richten Sie die Anfragen an den «Kundendienst» der Firmen.

3.6. Ersatzteile

Die Wahl der Ersatzteile hängt von der Wagenmarke, dem Typ, der Dauer und der Art der Reise ab. Verlangen Sie bei der Fabrik oder Ihrem Markenvertreter die detaillierte Liste der Teile mit ihren Spezifikationen (siehe auch § 3.5.).
Ein neuer Wagen wird eine Reise von 10 000 bis 40 000 Kilometern ohne viele schwerwiegende Pannen ertragen. Reisen Sie jedoch in Afrika, so werden Sie mit jeglichem Fahrzeug, in welchem Zustand es auch sei, kleinere oder grössere Unannehmlichkeiten erleben!
Fügen Sie Ihrem Gepäck eine Auswahl Ersatzteile bei, die nicht zu schwer und nicht zu platzraubend sind, mit Vorteil möglichst viele kleine Teile. Die schweren (und teuren) Teile sind reine Glückssache: vielleicht haben Sie gerade das bei sich, was Sie brauchen. Es ist ratsam, plombierte Ersatzteile zu kaufen, damit man sie bei Nichtgebrauch nach Beendigung der Reise zurückgeben kann. Nachstehend finden Sie eine Standard-Liste:

Normale Abnutzung

Filtereinsätze (wenn sie nicht wieder verwendbar sind)
2 Sätze Unterbrecherkontakte
2 Sätze Zündkerzen
Ventilator- und Dynamoriemen usw.
Glühbirnen und Sicherungen

Aufhängung (wird sehr stark beansprucht!)

2 komplette Ersatzräder
4 zusätzliche Luftschläuche
1 Federaufhängung vorne mit Befestigung (je nach Wagentyp)
1 Federaufhängung hinten mit Befestigung (je nach Wagentyp)
2 Stossdämpfer mit Befestigung
4 Radmuttern

Kraftübertragung

Kardangelenke oder Kreuzgelenke (je nach Fahrzeugtyp)
Radachsen (je nach Wagentyp)
Radlager
Dichtungen und Simmeringe ganz allgemein, aber besonders für Radlager
Kardanwelle

Motor

1 Satz Motordichtungen
2 Sätze Membrane für Benzinpumpe mit Klappenventil
1 Ersatzgarnitur für Vergaser: Schwimmer, Düse usw.

1 Zündspule
1 Kondensator
1 Verteilerkopfdeckel
1 Rotor für Zündverteiler
3 m Zündkabel mit Ösen
1 Satz Kohlen für den Dynamo
1 Satz Anlasserkohlen
Anlasserkabel mit Klemmen; erlaubt den Anschluss an eine andere Batterie
Elektrische Benzinpumpe als Reserve oder 3 m Schlauch, damit man den Vergaser
direkt aus einem Kanister speisen kann
2 Einlass- und 2 Auspuffventile
Sämtliche Schlauchleitungen für Luft- oder Wasserkühlung
Abdichtungsprodukt im Falle eines Risses im Kühler oder in Leitungen
Produkt zur Abdichtung des Motors
Benzinzuleitungen
Biegsame Ölschläuche (wenn für den Typ notwendig)
Ölablasszapfen: für Motor, Gehäuse, Achse, Benzintank (mit Dichtungen)
Ersatzkabel für Gas- und Kupplungspedal (wenn zum Typ gehörig)

3.7. Werkzeug und Kleinmaterial

Nehmen Sie genügend Werkzeug mit, denn oft sind andere Reisende oder Garagen, die
Ihnen bei einer Reparatur helfen, nur mangelhaft ausgerüstet.
1 Satz Kreuzschlüssel (achten Sie darauf, ob metrisch oder englisch) und
1 Satz Schraubenschlüssel
1 Satz 6-Kant-Steckschlüssel mit Knarre und Verlängerung
Normale und Kreuzschraubenzieher verschiedener Grösse
Meissel usw.
1 langer und 1 kurzer Kerzenschlüssel
1 Kreuzschlüssel
1 Fuss- oder Handpumpe mit Druckmesser
Pneuflickzeug
3 Pneuhebel
2 Wagenheber (einer hydraulisch) und 2 solide Bretter als Unterlage
(Bei Wagenhebern, die über das Auspuffrohr aufgeblasen werden, kann man nach Gebrauch nicht alle Luft ablassen; sie sind deshalb sperrig.)
1 Flachzange und 1 Schneidzange

Kleinmaterial

3 m elektrisches Kabel für Autos
4 m weichen Eisendraht 12/10 mm
2 m verzinkter Eisendraht 0,5 mm
4 m verzinkter Eisendraht 1 bis 1,5 mm
3 m verzinkter Eisendraht 3 mm
Biegsamer Schlauch (Plastik), 3 m, Durchmesser 12—15 mm (Ansaugen von Benzin)
1 Sortiment Schrauben, Scheibchen, Parker-Schrauben, Muttern, Klemmplatten usw.
1 Handlampe
1 Elektrokontrollampe
1 Rolle Isolierband
1 Schaufel
1 Feuerlöscher
1 Abschleppkabel

1 Taschenlampe
Schnur und Seile
2 Liter destilliertes Wasser für die Batterie
Schneeketten
1 Axt
1 Säge
1 Sichel
1 kleiner Lötkolben, den man an die Batterie anschliessen kann
Lötdraht

3.8. Öle

Ausser seiner Schmierwirkung sichert das Öl auch die Abkühlung sämtlicher mobilen Motorenteile. Das Fehlen von Öl, selbst für kurze Zeit, kann beträchtliche Schäden zur Folge haben. Wenn es in unzureichender Menge vorhanden ist, wird es schneller durchgepumpt und erwirkt keine genügende Abkühlung mehr. Überhitztes Öl verliert seine schützenden Eigenschaften. Bei sehr heissem Wetter ist eventuell ein schwereres Öl angezeigt (fragen Sie Ihre Generalvertretung).
Nehmen Sie 1 oder 2 Büchsen zu 5 Litern (Schraubverschluss) mit, damit das Ölniveau stets auf dem Höchststand bleibt (nicht darüber) oder auch für den Ölwechsel. Bei Pistenfahrten muss das Öl oft gewechselt werden, denn trotz der Filter führt das Öl eine Menge hocherosiver Staubteile mit sich.
Unterwegs bietet die Ölversorgung keine Schwierigkeiten.
Vergessen Sie nicht, eine kleine Ölreserve für das Getriebe mitzunehmen.

3.9. Einrichtung des Fahrzeuges für die Nacht

Bei der Einrichtung des Fahrzeuges geht es vor allem darum, den Raum optimal auszunützen. Bevor man sich an die Arbeit macht, empfiehlt es sich, bereits eingerichtete Fahrzeuge oder Schiffe zu besichtigen, um damit Anregungen zu bekommen.
Man kann auch Zeitschriften wie «Le Caravanier» oder «Caravaning» lesen, die regelmässig Artikel über Camping-cars oder Wohnwagen veröffentlichen. Manchmal findet man darin auch Pläne zum Selbsteinrichten von gängigen Wagentypen.
In deutscher Sprache gibt es auch einen Band mit dem Titel «Das Wohnmobil», der nicht nur Ratschläge zur Einrichtung enthält, sondern auch eine Reihe der auf dem Markt angebotenen Fahrzeuge untersucht.
Die Einrichtung muss einfach, bequem und praktisch sein. Das Aufstellen der Betten darf nicht täglich eine halbe Stunde in Anspruch nehmen. Da man vorwiegend auf Pisten fährt, muss alles absolut festsitzen, sonst besteht die Gefahr, dass man eines Tages vor einem Haufen Scherben steht. Die Möbel müssen besonders solide sein, da sie viel mehr beansprucht werden als auf europäischen Strassen. Die eingerichteten Busse, die in Europa angeboten werden, überstünden nicht einmal einen Monat lang das Fahren auf afrikanischen Pisten. Einbauschränke sollen (auch für die Zöllner) leicht zugänglich sein.
Vorhänge an allen Fenstern (einschliesslich an der Windschutzscheibe) sind unerlässlich, um das Innere des Fahrzeuges vor fremden Augen zu schützen. Wenn Sie im Wagen schlafen, muss mindestens ein Fenster offen bleiben können, ohne dass dabei die Möglichkeit geboten wird, ins Fahrzeug einzudringen. Einige Dachmodelle öffnen sich durch Hochziehen, und bestimmte Mini-Busse können auf Wunsch mit verstellbaren Lamellen versehen werden.
Selbstverständlich ist ein Moskitonetz unerlässlich. Wird kein Modell für das Fahrzeug

angeboten, kann man selbst eines herstellen und am Abend mit Klettenverschluss anbringen.

Ist das Fahrzeug gross genug, empfiehlt es sich, eine Stelle für die Toilette, eventuell für eine Dusche vorzusehen. Eine mit Fusspumpe angetriebene Aussendusche genügt allerdings auch.

Eine Heizung ist keinesfalls überflüssig, denn die Nächte können in der Sahara sehr frisch sein.

Wenn mehrere Fahrzeuge in Schwarzafrika an der gleichen Stelle nächtigen, wird dringend empfohlen, sie im Dreieck oder im Quadrat (bei Kleinbussen mit den Türen nach innen) aufzustellen. Manchmal genügen einige Sekunden Unaufmerksamkeit, und schon sind die am Boden liegenden Sachen verschwunden.

(Siehe auch Kap. 1. 5. 1. Unterkunft und 5. 5. Camping-Ausrüstung.)

4. Die Fahrweise

4.1. Fahren in der Wüste

— Der Zustand der Sahara-Pisten wechselt sehr rasch. Es ist ratsam, sich beim Strassenunterhaltsdienst oder bei Fahrzeuglenkern, denen man unterwegs begegnet, danach zu erkundigen.

— Machen Sie sich bereit, noch nachts aufzubrechen, damit Sie bei Tagesbeginn am Steuer sitzen. Frühmorgens ist der Sand noch etwas feucht und trägt den Wagen besser; die Gefahr des Einsandens ist damit auch geringer.

— Verlassen Sie niemals die Piste. Behalten Sie immer eines der Wegzeichen vor Augen. Sollten Sie vom Wege abirren, so versuchen Sie nicht, die Piste wiederzufinden, indem Sie quer fahren, sondern machen Sie kehrt und verfolgen Sie Ihre eigene Spur, bis Sie wieder auf dem richtigen Weg sind. Suchen Sie mit einem Feldstecher nach den Wegzeichen.

— Wenn der Sand weich ist, fahren Sie besser ein wenig neben den vorhandenen Fahrzeugspuren; der Boden trägt besser.

— Es gibt sehr viele «Wellblech»-Stellen, die Wagen und Fahrer ermüden. Auf dem Wellblech kann man entweder mit 70 km/Std. fahren oder aber mit sehr geringer Geschwindigkeit (20 bis 30 km/Std.). Die letztere Lösung ist bei weitem die sicherste. Bei grösserer Geschwindigkeit spürt man natürlich die kleinen Erhöhungen weniger, aber die Federung leidet mehr, und jedes Hindernis (Loch oder Stein) kann eine Katastrophe verursachen. Die Fahrweise richtet sich natürlich auch ganz nach dem Wagentyp. Da die «Wellen» des Wellblechs nicht immer gleich hoch und gleich lang sind, kommt immer ein Moment, wo der Wagen derart vibriert, dass man den Eindruck hat, er breche auseinander. Man fährt also besser langsam.

— Wenn Sie auf einer Piste ein anderes Fahrzeug überholen oder kreuzen, vergewissern Sie sich, dass die vor Ihnen schwebende Staubwolke nicht ein entgegenkommendes Fahrzeug verdeckt und schalten Sie sofort die Scheinwerfer ein. Sie können auch anhalten; ein Informationsaustausch ist immer nützlich.

— Über Stellen mit weichem Sand fährt man so schnell wie möglich. Wird das Fahrzeug vom Sand gebremst, schaltet man nacheinander schnell in die unteren Gänge zurück. Vor dem Befahren von Weichsandstellen versichere man sich zuerst, ob darunter nicht grössere Steine verborgen sind, und lenke dann sein Fahrzeug mit grosser Geschwindigkeit darauf zu.

— Ein sehr nützlicher Kniff für das Durchfahren weicher Stellen besteht darin, Luft aus den Pneus abzulassen bis unter 1 atü (VW 0,5—0,6, 2 CV 0,4—0,5 atü). Die Lauffläche wird auf diese Weise breiter und trägt besser. Sobald man wieder auf festen Boden kommt, muss jedoch wieder auf Normaldruck aufgepumpt werden. Hier erweist sich ein Druckmesser als sehr nützlich. Mit schwach gepumpten Reifen nie schneller als 4 bis 5 km/Std. fahren.

— Beim Überfahren von Schlaglöchern und Bodenwellen muss man unbedingt die Bremsen loslassen, damit die Aufhängung frei ist, um den Schlag aufzufangen.

— Bei einer Panne den Wagen nie verlassen, um zu Fuss Hilfe zu holen. Sie hätten wenig Aussicht, wieder zurückzufinden. Der Unterschlupf, den der Wagen bietet, ist ein sicherer Schutz, wo Sie lange ausharren können. Bei Suchaktionen mit dem Flugzeug wird Ihr Fahrzeug leicht entdeckt.

— Wenn Sie in einen Sandsturm geraten, halten Sie sofort an und drehen Sie den Wagen so, dass der Motor aus dem Wind steht, um ihn vor Sand zu schützen. Ein Sandsturm kann mehrere Tage oder gar länger dauern! Schmieren Sie die Scheiben, die Scheinwerfer und die Vorderteile des Wagens mit Fett ein, damit das Glas nicht blind wird und die Farbe durch das «Sandstrahlgebläse» nicht abgerieben wird.

— Fahren Sie mit andern im Geleit, sei es, weil die Piste schwierig ist oder weil Sie auf der Reise Freundschaft geschlossen haben, so versichern Sie sich, dass Ihre Gefährten über ein ebenso geeignetes Fahrzeug und über eine vollständige Ausrüstung verfügen wie Sie. Andernfalls könnte die Reise unangenehm und sehr gefährlich werden.

4.1.1. Einsanden

Wenn Ihr Fahrzeug eingesandet ist, kann man es vielleicht durch einfaches Schieben aus seiner Lage befreien. Darauf achten, dass die Räder nicht leer durchdrehen, sonst besteht die Gefahr, dass sich das Auto selbst eingräbt. Diese Methode gilt jedoch nur für leichte Fahrzeuge und führt zur schnellen Erschöpfung der Mitfahrer, die den Wagen schieben.

Handelt es sich um ein Fahrzeug mit weicher Federung, genügt es zuweilen, es «hüpfen» zu lassen (Schluckauf), indem man rhythmisch auf die Karosserie drückt. Haben diese Sprünge ihr Maximum erreicht, hebt man den Wagen wenn möglich noch etwas höher, schiebt ihn gleichzeitig vorwärts, während der Fahrer einkuppelt.

Diese kleinen Kniffe sind nützlich, jedoch nicht immer wirksam. Wenn das Fahrzeug wirklich festsitzt, bleibt nur das klassische Mittel mit Gitter oder Blech, um es wieder freizubringen. Man achte darauf, dass die Räder geradeausstehen. Dann befreit man mit Hilfe einer Schaufel, eines breitzahnigen Rechens oder einfach mit den Händen die Räder vom Sand, vorne wie auch auf den Seiten. Man legt die Gitter oder Bleche so nahe wie möglich an die Reifen (mit kleinen Stecken oder mit Zeltpflöcken fixieren, damit sie nicht wegrutschen), und, während der Fahrer langsam im ersten Gang anfährt, helfen die Mitfahrer durch Schieben. Sobald die Antriebsräder auf dem Gitter oder den Blechen sind, gibt der Fahrer Vollgas, um die höchstmögliche Geschwindigkeit zu erreichen und so über eine grössere Strecke weichen Sandes hinwegzukommen. Ist der Fahrer allein im Wagen, ist es besser, wenn er die Gitter am Fahrzeug befestigt; so kann er das schwierige Stück durchfahren, ohne dass er anhalten muss, um zurückzugehen und das Material wieder zu holen. Ist das Auto jedoch stark beladen, so ist es unnütz, die Gitter am Fahrzeug festzumachen, da sie vom Gewicht des Wagens so tief in den Sand gedrückt werden, dass erneut Einsandungsgefahr besteht.

4.1.2. Sicherheitsregeln in der Wüste

Nachstehend die 6 goldenen Sicherheitsregeln für das Fahren in der Wüste:
— Im Geleit fahren
— Reserven mitnehmen (Wasser, Benzin, Nahrungsmittel)
— Seine Reisestrecke gut kennen und sie andernorts bekanntgeben
— Die Piste nie aus den Augen verlieren
— Nachts nicht fahren
— Niemals das Fahrzeug verlassen.

Pisten in der Sahara: zwei typische Aspekte

Piste auf ▲
hartem Boden
mit Sandstellen

Wellblech ▶

4.1.3. Hilfsaktionen

Die Schwierigkeit einer Sahara-Durchquerung hängt weitgehend von der gewählten Strasse ab. Wenn Sie die Hoggar-Route benutzen und sämtliche Vorsichtsmassnahmen treffen, um gut durch die Wüste zu kommen, brauchen Ihre Angehörigen sich keine Sorgen zu machen. Dagegen gibt es gefährliche Pisten, die nur Reisende wagen sollten, die mit der Fahrtechnik in der Sahara vertraut und bestens ausgerüstet sind, so dass sich die Gefahr auf ein Minimum beschränken lässt. Aus Sicherheitsgründen erlauben die algerische und die sudanesische Regierung das Befahren der als gefährlich bekannten Pisten nur unter gewissen Bedingungen. Sie finden die diesbezüglichen Vorschriften in den entsprechenden Abschnitten dieser beiden Länder.

Welche Piste Sie auch wählen, wäre es in jedem Fall vorsichtig, Ihren Angehörigen und Freunden Ihre Reisestrecke sowie den vermutlichen Tag Ihrer Ankunft in der ersten grösseren Ortschaft bekanntzugeben. Sie könnten auch verabreden, zu telefonieren oder ein Telegramm zu schicken, um den gelungenen Abschluss der Reise zu melden. Ohne Nachricht Ihrerseits wäre es dann die Aufgabe der Angehörigen und Freunde, eine Suchaktion in die Wege zu leiten.

In Algerien müssen Sie sich bei der Verwaltungsbehörde am Ort der Abreise (Sitz der Gemeinde oder Unterpräfektur) melden, welche Ihnen die Durchgangsbewilligung erteilt und die Behörde des Etappenortes avisiert. Diese wird jedoch nur auf ausdrücklichen Antrag vor Antritt der Reise eine Suchaktion einleiten. Wenn Sie von der Piste abgekommen sind, wird Sie niemand suchen.

Im Falle einer Nachforschung oder Pannenhilfe durch Polizei, Rettungskolonnen, Armee und Zivil- oder Militärluftfahrt gehen die oft sehr hohen Kosten zu Lasten des Betroffenen.

Wenn Sie lange auf Hilfe warten müssen, verliert Ihr Körper weniger rasch an Flüssigkeit, wenn Sie sich unter das Fahrzeug legen, in eine Decke einwickeln und weder sprechen noch sich bewegen.

Siehe auch Kap. 3.2. über die Notfall-Ausrüstung.

4.2. Übergang von Flüssen

Die Wüste ist ihrem Wesen nach ein Ort, wo Wasser selten ist. Deshalb sind auch so viele Reisende überrascht, Flüsse derart angeschwollen anzutreffen, dass der Übergang sehr schwierig werden kann. Während der Monate November, Dezember, Januar und Februar sind Regenfälle am Nordrand der Sahara häufig und die Pisten oft unter Wasser; im südlichen Teil der Sahara kommt dies anderseits in den Sommermonaten vor. Ist der Weg durch Wasser abgeschnitten, muss man anhalten und zu Fuss das Terrain erkunden, wo sich die beste Furt befindet. Man gehe in das Wasser hinein, um festzustellen, ob der Boden gleichmässig ist oder ob Steine vorhanden sind, die umfahren werden müssen. Die Ein- und Ausfahrten dürfen nicht zu steil sein, sonst kann das Fahrzeug sie nicht überwinden.

Den Motor abkühlen lassen, um einen thermischen Schock zu vermeiden, der überhitzte Teile beschädigen könnte.

Sobald man die beste Übergangsstelle gefunden hat, ist der elektrische Teil des Fahrzeuges gegen das Eindringen von Wasser zu schützen. Ein guter Trick besteht darin, dass man über den Zündverteiler einen Haushalt-Gummihandschuh stülpt und die Kabel durch die vorher eingeschnittenen Finger führt.

Mit Hilfe von Selbstklebestreifen oder Schnüren werden die Öffnungen wasserdicht gemacht. Den Handschuh kann man belassen, weil er auch gegen Sand schützt. Ist die zu durchquerende Wasserfläche breit und tief, muss man auch das Auspuffrohr verlängern, damit die Gase freien Abgang haben und der Motor nicht erstickt. Zu diesem Zweck schliesst man am äussern Ende des Auspufftopfes einen kräftigen Gummischlauch oder einen unbeschädigten Fahrradschlauch an und befestigt das Ende auf der Höhe des Wagendaches. Ferner ist ein Stück Plastik am Kühlergitter anzubringen, damit kein Wasser zum Motor gelangt. Schliesslich sollte auch der Ventilatorriemen entfernt werden, damit der Propeller nicht Wasser auf den Motor spritzt. Ist die Strömung sehr stark, so durchquert man den Fluss etwas schräg stromaufwärts.

Die Technik des Übergangs hängt von der Beschaffenheit des zu überquerenden Flussbettes ab:

a) Gleichmässiger und fester Boden:

mit Schwung im ersten Gang in die Furt fahren und Gaspedal unten behalten; die Geschwindigkeit durch Schleifen der Kupplung regulieren. Gaspedal nicht loslassen.

b) Ungleichmässiger und weicher Grund:

Vorsichtig im ersten Gang anfahren, soweit möglich beschleunigen und Geschwindigkeit durch Schleifen der Kupplung regulieren. Wenn nötig eher bremsen als gegen Steine stossen oder in ein Loch geraten, wobei Lenkung oder Fahrgestell gründlich verbogen werden könnten. Die überschwemmten Hindernisse durch Stangen oder Mitfahrer markieren.

Auf alle Fälle muss man darauf gefasst sein, während der Durchfahrt festzusitzen und das Fahrzeug schieben zu müssen oder es mit Hilfe einer Winde oder eines ähnlichen Mittels herauszuholen. Mit einem etwa 30 m langen Stahlseil kann man sich durch ein Fahrzeug, das sich am andern Ufer befindet, abschleppen lassen. Besitzt man keine solchen Hilfsmittel, so bleibt nichts anderes übrig, als das Fahrzeug nach und nach mittels Heben (soliden, ungefähr 2 m langen Holzstangen) von der Stelle zu bringen.

4.3. Aufgeweichte Pisten

Das Fahren auf aufgeweichten Pisten ist sehr schwierig. Erreicht man eine Schlammzone, so hält man zuerst am besten an, um den geeigneten Übergang zu wählen. Man fährt mit Vorteil da, wo sich Wasserpfützen gebildet haben (die man zuerst sondiert), denn das Vorhandensein von Pfützen deutet darauf hin, dass der Boden darunter hart genug ist, um das Wasser nicht durchzulassen. Mit Gras bewachsene Stellen sind zu vermeiden, denn gerade da ist der Boden am weichsten und der Schlamm durch das Gras noch viel glitschiger.

Mit Schwung und im zweiten Gang in den Morast fahren und soviel wie möglich Gas geben, jedoch ohne die Räder durchdrehen zu lassen. Sinkt man ein, den Wagen von Hand schieben oder Wagenheber, Entsandungsbleche oder Bretter benützen. Ist solches Material nicht vorhanden, Zweige (wenn möglich blattlos), Stroh oder Steine unterlegen. Beim Anfahren den Wagen kräftig schieben, während der Fahrer langsam einkuppelt und den zweiten Gang einlegt. Es ist auch möglich, den zweiten Gang einzulegen und langsam anzufahren. Sobald die Antriebsräder durchdrehen, ganz schnell den Rückwärtsgang einschalten. Bei mehrmaligem Wiederholen entsteht eine Pendelbewegung, und der Wagen kommt leichter aus dem Schlamm heraus.

Nie hastig im ersten Gang mit viel Gas anfahren. Dies ist absolut zwecklos und führt höchstens dazu, dass sich der Wagen noch tiefer eingräbt.

Bei Überschwemmungen ist davon abzuraten, lange Umwege zu machen, um einen besseren Übergang zu finden, denn auch das Ufergelände der Wasserläufe ist oft nicht mehr befahrbar. Es ist besser, sich mit Geduld zu wappnen und zu warten, bis das Wasser sinkt. Ein feiner Schlamm kann die Furten sehr schlüpfrig machen.

Laterit-Strassen sind bei trockenem Wetter hart und staubig. Bei einem Gewitter verwandeln sie sich fast augenblicklich in wahre Schlittschuhbahnen, wo man sich kaum auf den Füssen halten kann. Rechtzeitig anhalten und zuwarten, bis die Sonne die Strasse wieder getrocknet hat.

4.4. Treibstoff, Verbrauch und Qualität

Bei schwierigem Gelände und namentlich im Sand muss man mit einem viel grösseren Verbrauch rechnen als auf normalen Strassen. Er kann bis zum Doppelten des Normalen gehen; durchschnittlich ist jedoch mit einem zusätzlichen Verbrauch von 50 % zu rechnen. Andrerseits kann es vorkommen, dass eine Tankstelle kein Benzin mehr hat und man noch 200 bis 300 km weiterfahren muss bis zur nächsten (oder 14 Tage warten, bis der Tankwagen vorbeikommt ...).

Beispiel für den Verbrauch eines Land-Rovers, neu, 4-Zylinder-Benzinmotor:

Asphaltstrasse	13—17 Liter/100 km	=	Normalverbrauch = 100 %
Gute, steinige Piste	20—22 Liter/100 km	=	140 % des Normalverbrauchs
Schlechte Sandpiste	25—30 Liter/100 km	=	190 % des Normalverbrauchs

Einige Kniffe:
— Verstopfen eines Loches im Benzintank: ein in grober Haushaltseife (Kernseife) getränkter Wattebausch.
— Ein Tempo «Allegro» bekommt dem Motor am besten bezüglich Schmierung und Kühlung.
— In Afrika ist die Qualität des Treibstoffs oft sehr schlecht (Oktanzahlen siehe Tabelle «Treibstoffe» im 3. Teil des Führers), und es gibt kein Wundermittel, um sie zu verbessern. Man kann höchstens versuchen, das Fahrzeug so einstellen zu lassen, dass es mit qualitativ minderwertigem Treibstoff läuft, was aber nicht immer möglich ist.

5. Ausrüstung der Passagiere

5.1. Kleidung

In Wüstenregionen ist der Temperatursprung zwischen Tag- und Nachtstunden beträchtlich: 36 °C im Durchschnitt tagsüber und 5 °C während der Nacht. Das Klima ist trocken, und oft weht der Wind. Zur Ausrüstung gehören also:
— Kleidungsstücke aus Wolle wie Pullover und Halstücher
— ein guter Schlafsack (wenn möglich mit Daunenfüllung und durchgehendem Reissverschluss, damit man ihn als Decke brauchen kann)
— Sonnenbrille sowie Ersatz-Sonnenbrille
— ein breitrandiger Strohhut oder eine Leinenmütze mit Nackenschutz
— ein leichter Schleier aus einer Art Musselin, um das Gesicht bei Sandsturm oder gegen Staub zu schützen
— leichtes, hohes Leinen-Schuhzeug sowie Lederschuhe für feuchte Gebiete
— eine Nährcreme für Gesicht und Hände sowie eine fette Salbe für die Lippen
— leichte Kleider mit Ärmeln, bügelfrei und in neutralen Farben
— wenn immer möglich Kleider aus Baumwolle wählen.
Es lohnt sich nicht, zu viele Kleider mitzunehmen, da Gewicht immer hinderlich ist. Bevor man ein altes Kleidungsstück wegwirft, denke man daran, dass die Einheimischen es brauchen könnten, also verschenke man es lieber.

5.2. Hygienische und ärztliche Ratschläge
von Dr. med. Boris Adé, FMH für Tropenmedizin, Petit Lancy/Genf.

Die Strecke, die Sie auf afrikanischem Boden durchreisen werden, reicht von der gemässigten mittelländischen Zone bis zu den dürren Sahara-Gegenden mit starken Wärme-unterschieden, dann südlich des 8. Grades nördlicher Breite bis zu den subtropischen, warmen und feuchten Gebieten.

Die Anpassung an derartige klimatische Veränderungen, Verkennung der Gefahr von seltenen, bei uns nicht existierenden Krankheiten, der Mangel an nahegelegener medizinischer Hilfe, machen eine strikte Befolgung der Richtlinien für Hygiene und Ernährung notwendig. Reisen Sie nie in schlechtem Allgemeinbefinden: Ein karieskranker Zahn, eine Stirnhöhlenentzündung, eine einfache Blinddarmentzündung, die Sie nicht beachtet haben, können Ihre Reise verderben. Nur ein Arzt kann das beurteilen.

5.2.1. Impfungen

Die Pocken sind heute unter Kontrolle und auf der ganzen Welt fast verschwunden, können aber immer noch auftreten; Cholera-Epidemien bleiben eine mögliche Gefahr; Typhus und der Paratyphus sind überall anzutreffen; das Gelbfieber verläuft tödlich, es grassiert in ganz Äquatorial-Afrika, ungefähr vom 15. Grad nördlicher Breite bis zum 17. Grad südlicher Breite; Tetanus ist überall häufiger als bei uns, ebenso die Virus-Hepatitis.

Die **Pockenimpfung** (schmerzlos) ist für die Reise obligatorisch.

Diese Impfung, deren Wirkung acht Tage nach einer Erstimpfung und einer Nachimpfung direkt einsetzt, hält 3 Jahre an. Sie wird im «Internationalen Impfzeugnis» eingetragen, das Sie vom Kantonsarzt unterschreiben lassen müssen. Diese Zeugnisse sind bei den TCS-Geschäftsstellen in der Schweiz und in den Impfzentren der anderen Länder erhältlich.

Die **Cholera-Impfung** ist nur 6 Monate gültig. Falls der Aufenthalt in der endemischen Zone länger andauert, muss sie wiederholt werden. Ihre Gültigkeit beginnt 6 Tage nach einer Erstimpfung (2 Einspritzungen im Abstand von 15 Tagen). Diese Impfung bringt nur eine teilweise Immunisierung und Vorsichtsmassnahmen sind am Platz.

Die **Gelbfieber-Impfung** wirkt 10 Jahre. Es ist nur eine einzige Einspritzung nötig. Die Schutzwirkung setzt nach 10 Tagen ein. Diese Impfung darf nur vom Kantonsarzt vorgenommen werden.

Siehe Liste der Impfzentren im Kap. 5.2.6.

Typhus-, Paratyphusimpfung A und B (T.A.B.). Je nach der vor der Abreise zur Verfügung stehenden Zeit können verschiedene Impfarten vorgenommen werden. Hat man $2^1/_2$ Monate vor sich, empfehlen wir die kombinierte TAB/Anti-Tetanusimpfung mit 3 Einspritzungen innerhalb 3 bis 5 Wochen.

Stehen nur 15 bis 20 Tage zur Verfügung, kommt nur die TAB-Impfung mit 3 Einspritzungen innert 5 bis 8 Tagen in Frage.

Von einer Schluckimpfung raten wir ab, da ihr Schutz weniger wirksam ist.

Die Dauer der Schutzimpfung beträgt 6 bis 12 Monate. Nach dieser Zeit ist eine Nachimpfung unerlässlich, wenn der Aufenthalt in der verseuchten Zone länger dauert.

Anti-Tetanus-Impfung: Dauer der Wirksamkeit annährend 10 Jahre. Je nach Impfart 2 bis 3 Injektionen innerhalb 3 bis 5 Wochen. Eine Nachimpfung verstärkt den Schutz der Erstimpfung, falls eine Verletzung mit Starrkrampfgefahr entsteht und die Impfung auf 10 Jahre zurückgeht. Wenn Sie also bereits gegen Tetanus geimpft sind, genügt eine einzige Nachimpfung.

Falls die Tuberculin-Probe negativ ausfällt, empfiehlt sich die **Impfung gegen Tuberkulose BCG** (Bazillus Calmette et Guérin), besonders für Kinder und junge Erwachsene. Diese Impfung ist erst nach ungefähr 3 Monaten voll wirksam, muss also lange vor der Abreise vorgenommen werden.

Die **Impfung gegen Kinderlähmung** ist ebenfalls sehr zu empfehlen, nicht nur für Kinder, sondern auch für Erwachsene.

Bei **Virus-Hepatitis** (oder infektiöser Gelbsucht) geht es nicht um eine herkömmliche

Impfung, sondern um die Einspritzung eines Immun-Globulins (Globuman Berna). Der Schutz beträgt 4 bis 5 Monate und ist zu wiederholen, wenn die Infektionsgefahr andauert.

Wichtig: Benachrichtigen Sie Ihren Arzt 3 Monate vor der Abreise, damit er sämtliche erforderlichen Impfungen und eine Generaluntersuchung vornehmen kann. Die Impfungen werden im «Internationalen Impfzeugnis» eingetragen (beim TCS erhältlich). Legen Sie es Ihrem Pass bei, damit Sie es im Laufe der Reise immer ohne weiteres vorweisen können.

5.2.2. Chemischer und medikamentöser Schutz

Die Malaria ist überall da, wo die Anopheles-Mücke, der Überträger, anzutreffen ist, d.h. in ganz Afrika ausserhalb der Wüstenzonen und Südafrikas. Die Mittelmeerküsten, das Niltal, ganz Zentralafrika im Süden vom 20. Grad nördlicher Breite bis an die Grenze der Südafrikanischen Republik. Madagaskar und Zanzibar sind gefährdete Zonen, wo die regelmässige Einnahme von Anti-Malaria-Medikamenten unerlässlich ist. Einige Formen dieser Krankheit können tödlich verlaufen.

Die Enteritis (Durchfall) auf Grund einer Veränderung der gewöhnlichen Darmflora, ist häufig. Keine Impfung schützt davor, und die vorbeugende Einnahme von Anti-Diarrhöe-Medikamenten kann sich als nützlich erweisen. Es ist jedoch zweckmässig, eine Verstopfung zu vermeiden, die die Entwicklung von Parasiten oder Amöben im Darm begünstigen könnte.

Insektenstiche sind mehr oder weniger von der Anziehungskraft abhängig, die Sie auf Insekten ausüben. Die regelmässige Einnahme von Vitamin B complex, absolut unschädlich, verändert den Geruch Ihrer Haut und hält die Insekten fern.

Was die Schlafkrankheit (Trypanosomiasis) betrifft, so gibt es ein chemisches Schutzmittel zur intramuskulären Injektion, deren Wirkung 6 Monate andauert. Es wird eingeschänkter Gebrauch in stark betroffenen Zonen davon gemacht.

5.2.3. Hygienemassnahmen

Sie helfen weitere Übel einzuschränken, für die es weder einen Impf- noch einen Medikamentenschutz gibt.

a) Krankheiten durch Wasser hervorgerufen (siehe Kap. 5.4.).

Nicht gefiltertes oder behandeltes Trinkwasser, Eiswürfel ohne Kontrolle zubereitet, sind eine Hauptquelle der Ansteckungsgefahr, da meist beschmutzt durch tierische oder menschliche Fäkalien.

Früchte, Salate usw., mit solchem Wasser gewaschen, spielen dieselbe Rolle in der Verbreitung der Krankheiten.

Eine andere sehr gefährliche Krankheit ist die Bilharziose oder Schistosoma, stark in Afrika und auf den benachbarten Inseln verbreitet.

Die Larven (gebunden an die Anwesenheit eines Zwischenwirts, einer Wasserschnecke, die auf Algen lebt) können beim Baden sehr schnell durch die Haut in den Organismus eindringen und in Blase und Darm wandern. Nach einer Reifezeit von etwa 3 Monaten legen sie ihre Eier ab, was eine Blutung aus Blase oder Darm auslöst, je nach Art der Larve.

Das Baden ist eventuell in tiefen Gewässern, weitab vom Ufer, möglich (aber da: Vorsicht vor Krokodilen), oder in fliessenden Gewässern mit starker Strömung, wo sich keine Pflanzenwelt entwickeln kann.

b) Krankheiten, von Insekten übertragen (siehe Kap. 5.1. Kleidung)

sind häufig in Afrika und von grösserer Wichtigkeit.

Erwähnen wir Malaria und das Gelbfieber, die Filariose, die Leishmaniose, die

Trypanosomiasis (die Schlafkrankheit, übertragen von der Tsetsefliege), die Rickettsiosen und das Rückfallfieber (Febris reccurens), von Zecken oder Flöhen übertragen; das Dengue-Fieber, das eine Mücke zum Urheber hat. Insekten fernhalten durch abstossende Mittel, Abtöten mit Insektensprays, passende Kleidung und Schlafen unter einem Moskitonetz.

Für alle anderen Krankheiten dieser Art gibt es keinen anderen Hinweis, als Insektenstiche und -bisse zu meiden, die häufiger werden, je weiter Sie sich von den Ansiedlungen entfernen.

c) Infektionskrankheiten,

d. h. durch Direktübertragung hervorgerufen (Haut- oder Schleimhautläsion, Auswurf) kann man meiden. Den bedeutendsten Rang haben die Geschlechtskrankheiten, die bei uns wohl bekannt, doch in Afrika weit mehr verbreitet sind.

Ein zweites Risiko sind die Hautparasiten, indirekt durch unsaubere Kleidung und Decken übertragen, wie Krätze (Skabies), Flöhe und Mykose.

Geringe Gefahr für Reisende sind Lepra und Pian, die nur auf Grund einer langen Ansteckungsperiode gefährlich werden.

d) Krankheiten durch Lebensmittel hervorgerufen.

Wir haben schon solche genannt, die durch Wasser in Getränken hervorgerufen werden, und unterstreichen, wie wichtig es ist, das Wasser zu filtern oder zu behandeln, die Nahrungsmittel zu kochen und Rohkost zu meiden (Salat, ungeschälte Früchte); ausserdem alles, wo die Zubereitung suspekt ist, wie Eiswürfel, Eiscreme, kalte Sossen und Mayonnaise, indem man sich bei jeder Gelegenheit an Mineralwasserflaschen hält, deren Kapseln Sie nach Kontrolle selbst öffnen.

Fleisch, Fische, Krustentiere und Schlangen können Träger von gefährlichen Parasiten sein. Bandwürmer oder deren Verwandte findet man in Rind- oder Schweinefleisch, den Dibothriocephalus in Fischen, bestimmte Saugwürmer (Trematodes) im Krabbenfleisch und anderen Krustentieren, Sparganosen im Fleisch von Reptilien oder Lurchen usw.

Ausreichendes Kochen ist die einzige Möglichkeit, vorhandene Parasiten abzutöten.

e) Vom Klima abhängige Störungen (siehe Kap. 5.3. und 5.1. Kleidung).

Sonnenschutz: Ein Sonnenstich in Wüstenländern ist ernst zu nehmen, da ein grosser Wasser- und Salzverlust durch Ausschwitzen entsteht.

Die arabischen Nomaden schützen sich, indem sie dicke Burnusse mit Kapuzen tragen. Nehmen Sie zusätzlich eine Sonnenbrille mit Filter für ultraviolette Strahlen (evtl. fotochromatische Gläser), eine Creme mit absolutem Hautschutz ins Gepäck und im voraus Salz zu sich, das das Wasser im Körper bindet.

Bei einem Hitzschlag wird der Kranke in den Schatten gelegt, den Kopf etwas niedriger. Man erfrischt ihn mit feuchten Kompressen. Kein Getränk reichen in bewusstlosem Zustand. Die Flüssigkeit kann in die Lungen eindringen. Man kann ihm ein wiederbelebendes Mittel intramuskulär injizieren, wie Coramin, das den Kreislauf unterstützt. Ist der Kranke wieder bei Bewusstsein, verabreicht man ihm süssen Kaffee, Tee oder Saft; nur Alkohol ist ausdrücklich untersagt.

In tropischen Zonen ist der Sonnenstich weniger häufig, infolge der hohen Luftfeuchtigkeit. Letztere erlaubt keine so hohe Ausdünstung der Haut, anderseits ist die Gefahr für Hautinfektionen und Mykose speziell in den Leisten und an den Füssen grösser. Dagegen wehrt man sich durch Sauberkeit, wiederholte Waschungen und Bäder. Man benutzt einen gleichzeitig desinfizierenden und antimykotischen Puder. Es ist undenkbar, barfuss oder in offenen Sandalen zu gehen, selbst die Bodenbeläge in Hotels und Schwimmbädern sind suspekt.

Sie können ausser Fusspilzen auch noch Sandflöhe auflesen, deren Weibchen ihre Eier in die Haut, mit Vorliebe der Zehen, legen.
Tragen Sie geschlossene Schuhe, die Sie jeden Morgen beim Aufstehen kräftig ausschütteln. Ein Skorpion, eine Spinne oder eine Schlange könnte darin Unterschlupf für die Nacht gesucht haben.

5.2.4. Krankheiten und Medikamente (unter Vorbehalt und mit dem Einverständnis Ihres Arztes)

Malaria

Chemischer Schutz: Einige Arten von Malaria-Plasmodien sind resistent gegen ein oder das andere gebräuchliche Mittel (in Afrika weniger als in Asien und Südamerika). Für mehr Sicherheit verschreiben wir zwei unterschiedliche Medikamente: Nivaquine 100 mg 1 Tbl. pro Tag (oder gleichbedeutend das Resochine 250 mg $^1/_2$ Tbl. pro Tag) und Daraprim 25 mg 1 Tbl. pro Woche. Fansidar, 1 Tbl. pro Woche, kann Nivaquine ersetzen. Bei dem kleinsten Verdacht auf eine Schwangerschaft ist die Einnahme absolut verboten, ebenso von Daraprim. Bei einer Schwangeren beruht der chemische Schutz nur auf Nivaquine. Während eines Malariaanfalls wird Nivaquine eingenommen: 3×2 Tabletten pro Tag während 2 Tagen, 3×1 Tablette pro Tag während der zwei folgenden Tage und zum Schluss 2×1 Tablette pro Tag an den 5 folgenden Tagen. Ohne Gravidität wirkt Fansidar mit einer einmaligen Einnahme von 3 Tabletten.
Die Anti-Malaria-Behandlung beginnt 1—2 Wochen vor Ankunft in verseuchten Gebieten und dauert noch 6 bis 8 Wochen nach der Rückkehr.
Mückenabwehr: Als Abwehr der Haut gibt es Flype 1 ICI, Aerolido XEX, Kik usw. Wir haben die Abwehr durch Einnahme von Vitamin B complex in Form von Becozyme forte, 3 Tbl. pro Tag, geprüft. Als Insektenspray erwähnen wir Toxical mit sofortiger Wirkung und Neocide als Puder.

Durchfallerkrankungen

Allein der Arzt, auf Grund von Analysen, kann eine Diagnose stellen, welcher Art die Ansteckung ist.
Es kann sich um eine einfache Enteritis (Touristen-Durchfall) oder eine Diarrhöe des Reisenden handeln, die man leicht durch die Einnahme von Lyspafen, 3×2 Tabletten pro Tag, und Carbolevure, 3 Kapseln pro Tag, reguliert.
Wird dieser Durchfall zu häufig, fieberhaft, begleitet von blutigem Schleim und Koliken, so kann es sich um eine Bazillen- oder Amöbenruhr handeln, deren ernste Komplikation der Schock durch Deshydratation und Verlust von Mineralsalzen ist.
Das Aufsuchen eines Arztes wird dringend. Ist er nicht erreichbar, so schlage ich eine Behandlung vor, die beide Formen der Krankheit deckt — unter anderem Lyspafen, schon erwähnt, ein Antibiotikum mit grossem Spektrum wie Clamoxyl 375 mg, 3—4 Kapseln pro Tag, oder Minocin 100 mg, 3 Tbl. pro Tag, mit einem Ambicide wie Fasigyne 500, 3 Tabl. pro Tag, oder Tiberal 500, 2—3 Tbl. pro Tag, während 4 bis 5 Tagen; das alles, während der Kranke reichlich trinkt, um ein Austrocknen zu vermeiden.

Infektionen

Die beiden oben genannten Antibiotika, Clamoxyl und Minocin, sind durch ihre Vielfalt praktisch bei jeder Infektion geeignet. Nicht erreicht werden damit Tuberkulose und Lepra und einige Virus-Infekte, wie das Lassa-Fieber, das in Nigeria gewütet hat.
Bactrim forte, 2 Tbl. pro Tag, das häufiger gebraucht wird, ist ein ebensoguter Schutz gegen Infektionen; gleichwohl gegen Bronchitis und Lungenentzündung, Infektionen im Uro-Genital-Bereich, wie auch des Magen- und Darmtraktes. Bei Leberleiden oder einer Schwangerschaft ist es zu meiden.

Bei sehr hohem Fieber, ohne dass es möglich ist, den Urheber zu bestimmen, kann es sich um eine Infektion oder Malaria oder auch beides handeln. Es ist ratsam (immer ohne die Möglichkeit eines Arztes), die Behandlung zu koppeln: gegen Infektionen mit Antibiotika und gegen Malaria mit Fansidar oder Nivaquine, als Beigabe fiebersenkende Mittel wie Aspirin oder Sandofebril.

Die Begleiterscheinungen von Infektionskrankheiten werden nach ihrer Art behandelt:
Hustenmittel: Triatussic 3×2 Tabletten pro Tag
gegen Angina: Mebucaïne-Pastillen zum Lutschen
gegen Muskel- und Gelenkschmerzen: Rheumacalm forte, 3×1 Tablette täglich
gegen Erbrechen: Marzaine oder Dramamine, 1 Tablette alle 6 Stunden
gegen Koliken: Buscopan comp. 3×1 bis 2 Dragées täglich
gegen Konjunktivitis: Collypan steril als Augentropfen
gegen Haut- und Wundinfektionen: Furacine-Puder und flüssiges Merfen orange.

Allergien und Hautschutz

Allergische Reaktionen auf Insektenstiche, Pflanzen, Einatmen von Blütenstaub oder Staub, unverträgliche Nahrung, Parasiten im Gewebe sind von einem Individuum zum anderen sehr verschieden. Empfindliche Menschen zeigen Nesselfieber, allergische Ödeme (Quinck-Ödem), Asthma und Schnupfen mit Konjunktivitis, manchmal sogar eine Art Ekzeme. In diesen Fällen kann die Einnahme von einem Antihistaminikum wie Tavegyl, 3×1 Tablette täglich, oder Benadryl 25 in gleicher Dosierung und Corticoiden wie Prednisone 5, 3 Tabletten pro Tag, unentbehrlich sein.

Ist es eine allergische Hautreaktion, so behandeln Sie lokal mit cortisonhaltigen Cremes oder Lösungen: Locacorten, Betnovate oder Nerisona usw. nimmt den Juckreiz. Zur Vorbeugung kann man eine isolierende Schutz-Emulsion, Cophasil, verwenden. Sich der Sonne aussetzen (siehe Kap. 5.2.3.e Störungen, Faktor Klima) kann richtige Verbrennungen hervorrufen. Man schützt sich durch einen Creme-Filter vom Typ Ilrido oder Contralum.

Feuchtigkeit, Hitze und vermehrte Transpiration führen zu einer Auswässerung der Haut im Bereich der Falten, in den Leisten, unter den Armen, im Reibungsbereich der Innenseite der Oberschenkel und der Füsse, isoliert in festen Schuhen, vermehrt sich die Gefahr von Infektionen und Mykose (Pilzen und Parasiten). Zur Vorbeugung sind Sauberkeit und eventuell desinfizierende Seife Challet Nr. 7 notwendig.

Gefährdete und befallene Stellen pudert oder cremt man mit einem desinfizierenden Anti-Mykosemittel ein, wie Pevaryl, Exomycol-Gel oder Mykantosoft-Pasta. Gegen Mazeration der Füsse nimmt man Creme wie Protex oder Antihydral und Bäder mit Kaliumpermanganat-Lösung.

Gifttiere

Schlangen haben alle die Tendenz, zu fliehen, ausser der sehr faulen Horn-Viper (Bitis gabonica). Ein wenig Aufmerksamkeit genügt, um sie zu meiden.

Im Falle einer Bisswunde ist es unnütz, die Wunde auszusaugen. Das Gift wird 5 mm unter der Haut eingespritzt. Ideal ist nur die Injektion von einem der Schlangenart entsprechenden Anti-Serum.

Man kann es im Institut Pasteur in der Société Biokema SA, route de Crissier 42, CH-1023 Crissier, Tel. 021/34 28 45, bestellen.

Ist kein Serum vorhanden, so kann man das Gift durch Oxydation zerstören, indem man die Bisswunde kreuzweise einschneidet und mit Kaliumpermanganat-Kristallen füllt (ist sehr schmerzhaft), oder durch Erhitzen auf 60°. Man leert die Pulver einer Jagdpatrone auf die Wunde und zündet es an. Danach heilt man die Brandwunde!

Skorpione: Der grosse schwarze Skorpion, aus dem Sahara-Bereich, ist der gefährlichste. Die Einspritzung des Anti-Serums und eines Antihistaminikums (Tavegyl usw.) ist wünschenswert. Der grosse schwarze Skorpion wird durch den Geruch der Füsse angezogen. Wenn man auf den Sahara-Etappen auf dem Boden schläft, kann man sich als Vorsichtsmassnahme die Füsse in Plastiksäcke stecken, die man auf Wadenhöhe dicht festmacht.

Andere nicht speziell tropische Übel:

Übelkeit durch Transport (Auto-, Flug- und Seekrankheit).
Die Einnahme von Marzine oder Dramamine, 1 Tablette alle 6 Stunden, indem man 1 Stunde vor Abfahrt damit beginnt, genügt.
Müdigkeit gegen Ende der Reise oder bei Nacht kann sehr gefährlich sein und zu Unfällen führen. Die gelegentliche Einnahme von Amphetaminen wie Dexedrine spansules, 15 mg, ist zu bevorzugen. Es hilft gegen Müdigkeit und erhöht Ihre Aufmerksamkeit.
Bei Verdauungs-, Schlaf- oder Blutdruckstörungen nehmen Sie Ihr gewohntes, von Ihrem Arzt verschriebenes Mittel.

5.2.5. Zusammensetzung der Reiseapotheke

In erster Linie ist für schwere Unfälle eine Erste-Hilfe-Tasche notwendig. Inhalt:
1 Verbandschere
2 Verbandklammern
5 Sicherheitsnadeln
1 elastischer Schnellverband 6 cm breit
3 elastische Schnellverbände 6 × 10 cm
2 Gazebinden 6 × 4 cm
4 Gazebinden 8 × 4 cm
2 Dreiecke
1 Plastikfolie 1 × 1 m
5 sterile Kompressen 10 × 10 cm
6 Verbandschachteln 6 × 8 cm
4 Verbandschachteln 20 × 20 cm
1 Meter Klebeband für die Befestigung des Verbandes, 2 cm breit
1 elastische Binde 8 cm breit, Länge 5 m
1 Verbandstoff für Verbrennungen 60 × 80 cm
1 Verbandschachtel für Verbrennungen, Kompressen 350 × 450 mm
1 Anleitung für Erste Hilfe.

Medikamentenliste:

Diese Liste ist von Ihrem Arzt zusammenzustellen. Die genannten Medikamente sind nur Beispiele: Es gibt andere Mittel mit gleicher Wirkung, die ebenso wertvoll sind. Die Menge ist abhängig von der Art und der Dauer der Reise. Ihr Arzt kann das beurteilen. Anderseits wurde unser Text zuhanden von Nichtmedizinern abgefasst. Unsere Ratschläge und das Heilmittel-Assortiment machen aus Ihnen noch keinen Arzt. Sie sollen Ihnen nur Unannehmlichkeiten ersparen und — im schlimmsten Fall — helfen, die dringensten Massnahmen vorzunehmen, bevor ein ärztlicher Hilfsposten erreicht werden kann.

5.2.6. Adressen der Impfzentren gegen Gelbfieber

In der Schweiz

4051 Basel	Schweiz. Tropeninstitut, Socinstrasse 57, Tel. 061/23 38 96
3010 Bern	Inselspital, medizinische Poliklinik, Freiburgstrasse 3, Tel. 031/64 25 25
1204 Genf	Institut d'Hygiène de l'Université, Quai du Cheval-Blanc 2, Tel. 022/43 80 75

1005 Lausanne	Policlinique mécidale et universitaire, Rue César-Roux 19, Tél. 021/20 24 41
6004 Luzern	Kantonsspital, hyg.-mikrobiol. Institut, Spitalstrasse, Tel. 041/25 11 25
9000 St. Gallen	Institut für medizinische Mikrobiologie, Frohbergstrasse 3, Tel. 071/26 35 55
8006 Zürich	Institut für Sozial- und Präventivmedizin, Gloriastrasse 32 B, Tel. 01/32 68 04 oder 229 26 06, ab 18.3.80: 01/257 26 26 oder 257 26 06

8058 Zürich Flughafen Kloten: Swissair, Ärztlicher Dienst, Schulgebäude A

In Deutschland

Aachen	Abt. Med. Mikrobiologie der techn. Hochschule
Baden-Baden	DRK Blutspenderdienst
Berlin	Robert-Koch-Institut des Bundesgesundheitsamtes Landesimpfanstalt mit tropenmedizinischer Beratungsstelle, Berlin 30, Ansbacher Strasse 1 Bezirksamt Tiergarten, Gesundheitsamt
Bochum	Hygiene-Institut der Ruhr-Universität
Bonn	Hygiene-Institut der Universität Bonn, Venusberg, Auswärtiges Amt, Impfstation
Brake	Staatliches Gesundheitsamt, Wesermarsch
Bremen	Leiter des Hafengesundheitsamtes, Überseehafen
Bremerhaven	Leiter des Hafengesundheitsamtes
Dortmund	Städtisches Gesundheitsamt
Düsseldorf	Institut für Hygiene der Universität Landesimpfanstalt
Duisburg	Gelbfieber-Impfstation, Dr. W. Altvater, Landfermannstr. 1
Emden	Hafenarzt
Essen	Institut für Hygiene und Arbeitsmedizin des Universitäts-Klinikums
Frankfurt a. M.	Hygiene-Institut der Universität, Paul-Ehrlich-Strasse 40
Freiburg i. Br.	Hygiene-Institut der Universität
Gelsenkirchen-Buer	VEBA-Chemie AG
Giehsen	Hygiene-Institut, Zentrum für Ökologie der Universität Giehsen
Göttingen	Virologische Abtlg. des Hygiene-Instituts der Universität
Hagen	Dr. Walburga Spannaus, Grabenstrasse 35, Tel. 2 90 80
Hamburg	Dr. Lothar Berg, Ballindamm 25 Hafenärztlicher Dienst, Seewartenstrasse 9 a Bernhard-Nocht-Institut für Schiffs- und Tropenkrankheiten Impfanstalt, Hinrichsenstrasse 1 Dr. Kurt Sievers, Vorsetzen 49 Dr. H. Herrmann, Kapstadtring 2 Dr. A. Melenkeit, Johannisbollwerk 6

Hannover	Staatliches Medizinaluntersuchungsamt
Hannover-Kleefeld	Institut für Mikrobiologie der Medizinischen Hochschule, Virologische Abteilung
Heidelberg	Institut für Tropenhygiene und Öffentl. Gesundheitswesen am Südasien-Institut der Universität, Neue Schlossstr. 3
Kiel	Hygiene-Institut der Universität Schiffahrtsmedizinisches Institut der Marine
Koblenz	Institut für Wehrmedizin und Hygiene (Ernst-Rodenwald-Institut)
Köln	Dr. G. Wiegand, Neumarkt 15—21, Tel. 23 39 51 Institut für Virologie der Universität
Krefeld	Hygiene-Institut, Impfstation
Mainz	Hygiene-Institut der Universität
Marburg	Hygiene-Institut der Universität
München	Dr. F. Frühwein, Briennerstr. 11, Tel. 22 35 23 Dr. Karl Herligkoffer, Plinganser Str. 120 a, Tel. 723 21 09 Dr. Emil Holthausen, Graf-Lehndorff-Str. 11, Tel. 90 70 37 Institut für vergleichende Tropenmedizin der Universität, Leopoldstr. 5, Tel. 33 33 22 Kinderpoliklinik der Universität, Pettenkoferstr. 8 a Kinder- und Poliklinik der Technischen Universität, Kölner Platz 1 Max-von-Pettenkofer-Institut für Hygiene und Medizinische Mikrobiologie der Ludwig-Maximilians-Universität Prof. Dr. H. Stickl, Am Neudeck 1 (Landesimpfanstalt), Tel. 66 20 81 Dr. E. Holzer, Kölner Platz 1, Tel. 3801-601 Dr. P. N. Kessler, Kornweger Str. 3, Tel. 74 45 58 Dr. E. Sommerfeld, Dachauer Str. 90, Tel. 5 20 71
Münster	Hygiene-Institut der Universität
Nürnberg	Dr. Rudolf Hirsch, Königstrasse 32 Hygienisches Institut der Stadt Nürnberg, Flurstr. 17
Oldenburg	Landes-Hygiene-Institut
Saarbrücken	Staatliches Institut für Hygiene und Infektionskrankheiten, Malstatter Strasse 17
Stuttgart	Deutsches Rotes Kreuz, Unfallrettungsdienst, Heilmann-strasse 7, Tel. 28 31 21
Tübingen	Tropenheim, Paul-Lechler-Krankenhaus Tropenmedizinisches Institut der Universität, Wilhelmstr. 11
Ulm	Zentrum für innere Medizin und Kinderheilkunde, Tropenmedizinische Beratungsstelle
Wilhelmshaven	Dr. P. Köbke, Ölhafen
Wuppertal-Elberfeld	Farbenfabriken Bayer AG, Ärztliche Abteilung, Impfstation
Würzburg	Missionsärztliche Klinik, Tropenabteilung, Salvatorstr. 7 Institut für Hygiene und Mikrobiologie der Universität

In Österreich:

6900 Bregenz	Amt der Vorarlberger Landesregierung, Abteilung medizinische Angelegenheiten, Montfortstrasse 12, Tel. 05574/24541
7001 Eisenstadt	Amt der Burgenländischen Landesregierung, Abteilung Gesundheitswesen, Freiheitsplatz 3, Tel. 02682/2551
8010 Graz	Amt der Steiermärkischen Landesregierung, Abteilung Gesundheitswesen, Joanneumring 18/1, Tel. 0316/8310
6020 Innsbruck	Amt der Tiroler Landesregierung, Abteilung Gesundheitswesen, Landhaus Maria-Theresien-Strasse 43, Tel. 05222/22731
9020 Klagenfurt	Amt der Kärntner Landesregierung, Landessanitätsabteilung, Kelag-Hochhaus Arnulfplatz 2, Tel. 04222/33603
4020 Linz	Amt der Oberösterreichischen Landesregierung, Abteilung Sanitätsdienst, Harrachstrasse 16, Tel. 0732/584
5020 Salzburg	Amt der Salzburger Landesregierung, Landessanitätsdirektion, Pfeifergasse 7, Tel. 06222/41561
1013 Wien	Amt der Wiener Landesregierung, Magistratsabteilung 15 (Gesundheitsamt), Gonzagagasse 23, Tel. 0222/6614
1014 Wien	Amt der Niederösterreichischen Landesregierung, Landessanitätsdirektion (GS), Herrengasse 11, Tel. 0222/63 57 11

5.3. Lebensmittel

Lebensmittel sollen in ausreichender Menge mitgenommen werden. Auch für eine blosse Durchquerung der Sahara ist ein Notvorrat für 2 Tage unerlässlich.

Lebensmittel, die lange und mit viel Wasser gekocht werden müssen, eignen sich nicht für die Wüste. Eventuell ist mehr als gewöhnlich zu salzen, da der Körper in der Wüste mehr Salz verlangt.

Es empfiehlt sich eine abwechslungsreiche und kraftspendende Kost. Bei längerem Aufenthalt in der Wüste müssen zusätzlich auch Mineralsalze und Vitamine (z.B. Supradyn) eingenommen werden.

In den Städten findet man Einkaufszentren mit jeder Art von Lebensmitteln. In kleineren Orten ist das Angebot meist beschränkt. Konserven sind teuer, wiegen schwer und nehmen viel Platz ein.

Wenn man neben den üblichen Einkäufen auch noch für einen kleinen Vorrat an Teigwaren, Reis, Tomatensauce, Büchsenfleisch, Suppenkonserven, Bouillonwürfel, Sardinen, Marmelade usw. sorgt, lassen sich die Menüs angenehm variieren. Man denke auch an kleine Extras, die zuweilen der guten Stimmung zuträglich sein können, wie Kaffee oder Milch (in Pulverform).

Auf den einheimischen Märkten findet man Gemüse, Früchte und Fleisch für wenig Geld. Oft sind auch fertige Gerichte zu kaufen, bestehend aus Hirse, Maniok, Reis oder Mais, vermischt mit Schaf-, Ziegen- oder Hühnerfleisch.

Siehe auch Kap. 5.2.4, Krankheiten und Medikamente.

5.4. Wasser

Das Wasser (abgesehen von demjenigen, das für die Motorkühlung bestimmt ist) wird in der Wüste unsere wichtigste Überlebensgrundlage. Bedenken Sie, dass der Mensch keine Möglichkeit besitzt, die Menge des im Körper enthaltenen Wassers zu regulieren. Der Körper verliert in der Sonne bei einer Temperatur von $50\,°C$ ungefähr einen Liter Wasser pro Stunde. In wenigen Stunden bewirkt dieser Wasserverlust eine grosse Schwäche und kann innerhalb von 1 Tag zum Tod führen. Die Höchsttemperatur kommt allerdings nur im Sommer vor; im Winter ist die Temperatur niedriger und die Aussicht eines Überlebens entsprechend länger (vielleicht 2 Tage). Sogar mit einer täglichen Ration von 3 Litern Wasser wird der Tod in weniger als einer Woche eintreten.

Bei normalen Verhältnissen muss man pro Person mit einem täglichen Verbrauch von 5 Litern rechnen sowie eine Reserve von 10 bis 20 Litern pro Kopf vorsehen. Bei harter Arbeit in der Sonne bedarf es leicht 14 bis 16 Liter.

Pro Fahrzeug muss ferner eine Reserve von 20 Litern für das Kochen und für Körpererfrischung vorhanden sein.

Und schliesslich muss für einen Motor mit Wasserkühlung mindestens der Inhalt eines Kühlers als Reserve mitgenommen werden.

Das Wasser kann in Flaschen oder Dosen gekauft werden. In einer Camping-Box kann man es kühlhalten, indem man diese über Nacht offen gegen den Wind stellt. Man kann das Wasser auch in einer «guerba» (Schlauchtasche aus Tierfell) mitführen und diese aussen seitwärts am Fahrzeug befestigen, wo das Wasser durch den Fahrtwind und die Verdunstung auf ungefähr 14 ° gehalten werden kann.

Unterwegs darf man nicht zu sehr auf die Wasserstellen zählen, die auf den Karten angegeben sind. Sie sind zwar vorhanden, jedoch schwer zu finden, da sie meistens nicht gut bezeichnet sind. Die Brunnen sind oft sehr tief; man braucht ein Gefäss und ein langes Seil (bis 130 m Länge). Der Zugang zu den Wasserstellen ist oft gefährlich. Schliesslich möchten wir noch sagen, dass das Wasser der Brunnen verunreinigt sein kann oder auch salzig, brackig, bitter (magnesiumhaltig) oder, was noch schlimmer ist, gar nicht vorhanden...

In den meisten von Ihnen durchreisten Ländern ist das Trinkwasser verdächtig und sollte nicht ohne vorherige Behandlung getrunken werden. Halten Sie sich deshalb an die in verkapselten Flaschen verkauften Mineralwasser (auch zum Zähneputzen). Die zusätzliche Ausgabe ist gering und jedenfalls kleiner als spätere Behandlungskosten.

Wenn Sie campieren, werden Sie nicht immer Flaschenwasser finden. Die beste Lösung ist dann das Desinfizieren mittels Hydroclonazon Daufrene-Tabletten. Zerdrücken Sie eine Tablette pro Liter Wasser, rühren Sie um und warten Sie 5 Minuten. Nach dieser Zeit ist das Wasser frei von jeglichen Mikroben und trinkbar. Das Hydroclonazon verleiht frisch zubereiteten Getränken nur wenig Nebengeschmack.

Für die Filtrierung verschmutzten Wassers empfehlen wir den Katadyn-Filter. Er ist so klein, dass er in einer Kleidertasche Platz hat. Er funktioniert wie eine Velopumpe und liefert pro Minute ungefähr dreiviertel Liter filtrierten und sterilisierten Wassers. Nach Gebrauch kann der Filter in kurzer Zeit ohne Verwendung eines besonderen Produktes gereinigt werden.

Die Firma Katadyn stellt auch unter der Marke Micropur Desinfektionstabletten her, die absolut geschmacklos sind.

Mikropur muss mit dem zu behandelnden Wasser mindestens 1 Stunde in Kontakt sein. Es ist erhältlich in Form von Pulver oder Tabletten und kann nur zur Desinfizierung von klarem Wasser verwendet werden.

In tropischen und subtropischen Gebieten, wo häufig Amöben und Bilharziose vorkommen, ist dem Katadyn-Filter unbedingt der Vorzug vor andern Produkten zu geben, weil sowohl die Amöben als auch die Bilharziose allen chemischen Desinfektionsmitteln gegenüber resistent sind, während sie durch das mechanische Filtrierungssystem der Katadyn-Filter absolut sicher eliminiert werden.

Katadyn-Produkte sind beim Hersteller und in einigen Sportgeschäften und Apotheken zu finden. In der Anzeige sind einige Adressen angegeben.

Es gibt zudem noch ein Modell eines einfachen Filters mit der Markenbezeichnung Filopur touristic. Diese Ausführung ist jedoch eher ein Gerät für Notfälle; seine Patronen werden bei der Filterung von trübem Wasser wahrscheinlich schnell verschmutzt sein und müssen ausgewechselt werden. Er ist allerdings billig und könnte für die Erfordernisse eines kurzen Afrika-Trips genügen.

5.5. Camping-Ausrüstung

Die Camping-Ausrüstung muss einfach und robust sein, das Zelt stabil und schnell aufzustellen.

5.5.1. Camping-Zelte

In Afrika ist das Zelt von wenig Nutzen. Sobald man die tropischen Zonen erreicht hat, kann man wegen der Feuchtigkeit und den Insekten nicht mehr direkt auf dem Boden schlafen.
Nimmt man dennoch ein Zelt mit, so soll es leicht, schnell aufzustellen, schnell wegzuräumen und platzsparend sein. Ein Nylonzelt trocknet nach dem Regen schneller, ein Baumwollzelt nimmt die Hitze weniger auf.
Ideal ist ohne Zweifel ein Zelt, das man auf dem Autodach aufstellen kann, wie das Modell, das von der Firma Gidions, Via Archimede 101, I-20129 Milano, angeboten wird. Dieses 2,10 × 1,30 m grosse Zelt ist mit Schaumgummimatratze und Moskitonetz ausgestattet.
In der Schweiz verkauft die Firma André Pahud, 150, Route de Saint-Julien, CH-1228 Plan-les-Ouates, Tel. 022 / 94 47 47 oder 82 90 19, solche Dach-Zelte, ferner die Firma Transa, Gesellschaft zur Förderung des Alternativtourismus, Josefstrasse 21, CH-8005 Zürich, Tel. 01 / 42 90 40.
In Deutschland kann man sie bei der Firma Klaus Därr, Hauptstrasse 26, D-8011 Heimstetten, Tel. 089 / 903 15 19, beziehen.

5.5.2. Matratzen und Schlafsäcke

Luftmatratzen sind nicht sehr praktisch, da schwer und sperrig. Des Klimas und der Transportverhältnisse wegen sind sie auch schnell unbrauchbar (Risse, beschädigtes Ventil).
Schaumgummimatratzen, von guter Qualität und nicht zu dick (Platzbedarf!), sind eher zu empfehlen.
Schlafsäcke müssen warm (die Nächte in der Wüste sind sehr kalt) und von guter Qualität sein. Nylonschlafsäcke sind nicht empfehlenswert, da sie sich infolge der Körperausdünstung schnell in wahrhaftige Badewannen verwandeln.

5.5.3. Geschirr, Kocher

Teller sind nicht praktisch, wenn man nicht über einen Tisch verfügt; Schalen sind handlicher. Achtung: Plastik wird unter der Hitze spröde und überlebt die Erschütterungen während des Fahrens nicht lange.
Es gibt verschiedene Arten von Kochern. Am zweckmässigsten sind Benzinkocher, die sehr schnell starke Hitze entwickeln und mit dem gleichen Treibstoff angeheizt werden, das man auch für den Wagen braucht (Diesel ausgenommen).
Gaskocher weisen die gleichen Vorteile auf wie Benzinkocher, aber es ist manchmal schwierig, die Gasflasche nachfüllen zu lassen (man benötigt dazu einen Universalanschluss).
In der **Schweiz** erkundigt man sich bei Shell, Bederstrasse 66, CH-8002 Zürich, Tel. 01/206 21 11 (Propangas), oder beim Generalvertreter für die Schweiz, der Firma Camping-Gaz International, Christen & Co., Marktgasse 28, CH-3001 Bern, Tel. 031/22 56 11 (Butangas).
In **Deutschland** sind die nötigen Gas-Anschlüsse bei Därr's Expeditionsservice, Hauptstrasse 26, D-8011 Heimstetten, Tel. 089/903 15 19, erhältlich, sowie bei der Campingfirma F. Berger, D-843 Neumarkt/Oberpfalz, Postfach 62. Auskunft dazu erteilt auch Camping-Gas International (Deutschland) GmbH, Neue Mainzerstrasse 22, D-6 Frankfurt/Main 1, Tel. 29 30 14.

In Österreich wird die Firma Camping-Gas International von der Pam Flugasgesellschaft mbH, St. Johanner Strasse 3/5, Postfach 40, A-Kitzbühel, Tel. (05356) 29 92/93 vertreten.
Ein Dampfkochtopf ist sehr nützlich, weil gas- bzw. benzinsparend.
Für das Kochen im Freien ist ein wirksamer, feuerfester Windschutz erforderlich.

5.6. Foto-Ausrüstung

Wahl der Kamera: Am besten nimmt man zwei verschiedene Kameras mit, z.B. eine automatische 24/36-Nicht-Reflex-Kamera und eine 24/36-Spiegelreflex-Kamera. Die Kameras sollen solide und zuverlässig sein. Zur Vermeidung von Pannen wählt man nicht allzu komplizierte Kameras. Objektive mit Bajonettfassung sind vorzuziehen, da Sand die Objektive mit Schraubfassung unbrauchbar machen kann.

Wahl der Objektive: Es hat keinen Wert, so viele Objektive mitzunehmen. In der Regel genügen, zusätzlich zum normalen 50-mm-Objektiv, ein 28-mm-Weitwinkelobjektiv und ein 135-mm-Teleobjektiv. Will man vornehmlich Tierbilder aufnehmen, so wählt man anstelle des 135-mm- ein 200- oder 300-mm-Objektiv. Nicht vergessen, dass in diesem Fall ein Stativ unerlässlich ist. Für ausgesprochene Nahaufnahmen (Insekten, Pflanzen, Kunsthandwerk) kann man das Normalobjektiv durch ein Makroobjektiv gleicher Brennweite ersetzen. Sehr zweckmässig und handlich sind auch Zoomobjektive; sie erleichtern die Wahl des Bildausschnitts, und man braucht nicht so oft das Objektiv zu wechseln. Man sollte kein allzu schweres Modell wählen. Ein Nachteil liegt in der oft geringeren Lichtstärke (in neuesten Modellen verbessert).

Wahl des Zubehörs: Die goldene Regel lautet: Kein unnötiges Zubehör: Für jedes Objektiv ein Gelb- und ein Ultraviolett-Filter. Nicht vergessen, ebenfalls für jedes Objektiv eine Gegenlichtblende mitzunehmen. Da die in den Fotoapparaten eingebauten Belichtungsmesser sehr empfindlich sind, empfiehlt sich ein Reserve-Belichtungsmesser.

Wahl der Filme: 1 1/2mal mehr Filme mitnehmen, als man zu verwenden gedenkt. Bei den Herstellern erhalten Sie Auskunft über die Ihren Bedürfnissen am besten entsprechenden Filme. Die Wahl hängt von verschiedenen Faktoren ab: Innenaufnahmen, Aufnahmen im Tropenlicht, Reisedauer, Klima der bereisten Gegenden usw.

Verschiedene Ratschläge: Alles Fotomaterial muss vor Hitze, Staub, Feuchtigkeit und Schimmel geschützt werden. Bei manchen Filmherstellern sind wasser- und staubdichte Kühlhaltesäcke erhältlich, die einen wirksamen Schutz gewähren. Aber auch eine Picknick-Kühlhaltetruhe genügt.

Um die Ausrüstung vor Staub und Schimmel zu schützen, nehme man das Material nur hervor, wenn man es gerade braucht. Vor und nach Gebrauch unbedingt reinigen! Die Objektive mit einem in allen Fachgeschäften erhältlichen Spezialpinsel oder durch Blasen reinigen. Die Objektiv- und Gehäusedeckel unverzüglich wieder aufsetzen. Man kann die Objektive auch durch einen UV- oder Skylightfilter oder durch einfaches Linsenglas schützen.

Der SiO2-Gel gewährt einen wirksamen Schutz gegen die Feuchtigkeit. Ebenfalls in den Fachgeschäften erhältlich.

Die Rücksendung der Filme: Die belichteten Filme unverzüglich per Luftpost in ein Labor des Ursprungslandes in Europa schicken. Als Absender die Adresse einer Person angeben, die im betreffenden Land wohnt. Keine Filme in überseeische Labors geben; ihre Arbeit lässt qualitätsmässig oft zu wünschen übrig, und die Zustellungsschwierigkeiten in diesen Ländern sind beträchtlich. Siehe auch Kap. 1.9. Postsendungen.

Und filmen? Gewiss sind Filme ein lebendigeres Reiseandenken als Fotos. Ein gutes Foto jedoch ist besser als ein verwackelter Film. Wenn der Film mehr sein soll als ein rein persönliches Andenken, so sollte man nur eine Filmkamera mitnehmen, wenn man sich auf ein relativ kleines Gebiet beschränken will; sonst ist die Auswahl der Sujets zu gross. Siehe auch Kap. 1.6. Wie man sich auf der Reise verhalten soll.

Ein letzter Rat: Lernen Sie Ihre Ausrüstung vor der Abreise beherrschen!

5.7. Schusswaffen

Afrika ist nicht gefährlicher als Europa, wo indes nur wenige Leute bewaffnet sind. Angesichts der angespannten politischen Lage in vielen Ländern Afrikas raten wir dringend davon ab, eine Schusswaffe mitzunehmen. Sie würde Ihnen kaum nützlich sein und nur viele Schwierigkeiten einbringen. Handfeuerwaffen sind in den meisten Ländern verboten.

Zum Mitführen einer Jagdwaffe braucht man für jedes Land, das man durchfährt, eine Genehmigung, die an der Grenze nicht immer anerkannt wird. Der Verlust der schriftlichen Genehmigung kann Sie ins Gefängnis führen. Alle Zoll- und Polizeikontrollen dauern viel länger, wenn Sie eine Waffe besitzen.

Eine eingeschmuggelte Waffe kann eine mehrmonatige Gefängnisstrafe einbringen; ist sie so gut versteckt, dass Sie erst den halben Wagenboden auseinander nehmen müssen, um sie herauszunehmen, wird sie im Falle eines Angriffs kaum von Nutzen sein. Vermeiden Sie auch, Material mitzunehmen, das militärisch aussieht (Zelte mit Tarnfarben, Warnpistole, Rauchgranate); man könnte Sie für einen Guerillero halten.

5.8. Funkgeräte (Sender—Empfänger)

Wir raten sehr davon ab, ein Funkgerät mitzunehmen, wie nützlich es auch — vor allem in der Wüste — sein könnte. Für jedes Land ist eine Genehmigung notwendig, und trotzdem können Unannehmlichkeiten an der Grenze entstehen. Angesichts der politischen Lage kann man leicht für einen Spion gehalten werden; sogar ein einfaches Walkie-Talkie kann die schlimmsten Schwierigkeiten zur Folge haben. Manchmal verfügen die Missionen über Funkanlagen, die sie im Notfall benützen, um Hilfe herbeizuholen.

6. Papiere und Reisedokumente

6.1. Reisepass und Personalausweis

Touristen aus Europa brauchen einen gültigen Reisepass. Wegen der zahlreichen Visa, die zu beantragen sind, sollte er so viele Blätter wie möglich enthalten und nach Ablauf des vorgesehenen Aufenthaltes im Einreiseland noch längere Zeit gültig sein. Es ist also empfehlenswert, ihn unterwegs rechtzeitig bei den diplomatischen Vertretungen des Heimatlandes verlängern zu lassen.

Die Identitätskarte (in Deutschland: Personalausweis) genügt nicht zum Grenzübertritt. Trotzdem sollten Sie eine solche auf sich tragen, damit Ihre Personalien im Falle des Verlustes des Reisepasses oder wenn Sie diesen vorübergehend bei einem Konsulat oder in einem Hotel usw. hinterlegen müssen, leicht festgestellt werden können. Melden Sie den Verlust Ihres Passes sofort bei der nächsten diplomatischen Vertretung Ihres Landes.

6.2. Visa

Für die meisten afrikanischen Länder benötigt man ein Touristen-Visum. Die im dritten Teil dieses Führers abgedruckte Tabelle gibt genau an, wer und für welches Land man ein Visum braucht.

Die Visa erhält man bei der diplomatischen Vertretung des Landes, das man besuchen will (Konsulat oder Konsularabteilung der Botschaft), aber niemals an der Grenze.

Es empfiehlt sich, die Visa möglichst vor der Abreise zu beantragen. Die Adressen der jeweiligen diplomatischen Vertretungen sind im 3. Teil des Führers angegeben. Um ein Visum zu bekommen, sind zuerst Antragsformulare für ein touristisches Visum zu besorgen, die ausgefüllt und mit den nötigen Unterlagen: Reisepass, Passfotos (Namen auf die Rückseite schreiben), Visagebühren und anderen Dokumenten, die wir später erwähnen, an die diplomatische Vertretung zurückgeschickt werden müssen.

Einige Länder stellen Visa aus, die vom Tage der Ausstellung an gültig sind, andere Visa dagegen gelten für die Einreise innerhalb einer bestimmten Anzahl Tage oder Wochen. Alle Visa verfallen nach einer gewissen Frist. Stellen Sie also einen ungefähren Reise-Terminkalender auf, um vor der Abreise nur die Visa für die Länder zu beantragen, die Sie in den ersten sechs Monaten besuchen wollen.

Unterwegs beantragen Sie die Visa bei der ersten sich bietenden Gelegenheit, da sich die diplomatischen Vertretungen im allgemeinen nur in den Hauptstädten (und nicht einmal in allen) befinden.

Nehmen Sie 3—4 Dutzend Passbilder mit, da sie zehn- bis zwölfmal teurer zu stehen kommen, wenn Sie sie unterwegs machen lassen müssen.

Im besten Falle wird das Visum innerhalb von 1—3 Wochentagen ausgestellt. Es kostet im allgemeinen etwa US-$ 10.—.

6.3. Internationales Impfzeugnis

Dieses Dokument ist unerlässlich. Näheres erfahren Sie in den Kapiteln 5.2.1. und 5.2.6. über Impfungen und Impfstellen.

6.4. Internationaler Führer- und Fahrzeugausweis

Der nationale und der internationale Führer- und Kraftfahrzeugausweis sind unerlässlich für Fahrten in afrikanischen Ländern.

In der **Schweiz** werden diese Papiere von den kantonalen Motorfahrzeugkontrollen ausgestellt. Die Geschäftsstellen des TCS stellen ebenfalls internationale Führer- und Kraftfahrzeugscheine aus, die allerdings nur an TCS-Mitglieder mit Wohnsitz in den Kantonen der folgenden Geschäftsstellen abgegeben werden: Altdorf, Basel, Bellinzona, Bern, Biel, Chiasso, Delémont, Genève, Kreuzlingen, Lausanne, Locarno, Lugano, Moutier, Neuchâtel, Rapperswil, St. Gallen, Schaffhausen, Winterthur und Zürich. Für jedes Dokument ist eine Gebühr von einigen Franken zu entrichten. Für den internationalen Führerschein benötigt man zwei Passbilder.

In **Deutschland** erhält man den internationalen Führerschein bei der Ausweisabteilung der Polizei oder bei der Gemeindeverwaltung. Den internationalen Kraftfahrzeugschein erhält man bei der Zulassungsstelle des Wohnortes. Eine Gebühr von einigen DM wird erhoben. Für den internationalen Führerschein benötigt man ein Passbild.

In **Österreich** sind der internationale Führerausweis sowie der internationale Fahrzeugausweis ausschliesslich beim ÖAMTC erhältlich. Es genügt, ein spezielles Antragsformular genau auszufüllen und sich mit den amtlichen österreichischen Personaldokumenten (1 Passfoto für den internationalen Fahrausweis) zur nächsten Regionalgeschäftsstelle des ÖAMTC zu begeben. Kosten: internationaler Führerausweis öS 250.— und internationaler Fahrzeugausweis öS 245.—.

6.5. Grenzpassierscheinheft (Carnet de passage)

Das Grenzpassierscheinheft ist heute noch unerlässlich für die temporäre Einfuhr eines Fahrzeuges in afrikanische Länder. Dieses Dokument wird nach Leistung einer Kaution von den Automobil-Clubs ausgestellt.

Das Grenzpassierscheinheft hat den Zweck, dem Inhaber die Hinterlegung der Zollgebühren für das temporär eingeführte Fahrzeug zu ersparen. Der Club, der das Grenzpassierscheinheft ausgestellt hat, haftet nämlich für diese Gebühren, ebenso der Club
des Landes, in dem das Heft vorgelegt wird. Wird ein mit dem Grenzpassierscheinheft
vorübergehend in ein Land eingeführtes Fahrzeug nicht wieder ausgeführt, so werden
die nun fälligen Zollgebühren zuerst vom Club des besuchten Landes, dann vom Aussteller-Club und schliesslich vom Inhaber des Dokuments bezahlt.
Das hohe Risiko veranlasste die Clubs, die Leistung einer Kaution zu verlangen, um
diese Fälle, die meistens aus Nachlässigkeit entstehen, so weit wie möglich zu vermeiden.

Wie erhält man ein Grenzpassierscheinheft?

Das Grenzpassierscheinheft beantragt man beim Automobil-Club des Landes, in welchem das Fahrzeug registriert ist. Das Antragsformular am Schluss dieses Führers ist
sorgfältig und ohne Auslassungen auszufüllen und an den Club einzusenden. Nicht-
mitglieder stellen gleichzeitig mit dem beigehefteten Formular ein Aufnahme-Gesuch.
Erst wenn der ausgefüllte Antrag beim Club eingegangen ist, kann dieser die Höhe der
zu leistenden Kaution festsetzen. Hier eine Richtsumme anzugeben, ist leider nicht
möglich.
— Touring Club der Schweiz, Zentralsitz, Postfach, CH-1211 Genf 3, und Geschäftsstellen
— ADAC, Baumgartnerstrasse 53, D-8 München 70, und Geschäftsstellen
— ÖAMTC, Schubertring 1—3, A-1010 Wien, und Landesvereine

Wie verwendet man das Grenzpassierscheinheft?

Jede Seite des Heftes besteht aus drei Abschnitten. Auf jedem Abschnitt sind die Fahr-
zeugdaten eingetragen. Beim Grenzübertritt behält der Zollbeamte den ersten Abschnitt und versieht den dritten (Souche) an der Stelle «Einreise» mit einem Stempel. Man
sorge persönlich dafür, dass bei der Ausreise ein zweiter Stempel auf diesen dritten Abschnitt angebracht wird, sonst kann man nicht mehr beweisen, dass das Fahrzeug wieder ausgeführt wurde.
Bleibt das Fahrzeug im Lande (Verkauf, Totalschaden usw.), muss man die Zollbehörde des entsprechenden Landes veranlassen, den zweiten Stempel anzubringen.
Bei der Rückreise gibt man das abgestempelte Dokument beim Aussteller-Club ab und
erhält so seine Kaution zurück.

6.6. Bankgarantie

Manche Länder verlangen beim Visumantrag eine Bankgarantie. Dazu muss ein Bankauszug vorgewiesen, aber keine Kaution hinterlegt werden (siehe auch nächsten Absatz).

6.7. Andere Kautionen oder Garantien

Abgesehen von den im Kapitel 7 angeführten Ausnahmen, dürfte es nicht nötig sein,
irgendwelche Geldsummen zu hinterlegen, um ein Visum zu erhalten oder das Fahrzeug
in ein Land einzuführen. Manche Länder, die an Flugtouristen gewöhnt sind, verlangen eine Fahrkarte für die Rückreise oder eine Karte zur Weiterfahrt in andere Länder.
Andere Staaten verlangen eine Rückfahr-Versicherung oder einen Nachweis der Zah-
lungsfähigkeit. Diese Schwierigkeiten lassen sich beheben, wenn man im nötigen Fall
1. einen Bankauszug, 2. ein gut gefülltes Reisescheckheft, 3. das Grenzpassierscheinheft, 4. die Kranken- und Haftpflichtversicherungen, 5. eine persönliche Rückkehr-
Versicherung (z. B. TCS-Intass), 6. einen Kreditbrief (Kap. 6.8.3.) vorlegt (siehe auch
folgende Kapitel).

6.8. Zahlungsmittel

6.8.1. Reiseschecks

Reiseschecks sind das sicherste und praktischste Mittel, das Reisekapital zu transportieren. Sie kosten 1 % beim Ankauf und bei der Einlösung wird manchmal eine Gebühr erhoben. Wenn man die Nummer angeben kann, werden sie bei Verlust oder Diebstahl ohne Schwierigkeiten zurückerstattet. Bewahren Sie also die Liste der Nummern an einer anderen Stelle auf als die Schecks selbst. Reiseschecks müssen in Banken eingelöst werden (manche Hotels akzeptieren sie zwar auch).
In Afrika kann man nicht in jeder Bank Geld wechseln. Es gibt wenig Banken, und sie sind gewöhnlich am Freitag, Samstagnachmittag, am Sonntag und an Feiertagen geschlossen. Lösen Sie also Ihre Reiseschecks frühzeitig genug ein.
Sie können Reiseschecks in der von Ihnen gewünschten Währung mitnehmen: Schweizer Franken sind sicher, aber wenig bekannt, Französische Franken sind in französischsprechenden Ländern bekannt, US-Dollars sind fast überall bekannt, das englische Pfund ist mehr in englischsprechenden Ländern bekannt. Bestellen Sie nicht zu grosse Banknoten (z.B. US-$ 10.—, 20.—, max. 50.—), um nicht unnötig hohe Summen wechseln zu müssen.
Bevor Sie ein Land verlassen, bedenken Sie, dass es sehr schwierig oder sogar unmöglich ist, die Landeswährung in ausländische Währungen zu wechseln, und dass ihre Ausfuhr meistens verboten ist.

6.8.2. Bargeld

Wechseln Sie in Landeswährung genügend Geld, um eine Woche damit auszukommen. Einige kleine Dollar-Scheine (FFr. in den französischsprechenden Ländern oder englische Pfundnoten in Commonwealthländern) können für das Wochenende oder bei Grenzübertritten von Nutzen sein. Setzen Sie Ihre weitere Reise nicht aufs Spiel, indem Sie mehr Bargeld mitnehmen als hier angegeben.

6.8.3. Kreditbrief

Ein Kreditbrief stellt in kleinster Form eine beliebige Summe dar. Wenn er jedoch nur teilweise einkassiert wird, ist es schwierig, einen neuen für den Restbetrag zu bekommen. Seine Gültigkeit ist ausserdem zeitlich begrenzt. Nehmen Sie lieber einige Reiseschecks mehr mit «für alle Fälle» oder als Beweis, dass Sie über genügend finanzielle Mittel verfügen.

6.8.4. Geldüberweisungen

Internationale Geldanweisungen brauchen Zeit (manchmal bis 1 Monat); je nach den Währungsbestimmungen des betreffenden Landes wird der Betrag nicht immer in Dollars, sondern in der Landeswährung ausbezahlt. Diese wiederum kann dann kaum umgetauscht werden beim Verlassen des Landes.

6.9. Versicherungen

6.9.1. Haftpflichtversicherung für das Fahrzeug

Die meisten afrikanischen Staaten haben den Abschluss einer Haftpflichtversicherung für obligatorisch erklärt. Nun ist es aber zurzeit unmöglich, eine territoriale Ausweitung der in Europa abgeschlossenen Versicherungen zu erlangen. Bekanntlich ist die Auto-Haftpflichtversicherung nur im westlichen Europa und eventuell in den osteuropäischen und gewissen Mittelmeerstaaten gültig. Es wird also notwendig sein, in jedem

Land, das Sie bereisen, eine Haftpflichtversicherung abzuschliessen, entweder an der Grenze oder in der ersten grossen Stadt. Selbst wenn dies auch nicht überall obligatorisch ist: tun Sie es zu Ihrem Vorteil trotzdem.

Wenn Sie mit gewöhnlichen Nummernschildern fahren, müssen Sie auf jeden Fall die Haftpflichtversicherung in Ihrem Land weiterbezahlen. Sonst würden die Kennzeichen für ungültig erklärt, und Sie müssten gewärtigen, dass sie Ihnen unterwegs durch Ihre Botschaft abgenommen würden.

Die einzige Möglichkeit besteht also darin, Ihrer Haftpflichtversicherungsgesellschaft Ihre Reisepläne mit dem ungefähren Datum, an dem Sie Europa verlassen wollen, mitzuteilen. Sie sind zwar verpflichtet, Ihre Prämie weiterhin zu bezahlen, jedoch wird Ihnen nach Ihrer Rückkehr gegen den formellen Beweis Ihrer Abwesenheit aus Europa (Schiffspassage, Stempel im Pass und auf dem Grenzpassierscheinheft, Beglaubigung eines Schweizer Konsulats usw.) der nicht gebrauchte Teil Ihrer Versicherungsprämie zurückvergütet. Es ist aber unerlässlich, dass Sie sich vor Ihrer Abreise schriftlich mit der Versicherungsgesellschaft in diesem Sinne einigen.

Diese Versicherungsbestimmungen sind übrigens in Deutschland und in Österreich praktisch identisch.

Gewisse ausländische Gesellschaften versichern die Haftpflicht für die ganze Welt. Hier einige Adressen:

American International Underwriters, Bleicherweg 45, 8022 Zürich, Tel. 01/201 31 00. Prämien sind direkt bei der Gesellschaft zu erfragen.

American International Underwriters, Oberlinden 76, D-6 Frankfurt 1.

A. Jessen & Co., Deichstrasse 1, D-2 Hamburg 11.

Die Prämie hängt von der Anzahl der besuchten Länder, vom Fahrzeugtyp und seinem aktuellen Wert ab.

Es gibt zwei Möglichkeiten:

a) Haftpflichtversicherung, die einen Pauschalbetrag von US-$ 250 000.— pro Schadenereignis deckt. In den Ländern, wo man beim Eintritt eine obligatorische Haftpflichtversicherung abschliessen muss, deckt die Versicherung A. Jessen die Differenz zwischen dem dort versicherten Betrag (der meistens ziemlich niedrig angesetzt ist) und den US-$ 250 000.—.

b) Gleiche Haftpflichtversicherungsbedingungen, jedoch mit Voll-Kasko-Versicherung mit einem Selbstbehalt von US-$ 250.— für ein Fahrzeug, dessen Wert US-$ 16 000.— nicht übersteigt, bzw. einen Selbstbehalt von US-$ 500.— für Fahrzeuge, deren Wert mehr als US-$ 16 000.— beträgt.

Bei Diebstahl oder Feuerschaden ist der Selbstbehalt herabgesetzt.

Für Kasko-Versicherungen siehe auch bei Kapitel 6.9.6.

6.9.2. Versicherung für die Heimschaffung des Fahrzeugs

Die meisten europäischen Automobil-Clubs geben einen Touring-Schutzbrief heraus, der unter anderem auch Gutscheine für die Heimschaffung des Fahrzeugs enthält.

Der Schutzbrief, der durch den Touring-Club der Schweiz ausgestellt wird und in ganz Europa bis zum Ural sowie in allen ans Mittelmeer angrenzenden Staaten gültig ist, enthält zwei Gutscheine für die Heimschaffung von Fahrzeugen. Die nordafrikanischen Länder sind also darin enthalten.

Der eine Gutschein ermöglicht die Heimschaffung eines Fahrzeugs nach einer schweren Panne oder einem Unfall, falls es nicht innert einer angemessenen Frist an Ort und Stelle repariert werden kann. Der TCS übernimmt die Kosten dieser Heimschaffung bis zu einem Betrag von Fr. 2000.—.

Der andere Gutschein ermöglicht die Heimschaffung des Fahrzeugs und seiner Insassen, falls der Fahrer infolge von Unfall oder Krankheit selbst nicht mehr in der Lage ist, den Wagen zu fahren. Der TCS beauftragt einen seiner Patrouilleure mit der Heimschaffung und übernimmt die Auslagen des Patrouilleurs. Die Kosten für das Fahrzeug (Treibstoff) und für die Insassen (Hotel, Verpflegung) gehen zu Lasten des Versicherten.

Die Automobil-Clubs anderer Länder verfügen über ähnliche Heimschaffungsdienste. Wir empfehlen deshalb unseren Lesern in Deutschland und Österreich, sich für weitere Auskünfte direkt an den Club ihres Landes zu wenden. Soweit uns bekannt ist, gibt es keine Versicherungsmöglichkeiten für die Heimschaffung aus dem gesamten afrikanischen Kontinent.

6.9.3. Unfall- und Krankenversicherung

Sie können beim TCS eine Unfall- und Krankenversicherung abschliessen, die auf der ganzen Welt gültig ist. TCS-INTASS deckt Arztrechnungen, chirurgische Eingriffe, Auslagen für Medikamente und die Kosten bei einer Spitaleinweisung bis zum Höchstbetrag von Fr. 5000.—. Bei einem Todesfall im Ausland übernimmt sie die Kosten der Überführung des Leichnams in die Heimat und der Bestattung sowie die Auslagen für die damit verbundenen Formalitäten bis zu einem Totalbetrag von Fr. 15 000.—.

Erkundigen Sie sich vor der Abreise bei Ihrer Kranken- und Unfallversicherung über deren allfällige Leistungen bei Krankheit oder Unfall ausserhalb Europas. Unsere deutschen und österreichischen Leser fragen beim Automobil-Club ihres Landes über die dort möglichen Versicherungsarten an.

6.9.4. Rückreise-Versicherung für die Passagiere

In der Schweiz: Der schon erwähnte IT-Schutzbrief enthält zwei Gutscheine zum Rücktransport der Passagiere in ihr Heimatland. Der unter 6.9.2. angeführte erste Gutschein garantiert den Rücktransport von Passagieren und Wagen durch den TCS, wenn der Fahrer nicht mehr in der Lage ist, den Wagen selbst zu fahren. Der zweite Gutschein garantiert den Rücktransport per Flugzeug oder Krankenwagen von erkrankten oder verunglückten Passagieren (aus Ländern, in denen solche Fälle durch den IT-Schutzbrief gedeckt sind), wobei die Versicherung für alle Transportkosten aufkommt.

TCS-INTASS ermöglicht es, die Leistungen, die vom zweiten Schein garantiert werden, auf alle Länder der Welt auszudehnen. Dabei kommt die Versicherung für Schäden bis zu einer Höhe von SFr. 35 000.— und SFr. 3000.— für mitreisende Familienmitglieder auf.

Leser aus **Deutschland und Österreich** erkundigen sich beim Automobil-Club ihres Landes nach der Möglichkeit ähnlicher Versicherungen.

6.9.5. Diebstahl-Versicherung

In der Schweiz ist es möglich, eine Versicherung gegen Gepäckdiebstahl beim TCS abzuschliessen. Diese Versicherung, die für Schäden bis zu SFr. 10 000.— pro Person aufkommt, ist in allen Ländern der Welt gültig.

Leser aus Deutschland und Österreich fragen beim Automobil-Club ihres Landes nach der Möglichkeit ähnlicher Versicherungen.

6.9.6. Vollkasko-Versicherung

Bei mehreren Gesellschaften können Voll-Kasko-Versicherungen abgeschlossen werden. Die Kasko-Versicherung des TCS deckt dieses Risiko für Ihren Wagen auf der ganzen Welt. Im Abschnitt 6.9.1. ist ebenfalls eine deutsche Gesellschaft angegeben.

6.10. Andere Ausweise, andere Formalitäten

Nehmen Sie sämtliche Legitimationskarten mit, die Sie besitzen, wie z. B. Karten von Sportverbänden, kulturellen Gesellschaften usw. Solche Dokumente können sich bei Kontakten mit den lokalen Behörden manchmal als ausserordentlich nützlich erweisen.

Vor der Abreise nicht vergessen:

— die Steuern zu bezahlen
— den Mietzins im voraus zu bezahlen oder durch Ihre Bank überweisen zu lassen
— gegebenenfalls Militärurlaub zu beantragen
— auf dem Wagen das Nationalitätszeichen Ihres Landes anzubringen (Schweiz: CH, Deutschland: D und Österreich: A)
— rechtzeitig, d. h. mindestens einen Monat im voraus, die erforderlichen Visa einzuholen
— sich rechtzeitig impfen zu lassen und sich einer ärztlichen Untersuchung zu unterziehen
— beim Automobilclub das Carnet de passage (Grenzpassierscheinheft) abzuholen, gegebenenfalls auch den internationalen Weltschutzbrief (TCS-INTASS)
— wenn nötig eine Krankenversicherung sowie eine Unfall- und Gepäckdiebstahlversicherung abzuschliessen
— den mechanischen Zustand des Fahrzeuges überprüfen zu lassen, Reifen in perfektem Zustand zu besorgen, einen vollständigen Service vornehmen zu lassen und beim Markenvertreter die Liste der Agenturen im Ausland zu verlangen
— sich rechtzeitig um die Unterbringung der Haustiere während Ihrer Abwesenheit zu kümmern
— in Ihrem Land das Geld in Reiseschecks umzuwechseln
— eine Person in Ihrem Land zu bestimmen, die sich um Ihre Geschäfte kümmert und mit Ihnen in Verbindung bleiben kann
— die Gültigkeit aller Dokumente zu prüfen und zu kontrollieren, ob die Angaben richtig sind; eine Fotokopie dieser Dokumente ist in der Schweiz (bzw. in Deutschland oder Österreich) zu hinterlassen, was erlaubt, rasch ein Duplikat zu machen, falls Sie die Dokumente unterwegs verlieren sollten
— auf sämtlichen Papieren ein neues Passfoto mit Ihrem gegenwärtigen Aussehen anzubringen (es ist wohl leicht, den Bart abzuschneiden, um sich mit dem Passfoto zu identifizieren, aber sicher mit Schwierigkeiten verbunden, in Gegenwart des Zollbeamten den Bart wachsen zu lassen, um zu beweisen, dass es sich wirklich um die gleiche Person handelt...)
— eine Identitätskarte mitzunehmen, um sich beim Verlust des Reisepasses mit Sicherheit ausweisen zu können. Sie erleichtert und beschleunigt auch die Ausstellung eines neuen Reisepasses
— Gas und Strom abzustellen und Nachbarn und Freunden die Adresse zu hinterlassen, wo man Sie im Notfall erreichen kann.

7. Wichtige Informationen über einige Länder

Das folgende Kapitel befasst sich mit der besonderen Situation gewisser Länder, deren wechselvolle Politik sich leider auch auf den Tourismus auswirkt. Ferner findet man Strasseninformationen (Zustand, Schwierigkeiten, für Reisende geschlossene Strecken) und allgemeine Auskünfte, deren Wiederholung bei jeder Teilstrecke langweilig wäre.
Diese Informationen können sehr rasch wechseln und sind deshalb nur zurzeit der Drucklegung des Führers gültig. Um die neueste Situation zu erfahren, fordert man daher am besten mit dem Gutschein am Beginn des Führers den letzten Nachtrag an.

7.1. Rückkehr aus Südafrika, Südwestafrika oder Rhodesien

Wenn es auch möglich ist, den afrikanischen Kontinent bis zum Kap der Guten Hoffnung auf Strassen ganz zu durchqueren, so stellt die Reise in der entgegengesetzten Richtung schwierige Probleme für Personen, welche nach Südafrika, Südwestafrika oder Rhodesien immigrierten oder sich dort zeitweise aufhielten. Diese Länder sind seitens der schwarzafrikanischen Staaten einem Boykott unterworfen, was eine Rückreise verunmöglicht, wenn der Aufenthalt des Reisenden in einem der weissafrikanischen Länder erwiesen ist durch:
— Nummernschild des Fahrzeuges
— Visum im Reisepass
— Zollstempel im Reisepass
— Fahrzeugversicherung
— Gegenstände mit der Aufschrift «Made in South Africa» zum Beispiel
— Stempel im internationalen Impfausweis

Auswechslung der Kennzeichen des Fahrzeuges: Die Nummernschilder der weissafrikanischen Länder müssen durch eine neue Immatrikulation in Botswana oder Swasiland ausgewechselt werden. Achten Sie darauf, dass Sie weder ein Grenzpassierscheinheft noch eine Versicherung von Botswana oder Swasiland haben.

Reisepassänderung: Falls der Reisepass Stempel oder Visum eines südafrikanischen Landes aufweist, ist es ratsam, beim Konsulat Ihres Landes einen Austausch desselben zu beantragen.

Impfausweisänderung: Diese Massnahme empfiehlt sich auch für den Impfausweis, sofern Impfungen in einem dieser Länder eingetragen worden sind.

7.2. Ägypten

Politische und Zollprobleme: Seit der Unterzeichnung des Friedensvertrags mit Israel befindet sich Ägypten in latentem Konflikt mit den meisten arabischen Ländern. Die einzige, wirklich sichere Lösung, mit dem Fahrzeug nach Ägypten zu gelangen, ist die Einschiffung in einem europäischen Hafen (Italien oder Griechenland) mit Bestimmung Alexandrien. Die Schiffsgesellschaften nehmen nur Reservationen von Fahrzeugen entgegen, deren Papiere in Ordnung sind, d.h., die durch ein Grenzpassierscheinheft gedeckt sind.
Die Grenze nach Libyen ist gegenwärtig geschlossen, anderseits ist es zurzeit noch nicht möglich, auf dem Landweg von Israel nach Ägypten zu reisen.
Bei der Ankunft werden ausländische Fahrzeuge mit ägyptischen Kennzeichen versehen, die bei der Ausreise wieder zurückerstattet werden müssen.
Reisende, die Ägypten über die Strecken 169 und 341 verlassen, haben die Bemerkungen am Beginn dieser beiden Strecken genau zu beachten.
Infolge der internationalen politischen Lage sind nur die nachstehenden
Strassenzüge für den Touristenverkehr geöffnet:

— Alexandria—Mersa Matrouh (Strecke 149).
— Alle Strassen des Nildeltas (nach Michelinkarte 154), mit Ausnahme der zwischen den beiden Routen Kairo—Alexandria gelegenen Strassen sowie der Strasse längs des Suezkanals.
— Die Wüstenstrasse nach El Fayum und alle Strassen in der Umgebung der Oase.
— Die Strasse an der Küste des Roten Meeres sowie die Verbindungsstrassen zwischen dem Niltal und dem Roten Meer.

Verschiedenes: Campieren ausserhalb der zu diesem Zweck eingerichteten Plätze ist zu vermeiden.
Studenten erhalten bedeutende Ermässigung auf den Tarifen der ägyptischen Eisenbahnen. Um in den Genuss dieses Rabatts zu gelangen, meldet man sich mit dem Studentenausweis und dem Pass im «Tourist Office» im Bahnhof Kairo. Mit dem hier ausgehändigten Formular begibt man sich zur Eisenbahnverwaltung, wo man ein anderes Dokument erhält, das zum Bezug verbilligter Fahrkarten berechtigt.

7.3. Äquatorial-Guinea

Politische und Zollprobleme: Touristen-Visa werden praktisch nie zugestanden, auch wenn die Landesgrenzen theoretisch normal geöffnet sind.

7.4. Äthiopien

Politische und Zollprobleme: Zurzeit ist es nicht möglich, auf dem Landweg nach Äthiopien zu gelangen, da alle Grenzen für den touristischen Automobilverkehr gesperrt sind.
Verschiedenes: Vom freien Campieren wird prinzipiell abgeraten.

7.5. Algerien

Politische und Zollprobleme: Algerien befindet sich momentan im Konflikt mit Marokko und Mauretanien. Gegenstand dieses Konfliktes bildet die ehemalige Spanische Sahara. Diese Situation führte im Jahre 1976 zur Schliessung der Grenzen zwischen diesen drei Ländern. Gegenwärtig sind die Grenzposten von Maghnia und Beni-Ounif auf der marokkanischen Seite wieder geöffnet und normalerweise passierbar.
Obwohl die Grenze nach Mauretanien nicht offiziell geschlossen ist, kann sie zurzeit von ausländischen Touristen nicht überschritten werden. Die Strasse nach Tindouf ist im übrigen von der Abzweigung der Tanezrouft-Strasse an für ausländische Touristen verboten. Die Strecke 41 kann also gegenwärtig nicht benützt werden.
Hauptverkehrsstrassen: Die Sahara-Pisten im Süden Algeriens werden nach ihrem Schwierigkeitsgrad in drei Kategorien eingeteilt. Die Informationsbroschüren der algerischen Fremdenverkehrsbüros geben darüber Auskunft.
In Algier nehmen 2 Hauptpisten ihren Anfang: die Hoggar-Piste, die sich bis zum Niger fortsetzt, und die Tanezrouft-Piste, die nach Mali führt.
Die Hoggar-Piste setzt sich aus den folgenden Strecken zusammen: 58, 59, 61, 62, 63 (asphaltiert) und 64 (Piste). Ein geländegängiges Fahrzeug ist nicht unbedingt erforderlich.
Die Tanezrouft-Piste besteht aus den Strecken 37, 38, 40, 46 (asphaltiert), 48 und 51 (Piste). Ein geländegängiges Fahrzeug ist nicht notwendig, aber empfehlenswert, da das Einsanden mit einem normalen Wagen sehr häufig ist.
Verschiedenes: In Algerien sind die Verordnungen über Drogen äusserst streng, und für Übertretungen derselben werden sehr harte Strafen verhängt. Das gleiche gilt für Devisenvorschriften.
Das Einführen von Radiosendegeräten ist strikte verboten.
Für ein Fahrzeug von mehr als 2,5 Tonnen ist in Algerien eine Bewilligung notwendig, ausser wenn es zum Campieren eingerichtet ist. Man erhält sie beim algerischen Transportministerium, Rue Rabah Midat 19, Tel. 66 33 41, in Algier.
Fahrzeuge von olivgrüner Farbe sind verboten.

Die Versorgung mit Lebensmitteln und Treibstoff ist im Süden des Landes zuweilen schwierig.
Die Zufahrtsstrassen zu einigen Städten sind da und dort mit «Speed breakers» (Schwellen, die zur Verminderung der Geschwindigkeit zwingen) versehen.
Die algerischen Banken nehmen keine Euroschecks an.
Achtung vor Diebstählen in Algier.

7.6. Angola

Politische und Zollprobleme: Seit der Unabhängigkeit des Landes ist die politische Lage äusserst verworren und eine Reise durch Angola als Tourist absolut unmöglich. Die Strecken 309, 310, 311 und 312 können deshalb augenblicklich nicht befahren werden. Die Landesgrenze mit Zaire ist seit Jahren geschlossen, während die anderen Grenzen seit der Unabhängigkeit für Touristen geschlossen sind.
Personen, welche für dieses Land trotzdem ein Visum zu erhalten versuchen, wenden sich am besten an die Botschaft Angolas in Rom (Adresse siehe im 3. Teil des Führers). Ein touristisches Visum ist allerdings ausgeschlossen.
Hauptverkehrsstrassen: Vor der Unabhängigkeit waren die Strecken 309, 310 und 311 asphaltiert. Wir wissen jedoch nicht, in welchem Zustand sie sich heute befinden. Die Strecke 312 ist eine Piste, und ein geländegängiges Fahrzeug wird empfohlen.

7.7. Benin (ex Dahomey)

Politische und Zollprobleme: Die Einfuhr — auch zeitlich beschränkt — sowie das Benützen von schwarzen Fahrzeugen ist in Benin verboten.
Die Beziehungen zwischen diesem Land und Togo sind häufig gespannt, was manchmal Probleme für die Grenzüberquerung mit sich bringen kann. Am Zoll: französisch sprechen und freundlich sein!
Hauptverkehrsstrassen: Die Strecke 55 ist die wichtigste Verkehrsachse des Landes; sie ist von der Grenze des Niger bis Parakou asphaltiert. Von Parakou bis Abomey führt eine schlechte Piste, an deren Asphaltierung gearbeitet wird. Asphaltstrasse von Abomey bis Cotonou.
Verschiedenes: Achtung vor Diebstählen in den Küstenstädten! Der «Franc CFA équatorial» wird in Benin nicht anerkannt. Behörden werden mit «Camarade» angesprochen.

7.8. Botswana

Politische und Zollprobleme: Die Landesgrenzen sind nachts geschlossen. Botswana steht in Zollunion mit Südwestafrika.
Hauptverkehrsstrasse: Die Pisten und Strassen Botswanas sind generell in sehr schlechtem Zustand. Die Strecken 296, 298 und 299 verbinden die südwestafrikanischen Grenzen mit denjenigen von Rhodesien. Die schlechten Pisten erfordern ein geländegängiges Fahrzeug. Die Strecken 302 und 303 verbinden Rhodesiens Grenzen mit denjenigen Südafrikas und bestehen teils aus guten Pisten und teils aus geteerten Strassen.
Achtung: In Botswana herrscht Linksverkehr!

7.9. Burundi

Politische und Zollprobleme: Die Grenze zwischen Burundi und Zaire ist gegenwärtig geschlossen. Vergessen Sie nicht, vor dem Verlassen des Landes nach Bujumbura zu fahren, um beim Einwanderungsbüro Ihren Reisepass mit einem Ausreisestempel versehen zu lassen.
Hauptverkehrsstrassen: Beinahe überall in Burundi findet man Pisten, ausgenommen in den Stadtzentren. Der Anfang der Strecke 256 bildet die Hauptverbindung und ermöglicht die Durchfahrt von Zaire nach Tansania durch Burundi.
Verschiedenes: Das freie Campieren ist im ganzen Lande erlaubt.

7.10. Republik Dschibuti

Politische und Zollprobleme: Die strategische Bedeutung dieses kleinen Landes — unabhängig seit 27. Juni 1977 (ehemaliges französisches Territorium der Afars und Issas) — ist der Grund, dass sich seine Nachbarn etwas zu stark mit ihm beschäftigen. Gegenwärtig ist eine Reise dorthin keineswegs ratsam. Die in Äthiopien zurzeit herrschenden Unruhen verbieten das Befahren der Strecke 206, welche nach Dschibuti führt.

7.11. Elfenbeinküste

Politische und Zollprobleme: Die Grenze nach Guinea ist für Touristen geschlossen. Die Einreise nach Ghana ist äusserst langwierig (sie kann bis zu 8 und 9 Stunden dauern).
Bei der Einreise in Elfenbeinküste ist das Grenzpassierscheinheft unaufgefordert vorzuweisen, andernfalls stellen die Behörden eine sogenannte «Vignette» für das Fahrzeug aus, die nur 10 Tage gültig ist, worauf das Fahrzeug wieder ausgeführt werden muss. Die Vignette kann theoretisch in allen grösseren Ortschaften verlängert werden, was jedoch nicht ohne Schwierigkeiten vor sich geht.
Hauptverkehrsstrassen: Die Strecken 28 (gute Piste) und 30 (Asphalt) bilden die Hauptverkehrsverbindung des Landes und sind zugleich Verbindungsstrasse von Mali nach Ghana.
Verschiedenes: Achtung vor Diebstahl im ganzen Land, vor allem aber an der Küste!
In Abidjan besteht die Möglichkeit, sich in einen Frachter mit Bestimmungsziel Europa einzuschiffen. Die Fahrt nach Italien kostet ungefähr SFr. 1300.— (US-$ 775.—) pro Person; für einen Lieferwagen Citroën 2 CV muss mit ca. SFr. 1520.— (US-$ 904.—) gerechnet werden.
In allen grösseren Ortschaften des Landes findet man Geschäfte der Gesellschaft PAC oder solche der Firma «Chaîne Avion», wo man sich mit dem Notwendigsten eindecken kann, ausgenommen frische Produkte. Die Preise sind vorteilhaft.

7.12. Gabun

Politische und Zollprobleme: Ausländer müssen sich innerhalb 48 Stunden nach ihrer Ankunft in Gabun bei den Polizeibehörden melden.
Mit dem Auto reisende Schweizer haben bisweilen Schwierigkeiten, innert nützlicher Frist ein Visum für Gabun zu erhalten.
Hauptverkehrsstrassen: Die gabunesischen Pisten sind im grossen ganzen in einem ziemlich schlechten Zustand; geländegängiges Fahrzeug für dieses Land wird empfohlen.

Die Hauptachse vom Kongo nach Kamerun setzt sich aus den Teilstrecken 318 und 320 (Pisten in ziemlich schlechtem Zustand) zusammen.

Verschiedenes: Treibstoff ist im Innern des Landes teurer als an der Küste. Die Benzinversorgung ist manchmal erschwert, da nicht alle Tankstellen regelmässig Nachschub erhalten.

7.13. Gambia

Politische und Zollprobleme: Bewilligungen (Formular «J») zur Fahrt über die zentralgambianesische Route (Strecke 10) erhält man bei der senegalesischen Handelskammer in Dakar, Kaolack oder Ziguinchor (Senegal).

Hauptverkehrsstrassen: Die Strecke 10 (asphaltiert) bildet den Hauptverkehrsweg durch dieses kleine Land.

7.14. Ghana

Politische und Zollprobleme: Die Einreise in Ghana von Ferkéssédougou (Elfenbeinküste, nicht beschriebene Strecke) über den Grenzposten von Bole ist jetzt normal möglich. Journalisten benötigen eine behördliche Bewilligung, auch wenn sie eine private Reise unternehmen.

Bei der Visumbeantragung ist der Kauf von in Cedi ausgestellten Reisechecks obligatorisch (70 C / US-$ 25.20 für den ersten Tag, 20 C / US-$ 7.20 für jeden weiteren Tag).

Wird das Visum von einem afrikanischen Land aus angefragt, so erfolgt dies am vorteilhaftesten von der Elfenbeinküste (Abidjan) aus. In dieser Stadt erhält man das Visum innert 24 Stunden, während die Frist in allen übrigen Ländern 15 Tage beträgt.

Hauptverkehrsstrassen: Die Strecke 30 bildet die Transversale von der Elfenbeinküste nach Togo; Piste zwischen der Grenze der Elfenbeinküste und Berekum, nachher schlechter Asphalt auf dem restlichen Teil der Strasse.

Die Nord-Süd-Achse (nicht beschrieben) ist ebenfalls asphaltiert; wir kennen jedoch ihren Zustand nicht.

Verschiedenes: Achtung vor Diebstahl, besonders an der Küste des Landes! Treibstoff ist gegenwärtig rationiert.

7.15. Guinea

Politische und Zollprobleme: Alle Landesgrenzen sind für den Tourismus seit einigen Jahren gesperrt. Welches auch das Transportmittel sei — es ist absolut unmöglich, sich in dieses Land zu begeben. Geben Sie in den Grenzzonen acht, dass Sie nicht versehentlich guineanisches Gebiet betreten! Schwere Gefängnisstrafen drohen.

7.16. Guinea Bissau

Politische und Zollprobleme: Es ist momentan sehr schwierig, für dieses Land ein Touristenvisum zu erhalten.

7.17. Kamerun

Politische und Zollprobleme: Nach gewissen Reiseberichten ist die Einreise nach Kamerun im Norden des Landes vorzuziehen. Eine diesbezügliche Begründung wurde jedoch nicht abgegeben.

Hauptverkehrsstrassen: Vom nördlichen Mora (Strecke 79) nach Douala befährt man folgende Strecken: 82 (Asphalt), 84 (gute Piste bis Foumban, dann Asphalt), 87 (Asphalt) und 88 (guter Asphalt). Von Mora nach Yaoundé sowie an die gabonesische Grenze folgen Sie den Strecken 82 (asphaltiert), 85, 90, 92 (bisweilen schlechte Pisten, besonders nach Regenfällen), 322 (Asphalt, dann Piste) und 320 (Piste). In Kamerun werden gegenwärtig zahlreiche Pisten und Strassen ausgebessert.

Verschiedenes: Häufige Polizeikontrollen, besonders im Süden des Landes! Der «Franc CFA occidental» wird in Kamerun nicht anerkannt. Treibstoff ist in den Städten teurer.

7.18. Kenia

Politische und Zollprobleme: Die Grenze zwischen Kenia und Tansania ist nur für Nichtafrikaner offen. In Richtung Tansania ist der Grenzübertritt manchmal nicht möglich. Zurzeit sind die Strassen-Grenzübergänge nach Uganda und Äthiopien infolge der politischen Lage in diesen Ländern geschlossen.

Hauptverkehrsstrassen:

Nord-Süd-Achse (Äthiopien—Tansania): Diese Verbindung besteht aus den Strecken 210 (gute Piste, gegenwärtig im Ausbau), 212 und 261 (guter Asphalt).

West-Ost-Achse (Uganda—Indischer Ozean): Vollständig asphaltiert; diese Verbindung besteht aus den Strecken 258, 259 und 260.

Verschiedenes: Achtung vor Diebstahl in Nairobi und Mombasa! Die Schiffslinie zwischen Mombasa und Bombay wird nur mit Frachtern betrieben, die nicht nach einem bestimmten Fahrplan verkehren (siehe Strecke 260).

7.19. Kongo

Politische und Zollprobleme: Die Grenze mit Zaire ist zurzeit geschlossen.

Hauptverkehrsstrassen: Von Zaire nach Gabun durchquert man den Kongo auf den Strecken 316 (bis Kinkala asphaltiert, dann sehr schlechte Piste) und 318 (sehr schlechte Piste); geländegängiges Fahrzeug wird empfohlen. Die Pisten, welche zum Norden des Landes führen, befinden sich in miserablem Zustand.

7.20. Liberia

Die Grenze mit Guinea ist geschlossen. Personen, welche länger als 7 Tage im Lande zu bleiben gedenken, müssen sich innerhalb 48 Stunden nach ihrer Ankunft mit 2 Passfotos beim «Immigration Office» (Büro für Einwanderer), Broad Street, Monrovia, melden. Ausländer benötigen eine Ausreisebewilligung. Falls der Aufenthalt weniger als 7 Tage dauert, erhalten Sie diese beim Einreise-Grenzposten des Landes, andernfalls beim «Immigration Office» (Passfoto mitbringen).

7.21. Libyen

Politische und Zollprobleme: Der Name des Landes lautet jetzt «Sozialistische arabische libysche Volksrepublik», kurz «Al Jamahiriya» (= Republik). Seit der Unterzeichnung des Friedensvertrages zwischen Israel und Ägypten sind die Grenzen mit Ägypten geschlossen. Die Beziehungen zwischen Libyen und dem Tschad sind oft gespannt, was zu unvorhersehbaren Grenzschliessungen führen kann.

Bei Ankunft in Libyen werden ausländische Fahrzeuge mit libyschen Kennzeichen versehen, die beim Verlassen des Landes wieder abgegeben werden müssen.
Keine Einreise nach Libyen für unverheiratete Frauen, wenn sie nicht durch die Eltern begleitet sind, oder für verheiratete Frauen ohne Begleitung ihres Ehegatten oder ihrer Eltern.
Hauptverkehrsstrassen: Die Küstenstrasse, bestehend aus den Strecken 124, 146 und 149 ist vollständig asphaltiert. Wenn die ägyptische Grenze offensteht, kann man auf diesem Wege von Ägypten nach Tunesien fahren.
In Bu Gren zweigt eine asphaltierte Strasse von der Küstenstrasse zur Oase Sebha hin ab (Strecke 123). Von Sebha besteht die Möglichkeit einer Rückkehr — entweder nach Algerien über die Strecken 122 und 121 (Pisten — geländegängiges Fahrzeug notwendig) oder in den Sudan über die Strecken 125 (asphaltiert), 127, 142, 145 und 150 (schwierige Pisten — geländegängiges Fahrzeug unerlässlich!).
Das ganze libysche Strassennetz steht gegenwärtig in Überarbeitung und viele neue Strassen sind im Bau.
Verschiedenes: Die Einfuhr von alkoholischen Getränken sowie Schweinefleisch und anderen, auf der schwarzen Liste figurierenden Produkten ist streng verboten (die Liste ist bei der libyschen Botschaft erhältlich).
Eine Liste der wichtigsten libyschen Ortschaften in arabischer Schrift und lateinischen Buchstaben steht im Zentralsitz des TCS in Genf, touristische Information, zur Verfügung.

7.22. Malawi

Politische und Zollprobleme: Die Grenzen sind montags bis freitags von 06 Uhr bis 18 Uhr sowie samstags von 06 Uhr bis 12 Uhr geöffnet.
Haftpflichtversicherung obligatorisch, an der Grenze abzuschliessen. Prämie: Kwacha 4.5 / US-$ 5.49 für 1 Monat.
Hauptverkehrsstrassen: Mit Ausnahme der Strecke Lilongwe—Zomba sowie einiger kleiner, im Lande verstreuter Teilstücke, die asphaltiert sind, besteht das Strassennetz des Landes vorwiegend aus Erdstrassen, welche praktisch mit jedem Fahrzeug befahren werden können. Die Strecke 270 dieses Führers ist keine Hauptverkehrsachse, sondern eine Nord-Süd-Durchquerung, die mit jeder Art von Fahrzeug leicht befahrbar ist.
Verschiedenes: Frauen dürfen keine Hosen tragen, sondern nur Kleider und Jupes, welche die Knie bedecken! Männer müssen ihre Haare kurz tragen; Hosen mit «Elefantenbeinen» (weite Hosenbeine) sowie allzu kurze Shorts sind verboten! Übertretung dieser Vorschrift wird mit Busse von 200 Kwacha / US-$ 244.— oder 6 Monaten Gefängnis bestraft. Freies Campieren ist überall erlaubt.

7.23. Mali

Politische und Zollprobleme: Die Grenze mit Guinea ist geschlossen.
Hauptverkehrsstrassen: Die Strecken 51 und 53 (Pisten) ermöglichen die Fahrt von Algerien über Mali nach Niger. Sie bildet die Nord-Süd-Verbindung des Landes und die Fortsetzung der Tanezrouft-Piste (erwähnt im Kap. 7.5. Algerien).
Die West-Ost-Transversale (Senegal—Niger) setzt sich aus den Strecken 11 (sehr schlechte Piste, geländegängiges Fahrzeug notwendig), 12, 13, 14 (Asphaltstrasse), 15 und 53 (Piste) zusammen.
Verschiedenes: In Mali scheint die Benzinversorgung im Moment äusserst schwierig zu sein. Lassen Sie daher den Tank bei jeder Gelegenheit auffüllen. Die Erlaubnis zum Fotografieren muss bei den Polizeibehörden jedes Ortes, wo man fotografieren will,

eingeholt werden. Die in Bamako ausgestellte Bewilligung ist im ganzen Land gültig. Wenn das Dokument nicht mehr benötigt wird, muss es der ausstellenden Behörde wieder zurückgegeben werden.

7.24. Marokko

Politische und Zollprobleme: Grenzbeziehungen zwischen Marokko und Algerien: siehe Kap. 7.5. Algerien.
Personen, die an Bord mehrerer unter dem Namen des gleichen Halters registrierten Fahrzeuge reisen, sind möglicherweise beim Grenzübergang Schikanen unterworfen (anscheinend ist die gleichzeitige Einfuhr mehrerer Fahrzeuge desselben Halters verboten). Die einzige Möglichkeit, solche Unannehmlichkeiten zu vermeiden, besteht darin, den Zoll im Abstand von einigen Stunden zu passieren, wenn möglich nach Ablösung der Beamten, die grundsätzlich um 10 Uhr vormittags stattfindet.
Es besteht keine Möglichkeit, in Richtung der ehemaligen Spanischen Sahara weiter als Goulimime zu fahren (Strecke 5). Von hier aus ist die Strecke unter Umständen befahrbar, wenn die Fahrt in Begleitung eines Militärkonvois stattfindet.
Hauptverkehrsstrassen: 3 grosse Verbindungsstrecken führen durch das Land:
1) Ceuta—Rabat—Casablanca—Essaouira—Agadir—Tan Tan (Strecke 369, Asphalt, 1268 km). Hier bieten nur die Ortschaften Interessantes.
2) Ceuta—Fes (Strecke 1, Asphalt)—Marrakesch—Agadir—Tan Tan. Obwohl vollständig asphaltiert, lässt diese Strecke im Gegensatz zur Route 1 weniger flüssiges Fahren zu. Sie führt jedoch durch interessante Gebiete und Ortschaften. 1382 km.
3) Ceuta—Fes (Strecke 1, Asphalt)—Ouarzazate (Strecke 2, Asphalt)—Agadir—Tan Tan (Strecke 5, vollständig asphaltiert). 1972 km. Dies ist die schönste, aber auch die längste Route.

Verschiedenes:

Überquerung der Meerenge von Gibraltar: Die Überquerung der Meerenge kann entweder zwischen Algeciras und Ceuta (spanische Enklave) oder Algeciras und Tanger erfolgen; der Preis der Überfahrt zwischen Algeciras und Ceuta ist bedeutend günstiger.
Personen mit Hippy-Look gewärtigen, zurückgewiesen zu werden. Die Betäubungsmittelgesetze sowie die Vorschriften über die Einfuhr von Devisen sind sehr streng. Um sich Ärger zu ersparen, hält man sich besser daran.

7.25. Mauretanien

Politische und Zollprobleme: Zurzeit steht Mauretanien im Konflikt mit Marokko und Algerien. Gegenstand desselben ist die Besitzfrage des ehemaligen Territoriums der Spanischen Sahara. Im Hinblick auf die mit diesem Konflikt verbundenen Schwierigkeiten ist anzunehmen, dass der gesamte nördliche Teil des Landes für den touristischen Autoverkehr gesperrt ist. Die Strecken 7 (nördlich von Nouakchott), 42 und 350 sind deshalb momentan nicht befahrbar.
Hauptverkehrsstrassen: Die wichtigste und einzige Verkehrsverbindung Mauretaniens besteht aus den Strecken 7 und 42, welche von Algerien nach Senegal führt. Bis Akjoujt sehr schlechte Pisten, die nur mit Geländefahrzeugen zu bewältigen sind; anschliessend Asphalt.

7.26. Mozambique (Mosambik)

Politische und Zollprobleme: Seit 25. Juni 1975 ist das Land unabhängig. Da sich seine innere Situation noch nicht vollständig normalisiert hat, besitzt das Land noch keine diplomatischen Vertretungen im Ausland, und die Visa müssen bei der «Direcçao Nacional de Migraçao, Avenida Eduardo Mondlane 245, Maputo, Telex 6-245, beantragt werden. Touristenvisa werden zurzeit nicht erteilt.
Die Landesgrenzen mit Tansania und Rhodesien sind zurzeit geschlossen. Dieselbe Situation besteht zweifellos mit Sambia, was wir jedoch nicht überprüfen konnten.
Verschiedenes: Der Wechsel von 1000 escudos (US-$ 30.30) ist obligatorisch und wird von jedem ausländischen Reisenden bei der Einreise verlangt.

7.27. Niger

Politische und Zollprobleme: Für Touristen besteht Meldepflicht in allen grösseren Ortschaften bei der Polizei. Die Reisenden werden oft durchsucht. Die Zöllner sind nicht sehr liebenswürdig und haben es vor allem niemals eilig! Gewöhnlich halten sie ihre Siesta zwischen 11.30 und 16 Uhr.
Visa: Personen, die ein Visum für den Niger benötigen, müssen persönlich bei der Niger-Botschaft ihres Wohnsitzlandes (oder der Botschaft, die für das Herkunftsland verantwortlich ist) vorsprechen. Visa werden nicht auf dem Korrespondenzweg abgegeben, auch nicht an der Grenze oder im Ankunftsflughafen.
Je nach Fall muss eine Kaution von Fr. CFA 70 000 / US-$ 329.— hinterlegt werden. Diese Kaution wird auf Verlangen nach der Rückkehr ins Wohnsitzland zurückerstattet.
Bei der Niger-Botschaft in Algier kann das Visum innert 3 Tagen eingeholt werden. Dabei wird keine Kaution verlangt.
Hauptverkehrsstrassen: Die Nord-Süd-Verbindung führt von Algerien nach Nigeria und besteht aus den Strecken 65, 67 (Piste) und 75 (Asphalt).
Die West-Ost-Verbindung führt von Mali oder Ober-Volta nach dem Tschad oder Nigeria; sie besteht aus den Strecken 53 (von Mali kommend, Piste) oder 27 (von Ober-Volta, Piste, zurzeit in Asphaltierung begriffen), 54, 56, 72, 73 (Asphalt) oder 74 (Richtung Nigeria, Piste), 138 (Piste und schlechter Asphalt) und 137 (Richtung Tschad, schlechte Piste).
Verschiedenes: Achtung vor Diebstahl und den Gefahren des Verkehrs. In Gebieten, wo nur Pisten bestehen, sind die Städte durch Funk untereinander verbunden. Vor Verlassen einer Ortschaft hat man die genaue Fahrstrecke und die dafür benötigte Zeit anzugeben. Bei der Ankunft muss sofort die Behörde benachrichtigt werden, damit keine unnötigen Suchaktionen unternommen werden.

7.28. Nigeria

Politische und Zollprobleme: Aus militärischen Gründen ist die Einfuhr von olivgrünen Fahrzeugen streng verboten!
Alle in Nigeria einreisenden Touristen benötigen ein «Circulation Permit», das entweder bei dem der Grenzübergangsstelle am nächsten gelegenen Polizeihauptquartier oder in Lagos, bei der «Principal Licensing Authority», Kakawa Street 27, erhältlich ist.
Hauptverkehrsstrassen: Nigeria besitzt zahlreiche asphaltierte Strassen.
West-Ost-Achse im Norden des Landes: Strecken 74 (schlechter Asphalt), 77 (schlechter Asphalt) und 78 (Piste, wird gegenwärtig ausgebessert); sie ermöglichen die Fahrt von Niger nach dem Tschad.

West-Ost-Achse im Süden des Landes: Sie ermöglicht die Fahrt von Benin nach Kamerun und besteht aus den Strecken 57, 101, 98, 96, alle asphaltiert).
Süd-Ost-Achse: Über diese Streckengruppe (57, 102, 76 und 75, alle asphaltiert) gelangt man von Benin nach Niger.
Verschiedenes: Achtung vor Diebstahl, besonders an der Küste! Die Verkehrsdichte ist äusserst gross, sehr vorsichtig fahren!
Achtung auf «Speed breakers» oder «BOM» an Brückenköpfen oder an Ortseingängen. Linksvortritt bei Kreuzungen. Treibstoffknappheit.

7.29. Ober-Volta

Politische und Zollprobleme: Das Grenzpassierscheinheft wird nicht immer verlangt. In gewissen Fällen wird es durch ein am Zoll abgegebenes Formular ersetzt. Man achte darauf, dass immer dasselbe System angewandt wird (entweder das Grenzpassierscheinheft bei der Ein- und der Ausreise oder das Zollformular bei der Ein- und der Ausreise).
Hauptverkehrsstrassen: Die Hauptverkehrsverbindung führt von Mali nach Niger und besteht aus den Strecken 20 (Piste), 21 (Asphaltierung in Arbeit), 22 (Asphalt), 23 (schlechte Piste) und 25 (gute Piste).
Fährt man über Ober-Volta von Mali nach Togo, benützt man die Strecken 17 (sehr schlechte Piste, Geländefahrzeug absolut unerlässlich), 22 (Asphalt) und 36 (Asphalt auf dem Gebiet Ober-Voltas, dann in Asphaltierung begriffene Piste in Togo).
Verschiedenes: Ober-Volta ist eines der ärmsten Länder des afrikanischen Kontinents. Will man den Einwohnern des Landes Geschenke mitbringen, sollte man sich vorwiegend auf Gegenstände der primären Notwendigkeit beschränken (keine Luxusgüter), wie z. B. Kleider, Medikamente und sanitäre Gerätschaften, deren Bedarf am grössten ist!

7.30. Rhodesien

Politische und Zollprobleme: Kap. 7.1. beachten. Zahlreiche innere Schwierigkeiten, vor allem im Grenzbereich von Mosambik (Grenze zurzeit geschlossen). Die Grenze mit Sambia ist ebenfalls geschlossen. Es besteht deshalb keine Möglichkeit, die Strecke 273 zu befahren.
Die Zollbeamten können — schon am frühen Morgen — betrunken sein!
Hauptverkehrsstrassen: Sie sind beinahe alle vollständig asphaltiert; das rhodesische Strassennetz befindet sich in ausgezeichnetem Zustand.
Die heutzutage einzige, normal befahrbare Hauptverkehrsstrasse führt von Botswana nach Südafrika auf asphaltierten Strassen (Strecken 274 und 280).
Achtung: Linksverkehr in Rhodesien!
Verschiedenes: Siehe auch Kap. 7.37. «Südafrika: Politische und Zollprobleme»!

7.31. Rwanda

Politische und Zollprobleme: Im allgemeinen sind die Grenzen von 07 bis 18 Uhr geöffnet. Die Grenze von Zaire ist gegenwärtig geschlossen.
Hauptverkehrsstrassen: Die Strecken 254 (Piste), 253 (schlechter Asphalt) und 257 (in Rwanda asphaltiert) ermöglichen die Fahrt von Zaire nach Tansania.
Verschiedenes: Grosse Treibstoffknappheit. Weigert sich eine Tankstelle, einen Kanister zu füllen, verlange man eine Bewilligung zum Treibstoffkauf beim nächsten Verkehrsbüro. Achtung vor Diebstahl in den Städten.

7.32. Sambia

Politische und Zollprobleme: Die Grenzen mit Angola, Rhodesien und Zaire sind zurzeit geschlossen.
Die Grenze mit Malawi ist nur von 06 bis 20 Uhr und diejenige mit Tansania von 06 bis 18 Uhr geöffnet.
Hauptverkehrsstrassen: Die Strecken 269, 271 und 272 ermöglichen die Durchquerung von Sambia auf vollständig asphaltierter Strasse zwischen Tansania und Botswana oder Rhodesien.
Achtung: In Sambia herrscht Linksverkehr!

7.33. Senegal

Politische und Zollprobleme: Die Grenze mit Guinea ist geschlossen.
Hauptverkehrsstrassen: Die Strecken 7 (auf senegalesischer Seite asphaltiert), 9 (asphaltiert) und 11 (sehr schlechte Piste) bilden die Hauptverkehrsverbindung von Mauretanien nach Mali über Dakar.

7.34. Sierra Leone

Politische und Zollprobleme: Die Grenze mit Guinea ist geschlossen. Jeder Reisende muss sich innerhalb 12 Stunden nach seiner Einreise in Sierra Leone bei der Polizei melden.

7.35. Somalia

Politische und Zollprobleme: Zurzeit herrschen Spannungen zwischen diesem Land und Äthiopien. Die Grenze ist geschlossen und vom Aufenthalt in den Grenzgebieten ist unbedingt abzuraten.

7.36. Sudan

Politische und Zollprobleme: Die Grenze Äthiopiens ist zwischen dem Roten Meer und dem Gebiet Gambelas geschlossen. Um von Ägypten in den Sudan zu gelangen, braucht es eine Bewilligung der sudanesischen Botschaft in Kairo (äusserst schwierig zu erhalten).
Da Grenzpassierscheinhefte im Sudan nicht anerkannt sind, verlangt der Staat für jedes ausländische Fahrzeug eine Durchreisebewilligung, welche vorgängig beim Innenministerium, Pass- und Einreisebüro, P.O.Box 770, Khartoum angefordert werden muss (in englischer Sprache). Das Gesuch muss lange vor der Reise (3—4 Monate) gestellt werden, und zwar auf einem speziellen Formular, das man in sudanesischen Botschaften oder Konsulaten im Ausland erhält.
Ferner muss eine hohe Kaution (ca. SFr. 1000.— / US-$ 578.— pro Person) — sowohl für den Fahrer als auch für jeden Mitfahrer — auf dem Konsulat deponiert werden.
Durchreisebewilligungen werden im allgemeinen nur für geländegängige Fahrzeuge abgegeben!
Hauptverkehrsstrassen: Die sudanesischen Pisten sind generell in elendem Zustand.
Bis Khartoum bestehen die Hauptverkehrsverbindungen aus folgenden Strecken:
1. **Von Libyen:** 153, 173, 174 und 177 (oft sehr schlechte Pisten).
2. **Von Ägypten:** 170 (Schiff und dann schlechte Piste), 179 und 180 (schlechte Pisten).

Von Khartoum aus kann man folgende Länder bereisen:

1. **Äthiopien:** Strecken 184 (Asphalt) und 186 (wird gegenwärtig bis zur Grenze asphaltiert). Grenze zurzeit geschlossen.
2. **Uganda:** Strecken 184 (Asphalt), 185 (Asphalt und Piste), 187 (sehr schlechte Piste) oder 188 (gleiche Strecke wie 187, jedoch mit Schiffsverladung) und 190 (gute Piste). Grenze zurzeit geschlossen.
3. **Kenia:** Gleiche Strecken wie nach Uganda, mit Ausnahme von Strecke 190, die man durch 189 ersetzt (schlechte Pisten).
4. **Zentralafrikanische Republik:** Strecken 214, 215, 229, 228 (oder 227, gleiche Strecke, jedoch mit Zugsverladung), 226 und 225 (schlechte Pisten).

Verschiedenes: Eine Fotografier-Erlaubnis (gratis) muss bei der sudanesischen Gesellschaft für Tourismus angefordert werden. Das Fotografieren jeglicher Objekte militärischen Charakters ist strikte untersagt!
Treibstoff ist nur sehr schwer zu erhalten, besonders im Süden des Landes.

7.37. Südafrika

Die Rassenpolitik in Südafrika ist im Begriff, sich zu lockern; es bestehen jedoch noch immer zahlreiche Vorschriften. Der weisse Reisende beachte deshalb folgende Punkte:

— in Südafrika nie über Rassenpolitik oder Kommunismus sprechen
— keine Bücher über obgenannte Themen oder über Pornografie mitführen
— sich nicht erotisch provozierend verhalten
— nie die Nacht in einem nichtweissen Quartier verbringen und vor allem keine sexuellen Kontakte mit seinen Bewohnern pflegen
— keine Installationen benützen, welche für Nichtweisse reserviert sind (spezielle Eingänge, Lokalitäten, Transportmittel, Strände usw.)
— Drogen sind verboten — der Alkoholkonsum ist reglementiert, besonders sonntags
— keine wilden Blumen pflücken und die Natur nicht schänden
— Spezial-Bewilligungen für den ausführlichen Besuch von nichtweissen Regionen sind 3 Monate im voraus anzufordern
— nicht die organisierten Ausflüge vermitteln einen wirklichen Einblick in das Leben der Schwarzen, sondern die Unterhaltung mit ihnen (Vorsicht) und das Lesen ihrer Zeitungen
— Kap. 7.1. beachten.

Einreise in Südafrika: Mit dem Auto reisende Personen (die nicht über ein Flugbillett für die Weiterreise verfügen) können an der Grenze aufgefordert werden, eine Kaution von 300—1000 Rand / US-$ 342.— bis 1140.— zu hinterlegen; der genaue Betrag wird durch das Departement des Innern festgelegt. Darauf achten, genügend finanzielle Mittel auf sich zu tragen, um nicht zurückgewiesen zu werden. Personen mit Hippy-Look werden zurückgewiesen!
Hauptverkehrsstrassen: Die meisten Hauptstrassen sind asphaltiert und in sehr gutem Zustand. Von der rhodesischen Grenze nach Kapstadt führen die Strecken 282, 284, 287 und 290. Die Strecke 291 führt von Kapstadt zur Grenze Südwestafrikas.
Achtung: Linksverkehr in Südafrika. Der Gebrauch von Sicherheitsgurten ist obligatorisch. Bei der Einreise eine Bewilligung zum Kauf von Treibstoff verlangen (man erhält sie bei den «Court-Houses»), ohne die ein Treibstoffbezug zwischen Freitag 12 Uhr und Montag 17 Uhr unmöglich ist.
Verschiedenes: Personen unter 25 Jahren im Besitze einer Niederlassungsbewilligung erhalten nach Ablauf von 2 Jahren automatisch die südafrikanische Staatsangehörigkeit. Junge Männer sollten darauf achten, die Frist nicht verstreichen zu lassen, da sie ohne weiteres in die Armee aufgenommen werden können und als Deserteur betrachtet werden, wenn sie versuchen, das Land zu verlassen.

7.38. Südwestafrika

Politische und Zollprobleme: Die Grenze mit Angola ist momentan geschlossen, und die Grenzzonen dürfen nur mit Bewilligung bereist werden.
Siehe auch Kap. 7.1. (Rückkehr aus Südafrika) sowie Kap. 7.37. (Rassenprobleme).
Da Südwestafrika (das zukünftige unabhängige Namibia) mit Südafrika ein Zollabkommen hat, ist die Einreise sehr leicht.
Hauptverkehrsstrassen: Die einzige grosse Verbindung des Landes ist die Süd-Nord-Achse über die Strecken 293, 295, 304, 307 (Asphalt) und 309 (Asphalt und etwas Piste).
Achtung: Linksverkehr in Südwestafrika!
Verschiedenes: Zahlreiche interessante Stätten sowie auch einige Gebiete dürfen nur mit Bewilligung besucht werden. Verlangen Sie bei der «Automobile Association of South Africa» (P.O.Box 596, Johannesburg 2000, RSA) die Broschüre «Motoring in South West Africa», welche eine Anzahl Adressen enthält, wo die Bewilligungen einzuholen sind.

7.39. Swasiland

Politische und Zollprobleme: Die Grenze mit Mosambik ist von 7—8, 8.30—12 und 13—20 Uhr geöffnet, diejenige von Südafrika von 8—16 Uhr (einige Ausnahmen 7—22 Uhr).
Achtung: Linksverkehr in Swasiland!

7.40. Tansania

Politische und Zollprobleme: Die Grenze von Mosambik ist zurzeit geschlossen, die Grenze nach Kenia darf nur von Europäern überschritten werden.
Hauptverkehrsstrassen: Tansania kann auf einer beinahe vollständig asphaltierten Route, welche Kenia mit Sambia verbindet, durchquert werden. Strecken 261, 263, 264, 267 und 268.
Achtung: In Tansania wird links gefahren, jedoch besteht Rechtsvortritt. Sonntagsfahrverbot.
Verschiedenes: Das Gebiet, welches vom Stamm der Massai besiedelt ist, muss als unsicher, ja gefährlich angesehen werden. Es ist daher besser, dort nicht anzuhalten und auf jeden Fall nicht zu campieren. Einige Reisende wurden in dieser Zone überfallen, sogar auf den Hauptstrassen.

7.41. Togo

Politische und Zollprobleme: Die Beziehungen zwischen Togo und Benin (Ex-Dahomey) sind oft gespannt, was mitunter zu Problemen an der Grenze führen kann. Freundlich sein und französisch sprechen mit den Zollbeamten!
Hauptverkehrsstrassen: Die Strecken 31 (schlechter Asphalt) und 36 (gute Piste) bilden die Süd-Nord-Verbindung des Landes und führen nach Ober-Volta.
Verschiedenes: Achtung vor Diebstahl in den Städten und an der Küste!

7.42. Transkei

Politische und Zollprobleme: Alle Besucher dieses Landes benötigen ein Visum. Dieses kann bei den diplomatischen Vertretungen der Transkei in den wichtigsten Städten Südafrikas eingeholt werden oder direkt bei folgender Adresse: The Secretary, Department of the Interior, Private Bag X5006, Umtata 5100, Transkei, Tel. 2151. Die Frist beträgt etwa 4 Wochen.
Achtung: Touristen, die für Südafrika ein Visum benötigen, müssen für den Wiedereintritt nach Südafrika nach dem Besuch der Transkei ein Visum besorgen.
Hauptverkehrsstrassen: Die einzige Hauptverkehrsachse des Landes führt von Kokstad (SA) nach East London (SA), von der in diesem Führer jedoch nur der Abschnitt Umtata—East London (Strecke 285) beschrieben ist.

7.43. Tschad

Politische und Zollprobleme: Wegen der Rebellion der Toubous sowie den Spannungen mit Libyen ist das ganze nördliche Gebiet des Landes für ausländische Fahrzeuge verboten. Angesichts der verworrenen Lage im ganzen Land ist das Verbot auch in andern Teilen des Landes gültig. Momentan ist nur die Grenze mit Kamerun für ausländische Besucher von N'Djamena offen.
Hauptverkehrsstrassen: Das Land kann deshalb per Fahrzeug nicht durchquert werden. Bisweilen wird eine Bewilligung für die Strecken 220 und 222 (Asphalt und schlechte Piste) erteilt, über die man von Kamerun in die Zentralafrikanische Republik gelangt.
Verschiedenes: Fotografieren ist in der Stadt N'Djamena streng verboten.

7.44. Tunesien

Politische und Zollprobleme: Die Einfuhr von ausländischen Datteln und allen Produkten der Dattelpalme (z. B. Körbe, Matten) nach Tunesien ist verboten.
Hauptverkehrsstrassen: Die meisten Strecken, die hier beschrieben sind, sind asphaltiert und in gutem Zustand. Um von Tunis nach Libyen zu fahren, folgt man den Strecken 105 und 124, nach Algerien den Strecken 105 und 106.
Die beiden Strassen von Tunis nach Constantine oder Algier bilden — obwohl hier nicht beschrieben — ebenfalls Hauptverkehrsverbindungen.

7.45. Uganda

Politische und Zollprobleme: Die politische Lage in diesem Land ist äusserst verworren. Die Grenzen sind gegenwärtig geschlossen, und es ist nicht möglich, im Lande zu reisen.
Hauptverkehrsstrassen: Uganda besitzt zahlreiche Asphaltstrassen. Die einzige, hier beschriebene Verkehrsachse erlaubt es, vom Sudan oder von Zaïre nach Kenia zu fahren. Es handelt sich um die Strecken 190 (vom Sudan kommend, Piste) oder 247 (von Zaire kommend, Piste), 191 und 258 (guter Asphalt).
Achtung: Linksverkehr in Uganda.

7.46. Zaire

Politische und Zollprobleme: Die Grenzen dieses Landes sind zurzeit für ausländische Automobilisten geschlossen.
Hauptverkehrsstrassen: Die Durchquerung Zaires, das fast ganz in der feuchten Tropenzone liegt, stellt eine enorme Anstrengung dar, da die Wege im allgemeinen erbärm-

lich schlecht sind (riesige Löcher, Schlamm, schadhafte oder zerstörte Brücken, schwierige Verladung der Fahrzeuge auf die Fähren usw.). Kurz, man braucht eine sehr gute Ausrüstung, Vorräte, Geduld und Ausdauer! Dieser Zustand bessert sich jedoch gegenwärtig langsam, weshalb für die Durchquerung ein geländegängiges Fahrzeug nicht mehr unbedingt notwendig ist.

Auch wenn die Fähren gratis sind, ist ein «obligatorisches Geschenk» von einem Zaire (US-$ 0.65) pro Fahrzeug jederzeit willkommen.

Von der Zentralafrikanischen Republik nach Rwanda durch Zaire folgt man den Strecken 232, 233, 235, 237 und 255 (Piste).

Einige Bemerkungen über Zaire: Zaire ist ein grosses und schönes Land, jedoch infolge der Schwierigkeit der gegenwärtigen Verbindungsmöglichkeiten noch ziemlich schlecht organisiert. Die Entwicklung konzentriert sich — zum Nachteil der Provinz — auf die Hauptstadt. Das Land hat sich zudem noch nicht aus den Trümmern eines fünfjährigen Krieges erhoben. Überall spürt man es: das Strassennetz ist in einem jämmerlichen Zustand, die Fähren und auch die Brücken oft schadhaft, die Läden schlecht beliefert, das Wasser zum Verbrauch nicht trinkbar, selbst in den Städten; die Krankenhäuser sind schlecht ausgerüstet usw. Kurz: ein Mangel an Einfuhrprodukten und unzulängliche Kontrolle der Zentralregierung über die Provinzbeamten, welche ihre Stellung oft missbrauchen: Bestechung (Matabiche) ist hier nichts Ungewöhnliches. Die Bevölkerung ist friedliebend und freundlich. Das Benzin ist sehr selten und das «schwarze» Benzin unbezahlbar. Für das Übernachten halte man sich am besten an die Missionen. Bei weissen Händlern kann man im allgemeinen zu guten Bedingungen Geld wechseln. Ausländische Händler und kleine Plantagenbesitzer sind jedoch infolge verschiedener politischer Massnahmen selten geworden. Dadurch wird der Geldwechsel im Busch noch schwieriger. Durch die erwähnten Massnahmen sind die noch im Land verbliebenen Weissen vorsichtig geworden. Tauschhandel mit den Einheimischen ist möglich.

Reserven an Nahrungsmitteln, Benzin, Öl sowie Ersatzteile mitnehmen und sie bei jeder Gelegenheit ergänzen.

Diesen negativen Punkten steht die Schönheit der Landschaft gegenüber: Tropenwälder, Vulkane, Seen; dann auch ethnographisch Interessantes: Pygmäenstämme, Masken, Waffen, Holz- und Elfenbeinschnitzereien, Tierfelle; schliesslich eine selten anzutreffende Tierwelt: Okapis und Gorillas, sowie aussergewöhnlich schöne Nationalpärke.

7.47. Zentralafrikanische Republik

Politische und Zollprobleme: Die Wartezeit an der Grenze für die Einreise-Erlaubnis ist bisweilen lang (bis zu 1 Tag). Die Grenze nach Zaire ist zurzeit geschlossen.

Hauptverkehrsstrassen: Die Nord-Süd-Achse vom Tschad nach Zaire besteht aus den Strecken 222 und 223 (Pisten).

Die West-Ost-Achse ermöglicht die Fahrt von Kamerun in den Sudan: Strecken 89, 223 (Piste), 224 (Asphalt über 185 km, dann Piste) und 225 (sehr schlechte Piste).

Im allgemeinen sind die Pisten dieses Landes sehr schlecht unterhalten. Sie können jedoch auch mit normalen Fahrzeugen benützt werden.

Verschiedenes: Baptistenmissionen sind in diesem Land zahlreich vertreten; für einen Aufenthalt richten Sie sich am besten nach den bei Strecke 225 genannten Ratschlägen! In Bangui und in den wichtigen Städten nötigt die Polizei sehr oft die Reisenden, im Hotel zu übernachten.

2. Teil: Beschreibung der Strecken

Allgemeines

Um eine Strecke ausfindig zu machen, benützt man die drei Übersichtskarten (schwarz umrandet). Auf den Karten findet man den Namen des Ausgangs- und des Ankunftsortes und eine Nummer.

Wenn bei einer Reisestrecke eine leichte Variante möglich ist, wird diese mit einem senkrechten Strich am Rand gekennzeichnet.

Allgemeine Informationen über eine Anzahl Strecken, die zusammen eine Reiseroute bilden (zum Beispiel Hoggarpiste, Tanezrouftpiste, Durchquerung von Zaire usw.), sind im Kapitel 7 unter den Namen der Länder zusammengefasst. Man vergesse also nicht, von Zeit zu Zeit darauf zurückzugreifen, vor allem im Zeitpunkt der Wahl einer Reiseroute.

Die Distanzenkarte im Kapitel 1.3. gibt ebenfalls eine kurze Übersicht der Strassenverhältnisse.

Wichtig

Man vergewissere sich, ob die gewählte Reise durchführbar ist, und zwar anhand der im Kapitel 7 enthaltenen Informationen über die Länder und der Korrekturblätter, die durch Einsenden des Gutscheines auf Seite 1 erhältlich sind.

Die im Text erwähnten Preise sind in der Lokalwährung vermerkt. Um Missverständnisse zu vermeiden, sind sie auch in US-$ angegeben (zum Kurs vom Frühjahr 1979).

---

1. Ceuta (spanische Enklave) - Tetuan (Marokko) - Chechaouen - Fes   322, 364 oder 359 km

---

→ Marokko im Kapitel 7.

Ganze Strecke asphaltiert und in gutem Zustand. Die Variante über Ketama kann in der Zeit von Dezember bis April zugeschneit sein.

Die Städte Chechaouèn und besonders Fes bilden die Anziehungspunkte dieser Strecke. Wer über genügend Zeit verfügt, kann den Umweg über Tanger machen (ungefähr 116 km mehr).

Chechaouèn: 16 000 Einwohner. Lebensmittel. Treibstoff. Hotels. Camping. Es lohnt sich, ausgiebig im belebten Zentrum und in den malerischen Gassen an der Bergflanke zu flanieren.

Von Chechaouèn aus kann Fes auf drei Wegen erreicht werden:
a) Ouezzane—Fes (225 km).
b) Ketama—Fes (267 km). Diese Strasse überquert die Rif-Gebirgsketten und kann im Winter schneebedeckt sein.
c) Ouezzane—Moulay Idriss (auf zwei Hügeln gebaute Heilige Stadt)—Volubilis (römische Ruinen)—Meknes (alte Kaiserstadt)—Fes (262 km). Diese Strecke ist vor allem Liebhabern antiker Stätten zu empfehlen.

Fes: 330 000 Einwohner. Alle touristischen Erleichterungen. Wenn man sich mit der Atmosphäre dieser eindrucksvollen Stadt vertraut machen will, ist ein Aufenthalt von etwa drei Tagen notwendig. Man überschaut zuerst die Stadt mit ihren Mauern von aussen und besichtigt dann die Altstadt Fes-el-Bali, die Baudenkmäler, die Suks und die Handwerkerbuden usw. eingehend.
Beginn der Strecken 2 und 3.

2. Fes - Sefrou - Midelt - Errachidia (Ksar-es-Souk) - Erfoud - Rissani - Erfoud - Tinerhir - Boumalne - Ouarzazate   802 km

→ Marokko im Kapitel 7.
Ganze Strecke asphaltiert, keine besonderen Probleme.

Fes - Sefrou - Midelt - Errachidia (Ksar-es-Souk) - Erfoud - Rissani   465 km

Durchgehend Asphaltstrasse in gutem Zustand. Malerische Strecke durch den «Mittleren Atlas» (Moyen Atlas). Die Strasse kann zwischen November und April infolge Schnee unbefahrbar sein (in diesem Fall muss die direkte Strasse nach Marrakesch gewählt werden). 3 Pässe sind zu überqueren: Tizi-Abekhnanes, 1767 m, Tizi-n'-Talrhemt, 1907 m, sowie ein dritter, namenloser Pass, 1369 m, kurz vor der Zis-Schlucht. Mehrere ausgebaute Furten.

Midelt: 16 000 Einwohner. Lebensmittel. Treibstoff. Hotels. Camping. Letzte ausgesprochen arabische Ortschaft vor Betreten der Berbergebiete. In Midelt befindet sich eine von Franziskaner-Schwestern geführte Webstube.

100 km nach Midelt dringt die Strasse in die schöne Zis-Schlucht ein.

Errachidia (Ksar-es-Souk): 6500 Einwohner. Lebensmittel. Treibstoff. Hotels. Camping. Beginn der Strecke 340.

Man folgt nun dem Oued (Trockental) des Zis, ein grünes Band in wüstenähnlicher Landschaft. Unweit der Strasse die blaue Meski-Quelle, die durch den Camping-Platz und das moderne Schwimmbad ihren Charme eingebüsst hat.

Erfoud: 5400 Einwohner. Lebensmittel. Treibstoff. Hotels.

Rissani: Wie Erfoud Ausgangspunkt für Ausflüge in die Palmenhaine des Tafilalt. Für einige Pisten dieses Gebietes ist unbedingt Vierradantrieb erforderlich.

Rissani - Erfoud - Tinerhir - Boumalne - Ouarzazate   337 km

Gute Asphaltstrasse. Einige leichte, ausgebaute Furten. In Erfoud wählt man die Strasse in westlicher Richtung und erreicht Tinerhir ohne nach Errachidia (Ksar-es-Souk) zurückzufahren. Malerische Gegend.

Tinerhir: 3500 Einwohner. Lebensmittel. Treibstoff. Hotels. Eine Fahrt durch die prächtigen Palmenhaine, die sich bis zur Todra-Schlucht ausdehnen, lohnt sich.

Boumalne-du-Dadès: Grosser Flecken. Lebensmittel. Treibstoff. 1 modernes Hotel. Ausgangspunkt für einen Besuch der Dadès-Schlucht (schlechte, nicht geteerte Strasse).

Anschliessend folgt man der «Strasse der Kasbas», die den Besucher allerdings etwas enttäuscht.

Ouarzazate: 11 200 Einwohner. Lebensmittel. Treibstoff. Hotels. Camping. Links der Strasse, vor Ankunft in Ouarzazate, die sehenswerte Kasba von Taouirt und das Dorf am Fusse ihrer Mauern. Die Handwerks-Genossenschaft verkauft Berberteppiche (Ausstellung alter Teppiche).
Beginn der Strecken 4 und 5.

Korrigieren Sie an Ort und Stelle die Fehler, welche Sie in dem Führer oder auf geographischen Karten entdecken. Morgen sind Ihre Erinnerungen schon ungenau.

3. Fes (Marokko) - Taza - Oujda - Maghnia (Algerien) - Tlemcen - Sidi-bel-Abbes - Mascara   599 km

→ Marokko und Algerien im Kapitel 7.

Auf dieser durchwegs asphaltierten Strasse kann man die Strecken 37 und 38 in Mascara (Algerien) erreichen.

Von Sidi Abdallah-des-Rhiata kann man auf der Strasse S 311 einen interessanten Abstecher unternehmen. Die Strasse ist asphaltiert und führt durch Korkeichenwälder. Einige Kilometer nach dem Dorf Bab-bou Idir weist eine Tafel auf den Eingang einer sehenswerten Höhle (Gouffre de Friouta). Der Besuch nimmt 2 Stunden in Anspruch. Die sehr schöne Grotte befindet sich noch in natürlichem Zustand (keine Einrichtungen für Touristen); eine Taschenlampe ist daher unbedingt notwendig, ferner alte Kleidung und gleitsichere Schuhe. Eintritt DH 5.— (US-$ 1.30). Der Führer spricht leider nur Arabisch. Die Strasse mündet in Taza wieder in die Strecke 3.

Taza: 55 000 Einwohner. Lebensmittel. Treibstoff. Hotels (eines davon nennt sich «Guillaume Tell»). Die von mächtigen Mauern umgürtete Altstadt (im 12. Jahrh. gegründet) überragt die modernen Stadtteile.

Sehenswert: Tor des Windes, die Medina und die Suks.

Oujda: 180 000 Einwohner. Lebensmittel. Treibstoff. Hotels. Camping (gratis). Die im 10. Jahrhundert gegründete Stadt war in der Vergangenheit häufig Schauplatz blutiger Kämpfe zwischen Marokkanern und Algeriern.

Sehenswert: die Verkaufsbuden der Weber, die Suks und das «Tor der Köpfe» (Bab Sidi Abd-el-Ouahab).

13 km nach Oujda erreicht man die algerische Grenze. Formalitäten am marokkanischen und algerischen Zoll (Zoudj-Beghal-Route).

Maghnia: 78 000 Einwohner. Lebensmittel. Treibstoff. Hotels. Moderne Stadt ohne besonderes Interesse. Bedeutende Bewässerungsanlagen in der Umgebung.

Ab Maghnia kann man auf zwei Strassen nach Mascara gelangen: entweder über Oran (263 km) oder, wie unten beschrieben, über Tlemcen und Sidi-Bel-Abbès (230 km).

Tlemcen: 85 000 Einwohner. Lebensmittel. Treibstoff. Hotels. Alte Stadt mit zahlreichen Baudenkmälern der spanisch-maghrebinischen Epoche. Mehrere schöne alte Moscheen. Museum mit Zeugen aus römischer und mohammedanischer Zeit.

Sidi-Bel-Abbès: 110 000 Einwohner. Lebensmittel. Treibstoff. Hotel.

Mascara: 60 000 Einwohner. Lebensmittel. Treibstoff. Hotel. Zentrum einer Weinbaugegend, aber auch für seine Teppiche und Spitzen bekannt.
Beginn der Strecke 38, Ende der Strecke 37.

4. Ouarzazate - Zagora (Tal des Draa)   164 km

→ Marokko im Kapitel 7.

Ganze Strecke in gutem Zustand. Zwei ausgebaute Furten. Die Strasse durchquert zuerst wüstenartiges Gebiet und erreicht den Oued des Draa (Trockental) kurz nach dem von einer Zitadelle überragten Agdz. Von hier aus dehnen sich unendliche Palmenhaine bis nach Zagora. Im Tal des Draa zählt man rund 50 Ksour (Mehrzahl von Ksar = befestigtes Dorf).

Zagora: Städtchen. Lebensmittel. Treibstoff. 1 modernes Hotel. Camping. Zagora ist ein Tor zur Wüste und Ausgangspunkt für zahlreiche Ausflüge, die zum Teil allradangetriebene Fahrzeuge voraussetzen. Einer der interessantesten führt auf 80 km Piste in südlicher Richtung nach Mhamid, wo jeden Montag ein Markt stattfindet, zu dem sich sesshafte Einwohner und Nomaden aus der nahen Wüste einfinden.
Ende der Strecke 365.

5. Ouarzazate - Marrakesch - Tiznit - Goulimime - Tan-Tan - Tarfaya - Daora - Aaiun   1181 km

→ Marokko im Kapitel 7.

Gute Asphaltstrasse (mit Ausnahme einiger Kilometer zwischen Mzouzit und der Passhöhe Tizi-n'-Test auf der Strecke Marrakesch-Taroudannt). Einige Furten.

Ouarzazate - Marrakesch - Taroudannt   427 km

Kurz nach Ouarzazate kann man links der Strasse die Kasba von Tiffoultoute besichtigen, dann, ein Stück weiter, nach einem Abstecher von einigen Kilometern nach rechts, die imposante Kasba Ait Benhaddou.

26 km nach Ouarzazate zweigt nach links eine direkte Verbindungsstrasse nach Taroudannt ab (294 km). Im Winter muss diese Route (gute Asphaltstrasse) eingeschlagen werden, weil die unten beschriebene Strecke in den Monaten Dezember bis April infolge der Schneeverhältnisse gesperrt sein kann.

64 km nach der Abzweigung dieser Strasse befindet sich der Ort Tazenakht, Beginn der Strecke 365.

Nun nimmt man den grossartigen Tichka-Pass (2260 m) in Angriff (im Winter geschlossen).

51 km nach dem Dorf Amerzgane, kurz vor der Passhöhe, bietet sich rechterhand Gelegenheit zu einem Abstecher durch eine besonders schöne Landschaft (schmale Asphaltstrasse, 44 km hin und zurück) nach Anemiter. An dieser Strasse liegt die interessante Kasba von Telouet. Der Glaoui (Pascha) von Marrakesch beherrschte von hier aus den alten Karawanenweg über den Telouet-Pass. Auch die Gegend von Anemiter weist einige schöne Kasbas auf.

Nach dem Tichka-Pass folgt eine lange Talfahrt bis hinunter in die Ebene, in der Marrakesch liegt.

Marrakesch: 335 000 Einwohner. Alle touristischen Erleichterungen. Angenehmes Camping, besonders für längeren Aufenthalt. Schöner Blick über die Stadt von der Café-Terrasse am Djemaa-el-Fna-Platz aus. Man sollte dieser herrlichen Stadt des marokkanischen Südens mit ihren Baudenkmälern, ihren Suks und ihren Gärten wenigstens zwei Tage widmen, um das pulsierende Leben richtig zu geniessen. Ende Mai—anfangs Juni findet hier jedes Jahr ein Fest der Trachten und Gebräuche statt.

Weiterfahrt auf der Bergstrasse, die in 2100 m Höhe den Tizi-n'-Test-Pass überquert (im Winter muss die Strasse über Chichaoua—Agadir benützt werden). Unterwegs überrascht der unglaubliche Farbenreichtum der Umgebung. Etwa 30 km der Strecke, zwischen Mzouzit und der Passhöhe, weisen keinen Hartbelag auf, bieten aber keine besonderen Schwierigkeiten. Eindrucksvolle Talfahrt in die Ebene hinunter, die im Süden durch die Bergkette des Anti-Atlas abgeschlossen wird. 37 km nach der Passhöhe stösst man auf die direkte Strasse von Ouarzazate.

Taroudannt: 23 000 Einwohner. Lebensmittel. Treibstoff. Hotels. **Sehenswert:** Die Befestigungen und die Suks, vor allem der Suk der Juweliere.

Taroudannt - Tiznit - Goulimime - Tan-Tan - Tarfaya - Daora - Aaiun   754 km

Gute Asphaltstrasse. Ab Goulimime ist die Strasse seit kurzem verbreitert worden.

Ait-Melloul: Dorf, 17 m ü.M. Lebensmittel. Treibstoff. Hotel. Beginn der Strecke 369.

Nach und nach wird die Landschaft dürr und wüstenartig.

Tiznit: 11 450 Einwohner. Lebensmittel. Treibstoff. Hotels. Die in neuerer Zeit erbaute Ortschaft bietet wenig Reize. Eine Ausnahme bildet der Suk der Juweliere. Tiznit ist Ausgangspunkt zu einem Ausflug nach Tafraoute.

Ausflug nach Tafraoute: Dieser Ausflug von 214 km hin und zurück ist der letzte Höhepunkt dieser Reise durch Marokko. Gute Asphaltstrasse mit 2 Furten, wovon die eine nicht ausgebaut ist.

Tafraoute: 1000 Einwohner. Lebensmittel. Treibstoff. 1 modernes Hotel. Der Reiz von Tafraoute liegt nicht in seinen Sehenswürdigkeiten, sondern in seiner aussergewöhnlichen Lage: Das Dorf breitet sich in einer palmenbestandenen Mulde aus, am Fusse seltsam geformter Riesenblöcke von rosafarbenem Granit — ein merkwürdiger, überwältigender Eindruck, der sich nicht mit Worten beschreiben lässt. Von Tafraoute aus können noch verschiedene Abstecher unternommen werden.

Zur Rückfahrt nach Tiznit benützt man die gleiche Strasse.

Goulimime: 16 000 Einwohner. Lebensmittel. Treibstoff. Hotels. In Goulimime wird jeden Samstag der berühmte Kamelmarkt abgehalten, zu dem sich auch viele Nomaden einfinden. Hier werden Hunderte von Tieren feilgeboten. Von Goulimime führt eine Piste nach Tindouf in Algerien (→ Strecke 41). Da wir über ihren Zustand nicht unterrichtet sind und auch nicht wissen, ob der Grenzübertritt gestattet ist, verzichten wir darauf, sie zu beschreiben, bitten aber Leser, die sie benützt haben, uns ihre Erfahrungen mitzuteilen.

Tan-Tan: Wasser. Treibstoff. Reparaturwerkstätte. Restaurant. Hotel. Bank. Camping. Städtischer Markt (teuer).

Tan-Tan-Plage: Langweiliger Ort. 2 Cafés. Camping mit Duschen.

Tarfaya: Lebensmittel. Wasser. Treibstoff. Hotel, ohne Restaurant.

Daora: Wasser.

Aaiun: Lebensmittel. Wasser. Treibstoff. Hotels. Restaurants. Garagen. Spital. Man erreicht hier die von Tindouf (Algerien) her kommende Strecke 43.
Beginn der Strecke 6, Ende der Strecken 43 und 350.

6. Aaiun (Marokko) - Guelta Zemmur - Bir Moghrein (Mauretanien) 350 km

→ Marokko und Mauretanien im Kapitel 7.
Asphaltstrasse bis einige Kilometer über Bu Craa hinaus, dann folgt eine Piste von Kies und Sand in flachem Wüstengelände. Drei leicht sandige Oued-Passagen. Die Piste führt heute über Semul Agasal, ist aber schwierig zu finden (Kompass benützen). Kurz bevor man — 30 km vor Guelta Zemmur — wieder auf die Asphaltstrasse kommt, verliert man wegen einer grossen Sanddüne die Piste leicht aus den Augen. Gebirgiges Gelände. Vor der Wegfahrt in Aaiun sich mit Reserven an Treibstoff, Wasser und Lebensmitteln für rund 800 km versorgen.

Guelta Zemmur: Wasser. Keine Lebensmittel. Kein Treibstoff. Keine Unterkunft. Kleiner Laden mit Getränken. Polizei- und Zollkontrolle.

Weiterhin Asphalt bis zur Grenze (40 km). Die Strasse führt durch Bergland, dann wieder in die Ebene. Hier ist die Gefahr, sich zu verirren, ziemlich gross, da keine Markierungen unter zahlreichen Abzweigungen zu Nomadenlagern in der Umgebung den richtigen Weg weisen. Harter Sand, drei versandete Flussbette, die ziemlich schwierig zu überqueren sind.

Bir Moghrein: Kleiner Lebensmittelladen. Sehr teurer Treibstoff. Kein Restaurant. Man nehme sich vor «falschen» Führern in acht. Mauretanische Zoll- und Polizeiformalitäten.
Beginn der Strecke 7, Ende der Strecke 42.

7. Bir Moghrein (Mauretanien) - Zouerate - F'Derick - Choum - Atar - Akjoujt - Nouakchott - Rosso - Dakar (Senegal) 1595 km

→ Mauretanien und Senegal im Kapitel 7.
Piste, mit vielen schwierigen Passagen, bis Akjoujt, dann Asphaltstrasse bis Dakar.

Bir Moghrein - Zouerate   301 km

Bei der Wegfahrt von Bir Moghrein ist es nicht leicht, die richtige Piste zu finden. Am besten erkundigt man sich bei Eingeborenen und wählt dann diejenige Piste, die von den meisten angegeben wurde. In der Tat bieten sich hier mehrere gute Pisten, die aber meist zu Nomadenlagern führen, und oft erkennt man den Irrtum erst nach mehreren Kilometern. Wir empfehlen die Piste, die westlich der Salzseen (die Sebkhas Oumn el Drouss Telli und Oumn el Drouss Guebli) vorbeiführt. Grundsätzlich bietet sie keine grossen Schwierigkeiten. Gelangt man trotz Umfrage nicht auf die richtige Piste, so versuche man folgendes Rezept: Bei der Wegfahrt von Bir Moghrein auf einige Kilometer immer rechts haltend die alte Piste (siehe nachstehend) benützen, dann die erste Piste nach rechts einschlagen. Nach ungefähr 119 km: schlechte Sandstelle vor Überqueren einer Bergkette; dann erreicht man den Salzsee Oumn el Drouss Guebli. Beim Kilometer 211 kreuzt man den Wendekreis des Krebses. Die Piste schneidet sodann die Südwest-Ecke der «West-Sahara» (Sahara occidental). Schliesslich stösst man wieder auf die alte Piste, die direkt nach Zouerate führt und nicht mehr nach F'Derick. Vor Ankunft in Zouerate sehr sandige Piste.

Alte Piste: Diese alte Verbindung Bir Moghrein - Zouerate (100 km länger als die oben beschriebene Route) verläuft östlich der Salzseen. Sie wird gegenwärtig nicht mehr unterhalten (obwohl die Michelin-Karte sie als Hauptpiste angibt). Sie ist gut bezeichnet und bietet keine Schwierigkeiten. Einige Sandstellen. Nach 200 km überquert sie eine kleine Bergkette.

Zouerate: Lebensmittel. Treibstoff. Wasser. Restaurants. Hotels, wovon das eine ausgezeichnet ist. Hier besteht die Möglichkeit, das Fahrzeug auf einen Plattformwagen der Erzbahn bis Choum zu verladen (besonders empfohlen für Fahrzeuge ohne Vierradantrieb).

Zouerate - F'Derick   32 km

Von der Miferma (die frühere Eisenminengesellschaft) asphaltierte Strasse. Der Erzabbau wird heute von der Gesellschaft Cominor (Complexe minier du Nord) betrieben.

F'Derick: Wasser. Treibstoff. Reparaturwerkstätte.

F'Derick - Choum   189 km

Von F'Derick bis zum ersten Unterhaltsposten (Mjeida) der Eisenbahn sind es 66 km, wovon die ersten 43 km auf gutem, festem Schotter verlaufen. Dagegen weisen die verbleibenden 23 km sehr schlechte Stellen in äusserst weichem Sand auf. Nach dem ersten Unterhaltsposten kreuzt die Piste die Eisenbahnlinie, der sie westlich entlangführt; so kann die berüchtigte Sandstelle beim Brunnen von Char vermieden werden. Diese Strecke ist allerdings sehr schwierig: Starke Kehren, ziemlich steile Anstiege und Talfahrten (10 % Gefälle) und vor allem sehr weicher Sand auf ungefähr 6 km.
Vom Kilometer 165 an führt die Piste durch eine felsige Hochfläche. Starkes Wellblech, zahlreiche Kehren, Steine, welche die Reifen auf eine harte Probe stellen, Sand, und dies alles bis zum Unterhaltsposten von Choum, südwestlich des Tunnels, etwa beim Kilometer 184.

Achtung! Es ist verboten und sehr gefährlich, das Bahngeleise zu benützen. Die hier verkehrenden Erzzüge (es sind die längsten Züge der Welt, mit 100 Wagen, 4 Lokomotiven, wovon 3 am Kopf und eine am Schluss der Komposition) brauchen mehrere Kilometer, um zum Stehen zu kommen. Ein Ausweichen ist praktisch unmöglich, da die Geleise auf einem Damm verlaufen. Dem unglücklichen Automobilisten bleibt nur der Sprung vom Auto... Ausserdem verlangt die Schienenhöhe ein hochbeiniges Fahrzeug, und die grossen Holzsplitter der Schwellen beschädigen die Reifen.

Choum: Grosser Bahnhof. Hier verlassen die in Zouerate verladenen Fahrzeuge die Bahn.

Choum - Atar   120 km

1 km nach dem Bahnhof befindet sich ein Zollposten. Die neu angelegte und gut gekennzeichnete Piste über eine grobkiesige Steinwüste, mit mässigem Wellblech, führt erst durch die Ebene, dann über die Berge von Atar. Die drei Passübergänge wurden teilweise verbessert. Starkes Gefälle von 10—12 %. Beim Kilometer 91 befindet sich ein Militärlager, dann, 2 km weiter südlich, das Eingeborenendorf Ksar Torchane.

Atar: Grosse Siedlung. Lebensmittel. Wasser. Treibstoff. Reparaturwerkstätte. Hotel. Interessanter Kamelmarkt.

Abstecher: Besitzer eines Fahrzeuges mit Allradantrieb können von hier aus einen Ausflug zur Oase Chinguetti unternehmen (120 km schwierige Piste, auf der man häufig einsandet). Chinguetti ist eine der ältesten Oasen und eine der sieben heiligen Stätten des Islams. Palmenkulturen.
Setzt man die Fahrt auf dieser Piste fort, so gelangt man nach weiteren 120 km zur Oase Oudane, in deren Nähe sich der geologisch interessante Guelb Richat 400 m über die Wüste erhebt (ein Guelb ist ein steil aus der Wüste ragender Felszacken vulkanischen Ursprungs). Das vorliegende Beispiel besitzt als Besonderheit auf seinem Gipfel einen Krater.

Atar - Akjoujt   183 km

Zu Beginn führt die Piste während 28 km durch eine Gebirgsgegend. Der Zustand ist ausgezeichnet, jedoch einige scharfe Windungen. Die Fortsetzung weist wieder ausgeprägtes Wellblech auf. Die Piste ist auf der ganzen Strecke sehr gut unterhalten. 1976 war eine Asphaltstrasse im Bau.
40 km nach Atar: guter Brunnen mit Trinkwasser in geringer Tiefe.

Akjoujt: Lebensmittel. Treibstoff. Wasser. Garage. Restaurant. Hier befindet sich auch eine Kantine der Kupferminengesellschaft Somina (Société des Mines de Cuivre de Mauritanie), die eine wenige Kilometer westlich von Akjoujt gelegene Kupfermine ausbeutet. Die Gesellschaft unterhält eine Reparaturwerkstätte sowie eine regelmässige Luftlinie nach Dakar. In dringenden Fällen leistet sie Hilfe.

Akjoujt - Nouakchott   256 km

Asphaltstrasse durch eine Steinwüste mit Hartgräsern.

Nouakchott: Hauptstadt Mauretaniens. Wasser. Treibstoff. Werkstätten. Hotels. Restaurants. Kamelmarkt. Kunsthandwerk.
Beginn der Strecke 350.

Nouakchott - Rosso   203 km

Durchgehend geteerte Strasse.

Rosso: Grenzposten von Mauretanien am Nordufer des Flusses Senegal. Der Tarif für die Fähre zum Überqueren des Flusses und Auslad in Senegal beträgt Fr. CFA 400.— (US-$ 1.88) für ein Fahrzeug. Die Fähre steht von 7.00 bis 12.30 und von 15.00 bis 18.00 Uhr in Betrieb.
Ende der Strecke 346.

Rosso - St-Louis (Senegal) - Dakar   361 km

Fähre am Ausgang von Rosso. Asphaltstrasse. Das Grenzpassierscheinheft wird anerkannt, wenigstens theoretisch. In der Praxis muss man sich möglicherweise einen Transitschein oder beim Club in Dakar ein neues Grenzpassierscheinheft verschaffen.

Dakar: Hauptstadt von Senegal. Alles auf Platz. Besuchen Sie den Sandaga-Markt, das ethnographische Museum (Masken, Gussfiguren, Statuen usw.). Andenken: Grigri (Collier), Batiksachen, Muschel-Schmuckstücke.
Umgebung: Insel Goree (Museum). Das Fischerdorf Kaydar (58 km nördlich).
Beginn der Strecke 8.

Wenn ein neuer Strassenabschnitt geteert worden ist, teilen Sie uns bitte mit, wieviele Kilometer.

---

8. Dakar - Kaolack   189 km

→ Senegal im Kapitel 7.
Gute Asphaltstrasse, ohne Schwierigkeiten, auch in Regenzeiten.

Kaolack: 71 500 Einwohner. Lebensmittel. Treibstoff. Hotels, worunter das «Hôtel de Paris» empfohlen werden kann (zweite Strasse rechts nach dem Bahnübergang).
Kaolack ist das Zentrum eines bedeutenden Erdnuss-Produktionsgebietes. Wichtiger Exporthafen. Sehenswerter Markt.
Beginn der Strecken 9 und 10.

9. Kaolack - Tambacounda   266 km

→ Senegal im Kapitel 7.
Vollständig asphaltierte Strecke.

Kaffrine: 6000 Einwohner. Lebensmittel. Treibstoff. In der Umgebung einige steinzeitliche Überreste, wie zum Beispiel ein interessanter Steinring (Cromlech).
Tambacounda: 11 000 Einwohner. Lebensmittel. Treibstoff. Hotels, darunter das von Schweizern geführte «Asta-Kébé», mit Klimaanlage und Schwimmbad — am Stadtrand, an der Strasse nach Velingara, links.
Reisende, die beabsichtigen, ihr Fahrzeug Richtung Bamako auf die Eisenbahn zu verladen, sollten sofort nach Ankunft ihren Wagen reservieren lassen, da mit langen Wartezeiten zu rechnen ist (8 Tage bis mehrere Monate!).
Umgebung: Niokolo-Koba-Nationalpark, geöffnet von Weihnachten bis Pfingsten. Vorwiegend sudanesische Tierwelt mit grossen Savannenantilopen: Wasserböcke, Kobus-Antilopen, etwas seltener auch Derby-Elche. Wenig Grosswild. Zugangskarten (obligatorisch) in Badi oder im Lager Niokolo-Koba (40 Betten); Hotel mit 22 Betten und Restaurant in Simenty.
Beginn der Strecke 11, Ende der Strecke 10.

10. Kaolack (Senegal) - Banjul (Gambia) - Bwiam - Ziguinchor (Senegal) - Velingara - Tambacounda   844 km

→ Senegal und Gambia im Kapitel 7.
Diese Strecke bietet Gelegenheit, Gambia, das Land am Flusse gleichen Namens, sowie den ganzen Süden Senegals kennenzulernen. Asphaltstrassen (zum Teil neueren Baudatums), mit Ausnahme des letzten Teilstücks zwischen Velingara und Tambacounda.

Kaolack (Senegal) - Banjul (Gambia) - Bwiam - Ziguinchor (Senegal)   450 km

Asphaltstrasse. In Tabakouta befindet sich ein gutes Hotel («Keur Salomé»). Es liegt an einem Flussufer und bietet gute Mahlzeiten, saubere Bungalows und angenehme Bedienung. Gelegenheit zu Ausflugsfahrten in Pirogen auf dem Fluss. In Karang (Zoll von Senegal) verlässt man Senegal. Der Zoll von Gambia befindet sich in Barra. Kurz nach diesem Ort setzt man auf einer Fähre über den Gambia-Fluss nach Banjul.
Bewilligungen für die Benützung der Transitstrasse durch Gambia sind bei der Handelskammer in Dakar erhältlich.

Banjul (früher Bathurst): 32 000 Einwohner. Lebensmittel. Treibstoff. Kleine Hauptstadt Gambias. Anziehungspunkte für fremde Besucher sind vor allem die Strandbäder, der Zoo (Abuko Park) und die zahlreichen «tax-free»-Geschäfte.

Der Ausreisezoll Gambias befindet sich kurz vor Brikama, etwa 30 km von Banjul entfernt. Nicht zu verpassen, denn es ist die letzte Gelegenheit, das Grenzpassierscheinheft in Gambia abstempeln zu lassen.
7 km nach Brikama erreicht man eine Kreuzung. Zwei Wege führen von hier aus nach Ziguinchor:

In der Trockenzeit kann die Piste nach rechts mit jeder Art von Fahrzeug befahren werden. Sie ist schlecht, führt aber durch eine sehr schöne Gegend, wo viele Affen und Vögel beobachtet werden können. Nahe des Dorfes Bignona mündet sie in die nachstehende Route.

Bei der Verzweigung geradeaus fahren auf guter Asphaltstrasse über Bwiam und Kwinella. Beim Dorf Mansa-Konko (Treibstoff) erreicht man die direkte Strasse Kaolack—Ziguinchor. Wenige Kilometer nach dieser Kreuzung betritt man wieder senegalesischen Boden. Vor kurzem in Betrieb genommene Brücke über den Casamanca-Fluss am Eingang von Ziguinchor.

Ziguinchor: 50 000 Einwohner. Lebensmittel. Treibstoff. Hotels (das wichtigste ist das Hotel Aubert mit klimatisierten Zimmern). Moderne Stadt. Nur die Umgebung verdient einen Besuch. Ziguinchor besitzt jedoch einen Markt und ein Zentrum für Kunsthandwerk.
Falls man den untenstehenden Ausflug in die Casamanca unternehmen will, muss in Ziguinchor vollgetankt werden, da die Tankstelle in Oussouye nicht regelmässig versorgt wird.

Umgebung: Die Casamanca, eine sehr schöne Gegend mit einem interessanten Nationalpark, den man von der Ortschaft Oussouye aus (etwa 40 km westlich von Ziguinchor) erreicht. Zahlreiche Tierarten können hier beobachtet werden, sowie Reste des Urwaldes, der diese Gegend früher bedeckte.

Kap Skirring: Dieser Ausflug ist besonders für Touristen geeignet, die sich an der Meeresküste ausruhen wollen. Man erreicht Kap Skirring auf einer Piste in schlechtem Zustand (zahlreiche Schlaglöcher). Man findet hier ausgedehnte touristische Anlagen, so auch ein Feriendorf des Club Méditerranée. Das Hotel «La Paillotte» ist ausgezeichnet und besitzt ein sehr gutes Restaurant sowie einen 2 km langen Sandstrand. Hohe Preise.

Ziguinchor - Kolda - Velingara - Tambacounda 394 km

Ausgezeichnete Asphaltstrasse bis Velingara. Anschliessend sehr schlechte Wellblechpiste mit Schlaglöchern und Querrinnen. Kein Benzin. Eine Asphaltstrasse ist im Bau. Das asphaltierte Teilstück folgt dem Tal des oberen Casamanca. Die Strasse ist bisweilen aus militärischen Gründen gesperrt (Nähe der Grenze von Guinea-Bissau).

Kolda: Kleiner Ort. Einfaches Hotel.
Tambacounda: → Strecke 9.
Beginn der Strecke 11, Ende der Strecke 9.

---

11. Tambacounda (Senegal) - Kayes (Mali) - Bamako 795 km
968 km
891 km

→ Senegal und Mali im Kapitel 7.
Wie in der Einführung erwähnt, wird die Piste Tambacounda—Bamako nicht mehr unterhalten, jedoch nicht aus Nachlässigkeit, sondern mit der Absicht, die Konkurrenzierung der Bahn durch die Strasse zu verhindern. Automobilisten, die sich nicht durch die Schwierigkeiten der Piste abschrecken lassen, finden nachstehend eine summarische Beschreibung der Strecke. Weniger abenteuerlustige Reisende lassen ihr Fahrzeug zwischen Tambacounda und Bamako auf die Eisenbahn verladen.

Bahnverlad: Fahrzeuge, die nicht solide genug auf den Plattformwagen verankert werden, laufen Gefahr, während der Fahrt oder bei brüsken Zugsmanövern vom Wagen zu stürzen. Es ist daher unbedingt notwendig, die Fahrzeuge an allen vier Ecken mit Hilfe von Stahlseilen zu sichern (die Seile müssen diagonal straff nach aussen gespannt werden). Man benötigt dazu etwa 10 m Stahlseil von 5 mm Dicke sowie Befestigungsklammern; beides ist auf dem Markt oder in Eisenwarenhandlungen erhältlich. Ausserdem hat man sich mit Proviant und Trinkwasser für 3 Tage und einem Sonnendach zu versehen, da die Autoinsassen auf dem gleichen Plattformwagen mitreisen.
Schliesslich muss noch die Ausreise aus Senegal im Grenzpassierscheinheft abgestempelt werden.

Transportkosten: pro Person Fr. CFA 4000.— = FM (Mali-Franc) 8500.— = US-$ 18.80. Für Fahrzeuge bis 1,5 t: Fr. CFA 5500.—, zahlbar in Tambacounda = ca. US-$ 25.85 plus FM 71 000.—, zahlbar in Bamako = ca. US-$ 156.20. Tarif für Fahrzeuge von mehr als 1,5 t Gewicht: pro 1000 kg in Senegal Fr. CFA 3371.— = US-$ 15.37, plus FM 49 500.— = US-$ 108.90, in Mali zu bezahlen.
Es besteht die Möglichkeit, das Auto bereits in Dakar nach Bamako zu verladen und den Plattformwagen an den Expresszug ankoppeln zu lassen. In diesem Fall reisen die Personen im Liegewagen mit. Der Tarif für das Fahrzeug beträgt rund US-$ 275.—. Die Transportwagen müssen in Dakar lange im voraus bestellt werden (Wartezeit 8 Tage bis mehrere Wochen!), da nur Wagen der Mali-Eisenbahn den Senegal verlassen dürfen.
Achtung vor Schmugglern im Zollbahnhof Kidira, die versuchen, ihre Waren im Zuge unterzubringen. Beim Halt auf dieser Station ist daher das Fahrzeug sorgfältig zu überwachen, da die transportierten Wagen bevorzugte Verstecke bilden. Langer Aufenthalt in Kayes (siehe unten), den man zur Abstempelung des Grenzpassierscheinheftes benützt.
Das Entladen in Bamako nimmt viel Zeit in Anspruch. Die Verankerungen selbst entfernen. Vorsicht bei Fahrzeugen mit geringer Bodenfreiheit.
Benützt man die Bahn ab Bamako, so muss vorher in einem Brief (in französischer Sprache) an den «Directeur commercial de la Régie des Chemins de Fer du Mali» ein Platz für den Bahntransport angefragt werden, unter Angabe aller technischen Daten und Beilage einer Gebührenmarke (Timbre fiscal) von Fr. Mali 100.— (US-$ 0.22) (in Postbüros erhältlich). Dieser Brief ist dem «Service commercial» zu übergeben, der sich 100 m links vom Haupteingang des Bahnhofs befindet.

Strasse: Die Piste zwischen Tambacounda und Bamako ist nur bei trockenem Wetter befahrbar. Bis zur Grenze von Mali verschlechtert sich das Wellblech zusehends. Die Furt in Kidira ist nur in der Trockenzeit (März bis Juni) und unter Führung mit einem Fahrzeug mit grosser Bodenfreiheit passierbar. Die übrige Zeit des Jahres steht sie etwa 1,50 m unter Wasser. Die Eisenbahnbrücke kann infolge des beschädigten Belages nicht mehr benützt werden. **Achtung:** Kein Treibstoff in Kidira.

Kayes: 30 000 Einwohner. Lebensmittel. Treibstoff. Hotel. Erledigung der Zollformalitäten (Grenzpassierschein-heft). In der Umgebung können die Felou-Wasserfälle bewundert werden.
Die Fähre über den Senegal-Fluss liegt seit langem still und wird durch eine provisorische Brücke ersetzt.

Für die Fortsetzung der Fahrt nach Bamako bieten sich drei Möglichkeiten. Die beiden ersten sind sehr lange und äusserst schwierig: 968 km über Nioro du Sahel—Diéma oder 891 km über Sandare—Diéma.
Die dritte Variante — eine schmale Piste von gestampfter Erde — führt dem Bahngeleise entlang durch dünn besiedeltes Gebiet, wo von der Bevölkerung keine Hilfe zu erwarten ist. Das Fahren im Geleit ist daher zu empfehlen. Mehrere nicht ausgebaute Furten. Einige Flüsse können auf der Eisenbahnbrücke überquert werden.
In allen Fällen benötigt man für die Strecke Tambacounda—Bamako ungefähr 8 Tage Fahrzeit.

Bamako: Hauptstadt von Mali. 250 000 Einwohner. Lebensmittel. Werkstätten. Hotels. Das Hotel de l'Amitié ist neu, gross und teuer (FM 15 000.— pro Zimmer und pro Nacht = ca. US-$ 33.—). Infolge seiner Lage am Niger leidet es auch unter der Mückenplage. Gelegenheit zum Campieren besteht beim Hotel Lido, 5 km von Bamako entfernt, links von der Strasse Richtung Kati. Das Hotel besitzt ein gutes Restaurant, ein sauberes Schwimmbad und ist frei von Mücken, da bereits auf dem Hochplateau gelegen. Tel.: 21-88.
Besucher von Bamako wenden sich an die «Société Malienne d'Exploitation des Resources Touristique» (SMERT), am Boulevard du Peuple, im Gebäude des Handwerkszentrums, wo sie einen Touristenausweis, touristische Informationen, die Bewilligung zum Fotografieren (unerlässlich!) und wenn nötig die Verlängerung des Visums erhalten können.

Besichtigungen: Bamako ist eine schöne, um 1650 gegründete Stadt. Man besuche die Zentralmarkthalle, das Kunsthandwerkszentrum, das Haus der Kunst, das Institut des Sciences Humaines und das staatliche Museum.

Umgebung: Botanischer Garten, Zoologischer Garten, die Koulouba-Grotten, die Mandigues-Berge und die Oyako-Fälle.
Beginn der Strecken 12 und 19.

12. Bamako - Ségou   235 km

→ Mali im Kapitel 7.

Asphaltstrasse in sehr schlechtem Zustand, nur 1 Fahrspur, viele Schlaglöcher. Verbesserungsarbeiten sind im Gange, machen jedoch viele Umleitungen auf Wellblechpisten notwendig. Man durchquert die Sudanzone (Buschsavanne), Heimat der schwarzen Ackerbauern, die das Land mit der Sichel und durch Abbrand roden.

Ségou: 27 000 Einwohner. Camp-Hotel des «Office du Niger» (12 Betten) und Hotel L'Auberge, das nur über 1 Zimmer mit 4 Betten verfügt. Übernachtung auch im städtischen Camping möglich. Lebensmittel. Treibstoff. Interessante afrikanische Stadtteile. Sitz des «Office du Niger», das durch Bewässerung im Binnendelta des Nigers Tausende von Hektaren für den Anbau von Reis, Baumwolle und Zuckerrohr nutzbar macht. In 40 km Entferung der Staudamm von Markala. Beginn der Strecken 13 und 346. Ende der Strecke 52.

13. Ségou - San   199 km

→ Mali im Kapitel 7.

Vor kurzem wieder hergestellte Asphaltstrasse in gutem Zustand.

Cinzarra: Dorf. Campingmöglichkeit.
Bla: Grössere Ortschaft. Lebensmittel. Restaurant. Treibstoff. Campingmöglichkeit.
San: 17 000 Einwohner. Lebensmittel. Treibstoff. Restaurant mit Zimmern. Campingmöglichkeit.
Sehenswert: die Moschee und der Staudamm am Konni-Fluss.
Beginn der Strecken 14 und 16.

14. San - Mopti   212 km

→ Mali im Kapitel 7.

Asphaltstrasse, gegenwärtig im Ausbau. Sie mündet bei der Kreuzung in der Nähe des Dorfes Tominian in die Strecke 366.
Etwa halbwegs zwischen San und Mopti lohnt sich ein Abstecher (Umweg von ca. 60 km) zum Besuch des Dorfes Djenné. Kurz vor diesem Dorf eine handbetriebene Fähre (Fotografieren verboten, Busse), die nur bei Niederwasser in Dienst steht. In der übrigen Zeit kann man Djenné jedoch auf Pirogen erreichen (Preis zum voraus aushandeln).

Djenné: Das Dorf ist bekannt für seine Moschee und die eigenartige Bauweise der Häuser. Der auf allen Seiten von Flussarmen des Bani eingeschlossene Ort sollte zur Zeit der Überschwemmungen (Dezember-Januar) besucht werden, wenn die Pirogen direkt vor den Häusern anlegen. Der günstigste Besuchstag ist der Montag, an dem Markt gehalten wird, Treffpunkt der Nomaden aus der Umgebung. Bewilligung zum Fotografieren notwendig. Camp.
Sofara: Interessantes Dorf, etwas abseits der Piste, linkerhand.
Sévaré: Treibstoff.
Mopti: 12 km von Sévaré entfernt, links der Strasse. 32 000 Einwohner. Camp-Hotel am Stadteingang und Motel Sévaré, gross und bequem. Mopti (der Name bedeutet Zusammenfluss) ist auf drei Inseln an der Vereinigung des Bani mit dem Niger erbaut. Fischerei. Malerische Stadt mit schöner Moschee, Geschäftsviertel, Quaianlagen, Markt, Kunsthandwerk, Pirogenhafen.
Mopti ist Ausgangspunkt zu Naturschönheiten und Kunstreichtümern in der Umgebung: Die Dogon-Gräber, die Séno-Ebene, die «Strasse der Légion». Bewilligung zum Fotografieren in Mopti einholen.
Beginn der Strecken 15, 17 und 18.

15. Mopti - Douentza - Hombori - Gao 600 km

→ Mali im Kapitel 7.

Bei der Wegfahrt von Mopti empfiehlt sich die Mitnahme einer Treibstoffreserve, da Treibstoff gegenwärtig in Gao rationiert ist. Bis Douentza gute Piste über eine sandige Ebene. Nach diesem Dorf ist die Piste praktisch nur von Dezember bis Mitte Mai (Trokkenzeit) befahrbar. In der übrigen Zeit des Jahres kann sie gefährlich sein, weil die Wagenspuren oft durch Wasser verdeckt sind. Sogar einheimische Fahrer meiden sie während dieser Jahreszeit. Die Piste führt den Felshängen von Gandamia entlang. Nach 100 km erreicht man das Ackerbauer- und Viehzüchterdorf Ouro-Nguérou. Rechterhand erheben sich die Tabi- und die Sarniéré-Berge, dann ragen aus einer Steinwüste eigenartige Tafelberge, darunter der bekannteste, die «Hand der Fatima», links der Piste. Diese wird besonders schwierig (Sand) ungefähr 30 km vor Hombori.

Hombori: Grosses Dorf, etwa 4000 Einwohner. Unterkunftshütten. Kein Treibstoff. Ausser Eingeborenen-Nahrung keine Lebensmittel.

Von Hombori bis Gao führt die schwierige Piste durch eintönige Dünenlandschaft, übersät von Marcoubas (Grasbüschel, in welchen sich der Flugsand ansammelt). Einige Sand-Passagen. Etwa 50 km vor Gao zeigt sich anstelle des Sandes eine Wellblechpiste. Überquerung des Nigers auf einer Fähre, die nur unregelmässig verkehrt (1-2mal pro Tag, über das Wochenende häufig ausfallend). Extrafahrten kosten das Mehrfache des Normaltarifs. Nicht fotografieren, Gefahr (empfindliches Militär).

Gao: → Strecke 51.
Beginn der Strecken 52 und 53, Ende der Strecke 51.

16. San - Koutiala - Sikasso 265 km

→ Mali im Kapitel 7.

Verbindungsstück zwischen den Strecken Bamako—Gao und Bamako—Niamey. Ausgezeichnete Asphaltstrasse.

Koutiala: Beginn der Strecke 331.
Sikasso: → Strecke 19.
Beginn der Strecken 20 und 26, Ende der Strecke 19.

17. Mopti - Bandiagara - Koro (Mali) - Ouahigouya (Obervolta) - Yako - Ouagadougou 424 km

→ Mali im Kapitel 7.

Die ersten 75 km bis Bandiagara sind identisch mit der Strecke 18. Die Fortsetzung ist gänzlich ungeeignet für Fahrzeuge ohne Vierradantrieb. Das schlimmste Teilstück liegt zwischen Bandiagara und Koro, da hier die Felsbarriere von Bandiagara überwunden werden muss. Es handelt sich hier eher um eine Treppe als um eine richtige Piste. Mit einem Landrover oder ähnlichem Fahrzeug benötigt man für die 15 km etwa 2 Stunden.

Bandiagara und Umgebung: → Strecke 18.

Interessante Dörfer zwischen Bandiagara und Koro.

Koro: Dorf ohne irgendwelche Versorgungsmöglichkeiten. Mali-Zoll.

Zwischen Koro (Mali) und Thiou (Obervolta) sandige Piste, ohne besondere Schwierigkeiten.

Thiou: Zollposten von Obervolta. Keine Versorgung möglich.

Weiterhin Sandpiste bis nach Ouahigouya, jedoch etwas besser als zwischen Koro und Thiou. Keine Schwierigkeiten. Rest der Strecke bis Ouagadougou auf guter Piste durch typische Sahellandschaft.

Ouagadougou: → Strecke 21.
Beginn der Strecke 22, Ende der Strecke 21.

18. Mopti - Bandiagara-Sangha-Gebiet und Dogon-Land - Mopti   238 km

→ Mali im Kapitel 7.
Bandiagara liegt 75 km östlich von Mopti im Dogon-Land, innerhalb des Nigerbogens. Die Piste führt durch kahle Sandsteinschluchten oder windet sich durch chaotische Felstrümmer (bisweilen starke Höhenunterschiede). Dürre Gegend, wo der Baobab (Affenbrotbaum) häufig ist. Schlechte Piste, steinig.
Die Dogon-Dörfer thronen auf den Felsen, wie zum Beispiel Irelli, oder lehnen sich an den Fuss der Steilwände. Die Bewohner sind vor allem Bauern, die mit Fleiss im Familienverband die magere Erde bebauen. Der Glaube, die Kunst und die Riten dieses Volkes kommen in Masken, Gesängen und Tänzen anlässlich ritueller Feste zum Ausdruck. Die Masken werden in Grotten untergebracht und die Toten in hochgelegenen Felshöhlen aufgebahrt.

Bandiagara: Polizeikontrolle am Dorfeingang. Treibstoff. Lokales Kunstgewerbe.

Eine schlechte, gewundene Piste führt von Bandiagara nach Sangha (1 1/2 Std. für 44 km).

Sangha: Camp-Motel. Keine Versorgungsmöglichkeit. Lokales Kunstgewerbe. Mit guter Marschausrüstung und einem Führer (FM 3000.— / US-$ 6.60) kann man von hier aus in 2 oder 5 Stunden (je nach Weg) das Bandiagara-Felsriff erklettern. Sehr früh aufbrechen (wegen der Hitze). Zahlreiche Touristen.

Von Sangha fährt man am besten nach Bandiagara und Mopti zurück, da die Weiterfahrt auf der Piste nach Douentza (siehe Strecke 15) fast unmöglich ist.
Wir lassen hier eine kurze Beschreibung folgen, zur Hauptsache um zu vermeiden, dass waghalsige Fahrer sie trotzdem auskosten … und dann stecken bleiben.
Von Bandiagara bis Ningari ist die Piste schmal, aber noch fahrbar. Sie folgt der Terrasse am Fuss des Felsbarriere von Bandiagara.
Nach Ningari bemerkt man, dass jegliche Fahrspur fehlt. In der Tat ist die Piste zum Fussweg geworden, der nur noch von Eseln in Richtung Douentza benutzt wird. Die letzten 30 km sind grauenhaft, da im Abstieg richtige Felsmauern überwunden werden müssen. Wer stecken bleibt, sitzt in einer Falle, ein Aufstieg über die Felsbarriere ist vollkommen unmöglich und eine Rückkehr ausgeschlossen. Diese Bergpiste wurde bereits vor Jahren aufgehoben.

Mopti: → Strecke 14.
Beginn der Strecken 15 und 17. Ende der Strecke 14.

Ehemalige Reisende haben uns geholfen, diese Broschüre zusammenzustellen, helfen Sie jetzt denjenigen, die nach Ihnen reisen werden.

19. Bamako - Bougouni - Sikasso 397 km

→ Mali im Kapitel 7.

Durchgehend asphaltierte, gute Strasse, durch hügelige Buschsavanne. Einige tiefe Schlaglöcher.

Von Sido aus lohnt sich ein Abstecher (48 km hin und zurück) auf einer schlechten, aber fahrbaren Piste, zum Dorf Tienra. Schöne Aussicht vom Mont Koukoun aus. Gegenüber sind auf einer roten Laterit-Ebene zahlreiche Gräber zu besichtigen, in denen Häuptlinge der animistischen Dio-Sekte beigesetzt wurden, zusammen mit ihren Frauen und gewissen Gefolgsleuten, die lebendig begraben wurden (diese Gefolgsmänner gehören in einigen Staaten Westafrikas einer besonderen Kaste an und spielen die Rolle von Geschichtsschreibern, Dichtern, Musikern und Zauberern).

Bougouni: Ende der Strecke 336.

Sikasso: Ausgedehnte Ortschaft. 15 000 Einwohner. Hotel du Mamelon und Kenedougou-Camp (Kenedougou-Palace). Treibstoff. Lebensmittel. Die angenehmste Aufenthaltszeit erstreckt sich vom Dezember bis Februar. Ruinen einer Stadtmauer, die 1879—98 errichtet wurde. Zoll von Mali.
In der Umgebung: Missirikoro-Höhlen und die Farako-Fälle.
Beginn der Strecken 20 und 26, Ende der Strecke 16.

20. Sikasso (Mali) - Bobo-Dioulasso (Obervolta) 173 km

→ Mali und Obervolta im Kapitel 7.

Schlechte (bis sehr schlechte) Wellblechpiste mit zahlreichen tiefen Schlaglöchern.
Bei der Wegfahrt von Sikasso, nach dem Polizeiposten, nordöstliche Richtung einschlagen. Der Hauptverkehr wendet sich gegen Süden und zur Elfenbeinküste (Strecke 26). Auf dieser Piste kann man wegen der riesigen Löcher nicht schneller als 50 km/h fahren. Zollkontrolle von Obervolta in Koroko. Von Orodara an (Kilometer 97 ab Sikasso) verbreitert sich die Piste, die Schlaglöcher verschwinden. Gute Wellblechpiste.
Im Dorf Koumi, 10 km vor Bobo-Dioulasso, gibt es viele Handwerker und interessante Bauten. Kurz vor diesem Dorf, Abzweigung zum Strand von Quinquête. Das Wasser ist sauber. Camping-Gelegenheit.

Bobo-Dioulasso: 120 000 Einwohner. Alle Erleichterungen. 3 gute Hotels: R.A.N., beim Bahnhof (Fr. CFA 5000 / US-$ 23.50 pro Nacht): Royan, Auberge (Fr. CFA 3500 / US-$ 16.50 pro Nacht). Die Hotels R.A.N. und Auberge verfügen über schöne Schwimmbäder, die man für Fr. CFA 300/US-$ 1.40 einen ganzen Tag lang benützen kann. Die genannten Hotels haben auch ein Restaurant. Gute und billige Restaurants: Hi-Fi und Vénus.
Garagen: CICA (Peugeot, Simca, Renault), Aubarets (Citroën), SCOA (VW und Landrover).

Sehenswert sind: Das sehr malerische Eingeborenenviertel, die alte Moschee hinter der Garage SCOA, die vielen Webstuben in der Altstadt. In der Umgebung: Die in die Felsen von Borodougou gehauenen Höhlenwohnungen, die noch heute aus abergläubischen Gründen unterhalten werden, sowie die Felszeichnungen.
Beginn der Strecken 21 und 347. Ende der Strecken 27,331 und 358.

21. Bobo-Dioulasso - Boromo - Ouagadougou 356 km

→ Obervolta im Kapitel 7.

Wiederherstellungsarbeiten auf der ganzen Strecke. Die folgenden Abschnitte sind bereits fertig und asphaltiert:
Bobo-Dioulasso—Houdé (104 km) und die letzten 120 km vor Ouagadougou. Zwischen diesen beiden Abschnitten bleiben noch 132 km guter Piste (im Land-Rover 80 km/h im Durchschnitt.

Boromo: Dorf. Lebensmittel. Treibstoff. Modernes Camp-Hotel, an der Piste, mit Doppelzimmern zu Fr. CFA 2000.— (US-$ 9.40).

Kurz nach Boromo fährt man auf einer kürzlich instand gestellten Brücke über die Schwarze Volta.

Sabou: Beginn der Strecke 358.

Ouagadougou: 339 000 Einwohner. Lebensmittel. Treibstoff. Hotels. Empfehlenswert ist das Hotel R.A.N. (auch unter dem Namen Buffet-Hotel bekannt); es ist sauber, besitzt ein Schwimmbad und bietet Doppelzimmer zu Fr. CFA 5000.— (US-$ 28.20). Das Hotel Central ist etwas billiger. Restaurants: Bouloubou Bar (Av. Coulibaly, Richtung Flugplatz), Photo Lux (gegenüber dem gleichnamigen Kino) und Don Camillo (an der Strasse, die gegenüber der Post abzweigt). Die Stadt besitzt 3 Kinotheater.
Mehrere Fabriken, wo sehr schöne, aber teure Batikstoffe hergestellt werden.
Eisenbahn Ouagadougou-Abidjan (Elfenbeinküste). Preis 1. Kl. hin und zurück Fr. CFA 18 000 (US-$ 84.60), mit Couchettes Fr. CFA 22 600 (US-$ 106.20). Abfahrt täglich um 06.50 Uhr.
Beginn der Strecke 22, Ende der Strecke 17.

---

22. Ouagadougou - Koupéla   135 km

→ Obervolta im Kapitel 7.
Ausgezeichnete Asphaltstrasse. Viele Eselkarren, ohne Führer oder in Begleitung von kleinen Jungen.

Koupéla: Dorf. Treibstoff.
Beginn der Strecke 23, Ende der Strecke 36.

---

23. Koupéla - Fada N'Gourma   88 km

→ Obervolta im Kapitel 7.
Schlechte Wellblechpiste, zahlreiche gefährliche Fahrrinnen; viele Radfahrer. Eintönige Savannenlandschaft ohne Interesse.

Fada N'Gourma: Ca. 5000 Einwohner. Lebensmittel. Treibstoff. Camp-Hotel. Bank zur Umwechslung von Reiseschecks. Schöner Markt. Wildreiche Gegend. Von hier aus können die National-Parks Arly und Pendjari erreicht werden. Diese Strecke ist jedoch nicht empfehlenswert, da die Pisten in der Regenzeit schwierig oder ganz unpassierbar sind.
Für den Besuch dieser Parks siehe die Strecken 34 und 35.
Beginn der Strecke 24, Ende der Strecke 34.

---

24. Fada N'Gourma - Kantchari   150 km

→ Obervolta im Kapitel 7.
Gute Wellblechpiste, breit und ohne Schlaglöcher (ca. 80 km/h im Landrover). Monotone Savannenlandschaft.

Kantchari: Zoll von Obervolta. Treibstoff (nicht immer). Ist die Tankstelle leer, so kann Treibstoff meist noch bei Wiederverkäufern (allerdings zu höherem Preis) gekauft werden. Man wende sich an das grosse Café des Ortes an der Kreuzung der Strassen nach Niamey und nach den Wildreservaten.
Von Kantchari aus können die Nationalparks von Arly, Pendjari und W besucht werden (Beschreibung siehe Strecken 34 und 35).
Beginn der Strecke 25, Ende der Strecke 35.

---

25. Kantchari (Obervolta) - Niamey (Niger)   147 km

→ Obervolta und Niger im Kapitel 7.
Gute, breite Strasse ohne Belag. Nigerianischer Zoll in Makaloudi (wo sich eine interessante Handwerker-Genossenschaft befindet), das Dorf liegt etwa halbwegs zwischen

Lamordé-Tordi und der Grenze. Brücke über den Niger am Stadtrand von Niamey. Sich vor Betreten der Brücke beim Polizeiposten linkerhand melden.

Niamey: → Strecke 53.
Beginn der Strecke 54, Ende der Strecken 54 und 71.

26. Sikasso (Mali) - Niéllé (Elfenbeinküste) 136 km

→ Mali und Elfenbeinküste im Kapitel 7.
Richtung Elfenbeinküste einschlagen. Strasse in gutem Zustand bis zur Grenze. Zollformalitäten in Zegoua (Mali) und Pogo (Elfenbeinküste). Gute Piste bis Niéllé.
Niéllé: Dorf. Treibstoff.
Beginn der Strecken 27 und 28.

27. Niéllé (Elfenbeinküste)- Bobo-Dioulasso (Obervolta) 245 km

→ Elfenbeinküste und Obervolta im Kapitel 7.
Piste in sehr schlechtem Zustand bis zum Dorf Ouangolodougou. Etwas hügelige Strecke, ausgeprägtes Wellblech, Fahrrinnen, Felsentreppen. Starker Lastwagenverkehr.
Ouangolodougou: Zollposten der Elfenbeinküste. Treibstoff.
Beginn der Strecke 32.

Scharf nach links abbiegen und Strasse nach Banfora einschlagen. Zoll von Obervolta in Niangoloko.
Die Asphaltierung der Piste ist zur Zeit im Gange (bis Toussiana). Von der Grenze bis Banfora kann auf dem Unterbau der neuen Strasse (ohne Belag) gefahren werden.

Banfora: Lebensmittel. Treibstoff. Bank. Post. Markt am Sonntag. Viele Ausflugsmöglichkeiten.

Von Banfora bis Toussiana besteht zur Zeit noch eine mittelmässige Naturstrasse. Ab Toussiana neuer Asphaltbelag bis Bobo-Dioulasso.

Bobo-Dioulasso: → Strecke 20.
Beginn der Strecken 21, 331 und 347. Ende der Strecken 27 und 358.

28. Niéllé - Mbingué - Korhogo - Ténindieri - Niakaramandougou - Katiola - Bonaké - Yamoussoukro 493 km

→ Elfenbeinküste im Kapitel 7.
Gute Piste. Malerische Dörfer.

Korhogo: Hotel. Läden. Kunsthandwerk. Treibstoff.
Ende der Strecke 349.

Piste. Einheimisches Kunsthandwerk in den Dörfern.

Niakaramandougou: Dorf. Treibstoff.
Ende der Strecke 359.

Neue Asphaltstrasse durch reizvolle Landschaft.

Katiola: Markt. Keramik-Schule.
Yamoussoukro: Hotel Président. Markt. Krokodil-See beim Palast des Präsidenten.
Beginn der Strecken 29 und 30.

29. Yamoussoukro - Bouaflé - Daloa - Duékoué - Man   335 km

→ Elfenbeinküste im Kapitel 7.

Die Strecke führt durch den Tropenwald und Plantagen. Kurz nach Yamoussoukro, rechterhand, eine Kaffeefabrik (Besuch möglich).

Asphaltstrasse in gutem Zustand bis Daloa, dann 58 km gute Piste bis Guétuzon (Beginn der Strecke 362). Anschliessend guter Asphaltbelag bis Man.

Man: Touristisches Zentrum. Trachten, Kunsthandwerk. Hotel. Läden. Markt. Ausflug auf den Mont Tonkoui (Aussicht). Unterwegs: Lianenbrücke (à la «8-Tage-Safari-alles-inbegriffen»).

30. Yamoussoukro - Ndouci - Dabou - Abidjan - Abengourou (Elfenbeinküste) - Ghanesische Grenze - Sunyani (Ghana) - Kumasi - Konongo - Accra - Sogakofe (Ghana) - Lomé (Togo)   1273 km

→ Elfenbeinküste, Ghana und Togo im Kapitel 7.

Ausgezeichnete Asphaltstrasse, ausgenommen die Teilstrecke Berekum - Sunyani sowie die letzten 20 km vor Accra.

Yamoussoukro - Ndouci - Dabou - Abidjan   266 km

Asphaltstrasse, vor kurzem erneuert.

Ndouci: Dorf. Treibstoff. Beginn der Strecke 335.
Abidjan: Stadt europäischen Charakters. Alle touristischen Erleichterungen. Einige Artikel sind teuer. Hoher Feuchtigkeitsgehalt der Luft.
Tägliche Abfahrt eines Zuges nach Ouagadougou (Obervolta). Tarif siehe Strecke 21.
Sehenswert: Treicheville und das Hotel «Ivoire».
Vorsicht vor Dieben. Wagen nie allein lassen. VW-Garage, nicht empfehlenswert.
Der Strand von Vridi ist der Treffpunkt der Reisenden, doch wird den Touristen vom Campieren am Strand abgeraten. Camping ist möglich entweder im Banco-Nationalpark nördlich der Stadt oder bei der Firma Gesco, 15 km vor der Stadt.
Umgebung: Sehr schöner Strand in Grand-Bassam.

Abidjan - Abengourou - Grenze Elfenbeinküste/Ghana   319 km

Alte Asphaltstrasse durch Tropenwald und Plantagengebiete. Gefährliche Kurven. Man vermeide nächtliche Fahrten.

Abengourou: Sehenswerte Moschee.

Piste von Agnibilekrou bis zur Grenze.

Grenze von Ghana - Sunyani - Kumasi - Konongo - Accra   487 km

Vorsicht mit alten Banknoten (vor Ende März 1979).
Ausgezeichnete Asphaltstrasse, ausgenommen die letzten 20 km vor Accra (Piste).

Kumasi: Wichtiger Markt. Freiluft-Museum.
Konongo: Am frühen Morgen kann eine Goldmine besucht werden.
Accra: Stadt in europäischem Stil. Camping-Gelegenheit beim YMCA. VW-Vertretung. Vorsicht vor Dieben, vor allem am Strand.
Beginn der Strecke 367.

Accra - Sogakofe (Ghana) - Lomé (Togo)   **201 km**

Asphaltstrasse, stellenweise höckerig.

Lomé: 135 000 Einwohner. Alle touristischen Erleichterungen. Zahlreiche Hotels. Keine Camping-Gelegenheit in der Stadt, aber am Strand von Ramatou, 8 km ausserhalb der Stadt, Richtung Anecho. Keine Sehenswürdigkeiten. Für Freunde moderner Architektur: Haus der Partei, Hotel de la Paix. Die Touristen werden oft genötigt, im Hotel zu übernachten.
Beginn der Strecken 31 und 32.

---

31. Lomé - Palimé - Atakpamé - Lama-Kara - Kandé   569 km

→ Togo im Kapitel 7.
Asphaltstrasse in sehr schlechtem Zustand bis Blitta. Nach dieser Stadt ist die Strasse bedeutend besser, der Abschnitt Blitta-Kandé kann sogar als eine der besten Strassen in Westafrika betrachtet werden.
Schöne Märkte in Palimé und Atakpamé (gutes Hotel). Früchte im Süden einkaufen, da sie im Norden seltener und teurer werden.

Blitta: Endstation der Eisenbahn (von Lomé).

Bei jeder Gelegenheit auftanken. Auch der Geldwechsel wird schwieriger im Norden.

Lama-Kara: Städtchen mit etwa 15 000 Einwohnern. Lebensmittel. Treibstoff. Bank. Sehr modernes Hotel «Kara», mit Schwimmbad (Fr. CFA 6000.—/US-$ 28.20 pro Nacht). Die Stadt verfügt über ein gutes Krankenhaus. Lama-Kara soll die Hauptstadt des Landes werden. Industrie.

Die neue Strasse von Lama-Kara nach Kandé führt über Niamtougou (internationaler Flughafen im Bau).

Kandé: Dorf. Treibstoff. Reparaturwerkstätte.
Beginn der Strecken 33 und 36.

---

32. Lomé (Togo) - Cotonou (Benin)   127 km

→ Togo und Benin im Kapitel 7.
Problemlose Asphaltstrasse. Schöne Palmenstrände. Zeitwechsel an der Grenze: Uhr um 1 Stunde vorstellen.

Cotonou: → Strecke 55.
Beginn der Strecke 57, Ende der Strecke 55.

---

33. Kandé (Togo) - Boukombé (Benin) - Natitingou - Porga - Tindangou (Obervolta)   ca. 294 km

→ Togo, Benin und Obervolta im Kapitel 7.
Piste.

Kandé: Zollposten von Togo.

Schlechte Piste bis zur Grenze, aber interessant, weil sie durch das Somba-Land führt.

Boukombé: Zoll von Benin.

Die Piste (etwas besser als in Togo) setzt sich durch das Somba-Land fort. Hinter Natitingou (Ende der Strecke 333, modernes Hotel) überquert sie eine Bergkette.

Porga: Motel.

Neue Brücke am Ausgang von Porga. Man verlässt das Land Benin.

Tindangou: Zoll von Obervolta.

Von hier aus kann man über eine sehr schlechte Piste nach Fada-N'Gourma (→ Strecke 34) oder aber nach Arly und Kantchari fahren.

Beginn der Strecken 34 und 35.

34. Tinangou - Pama - Bigou - Fada N'Gourma ca. 121 km

→ Obervolta im Kapitel 7.
Sehr schlechte Piste (unbrauchbar in der Regenzeit), die in Fada N'Gourma auf die Transversale Bamako (Mali) - Niamey (Niger) stösst. Ziemlich malerische Strecke ab Bigou.

Pama: Verbindungsstrasse nach Dapaon (→ Variante zur Strecke 36).
Fada N'Gourma: → Strecke 23.
Beginn der Strecke 24, Ende der Strecke 23.

35. Tindangou - Arly (Nationalpark) - Diapaga - Kantchari 205 km

→ Obervolta im Kapitel 7.
Diese Strecke bietet Gelegenheit, drei Nationalparks zu besuchen. Sie führt zum Teil (bis Diapaga) über eine sehr schlechte Piste von gestampfter Erde und kann während der Regenzeit unpassierbar sein.

Arly: Ausgezeichnetes Jagd-Camp-Hotel mit allem Komfort, Schwimmbad und klimatisierten Bungalows. Es ist nicht gestattet, auf dem Parkplatz des Hotels im Fahrzeug zu übernachten.
Arly liegt an der Grenze zwischen den beiden Nationalparks Arly und Pendjari. Der erste befindet sich auf dem Hoheitsgebiet von Obervolta, der zweite in Benin. Vor allem der letztgenannte Park wird die Freunde afrikanischer Fauna interessieren, da er sehr artenreich ist.
Diapaga: Gutes Jagd-Camp. Ausgangspunkt für den Besuch des Nationalparks des W. Dieser Park erstreckt sich über Teile von Niger, Obervolta und Benin und gilt mit seinem Wildreichtum als das bemerkenswerteste Reservat Westafrikas. Ein Besuch zur Nachtzeit ist besonders lohnend.
Die Bewilligung zum Besuch dieses Parks erhält man entweder in dem obenerwähnten Jagd-Camp oder in Kantchari. Sie ist 1 Jahr gültig. Preis Fr. CFA 2000.—/US-$ 9.40. Führer obligatorisch (Fr. CFA 1000.—/US-$ 4.70 pro Tag), nicht immer gut, jedoch unbedingt notwendig, da man sich leicht im Park verirren kann.
Beginn der Strecke 374.
Kantchari: → Strecke 24.
Beginn der Strecke 25, Ende der Strecke 24.

36. Kandé - Sansanné-Mango - Dapaon (Togo) - Tenko-Dogo (Obervolta) - Koupela 344 km

→ Togo und Obervolta im Kapitel 7.
Der togolesische Teil der Strecke wird gegenwärtig asphaltiert. Es ist daher mit Baustellen und Umleitungen zu rechnen. Einige Abschnitte, so der Beginn ab Kandé und das

Ende vor Dapaon, sind bereits fertiggestellt. Sobald man die Grenze von Obervolta überschritten hat, trifft man wieder auf Asphalt, der bis Koupéla anhält.

Kandé - Sansanné-Mango - Dapaon   **168 km**

Asphaltstrasse bis 10 km nach Sansanné-Mango, dann Piste, die zur Zeit mit Belag versehen wird, bis Boumbouaka. Das Reststück bis zur Grenze mit Obervolta wird in Kürze ebenfalls in Arbeit genommen.

Sansanné-Mango: Jagd-Camp afrikanischen Stils. Treibstoff. SGGG-Laden. Polizeiposten. Ausgezeichnete Schapka (einheimisches Hirsebier). In der Umgebung wird ein Naturreservat geschaffen (Keran-Park), in dem auch ein Camp-Hotel ähnlich denjenigen in den Reservaten von Arly und Pendjari eingerichtet werden soll (→ Strecke 35). Eine Nacht in einem klimatisierten Bungalow dieses Hotels kommt auf Fr. CFA 2500.— (US-$ 11.75) zu stehen.

Etwa 10 km vor Dapaon (d. h. ca. 65—70 km nach Sansanné-Mango) versäume man nicht den Besuch der Elefanten am Löwengraben. Von Dezember bis Ende Mai (am besten um 15 Uhr) findet man dort wenigstens ein Dutzend dieser Dickhäuter versammelt.

Dapaon: Früher Dapango. Dorf. Lebensmittel. Treibstoff. Werkstätte. Camp-Hotel.

Verbindungsstrecke Dapaon—Pama: Von Dapaon aus besteht die Möglichkeit, Pama (auf der Strecke 34) auf einer Piste zu erreichen. Von dieser Piste besitzen wir allerdings nur eine summarische Beschreibung, die wir hier unter Vorbehalt wiedergeben. In Dapaon schlägt man die Richtung Korbongou (10 km) ein und fährt dann weiter nach Ponio (26 km von Korbongou), dann in Richtung Obervolta. Auf diese Weise stösst man nach 22 km auf die Piste Sangha—Pama (→ Michelin-Karte 153, Falz 38) kurz nach der Ortschaft Diébiga. 1 km nach dieser Verzweigung überquert man ohne Schwierigkeiten den Obi-Fluss auf einer Furt. 12 km nach dieser Furt gelangt man nach Pama. Gesamtdistanz Dapaon—Pama: 71 km. Achtung: Die Piste führt nicht über Namoundjoga (→ Michelin-Karte 153, Falz 38). Fortsetzung → Strecke 34.

Dapaon (Togo) - Tenkodogo (Obervolta) - Koupéla   **176 km**

Die von uns angegebene Distanz entspricht nicht derjenigen der Michelin-Karte (191 km). Sie wurde uns mitgeteilt von einem Club-Mitglied, das gegenwärtig in Togo niedergelassen ist und die Strecke bereits mehrmals zurückgelegt hat.
Die 30 km von Dapaon bis zum togolesischen Zollposten Cinkasse sind nicht geteert und ziemlich schlecht, vor allem in der Regenperiode.
Nach der Grenze stösst man auf Asphalt, der bis Koupéla anhält. Der Zollposten von Obervolta, 35 km im Landesinnern, heisst Bittou. Ausgezeichnete, breite Strasse, wenig Verkehr. Man gebe jedoch acht auf die zahlreichen Ziegen und Zebus auf der Strasse. Monotone Landschaft mit einigen schönen Exemplaren von Baobabs (Affenbrotbäumen).

Tenkodogo: Dorf. Treibstoff (nicht immer). Camp-Hotel.
Koupéla: → Strecke 22.
Beginn der Strecke 23, Ende der Strecke 22.

---

37. Algier - Mascara   367 km

→ Algerien im Kapitel 7.
Sehr gut unterhaltene Asphaltstrasse. Wasser, Treibstoff, Lebensmittel und Hotels sind in allen grösseren Zentren zu finden.
Malerische Landschaft zwischen Relizane und Mascara.

Mascara: → Strecke 3. Abzweigung nach Oran und Marokko.
Beginn der Strecke 38, Ende der Strecke 3.

38. Mascara - Ain Sefra · 330 km

→ Algerien im Kapitel 7.

Gut unterhaltene Asphaltstrasse. Wasser, Treibstoff, Lebensmittel und Hotels in grösseren Ortschaften.

Saida: Letzte Stadt des nördlichen Algeriens. 2 Hotels (mit einheimischem Komfort).

Nach Saida beginnt die Wüste (Atlas-Hochflächen).

Ain Sefra: Hübsche kleine Oase. Treibstoff. Hotel El Makter (**): Doppelzimmer mit Frühstück DA 90.—/US-$ 23.45.
In der Umgebung zahlreiche Felszeichnungen.
Beginn der Strecken 39 und 40.

39. Ain Sefra - El Bayad - Laghouat · · · · · · · · · · · · · · · 481 km

→ Algerien im Kapitel 7.

Gute Asphaltstrasse auf der ganzen Strecke. Einige ausgebaute Furten. Häufig bietet sich Gelegenheit, prähistorische Felsmalereien zu besichtigen. Die besten finden sich in Mouchgueug, zwischen Chellalla und der Abzweigung nach El Abiod-sidi-Cheikh.

El Bayad: 1320 m. 60 000 Einwohner. Lebensmittel. Treibstoff. Kein Hotel mit europäischem Komfort. El Bayad ist der Mittelpunkt eines Viehzuchtgebietes (Ziegen, Schafe, Kamele, Rinder). Handwerkliche Herstellung von Teppichen und Stoffen. In der Umgebung der Stadt findet man ebenfalls zahlreiche prähistorische Felszeichnungen, die mehrheitlich aus der älteren Steinzeit stammen (in dieser Gegend etwa 5000 v. Chr.). Zum Besuch dieser Stätten kann man die (schlechte) Piste benützen, die von El Bayad nach Brezina (70 km südlich) führt. Man lässt sich mit Vorteil von einem Führer begleiten, da man sonst die Felszeichnungen kaum zu Gesicht bekommt. Dargestellt sind Tiere (Elefanten, Strausse, Löwen) und Menschen, meist als Jäger. Die wichtigsten Fundstellen sind Ain Marshal, Fouaidj Tamara, Hadjera Driess, Merdoufa und Keradka.

Aflou: 1426 m. 46 000 Einwohner. Lebensmittel. Treibstoff. Reparaturwerkstatt. Kein Hotel mit europäischem Komfort. Die wichtigste Erwerbsquelle der Stadt ist die Zucht von Schafen und Pferden. Ferner werden Decken und Berberteppiche hergestellt, in denen die Farben Rot und Blau vorherrschen.

Laghouat: → Strecke 58.
Beginn der Strecke 59, Ende der Strecke 58.

40. Ain Sefra - Béchar · 267 km

→ Algerien im Kapitel 7.

Gute Asphaltstrasse, die in einem grossen Bogen den Djebel Mekter umgeht.
Sich vor Abfahrt in Ain Sefra über die Verkehrsbedingungen erkundigen, die sich im Zusammenhang mit dem Konflikt um die West-Sahara ändern können.

Béni Ounif: Treibstoff. Abzweigung nach rechts, Richtung Figuig und Marokko.
Ende der Strecke 340.

Béchar: Werkstätten. Lebensmittel. Treibstoff. Hotel Transatlantique (**): Doppelzimmer mit Frühstück DA 50.— bis 65.—/US-$ 13.05 bis 16.95. Camping-Gelegenheit im Palmenhain nördlich der Stadt.
Falls die Fahrt auf Strecke 41 fortgesetzt wird, sind Wasser-, Treibstoff- und Nahrungsmittelvorräte für 800 km aufzunehmen.
Beginn der Strecken 41 und 44.

Selbst während der Reise sollten Sie von Zeit zu Zeit die Einführung dieses Führers durchlesen: wichtige Einzelheiten könnten Ihnen sonst entgehen.

41. Béchar - Tindouf 802 km

→ Algerien im Kapitel 7.
Asphaltstrasse, keine Schwierigkeiten. Wasser- und Nahrungsmittelvorräte für die ganze Strecke mitführen.
Beim Kilometer 26 nach Béchar, Abzweigung links nach Taghit (siehe Strecke 44).

Abadla: Dorf. Neues Motel (wo zuweilen Treibstoff zu haben ist), sehr gut, aber weder Wein noch Bier aufzutreiben.

Nach Abadla, Abzweigung links nach Adrar (→ Strecke 44).

Tindouf: Treibstoff. Wasser. Hotel El Mouggar (***): Doppelzimmer mit Frühstück DA 90.—/US-$ 23.45. Algerischer Kontrollposten. Wasser-, Treibstoff- und Nahrungsmittelvorräte notwendig für 577 km (Strecke 42), bzw. für 436 km (Strecke 43).
Beginn der Strecken 42 und 43.

42. Tindouf (Algerien) - Ain Ben Tili (Mauretanien) - Bir Moghrein 577 km

→ Algerien und Mauretanien im Kapitel 7.

Tindouf (Algerien) - Ain Ben Tili (Mauretanien) 320 km

Ein Stück nach Norden zurückfahren, dann nach links abbiegen. Beim Kilometer 9, Abzweigung rechts Richtung Aaiun (siehe Skizze Nr. 1 am Ende dieses Buches). Die Piste ist in mehr oder weniger regelmässigen Abständen durch Eisenbogen (gewöhnlich drei) markiert. Holperige, kurvenreiche Piste. Beim Kilometer 48 nach Tindouf, Überquerung einer Sebkha (Salzsee) auf einem Steinbett mit Pfahlrost, 4 m breit, während 6 km. Kilometer 84: Sandige Mulde auf 1,5 km. Grenzübergang nach Mauretanien. Fortsetzung der Piste auf hartem Grund, mit vielen Windungen. Häufige Querrinnen und Längsgräte. Ab Kilometer 153, auf 5 km, Traversierung eines Oueds (Trockenfluss). Bei Regen sind die Wasserläufe unpassierbar. Ab Kilometer 227 bis Ain Tili: Stark sandige Piste, abwechselnd mit felsigem Grund, schwierig für Fahrzeuge ohne Vierradantrieb.

Ain Ben Tili: Ortschaft ohne Unterkunftsmöglichkeiten. Keine Lebensmittel. Wasser. Mauretanischer Kontrollposten. Es wird eine Verkehrsgebühr erhoben: 40 Ouguiyas (US-$ 0.90) pro Person.

Ain Ben Tili - Bir Moghrein 257 km

Sandige Piste, vor allem bei Kilometer 22, 23, 28 und 36 (Schwierigkeiten bei der Überquerung eines Oueds). Dann holperige Piste, abwechselnd mit kurzen Weichsandstellen. Beim Kilometer 101 auf 200 m ein sandiger Abschnitt. Die Piste ist weiterhin kurvenreich und holperig, mit zwei schlechten Stellen: Kilometer 210 (Weichsand) und Kilometer 212 (felsiger Grund).

Bir Moghrein: → Strecke 6.
Beginn der Strecke 7, Ende der Strecke 6.

43. Tindouf (Algerien) - Semara (Marokko) - Aaiun 707 km

→ Algerien und Marokko im Kapitel 7.
Ein Stück weit nach Norden zurückfahren, dann links abzweigen (beim Flugplatz). Nach 9 km nach rechts (gegen Westen) abbiegen, Richtung Aaiun (→ Skizze 1 am Ende dieses Buches), dem Haupthafen von ehem. West-Sahara, am Atlantik. Die Piste wurde in

letzter Zeit ausgebessert und teilweise asphaltiert, ist aber immer noch ziemlich mühsam, da überall, selbst auf geteerten Abschnitten, Wellblech auftritt.
Wasser-, Treibstoff- und Lebensmittelvorräte für 436 km notwendig.

Semara: Wasser. Treibstoff. Werkstatt. Hotel.
Aaiun: → Strecke 5.
Beginn der Strecke 6, Ende der Strecke 5.

---

44. Béchar - Foum-el-Kheneg   411 km

→ Algerien im Kapitel 7.
Sehr gut unterhaltene Asphaltstrasse ohne Probleme. Einige ausgebaute Furten. Reisende, die nach Mali weiterfahren, sollten F.F. 100.— auf sich tragen, um u.a. die Grenzversicherung in Tessalit bezahlen zu können.
Beim Kilometer 26 nach Béchar: Abzweigung links, nach Taghit.
Variante über Taghit
Nach Taghit führt eine gute Asphaltstrasse von 63 km.

Taghit: Malerische, von einem Ksar überragte Oase. Hotel Taghit, mit Schwimmbad. Interessante Felszeichnungen in 20 km Entfernung (schwierige Piste, Führer mitnehmen). Grosse Düne mit weitem Ausblick auf die unendlichen Sandwellen des Grossen Westlichen Ergs.

Zwischen Taghit und Igli wird die Piste zwar unterhalten, ist aber 10 km vor Igli leicht versandet. Nach diesem Dorf wieder Asphaltstrasse, die nach 30 km in die Hauptstrecke mündet.

Beni Abbès: Links von der Hauptstrasse (15 km geteerte Zufahrt). Treibstoff. Malerische, am Fuss der Sanddünen des Grossen Ergs gelegene Oase. Schöner Blick auf das Dorf und den Palmenhain von beiden Hotels: Rym (***), Doppelzimmer mit Frühstück DA 90.—/US-$ 23.45 und Grand Erg (einheimischer Komfort), Doppelzimmer zu DA 16.—/US-$ 4.20. Schönes Schwimmbad. Interessantes Sahara-Museum, dem ein zoologischer Garten angegliedert ist.
Foum-el-Kheneg: Kleine Oase, ohne touristische Einrichtungen.
Beginn der Strecken 45 und 46.

---

45. Foum-el-Kheneg - Abzweigung Timimoun -
Timimoun - El Golea   508 km

→ Algerien im Kapitel 7.
Durchgehend asphaltierte Strasse, schmal (Vorsicht beim Kreuzen von Lastwagen).

Timimoun: Oasendorf, aus roten Lehmziegeln gebaut, teilweise in sudanesischem Stil. Lebensmittel. Treibstoff. Bank, geöffnet Samstag bis Mittwoch. 2 Hotels: Gourara (***), Doppelzimmer mit Frühstück DA 90.—/US-$ 23.45 und Oasis Rouge, Doppelzimmer zu DA 25.—/US-$ 6.55; sehenswert: der grosse, reichgeschmückte Hauptkorridor. Kunsthandwerkszentrum, wo auch eine Kartenskizze für einen Auto-Ausflug in die Umgebung erhältlich ist.
M'Guiden: Neue Tankstelle. M'Guiden befindet sich etwa 140 km östlich von Timimoun.

63 km südlich von El Golea stösst man auf die Strecke 62.

Hassi Marroket: Artesischer Brunnen. Biwak möglich.
El Golea: → Strecke 61.
Beginn der Strecke 62. Ende der Strecke 61.

46. Foum-el-Kheneg - Abzw. nach Timimoun - Adrar   177 km

→ Algerien im Kapitel 7.
Gute Asphaltstrasse, die durch ein Dutzend teilweise recht malerische Oasen führt. Ende der Asphaltstrasse in Adrar.

Adrar: Letzter Ort vor Inangriffnahme der schwierigen Tanezrouft-Piste. Vorräte (Treibstoff, Öl, Wasser, Lebensmittel) vorsehen für die ganze Strecke von 1461 km bis Gao, wo der Nachschub nicht immer gewährleistet ist. Treibstoff. Bank. Bar. Bäckerei. Kein Hotel.
Abreise bei der Polizei melden. Algerischer Zoll.
Beginn der Strecken 47 und 48.

47. Adrar - Aoulef   175 km

→ Algerien im Kapitel 7.
Beim Verlassen von Adrar muss man sich mit Wasser, Lebensmitteln und Treibstoff für eine Strecke von 348 km eindecken (bis In Salah gibt es nichts, ausser Wasser) und sich bei der Polizei abmelden. Auf dieser Piste ist es unerlässlich, im Geleit zu fahren. Die Strecke ist zur Not mit Fahrzeugen mit Zweiradantrieb, aber hoher Bodenfreiheit befahrbar.
Weder die Polizei noch der Zollposten in Adrar können über diese Piste Auskunft geben, ebensowenig über die Piste Aoulef—In Salah (Strecke 50). Die gut bezeichnete Piste verläuft in südöstlicher Richtung über ein Hochplateau. Sie ist steinig, weist jedoch einige Sandstellen auf.

Aoulef: Oase, Wasser, Tankstelle (Benzin, Diesel), Bäckerei, etwas Obst, wenige Lebensmittel. In dieser versandeten Ortschaft befinden sich die Foggaras mit der höchsten Abflussmenge im ganzen Lande (bis zu 3360 l in der Minute). Ankunft und Abreise im Gemeindehaus melden.
Beginn der Strecke 50, Ende der Strecke 49.

48. Adrar - Reggane   145 km

→ Algerien im Kapitel 7.
Um diese Piste zu benützen, braucht man keine Genehmigung. Es ist zwecklos zu versuchen, bei der Polizei in Reggane oder beim Zoll in Adrar Auskünfte einzuholen; die Beamten sind nicht informiert.
Kurz nach Adrar gabelt sich die Piste. Die Abzweigung nach Osten führt über eine alte, teilweise geteerte, aber schlechte Strasse nach Reggane. Da diese Strasse nicht mehr instand gehalten wird, empfiehlt es sich, weiter auf der Piste zu bleiben, die durch die Oasen nach Süden führt. Sie wird zurzeit instand gestellt (auf 104 km asphaltiert). Auf der ganzen Strecke gibt es keine Wegweiser. Die wenigen Schilder in französischer Sprache wurden bei der Arabisierungs-Kampagne entfernt. Es ist jedoch nicht schwierig, sich zu orientieren. Im Zweifelsfalle fahre man der Telefon-Leitung entlang. Auf der ganzen Strecke führt die Piste an einem Berghang des Tohat-Tals entlang. Die Oasen und deren Palmenhaine befinden sich auf dem ziemlich steilen Abhang zwischen der Piste und dem Talboden. Zahlreiche Grabstätten, Friedhöfe und zerfallene Bordjs. Die Piste läuft immer östlich an den Dörfern vorbei. Die wichtigsten Oasen sind El Djeddid (48 km von Adrar) und Zaglou (69 km von Adrar). Dort befinden sich mehrere moderne Bauten. Zahlreiche Foggaras auf der ganzen Strecke.

Reggane: Militärposten. Einige Zivilpersonen. Wasser vorhanden. Keine richtige Versorgung möglich (es gibt zwar eine Tankstelle, man soll sich jedoch nicht darauf verlassen und besser in Adrar volltanken). Kleines Hotel beim alten Militärlager.

Obwohl sich der Zoll in Adrar befindet, wird in Reggane noch eine Durchgangskontrolle vorgenommen. Geleitfahren obligatorisch Richtung Mali (Strecke 51).
Kommt man aus Mali nach Reggane, verlange man am algerischen Zoll die obligatorische Devisenerklärung und die Touristenkarte, die erforderlich ist, um das Fahrzeug wieder aus dem Lande auszuführen.
Beginn der Strecken 49 und 51.

49. Reggane - Aoulef   118 km

→ Algerien im Kapitel 7.
Die Piste, die Reggane mit Aoulef verbindet, ist sehr wenig befahren. Sie ist jedoch in gutem Zustand und erlaubt eine Fahrgeschwindigkeit von 60 bis 70 km/h. Wenig Wellblech, fast keine sandigen Stellen, sondern ein harter, gut befahrbarer Kieselgrund. Das Schwierigste auf der ganzen Strecke ist wohl die Orientierung. Unerlässlich sind hier gute Wüstenerfahrung und das Fahren im Geleit. Bei bedecktem Himmel oder nach einem Sandsturm ist es ratsam, den Kompass zu benützen. Gut markierte Piste auf den ersten 60 km. Nachher sind die Wegzeichen spärlich. Ab und zu sieht man ein leeres Benzinfass oder alte Lkw-Reifen. Man orientiert sich hauptsächlich an den vorhandenen Fahrzeugspuren. Es gibt keine Schilder mit Kilometerangaben.
Achtung: Man melde sich bei der Polizei und am Zoll, bevor man Reggane verlässt.
Man verlässt Reggane in östlicher Richtung auf einer breiten geteerten Strasse, die zu Militäranlagen führt, und biegt nach 6 km bei dem Weiler Arhil (der nicht angezeigt ist) in eine Piste ein, die nach links abgeht (Wegweiser). Nachdem man einige Kilometer in nordöstlicher Richtung gefahren ist, kommt man nach einigen Kurven auf eine etwa 70 m höher gelegene Hochebene. Es handelt sich um das öde, aber schöne Tidikelt-Plateau. Auf diesem Plateau schwenkt die Piste nach links und führt in dieser Richtung nach Aoulef. Ab Kilometer 40 ist sie besser befahrbar. Bei Kilometer 107 fährt man an der Oase Timoktene vorbei und dann hinunter nach Aoulef, das in einer Mulde liegt. 3 km vor Aoulef sieht man eine markierte Kreuzung mit Wegweisern. Die Piste nach In Salah geht nach Norden. Man muss jedoch zuerst nach Aoulef weiterfahren, um sich dort anzumelden.

Aoulef: → Strecke 47.
Beginn der Strecke 50, Ende der Strecke 47.

50. Aoulef - In Salah   172 km

→ Algerien im Kapitel 7.
Man verlässt Aoulef in Richtung Norden. Nach 3 km kommt man an eine Kreuzung und zweigt nach Norden ab. Man fährt am Flugplatz vorbei (wo man sich anmeldet, wenn jemand da ist). 10 km nach Aoulef schwenkt die Piste in nord-nordöstlicher Richtung ein und führt zu einer im Osten befindlichen Gebirgskette. Man fährt etwa 20 km durch die Ebene und biegt dann nach Westen ein. Die Piste verläuft nun parallel zum Gebirge, das sich in einer Entfernung von etwa 10 bis 15 km befindet. Harter Boden, der eine relativ hohe Geschwindigkeit erlaubt. Bei Kilometer 55 kommt man nach einer kurzen Steigung auf einem etwa 50 m oberhalb der Ebene liegenden Plateau an. Man fährt weiter ostwärts. Beim Kilometer 100 führt die Piste zum ausgetrockneten Bett eines 60 m tiefer liegenden Oueds hinunter. Man fährt aus dem Oued in Richtung Norden und schwenkt bei Kilometer 107, in der Nähe des Brunnens Hassi-Teraga nach Osten ein. Bei Kilometer 126 findet man am Rande der Piste eine ganze Reihe versteinerter Baumstämme. Die Umgebung ist mit kleineren Abfällen versteinerten Holzes übersät. Etwa bei Kilometer 146 führt die Piste in nordöstlicher Richtung um einen Berg herum und dann wieder, etwa ab Kilometer 152, nach Südosten. Nach der Überquerung eines aus-

getrockneten Sees legt man die letzten Kilometer auf Wellblech zurück, was sehr mühsam ist.

In Salah: → Strecke 62.
Beginn der Strecke 63, Ende der Strecken 62, 113 und 114.

51. Reggane (Algerien) - Gao (Mali) 1327 km

→ Algerien und Mali im Kapitel 7 beachten.
Für diese Strecke benötigt man 4 bis 5 Tage im Land-Rover und 6 bis 7 Tage im VW-Bus. Benzinverbrauch für den letzteren Typ: ca. 20 Liter auf 100 km. Fahren im Geleit obligatorisch.
Von Juni bis September ist ein Vierradantrieb-Fahrzeug unumgänglich, da die Strecke in Mali infolge der Regenzeit sehr schwierig zu befahren ist.
Man verlässt Reggane auf einer mit dem Schild «interdiction de circuler» (Fahrverbot) markierten Strasse; man erspart sich so ein versandetes Teilstück. (Wer von Süden kommt, schwenkt 10 km vor der Ortschaft, bei einem unlesbaren Betonwegweiser, nach rechts ab; die schlecht asphaltierte Strasse führt an Militäranlagen vorbei.)
Die ersten 40 km sind sehr schlecht (viele Löcher und Sand). Wegzeichen fehlen. Nachher ist die Piste bis zur Grenze zwischen Algerien und Mali alle 5 km markiert durch zwei übereinandergestellte 50-Liter-Fässer. Alle 10 km sind die kleinen Fässer durch ein grosses von 200 Litern ersetzt. Allerdings fehlen zurzeit einige dieser Wegzeichen. Distanztafeln geben alle 50 km die Entfernungen an.
Bis zum Kilometer 450 ist die Piste gut und bequem. Es handelt sich meist um eine sandige Ebene, mit harter Oberfläche (Reg), auf der man 60 bis 70 km/h fahren kann.
Versandete Stelle beim Kilometer 130. Beim Kilometer 196, Reservoir links der Piste. Der Posten Weygand (Kilometer 250) ist zerstört; kein Wasser. Beim Kilometer 380, Wendekreis des Krebses, durch eine grosse Tafel gekennzeichnet. Ein zweites Reservoir beim Kilometer 383, links der Piste, dann stark versandete Stellen auf 5 km, schwierig für normale Fahrzeuge zu passieren. Bidon V, beim Kilometer 506, von weitem erkennbar an dem noch vorhandenen Antennenturm. Bis Bordj-Moktar (oder Bordj-Perez) ist die Piste leidlich, ohne grosse Schwierigkeiten, ausser bei starkem Sandwind. Er verursacht Sandverwehungen; das Einsanden kommt dann häufig vor. Da Sand und Felsgrund ständig wechseln, ist grösste Vorsicht geboten.

Bordj-Moktar (oder **Bordj-Perez**): Militärgarnison. Zoll- und Polizeikontrolle. Wasser (gut). Kein Treibstoff.

Nach diesem Ort ist die Piste auf 50 km versandet. Die Grenze von Mali, markiert durch ein 2 m hohes Steinzeichen, wird beim Kilometer 655 überschritten.
Achtung: Etwa 5 km nach der Grenze zweigt nach links eine Piste Richtung Timelaouine ab, die nicht zu befolgen ist; die Gefahr, sich zu verlieren, ist sehr gross.
Beim Kilometer 665 taucht das erste Wegzeichen Malis auf (rot-weisses Quadrat). Vom Kilometer 675 bis Tessalit, das man beim Kilometer 779 erreicht, ist die Piste gut.

Tessalit: Wasser, jedoch kein Treibstoff. Zollposten von Mali am Dorfrand (nur werktags geöffnet, Sonntag sowie täglich von 11.45 bis 15 Uhr geschlossen). Langwierige Kontrolle durch sehr korrektes Personal. Alles wird geöffnet, sogar das Toilettentäschchen.
Hier erhält man auch den Stempel im Carnet de passages. Die polizeiliche Kontrolle erfolgt im Fort, das auf einem Hügel links der Piste liegt.

Bis Aguelhok im allgemeinen gute Piste; gelegentlich Wellblech- und Sandstrecken.

Aguelhok: Kilometer 866. Kurze Polizeikontrolle.

Zwischen Aguelhok und Anefis gute Piste mit einigen Sandstellen, wie zum Beispiel die 10 km in der Ebene von Marcouba (ab Kilometer 972), mit tiefen Fahrrinnen im Sand.

Anefis: Kilometer 1064. Langwierige Polizeikontrolle.

Von Anefis nach Tabankort fester Sand, mit Ausnahme eines Abschnittes von 3 km auf halbem Wege. Zwischen Tabankort und Gao fester Sand und Steine, ausgenommen die letzten 30 km, wo es viel Sand und tiefe Fahrrinnen gibt.

Gao: 15 000 Einwohner. Lebensmittel. Treibstoff (nicht immer; gegenwärtig rationiert; gelegentlich auf dem schwarzen Markt erhältlich). Hotel Atlantide (27 Zimmer; die Preise stark schwankend. Die Polizei hält bisweilen die Pässe zurück, wenn man nicht dort nächtigt). Hotel-Restaurant-Bar afrikanischen Typs: Chez Yourka. Man vermeide es, näher als 10 km vom Zentrum zu campieren; dies ist durch die Stadtverwaltung verboten. Bank mit Wechselstube. Treibstoff ohne Bewilligung an der Shell-Tankstelle hinter dem Hotel Atlantide.
Bei Ankunft in Gao, sich unaufgefordert beim Polizeiposten melden, wo die Aufenthaltsbewilligung für Mali sowie die unentbehrliche Erlaubnis zum Fotografieren erteilt wird. Vor Verlassen der Stadt muss eine Haftpflicht-Versicherung abgeschlossen werden.
Gao ist eine ebene Stadt mit Gebäuden ohne besonderen Charakter. Sie ist jedoch ethnographisch interessant, da hier verschiedenartige Volksstämme nebeneinander leben. Archäologisches Zentrum.
Beginn der Strecken 52 und 53. Ende der Strecke 15.

52. Gao - Tombouctou - Niafounké - Nampala - Kogoni - Ségou   1136 km

→ Mali im Kapitel 7.

Allgemeines

Diese Piste ist äusserst schwierig und nur für Fahrzeuge mit Vierradantrieb zu empfehlen. Mit einem Landrover muss man für die Strecke Gao—Tombouctou mindestens 2 Tage rechnen. Die Piste führt durch stark bewegtes Dünengelände und Dornbuschwälder. Dauernd von Vieh benützt, ist sie von Hufen zertrampelt und oft schwer erkennbar. Tiefe Fahrrinnen, besonders bei Niafounké. Kompass empfohlen.

Gao - Tombouctou   424 km

Von Gao bis Bourem führt eine gute, unbefestigte Piste, die eine Geschwindigkeit von 80 km/h (Landrover) erlaubt. Kein Dieseltreibstoff zwischen Gao und Tombouctou.

Bourem: Wasser, manchmal auch Treibstoff.

Die Piste ist nur in der trockenen Jahreszeit benützbar. Sie führt bald über bewegtes Dünengelände, bald durch Wälder von Dorngewächsen. Oft verliert sich die Piste unter den Hufspuren des Viehs. Der Pistenzustand ist unglaublich schlecht und für den Fahrer sehr ermüdend, da er ständig aufpassen muss, im allgemeinen Spurengewirr die Richtung beizubehalten.

Tombouctou: Eine sehr enttäuschende Stadt, die einem langsamen Sterben im Sand geweiht scheint. Flugplatz mit geteerter Strasse bis in die Stadt. Grosses und bequemes Motel-Camp (Duschen), gute Mahlzeiten.

Tombouctou - Nampala   412 km

Sehr sandige Piste zwischen Tombouctou und dem 97 km entfernten Goundam. Alle Spuren, die einer Piste gleichen könnten, werden fortlaufend von Tausenden von Tieren zerstampft. Bisweilen erkennt man die Piste an einer undeutlichen Rinne in den Dünen oder in den Dornsträuchern, aber man kann sich nicht darauf verlassen. Häufig muss man umkehren, um sich wieder zurechtzufinden. Vierradantrieb unerlässlich. Kein Dieseltreibstoff zwischen Tombouctou und Nampala.

Goundam: Treibstoff. Reparaturwerkstätte. Unterkunft möglich. Lebensmittel.

Von Goundam bis Niafounké ist die Piste weiterhin sehr sandig. Ein Sperrdifferential erweist sich als sehr nützlich. Vor Niafounké schöne Strasse auf einem Deich; prachtvolle Landschaft.

Niafounké: Treibstoff. Unterkunftsmöglichkeit. Lebensmittel.

Bei der Wegfahrt von Niafounké ist die Strasse beidseitig von einer Wasserfläche eingefasst. Zwischen Lere und Nampala wird sie schmal und eng und führt über harten Grund, der unerwartete, von Weichsand ausgefüllte Quergräben aufweist. Lange Steigungen. Tiefe Wagenspuren. Zahlreiche Bella-Dörfer in der ganzen Gegend.

Nampala: Dorf aus runden, schwärzlichen Hütten. Verwaltungsposten. Lebensmittel.

Nampala - Kogoni - Diabali - Ségou   **300 km**

Gewundene, oft sandige und schmale Piste durch Gegenden mit stellenweise dichtem und stacheligem Gesträuch (Akazien).

Kogoni: Beginn der Strecke 346.

Mehrere Peuls-Dörfer mitten im Busch. Die Hirten tragen immer drei Lanzen mit scharfen Widerhaken zum Schutz gegen die Hyänen. 80 km vor Diabali gelangt man in die Zone der Reisfelder, die sich über 1000 Hektaren erstrecken. Bewässerung ist dank dem Stauwerk von Markala, 50 km nördlich von Segou, gesichert. Ist das Gebiet überschwemmt, ist es sehr schwierig, in dem Labyrinth von Wegen, Brücken und Bewässerungskanälen die richtige Piste zu finden. Kein Dieseltreibstoff zwischen Nampala und Segou. Nach Diabali (ungefähr in der Mitte zwischen Nampala und Segou) wird die Strasse besser. Die letzten 38 km von Markala nach Segou sind asphaltiert.

Ségou: → Strecke 12.
Beginn der Strecke 13, Ende der Strecke 12.

---

53. Gao (Mali) - Ansongo - Niamey (Niger)   443 km

→ Mali und Niger im Kapitel 7.
Diese Piste ist das ganze Jahr über befahrbar. In Regenzeiten, vom Juni bis Oktober, kann sie stellenweise gesperrt und während mehreren Tagen verboten sein. Vorsicht beim Überfahren nichtsignalisierter Querrinnen. Einsanden möglich. Viele Eingeborene längs der Strasse.
Unterkunft in Ansongo, Ayorou und Tillabéry. Asphaltierte Strasse ab Tillabéry.

Ansongo: Ende der Strecke 345.
Ayorou: Dorf. Wasser. Treibstoff. Sehr teures Hotel (klimatisierte Zimmer, ca. Fr. CFA 6000 / US-$ 28.20 pro Nacht; Mahlzeiten ca. Fr. CFA 2000 / US-$ 9.40 pro Person).
Niamey: 110 000 Einwohner. Hauptstadt des Niger. Hotels: «Rivoli» (Treffpunkt der Globetrotter), «Peace-Corps-Hotel» (Fr. CFA 500 / US-$ 2.35 pro Person), «Hamani's Auberge» (gleicher Preis wie Peace-Corps, mit Duschen), «L'Eléphant Blanc» (Fr. CFA 500 / US-$ 2.35 für 2 Personen, mit Duschen). Camping «Rio Bravo», 23 km in Richtung Tillabéry,, schöne Lage am Ufer des Nigers, aber sehr schlecht unterhalten. Unzählige Mücken. Preis Fr. CFA 500 / US-$ 2.35 pro Person und pro Nacht. Bar, kleine Mahlzeiten. Vermietung von Pirogen. Das Camping «Bourbon», in der gleichen Richtung wie das vorhergehende, aber noch einige Kilometer weiter, auf einer Insel, ist viel besser.
Vertretungen mehrerer Automarken. Die Werkstätte Mercedes, von einem Schweizer geleitet, ist ausgezeichnet. Die SONIDA (früher SCOA) verkauft Ersatzteile für VW und Peugeot.
Bei Ankunft in Niamey unaufgefordert bei der Sicherheitspolizei anmelden zur Immatrikulation des Fahrzeuges (2 Fotos notwendig). Personen, die Richtung Obervolta durch den Nationalpark des W (Strecken 25 und 35) weiterfahren, müssen ihr Carnet de passage vor Verlassen von Niamey abstempeln lassen.
Achtung vor Dieben vor dem Supermarkt SCORE, wo gutes Fleisch recht billig zu haben ist.
Sehenswert ist nur das sehr schöne Nationalmuseum. Daneben bietet Niamey nur wenig Interesse. Niamey ist ein wichtiger Zwischenhalt für internationale Fluglinien.
Umgebung: Nationalparks Pendjari und W (→ Strecke 35).
Beginn der Strecke 54. Ende der Strecken 25 und 71.

Wenn ein neuer Strassenabschnitt geteert worden ist, teilen Sie uns bitte mit, wieviele Kilometer.

54. Niamey - Dosso 140 km

→ Niger im Kapitel 7.
Asphaltstrasse auf der ganzen Strecke.

Dosso: Lebensmittel. Treibstoff (in Dosso kauft man das billigste Benzin des Landes). Hotel mit Schwimmbad.
Beginn der Strecken 55 und 56.

55. Dosso - Gaya (Niger) - Malanville (Benin) - Kandi - Parakou - Savé - Dassa-Zoumé - Bohicon - Abomey - Bohicon - Cotonou 937 km

→ Niger und Benin im Kapitel 7.

Dosso - Gaya (Niger) - Malanville (Benin) - Kandi 269 km

Ab Dosso ist die Strasse bis Kandi geteert. Zahlreiche Schlaglöcher etwa 60 km vor der Grenze.

Gaya: Dorf. Treibstoff (selten). Hotel-Camping. Zollformalität für die Ausreise aus Niger. Die Polizeikontrolle findet unmittelbar vor der Brücke über den Niger statt.
Malanville: Dorf. Zoll- und Polizeikontrolle für die Einreise nach Benin. Sehr schnell erledigt.

Geteerte Strasse in gutem Zustand bis Kandi.

Kandi: Stadt. Lebensmittel. Treibstoff. Garage. Hotel.
Ende der Strecke 374.

Kandi - Parakou 213 km

Geteerte, fast überall ausgebesserte Strasse in ausgezeichnetem Zustand.

Parakou: Stadt. Treibstoff. Hotel. Endstation der Eisenbahnlinie aus Cotonou. Industriestadt.

Parakou - Savé - Dassa-Zoumé - Bohicon - Abomey 310 km

Sehr schlechte Piste, Wellblech, tiefe Radspuren. Lebhafter Verkehr. Stehendes Wasser nach starken Regengüssen. Man überquert zwei Brücken, indem man das Geleise benützt.

Dassa-Zoumé: Beginn der Strecke 333. Ab Dassa-Zoumé wird die Piste gegenwärtig asphaltiert.
Abomey, Stadt. Lebensmittel. Treibstoff. Garage. Rasthaus und Restaurant. Die Kreisstadt Abomey, die sich 10 km westlich der Hauptstrasse befindet, wurde 1658 vom König von Allada Ouegbadja gegründet.
Sehenswert: Der Königspalast von Djimé, das historische Museum (Fotografier-Verbot), das Handwerkerviertel.
Beginn der Strecke 372.

Abomey - Bohicon - Cotonou 145 km

Asphaltstrasse, vor kurzem renoviert. Achtung auf das Vieh.

Cotonou: Stadt, gute Versorgungsmöglichkeiten. Wichtigste Stadt und wichtigster Hafen Benins. Die Hauptstadt des Landes ist Porto Novo (→ Strecke 57).
Sehenswert: Der sehr interessante Markt.
Umgebung: Ganvié, Pfahlbauten-Dorf mit 15 000 Einwohnern. Fotografieren verboten! Dieses Dorf, das sich nordwestlich vom Nakoué-See befindet, kann man mit einem Kanu (mit oder ohne Motor) besichtigen:
Tarif im Mai 1979: Rundfahrt für 2 Personen: Fr. CFA 2900.— / US-$ 13.63; Rundfahrt für 4 Personen: Fr. CFA 3800.— / US-$17.86. Die Erlaubnis zum Fotografieren ist beim Onatho in Cotonou einzuholen (Fr. CFA 1000.— / US-$ 4.70).
Beginn der Strecke 57, Ende der Strecke 32.

56. Dosso - Dogondoutchi - Birni-Nkonni 282 km

→ Niger im Kapitel 7.
Durchgehend ausgezeichnete Asphaltstrasse. Bis 70 km über Dogondoutchi hinaus monotone Lateritebene mit magerer Buschvegetation. Dörfer und Kulturen sind auf die in «Dallos» genannten, sandigen Senken beschränkt. Starker Verkehr, auch viele Tiere (Esel und Kamele).

Dogondoutchi: Camp-Hotel. Treibstoff. Lebensmittel.

Die Strasse ist weiterhin breit und in gutem Zustand. 70 km nach Dogondoutchi durchquert sie ein hügeliges Gebiet, dann, auf den letzten 50 km vor Birni-Nkonni, ein sehr altes Gebirgsmassiv.

Birni-Nkonni: Lebensmittel. Treibstoff. Camp-Hotel. Bank.
Beginn der Strecke 72, Ende der Strecken 70 und 355.

57. Cotonou - Porto Novo (Benin) - Grenze Benin/Nigeria - Lagos (Nigeria) 187 km

→ Benin und Nigeria im Kapitel 7.
Asphaltstrasse. Kurz vor Porto Novo: Beginn der Autobahn nach Lagos.

Porto Novo: Hauptstadt von Benin, 85 000 Einwohner. Lebensmittel. Treibstoff. Hotel. (Es kommt vor, dass das einzige Hotel europäischen Typs für Gäste der Regierung reserviert ist.) Porto Novo ist nur dem Namen nach eine Stadt. Es handelt sich eher um ein grosses Hüttendorf mit schmalen, gewundenen Gassen. Zahlreiche Handwerker (Töpfer, Färber, Gerber und Schmiede).
Das Fischerdorf Aguégué wurde anfangs 1979 durch Feuer zerstört.
Igolo: Grenzdorf. Zollformalitäten von Benin.
Idiroko: Dorf. Treibstoff. Zollformalitäten von Nigeria.
Lagos: Hauptstadt von Nigeria, 2 900 000 Einwohner. Alle touristischen Einrichtungen einer grossen Stadt. Camping bei «Victoria-Beach» (Vorsicht vor Dieben). Lagos wurde im 15. Jahrhundert gegründet, war im 18. Jahrhundert eines der wichtigsten Zentren des Sklavenhandels. Nach dem Verbot desselben florierte die Stadt weiterhin dank dem Schleichhandel mit ... denselben Sklaven. Heute ist Lagos eine bedeutende Kultur- und Universitätsstadt.
Sehenswert: Nationalmuseum mit wertvollen Sammlungen afrikanischer Kunst, vor allem Masken und Ziergegenstände aus Ton. Der Königspalast, 1704 errichtet durch portugiesische Sklavenhändler, ist ein interessantes Beispiel der Kolonialarchitektur jener Epoche.
Beginn der Strecke 102, Ende der Strecke 101.

58. Algier - Laghouat 412 km

→ Algerien im Kapitel 7.
Gute Asphaltstrasse, ohne Probleme für den Automobilisten. Von Blida nach Ksar-el-Boukhari führt die Strasse in vielen Windungen über den Tell-Atlas. Dann überquert sie meist geradlinig verlaufend die Hochflächen des Atlas. Treibstoff findet sich in allen wichtigen Ortschaften. Grossartige Landschaft.

Laghouat: 750 m. 28 000 Einwohner. Lebensmittel. Treibstoff. Hotels, z. B. Marhaba: Doppelzimmer mit Frühstück DA 90.—/US-$ 23.45. Im Bedarfsfalle sind die mechanischen Werkstätten der SNTR oder diejenigen einer amerikanischen Bohrgesellschaft bereit, Hilfe zu leisten. Die Garage Oasis, Rue M'hamed Ben Salem Laghouat ist für Reifenreparaturen ausgezeichnet eingerichtet. Auch einzelne Automobilmarken sind in Laghouat vertreten.
Sehenswert: Die Grosse Moschee, die Moschee El Atik und zahlreiche moderne Gebäude, wovon einige, wie z. B. das Hotel Marhaba, von dem Architekten F. Pouillon stammen.
Beginn der Strecke 59, Ende der Strecke 39.

59. Laghouat - Ghardaia   192 km

→ Algerien im Kapitel 7.

Gute Asphaltstrasse ohne besondere Probleme. Die Lebensmittelgeschäfte werden immer bescheidener, je weiter man in den Süden fährt. Bei der Ankunft in Ghardaia (oder bei der Abreise) hat man einen sehr schönen Blick auf die Stadt und die umliegenden Oasen.

Ghardaia: 566 m. 90 00 Einwohner. Lebensmittel. Treibstoff. Hotels: Transatlantique (Doppelzimmer mit Frühstück DA 90.— / US-$ 23.45); Les Rostémides (Doppelzimmer mit Frühstück DA 80.— bis 100.— / US-$ 20.85—26.07). Mehrere Hotels mit einheimischem Komfort. Angenehmer Camping-Platz, am Stadtausgang Richtung El Golea, ausgestattet mit Duschen und fliessendem Wasser (pro Person DA 6.— / US-$ 1.56; pro Wagen DA 2.— / US-$ 0.52). Bank. Führer für einen halben Tag: DA 25.— / US-$ 6.51. Tägliche Autobuskurse Ghardaia—Tamanrasset. Die Fahrt dauert im Prinzip 21 Std. (sofern der Bus keine Panne erleidet) und kostet DA 110.— / US-$ 28.67 — ein ausgezeichnetes Mittel, um mit der Lokalbevölkerung in Kontakt zu kommen, da der Autobus zur Hauptsache von Einheimischen benützt wird.
Garagen für Dieselfahrzeuge: Sahara Diesel/Diesel Oasis, Rue Haroun Rachid, Tel. 89 10 53. Bosch Service.
Reifenreparaturen: Ghardaia-Pneus, H.Hadj Charet, Rue Talbi Ahmed, Tel. 89 14 03.
Sehenswürdigkeiten: Ghardaia ist die Hauptstadt des M'zab, in prächtiger Lage im Mittelpunkt ausgedehnter Palmenhaine. Malerischer Marktplatz, wo man Einblick in das Leben der Bevölkerung erhält. Kleines M'zab-Museum (Eintritt DA 1.— / US-$ 0.26). Es lohnt sich, auch die anderen, nahegelegenen Städte des M'zab zu besuchen, vor allem Béni-Isguen (man vermeide das Fotografieren, da die lokalen Vorschriften sehr streng sind), wo ein Führer fast unerlässlich ist (DA 10.— / US-$ 2.60).
Beginn der Strecken 60 und 61.

---

60. Ghardaia - Ouargla - Hassi-Messaoud   274 km

→ Algerien im Kapitel 7.

Durchgehend asphaltierte Strasse. Monotone Landschaft bis Ouargla.

Ouargla: 129 m. 19 000 Einwohner. Lebensmittel. Treibstoff. Bank. Hotels (El Mehri***, DA 90.— / US-$ 23.45).
Sehenswert: Die Oase ist ziemlich enttäuschend. Man besichtige den alten Ksar, den Marktplatz und besonders das interessante Sahara-Museum. Es besitzt einen Saal mit Kunsthandwerk und einen weiteren mit prähistorischen Zeugen. In einem dritten Saal ist die Entwicklung der Erdölförderung in dieser Region dargestellt.

14 km nach Ouargla verzweigt sich der Weg. Die Strasse nach rechts führt nach Hassi Messaoud, nach links erreicht man die Strecke 106 in Touggourt (131 km nach dieser Abzweigung). Die Strasse ist normal befahrbar.

Hassi-Messaoud: → Strecke 106.
Beginn der Strecke 107, Ende der Strecke 106.

---

61. Ghardaia - El Goléa   245 km

→ Algerien im Kapitel 7.

Durchgehend gute Asphaltstrasse. Obwohl der Zustand der Strasse höhere Geschwindigkeiten zulässt, ist Vorsicht geboten, da Sandverwehungen auftreten können. Man fährt durch ein Gebiet von Sanddünen (Grosses westliches Erg im Westen).

Hassi Fahl: Tankstelle. Sie ist trotz des «privaten» Aussehens (Gitterzaun) jedermann zugänglich.
El Goléa: 391 m. 16 900 Einwohner. Lebensmittel. Treibstoff. Hotels (El Boustan***, Doppelzimmer mit Frühstück DA 90.—/US-$ 23.45. Garage: Ahmed Ben Mohamed, offizieller Sonacome-Vertreter, Avenue Larbi Ben M'hidi. Reifenreparaturen: M.Bouhafri Abdel Kader, Rue de l'Emir Abdel Kader. Orangen hier einkaufen, im Süden werden diese Früchte selten.
Gutes Camping, Strasse nach Ghardaia, gegenüber dem Depot SNTR, in einem Palmenhain. Duschen. Tarif: DA 5.— / US-$ 1.30 pro Person und pro Nacht.
Jeden Abend fährt um 22 Uhr vor dem Polizeiposten ein Autocar nach Tamanrasset (Strecke 63) ab. Ankunft am folgenden Tag um 14 Uhr.

Sehenswürdigkeiten: Die Oase mit rund 200 000 Dattelpalmen, der alte Ksar El Meina, der vermutlich aus dem 9. Jahrhundert stammt und einen schönen Ausblick über die Oase gewährt. Bei den Weissen Vätern (Pères Blancs) kann man auf Anfrage eine Kollektion prähistorischer Funde besichtigen. Das Verkehrsbüro unterhält im übrigen einen Handel mit solchen Fundgegenständen.
Beginn der Strecke 62, Ende der Strecke 45.

62. El Goléa - In Salah   400 km

→ Algerien im Kapitel 7.
Durchgehend asphaltierte Strasse, schmal (Vorsicht beim Kreuzen). Keine Tankstelle unterwegs, in El Golea den Tank auffüllen.

Hassi Marroket: Artesischer Brunnen. Biwak möglich.

Südlich von El Goléa (Kilometer 63): Abzweigung rechts nach Timimoun und Adrar (→ Strecke 45). Dann sehr schöne Fahrt zum langen, öden Tademait-Plateau. Beim Kilometer 200 (ab El Goléa): Wasserstelle Tabaloulet. Kilometer 255: Kleines Café (Erfrischungen) und tiefer Schachtbrunnen mit gutem Wasser, das von einem Wärter geschöpft wird. Nach Verlassen der Hochfläche wieder sehr schöne Strecke (Talfahrt in Kurven) bis In Salah.

In Salah: 280 m. 26 000 Einwohner. Lebensmittel. Treibstoff. Bescheidenes Hotel Bajoudas (Zimmer DA 30.— / US-$ 7.85). Teure und schlecht ausgerüstete Reparaturwerkstätte. Camping-Gelegenheit beim Flugplatz (Wasser, WC) oder im Palmenhain. Gutes und billiges Essen im «Restaurant du Carrefour». Freundlicher Wirt (Hadji Abderrahmane). Vorsicht dagegen im Restaurant «Calouche» am Postplatz.
Sehenswert: Das Oasendorf mit seinen roten Lehmziegelhäusern in sudanesischem Stil, ferner der interessante Markt, der von Tuaregs aus einem weiten Umkreis besucht wird. Richtung Aoulef—Reggane (→ Strecke 50) den Palmenhain im Westen verlassen.
Beginn der Strecke 63, Ende der Strecken 50, 113 und 114.

63. In Salah - Tamanrasset   694 km

→ Algerien im Kapitel 7.
→ Skizze 13 am Ende dieses Buches.
Diese früher so gefürchtete Strecke wurde vollständig asphaltiert und im Frühjahr 1978 dem Verkehr übergeben.
Die neue Strasse verfolgt nicht genau das gleiche Trasse wie die alte Piste, vor allem im ersten Teil (bis Arak). Sie meidet praktisch alle angenehmen Punkte wie die Brunnen und Dörfer Tiguelguemine, Tirhatimine, Tadjemout, Meniet oder Tesnou.
Bereits gibt es wieder einige Umleitungen, da die Strasse durch den starken Lastwagenverkehr beschädigt wurde. Diese Umleitungen sind meist schwierig, und man sollte sich vorsichtshalber über den Zustand erkundigen bei dem an der Wiederherstellung arbeitenden Militär oder sich eventuell führen lassen.
Man braucht sich nicht mehr vor Abfahrt in In Salah bei der Daira (Unterpräfektur) abzumelden. Andrerseits empfiehlt es sich, Wasser und Treibstoff für etwa 700 km mitzuführen, da die Brunnen und Tankstellen nicht regelmässig versorgt werden.
Beim Kilometer 88 zweigt links eine Piste nach Amguid ab (→ Strecke 113).

Arak: Einige Hütten, wo Kaffee und Tee zu haben ist. Neue Tankstelle, die nicht regelmässig Nachschub erhält.

Die neue Strasse führt nicht mehr in der Nähe des Pilgergrabes Marabout Moulay Hassan vorbei; man kann aber immer noch auf einer Piste dorthin gelangen, die etwa beim Kilometer 420 abzweigt. Nach alter Tradition sollte jeder Wüstenfahrer das Grab dreimal umkreisen, um die bösen Geister der Region zu besänftigen.
Kurz vor In Ecker mündet von links eine aus Amguid kommende Piste (→ Strecke 115)

ein. In Ecker ist Stützpunkt der Sonarem; man findet dort auch Treibstoff, sowie freundliche Gendarmen, die über Duschen verfügen.

Nach In Amguel mündet, ebenfalls von links, eine von Hirhafok und Djanet kommende Piste ein (→ Strecke 116).

43 km vor Tamanrasset zweigt nach rechts (schwer zu erkennen) eine Piste Richtung Tit, Silet und Gao ab. In noch unbestimmter Zukunft wird hier wahrscheinlich eine Asphaltstrasse Richtung Gao angelegt.

Etwa 10 km vor Tamanrasset, Abzweigung nach links zum Assekrem (→ Strecke 118).

Tamanrasset: 1395 m. 3000 Einwohner. Temperatur selbst im Sommer nie über 35°. Lebensmittel (oft beschränkt). Neue Tankstelle, 2 km nach dem Zollposten Richtung Niger. Drei Hotels (meist vollbesetzt): Hotel des Zéribas, Hotel le Tinhinan und Hotel Tahouat (am Ende der Asphaltstrasse, Doppelzimmer DA 130.— / US-$ 33.87 inkl. Frühstück.
Restaurants: Preis der Hauptmahlzeiten: Restaurant des Hotels Zéribas DA 15.— / US-$ 3.91; Restaurant des Hotels Tahouat DA 38.— / US-$ 9.90. Restaurant Abdoulah, freundlich und nicht teuer. Das Restaurant de la Source Tahabort «Chez Jojo», am Ortsrand, Richtung Assekrem (früher Treffpunkt der Globetrotter) ist, wie es scheint, nicht mehr wie einst, seit Jojo ins Gefängnis wanderte.
Camping: Camping des Zéribas (alter Tarif: DA 15.— / US-$ 3.91 pro Person und Nacht) wurde im April 1979 durch Feuer zerstört. Es wird zurzeit auf einem grösseren Terrain, in der Nähe des Oueds, wiederaufgebaut.
Man braucht sich nun nicht mehr nach Ankunft aus In Salah bei der Daira anzumelden. Reist man aus dem Niger ein, so muss obligatorisch eine Haftpflichtversicherung abgeschlossen werden (Büro der Versicherungsgesellschaft an der Hauptstrasse, Richtung In Salah).
Die wenigen Garagen sind sehr teuer. Land-Rover-Vermietung mit Chauffeur ca. 500 DA / US-$ 130.35 pro Tag mit 200 km oder ca. 3200 DA / US-$ 834.25 pro Woche mit 1400 km. Zusätzliche Kilometer werden mit DA 2.50 / US-$ 0.65 berechnet.
Tamanrasset wird mehr und mehr von organisierten Reisegruppen besucht.
Zu besichtigen ist nur wenig; ein kleines Saharamuseum unweit des Bordj (Festung) des Père de Foucauld. — Handwerkliche Lederarbeiten sind hier viel teurer als in Agadez.
Umgebung (siehe Skizze 6 am Ende dieses Buches): Dank seiner Lage im Zentrum des Hoggars ist Tamanrasset Ausgangspunkt für eine grosse Zahl von Ausflügen, so z. B. zum Assekrem (Einsiedelei des Missionars Père de Foucauld — → Strecke 177) nach Ideles, Outoul mit seinen Felszeichnungen. Unweit von Tamanrasset befindet sich das Grab des Amenokal (Tuareg-Fürst) Moussa ag Amastane und ca. 100 km entfernt das Grab Tin-Hinans, der ersten Königin des Hoggars — die Antinea der modernen Literatur.
Beginn der Strecke 64, Ende der Strecken 115, 116, 118, 119 und 123.

---

64. Tamanrasset (Algerien) - Assamaka (Niger) 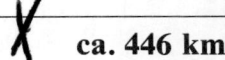 ca. 446 km

---

→ Algerien und Niger im Kapitel 7.

→ Skizze 14 am Ende dieses Buches.

Diese Strecke ist der schwierigste Teil der Sahara-Durchquerung. Es wird dringend davon abgeraten, sie mit einem Einzelfahrzeug zurückzulegen, da es im Falle einer Panne nicht möglich ist, rechtzeitig Hilfe zu bekommen. Man muss also in Tamanrasset warten, bis andere Reisende die Fahrt in Angriff nehmen, und dann mit diesen im Geleit fahren. Es hat keinen Sinn, sich Lastwagen anzuschliessen, denn diese fahren zu schnell und oft nachts. Ebenso ist es gefährlich, deren Spuren zu folgen, da diese oft sehr weit von der Piste abweichen.

Beim Verlassen von Tamanrasset hat man sich zuerst beim Polizeiposten zu melden, dann beim Zoll (links der Piste). Die Formalitäten sind ziemlich langwierig.

Für ein entsprechend ausgerüstetes, geländegängiges Fahrzeug bietet dieser Teil der Hoggar-Piste meist keine Probleme. Man begegnet durchschnittlich 10 Touristenfahrzeugen pro Tag und etwas weniger Lastwagen. Wellblechpiste, die auf den letzten 120 Kilometern sandige Passagen aufweist. Schwierige Stellen erkundigt man vor der Durchfahrt mit Vorteil zu Fuss, was oft die mühselige Arbeit des Aussandens erspart. Je mehr man sich In Guezzam nähert, desto häufiger tritt Sand auf.

Der schwierigste Abschnitt befindet sich in den Dünen von Laouni, etwa 100 km vor In Guezzam.

In Guezzam: 411 m. Militärposten. Neue, regelmässig bediente Tankstelle (Normal und Super).Kontrolle der in Tamanrasset ausgestellten Ausreisepapiere. Aus dem Niger Ankommende müssen sich auf eine systematische Durchsuchung des Wagens und des Inhalts gefasst machen (Waffeneinfuhr-Verbot).

Zwischen In Guezzam und Assamaka (Niger-Zoll) ist ein wahres Meer von Weichsand zu durchqueren. Am besten durchfährt man diese Strecke frühmorgens, wenn der Sand infolge der Nachtfeuchtigkeit noch fest ist. Man vermeide ältere Spuren und fahre mit viel Tempo ungefähr 500 m links der Wegzeichen. Langsame Fahrzeuge vermindern mit Vorteil den Reifendruck. Sobald der Zollposten von Assamaka auftaucht, links abzweigen und auf dem harten Grund einer Düne fahren, um den weichen Sand zu umgehen. Fährt man in umgekehrter Richtung, so folgt man dem Pfeil mit der Aufschrift «Trajet obligatoire pour In Guezzam».

Assamaka: Fort mit Garnison des Nigers. Fotografieren ist verboten. Wasser aus einem artesischen Brunnen. Obwohl übelriechend und lauwarm, ist es trinkbar. Man kann sogar in einem Becken baden. Die Zollbeamten sind freundlich, sprechen aber nur französisch. Die Formalitäten sind gewöhnlich sehr lange, und jeder Reisende wird gründlich durchsucht.
Der Posten von Assamaka schliesst im allgemeinen um 16 Uhr. Da die Zöllner zwischen 11.30 und 16 Uhr der Ruhe pflegen, begibt man sich am besten am Vormittag an den Zoll. Bei der Abfahrt versuchen die Beamten, einen Führer aufzudrängen.
Beginn der Strecken 65 und 66.

---

65. Assamaka - Arlit - Agadez   ca. 413 km

→ Niger im Kapitel 7.
→ Skizze 14 am Ende dieses Buches.
Von Assamaka bis Arlit ist die Piste gut markiert: Im Abstand von 1 km ein Fass mit aufgesteckter Stange, an der eine in Assamaka beginnende Kilometrierung angebracht ist. Mit einem Feldstecher lassen sich die Tafeln an den Wegzeichen besser erkennen.
Nachstehend die hauptsächlichsten Schwierigkeiten dieser Strecke (die Kilometerangaben entsprechen den oben erwähnten Tafeln):

Km 30—31: Steinige Piste.
Km 37—40: Steinige Piste, Wellblech, dessen Vertiefungen mit Sand aufgefüllt sind.
Km 47—51: Weichsandstellen wechseln mit steinigen Passagen ab. Wellblech.
Km 53—63: Weichsandstrecke mit einigen harten Stellen. Bei reduziertem Pneudruck kommt man ohne Mühe durch.
Km 63—78: Abwechselnd Sand und Steine.
Km 78—83: Sandebene mit Wanderdünen. Beim km 80 muss eine Wanderdüne im Uhrzeigersinn umgangen werden. Man läuft Gefahr, die Piste zu verlieren.
Km 83—91: Steinige Piste.
Km 91—92: Etwa 200 m in einem steinigen Trockenflussbett. Der Rest ist sehr sandig.
Km 92—93: Nicht den geradeaus führenden Spuren folgen, sondern einen scharfen Bogen nach rechts ausführen.
Km 96: Schwierige Traversierung eines Flussbetts; nicht in den Spuren fahren.

Der Rest der Strecke bis Arlit weist keine schwierigen Stellen auf (wie auch die oben nicht erwähnten Abschnitte).

Arlit: Neugeschaffene Minenstadt (Uran-Abbau). Treibstoff. Bank. Polizei- und Zollformalitäten. Mehrere den Minengesellschaften gehörende Schwimmbäder. Da die Stadt per Flugzeug versorgt wird, ist sie verhältnismässig teuer.
Die in den Uran-Minen beschäftigte Bevölkerung führt sich gegenüber den Einheimischen so schlecht auf, dass diese allen Weissen mit grösstem Misstrauen begegnen. Sie gehen sogar so weit, einen Laden zu verlassen, wenn ein Weisser eintritt.
Im Notfall können Fahrzeuge bei der Somair repariert werden, die über eine Schweissanlage verfügt.
Beginn der Strecke 326 (Variante nach Agadez).

Zwischen Arlit und Agadez ist die Piste durch Kilometersteine markiert. Die Piste ist

durch den starken Verkehr der Uran-Transporter stark beschädigt. Nicht von der Piste abweichen (beidseitig Dorngewächse).
Die Kilometerangaben nehmen jetzt ab (sie werden von Agadez aus gezählt).
Schwierige Stellen:
Km 242—237: Sand mit tiefen Fahrspuren, die zu vermeiden sind.
Km 149—95: Sehr schwierige Flussbett-Durchquerung mit tiefen Fahrspuren.

Agadez: 7500 Einwohner. Lebensmittel. Treibstoff. 2 annehmbare Hotels (de l'Aïr und Family-House), Zimmer mit Dusche und Klimaanlage. Camping von Arlit kommend rechts der Strasse, 10 km vor Agadez; Tarif pro Person Fr. CFA 500.— / US-$ 2.35, mit Restaurant (Mahlzeiten zu ca. Fr. CFA 1000 / US-$ 4.70).
Achtung: Es kommt vor, dass die Inhaberin 2mal pro Tag einkassiert, um 9 Uhr und um 17 Uhr.
Die Meldung bei Zoll und Polizei zur Erledigung der Formalitäten ist unerlässlich, auch wenn diese bereits in Assamaka und Arlit vorgenommen wurden. Bewilligung zum Fotografieren und Filmen einholen.
Teuerster Geldwechsel des ganzen Landes.
Sehenswert: Die hübsche, typische Stadt, der grosse Markt, die Moschee.
Beginn der Strecken 67 und 68, Ende der Strecken 136 und 326.

---

66. Assamaka - Tegguiddan-Tessoum - In-Gall  346 km

→ Niger im Kapitel 7.
→ Skizze 14 am Ende dieses Buches.
Die Piste ist im Abstand von 2 km durch Eisenstangen markiert, die teilweise umgestürzt sind. Infolge des welligen Geländes sind sie während 60 bis 100 km wenig sichtbar.
Man verlässt Assamaka in östlicher Richtung. Nach 2 km biegt man erst nach Südosten, dann direkt nach Süden ab. (Die geradeaus führende Piste geht direkt nach Arlit.)
Die ersten 80 km der Strecke sind leicht zu verfolgen. Man fährt bald auf felsigem Boden, bald auf hartem Sand.
Zwischen Kilometer 80 und 150 sind die Wegzeichen praktisch verschwunden, und man muss sich mit Hilfe eines Feldstechers orientieren. Am besten fährt man bei klarem Wetter und gibt gut acht, die Piste nicht mit den zahlreichen Lastwagenspuren zu verwechseln, die in allen Richtungen auseinanderlaufen. Man durchquert ausgedehnte Weichsandfelder, wo die Einsandungsgefahr gross ist.
Nach Kilometer 150 wird der Grund etwas fester, und die Piste ist wieder markiert. Die Vegetation ist dichter und lässt den Weg besser erkennen.
Der Brunnen von In Abangarit hat gutes Wasser. Nach diesem Brunnen ist die Piste noch deutlicher, da sie zwischen Dornbüschen verläuft. Nicht vom Weg abweichen (Reifenpannen durch Dornen!). Flussbette (Oueds) sind sehr langsam zu durchfahren.

Tegguidan-Tessoum: Dorf. Salziges Wasser. Man kann die Salzminen besichtigen, wo die Eingeborenen das Salz mit altertümlichen Methoden im Tagbau gewinnen.
An Regentagen verwandelt sich die unmittelbare Umgebung des Dorfes in ein Schlamm-Meer, daher ist grösste Vorsicht am Platze.

Die Strecke zwischen Tegguidan-Tessoum und In Gall ist leicht zu finden, obschon keine Wegzeichen mehr vorhanden sind. Einige schlechte Stellen (starkes Wellblech oder aber Weichsand und Staub).

In-Gall: Oase. Dieseltreibstoff.
Beginn der Strecke 69, Ende der Strecke 68.

---

67. Agadez - Tanout - Zinder 471 km

→ Niger im Kapitel 7.
→ Skizze 14 am Ende dieses Buches.
Ausgeprägtes Wellblech auf der ganzen Strecke. Nicht ausserhalb der Piste fahren, um

das Wellblech zu vermeiden, da die Dornbüsche die Reifen beschädigen können. Grassavanne mit reicher, niedriger Vegatation. Die Negerdörfer werden immer häufiger. Auffällige, farbenfrohe Kleidung der Bewohner. Statt der Kamele sieht man jetzt mehr Esel und Ochsen.

Tanout: Grosses Dorf mit Hütten und weissen Häusern. Wasser. Lebensmittel. Treibstoff (gelegentlich ein 200-Liter-Fass mit Handpumpe). Kein Hotel.
Ende der Strecke 371.

Zinder: Frühere Hauptstadt des Nigers. Gute, geteerte Strassen, mehrere Garagen und Tankstellen, eine Bank, Geschäfte. Hotels. Heisse Nächte, Mücken, ausgedehnter Markt (Donnerstag).
Sehenswert: Der alte Stadtteil Birni.
Beginn der Strecke 75, Ende der Strecken 73 und 138.

68. Agadez - In-Gall   127 km

→ Niger im Kapitel 7.
→ Skizze 14 am Ende dieses Buches.
Breite Piste abwechselnd Wellblech und Sand. Sie wurde vor kurzem verbessert und stellt keine besonderen Probleme, wenn man sie nicht verlässt. Die Randstreifen links und rechts der zentralen Fahrspur sind in der Tat sehr weich und mit Dorngestrüpp überwachsen.

In-Gall: → Strecke 66.
Beginn der Strecke 69, Ende der Strecke 66.

69. In-Gall - Tahoua   322 km

→ Niger im Kapitel 7.
→ Skizze 14 am Ende dieses Buches.
Piste in sehr schlechtem Zustand. Asphaltierung im Gange ab Tahoua.
Auf den 77 km bis In Waggeur gibt es einige sandige Stellen, die sich nicht umfahren lassen, mit reduziertem Reifendruck aber leicht zu bewältigen sind. Schwieriges Stück vor In Waggeur. Einige Abschnitte weisen tiefe Radspuren auf, und die Strassenmitte ist stark erhöht, so dass mit zwei Rädern in der Strassenmitte, mit den zwei andern neben der Piste gefahren werden muss. Achtung auf die Bodenfreiheit des Fahrzeuges.
Der Abschnitt Tounfati - Kaloma - Tahoua (ca. 45 km) ist asphaltiert.

Tahoua: Kleine Stadt. Hotel (Doppelzimmer mit Dusche F. CFA 1500 / US-$ 7.05). Treibstoff. Schlechtes Camping. Bank. Grosses Restaurant du Sahel (gute Mahlzeiten zu Fr. CFA 300 / US-$ 1.41).
Anmeldung bei der Polizei obligatorisch.
Beginn der Strecken 70 und 71.

70. Tahoua - Birni-Nkonni   152 km

→ Niger im Kapitel 7.
→ Skizze 14 am Ende dieses Buches.
Breite Asphaltstrasse, in ausgezeichnetem Zustand. Einige eingestürzte Brücken müssen auf kilometerlangen Umfahrungen (Pisten) umgangen werden.

Birni-Nkonni: → Strecke 56.
Beginn der Strecke 72, Ende der Strecken 56 und 355.

Unsere Beschreibungen sind manchmal etwas kurz gefasst; Ihre Erfahrungen helfen uns, sie zu vervollständigen.

71. Tahoua - Talcho - Filingué - Tabla - Niamey 431 km

→ Niger im Kapitel 7.

Eine Piste für Fahrer, die sich nicht gerne auf Asphaltstrassen langweilen! Da die Dörfer längs dieser Strecke keine Versorgungsmöglichkeiten bieten, sind vor Abfahrt Lebensmittel-, Wasser- und Treibstoffreserven für 450 km einzukaufen. Die Piste steht grundsätzlich allen für die Wüstenfahrt ausgerüsteten Fahrzeugen offen.

Man verlässt Tahoua auf der Asphaltstrasse Richtung Birni-Nkonni (Strecke 70), die man nach einigen Kilometern nach rechts verlässt (die genaue Anzahl Kilometer ist vor der Abfahrt in Taloua zu erfragen). Bis Talcho fährt man durch mehrere Dörfer mit malerischen runden Getreidespeichern. Die meist sehr sandige Piste ist nicht immer gut erkennbar.

Nach Talcho fährt man auf einer breiten Piste mit häufigen Wellblechstellen. Sie durchquert das interessante Gebiet des Dallol Boboye (Trockenflussbett).

Ungefähr halbwegs zwischen Talcho und Filingué: Abzw. nach rechts der Strecke 345.

Filingué: Einfaches Camp-Hotel. Gelegentlich Treibstoff.
Tabla: Treibstoff (selten).

Zwischen Tabla und Niamey führt eine Wellblechpiste durch monotone Savannenlandschaft.

Niamey: → Strecke 53.
Beginn der Strecke 54, Ende der Strecken 25 und 53.

72. Birni-Nkonni - Madaoua - Maradi 250 km

→ Niger im Kapitel 7.
Breite, asphaltierte Strasse in gutem Zustand. Monotone Landschaft.

Madaoua: Camp-Hotel. Treibstoff. Lebensmittel.
Viehzucht und Erdnuss-Anbau. Handwerkliche Mattenflechterei. In der Umgebung liegt das interessante Dorf Bouza (66 km nördlich).

Nach Madaoua gibt es keine Treibstoffprobleme mehr. Die Strasse durchquert eine Senke und kann in Regenzeiten (Juli bis Oktober) während einigen Tagen überschwemmt sein. In der trockenen Jahreszeit hat die Gegend wüstenhaften Charakter. Intensive Hirse- und Erdnuss-Kultur.

Maradi: Polizeikontrolle (obligatorisch). Maradi ist neben Zinder das wichtigste Handelszentrum des Nigers (Produktion und Export von Erdnüssen und Rotziegenfellen). Ein Hotel und ein Camp-Hotel. Alle touristischen Erleichterungen.
Beginn der Strecken 73 und 74.

73. Maradi - Tessaoua - Zinder 237 km

→ Niger im Kapitel 7.
Neue Asphaltstrasse auf der ganzen Strecke.

Tessaoua: Km 123. Camp-Hotel. Garage. Treibstoff. Lebensmittel.
Zinder: → Strecke 67.
Beginn der Strecke 75, Ende der Strecke 67.

74. Maradi (Niger) - Kano (Nigeria)   222 km

→ Niger und Nigeria im Kapitel 7.
Asphaltstrasse, breit und in gutem Zustand, vor kurzem neu angelegt.

Dan-Issa: Ausreiseformalitäten des Nigers. Am Sonntag wird eine Gebühr von Fr. CFA 10.— (US-$ 0.04) erhoben.

Jibiya: Einreiseformalitäten in Nigeria.

Kano: 490 m. 360 000 Einwohner. Lebensmittel. Treibstoff. Vertretungen verschiedener Automarken. Hotels (Central Hotel, Airport Hotel). Hinter dem Central Hotel befindet sich der Kano-Club, der über ein Schwimmbad und sanitäre Installationen verfügt. Zwischen dem Kano-Club und dem Central Hotel liegt ein Campingplatz (nicht ideal); Tarif: 1 Naira/US-$ 1.56 pro Nacht in Form eines Trinkgeldes für den Platzwart.
Vertrauenswürdiger «Mann für alles»: Mohammed Chruschow, Führer (7-8 US-$ pro Tag). Auskunft beim Portier des Hotels Central. Kano ist Industriestadt und Wirtschaftszentrum (mehr als die Hälfte des Erdnussmarktes des Landes).

Sehenswert: Die Mauer der Altstadt (17 km lang), die Färbereien, der grosse Markt (einer der bedeutendsten Afrikas), der Palast des Emirs (Besichtigung nur an Festtagen), die grosse Moschee, erbaut 1947 (schöne Aussicht über die Stadt von den Minaretten aus). In der neuen Stadt fallen die bis zu 20 m hohen Pyramiden von exportbereiten Erdnusssäcken auf.
Beginn der Strecken 76 und 77, Ende der Strecke 75.

75. Zinder (Niger) - Kano (Nigeria)   265 km

→ Niger und Nigeria im Kapitel 7.
Zwischen Zinder und Daura neugebaute Asphaltstrasse in gutem Zustand, jedoch schmal (Vorsicht beim Kreuzen von Lastwagen). Von Takieta bis Matameye führt sie durch Wald. Zollformalitäten in Matameye (Niger) und in Kongolam (Nigeria). Seit 6. April 1972 herrscht Rechtsverkehr. Die Strassen sind hier breiter.

Kano: → Strecke 74.
Beginn der Strecken 76 und 77, Ende der Strecke 74.

76. Kano - Zaria   172 km

→ Nigeria im Kapitel 7.
Gute, breite Asphaltstrasse. Die Strecke Kano—Zaria bildet ein wichtiges Teilstück der Verbindung Kano—Lagos (→ Strecke 102) und ist daher sehr verkehrsreich. Vorsicht.

Zaria: 640 m. 170 000 Einwohner. Lebensmittel. Treibstoff. Hotel. Zaria war die Hauptstadt des Reiches der Zeg-Zeg Haussa und wurde im Verlauf des Religionskrieges von 1804—1810 von Osman dan Fodio erobert. 1962 erhielt die Stadt eine Universität.
Sehenswert: Die Stadtmauern (15 km Umfang) und die Tore, der Palast des Emirs, das Militärmuseum.
Beginn der Strecke 103, Ende der Strecke 102.

77. Kano - Potiskum - Damaturu - Maiduguri   596 km

→ Nigeria im Kapitel 7.
Durchgehend asphaltierte Strasse mit einigen Baustellen (Verbreiterungsarbeiten). Schlaglöcher. Intensiver Lastwagenverkehr. Achtung: Gefährliche Fahrgewohnheiten der Einheimischen, wovon die zahllosen Autowracks am Strassenrand zeugen. Typische Sahel-Landschaft (Steppe).
Ein Umweg über das Yankari-Reservat und die heisse Wikki-Quelle ist sehr lohnend (→ Strecke 104.). Im Dorf Damaturu stösst man auf eine von Maïne-Soroa kommende Variante der Strecke 139 sowie auf eine von Biu kommende Variante der Strecke 104.

Maiduguri: 189 000 Einwohner. Treibstoff. Wasser. Lebensmittel. Hotels (Schwimmbad beim Lake Chad Hotel). Gratis-Unterkunft im Garten des Catering Rest house, hinter dem Zoo (Sehu Umar Road). Sehr interessanter Markt. Nicht fotografieren, man riskiert die Konfiskation des Apparates. Vorsicht vor Polizei in Zivil. Beginn der Strecken 78 und 79, Ende der Strecke 139.

78. Maiduguri (Nigeria) - Ngala (Kamerun) - N'Djamena (Tschad)   249 km

→ Nigeria, Kamerun und Tschad im Kapitel 7.

Neue Asphaltstrasse bis Gamburu, wo alle Ausreiseformalitäten Nigerias (Zoll und Polizei) vorgenommen werden. Zollposten Kameruns in Fotokol.

Anschliessend Piste, in Regenzeiten manchmal unbefahrbar, durch Nordkamerun in einem Sumpfgebiet (Wildreservat).

Ausreisezollamt Kameruns in Kousseri (früher Fort-Foureau), auf dem linken Ufer des Logone. Asphaltstrasse in schlechtem Zustand bis zur Fähre.

Überfahrt der Fähre flussabwärts, beim Zusammenfluss des Logone und des Chari. Tarif: Fr. CFA 1000/US-$ 4.70, einfache Fahrt. Zollkontrolle des Tschads in N'Djamena.

N'Djamena: 300 m. 150 000 Einwohner. Hauptstadt des Tschads. Die Stadt weist zwei ganz unterschiedliche Teile auf: Das Residenzviertel im Nordwesten, zwischen der Place de la Libération und dem Flughafen, und das Afrikanerviertel rund um den Marktplatz, in dessen Mitte sich die Moschee erhebt. Prächtiger Markt. Es gibt mehrere, sehr komfortable und teure Hotels, so das Hotel du Chara (internationale Klasse) und das Hotel La Tchadienne, vor nicht langer Zeit erbaut und modern. Alle touristischen Erleichterungen. Garagen. Lebensmittel. Banken. Das Leben ist hier sehr teuer. Beginn der Strecken 80, 220 und 342. Ende der Strecken 131, 137 und 219.

79. Maiduguri - Bama - Kirawa (Nigeria) - Mora (Kamerun)   149 km

→ Nigeria und Kamerun im Kapitel 7.

Die in letzter Zeit nach Bama durchgeführten Bauarbeiten haben die Entfernung zwischen Maiduguri und Mora um 38 km verkürzt. Die Strecke ist nun auf der ganzen Länge asphaltiert. Kurz vor Bama überquert man den Fluss Yedseram auf einer neuen Brücke.

Bama: Hotel. Treibstoff (nur gelegentlich).

Kirawa: Nigerianischer Zoll.

Mora: Städtchen. Lebensmittel. Treibstoff. Garagen. Camp-Hotel (30 Betten in klimatisierten Hütten mit Duschen), Restaurant. Zoll von Kamerun. Camping erlaubt beim «Safari» (mit Schwimmbad; geschlossen vom 31.5. bis 1.11.). Mora ist der Hauptort des Mandaras-Gebiets. Lebhafter, malerischer Markt am Sonntag-Vormittag (sehr farbig, Frauen mit nacktem Oberkörper und glattrasiertem Kopf). Beginn der Strecken 81 und 82, Ende der Strecke 80.

80. N'Djamena (Tschad) - Kousseri (Kamerun) - Wasa-Park - Magdémé - Mora   203 km

→ Tschad und Kamerun im Kapitel 7.

Diese Strecke ist durchwegs geteert, aber oft in schlechtem Zustand wegen des Lastwagenverkehrs (Wellblech und Schlaglöcher). Die Eingeborenen fahren oft mit gefährlichem Tempo. Fähre über den Chari. Kamerun. Zoll- und Polizeiposten in Kousseri (früher Fort Foureau), 3—4 km flussaufwärts. 45 km in Richtung Fotokol zurückfahren und dann auf der geteerten Strasse nach dem Wasa- und Mora-Nationalpark. Seine grösste Länge beträgt 40 km. Eintrittskarte für die ganze Saison Fr. CFA 1500.—/US-$

7.05. Führer (obligatorisch): Fr. CFA 1000.—/US-$ 4.70 pro Tag. Der Park ist während der Regenzeit geschlossen. Campieren ist nicht gestattet, und man muss den Park jeden Abend verlassen. Man sieht hier Elefanten, Giraffen, Kraniche, Perlhühner, Pferdeantilopen, Warzenschweine und mit etwas Glück auch Löwen.
Fortsetzung der Asphaltstrasse bis Mora.

Mora: → Strecke 79.
Beginn der Strecken 81 und 82, Ende der Strecke 79.

81. Mora - Mokolo - Rhumsiki - Bourrah - Garoua   303 km

→ Kamerun im Kapitel 7.
Piste steinig, schmal und gewunden. Diese Route ist touristisch interessanter, aber langsamer als die Strecke 82 über Maroua. Von Moro bis Mokolo (gutes Camp-Hotel) führt die Piste über eindrucksvolle, schwarze Berge. Prächtige Landschaft. Eingeborenenhütten mit Spitzdächern. Freundliche Bevölkerung (spricht nicht französisch). Sehenswert das Dorf Oudjila (sehr touristisch, abseits der Piste). Mokolo-Rhumsiki-Garoua: Reiche Vegetation im Gebiet des Kapsiki (in der Ebene zerstreute, zuckerstockförmige Vulkankegel).

Rhumsiki: 1100 m. Hotel mit 32 Betten.
Man besichtigt die interessante Giesserei, wo mit altertümlichen Methoden gearbeitet wird, sowie den Markt am Sonntag (sehr touristisch).

Nach Bourrah mündet auf der rechten Seite die Strecke 104 ein, die von Nigeria kommt.

Garoua: 400 m. Drittgrösste Stadt Kameruns. Flusshafen am Ende der schiffbaren Strecke der nigerianischen Flüsse. 80 000 Einwohner. Treibstoff. Garage. Lebensmittel. Zwei Hotels. Der moderne Anbau des Hotels de la Bénoué trägt jetzt den Namen Novotel und besitzt ein Schwimmbad. Gutes Restaurant: Chez Maurice. Eingeborenenviertel von sudanesischem Charakter.
Sehenswert: Die Wäscherinnen und Fischer am Flussufer, von der Bénoué-Brücke aus. Gelegenheit zu einem Flug über den Busch (Auskunft im Hotel de la Bénoué).
Beginn der Strecken 83 und 353. Ende der Strecken 82 und 104.

82. Mora - Maroua - Kaélé - Figuil - Garoua   256 km

→ Kamerun im Kapitel 7.
Ganze Strecke asphaltiert.

Maroua: Hotels. Garage. Treibstoff. Handwerkszentrum (Weberei). Markt (montags). Diamuré-Museum. Gerberviertel am Fluss.
Ende der Strecke 342.

Von Maroua bis Garoua führt die Strecke durch ein malerisches Bergland am Fusse des Pic de Mindif (im Osten). Neuer Asphaltbelag.

Garoua: → Strecke 81.
Beginn der Strecken 83 und 353. Ende der Strecken 81 und 104.

83. Garoua - Gouna - Ngaoundéré   303 km

→ Kamerun im Kapitel 7.
Brücke über den Bénoué-Fluss. Asphaltstrasse, ziemlich verkehrsreich. Auf «Speed breakers» achten an den Brückenköpfen.
Die Landschaft ist sehr schön, aber wenig Abwechslung. Die Strasse führt dem Bénoué-Reservat (180 000 Hektaren) entlang, das Flusspferde, Büffel und Derby-Elche beher-

bergt. Beim Camp du Buffle Noir darf nicht campiert werden, da es sich noch innerhalb des Reservats befindet.
Etwa 20 km nach Gouna, Abzweigung nach links der Strecke 343, die durch den Bénoué-Nationalpark führt.

Ngaoundéré: 1400 m. Stadt. 2 Hotels (Transcam und Des Hauts-Plateaux). Restaurants. Lebensmittel. Treibstoff. 3 Banken. Die Stadt liegt in einer Übergangszone zwischen Nord- und Südkamerun und hat daher ein angenehmes Klima. Bahn mit Autotransport und Couchettes nach Yaoundé (Jaunde). Tarif: 1 Auto und 2 Personen ca. Fr. CFA 50 000.—/US-$ 235.—). Abfahrt jeden Abend um 19.40 Uhr. Ankunft in Yaoundé: am nächsten Morgen zwischen 9 und 11 Uhr.
Umgebung: 12 km südlich der Stadt, der Kratersee Tison.
Beginn der Strecken 84 und 85.

84. Ngaoundéré - Banyo - Foumban - Bafoussam   693 km

→ Kamerun im Kapitel 7.
Gute Piste im ersten Teil der Strecke, aber oft sehr langsam infolge der Steigungen, die nur im 1. Gang bewältigt werden können. Asphalt von Foumbam bis Bafoussam. Treibstoffreserve für 650 km notwendig, da die Versorgung nicht gewährleistet ist.

Ngaoundéré - Tignère - Tibati   279 km

Vor der Abfahrt erkundigt man sich beim Taxi-Stand am Markt über die bessere Variante. Eventuell kann die Route über Martap in besserem Zustand sein als diejenige über Tignere. Für die Strecke Ngaoundéré—Tibati hat man bei jeder dieser Varianten mit 6—8 Stunden Fahrt zu rechnen. Viele primitive Holzbrücken. Bisweilen riesige Steine am Wegrand. Schwacher Verkehr, wenig Eingeborenendörfer.

Tibati: Spital. Polizei. Camp-Hotel. Treibstoff (zeitweise).
Beginn der Strecke 368.

Tibati - Banyo   115 km

Neue Piste auf den ersten 60 km dieser Teilstrecke. Anschliessend sehr schlechte Bergpiste mit grossem Lastwagenverkehr. Mit einem VW-Bus benötigt man 2—3 Stunden für diese 115 km. Bisweilen sieht man einige Affen längs der Strasse.

Banyo: Zwei Hotels afrikanischen Typs. Lebensmittel. 2 Tankstellen. Spital.

Banyo - Foumbam   223 km

Bergpiste, langsam bis Magba, wo man einen schönen Sonntagsmarkt beobachten kann. Anschliessend gute Piste, dann beginnt der Urwald, der Verkehr und die moderne Welt. Fahrzeit für diese Strecke: 5—6 Stunden.

Mayo-Darlé: Kupferminen. Schöner Ausblick über die Tikar-Ebene. In dringenden Fällen leistet die Werkstätte der Kupfermine Hilfe.
Foumbam: 1200 m. Sultanat. Lebensmittel. Treibstoff. Hotel. Die erst 1915 islamisierte Stadt ist für ausländische Touristen sehr anziehend.
Sehenswert: Besonders der 1920 erbaute Sultanspalast, der mit Hilfe der Unicef durch Deutsche restauriert wurde. Er enthält ein kleines Museum mit Gegenständen der Bamoun-Kultur sowie einen Perlenthron aus der Kaiserzeit. Interessant ist auch die Strasse der Handwerker, wo man Holzschnitzer, Giesser und Weber an der Arbeit beobachten kann. Einen Besuch verdient schliesslich der Markt am Samstag, vor allem derjenige der Bororos.
Beginn der Strecke 339.

Foumbam - Koutaba - Bafoussam   76 km

Gute Asphaltstrasse. Reiche Vegetation. Pflanzungen von Bananen, Kakao usw.

Koutaba: 27 km von Foumbam entfernt. Flugplatz. 2 wöchentliche Flüge nach Douala und Yaoundé.

Foumbot: Grosser Markt am Sonntag. Gemüsemarkt am Donnerstag und Samstag. Gelegenheit zu einem Ausflug an den Bapit-See. Gute, von einem Franzosen geführte Garage (seine Frau macht feine Wurstwaren).

Bafoussam: Hauptstadt der Provinz West-Kamerun. Lebensmittel. Treibstoff. Garagen (VW- und Mercedes-Vertretungen). Hotels. Alle 4 Tage findet hier, wie im übrigen Bamileke-Land, ein Markt statt, wo blau-weisse Porzellan-Ketten, Batik-Tanzgewänder und perlengeschmückte Tanzmasken angeboten werden. Interessanter Häuptlingspalast. Gelegenheit zu einem Ausflug nach Bamenda.
Beginn der Strecken 86, 87 und 380.

---

85. Ngaoundéré - Meiganga - Lokoti - Garoua-Boulai   267 km

→ Kamerun im Kapitel 7.

Bemerkung: Der direkte Weg nach Douala (→ Strecken 84, 87 und 88) ist besser und interessanter. Zwischen Ngaoundéré und Yaoundé kann ein Auto-Zug benützt werden (Auskunft am Bahnhof am nördlichen Stadtrand).
Von Ngaoundéré bis Meiganga schlechte Piste (ausgeprägtes Wellblech), ziemlich viel Verkehr. Häufige Steigungen und Talfahrten. Nach Regenzeiten Morast und tiefe Fahrspuren. In der Trockenzeit sehr staubig. Zwischen Meiganga und Lokoti, Einmündung auf der rechten Seite der Strecke 368.

Garoua-Boulai: Grenzstadt. Hotel. Treibstoff. Lebensmittel. Polizeikontrolle. Abzweigung der Strasse nach Bangui (Zentralafrikanische Republik, → Strecke 89) und den Ländern Ost- und Südafrikas.
Beginn der Strecken 89 und 90.

---

86. Bafoussam - Bafia - Batchenga - Yaoundé   352 km

→ Kamerun im Kapitel 7.

Asphaltstrasse bis Bandjoun und wieder ab Batchenga. Die übrige Strecke ist eine bei trockenem Wetter normal befahrbare Piste. Je nach Jahreszeit ist mit einer Fahrzeit von 5—10 Stunden zu rechnen.
Man verlässt Bafoussam auf der Asphaltstrasse Richtung Douala und Yaoundé.

Bandjoun: Sehenswerter Häuptlingspalast. Von französischen Ärzten geführtes Missionsspital.

Nach Bandjoun beginnt die Piste. Die erste Ortschaft dieses Abschnittes ist

Banganté: Treibstoff (mehrere Tankstellen).

In Tonga verlässt man das Bergland und dringt in die feuchten Tropenwälder ein. Hier begegnet man den ersten Kakao-Plantagen.

Bafia: Lebensmittel. Treibstoff. Kleine Reparaturwerkstätten. Bescheidenes Hotel.

34 km nach Bafia wird der Nun-Fluss auf einer von 6—18 Uhr in Betrieb stehenden Fähre überquert. Übernachten bei der Einschiffungsstelle ist nicht zu empfehlen, da der Platz nachts sehr unruhig ist (Motorenlärm, laute Gespräche, in Taxis transportierte Hühner, Schafe usw.).
Etwa 50 km weiter setzt man über den Fluss Sananga (die Fähre verkehrt ebenfalls von 6—18 Uhr), 2 km unterhalb der schönen Nachtigall-Fälle (benannt nach dem deutschen Afrikaforscher Dr. Gustav Nachtigall, der sie entdeckte).
8 km nach dieser Fähre gelangt man in Batchenga wieder auf die Asphaltstrasse (Fortsetzung der von Garoua-Boulai kommenden Piste, → Strecke 91).

Yaoundé: 100 000 Einwohner. Hauptstadt Kameruns. Alle touristischen Erleichterungen einer grossen Stadt, darunter von Deutschen geführte VW- und Mercedes-Garagen. Sehr gute Peugeot-Garage. Treffpunkt der Reisenden ist das Restaurant «L'Ane Rouge» am J.-F.-Kennedy-Platz, neben dem Kunsthandwerk-Geschäft.

Das 1888 von Deutschen gegründete Yaoundé (Jaunde) ist heute ein wichtiges Industriezentrum. Angenehmes Klima, aber ausser den Grünzonen und den zahlreichen Bächen besitzt es wenig Sehenswürdigkeiten. Erwähnenswert ist immerhin das interessante Privatmuseum der von Engelberger Mönchen geführten Mont-Fébé-Mission mit Gegenständen des lokalen Kunsthandwerks.
Beginn der Strecke 93, Ende der Strecken 91, 92 und 322.

87. Bafoussam - Nkongsamba - Loum   153 km

→ Kamerun im Kapitel 7.
Durchgehend asphaltierte Strecke (neuer Belag). Starker Verkehr, angesichts der tollkühnen Fahrweise der Einheimischen sehr gefährlich. Tankstellen finden sich etwa alle 60 km.
Bis Banjoun folgt man der Strasse nach Yaoundé (Strecke 86), dann beginnt die Steigung des Batié-Passes (1600 m) in einer an die Schweiz erinnernden Landschaft. In der Nähe der Ortschaft Kekem sind die Ekom-Fälle sehenswert. Die Gegend ist dicht bevölkert von den arbeitssamen und gastfreundlichen Bamileke. Hält man in den Dörfern an, so melde man sich bei den Dorfvorstehern. Die Bamileke sind als aufrührerisch bekannt. Polizeikontrollen sind daher sehr häufig an dieser Strecke.

Nkongsamba: Lebensmittel. Treibstoff. Garagen. Hotel. Bank. Grosser Markt.
Loum: Wichtiges Zentrum eines Plantagengebietes (Kaffee, Bananen, Ananas, Zitronen). Camp-Hotel. Treibstoff.
Beginn der Strecken 88 und 95, Ende der Strecke 94.

88. Loum - Douala   106 km

→ Kamerun im Kapitel 7.
Durchgehend gute Asphaltstrasse. Brücke über den Wouri, kurz vor Ankunft in Douala.

Douala: Haupthafen von Kamerun. Hübsche Stadt mit 130 000 Einw., wovon 8000 Europäer. Sehr geschlossener «Club français» am Strand. Achtung vor Diebstahl. Sehr feuchtes Klima (99 %), viel Regen, ziemlich gleichmässige Temperatur (20—35 °C). Alle touristischen Erleichterungen.
Beginn der Strecke 94, Ende der Strecke 93.

89. Garoua-Boulai (Kamerun) - Baboua (Zentralafrikanische Republik) - Bouar - Bossembélé   457 km

→ Kamerun und Zentralafrikanische Republik im Kapitel 7.
Im allgemeinen schlechte Piste, mit einigen stark beschädigten Abschnitten (Wellblech, Schlaglöcher, Steine, Rinnen). Diese Strecke führt in die Zentralafrikanische Republik, von wo man nach Ost- und Südafrika weiterfahren kann. Zollposten Kameruns etwas ausserhalb von Garoua-Boulai, derjenige der Zentralafrikanischen Republik befindet sich einige Kilometer weiter in Beloko.

Baboua: Hotel. Treibstoff (nicht sicher). Polizeiliche Grenzkontrolle der Zentralafrikanischen Republik. Katholische Mission (italienisch).

Ausgefahrene Stellen auf den letzten 20 km vor Bouar (Lateritblöcke).

Bouar: Grössere Stadt. Lebensmittel (Früchte). Treibstoff. Europäische christliche Missionen. Unterkunft (Camp) schwierig. Bouar besitzt ein afrikanisches und ein Haussa-Viertel und ist sehr malerisch.

Ziemlich gute Piste von Bouar bis Bossembélé II.

Bossembélé: 3000 Einwohner. Lebensmittel. Unterkunft ohne Komfort. Treibstoff.
Beginn der Strecke 223, Ende der Strecke 222.

90. Garoua-Boulai - Bertoua 268 km

→ Kamerun im Kapitel 7.
Für diese Strecke benötigt man 4—5 Stunden. Harte Savannenpiste, die stellenweise Wellblech und Löcher aufweist.

Bertoua: 700 m. Treibstoff. Lebensmittel beschränkt. Hotel Les Etapes (alt und nicht sehr empfehlenswert). Zahlreiche Missionen. Bertoua liegt am Rande des Tropenwaldes. Beginn der Strecken 91 und 92. Ende der Strecke 344.

91. Bertoua - Yaoundé 345 km

→ Kamerun im Kapitel 7.
Piste durch den Urwald, gut unterhalten, aber zwischen Bertoua und Nanga-Eboko ziemlich schlecht: Wellblech, Morast, tiefe Rinnen. In Batchenga stösst man auf die von Bafoussam kommende Strecke 86. Die letzten 62 km bis Yaoundé sind asphaltiert. Starker Lastwagenverkehr.

Yaoundé: → Strecke 86.
Beginn der Strecke 93, Ende der Strecken 86, 92 und 322.

92. Bertoua - Abong-Mbang - Yaoundé 290 km

→ Kamerun im Kapitel 7.
Wenig befahrene Strecke, kurvenreich und schmal bis Abong-Mbang. Anschliessend wird sie breiter bis Ayos; nach diesem Dorf gute, aber schmale Piste.

Doumé: Camp-Hotel. Treibstoff.
Abong-Mbang: Garage. Treibstoff. Flugplatz.
Ayos: Camp-Hotel. Treibstoff.
Yaoundé: → Strecke 93.
Beginn der Strecke 93, Ende der Strecken 86, 91 und 322.

93. Yaoundé - Edéa - Douala 275 km

→ Kamerun im Kapitel 7.
In der Regenzeit kann diese Piste oft während Wochen unterbrochen sein, sogar für leichte Tourenwagen. Man erkundige sich vor der Abfahrt in Yaoundé bei den Taxichauffeuren. In der Trockenzeit benötigt man 5—10 Stunden für diese Strecke. Piste in gutem Zustand bis 15 km vor Edéa. Nachher grosse Morastlöcher. Vorsicht: Oberkörper nicht entblössen, da das Gebiet von Insekten wimmelt.

Edéa: Industriestadt (Aluminium) an der Eisenbahnlinie Douala-Yaoundé. Hotel.

Asphaltstrasse in ausgezeichnetem Zustand.

Douala: → Strecke 88.
Beginn der Strecke 94, Ende der Strecke 88.

Die Natur ist keine Abfallgrube, werfen Sie Ihre Abfälle nicht einfach fort.

94. Douala - Tiko - Victoria - Kumba - Loum 179 km

→ Kamerun im Kapitel 7.
Diese Strecke, die durch den ehemals britischen Teil des Landes führt, kann bis Kumba auch für die Fahrt nach Nigeria benützt werden. Durchgehende Asphaltstrasse. Treibstoff in allen berührten Ortschaften.

Victoria: Seebad. Lebensmittel. Treibstoff. 2 Hotels unter deutscher Leitung. Richtung Bibundi, Campingmöglichkeit (Mile six beach). Achtung vor Diebstahl.
Buea: 1000 m. Wichtigste Stadt von Westkamerun. 2 Hotels, angenehmes Bergklima. Aufstieg zum Mont-Cameroun (4070 m) möglich, ca. 2 Tage, Führer ist Pflicht. In der Kolonialzeit Sitz des deutschen Gouverneurs.
Kumba: 300 m. Lebensmittel. Treibstoff. Hotel. Abzweigung der Strecke 95 Richtung Nigeria. Gelegenheit zum Kauf von Wurstwaren in einer Farm des RTC, links beim Ortsbeginn.

Schlechter Asphaltbelag von Kumba bis Loum.

Loum: → Strecke 87.
Beginn der Strecken 88 und 95, Ende der Strecke 87.

95. Loum - Kumba - Bachuo-Akagbé - Mamfé (Kamerun) - Ikom (Nigeria) 303 km

→ Kamerun und Nigeria im Kapitel 7.
Asphaltstrasse bis Kokobuma sowie von Bachuo-Akagbé bis zum Flugplatz von Mamfé. Rest der Strecke auf einer Schotterpiste in sehr schlechtem Zustand, durch Urwald.

Kumba: → Strecke 94.
Mamfé: Lebensmittel. Treibstoff. Einfaches Hotel. Bank. Ende der Strecken 380 und 387.

Zwischen Mamfé und Ekok sind vier Zollkontrollen Kameruns zu passieren.

Ekok: Ausreisezoll von Kamerun.
Mfum: Nigerianischer Zoll. Einreiseformalitäten. Schwieriger Verkehr in der Stadt.
Ikom: Hotel. Treibstoff.
Beginn der Strecken 96 und 97.

96. Ikom - Ugep - Orira - Akamkpa - Calabar 217 km

→ Nigeria im Kapitel 7.
Durchgehend asphaltierte Strasse. Diese Route (sowie die Strecken 98 und 101) von Ost- nach Westnigeria benützt nur wenige Pistenstrecken. Der Umweg über Calabar kann vermieden werden, indem man die neue, von den Franzosen angelegte Asphaltstrasse benützt, die kurz nach Akamkpa abzweigt und kurz vor Ikot-Ekpene in die Strecke 98 einmündet.

Calabar: Hafen. Lebensmittel. Treibstoff. Garagen. Hotels aller Kategorien. Sehenswerter Markt, wo u.a. Musikinstrumente angeboten werden.
Beginn der Strecke 98.

97. Ikom - Abakaliki - Enugu   255 km

→ Nigeria im Kapitel 7.
Neue Asphaltstrasse zwischen Ikom und Bansara, wo sie in die Strecke 352 mündet.
Der Rest der Strecke, früher asphaltiert, wird zurzeit ausgebessert. Viele Baustellen.

Abakaliki: Lebensmittel. Treibstoff. Hotel.
Enugu: 180 000 Einwohner. Lebensmittel. Treibstoff. Hotels. Enugu, die frühere Hauptstadt Ostnigeriens ist eine wichtige Bergbaustadt (Kohle).
Beginn der Strecken 99 und 100.

98. Calabar - Oron - Aba - Onitsha   268 km

→ Nigeria im Kapitel 7.
Man verlässt Calabar auf der Fähre nach Oron. Anschliessend durchgehend asphaltierte Strecke.
Kurz vor Ikot-Ekpene gelangt man auf die Variante der Strecke 96, die Calabar vermeiden lässt.

Ikot-Ekpene: Treibstoff. Garage. An der Strasse befinden sich rechter Hand zwei Geschäfte mit Kunsthandwerk (vor allem Masken und Bastgegenstände).
Aba: Lebensmittel. Treibstoff. Hotels. Längs der Asa Road schöner Gewebe-Markt.
Onitsha: Grosse Stadt. Lebensmittel. Treibstoff. Hotels.
Onitsha war früher einer der wichtigsten Märkte Westafrikas. Dank seiner Lage am schiffbaren Niger war die Stadt auch weit entfernten Bevölkerungsgruppen zugänglich. Sie hat unter dem Biafrakrieg stark gelitten und sich davon noch nicht ganz erholt.
Beginn der Strecke 101, Ende der Strecke 99.

99. Enugu - Onitsha   93 km

→ Nigeria im Kapitel 7.
Asphaltstrasse in schlechtem Zustand. Eine Strasse mit vier Fahrbahnen ist im Bau.

Onitsha: → Strecke 98.
Beginn der Strecke 101, Ende der Strecke 98.

100. Enugu - Makurdi - Jos   592 km

→ Nigeria im Kapitel 7.
Durchgehend asphaltierte Strasse.

Makurdi: Lebensmittel. Treibstoff. Camp-Hotel.
Beginn der Strecke 352.

75 km vor Jos, unweit von Kurmin-Goro, erreicht man die Strecke 351, die direkt von Kaduna her (Strecke 102) einmündet.

Jos: 1310 m. Bergbaustadt und Kurort. Alle touristischen Erleichterungen. Gelegenheit, die Nacht neben dem Hotel zu verbringen. Jos liegt in einer der angenehmsten Gegenden Nigerias, mitten in einem Bergland. Sehenswert sind der Zoo und das archäologische Museum.
Beginn der Strecke 104, Ende der Strecke 103.

Informieren Sie sich immer über die gegenwärtige Situation des zu bereisenden Landes.

101. Onitsha - Benin City - Shagumu - Lagos   464 km

→ Nigeria im Kapitel 7.
Ganze Strecke asphaltiert. Zurzeit sind Verbesserungsarbeiten (Verbreiterung, Brückenneubauten usw.) im Gange. Zahlreiche Baustellen.

Benin City: 130 000 Einwohner. Lebensmittel. Treibstoff. Hotels. Die ehemalige Hauptstadt des Benin-Königreiches ist heute noch Hauptort der Region Mid-West.
Sehenswert: Das Museum und der Palast des Oba (König von Benin); beide enthalten schöne Sammlungen der Kunst des früheren Königreiches. Die Strasse der Handwerker (Igun Street und Igbesanwan Street), wo heute noch viele Handwerker arbeiten. Mitte Dezember ist die beste Zeit für den Besuch von Benin City, wenn das Igwe-Festival die alten religiösen und die traditionellen Tänze der Königszeit wieder aufleben lässt. Das Fest findet im Königspalast statt.
Lagos: → Strecke 57.
Beginn der Strecke 102, Ende der Strecke 57.

---

102. Lagos - Abeokuta - Ibadan - Iwo - Ede - Oshogbo - Ilorin - Kontagora - Kaduna - Zaria   1052 km

→ Nigeria im Kapitel 7.
Durchgehend asphaltierte Strasse, breit und in gutem Zustand. Sehr dichter Verkehr, da die Strecke Lagos—Kano zu den wichtigsten Verbindungen des Landes zählt.

Abeokuta: 165 000 Einwohner. Lebensmittel. Treibstoff. Garagen. Hotels.
Sehenswert: Die Granitfelsen über der Stadt, vor allem der Olumo-Fels. Auch der fürstliche Palast lohnt einen Besuch.
Ende der Strecke 372.
Ibadan: 1 350 000 Einwohner. Lebensmittel. Treibstoff. Garagen. Hotels. Hauptstadt der Westregion. Trotz der grossen Bevölkerungszahl ist das erst 1830 gegründete Ibadan eine afrikanische Stadt geblieben. Wichtigster Erwerbszweig: Handel.
Sehenswert: Der Markt, Treffpunkt aller Volksstämme der Westregion. Die Universität, obwohl erst 1948 gestiftet, ist die älteste des Landes. Sie verfügt über einen Zoo, einen botanischen Garten und ein Institut afrikanischer Kunst und Forschung, mit einer Sammlung lokalen Kunsthandwerks.
Iwo: Lebensmittel. Treibstoff. Hotel im afrikanischen Stil.
Ede: Lebensmittel. Treibstoff. Hotel afrikanischen Stils. In Ede besucht man vor allem den Palast des Timi, der eine sehr schöne Sammlung traditioneller Musikinstrumente besitzt. Der Timi (König von Ede) führt die Instrumente persönlich den Besuchern vor.
Oshogbo: 265 000 Einwohner. Lebensmittel. Treibstoff. Garage. Hotel. In dieser Stadt wird das Oshun-Heiligtum verehrt (Fest Ende August). Der Oshun-Kult wurde von der Österreicherin Susanne Wenger gestiftet.
Ilorin: Lebensmittel. Treibstoff. Hotel. Handweberei-Zentrum.
Kontagora: Lebensmittel. Treibstoff. Hotel.
Beginn der Strecke 355.
Kaduna: Lebensmittel. Treibstoff. Hotel.
Beginn der Strecke 351.

Etwa 22 km nach Kaduna, Beginn der Strecke 354.

Zaria: → Strecke 76.
Beginn der Strecke 103, Ende der Strecke 76.

---

103. Zaria - Jos   242 km

→ Nigeria im Kapitel 7.
Gute Asphaltstrasse bis Rahama. Nach diesem Dorf weist die Strasse viele Löcher auf. Ziemlich schmale Bergstrasse über Soba.

In Pambeguwa erreicht man die Strecke 354.
Die Strasse durchquert eine schöne Gegend, teilweise Bergland.

Jos: → Strecke 100.
Beginn der Strecke 104, Ende der Strecke 100.

---

104. Jos - Bauchi - Gombe - Biu - Mubi - Sahuda (Nigeria) - Garoua (Kamerun)   726 km

→ Nigeria und Kamerun im Kapitel 7.
Bis Bauchi führt die Route über das Jos-Plateau. Schlechte, unebene Strasse, aber schöne Gegend. Vorsicht bei der Fahrt durch die vielen kleinen Dörfer.
Im Dorf Dindima, 40 km nach Bauchi, Abstecher in südlicher Richtung zum Yankari Game Reserve (Piste, 110 km hin und zurück).

Yankari Game Reserve und heisse **Wikki-Quelle.** Billiges Camping. Miet-Hütten. Restaurant. Keine Lebensmittel. Vorherige Zimmer-Reservierung beim Regional Game Warden in Bauchi unerlässlich. Das Reservat ist geöffnet von Dezember bis Ende Mai. Man findet fast alle Arten der afrikanischen Fauna.
Tarif: Pro Person, Montag—Donnerstag: Naira 1.—/US-$1.56; Freitag—Sonntag: Naira 1.50/US-$2.34; offizielle Feiertage: Naira 2.—/US-$3.12. Zweimal im Tag kann das Reservat in offenen Landrovern besichtigt werden (Preis Naira 1.— pro Person, exkl. Eintrittskarte). Man kann die Fahrt auch im Privatwagen (mit obligatorischem Führer) unternehmen. Dies ist jedoch nicht zu empfehlen, da die meisten Touristenfahrzeuge so niedrig sind, dass die Insassen nicht über das hohe Gras blicken können.
Lebensmitteleinkauf möglich im Camping des Reservats.

Kurz vor Gombe (Treibstoff, Bank), Ende der Strecke 353.
Breite, gute Asphaltstrasse bis Little Gombi, 95 km nach Biu.

Biu: Einfaches Camp-Hotel. Treibstoff. Baumwoll-Plantagen.
Von Biu aus kann man auf schöner Asphaltstrasse die Strecke 77 in Damaturu (zwischen Potisum und Maiduguri) erreichen. Biu—Damaturu: 137 km.
Little Gombi: Sehr einfaches Camp-Hotel. Treibstoff.

Nach Little Gombi beginnt wieder die Piste, die man bis Garoua nicht mehr verlässt.

Mubi: Treibstoff. Hotel.
Sahuda: Nigerianischer Grenzposten. Zoll- und Polizeikontrolle.
Boukoula-Tchévi: Zoll- und Polizeikontrolle Kameruns.

Wenige Kilometer nach dem Zoll stösst man auf die Strecke 81, der man bis Garoua folgt.

Garoua: → Strecke 81.
Beginn der Strecken 83 und 353. Ende der Strecken 81 und 82.

---

105. Tunis - Enfidaville - Kairouan   160 km

→ Tunesien im Kapitel 7.
Diese durchwegs asphaltierte Strasse folgt dem Golf von Tunis und führt dann durch Getreidefelder, Weinreben und Olivenhaine bis an den Golf von Hammamet.

Hammamet: Seebad und Winterkurort mit guter Hotellerie. Medina (Altstadt).
10 km nordwestlich von Hammamet: Nabeul (Kunsthandwerkszentrum).

Nach Enfidaville verlässt diese Strecke den Golf von Hammamet und wird einförmig in flachem Gelände, in dem sich gegen Süden die Depression der Sebkra Kelbia bis an den Horizont ausdehnt. Wie eine Fata Morgana erscheint schliesslich Kairouan in der Wüstenebene.

Kairouan: 40 000 Einwohner, eine der Heiligen Städte des Islams und eine der typischsten Städte Nordafrikas. Hotel des Aghlabites (Luxuskat.) und Splendid (einfach). Sämtliche touristischen Erleichterungen.
Sehenswert: Die Grosse Moschee und die Moschee des Barbiers (kombinierte Eintrittskarte M 200.—/US-$ 0.48 beim Fremdenverkehrsbüro). Kunsthandwerk. Teppiche kauft man am besten direkt bei den Handwerkern. Beginn der Strecke 106, Ende der Strecke 124.

106. Kairouan - Gafsa - Tozeur - Nefta (Tunesien) - El Oued (Algerien) - Touggourt - Hassi-Messaoud   758 km

→ Algerien und Tunesien im Kapitel 7.
Durchgehend asphaltierte Strecke, ohne besondere Schwierigkeiten.

Kairouan - Sbeitla - Gafsa   251 km

Ganze Strecke Asphaltstrasse. Auf halbem Weg, unmittelbar nach Sbeitla, kann man die römischen Ruinen von Sufetula besuchen (Eintrittskarten M 100.—/US-$ 0.24). Einige Kulturen und Wälder bis Thelepte, wo eine Strasse nach Tebessa und Constantine (Algerien) in nordwestlicher Richtung abzweigt. Südlich von Thelepte ist die Gegend wüstenartig bis Gafsa.

Gafsa: 345 m. 30 000 Einwohner. Interessanter Baustil. Kunsthandwerk. Hotel Jugurtha Palace (D 5.100/US-$ 12.29 pro Person, Halbpension), 6 km nordwestlich in einer kleinen Oase. Andere Hotels mit ortsüblichem Komfort. Thermalquellen. Treibstoff. Lebensmittel. Banken.

Gafsa - Tozeur - Nefta (Tunesien) - El Oued (Algerien) - Touggourt - Hassi-Messaoud   507 km

Die Strasse ist seit kurzem auf der ganzen Länge asphaltiert. Nach Gafsa führt sie zuerst durch Gärten und Obstkulturen, dann durch sandige Ebene mit wenig Vegetation und schliesslich durch ein Bergland (Phosphat-Gewinnung) mit Metlaoui als Mittelpunkt.

Metlaoui: Hotel der Phosphatgesellschaft. Alle touristischen Erleichterungen.

Nach Metlaoui verläuft die Strasse in einer hügeligen Gegend, bevor sie in die Ebene des Djerid gelangt. Sie berührt einige Oasen, bis sie dann schliesslich die Oase von Tozeur im Schott El Djerid erreicht. Der Schott El Djerid ist die grösste einer Reihe von Depressionen (Senken), die sich in ost-westlicher Richtung über 350 km ausdehnen. Diese Senken, wovon einige unter dem Meeresspiegel liegen, sind teilweise mit brackigem Wasser gefüllt, das sich in der Trockenzeit zu einer ausgedehnten Salzkruste kristallisiert. Es ist sehr gefährlich, sich ohne Führer auf diese Flächen zu wagen. Nur zwischen Kriz und Kebili ist der Weg auf einem Erddamm angelegt. Im Sommer stellt die Piste von Tozeur nach Kebili praktisch keine Probleme. In dieser Gegend findet man zahlreiche Sandrosen. Siehe Strecke 373.

Tozeur: Grosse Siedlung mit 30 000 Einwohnern, am Tor zur Wüste. Hotel de l'Oasis (Juli und August geschlossen) und Hotel Splendid (ganzjährig geöffnet). Sehr gutes Camping in der Oase Belvédère. Alle touristischen Erleichterungen. Kunsthandwerk. Grosse Dattelpalmen-Pflanzungen. Interessanter zoologischer Garten (Eintrittskarte M 500.—/US-$ 1.20). Bank. Tozeur liegt am Übergang zwischen den Steppen des Nordens und der Wüste im Süden.
Ende der Strecke 373.

Die Asphaltstrasse führt bis Nefta der Salzfläche entlang.

Nefta: Häuser, die ihren eigenartigen Stil einer besonderen Art der Ziegelbauweise verdanken. Bank. Verkehrsbüro. Letzte Tankstelle in Tunesien.

Nach Nefta durchquert die Strasse den äussersten Teil des Schotts El Djerid und kann nach heftigen Regengüssen unbefahrbar werden. Sie führt an den Neger-Marabuts von

Sidi Merzoug vorbei. Wenn die Sonne hoch steht, kann man zuweilen eine Fata Morgana beobachten.

Tunesischer Zoll- und Polizeiposten in Bou Azoua und einige Kilometer weiter die algerische Zoll- und Polizeikontrolle in Bir El Hamri.

Das Gelände wird noch hügeliger. Vor El Oued erreicht man den Erg. Man bemerkt die ersten Kuppelhäuser.

El Oued: Hotel Le Souf (***, DA 90.—/US-$ 23.45 für Doppelzimmer mit Frühstück) und Hotel Transatlantique (von Juni bis September geschlossen, sehr einfach) und Hotel Or noir, am Ortsausgang Richtung Biskra, komfortabel, hübscher, schattiger Hof (Doppelzimmer DA 40.—/US-$ 10.40 mit Frühstück). Bank. Alle Erleichterungen.
El Oued ist die Hauptstadt des Souf, einer Ansammlung von Oasen, die in grossen, trichterförmigen Vertiefungen verstreut liegen. Der Boden dieser Trichter liegt nahe dem Grundwasserspiegel, so dass eine Bewässerung nicht nötig ist. Eigentümliche Kuppelarchitektur der Häuser. Verschiedenes Kunsthandwerk.

Nach El Oued führt die Strasse an den hohen Dünen des Grossen Östlichen Erg entlang, wobei sie einige Oasen mit Kuppelhäusern streift. Tankstelle in Taibet.

Touggourt: Die grösste Stadt im Gebiet des Rhir-Flusses. Hotel Oasis (***, DA 90.—/US-$ 23.45 für Doppelzimmer mit Frühstück; Mahlzeit DA 28.—/US-$ 6.80) und Hotel Transatlantique (**, DA 60.—/US-$ 15.65 das Doppelzimmer; Mahlzeit DA 21.—/US-$ 5.47). Alle touristischen Erleichterungen. Aussenhandelsbank und Nationalbank.
Sehenswert: Der Ksar mit den gedeckten Gässchen, die für diese Gegend typisch sind, die Moschee und die Königsgräber. Schöner Ausblick vom Minarett der Moschee und vom Turm des Hotels Oasis. Das Wasser ist stark magnesiumhaltig und schmeckt schlecht, ist jedoch trinkbar.
Umgebung: Unerlässlich ist ein Ausflug (15 km Asphaltstrasse) nach Temacine: Interessanter Blick auf den Ksar und die Oase vom Minarett aus (DA 1.—/US-$ 0.26 für den Wächter), vor allem aber nach Tamelhat: Zwei Moscheen (wovon die eine reich verziert ist und ein Grabmal besitzt); hübsche gedeckte Gässchen.

Südlich von Touggourt ist die Asphaltstrasse immer noch ausgezeichnet. Nach 53 km kommt man in das Dünengebiet von Dokhara. Beim Kilometer 80 (Square Bresson), Abzweigung in südwestlicher Richtung der Strasse nach Ouargla, Ghardaia und den Hoggar (→ Strecke 60).
20 km vor Hassi Messaoud, erneute Abzweigung nach Ghardaia.

Hassi-Messaoud: Grosses Erdölzentrum. Treibstoff. Wasser. Lebensmittel. Hotel (oft vollbesetzt). Abends bilden die Fackeln der Raffinerien ein eindrucksvolles Schauspiel (Vorsicht beim Fotografieren der Anlagen, sie gelten als militärische Objekte!).
Beginn der Strecke 107, Ende der Strecke 60.

107. Hassi Messaoud - Hassi Bel-Gebbour 357 km

→ Algerien im Kapitel 7.
Durchgehend asphaltierte Strasse, malerisch ab Belhirane (früher Fort Lallemand). Sie durchquert den Grossen Östlichen Erg von Nord nach Süd im Gassi Touil, einem Trokkental von nahezu 300 km Länge und 10—20 km Breite. Die Dünenketten zu beiden Seiten des Cañons sind ebenfalls N-S orientiert und erreichen zuweilen eine Höhe von 200 m. Im südlichen Teil nehmen die Dünen die Form von Pyramiden (die Oughourds) an.
Die letzten 20 km vor Hassi Bel-Gebbour sind sehr schlecht.

Hassi Bel-Gebbour: Erfrischungen. Treibstoff. Neues, klimatisiertes Hotel.
Beginn der Strecken 108 und 109.

Die in dem Führer erwähnten Preisangaben entsprechen leider nicht immer der aktuellen Situation; Ihre neuesten Informationen sind nützlich für andere Reisende.

108. Hassi Bel-Gebbour - Bordj Omar Driss - Amguid   412 km

→ Algerien im Kapitel 7.

Zur Beachtung: Von Bordj Omar Driss an folgt diese Route einer Piste der Kategorie C. Die Befahrung solcher Pisten ist nur gestattet mit einer Bewilligung des Präfekten (Wali), in der die besonderen Sicherheitsmassnahmen festgelegt sind. Selbstverständlich muss im Geleit gefahren werden. Ferner wird eine gute Wüstenerfahrung vorausgesetzt. Wer zum erstenmal nach Afrika kommt, sollte sich nicht auf diese Pisten wagen. In Hassi Bel-Gebbour muss eine Treibstoff-Reserve für 1000 km getankt werden. Die ersten Kilometer der Piste von Hassi Bel-Gebbour nach Bordj Omar Driss sind schlecht: stark ausgeprägtes Wellblech. Nach 40 km beginnt ein 20 km langes Stück einer früheren Asphaltstrasse. Wenige Kilometer nach Verlassen der Asphaltstrecke erreicht man die Kreuzung «Les 4 Chemins». Die Piste gegenüber endet in Bordj Omar Driss; nach links abzweigend, kommt man auf die Asphaltstrasse Hassi Bel-Gebbour—Ohanet; rechts liegt die Fortsetzung der Strecke nach Amguid.

Bordj Omar Driss: Oase. Campinggelegenheit. Kein Treibstoff. Bordj Omar Driss ist das frühere Fort Flatters; es ist auch unter dem Namen Zaouia el Kahla bekannt.

Man fährt zurück bis zur Wegkreuzung und wendet sich nach links Richtung Amguid. Nach 38 km betritt man das Trockental des Oueds Irharar, wo sich die Piste in Richtung SSW fortsetzt. 210 km nach der Wegkreuzung bei Bordj Omar Driss gelangt man zu einem dreiseitigen Wegzeichen, das die Gabelung In Salah—Fort Flatters—Amguid markiert (→ Strecke 114). Nun folgt man den eisernen Wegmarkierungen links der Piste bis zum Engpass von Tin Telremt. Am Ausgang dieser Passage links halten, so nahe wie möglich an den Bergen. Ziemlich sandige Strecke. Kurz vor Ankunft in Amguid ist noch eine Düne zu überqueren (dieses Wegstück wurde vor kurzem verbessert).

Amguid: Militärposten. Das Dorf wurde aufgegeben. Keine Lebensmittel. Kein Treibstoff. Wasser findet sich entweder im Brunnen des Dorfes oder an der Quelle Ain Kerma. Interessante Guelta. 3 km nördlich sind Felsmalereien zu sehen.
Beginn der Strecken 113, 114 und 115, Ende der Strecke 111.

109. Hassi Bel-Gebbour - Ohanet - In Amenas - El Adeb Larache - Illizi - Fort Gardel   885 km

→ Algerien im Kapitel 7.
Asphaltierte Strecke bis 17 km vor El Adeb Larache, anschliessend Piste, oft in schlechtem Zustand.

Achtung: Automobilisten, die nicht für die Bewältigung der Hindernisse der Saharapiste von Djanet vorbereitet sind, sollten sich auf keinen Fall über die Asphaltstrecke hinaus wagen. Absolut erforderlich ist ein Fahrzeug mit grosser Bodenfreiheit, in einwandfreiem Zustand, Spezialausrüstung zur Entsandung sowie ausreichende Reserven an Treibstoff, Wasser und Lebensmitteln.

Hassi Bel-Gebbour - Ohanet - In Amenas   374 km

Durchgehend asphaltierte Strecke in gutem Zustand. Die Strasse verlässt Hassi Bel-Gebbour in südöstlicher Richtung und überquert das Felsplateau des Tinrhert. Etwa bei Kilometer 60 nach Hassi Bel-Gebbour lohnt sich ein kleiner Abstecher (2mal 1 km Piste) zum artesischen Brunnen Hassi Tabankort. Dieser Brunnen, der magnesiumhaltiges Wasser von 39° liefert, befindet sich in einem grünen Tal nördlich der Strasse. Etwas weiter, angenehmer Biwakplatz unter Tamarisken, ohne Mücken.

Beim Kilometer 97 mündet rechts die von Bordj Omar Driss kommende Piste (→ Strecke 108). Vom Kilometer 170 an führt die Strasse dem Steilrand der Hammada des Tinrhert-Plateaus entlang. Schöner Ausblick nach Süden über die Djoua-Senke und auf den Erg Issaouane.
Die Erdölfelder Tin Fouyé, Mazoula und Ohanet verfügen weder über Treibstoff noch über Lebensmittel oder Unterkunftsmöglichkeiten. Auf der ganzen Strecke von Hassi Bel-Gebbour bis Ohanet hat man gegen einen konstanten Ostwind anzukämpfen. Von Ohanet an sind Kilometertafeln aufgestellt, welche die Distanz von In Amenas ausgehend angeben (die Kilometer-Zahlen nehmen also ab). 56 km nach Ohanet stösst man auf die von Ghadamès (Libyen) und Fort Saint (Tunesien) kommende Strasse. Hier biegt man nach Süden ab und erreicht 8 km weiter den Rand der Tinrhert-Hochfläche. Sehr schöne Aussicht. Den Abstieg in die Senke von In Amenas überwindet die Strasse durch den «Mufflon-Sprung» (Saut du Moufflon), 12 % Gefälle, ohne Schwierigkeit für normale Personenwagen.

In Amenas: Verwaltungs- und Erdölzentrum. Treibstoff. Post. Lebensmittel. Wasser (nach einer unverbürgten Mitteilung soll das Wasser beim Zollposten besonders vorteilhaft sein). Man meldet sich im Verwaltungszentrum (modernes Gebäude der Gemeindeverwaltung, neben der Post), wo durch die Daira (Unter-Präfektur) die Bewilligung zur Fortsetzung der Fahrt nach Djanet erteilt wird. Eventuell hat man sich auch beim Polizeikommissariat zu melden. Hotel C.A.S.H.

In Amenas - El Adeb Larache - Illizi 242 km

Die ersten 100 km dieser Strecke sind asphaltiert. 17 km vor El Adeb Larache beginnt die Piste. Unterwegs berührt man die Bohrfelder La Reculée (Kilometer 35) und Tiguentourine (Kilometer 40—70). Vom Kilometer 70 bis Kilometer 85 folgt man dem Nordrand des Ergs Bonrarhet, den man in südlicher Richtung durchquert. Sehr schöne Sanddünen (fast 150 m hoch) treten nahe an die Strasse. Sofort nach dem Ende der Asphaltstrecke beginnt die Piste mit sehr hartem Wellblech, bisweilen in sehr schlechtem Zustand.

El Adeb Larache: Erdölbohrfeld: Pumpstation am Beginn der Pipeline zum Mittelmeer. Weder Benzin noch Lebensmittel. Das Wasser ist gut, aber nur erhältlich (nicht sicher!) bei persönlicher Kontaktnahme mit dem Personal der Pumpstation. Der Zugang zu ihrem Lager ist jedoch leider verboten.

Zwischen El Adeb Larache und dem Flugplatz von Illizi ist der Weg gut markiert. Die Piste ist steinig, mit Wellblech und vielen Schlaglöchern. Man verlässt El Adeb Larache in südwestlicher Richtung. Nach 6 km wendet sich die Piste nach Süden auf eine steinige Fläche. Nach Westen zweigt eine Piste mit unbekannter Bestimmung ab. Etwas später wechselt die Piste ihre Richtung im Verlauf einiger Kurven. Sie zielt jetzt mehr in südöstlicher, zuweilen sogar östlicher Richtung. 30 km nach El Adeb Larache verlässt man die breite Piste (die südöstlich zu einem Erdölfeld führt) und schlägt rechter Hand — bei einem schlecht lesbaren Wegweiser mit der Bezeichnung Illizi — eine schmale Piste ein, die sich erst nach Süden, dann nach Südwesten wendet.
Bei Hassi Issaouane (58 km nach El Adeb Larache) sowie im Gebiet von Hassi Issendjel trifft man auf einige Sandstellen. Die Piste folgt dem Oued Tekhammat, wo einige Bäume wachsen. Beim Kilometer 69 kreuzt man die frühere Piste Fort Flatters (Bordj Omar Driss) — Ghat (Libyen), die heute nicht mehr unterhalten wird. Es ist nicht mehr möglich, das verfallene Fort von Hassi Issendjel im Auto zu erreichen (Piste vollständig versandet); man kann es noch im Osten am Rande eines Oueds in ca. 1 km Distanz wahrnehmen. Zwischen Kilometer 70 und 80 weist die Piste wieder einige Sandstellen auf, dann verlässt sie den Oued Richtung Westen und gelangt auf eine Hochfläche mit ziemlich unstabilem Geröll. Neue Richtungsänderung nach Süden.
Beim Kilometer 90 fährt man zwischen zwei Steinmännchen hindurch und dann in eine Ebene hinunter. Nach dem Kilometer 100 teilt sich die Piste in eine Vielzahl von Spuren, wo man die Richtung WSW einhält. Nach 10 km vereinigen sich die Spuren wieder zu einer einzigen Piste in der Nähe des Flughafens von Illizi. Man überquert einige Dünen

im Süden der Fläche, auf der sich der Flugplatz befindet, und gelangt schliesslich in die Senke von Illizi hinunter.

Illizi: Früher Fort Polignac, 560 m. Lebensmittel. Treibstoff. Reparaturwerkstatt. Wasser. Post. Zollstelle. Polizeiposten (Anmeldung nach Ankunft). Gemeindehaus. Hotel im Bau. Camping möglich in 1 km Entfernung vom Zentrum. Illizi, am Nordfuss des Tassili N'Ajjer gelegen, breitet sich rasch um seinen Kern, einem ehemaligen Militärposten, aus. Von hier aus können Ausflüge zu den (zahlreichen) Felszeichnungen und den viel selteneren Felsmalereien im Oued Djaret unternommen werden, wovon die ältesten aus der jüngeren Steinzeit (in dieser Gegend ca. 5000 v. Chr.) stammen. Zu diesen Felszeichnungen führt keine fahrbare Piste. Es empfiehlt sich daher, den Wagen in Illizi zu lassen. Man kann im Gemeindehaus einen Führer und Dromedare mieten. Für eine wirklich interessante und vollständige Besichtigungstour sind etwa 7—10 Tage nötig, um soweit wie möglich im Oued vorzustossen und die schönsten Felszeichnungen zu erreichen. Der Preis dieses Ausflugs betrug 1979 DA 150.—/US-$ 39.10 pro Tag für zwei Führer und 3 Dromedare.

Illizi - Fort Gardel 270 km

Zwischen Illizi und Djanet gibt es keine Versorgungsmöglichkeiten. Die Piste, die das Hochplateau Fadnoun durchquert, wurde in den sechziger Jahren angelegt. Sie ist sehr kurvenreich und weist viele Steilstellen auf, welche kein höheres Tempo zulassen, wie dies in anderen Gebieten der Sahara oft möglich ist. Sie gilt als gefährlich, besonders für Lastwagen, die aus diesem Grunde oft die alte Piste über Amguid benutzen. Die Piste ist fast überall hart und steinig, aber von genügender Breite. Die Gefälle sind korrekt angelegt. Die grössten Schwierigkeiten bieten die Traversierungen der vielen Gräben. Ausserdem findet man noch einige Sandstellen: beim Kilometer 8 nach Illizi, zwischen Kilometer 170 und 175 sowie 225 und 240 (im Anstieg zum Tin-Taradjeli-Pass) und nach dem Kilometer 245 (Ende der Bergstrecke) bis Fort Gardel.

Die Piste ist gut markiert durch Eisenstangen, die alle 10 km aufgestellt sind. Man kann sich ohnehin nicht verirren, da das von der Piste durchquerte Gelände in keinem Fall befahrbar ist. Aus dem gleichen Grund hat man keine Gelegenheit, die Wellblechpiste zu vermeiden, was zu bedauern ist.

Nach der Fahrt durch die Senke von Illizi klettert die Piste über verschiedene kleine Gräte (schöne Ausblicke zur Hochfläche des Fadnoun hinauf, steile Rampe beim Kilometer 103 und Höhepunkt auf 1500 m beim Kilometer 127). Sie senkt sich darauf steil gegen den Oued Agdaodaou hinunter und erreicht die Höhe 1100 m beim Kilometer 138. Dann erfolgt wieder eine Steigung zu einem zweiten Plateau (1400 m), wo man, etwa beim Kilometer 161, auf Steinblöcken rechts der Piste Felszeichnungen bewundern kann. Beim Kilometer 173 (Beginn der Strecke 357) scharfe Kurve nach links (Osten) auf eine sandige Ebene zu (1370 m). Man fährt bei einer Guelta vorbei (Kilometer 192), bevor beim Kilometer 200 der höchste Punkt der Strecke mit 1600 m Höhe erreicht wird. Beim Kilometer 210, auf 1460 m Höhe, zweigt links die Piste zur Bergoase Iherir ab. Dieser Abstecher von ungefähr 53 km hin und zurück muss auf einer äusserst schwierigen Bergpiste zurückgelegt werden, die für normale Personenwagen absolut ungeeignet ist (obwohl sie von einigen Fahrern von VW-Bussen bewältigt wurde). Wer nicht über ein geländegängiges Fahrzeug verfügt, kann den Abstecher zu Fuss unternehmen. Während mehr als 20 km folgt die Piste einem leicht nach Norden geneigten Plateau, bevor sie sich in das Tal von Iherir «stürzt». Dabei treten Gefälle bis zu 30 % auf, und die Talfahrt geht teilweise über eine Art Felstreppen. Die Oase liegt auf 1050 m Höhe. Der Besuch lohnt sich vor allem auch wegen der Gueltas, die sich eine halbe Marschstunde vom Dorf entfernt befinden. In der Tat ist Iherir derjenige Ort der Sahara, der am besten mit Wasser versorgt ist. Mit Hilfe eines Führers kann man von hier aus auf einer mehrstündigen Wanderung Felsmalereien der Viehzüchterepoche (zwischen 4000 und 1500 v. Chr.) besichtigen. Beim Kilometer 224 biegt die Piste nach Süden ab. Zwischen Kilometer 238 und 245 überquert man den Tin-Taradjeli-Pass. Es handelt sich nicht um einen eigentlichen Pass, eher um eine Durchfahrt zwischen den zerklüfteten Gipfeln dieses Teils des Tassili N'Ajjer. Das Adrar-Massiv liegt westlich der Piste, der Djebel Assar im Osten. Die Piste führt nur ganz langsam talwärts; wenn sie den Rand der Hochfläche erreicht, befindet man sich noch auf 1240 m Höhe. Nun folgt ein steiler Abstieg bis auf den Grund eines sandigen Seitentales, das aus dem Bergland hinaus nach Fort Gardel (Kilometer 270) und zum Erg Admer führt.

Fort Gardel: 1030 m. Verlassenes Fort. Kleines Tuaregdorf in der Nähe (Zaouatallaz). Beginn der Strecken 110, 111 und 112.

110. Fort Gardel - Djanet   136 km

→ Algerien im Kapitel 7.
Fast auf der ganzen Strecke Wellblechpiste. Einsanden möglich beim Kilometer 33 nach Fort Gardel (Durchquerung des Oueds Sersouf Imidrar, zurzeit von Gebüschen überwachsen), beim Kilometer 45 sowie auch zwischen Kilometer 60 und 110, wo Wanderdünen auftreten. Man verlässt Fort Gardel in östlicher Richtung, wendet vom Kilometer 16 an auf ONO, dann vom Kilometer 33 an auf OSO und ungefähr vom Kilometer 110 an wieder in östlicher Richtung. Diese Piste folgt dem südlichen Rand des Tassili N'Ajjer. Rechter Hand dehnt sich der Erg Admer gegen Süden aus. Man kann dem Wellblech fast überall ausweichen, indem man seitlich der Piste auf dem Sand fährt. Dadurch kann man zwar die Reisegeschwindigkeit erhöhen, muss jedoch einen grösseren Treibstoffverbrauch und das Risiko häufigen Einsandens in Kauf nehmen. Auch darf man die Piste nicht aus den Augen verlieren. Die Gefahr des Einsandens ist geringer, wenn man diese Strecke frühmorgens zurücklegt, solange der Sand noch etwas feucht ist. Vom Kilometer 119 an überquert man einige Ausläufer des Tassili N'Ajjer und steigt wieder in nordöstlicher Richtung an. Steile Fahrt zum Talboden, dann stösst man beim Kilometer 134 auf die vom Flugplatz herkommende Piste. An der Zufahrt zu Djanet befindet sich ein Zollposten. Die Kontrolle erfolgt in jedem Fall, auch wenn man von Algerien kommt.

Djanet: Ksar (befestigtes Dorf) bei einer Oase, die von zahlreichen Quellen aus dem Tassili bewässert wird. Lebensmittel. Treibstoff. Hotels.
Nach Ankunft, Anmeldung bei der Gemeindeverwaltung, welche die nachstehenden, obligatorischen Bewilligungen aushändigt:
a) Erlaubnis zum Fotografieren (Gebühr).
b) Gutschein für Gratis-Reparatur, einlösbar in der Werkstätte, die sich 100 m nach dem Zoll befindet.
c) Bewilligung zum Kauf von Treibstoff an der Tankstelle des Ortes. Dieses Dokument muss den Behörden des Ankunftsortes (z. B. Tamanrasset oder In Amenas) ausgehändigt werden.
Hotels: Hotel des Zéribas, sehr gut, neue Leitung. Preis: pro Person DA 15.—/US-$ 3.90, wenn man im eigenen Wagen übernachtet, DA 20.—/US-$ 5.20 bei Übernachtung in einer Zériba (Strohhütte). Im letzteren Fall sind noch DA 10.—/US-$ 2.60 Parkgebühr für den Wagen zu bezahlen. Hotel des Ajjers: DA 20.—/US-$ 5.20 pro Person, Zimmer mit Dusche, Lavabo und Aussicht. Gutes Restaurant; Preis einer Mahlzeit mit Vorspeise und Dessert: DA 25.—/US-$ 6.50. Man erreicht das Hotel des Ajjers entweder über eine Treppe (Wegweiser), die gegenüber dem Hotel Zéribas beginnt, oder auf einer sehr steilen Piste, 200 m rechts nach dem Hotel Zéribas, kurz vor der Daira (Verwaltung).
Djanet ist ein riesiger Palmenhain mit etwa 35 000 Stämmen. Dazu gehören mehrere Dörfer, die sich dem Oued entlang aufreihen. Die Häuser, von charakteristischer Bauart, sind terrassenförmig übereinander gebaut. Die Stadt ist heute wieder von «organisierten» Touristen überschwemmt.
Von Djanet aus können Ausflüge unternommen werden, zu Fuss oder mit Land-Rover, zu den prähistorischen Stätten mit den berühmten Felsmalereien der Tassili-Region. Siehe Skizze 15 am Ende dieses Buches. Auskunft im Verkehrsbüro.
Tarife (Januar 1979): Ausflug nach Tamrit, $2^1/2$ Tage, pro Person DA 350.—/US-$ 91.30 (ohne Verpflegung des Führers und der Esel).
Ausflug Jebbaren, 1 Tag, 3 Personen mit Land-Rover und Führer (aber ohne Verpflegung), pro Person DA 169.—/US-$ 44.05. Wird dieser Ausflug von einer Person ausgeführt, beträgt der Preis DA 468.—/US-$ 122.—. Bei allen diesen Ausflügen muss das persönliche Camping-Material mitgeführt werden.
Wer keinen Führer mieten und trotzdem einige Felsmalereien sehen möchte, fährt Richtung Flugplatz, biegt 1 km vorher ab und folgt einer breiten Piste in westlicher Richtung. Man gelangt auf einer sehr sandigen Piste in das Wadi In Debiren, dem man einige Kilometer weit folgt, bis zur Gegend der Felszeichnungen, die man an alleinstehenden Felsen, direkt am Rand der Piste, erkennt. Dargestellt sind zur Hauptsache Rinder und Giraffen. Die Umgebung ist sehr schön.

Zur Beachtung: Seit einiger Zeit ist sowohl das Filmen als auch das Fotografieren der Felszeichnungen im Tassili verboten. Es wird dringend geraten, diese Vorschrift nicht zu übertreten. Beginn der Strecken 120 und 121.

111. Fort Gardel - Amguid   423 km

→ Algerien im Kapitel 7.

Zur Beachtung: Diese Piste gehört zur Kategorie C. Sie darf nur befahren werden mit einer Bewilligung des Präfekten (Wali), in der die besonderen Sicherheitsmassnahmen festgelegt sind. Selbstverständlich muss auf diesen Pisten im Geleit gefahren werden. Ferner wird eine gute Wüstenerfahrung vorausgesetzt. Afrika-Neulinge sollten sich nicht auf solche Strecken wagen. Es sind Treibstoff-, Lebensmittel- und Wasserreserven für 1000 km notwendig.

Die Piste bietet keine grossen Schwierigkeiten. Die Markierung ist gut. Einige schlechte Passagen. Bis Kilometer 92 führt die Piste über eine sandige Ebene, unterbrochen von einigen Sandstellen. Ein dreiseitiges Wegzeichen weist die Richtungen Fort Gardel, Tamanrasset und Amguid. Man lässt die Piste nach Tamanrasset (→ Strecke 112) links liegen und fährt in nördlicher Richtung weiter. Zu Beginn ist das Trasse infolge der zahlreichen Lastwagenspuren ziemlich verworren. Die Piste folgt bis nach Amguid dem Rand des Tassili und ist durch Eisenstangen im Abstand von 10 km gekennzeichnet.

Beim Kilometer 112 mündet die Strecke 357 ein. Ziemlich schlechte Strecke (starkes Wellblech) bis zur Bergspitze «Toukmatine», dann während 30 km etwas besser und wiederum schlecht in der Nachbarschaft des Ergs Tihodaïne. Mit Ausnahme von einigen Oued-Durchfahrten weist sie bis Amguid wenig Sandstellen auf.

3 km vor Amguid, Gendarmerieposten, obligatorische Kontrolle.

Amguid: → Strecke 108.
Beginn der Strecken 113, 114 und 115, Ende der Strecke 108.

---

112. Fort Gardel - Serouenout - Idelès - Hirhafok   367 km

→ Algerien im Kapitel 7.

Im allgemeinen wenig technische Schwierigkeiten. Die aufgeführten Distanzen wurden von drei verschiedenen Fahrzeugen gleichlautend angegeben.

Während der ersten 92 km ist die Strecke gut markiert durch Steinmännchen oder Eisenstangen, welche die Entfernung nach Amguid angeben (→ Strecke 111) mit den Buchstaben AM und der jeweiligen Kilometerzahl. Die Piste führt über eine steinige Ebene, unterbrochen von einigen Sandstellen. Beim Kilometer 92 weist ein dreiseitiges Beton-Wegzeichen die Richtungen nach Fort Gardel, Tamanrasset und Amguid. Hier lässt man die Piste nach Amguid rechts liegen.

Kilometer 100: Überquerung des Oueds Tafassasset, ziemlich versandete Durchfahrt, die man aber vermeiden kann, indem man 500—1000 m links der Hauptpiste fährt. Das Gelände wird hügelig. Die Piste ist schlecht bezeichnet, bisweilen kaum erkennbar. Beim Kilometer 106 treten einige Dünen von dunkelbrauner Farbe auf.

Kilometer 118: Die Piste führt über grosse Sandfelder. Es empfiehlt sich, vorher schon Anlauf zu nehmen, da man sie in der Steigung überwinden muss. Höhe 1150 m. Vor und nach Kilometer 119: Zahlreiche Kurven und Sand.

Kilometer 121: Das Wrack eines Simca 1100 dient als Orientierungspunkt. Wiederum viel Sand. Von hier an finden sich die mit TAM markierten Eisenstangen als Wegzeichen.

Kilometer 137: Die Piste wird steinig. Linker Hand zeigt sich ein schöner Tafelberg.

Beim Kilometer 141 erreicht man den Brunnen von Serouenout, der sich 100 m nördlich von einem verlassenen, aber noch gut erhaltenen Bordj befindet. Der Brunnen ist ver-

sandet und meist trocken. Das Wasser, falls vorhanden, ist stark natronhaltig und muss zu Trinkzwecken gefiltert werden.
Kilometer 171: Man fährt durch ein enges Tal mit grossen Akazienbäumen, wo man im Schatten rasten kann. 4 km weiter bietet sich linker Hand ein schöner Ausblick auf das Hoggar-Massiv.
Kilometer 188: Sandstelle, die man glücklicherweise talwärts passiert.
Ab Kilometer 191: Felswüste auf 4 km.
Beim Kilometer 195: Die Piste wird etwas weicher in einem sandigen Oued. Nach Überquerung des Oueds Tin Hiden (erkennbar an der reichen Tamariskenvegetation) führt die Piste in die Amadror-Ebene, am Fusse der Gara Tindi (1614 m). Links ragt die imposante Gruppe des Djebel Telertheba (2455 m) auf.
Nach dem Kilometer 230 zeigen sich viele Sandstellen, darunter eine flache Wanderdüne, welche die Piste auf 50 m unterbricht und den Gebrauch von Sandgittern erfordert. Anschliessend ist die Piste wieder besser. Beim Kilometer 255 bemerkt man zur Linken die alleinstehende Gara Tin-Kourkour (1173 m).
Etwas weiter vorn stösst man auf schweren Boden, dann gelangt man in einen Engpass südlich des Djebel Tala-Mellet. Überquerung des Oueds Teguerette und etwas später des grossen Oueds Telouhat.
Nach wiederholter Berg- und Talfahrt in felsigem Gelände mündet die Piste in eine weite Ebene. 10 km vor Idelès führt sie über einen Talgrund. Man erreicht Idelès nach 336 km Piste.

Idelès: 1822 m. Sehr schöne Lage. Verschiedene Kulturen. Gutes Wasser. Freundliche Bevölkerung schwarzer und arabischer Abstammung. Eine Besonderheit ist der aus dem Aïr-Gebiet eingeführte Tazengaret-Tanz. Keine Lebensmittel, ausser Früchten und Gemüsen, nach Jahreszeit verschieden. Kein Treibstoff. Kein Hôtel, aber Unterkunftsmöglichkeit im Bordj.

3,5 km nach der westlichen Ausfahrt von Idelès zweigt links eine Piste nach der kleinen Oase Tazerouk (→ Strecke 323), der höchstgelegenen Oase des Hoggars (1820 m) ab.
Anschliessend Durchquerung des Oueds Idelès (nach Regenfällen schwierig), dann wieder bequeme Piste bis zum Dorf Hirhafok.
Etwa 10 km vor Hirhafok zweigt eine ziemlich gute Piste nach rechts ab. Sie führt zu der etwa 80 km entfernten Oase Mertoutek. Beim Kilometer 46 eine Kreuzung. Nach rechts weiterfahren, die geradeauslaufende Piste führt nach In Ecker (→ Strecke 63).

Mertoutek: Malerische Oase. Keine Lebensmittel und kein Treibstoff. Es ist möglich, in Hütten zu übernachten (DA 3.— / US-$ 0.78 pro Nacht). Führer zum Besuch der Felsmalereien in der Umgebung zu ungefähr DA 30.— / US-$ 7.82 pro Führer und pro Tag.
Hirhafok: Keine Lebensmittel. Kein Hotel. Kleine Gärten. Foggaras. Häuser aus Trockenziegeln. Bei den äussersten Häusern des Dorfes bieten die Einheimischen Andenken wie Schlösser, Silbergegenstände, Peitschen und Lederwaren zu teuren Preisen an.
Beginn der Strecken 116, 117 und 323.

---

113. Amguid - In Salah, über die verbotene Piste   406 km

→ Algerien im Kapitel 7.
Zur Beachtung: Es handelt sich um eine Piste der Kategorie C. Sie darf nur befahren werden mit einer Bewilligung des Präfekten (Wali), in der die besonderen Sicherheitsmassnahmen festgelegt sind. Das Fahren im Geleit ist obligatorisch. Ferner wird eine gute Wüstenerfahrung vorausgesetzt: Afrika-Neulinge sollten sich nicht auf solche Pisten wagen. Reserven an Treibstoff, Lebensmitteln und Wasser für 1000 km notwendig. Die Strecke umfasst 318 km Piste und 88 km Asphaltstrasse. Das letzte Teilstück gehört zur Hoggarpiste (→ Strecke 63), der man in nördlicher Richtung bis In Salah folgt. Man verlässt Amguid Richtung Südwest. Als Orientierungspunkt dient der Ausläufer einer Dünenkette, den man nach ungefähr 13 km erreicht. Man lässt die nach rechts führen-

den Spuren unbeachtet und fährt in Richtung WNW weiter auf das Ende eines langen Tafelberges zu.

Beim Kilometer 17 kreuzt man eine Nord-Süd verlaufende Piste und erreicht dann beim Kilometer 32 den oben genannten Tafelberg. Die mit Steinen gut bezeichnete Piste stösst beim Kilometer 55 auf ein Tälchen, das beim Kilomter 62 in einen Cañon mündet.

Kilometer 73: Die Piste führt über einen Pass (sehr schöne Aussicht) und überquert zwei Oueds (bei Kilomter 81 und 88). Bis zum Kilomter 99, wo die Piste das Bergland verlässt, ist sie sehr steinig, dann wird sie sandig bei der Überquerung einer Dünenkette.

Von Kilometer 114—117 sind einige schwierige Stellen bei der Traversierung mehrerer Oueds zu überwinden.

Kilometer 127: Wanderdünen; man lässt ein Sandgebiet (Erg) zur Rechten.

Kilometer 146: Man stösst wieder auf ein kleines Tal, dem man bis Kilometer 165 folgt, wo man in die Ebene des Habadra gelangt.

Beim Kilometer 192 erreicht man einen Berggrat und gelangt darauf zu einer Kreuzung (Kilometer 195), markiert durch ein Steinmännchen. Die Hauptpiste biegt zuerst nach rechts ab und nimmt dann westliche Richtung. Es empfiehlt sich, dieser Hauptpiste von der Kreuzung an auf 500 m zu folgen und dann Richtung Nordwest über eine steinige Ebene von gelber Farbe zu fahren. Als Orientierungspunkt dient das südliche Ende des Djebel Idjerane. Man trifft wieder auf die markierte Piste beim Kilometer 207, bevor man beim Kilometer 212 den höchsten Punkt der Strecke erreicht (grossartige Aussicht). Eine steile, sehr schwierige und steinige Talfahrt von 1 km führt auf den Talgrund, auf dem man in westlicher Richtung bis zum Kilometer 226 weiterfährt. Nun folgt man nordwestlich einer Hügelkette und wendet sich beim Kilometer 239 nach links. Während 10 km fährt man südwestlicher Richtung über die Ebene. Beim Kilometer 249 muss eine Sandbank umfahren werden. Die Piste setzt sich jenseits der Hügel nach Südwesten fort. Vom Kilometer 261 an führt sie auf eine andere Hügelkette zu, der sie nach Richtung Westen folgt. Man fährt über eine weite Ebene bis zum Kilometer 278. Hier stösst man auf die alte Hoggarpiste (Wegweiser «Tam—In Salah»), der man nach rechts auf 2 km folgt bis zu einer Tafel mit der Aufschrift «135 km». Beim Kilometer 305 durchquert man ein kleines Tal mit einem Brunnen und erreicht dann beim Kilometer 318 die neue Asphaltstrasse (→ Strecke 63).

Kilometer 387: Linker Hand befindet sich ein Hügel mit einem kleinen Salzsee.

Man erreicht In Salah beim Kilometer 406.

In Salah: → Strecke 62.
Beginn der Strecke 63, Ende der Strecken 50, 62 und 114.

---

114. Amguid - In Salah (via Foggaret-es-Zoua)   ca. 510 km

→ Algerien im Kapitel 7.

Zur Beachtung: Es handelt sich um eine Piste der Kategorie C. Sie darf nur befahren werden mit einer Bewilligung des Präfekten (Wali), in der die besonderen Sicherheitsmassnahmen festgelegt sind. Das Fahren im Geleit ist obligatorisch. Ferner wird eine gute Wüstenerfahrung vorausgesetzt. Afrika-Neulinge sollten sich nicht auf solche Pisten wagen. Reserven an Treibstoff, Lebensmitteln und Wasser für 1000 km notwendig.

Diese Piste wird nicht mehr befahren. Das Fahren im Geleit ist daher absolut unerlässlich. Die Piste ist im allgemeinen gut, nur wenig Sand. Keine besonderen Probleme bis Foggaret-es-Zoua. Der Rest der Strecke bis In Salah ist asphaltiert.

Man verlässt Amguid nach Norden in Richtung Bordj Omar Driss (Fort Flatters) auf der Piste, die zwischen dem Erg Amguid und dem Tassili hindurchführt.

17 km nach Amguid überquert man eine grosse Düne auf einer verbesserten Passage. Anschliessend hält man rechts, so nah wie möglich am Berg, auf einer Piste, deren Be-

ginn schwer zu finden ist. Etwas Weichsand. Beim Kilometer 42 fährt man durch den Engpass von Tin Telremt und folgt dann den Wegzeichen rechter Hand (Eisenstangen) Richtung Bordj Omar Driss (Fort Flatters) bis zum dreiseitigen Wegweiser, der die Verzweigung In Salah—Fort Flatters—Amguid markiert, ungefähr beim Kilometer 110. Gute Piste, Reg. (→ Strecke 108.) Bei dieser Verzweigung fährt man auf der Piste nach links Richtung In Salah weiter. Sie ist anfänglich durch Guemiras (Steinhaufen) bezeichnet, dann auf dem Boden gut markiert. Beim Kilometer 200 erscheint wiederum ein dreiseitiger Wegweiser. Die einzigen lesbaren Angaben sind FF (Fort Flatters) 380 und In Salah 200. Bei dem nach links abzweigenden Weg handelt es sich wahrscheinlich um die Piste, welche die Hoggar-Route (Strecke 63) kreuzt und dann nach Meredoua führt. Man fährt weiter auf der Piste rechts, in westlicher Richtung. Beim Kilometer 228 befindet sich eine heisse Schwefelquelle.

Foggaret-es-Zoua: Oase, befestigtes Dorf. Reste versteinerter Wälder in der Umgebung.

Asphaltstrasse bis In Salah.

In Salah: → Strecke 62.
Beginn der Strecke 63, Ende der Strecken 50, 62 und 113.

---

115. Amguid - Tamanrasset   453 km

→ Algerien im Kapitel 7.
Zur Beachtung: Es handelt sich um eine Piste der Kategorie C. Sie darf nur befahren werden mit einer Bewilligung des Präfekten (Wali), in der die besonderen Sicherheitsmassnahmen festgelegt sind. Das Fahren im Geleit ist obligatorisch. Ferner wird eine gute Wüstenerfahrung vorausgesetzt. Afrika-Neulinge sollten sich nicht auf solche Pisten wagen. Reserven an Treibstoff, Lebensmitteln und Wasser für 1000 km notwendig.
Die Piste von Tamanrasset beginnt an der Südspitze des Ergs Amguid. Sie weist zahlreiche Oued-Passagen mit weichem Sand auf. Schöne Landschaftsbilder auf der ganzen Strecke. Den Beginn der Piste bilden einige Kilometer weichen Sandes.
Achtung: Es treten verschiedenartige Wegzeichen auf. Man folge den Eisenstangen.
Beim Kilometer 54 wird der Oued Irharar überquert.
Kilometer 80: Wegzeichen mit der Aufschrift TAM 370.
Kilometer 110: Man betritt den Oued Bernélé, wo die Piste besser wird, obwohl sie nicht geschottert ist.
Beim Kilometer 128 erreicht man den Mont Tazoumi, dann, beim Kilometer 148, ragt linker Hand das Massiv des Garet el Djenoun (2327 m) auf.
Beim Kilometer 161 bemerkt man rechts der Piste den dreieckförmigen Berg Tidikmar, der auf der Südseite unter zahlreichen Felsüberhängen steinzeitliche Reste und Felsmalereien aufweist, ungefähr 1 km vom Wegzeichen «TAM 285» entfernt. Kurz vor In Ecker stösst man auf die Strecke 63, der man bis Tamanrasset folgt.

Tamanrasset: → Strecke 63.
Beginn der Strecke 64, Ende der Strecken 63, 116, 118, 119 und 323.

---

116. Hirhafok - Ifrak - In Amguel - Tamanrasset   187 km

→ Algerien im Kapitel 7.
Diese Strecke stellt die schnellste Route nach Tamanrasset dar. Die Piste beginnt nach Hirhafok mit einem starken Anstieg bis auf eine kahle Hochfläche. Schwierige Überquerung des Oueds Timesdelissine. Dann führt sie über ein felsiges Plateau. Schwierige Durchfahrt durch den Oued Tora. Im Dorf Ifrak sind keine Lebensmittel erhältlich.

Keine Unterkunft. Nach der Überquerung des Oueds Ifrak erreicht man die Hoggar-Route bei In Amguel. Die restlichen 112 km sind in Strecke 63 ersichtlich.

Tamanrasset: → Strecke 63.
Beginn der Strecke 64, Ende der Strecke 63, 115, 118, 119 und 323.

117. Hirhafok - Assekrem-Hütte   85 km

→ Algerien im Kapitel 7.
Diese Piste hat unter Regenfällen stark gelitten und ist im umgekehrten Sinne leichter zu befahren. Geländegängige Fahrzeuge sind zu empfehlen.
Von Hirhafok aus steigt die steinige und gewundene, jedoch gut angelegte Piste direkt gegen Süden zum Atakor-Massiv empor und erreicht eine Hochfläche. Weiter Ausblick. Etwa beim Kilometer 29 findet man die Gueltas (permanente Wasserstellen) von Idjef-Mellen (ca. 100 m von der Piste, an einer Palme erkenntlich), in einer Basaltfalte. Die obersten Gueltas liefern sehr klares Wasser. Man verlässt den Oued Zerzoua und steigt langsam auf eine vulkanische Hochfläche hinauf, hoch über den Gueltas von Imarha. Anschliessend steile Talfahrt in das In-Tekadene-Tal. Mehrere Gueltas. Auf zahlreichen Windungen gelangt man zum Tin-Taratimt-Pass hinauf. Überquerung des Oueds Tamort. Die Piste umgeht im Westen den auseinandergeborstenen Vulkan Imadouzene. Die den Explosionskrater umgebenden Felsen haben die seltsame Form halb angebrannter Kerzen. Die Piste führt am Fusse der majestätischen Basalttürme des Tazouai vorüber, steigt dann in zahlreichen Windungen steil bergwärts und gelangt an eine Verzweigung. Nach rechts abbiegen. Nach einigen Kilometern schlechter Piste (sehr steile Stellen, viele Kurven, schlechte Haftung für Fahrzeuge mit Vorderradantrieb) erreicht man den Assekrem-Pass und die Schutzhütte.

Assekrem-Hütte: Sehr freundlicher Empfang durch die Patres der Hütte. Sie sind sehr arm und nehmen gerne Geschenke an wie Lebensmittel, Medikamente oder andere nützliche Gegenstände. Man kann in der Hütte übernachten für DA 11.—/US-$ 2.85 pro Person. Frühstück DA 4.—/US-$ 1.04. Mittag- oder Abendessen DA 15.—/US-$ 3.90. Die Hütte ist oft vollbesetzt.
Interessante Sahara-Bibliothek (speziell Hoggar-Literatur).
Umgebung: Einsiedelei des Père de Foucauld. Den Wagen bei der Hütte stehen lassen und zu Fuss auf dem sehr steilen Zickzackweg zum Assekrem gegenüber der Hütte aufsteigen (1 Std., hin und zurück), bis zur Einsiedelei des Missionars und Forschers Charles de Foucauld, der sich hier von Juli—Dezember 1911 und im Juli 1914 aufhielt. Herrliche Aussicht.
Beginn der Strecken 118 und 119.

118. Assekrem-Hütte - Illamane - Tamanrasset   ca. 108 km

→ Algerien im Kapitel 7.
Sehr steinige Piste mit vielen Steilstrecken, die aber auch für normale Wagen befahrbar ist (wenn möglich unbeladen). Etwa beim Kilometer 98 stösst man auf die Strecke 63 (In Salah—Tamanrasset).
In umgekehrter Richtung (Tamanrasset-Assekrem) ist ein Vierradantrieb-Fahrzeug erforderlich.

Tamanrasset: → Strecke 63.
Beginn der Strecke 64, Ende der Strecken 63, 115, 116 und 119.

Bezahlen Sie keine Leute, um sie fotografieren zu können.

119. Assekrem-Hütte - Akar-Akar - Tamanrasset 85 km

→ Algerien im Kapitel 7.
Diese Route ist sehr steinig, hat aber weniger Steilstrecken als diejenige über Illamane (→ Strecke 118). Sie kann auch von einem normalen Fahrzeug benützt werden, vor allem, wenn es unbeladen ist.
Zurückfahren bis zur Abzweigung nach Hirhafok (Kilometer 6), die man links liegen lässt. Kurz nach dieser Abzweigung führt die steinige, mühsame, oft sehr schmale Bergpiste hinunter in das Tal des Oueds In-Daladje, den sie mehrmals überquert. Sie umgeht zur Linken das Tezouai-Massiv mit seinen zwei majestätischen Basalttürmen von ungefähr 200 m Höhe. Dann führt sie am Fuss der Tidjemaiene-Gruppe entlang, einem dreigipfligen Massiv in der Form eines Backenzahns. Kilometer 22, unbezeichnete Abzweigung nach links zur sehr schönen Guelta Afilale (1,5 km).
Die Piste steigt steil bergwärts (14 %) zur Hochfläche des Akar-Akar, dessen grossartiger Gebirgsstock zur Rechten aufragt. Beim Kilometer 52 verlässt die Piste die Hochfläche und führt zwischen zwei Gipfeln hindurch. Dann überquert sie eine weitere kleine Hochfläche. Beim Kilometer 56,5 erhebt sich rechter Hand wie eine Festung das vulkanische Massiv des Ahounehamt. Kilometer 62, linker Hand ragt der Adaodo, eine schlanke Basaltnadel, auf. Beim Kilometer 67 wird das «Guelta-Oued» durchquert. Es lohnt sich, zu Fuss dieses ausgetrocknete Flussbett nach rechts zu verfolgen: Nach 300 m erreicht man einen herrlichen Aussichtspunkt, der die 5 Gueltas von In-Laoulaouene überragt. Beim Kilometer 70 führt ein Weg nach rechts ebenfalls zu diesen Wasserstellen. Kilometer 71: Durchquerung des Oueds Tamanrasset mit ziemlich weichem Sand. Rechts ragt der Basaltturm des Tinde auf. Kilometer 75: Zur Rechten der berühmte Iharen, der die Piste um ca. 100 m überragt.

Tamanrasset: → Strecke 63.
Beginn der Strecke 64, Ende der Strecken 63, 115, 116, 118 und 323.

120. Djanet (Algerien) - Chirfa (Niger), auf der Westpiste 580 km

→ Algerien und Niger im Kapitel 7.
Zur Beachtung: Es handelt sich um eine Piste der Kategorie C. Der Unter-Präfekt von Djanet ist nicht in der Lage, die notwendige Bewilligung zu erteilen. Wer die Fahrt trotzdem unternimmt, tut dies auf eigene Verantwortung und Gefahr. Das Fahren im Geleit ist obligatorisch. Ferner wird eine gute Wüstenerfahrung vorausgesetzt. Afrika-Neulinge sollten sich nicht auf solche Pisten wagen. Reserven an Treibstoff, Lebensmitteln und Wasser für 1500 km notwendig.
Die algerischen Ausreiseformalitäten werden in Djanet vorgenommen. Die Einreiseformalitäten für den Niger in Chirfa. Man vergesse nicht, hier eine Bewilligung zum Fotografieren anzufragen.
Im allgemeinen bietet diese Strecke keine grossen Schwierigkeiten. Man verlässt Djanet auf der nach Süden führenden Piste. Man passiert den algerischen Zoll, wo die üblichen Formalitäten zu erledigen sind. Nach rechts zweigt die Piste nach Fort Gardel ab (Strecke 110). Man fährt längs der Flugplatzpiste genau Richtung Süd auf einen 3 km entfernten Hügel zu. Von hier ab steuert man den Mont Tiska an. Nach ungefähr 25 km Sandstrecke erreicht man die Berliet-Piste.
Beim Kilometer 36 verlässt man links die Piste nach Ghat (Strecke 121), bezeichnet durch einen gelben Wegweiser.

Die Piste ist ab Kilometer 50 markiert, aber bis zum Mont Tiska schwierig zu befahren. Sie folgt in einigem Abstand dem Erg Admer, in einer endlosen Ebene (stellenweise findet sich Weichsand — der gefürchtete Fesch-Fesch). Zur Linken erhebt sich der Mont Tiska, etwas später der Adrar Marianou.
Beim Kilometer 140, auf der Höhe der Balise 1 (Wegzeichen), Abzweigung der Piste nach In Ezzane, Richtung SSO. Die Piste nach Chirfa, alle 500 m gut markiert, setzt sich über ein leicht zu befahrendes Reg fort. In der Nähe von Chirfa ist sie etwas hügelig.

Chirfa: Gut unterhaltener Palmenhain. Unbedeutendes Eingeborenendorf. Kein Treibstoff. Kein Hotel. Kontrolle durch Militär. Es wird besonders nach prähistorischen Objekten gesucht.
In der Umgebung finden sich zahlreiche bemerkenswerte Felszeichnungen. Sehenswert sind auch der alte, malerische Ksar von Djaba und die ehemalige Zitadelle von Djado aus dem 18. Jh. (ca. 10 km nördlich).
Beginn der Strecke 129, Ende der Strecke 128.

121. Djanet - Tin Alkoum (Algerien) - Ghat (Libyen) 225 km

→ Algerien und Libyen im Kapitel 7.
Zur Beachtung: Es handelt sich um eine Piste der Kategorie C. Sie darf nur befahren werden mit einer Bewilligung des Präfekten (Wali), in der die besonderen Sicherheitsmassnahmen festgelegt sind. Das Fahren im Geleit ist obligatorisch. Ferner wird eine gute Wüstenerfahrung vorausgesetzt. Afrika-Neulinge sollten sich nicht auf solche Pisten wagen. Reserven an Treibstoff, Lebensmitteln und Wasser für 1000 km notwendig.
Die Strecke wird hier in der Richtung Algerien-Libyen beschrieben, und zwar aus folgenden Gründen:
— Die Piste Djanet—Ghat hat nur sehr wenig Verkehr. Wenn der Sahara-Neuling sie in der hier beschriebenen Richtung befährt, hat er vorher Gelegenheit, sich mit der Pistenfahrtechnik vertraut zu machen.
— Der Abschnitt Djanet—Ghat weist eine sehr schlechte Stelle auf: einen steilen, stark versandeten Abhang in der Nähe von Tin Alkoum. In dieser Fahrtrichtung wird er jedoch talwärts bewältigt und bietet keine Schwierigkeiten.
Von Djanet bis Ghat ist keine Versorgung mit Wasser möglich. Nur in äussersten Notfällen kann man auf Hilfe durch den algerischen Militärposten von Tin Alkoum (Kilometer 187) rechnen.
Die Piste umgeht den östlichen Ausläufer des Tassili N'Ajjer im Süden. Sie kann mit gut ausgerüsteten, allradangetriebenen Fahrzeugen in einwandfreiem Zustand befahren werden. Obschon die Gefahr, den Weg aus den Augen zu verlieren, nicht sehr gross ist, empfiehlt sich doch die Mitnahme der Karte NG-32 des IGN (Institut Géographique National), Blatt Djanet.
Von Djanet ausgehend, nimmt man Kurs nach Süden. Man passiert den algerischen Zoll, wo die üblichen Formalitäten zu erledigen sind und lässt die Piste nach Fort Gardel (Strecke 110) rechts liegen. Man fährt zum Flugplatz weiter. Man folgt der Flugplatzpiste in genau südlicher Richtung auf einen 3 km entfernten Hügel zu. Von hier ab steuert man den Mont Tiska an. Nach ungefähr 25 km Sandstrecke erreicht man die Berliet-Piste.
Beim Kilometer 30 bietet der Adrar Tin Amali einen guten Bezugspunkt. Beim Kilometer 36 verlässt man die Piste nach Chirfa (→ Strecke 120). Bei Verzweigungen ist immer der Weg links, bergseitig, zu wählen, mit Ausnahme bei Kilometer 88, wo nach rechts gefahren werden muss. Zwischen Kilometer 50 und 95 ist die Piste steinig. Das Fahrtempo muss stark herabgesetzt werden, wenn der Wagen nicht in Brüche gehen soll.
Beim Kilometer 90 kann man einen kleinen Abstecher unternehmen: Man verlässt die Piste kurz vor einem kleinen Pass und folgt nach links dem Oued Anais bis zu einem auffälligen Sandsteinturm rechter Hand, 15 km nach der Abzweigung. Fahrzeuge mit wenig Bodenfreiheit werden diese Strecke nicht ganz fahren können, da grosse Stein-

blöcke den Weg versperren, wo der Oued schmäler wird. In diesem Fall setzt man den Weg zu Fuss fort, indem man den Oued stets links behält.

Nach 15 Minuten Marsch (vom Felsturm gerechnet) trifft man auf die erste Guelta, die oft ohne Wasser ist. Nach weiteren 10 Minuten erreicht man die Guelta Adjiri (die oft Wasser hat) am Fusse eines grossartigen Felszirkus, in dem sich zahlreiche Höhlen befinden.

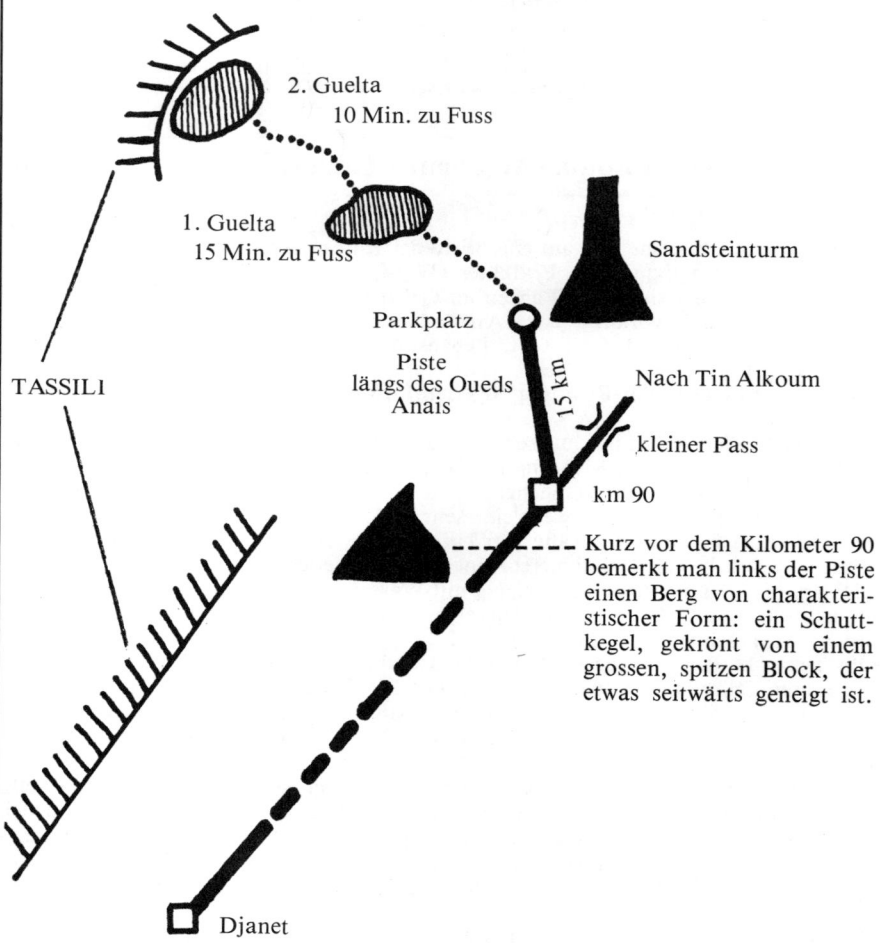

2. Guelta
10 Min. zu Fuss

1. Guelta
15 Min. zu Fuss

Parkplatz

Piste
längs des Oueds
Anais

TASSILI

Sandsteinturm

15 km

Nach Tin Alkoum

kleiner Pass

km 90

Kurz vor dem Kilometer 90 bemerkt man links der Piste einen Berg von charakteristischer Form: ein Schuttkegel, gekrönt von einem grossen, spitzen Block, der etwas seitwärts geneigt ist.

Djanet

Ungefähr beim Kilometer 117 durchquert man einen Oued mit Nomadenzelten. Vom Kilometer 120 bis 137 ist mit häufigem Einsanden zu rechnen. Es handelt sich zweifellos um den beschwerlichsten Abschnitt der Strecke für Mann und Fahrzeug. Bei der Traversierung mehrerer Oueds besteht die Gefahr der Beschädigung des Wagenunterbaus durch grosse, im weichen Sand verborgene Steine. Zu erwähnen ist noch beim Kilometer 127 eine «Freiluftmoschee» (mit Steinen am Boden markierter Grundriss einer Moschee); von hier aus kann man mit einem guten Feldstecher die Ruine des Forts Arikine erspähen.

Beim Kilometer 146 gelangt man, auf einer kahlen Hochfläche, zu einer Verzweigung. Die Piste rechts führt zu der Ruine des Forts Arikine (ein Besuch ist der Mühe wert) und weiter nach In Ezzane und Chirfa (Niger, → Strecke 120). Es handelt sich um die Strecke Chirfa—Ghat (→ Strecke 129). Nach dieser Verzweigung fährt man durch eine steinige Gegend mit mehreren schwierigen Oued-Traversierungen. Bei jeder Abzweigung ist die Piste links zu wählen. Etwa beim Kilometer 187, nach einer sehr steilen und sandigen Talfahrt, erreicht man den Militärposten von Tin Alkoum.

Tin Alkoum: Algerischer Militärposten. Keine Versorgungsmöglichkeit. Kontrolle der Fahrzeugpapiere und der Pässe.

Man fährt auf einer guten Piste weiter und gelangt beim Kilometer 204 zum libyschen Zollposten. Das weiss gekalkte Gebäude auf einem Hügel ist schon von weitem sichtbar. Devisen- und Zollkontrolle. Die Passkontrolle wird erst in Ghat vorgenommen. **Achtung:** Die libyschen Zöllner sind sehr freundlich — sofern sich der Reisende ebenso verhält. Sie suchen vor allem nach Alkohol (in Libyen verboten) und nach pornographischen Zeitschriften. Dabei kann schon eine «normale» Reklame mit einer etwas leicht geschürzten Dame einen Zornausbruch des Zöllners und die Beschlagnahme der Zeitung zur Folge haben...

Vom Zollposten bis Ghat fährt man auf einer schwachen Wellblechpiste. 8 km vor Ghat wird die Piste bei der Durchfahrt durch eine kleine Oase sehr schmal. Etwas Sand.

Ghat: Kleine Oase. Lebensmittel. Treibstoff. Hotel in der Nähe des Polizeipostens. Die Bewohner sind für ihren fröhlichen Charakter bekannt. Sie benützen jede Gelegenheit zu einem Fest. Kunsthandwerk. In Ghat findet die Passkontrolle statt. Der Polizeiposten ist nicht leicht zu finden: Er liegt in einer Seitenstrasse links der Hauptstrasse, am Anfang der Ortschaft. Am besten erkundigt man sich (französisch oder englisch) bei Einheimischen. Man unterlasse es, zwischen dem Zollposten bei der Grenze und dem Polizeiposten in Ghat zu campieren. Beim Verlassen der Ortschaft hat man sich ebenfalls beim Polizeiposten zu melden. Beginn der Strecke 122, Ende der Strecke 129.

---

122. Ghat - Ubari - Sebha   550 km

→ Libyen im Kapitel 7.

An der Piste nach Ubari, am Rande der Oase Ghat, befindet sich eine grosse moderne Tankstelle. Die nach Norden verlaufende Piste ist gut markiert. Man folgt dem Oued Tanezrouft-Ammallane am Fuss der Tadrart-Kette (Akakous-Massiv). Nach ungefähr 80 km gelangt man in eine Weichsandzone (Egghidi-Uan Titagsin-Dünen), dann biegt die Piste nach Osten ab und erreicht etwa beim Kilometer 120 (ab Ghat) die Oase Serdelès.

Serdelès: Oase. Lebensmittel. Serdelès ist auch unter dem Namen Uweinat bekannt. Der Lebensmittelladen (in einem für Libyen typischen Betonblock) liegt an der Dorfdurchfahrt, linker Hand (man verkauft dort bisweilen eisgekühltes Pepsi-Cola!). Neue Tankstelle. Unentgeltliche Herberge; Auskunft bei der Polizei; der Posten befindet sich am Rande der Oase, Richtung Ubari, bei einer Linkskurve. Das Gebäude aus rotem Sandstein sieht einem Bauernhof ähnlich und besitzt einen quadratischen Hof.

Nach Verlassen der Oase durchquert die Piste auf 241 km den Fezzan, eine Vollwüste zwischen dem Edeyin Ubari (Sanddünen) im Norden und dem Edeyin Murzuk im Süden. Eine niedrige Bergkette, an deren Nordfuss die Strecke entlangführt, trennt die beiden Dünengebiete. Die Piste ist schlecht (Sand, Geröll und Wellblech wechseln von Anfang bis Ende ab).

Ubari: Oase. Treibstoff. Lebensmittel. Kein Hotel. Camping möglich (man suche sich einen Platz abseits der Ortschaft) an der Piste nach Ghat .Anmeldung beim Polizeiposten (er befindet sich etwa 400 m im Dorfinnern, links der Strasse).

Abstecher zu den Mandara-Seen (→ Skizzen 2, 3 und 4 am Ende dieses Buches).
So unwahrscheinlich es klingen mag: In der Umgebung findet man, mitten in die Wüste gestreut, eine Reihe von kleinen Seen. Diese Seen uralten Ursprungs sind aber sehr schwer zu finden. Man verlässt Ubari auf der Strasse nach Sebha und folgt ihr bis zur Oase Tekerkiba. Am Ausgang des Ortes bemerkt man linker Hand Radspuren, die zwischen den ersten Feldern und einem festungsähnlichen Berg auf die ersten Dünen der Ubari-Wüste zustreben. Man folgt diesen Spuren und überquert, nach einem leichten Anstieg, die erste Düne auf einer relativ leichten Passage. Man gelangt so in eine Art Sandkessel, den man nordwärts verlässt. Hier stösst man auf die grösste Schwierigkeit der Strecke, da die nun folgende Düne besonders schwierig zu überwinden ist und nicht umgangen werden kann.
Anschliessend fährt man auf 2 km durch eine Ebene, kommt bei einer alleinstehenden Palme vorbei, und stösst dann auf eine Düne, die man im Osten, oder noch besser im Westen, umgehen kann. Die folgenden 18 km verlaufen zwischen den Dünen und bieten keine Schwierigkeiten. Dann stellt sich der Piste wieder eine dreifache Dünenreihe in den Weg. Starke Fahrzeuge überwinden sie in gerader Linie, die schwächeren müssen sie in Windungen von etwa 1 km Breite überqueren. Jenseits der Dünen gelangt man zu einer Verzweigung. Die nach Norden verlaufenden Spuren führen nach Trouna und Edri, die östlichen Spuren überqueren weitere Dünen und erreichen schliesslich den ersten See.

Von Ubari an ist die Strasse asphaltiert und stellt im Prinzip keine Probleme. Unterwegs begegnet man mehreren Oasen, die vom Grundwasser des Oueds El Ajaal bewässert werden. Das Tal ist berühmt durch seine historischen Stätten, die mehr als 10 Jahrhunderte vor unsere Zeitrechnung zurückreichen. Die wichtigsten Zeugen dieser Epoche befinden sich in Jerma, unweit von Ubari. Bekannt sind auch die mehr als 5000 Jahre alten Felsmalereien.

Jerma: Hotel. Ruinen der Hauptstadt des alten Fessans.

Gute Asphaltstrasse bis Sebha. Schon von weitem sieht man die Sebha beherrschende Festung.

Sebha: Moderne Hauptstadt des Fezzans. Hotels National und Palace. Treibstoff. Alle touristischen Erleichterungen. Ausgedehnte Palmenhaine und blühende Gärten inmitten der Wüste. Anmeldung beim Polizeiposten bei der Ankunft und vor der Abreise (→ Skizze 5 am Ende dieses Buches).
Beginn der Strecken 123 und 125. Ende der Strecke 328.

---

123. Sebha - Hon - Uaddan - Bu-Gren   669 km

→ Libyen im Kapitel 7.
Durchgehend asphaltierte Strecke. Einzelne Abschnitte sind jedoch sehr schadhaft, teils durch Regenfälle, teils durch den Lastwagenverkehr. Wiederherstellungsarbeiten sind geplant. Die Strasse ist schmal. Es ist daher üblich, sich beim Kreuzen mit andern Fahrzeugen durch Scheinwerfersignale bemerkbar zu machen.

Sebha - Hon   346 km

Durchgehend asphaltierte Strecke. Die direkte Route (nachstehend als Variante beschrieben) befindet sich jedoch in so schlechtem Zustand, dass man sie besser beim Kilometer 33 verlässt und der Asphaltstrasse folgt, die nach links in nordwestlicher Richtung abzweigt. Diese mündet nach 54 km in die Asphaltstrasse Hon—Brak (12 km östlich von Brak), der man in östlicher Richtung folgt und nach 110 km die direkte Route Sebha—Hon erreicht. Dieser «Umweg» weist durchgehend einen guten Asphaltbelag auf.

Direkte Strasse Sebha—Hon
Asphaltstrasse. Die ersten 150 km sind jedoch in jämmerlichem Zustand, und der Rest ist kaum besser. Zeitweise fährt man sogar mit Vorteil neben der Strasse.
(Beim Kilometer 97 zweigt links, nach Norden, die stark versandete Abkürzung ab, auf der man über die Dünen des Gneir die Asphaltstrasse zu den Oasen Brak und Edri erreichen kann.)
Kilometer 164: Abzweigung rechts einer alten Piste ohne Markierung nach El Foghaha.
Kilometer 172: Von links kommend, mündet die Asphaltstrasse von Brak ein.

Kilometer 258: Noch eine Abzweigung nach rechts, in der Nähe eines kleinen Hauses, die ebenfalls nach El Foghaha führt (100 km Piste, hübsche Oase). Die Strasse geht weiter nach Norden und erklettert in vielen Windungen die quer zur Fahrtrichtung verlaufenden Ketten des Djebel Soda. In dieser Gegend hat die Strasse stark unter Überschwemmungen gelitten. Bei Socna, 19 km vor Hon, Bewässerungsanlagen einer deutschen Firma.

Hon: Lebensmittel. Treibstoff (nicht immer). Garage. Kein Hotel.

Hon - Uaddan - Bu-Gren   307 km

Asphaltstrasse in schlechtem Zustand. Eine neue Strasse ist im Bau (zum Teil schon in Betrieb).

Uaddan: Kleine Stadt. Treibstoff. Lebensmittel.

Beim Kilometer 173 (ab Hon) befindet sich linker Hand eine ungefähr 100 m hohe Düne, an deren Fuss Strausseneierschalen gefunden wurden.

Bu-Gren: Lebensmittel. Treibstoff. Kleiner Autozubehör-Laden, wo billige Reifen verkauft werden.
Beginn der Strecken 124 und 146.

---

124. Bu-Gren - Misurata - Zliten - Leptis Magna - Tripoli - Zuara - Ras Jedir (Libyen) - Ben Gardane (Tunesien) - Medenine - Gabès - Sfax - Kairouan   956 km

→ Libyen und Tunesien im Kapitel 7.
Durchgehend gute Asphaltstrasse. Treibstoff in allen Ortschaften erhältlich.

Misurata: Moderne, lebhafte Stadt, deren Häuser im traditionellen arabischen Stil erbaut sind. Hotel Misurata.

Prächtige Strasse der Küste entlang und durch malerische Dörfer, die mit wüstenhaften Gegenden abwechseln. Die erste grössere Oase ist Zliten (Hotel des Gazelles), eine reizvolle, typisch arabische Siedlung. Weiterfahrt Richtung Tripolis. 34 km nach Zliten versäume man nicht die Besichtigung der imposanten Ruinen von Leptis Magna, der alten phönizischen, dann römischen Kolonie, die vom Sand vollkommen verschlungen war.

Tripolis: Hauptstadt der Arabischen Republik Libyen. Grosser Mittelmeerhafen. Sehenswert ist das spanische Kastell und dessen Museen sowie die Altstadt mit den Suks und den Moscheen. Für den Besuch der Moschee Djiama en Naga wende man sich an das Fremdenverkehrsbüro, Sciara Adrian Pelt.
Beginn der Strecke 334.
Zuara: Dorf. Treibstoff. Hotel.
Beginn der Strecke 328.
Ras Jedir: Dorf. Hotel. Libyscher Grenzposten. Zoll- und Polizeikontrolle. Die tunesischen Formalitäten erfolgen gleich nach dem Grenzübertritt.
Achtung: Das tunesische Verteidigungsministerium erlaubt die Durchfahrt von Touristen nur über Strassen mit Polizei- und Zollposten. Daher ist der Grenzübergang nach Ghadamès (Libyen) im Süden des Landes sowie nach In Amenas (Algerien) verboten. Der Verkehr auf dieser Piste ist gewissen Verordnungen unterstellt. Die Erlaubnis muss beim Generalstab in Gabès eingeholt werden.
Ben Gardane: Kleiner Ort, ohne Interesse. Lebensmittel. Treibstoff. Garage.

Eine gute Asphaltstrasse führt von hier aus zu der als Touristenzentrum bekannten Insel Djerba.

Medenine: 104 m. 8000 Einwohner. Lebensmittel. Treibstoff. Kleines Hotel. In Medenine sind besonders die «Ghorfas» sehenswert, das sind in mehreren Stockwerken übereinandergebaute ehemalige Warenspeicher, die bis in die jüngste Zeit als Wohnungen dienten. Heute nehmen die modernen Bauten überhand. Schöne Ghorfas kann man noch in den Dörfern Metameur sowie Ksar Kherachefa (an der Strasse nach Foum Tatahouine) sehen.
Beginn und Ende der Strecke 370.

Gabès: Lebensmittel. Treibstoff. Hotels. Campingplatz. Garagen. Gabès, am gleichnamigen Golf, der schon den Phöniziern bekannt war und im Altertum «Kleine Syrte» genannt wurde, besteht aus einer modernen Stadt (Industrie), die im 2. Weltkrieg stark gelitten hat, und einer riesigen Oase mit rund 300 000 Palmen. Sehr interessantes Kunsthandwerkszentrum.
Beginn der Strecke 373.

Sfax: 130 000 Einwohner. Lebensmittel. Treibstoff. Garagen. Hotel. Industriestadt am Meer. Haupterwerb ist die Kultur und die Verwertung von Oliven. Sfax ist auch ein wichtiger Fischereihafen. Schöne Altstadt, umgeben von Mauern und imposanten Toren.
Es lohnt sich, auf der geteerten Strasse nach El Djem zu fahren (64 km von Sfax). Hier befindet sich die zweitgrösste römische Arena der Welt (nach dem Kolosseum in Rom). Diese Arena ist z. Zt. wegen Umbau geschlossen.

Kairouan: → Strecke 105.
Beginn der Strecke 106, Ende der Strecke 105.

---

125. Sebha - Ghoddua - Traghen - Umm-el-Araneb   162 km

→ Libyen im Kapitel 7.
Ganze Strecke gute Asphaltstrasse. Nach Umm-el-Araneb kann man auch auf einer alten, stark versandeten Piste gelangen, die zwischen Kilometer 15 und 20 links von der Strasse abzweigt. An diesem Weg finden sich zahlreiche Überreste der Steinzeit. Die Befahrung dieser Route ist jedoch nicht zu empfehlen.

Umm-el-Araneb: Wasser. Treibstoff.
Beginn der Strecken 126 und 127.

---

126. Umm-el-Araneb - Gatrun (Libyen) - Toummo (Niger) - Madama - Dao Timni - Seguedine   862 km

→ Libyen und Niger im Kapitel 7.
Die ganze Strecke wickelt sich auf Pisten ab. Obschon ziemlich schwierig, sind sie doch normalen Fahrzeugen (z. B. VW-Bus) zugänglich, sofern sie entsprechend vorbereitet sind und von Gruppen mit guter Wüstenerfahrung geführt werden. Gute Dienste leisten auf diesem Weg die IGN-Karten 1:1 000 000 NG 33 (Blatt Sebha) und NF 33 (Blatt Djado). Die Pistenmarkierung lässt oft zu wünschen übrig; bisweilen ist der Gebrauch eines Kompasses notwendig.
Die erste Schwierigkeit zeigt sich bei der Wegfahrt aus Umm-el-Araneb.
Man schlägt die Richtung nach Zouila ein und fährt am früheren Unterkunftslager Holzmann vorbei. Man bleibt weiterhin auf dieser Strasse bis zu der Stelle, wo sie einen scharfen Bogen nach Norden macht und sich von der Einzäunung des ehemaligen Holzmann-Projekts trennt. Hier verlässt man die Strasse und folgt der Einzäunung auf einer schmalen Piste. Am Ende der Einzäunung hält man sich rechts und folgt einer Dünenkette bis zu einem Fähnchen, etwa 4 km vom Ende der Einzäunung entfernt. Sobald man die Strasse verlassen hat, stösst man auf weichen Sand und hat mit häufigem Einsanden zu rechnen.
Vom Fähnchen aus fährt man genau südlich, indem man die Spitze eines markanten Berges anvisiert. Sobald man am Fusse des Berges angelangt ist, umgeht man diesen im Westen. Man stösst auf NO/SW verlaufende Spuren und folgt diesen. Die Piste ist glatt, ziemlich weich; Windstösse fegen darüber hinweg.
Die Markierung besteht entweder aus Steinmännchen oder aus alten Reifen. Jenseits des Berges folgt man einem Palmenhain, der sich westlich der Piste ausdehnt. Nach ungefähr 180 km Piste erreicht man die Oase Gatrun.

Gatrun: Oase. Wasser. Lebensmittel (beschränkt). Treibstoff. Libysche Ausreisekontrolle durch Zoll und Polizei. Rückgabe der libyschen Kontrollschilder. Gegenüber der Tankstelle befindet sich eine Bäckerei. Bei der Tankstelle besteht Gelegenheit zum Duschen.

Von der Tankstelle aus fährt man 3 km nach Norden zurück und gelangt an eine mit grossen Reifen markierte Kreuzung. Hier wendet man sich nach rechts, Richtung Süden. Obschon die Markierung der Piste (Steinmännchen und Reifen) lückenhaft ist, kann man sich nicht verlieren, da die Fahrzeugspuren sehr deutlich sind. Kurz vor Loueur (siehe unten) gelangt man auf ein steiniges Plateau, wo die Spuren auseinanderlaufen, weil jedes Fahrzeug die beste Durchfahrt sucht. Man hält sich so weit es geht westlich, um so spät wie möglich in den sandigen Grund des Oueds hinunterzufahren, in dem Loueur liegt. Bei der Talfahrt auf die grossen, im weichen Sand verborgenen Steine achtgeben.

Loueur: Militärposten. Kurze Passkontrolle.

Weiterfahrt in östlicher Richtung während rund 50 km. Die Piste ist nicht durchgehend markiert, aber die Fahrzeugspuren sind immer deutlich. Nach ungefähr 47 km folgt ein kleiner Pass, der sehr gut bezeichnet ist. Etwa 3 km weiter gelangt man an eine Verzweigung. Die Richtung, die man hier einschlagen muss, ist nicht so gut bezeichnet wie diejenige nach Osten und Tibesti.

Die Piste hält so ziemlich alle Schikanen einer Saharapiste bereit: Sand, Staub, im Weichsand verborgene Steine. Häufiges Einsanden, aber nicht sehr tief. Nach der Verzweigung ist die Piste schlecht markiert, aber die Fahrspuren unmissverständlich. Die Landschaft bietet nur wenig Orientierungspunkte. Etwa 60 km nach der Verzweigung, kurz bevor man den Wendekreis des Krebses kreuzt (→ IGN-Karte NF 33, Blatt Djado) ist ein schwieriger, sehr sandiger Abhang zu bewältigen, der zudem mit grossen Steinen gespickt ist, die man manchmal aus dem Weg räumen muss, um durchzukommen.

50 km weiter stellt sich das gleiche Problem, diesmal jedoch in einer Steigung. So weit wie möglich links halten, um auf Felsgrund fahren zu können.

Toummo: Militärposten des Nigers. Kurze Passkontrolle.

Schlecht bezeichnete Piste, jedoch dank den Fahrspuren leicht zu verfolgen. Im Niger ist die Piste durch Betonblöcke mit Kilometerangaben markiert. Der Berg Kokarama bietet in der Nähe von Madama einen Orientierungspunkt.

Madama: Militärposten. Langwierige Zoll- und Passkontrolle. Für diese Kontrolle hält man vor dem Fort auf einem mit Benzinfässern markierten Platz an, in der Nähe einer Landepiste mit einem ausrangierten Flugzeug. Nicht zu nahe am Fort parkieren; nicht fotografieren. Brunnen mit gutem Wasser.

Man verlässt Madama in südwestlicher Richtung, nachdem man die Landepiste in diagonaler Richtung überquert hat, und steuert ein Benzinfass an, das an einem sandigen Abhang steht. Von hier an ist der Piste, obschon schlecht markiert, leicht zu folgen. Die ersten 40 km verlaufen in hügeligem Gelände. Nicht zu schnell fahren, der Wagen könnte sich leicht überschlagen...

Dann wird die Piste ziemlich sandig. Schöne Landschaft im Gebiet von Mabrous Timidinga, wo man zelten kann. Viele Gazellen. Wasser.

Dao Timni: Militärposten. Zoll- und Passkontrolle (noch mühseliger als in Madama). Nicht fotografieren in der Nähe des Forts. Man betritt Dao Timni im Süden und verlässt es nach Westen (den Weg durch das Militär anweisen lassen).

Weiterhin sandige Piste bis Seguedine.

Seguedine: Kleines Dorf im Schutze einer Mulde, mit einigen Palmen, am Fuss des Pic Zumri. Kein Treibstoff. Kein Hotel. Nur Lebensmittel einheimischer Art. Schachtbrunnen mit gutem Wasser. Beginn der Strecken 128, 130 und 131.

Nehmen Sie nie die Dienste eines Pseudo-Fremdenführers in Anspruch

---

→ Libyen im Kapitel 7.

Die Piste ist nur geeignet für Personen mit guter Wüstenerfahrung und Kenntnis der Fahrtechnik in weglosem Gebiet. Ein geländegängiges Fahrzeug — so leicht wie möglich — ist praktisch unerlässlich, da zahlreiche Sandzonen vorkommen, die mit einem normalen Wagen nur sehr schwer zu bewältigen sind. Vor der Wegfahrt in Umm-el-Araneb mit Reserven an Treibstoff, Wasser und Lebensmitteln sowie einem Kompass versorgen.

Wegfahrt in Umm-el-Araneb gegen Osten auf guter Wellblechpiste, am Lager des Bewässerungsprojektes vorbei, dann leicht gegen Norden wenden. Nach 10 km gelangt man an eine Gabelung, wo man links abbiegt. Man hat nun einen Tafelberg vor sich und zur Linken die Landwirtschaftshöfe des Bewässerungsprojektes. Man gelangt wieder auf die Asphaltstrasse und erreicht nach 4 km das Verbindungszentrum des Projekts und seine Moschee.

28 km nach Umm-el-Araneb geht die Asphaltstrasse bei den letzten Häusern zu Ende. Nun sind einige, zum Edeyin Murzuk (Ech Chergui) gehörende Dünen zu überqueren. Die Passage ist sandig und für normale Wagen schwierig. Der Gebrauch von Sandgittern ist fast unumgänglich. Einige Pfähle markieren das Trasse der neuen Asphaltstrasse nach Zouila (Richtung Südost).

Etwa 5 km nach dem Ende der Asphaltstrasse sind nur noch einige zerstreute Radspuren übrig. Die Piste folgt einer Dünenkette, auf denen Palmen wachsen.

14 km nach dem Ende des Asphalts gelangt man wieder an eine Verzweigung. Die südliche Piste wendet sich nach Gatrun (→ Strecke 126), die südöstliche Piste führt nach Terbou und Wau-el-Kebir. **Achtung:** Die Hauptpiste nach Wau-el-Kebir verläuft viel weiter nördlich über Zouila und Tmessa.

33 km nach dem Ende der Asphaltstrasse gelangt man in eine Zone mit Palmen und Gebüsch. Viel Sand.

Nach Kilometer 62 ist die Piste wieder gut erkennbar. Man gelangt in die Ortschaft Terbou. Man lässt sie rechts liegen und beschreibt einen grossen Bogen gegen Osten auf einen Tafelberg zu, den man ebenfalls rechts liegen lässt. Links der Piste befindet sich eine palmenbestandene Dünenkette.

Beim Kilometer 66, bei einer kleinen Ruine, nach Süden in ein Tal abbiegen. Gute Hartpiste.

Kilometer 75: Wieder eine Kurve, diesmal Richtung Südost.

Kilometer 81: Die Piste steigt auf den Djebel Umm-el-Adam, wo sie durch ein Steinmännchen bezeichnet ist. Obwohl die Wegzeichen seltener sind, ist die Piste leicht zu verfolgen, da die Hauptspur sehr deutlich ist.

Kilometer 113: Man verlässt die Hochfläche und fährt Richtung Südost in ein kleines Tal hinunter, dessen Boden aus Kies, Sand und Ton («Serir») besteht und ohne Schwierigkeit zu befahren ist.

Kilometer 146: Man gelangt wieder in ein Tal, das sich zwischen dem Plateau Graretel-Bgar zur Linken und den letzten Ausläufern des Djebel Ben Gnehma zur Rechten durchwindet. Wellblech, zuweilen stark ausgeprägt, jedoch keine grossen Schwierigkeiten.

Ab Kilometer 169 verengt sich das Tal. Die Piste steigt wieder auf eine Hochfläche. Markierung durch Steinmännchen. Serir-Piste (siehe oben) über eine Art Pass, gut unterhalten.

Man wendet sich nun nach Osten und lässt das Bergmassiv des Graret-es-Sebaa links liegen.

Kilometer 213: Man verlässt das Tal und nimmt die Gebirgsgegend des Rhormet Quoua-Quoua in Angriff. Ein Pass (Steinmännchen) in sehr schlechtem Zustand (viele

Steine, Hammada). Hier kommen nur Fahrzeuge mit grosser Bodenfreiheit und starkem Motor durch. Man wähnt sich in einer Mondlandschaft. Es ist nicht möglich, schneller als 30 km/Std. zu fahren.
3 km nach Beginn dieser Bergstrecke stösst man auf eine von Norden kommende, gut markierte Piste.
Kilometer 240: Man fährt über schwierige Hammada in das Tal des Wadi Zouila hinunter. Man nähert sich Wau-el-Kebir. Man beachte genau die kreuzenden Fahrzeuge. Handelt es sich um Landrover oder Unimog, so hat man unbedingt anzuhalten und zu warten. Der mit 12 Mann besetzte Militärposten von Wau-el-Kebir ist mit solchen Fahrzeugen ausgerüstet, die ununterbrochen in der Umgebung des Forts patrouillieren. Die Soldaten, die sich oft mit Rebellen aus dem Tschad konfrontiert sehen, haben äusserst angespannte Nerven. Man tut gut daran, bei einer Begegnung Geduld und eine korrekte Haltung zu zeigen, das bedeutet: keine brüsken Bewegungen, keine Weigerung bei Fahrzeugdurchsuchungen usw. Man melde ohne Aufforderung, dass man weder Waffen noch Whisky mitführt.
Begegnet man jedoch unterwegs keiner Militärpatrouille, so hat man sich bei Ankunft in Wau-el-Kebir unverzüglich beim Fort zu melden. Wenn der Kontakt hergestellt ist, kann man den Soldaten Aspirin oder andere Medikamente, die sie dringend benötigen, anbieten.
Kilometer 254: Die Piste ersteigt den Kraterrand von Wau-el-Kebir und führt 5 km weiter in den Kessel der Ortschaft hinunter.

Wau-el-Kebir: Militärposten. Anmelden.
Beginn der Strecken 141 und 142.

128. Seguedine - Chirfa   130 km

→Niger im Kapitel 7.
Die Piste ist markiert vom Kilometer 30 nach Seguedine an bis 13 km vor dem Sara-Pass und dann wieder vom Sara-Pass bis Chirfa. Die Wegzeichen bestehen aus Eisenpfosten mit Holz- oder Metalltafeln. Die Piste ist relativ leicht zu befolgen; sie führt im allgemeinen über sandiges, aber ziemlich gut befahrbares Gelände. Gegen Kilometer 30 gelangt man in eine sandige Zone — den Ostrand des Ténéré-Gebietes. Gelegentlich ist Einsanden am Grunde von Mulden möglich. Beim Kilometer 83 betrit man ein hügeliges Plateau mit sandigen Abhängen. Gegen Westen zeigt sich der alleinstehende Berg Oleki in etwa 25 km Entfernung. Beim Kilometer 93 überquert man auf dem Sara-Pass einen Felsgrat. Nach einem Sandsturm kann die Piste jenseits des Passes schwer auffindbar sein.

Chirfa: →Strecke 120.
Beginn der Strecke 129, Ende der Strecke 120.

129. Chirfa (Niger) - In Ezzane (Algerien) - Tin Alkoum -
Ghat   ca. 530 km

→Niger und Algerien im Kapitel 7.
Zur Beachtung: Diese schwierige Piste ist nur für Personen mit sehr guter Wüstenerfahrung geeignet. Der algerische Teil der Strecke ist eine Piste der Kategorie C, für die eine besondere Bewilligung des zuständigen Präfekten notwendig ist. Derjenige von Djanet ist nicht in der Lage, eine solche Bewilligung zu erteilen. Die Befahrung der Strecke erfolgt deshalb auf eigene Verantwortung und Gefahr. Von algerischer Seite werden keine Hilfsaktionen unternommen. Auf dieser Strecke muss im Geleit gefahren werden; fer-

ner sind Reserven an Wasser, Treibstoff und Lebensmitteln für 1 1/2 mal die Distanz Chirfa—Ghat mitzuführen.

Man verlässt Chirfa Richtung Nord und Djado und gelangt nach etwa 15 km zu einem Pass, den man an seiner tiefsten Stelle überquert. Eventuelle Fahrspuren einhalten. Weiterfahrt Richtung NNW über eine mit Steinen und kleinen Felsbrocken übersäte Ebene. Die letzten Wasserstellen finden sich bei Diaba und Orida (letzter und höchster Gipfel des Bergmassivs).

Nach etwa 35 km Fahrt im Geröll wendet man sich Richtung Ténéré und umfährt 2 Berge auf der Westseite und folgt dann in einer windigen Sandebene dem Rand eines Felsplateaus in Richtung Nord.

Etwa 100 km nach Chirfa fährt man wieder über einen Pass, der dem oben erwähnten ähnlich ist. Man erkennt ihn schon von weitem in östlicher Richtung. Die Piste setzt sich dann in einer steinigen Ebene fort, jetzt mehr oder weniger in Richtung West.

Nach 25 km Fahrt in einem nach NNW gerichteten Tal gewahrt man zur Rechten eine mit Steinmännchen bezeichnete Passage. Es ist jedoch besser, dem Tal noch ungefähr 5 km zu folgen und dann einen langen, sandigen Abhang hinunterzufahren. Weiterfahrt auf Fels Richtung Nord während etwa 60 bis 70 km. Als Orientierungspunkt dient ein dunkelfarbiges Bergmassiv, das man rechts umfährt.

Hier beginnen die eigentlichen Schwierigkeiten. Hat man den höchsten Punkt zwischen mehreren alleinstehenden Felsen erreicht, gelangt man zu einem fast schwarzen Felsen, der durch ein Steinmännchen markiert ist. Dieser Fels wird rechts umgangen, dann nimmt man eine sandige Steigung in Angriff, wo sich nach einigen Kilometern ein breites Tal öffnet. Man fährt an seinem linken Abhang weiter. Das Tal endet in einem sanderfüllten Kessel, in dessen Mitte zwei Felstürme aufragen. Man umfährt sie rechts und gelangt in eine Schlucht, deren Eingang sich ungefähr in gerader Linie gegenüber dem Punkt befindet, wo man den Kessel betreten hat. Man folgt dieser Schlucht (wo noch alte Dromedarspuren zu sehen sind) während 4—5 km und stösst dann auf eine grosse und zwei kleine Dünen, die das Tal in der ganzen Breite abriegeln. Man überquert sie linker Hand.

Am Ende der Schlucht erblickt man den Pic Aho (das Tal, das sich vom Fuss dieses Berges nach Osten erstreckt, führt zum «Passe de Salvador»).

4 km nach dem Pic Aho verlässt man das Tal über einen schwer erkennbaren Pass, der in ein breites, nach Norden gerichtetes Tal führt. Auch hier sind Kamelspuren festzustellen. Nach etwa 10 km mühsamer Fahrt erreicht man die algerische Grenze (Steinmännchen, kein Grenzposten).

2 km weiter kreuzt man eine gut unterhaltene Piste. (Es handelt sich um die Piste, die Djanet mit dem «Passe de Salvador» verbindet.) Man darf sich nicht durch sie verleiten lassen, da sie sich beiderseits der Kreuzung nach 80 km im Sand verliert. Sie muss trotzdem ein Stück weit nach links benützt werden. Man beschreibt einen Kreisbogen von 10—12 km. Dann verlässt man die Piste und fährt geradeaus weiter (gut sichtbare alte Piste). Nach etwa 4—5 km gelangt man zu einem alten Wegweiser aus Holz. Von hier aus setzt man die Fahrt in der Mitte des Oueds fort. Nach 6 km durchquert man eine sandige Zone, indem man soviel wie möglich links hält, und zielt dann auf einen etwa 8 km entfernten Felshügel, der auf der rechten Seite zu umgehen ist (Achtung! Nicht in das Tal links der Felsen fahren — die alte Piste In Ezzane—Djanet — man läuft Gefahr, den Weg zu verlieren). Jenseits dieses Hügels beginnt eine markierte Piste, die längs der Landepiste nach In Ezzane führt.

In Ezzane: Zerfallenes Fort. Schlechtes Wasser. Kein Militärposten. Keine Bewohner.

Nach In Ezzane führt eine gut bezeichnete Piste Richtung Nord, die nach 75 km in die Strecke 121 (Djanet—Ghat) mündet.

In Alkoum: →Strecke 121.

Ghat: →Strecke 121.
Beginn der Strecke 122, Ende der Strecke 121.

130. Seguedine - Dirkou   150 km

→Niger im Kapitel 7.

Diese Piste ist — obwohl nicht immer markiert — ohne Schwierigkeiten zu finden, da sie auf der ganzen Länge einer felsigen Steilwand entlangführt.

Bei der Wegfahrt in Seguedine folgt man den Spuren, die auf den Pic Zumri zustreben. Man lässt diesen im Westen liegen und fährt parallel zur Steilwand, die östlich der Piste in Nord-Süd-Richtung verläuft. Man sucht sich die beste Spur nach Süden, wobei man die Steilwand nicht aus den Augen verlieren darf. Die Strecke führt meist über ebene, zu Beginn noch harte, später immer weicher werdende Sandflächen. Will man die Hitze etwas vermeiden, so muss man so weit wie möglich von der Steilwand fahren. Diese hält nämlich den Wind zurück, so dass sich die Luftschichten an ihrem Fusse nicht abkühlen können. Weiter draussen spürt man wieder die «Frische» des Windes.

Kurz bevor man nach Dirkou kommt und bald nach Erreichen der Grünzone kann man einen Abstecher zum Arrigui-See machen. Er liegt wenige Kilometer links der Piste. Dabei muss man sich vor den Weichsandstellen in acht nehmen. Man betritt Dirkou von Süden her und fährt mit dem Wagen bis zur Tafel ARRET (Halt). Dahinter liegt Weichsand!

Dirkou: Militärlager. Pass- und sehr strenge Zollkontrolle (die Pässe werden bis zum folgenden Tag zurückbehalten). Grenzpassierscheinheft-Kontrolle. Das Militär versucht, für die Fortsetzung der Fahrt nach Bilma und Nguigmi einen Führer aufzudrängen. Es scheint, dass man sich diese teure Begleitung (zwischen sFr.150.— und 300.— / US-$86.— und 172.—) ersparen kann, indem man erklärt, dass man die Piste kennt und bereits befahren hat. Ausserdem muss eine Entlastungserklärung unterzeichnet werden. Versorgungsmöglichkeit: Bäcker, Metzger, Teigwaren; Normal-Benzin von schlechter Qualität ist bei dem libyschen Händler Jérôme erhältlich. Es wird in 200-Liter-Fässern verkauft (unsauber, weil Sand am Grund der Fässer), zum Preis von ungefähr Fr.CFA 150.— / US-$0.70 per Liter. Es empfiehlt sich, die Fässer vor dem Kauf zu prüfen, da sie bisweilen nur halbvoll sind. Der Händler verkauft auch Diesel-Treibstoff zum selben Preis. Beginn der Strecken 132 und 134.

---

131. Seguedine - Yei-Lulu (Niger) - Enneri Taho (Tschad) - Zouar - Faya-Largeau - Koro-Toro - Salal - Massakori - Massaguet - Diermaya - N'Djamena   1933 km

→Niger und Tschad im Kapitel 7.

Zur Beachtung: Zur Zeit ist nur der im Niger gelegene Teil der Piste für ausländische Fahrzeuge normal befahrbar. Zufolge der Unruhen im Tibesti sind die meisten Durchgangsstrassen im Tschad für ausländische Touristen verboten.

Seguedine - Yei-Lulu (Niger) - Enneri Taho - Zouar (Tschad)   460 km

Die Verbesserung eines Teils dieser Strecke ist der zweiten Mission Berliet im Jahre 1960 zu verdanken. Die Piste weist nun auf den ersten 300 km keine felsigen Stellen mehr auf. Sie verläuft weiter südlich und vermeidet die zwar mit Wegzeichen versehene aber sehr schwierige Piste über Itchouna und die Brunnen der Karawanenstrasse. Die Mission hat an sämtlichen wichtigen Richtungsänderungen Wegzeichen aufgestellt. Diese neue Route ist aber trotzdem nur geländegängigen Fahrzeugen mit vollständiger Ausrüstung zugänglich; auch muss im Geleit gefahren werden. Überdies ist die Begleitung eines Führers praktisch unerlässlich.

Man verlässt Seguedine im Osten. Bald zweigt in nordöstliche Richtung die Piste nach Madama ab (Strecke 126). Die Steilwand von Kaouar (Greh Azara) kann man durch einen sanft ansteigenden Einschnitt passieren. Dann verläuft die Piste auf einem flachen und harten, gut befahrbaren Reg (Kieswüste) in Richtung eines alleinstehenden

Felsens (Ehi Turba), den man im Süden umfährt. In der ganzen Gegend wurden zahlreiche Werkzeuge aus der Steinzeit gefunden.

Nach ungefähr 10 km genau südlich nimmt die Piste beim Wegzeichen 3 die Richtung OSO. Das Gelände bleibt ziemlich gut, gelegentliche Mulden mit weichem Sand. Beim Wegzeichen 4 neuer Richtungswechsel nach ONO.

Ungefähr beim Kilometer 230 erblickt man einen alleinstehenden Felsen (den Ehi Dohar), den man im Norden umfährt.

Am Gobo-Pass, beim Kilometer 265, verläuft die Piste nahe der Felsschranke. Der Boden wird sandiger, bleibt jedoch gut befahrbar.

In der Gebirgszone wird die Piste schwieriger. Fahrt über den Yei-Lulu-Pass. Von hier aus wendet sich die Piste nach Nordosten über Enneri Lulu. Es folgen abwechslungsweise Hochflächen und Oueds mit sehr weichem Boden. 20 km nördlich des Enneri Taho stösst die Piste auf die Nord-Süd gerichtete Piste von Sebha nach Zouar (Fezzan-Tibesti).

Die Piste führt nun wieder Richtung Süd zum Flussbett des Enneri Taho. Beim Brunnen von Bennmado geht das Gebirge in eine Hochebene mit etwas Vegetation über. Viele Gazellen und Antilopen. Im Hintergrund zeichnen sich die Gipfel des Tibesti ab, aus denen der Toussidé als höchster herausragt. Nach einer Biegung wendet sich die Piste genau östlich auf einem unebenen, aber nicht schwierigen Gelände und gelangt dann in die malerische Schlucht von Zouarke. Beim Austritt aus der Schlucht hat man Zouar, mitten in einer Mulde gelegen, vor sich.

Zouar: Wasser. Eingeborenen-Nahrungsmittel. Kein Treibstoff. Kein Hotel. Ausgangspunkt für den Besuch der zahlreichen Felszeichnungen in der Umgebung. Für den Besuch des Tibesti ist eine Bewilligung der Tschad-Regierung erforderlich.

Zouar - Faya-Largeau 525 km

Diese Piste ist markiert, aber sehr schwierig und kann nur von Fahrzeugen mit Vierradantrieb bewältigt werden; zudem bedarf es einer vollständigen Wüstenausrüstung und eines Führers. Nach Zouar ist die Piste steinig und hügelig während etwa 38 km und bessert sich dann. Einige felsige Passagen.

Kilometer 46: Man kreuzt die Piste von Kichi-Kichi; Wegweiser.

Beim Kilometer 58 liegt der verlassene Posten von Sherda mit einem ausgetrockneten Brunnen. Schwieriges Überqueren des Enneri Shera. Die Piste wird besser. Harter Boden, der keine Spuren zeigt. Man folgt den Wegzeichen.

Kilometer 126: Man überquert den Enneri Maro auf einer betonierten Furt.

Beim Kilometer 150 kommt man am Ehi Atroun, einem charakteristischen Tafelberg, vorbei, dem man auf der Ostseite entlangfährt.

In diesem Gebiet zweigen mehrere alte Pisten nach links ab. Rechts bleiben, auf der neuen Berliet-Piste.

Kilometer 285: Maraho, auch «Rond-Point de Gaulle» genannte Stelle, die auf dem Boden durch einen Kreis von Steinen bezeichnet ist. Die Pfeile geben die Richtung nach Zouar und Faya-Largeau an.

Von Maraho an und bis zum Kilometer 465 keine besonderen Schwierigkeiten. Trotzdem ist Vorsicht geboten wegen der Eselrücken und der durch Wasser entstandenen Rinnen.

Beim Kilometer 465 kommt eine Strecke auf kiesigem, aber festem Boden, der schnelleres Fahren gestattet. Man lässt die Pistenabzweigung nach Kirdimi links liegen. Wegweiser. Die letzten Kilometer sind sehr hügelig und verlangen langsame Fahrt. Viel Sand bei der Ankunft.

Faya-Largeau: Wichtigste Stadt des nördlichen Tschads, im Zentrum des Borkou-Gebietes. Zoll. Malerischer Markt. Lebensmittel. Treibstoff. Hotel «Chez Coussa».

Faya-Largeau - Koro-Toro **270 km**

Diese Route ist sehr schwierig und darf nur im Geleit mit geländegängigen, komplett ausgerüsteten Fahrzeugen befahren werden. Führer zu empfehlen.
Man verlässt Faya-Largeau durch eine Mulde mit versandeten Stellen.
Nach dem Kilometer 30 gelangt man auf eine Hochfläche mit gut befahrbarem Kies.
Vor Broulkou wird die Piste sehr gewunden. Der Brunnen von Broulkou, beim Kilometer 200, ist durch ein 200-l-Fass markiert, das zur Hälfte in den Sand gegraben und kaum sichtbar ist.
Südlich von Broulkou führt die neue Berliet-Piste durch den Erg Djourab, etwas westlicher als die frühere Route, und vermeidet damit die Fahrt durch die sehr beschwerlichen Dünen. Trotzdem muss man häufig die Entsandungsgitter benützen. Sandige Stellen wechseln ab mit trockenem Lehmbelag, was für das Fahrgestell sehr gefährlich sein kann.
Ab Kilometer 300 sind die Geleise vorangegangener Fahrzeuge sehr deutlich. Man fährt von der Hochfläche hinunter und trifft auf den Posten Koro-Toro.

Koro-Toro: Kein Hotel, jedoch primitive Unterkunftsmöglichkeit. Kein Treibstoff. Sehr gutes Wasser. Nur einheimische Nahrungsmittel.

Koro-Toro - Salal - Massakori - Massaguet - Diermaya - N'Djamena **678 km**

Nach Koro-Toro kommt man ziemlich flott voran. Einige schlechte Passagen. Deutliche Geleise durch die Savanne. Kilometer 202: Das Eingeborenendorf Salal. Die Piste ist gewunden und sandig bis Moussoro (Kilometer 395).

Moussoro: Bezirkshauptort. Treibstoff. Lebensmittel. Kein Hotel.

Die Piste wird noch etwas besser. Man passiert die Dörfer Massakori (Kilometer 529), wo man auf die vom Niger kommende Strecke 137 stösst, und Massaguet, wo die vom Sudan kommende Strecke 219 und die Strecke 337 einmünden, und trifft schliesslich auf die wichtige Strassenverbindung N'Djamena—Abéché—Khartum. Man biegt rechts ab nach N'Djamena.

Diermaya: Beginn der Strecke 337.
N'Djamena: →Strecke 78.
Beginn der Strecken 80, 220 und 342. Ende der Strecken 78, 137 und 219.
Tschad-See: Der 120 km nördlich von N'Djamena gelegene Tschad-See ist der Überrest des vorgeschichtlichen Tschad-Meeres, das sich bis zum Nilbecken erstreckte und eine Oberfläche von 300 000 km^2 aufwies. Im heutigen Zustand besitzt der See durchschnittlich 24 000 km^2, seine mittlere Tiefe beträgt 1,50 m, die Maximaltiefe 5 m. Sehr reiche Tierwelt. Da der See eine stark wechselnde Ausdehnung hat und im Süden von Sümpfen und im Osten von zahlreichen kleinen Inseln umgeben ist, erblickt man ihn kaum, und man kann sich ihm nur sehr schwer nähern.

---

132. Dirkou - Bilma   45 km

→Niger im Kapitel 7.
Keine besonderen Schwierigkeiten auf dieser kurzen Distanz. Der Sand trägt gut, und die Dünen sind leicht zu überqueren. Man fährt fast durchwegs in der Grünzone. Man nehme sich jedoch vor «abgebrochenen» Dünen in acht, zu welchen bisweilen Spuren hinführen. Diese Dünen sind scheinbar harmlos, enden aber oft in einem Steilabfall, wo der Wagen abstürzen könnte, wenn man nicht vorher zu Fuss auskundschaftet, was sich hinter dem Grat der Düne verbirgt. (→Skizze 7 am Ende dieses Buches).

Bilma: Oase. Lebensmittel. Gelegentlich Treibstoff (Verkauf in Fässern von 220 l durch libysche Händler). Man achte darauf, den Pumpenschlauch nicht zu tief in das Fass zu tauchen, da man sonst den Bodensatz mitbekommt. Die beste Lösung besteht natürlich im Filtern des Benzins.
Brot, wenig Lebensmittel. Gutes Quellwasser. Kein Hotel. Campinggelegenheit beim «Schwimmbad».
Zoll- und Polizeikontrolle sehr langwierig (vor allem nicht die Geduld verlieren!).

Eine Sehenswürdigkeit sind die Salzgärten, wo das Salz in grossen Löchern gewonnen wird, die aber mehr und mehr versanden (→Skizze 8 am Ende des Führers).

Bevor man Bilma verlässt, muss man sich bei der Polizei abmelden, unter genauer Angabe der Reiseroute und der vorgesehenen Reisezeit. Bei Verspätungen wird der Ankunftsort durch Radio benachrichtigt und eventuell Suchaktionen unternommen (auf Kosten des Verirrten).

Beginn der Strecken 133 und 135.

133. Bilma - Zoo Baba - Dibella - Agadem - Nguigmi ca. 600 km

→Niger im Kapitel 7.

Zur Beachtung: Eine der schwierigsten Pisten der Sahara, die nur nach gründlichen Vorbereitungen in Angriff genommen werden kann. Im Grunde genommen handelt es sich nicht um eine richtige Piste, sondern um einen nicht markierten Weg durch Sandflächen und über Dünen. Es gibt keine Spuren. Nur Reisegruppen mit guter Wüstenkenntnis und Fahrzeuge in einwandfreiem Zustand dürfen sich auf diese Strecke wagen. Ein Führer ist unerlässlich, selbst wenn dieser sFr. 150.— bis 300.— (US-$ 86.— bis 172.—) für seine Dienste verlangt. Die besten Führer sind die ehemaligen Militär-Führer. Man erkundige sich auf dem Militärposten.

Auf diese Piste darf man sich nur im Geleit von mindestens 2 geländegängigen Fahrzeugen begeben, die absolut fahrtüchtig und vollständig für Sandfahrten ausgerüstet sind. Das Entsandungsmaterial muss solide sein (vier Platten pro Fahrzeug). Sandleitern, Gitter und anderes leichtes Material genügen keinesfalls in diesem Gebiet. Am besten eignen sich robuste Platten aus Aluminium oder Eisen. Ferner sind ausreichende Reserven an Wasser, Lebensmitteln und Treibstoff mitzunehmen (Dauer der Fahrt mindestens 5 Tage, die Zeit für eventuelle Pannen nicht eingerechnet).

Bilma - Zoo Baba ca. 90 km

5—6 Stunden sind notwendig für diese Strecke, die keinerlei Wegzeichen aufweist. Es sind rund 25 zum Teil sehr schwierige Dünen zu überwinden. Die Weisungen des Führers sind genau zu befolgen. Die unterwegs auftauchenden Felsen sind links (östlich) zu umfahren. Man kreuzt mehrmals einen Karawanenweg.

Zoo Baba: Oase. Einige Strohhütten, etwas Gras und Dorngebüsch. Das Wasser ist trinkbar, sofern es gekocht wird. Freundliche, sehr arme Bevölkerung. Geschenke in Form von Medikamenten sind sehr willkommen.

Zoo Baba - Dibella ca. 120 km

Für diese Strecke werden 8—9 Stunden benötigt. Man verlässt Zoo Baba in nordöstlicher Richtung. Während ca. 20 km fährt man auf einem endlosen sandigen Abhang bergwärts. Dann lässt man ein Bergmassiv links liegen und überquert die erste Dünenkette, sobald dies möglich ist. Auf den nächsten 50 km folgen ziemlich leicht zu bewältigende Dünen. Das grösste Problem besteht darin, dass man nicht immer den günstigsten Ort wählen kann, um von der eben erstiegenen Düne hinunterzufahren. So hat man bisweilen den Eindruck, das Fahrzeug habe Lust, einen Kopfstand zu machen...

Nach Überquerung der Dünen erblickt man rechts einige Felsen. Dibella liegt westlich davon.

Dibella: Verlassene Oase. Schlechtes Wasser. Angenehmer Ort zum Übernachten.

Dibella - Agadem ca. 85 km

Wenn alles gut abläuft, legt man die Strecke in 4—5 Stunden zurück. Man fährt zuerst während 8 km in nordöstlicher Richtung, um sich dann genau nach Süden zu wenden. Nach etwa 1 Stunde Fahrt taucht am Horizont das Felsmassiv von Agadem auf, dem man sich nach ungefähr 3 Stunden Fahrt von rechts her nähert. In diesem Gebiet gibt es mehrere Wasserlöcher. Das beste befindet sich in der Nähe des zerfallenen Forts von Agadem. In der Umgebung von Agadem kommen zahlreiche versandete Seen vor, die mit Vorsicht zu befahren sind, da die Oberflächenkruste nicht immer für Fahrzeuge tragfähig genug ist.

Agadem: Altes, zerfallenes Fort. Schöner Palmenhain. Der Ort ist nicht dauernd bewohnt.

Agadem - Nguigmi   ca. 320 km

Sehr lange Etappe, die wenigstens 13—14 Stunden in Anspruch nimmt. Von Agadem fährt man direkt südlich, indem man einer Karawanenpiste in sehr schlechtem Zustand folgt. Sie ist von grossen Büschen überwachsen, die in den meisten Fällen umgangen werden müssen. Die Mehrzahl der Oasen an dieser Strecke, wie Ouyou Bezedinga, Koussa Arma, Bedouaram und Ndialegué liegen zurzeit trocken. Eventuell ist in Ngourti Wasser zu finden (Motorpumpe, das Militär ist gerne behilflich). Kurz nach der Oase Koufey zweigt links, Richtung Osten eine Piste nach Mao (Tschad) ab (→Strecke 137).

Nguigmi: Oase. Lebensmittel. Treibstoff (gelegentlich). Garage. Spital. Interessanter Markt, der aber nur wenig zu bieten hat. Kein Hotel. Zoll- und Polizeikontrolle. Nicht vergessen, eine Fotografier-Bewilligung ausstellen zu lassen.
Beginn der Strecken 137, 138, 139 und 140.

---

134. Dirkou - Wegzeichen 495 - Arbre du Ténéré   357 km

→Niger im Kapitel 7.
Diese Piste, obwohl von seltener Schönheit, ist unter keinen Umständen geeignet für Personen mit ungenügender Sahara-Erfahrung. Als Fahrzeuge kommen nur solche mit Allradantrieb in Frage. Sie müssen im Geleit von mindestens 2 Fahrzeugen fahren. Zudem hat man sich von einem «berufsmässigen» Führer begleiten zu lassen, den man bei der Verwaltung oder bei Dorfvorständen finden kann. Man hüte sich vor «Führern», die sich nur mit der Absicht anbieten, eine Gratisfahrt zu machen und nicht genügend Kenntnisse dieses weiten Wüstenterritoriums besitzen. Treibstoff, Wasser und Lebensmittel für die ganze Strecke bis Agadez (ca. 620 km) mitführen.
Man verlässt Dirkou in östlicher Richtung, indem man den «Kontrollturm» des Flugplatzes anvisiert. Von hier an ist die Piste in Abständen von 1 km markiert. Nach dem Verlassen des Militärgeländes ist bei den kleinen, weniger als 1 m hohen Dünen Vorsicht geboten (Einsanden). Die Fahrt geht weiter über viel Sand und schwierige Passagen bis zum Kilometer 68, wo eine Zone mit «Kameldorn» beginnt (Achtung: scharfe Dornen), die man nach etwa 20 km wieder verlässt.
Kilometer 129: Wegzeichen 495 und der Brunnen von Achegour (gutes Wasser; Ende der Strecke 363); Steilwand des gleichnamigen Hügelzuges (sandige Talfahrt; im Sand verborgene Steine).
Etwa beim Kilometer 152 macht die Linie der Wegzeichen einen leichten Bogen. Nicht nach rechts abweichen, wo man sich leicht verfahren könnte.
Ab Km 162 fährt man während etwa 10 km durch ein Gebiet mit «Kameldorn», das einige Weichsandstellen aufweist.
Ungefähr beim Kilometer 252 stösst man auf die «Düne 400», die links umfahren werden muss, wobei man sich von der Linie der Wegzeichen entfernt (ohne sie aus den Augen zu verlieren); die Passage ist sehr sandig. Etwa 10 km weiter kommt man wieder auf die Wegzeichen zurück. Von hier ab folgt man immer den Hauptspuren bis zum «Arbre du Ténéré».

Arbre du Ténéré: Der berühmte Baum besteht nicht mehr. Er fiel einem Absinken des Grundwasserspiegels und dann einem «Autounfall» zum Opfer. Sein Stamm wird im Museum von Niamey aufbewahrt. Man hat ihn durch

ein modernes «Kunstwerk» ersetzt, das den ehrwürdigen Baum durch eine Struktur von verschweissten Röhren versinnbildlicht, das schon von weitem sichtbar ist und den Brunnen des Ortes ankündigt. Sie trägt auch die Wegweiser in Richtung Dirkou und Fachi (→ Strecke 135).
Wasser in 55 m Tiefe.
Beginn der Strecke 136, Ende der Strecke 135.

135. Bilma - Fachi - Arbre du Ténéré 355 km

→Niger im Kapitel 7.
Sehr schwierige Piste, die nur mit leistungsstarken, geländegängigen Fahrzeugen befahren werden kann. Der Fahrer muss über eine gründliche Wüstenerfahrung verfügen. Ein Führer ist aber unerlässlich. Als solche kommen nur von der Verwaltung oder den Dorfvorständen empfohlene Personen in Frage. Man hüte sich vor «falschen Führern», die nicht genügend Geländekenntnis besitzen und sich nur eine Gratisfahrt nach Agadez verschaffen wollen.
Für die Ausfahrt aus Bilma lässt man sich den Weg durch die Oasenbewohner zeigen oder folgt der in der Skizze 8 am Schluss des Führers angegebenen Richtung. Zu Beginn fährt man auf den ehemaligen Leuchtturm des Flugplatzes zu. Dann folgt endloser Sand, mit zahllosen schwierigen Passagen, vor allem bei der Ausfahrt aus Bilma und vor der Ankunft in Fachi. Auf der ganzen Strecke sind etwa 40 Dünen zu überwinden. Die ganze Strecke ist durch Metallstangen gut markiert.

Fachi: Oase. Kein Treibstoff. Keine Lebensmittel. Palmenhaine und Salinen, die von den sesshaften Kanouri ausgebeutet werden. Diese leben sehr primitiv nach einer eigentümlichen patriarchalischen Ordnung. Zur Zeit der «Azalaï» (Salzkur) findet man nicht selten 200—300 Dromedare um den Brunnen versammelt.
Sehr schöner Palmenhain, wo man campieren kann.
Beginn der Strecke 364.

Der Rest der Strecke bis zum Arbre du Ténéré ist ebenfalls sehr schwierig. Da zahlreiche Dünen zu überqueren sind, ist mit einem grossen Treibstoffverbrauch zu rechnen. Man folgt weiterhin den Metallstangen.

Arbre du Ténéré: →Strecke 134.
Beginn der Strecke 136, Ende der Strecke 134.

136. Arbre du Ténéré - Tazole - Agadez 270 km

→ Niger im Kapitel 7.
Die Strecke ist auf der ganzen Länge gut markiert (bis zum Kilometer 70 durch Kilometerbaken, dann durch beiderseits der Piste aufgestellte Steine oder Fässer) und leicht zu befolgen. Keine besonderen Probleme. Die ersten 50 km legt man auf hartem, ebenem Sand zurück, der rasches Vorwärtskommen gestattet. Beim Kilometer 41, Abzweigung nach rechts einer Piste mit unbekanntem Ziel. Geradeaus fahren. Sich vor böigen Windstössen in acht nehmen.
Die folgenden 50 km werden auf hartem, steinigem Grund zurückgelegt. Nach diesem Abschnitt wechselt die Beschaffenheit der Piste häufig. Man findet bald Sand, bald Steine oder Staub, aber auch ein Stück sehr hartes Wellblech.

Tazole: Beginn der Strecke 363.

Anschliessend begegnet man wieder Sand auf rund 50 km, ohne besondere Schwierigkeiten, dann tiefe, von Lastwagen ausgefahrene Fahrrinnen. Die Piste durchquert eine Savannenlandschaft. Die letzten 50 km vor Agadez erfolgen auf Wellblech, abwechselnd mit Staubfeldern. Tiefe Rinnen.

Agadez: → Strecke 65.
Beginn der Strecken 67 und 68, Ende der Strecke 65.

137. Nguigmi (Niger) - Nokou (Tschad) - Mao - Massakori - N'Djamena — 647 km

→ Niger und Tschad im Kapitel 7.
Mit einem allradangetriebenen Fahrzeug bietet die Strecke keine Schwierigkeiten, ausgenommen die ersten 100 km nach Nguigmi sowie die Gegend von Mao mit sehr viel Sand, wo man aber durch Luftablassen gut durchkommt. Längs der Piste finden sich einige Dörfer. Die lokalen Märkte bieten Fleisch, Tomaten, Eier, Zwiebeln an. Die Ausreiseformalitäten des Nigers erfolgen in Nguigmi, die Einreiseformalitäten des Tschads in Mao. Man trifft in Massakori auf die von Seguedine kommende Strecke 131 und in Massaguet auf die vom Sudan kommende Strecke 219 sowie auf die Strecke 337.

N'Djamena: → Strecke 78.
Beginn der Strecken 80, 220 und 342, Ende der Strecken 78, 131 und 219.

138. Nguigmi - Gouré - Zinder — 602 km

→ Niger im Kapitel 7.
Diese Strecke stellt keine besonderen Probleme. Schlechter Asphalt bis Gouré (Beginn der Strecke 371), dann Piste.
Von Mainé-Soroa aus kann man die Strecke 77 (Kano—Maiduguri) in Damaturu erreichen. Piste bis Geidam, anschliessend Asphalt.

Zinder: → Strecke 67.
Beginn der Strecke 75, Ende der Strecken 67 und 73.

139. Nguigmi - Bosso (Niger) - Kukawa (Nigeria) - Maiduguri — ca. 361 km

→ Niger und Nigeria im Kapitel 7.
Sandpiste bis Kukawa, dann Asphalt bis Maiduguri. Für die Pistenstrecke ist ein Fahrzeug mit Vierradantrieb erforderlich. Die Einfuhr von olivgrünen Fahrzeugen nach Nigeria ist verboten.
Zur Beachtung: Die Überquerung des Komadugu-Flusses am Ausgang von Bosso ist nur in der Niederwasser-Periode möglich.
Variante in der Hochwasserzeit: Strecke 138 folgen bis Mainé-Soroa (Polizei- und Zollkontrolle des Nigers), dann nach links Richtung Geidam (Nigeria) abzweigen. Von hier aus führt eine Asphaltstrasse nach Damaturu (Strecke 77), von wo man Richtung Osten nach Maiduguri weiter fährt. Von Geidam besteht noch die Möglichkeit, auf einer schlechten Piste über Zari, Gubia und Magumeri nach Maiduguri zu gelangen.

Bosso: Kleiner Ort. Ausreisekontrolle durch Polizei und Zollorgane des Nigers.

Kurz nach Bosso überquert man den Komadugu-Fluss auf einer nur bei Niederwasser begehbaren Furt. Bis Kukawa führt die Strecke dem Tschadsee entlang, den man jedoch nicht zu Gesicht bekommt, da er durch einen Schilfgürtel verdeckt wird. Die Bevölkerung der Gegend lebt zur Hauptsache von der Fischerei und beachtet sehr alte Bräuche.

Kukawa: Kleiner Ort. Verproviantierung möglich! Sich bei den Dorfbehörden melden (wenn solche vorhanden...)

Von Kukawa fährt man zuerst auf einer Asphaltstrasse von Baga nach Osten. Nach 11 km erreicht man eine Kreuzung und fährt dann nach rechts auf einer ebenfalls geteerten Strasse nach Maiduguri.

Maiduguri: → Strecke 77.
Beginn der Strecken 78 und 79, Ende der Strecke 77.

140. Nguigmi - Termit Süd - Termit West ca. 400 km

→ Niger im Kapitel 7.
Diese schwierige Piste führt in eine der ärmsten Gegenden des Nigers. Im Verlauf der Fahrt hat man Gelegenheit, die reiche Fauna zu beobachten (vorwiegend Steinböcke, Antilopen und Gazellen).
Von Nguigmi bis Termit Süd folgt man dem Bett eines Trockenflusses auf einer unbezeichneten Piste in schlechtem Zustand. Die vorhandenen Spuren sind nur sehr undeutlich.

Termit Süd: Heute nicht mehr benützter Flugplatz an der Südspitze des Termit-Gebirges. Drei verlassene Gebäude, die zeitweise von Nomaden bewohnt sind. Die Gegend von Termit Süd ist sehr rauh und öde. Die Bewohner bekommt man nur selten zu Gesicht, sie sind sehr arm und oft krank. Medikamente sind willkommen.

Die Piste nach Termit West ist stellenweise sandig und fast überall sehr schlecht. Sie führt westlich dem Termit-Gebirge entlang nach Norden.

Termit West: Drei sehr verschmutzte Brunnen.
Ende der Strecke 364.

141. Wau-el-Kebir - Wau-en-Namus 126 km

→ Libyen im Kapitel 7.
Diese Piste kann nur von Personen befahren werden, die eine gründliche Wüstenerfahrung besitzen und über Fahrzeuge mit Vierradantrieb in einwandfreiem Zustand sowie das entsprechende Material verfügen. Ausserdem sind Vorräte an Wasser, Treibstoff und Lebensmitteln für die rund 1200 km lange Strecke bis zur Oase Kufra mitzuführen. Das Fahren im Geleit ist unerlässlich. Kreuzt man ein Fahrzeug, das ein Militärfahrzeug sein könnte, so hat man unbedingt anzuhalten und sich unaufgefordert anzumelden.
Man verlässt das Fort von Wau-el-Kebir nach Osten. Nach etwa 4 km ist eine Dünenkette zu überqueren. Die nach Süden verlaufende Piste führt nach Aozou im Tibesti (Tschad), ist aber zurzeit wegen der in Tibesti herrschenden Unruhen für Touristen verboten. Siehe unter Tschad im Kapitel 7.
Sobald man die Dünen hinter sich gelassen hat, durchläuft die Piste eine Kieswüste, die leicht zu befahren ist. Man folgt den Hauptspuren; eine durchgehende Markierung fehlt.
Beim Kilometer 56 von Wau-el-Kebir findet man eine von Amerikanern angelegte Bodenmarkierung. Der Pfeil nach Osten gibt die Richtung Wau-en-Namus an, derjenige nach Süden weist in Richtung Aozou. Gegen Westen zeigt ein Pfeil auf «Fantasie», einen Berggipfel im Hardusch-el-Aswed-Massiv. Der nördliche Pfeil schliesslich trägt die Buchstaben USAF, was zweifellos United States Air Force bedeutet.
Nach dieser Kreuzung, die man nach Osten verlässt, bleibt die Piste weiterhin gut, unterbrochen von einigen Wellblechabschnitten.
106 km nach Wau-el-Kebir beginnt ein Gebiet von schwarzer Vulkanasche. Die Piste steigt langsam auf Hügel von schwarzem Fels, wo auch einige Zonen mit weichem Sand vorkommen.
Beim Kilometer 122 gelangt man an eine Sebhka, wo man eiszapfenförmige Bruch-

stücke der Salzkruste findet. Die Spuren werden undeutlich und streben in allen Richtungen auseinander. Der Horizont ist kohlrabenschwarz, und bald erreicht man den Rand des Kraters von Wau-en-Namus.

Wau-en-Namus: Interessante geologische Erscheinung. Wau-en-Namus bedeutet «Fliegenkrater». Der Name passt ausgezeichnet, denn diese Plaggeister sind hier in der Tat unzählbar (Übernachten oben, etwas entfernt vom Kraterrand). Der Krater hat einen Aschengürtel (nicht befahrbar) von ca. 5 km Durchmesser. Im Zentrum befindet sich der eigentliche Vulkankegel, umgeben von drei grösseren und einem kleineren See. Hier gedeihen einige Palmen, ein Bild von unvergleichlicher Schönheit. Leider ist das Wasser salzig und nicht trinkbar. Der Ort ist unbewohnt.
Beginn der Strecken 143 und 144.

---

142. Wau-el-Kebir - B.U.C.   ca. 175 km

→ Libyen im Kapitel 7.
Selten befahrene Piste (durchschnittlich 4—5 mal pro Jahr). Es muss im Geleit von mindestens 2 vierradangetriebenen Wagen gefahren werden. Die Piste durchquert ein Serir-Gebiet (Kieswüste) unterbrochen von einigen Trockenflüssen. Sie ist in regelmässigen Abständen (ungefähr 1 km) durch 200-l-Fässer markiert.

B.U.C.: Wir kennen die genaue Bedeutung dieser Abkürzung nicht. Es handelt sich um die Kreuzung der Pisten Wau-el-Kebir—Kufra und Wau-en-Namus—Aozou (Tschad). Alle diese Pisten sind im Prinzip durch 200-l-Benzinfässer markiert. Keine Einwohner. Keine Lebensmittel. Kein Treibstoff. Kein Hotel.
Beginn der Strecke 145, Ende der Strecke 143.

---

143. Wau-en-Namus - B.U.C.   ca. 175 km

→ Libyen im Kapitel 7.
Schwierige, nicht markierte Piste. Nur geeignet für Personen mit grosser Wüstenerfahrung, die über ein Fahrzeug mit Vierradantrieb in einwandfreiem Zustand verfügen. Man verlässt Wau-en-Namus in Richtung SSW. Es besteht keinerlei Wegmarkierung in Richtung der Kreuzung B.U.C. Die eingeschlagene Richtung ist beizubehalten, bis man entweder auf die von der Oase Sebha kommende, markierte Piste oder auf eine Nord/Süd verlaufende, ebenfalls markierte Piste stösst. Beide Wege führen zur Kreuzung B.U.C. Etwa 7 km nach Wau-en-Namus hört der schwarze Boden auf. Man fährt ohne Schwierigkeit auf einem Serir von heller Farbe bis zur Kreuzung B.U.C.

B.U.C.: → Strecke 142.
Beginn der Strecke 145, Ende der Strecke 142.

---

144. Wau-en-Namus - Tazerbo - Bir-el-Harasc   ca. 520 km

→ Libyen im Kapitel 7.
Eine der äusserst selten benützten Pisten Libyens. Sie kann nur mit geländegängigen Fahrzeugen (im Geleit von mindestens 2 Wagen) in einwandfreiem Zustand und von Personen mit grosser Wüstenkenntnis befahren werden. Von dieser Piste ist uns nur so viel bekannt, dass sie nicht markiert ist und dass bis zur Oase Tazerbo mehrere Varianten möglich sind.

Tazerbo: Diese Oase besteht aus 5 bis 6 Dörfern mit rund 600 Einwohnern. Die Dörfer liegen 8—20 km voneinander entfernt. Man kann sich hier mit Wasser und etwas Gemüse (vor allem Tomaten und Zwiebeln) eindecken.

Von Tazerbo nach Bir-el-Harasc führt die Strecke über einen ebenen Serir. Es handelt sich mehr um vereinzelte Spuren als um eine eigentliche Piste. Keine Markierungen.

Bir-el-Harasc: Oase mit mehreren Schachtbrunnen. Wasserversorgung möglich.
Beginn der Strecke 148, Ende der Strecke 147.

145. B.U.C. - Hosenofu - Rebiana - Kufra ca. 800 km

→ Libyen im Kapitel 7.

Diese sehr abgelegene Piste darf nur von Personen mit sehr guter Wüstenerfahrung und vierradangetriebenen Fahrzeugen in ausgezeichnetem Zustand befahren werden. Selbstverständlich müssen auch die üblichen Reserven an Wasser, Treibstoff und Lebensmitteln mitgeführt werden.

Bis zum Djebel Eghei (oder Neghei in gewissen Karten) ist die Piste in Abständen von 1—3 km durch Fässer markiert.

Beim Kilometer 74 stösst man auf eine kleine Dünenkette, die keine Schwierigkeiten bietet. Nachher verläuft die Piste auf weichem Serir.

Kilometer 133: Man gelangt an eine Kreuzung. Ein mit Steinen am Boden markierter Wegweiser gibt die folgenden Richtungen an: Nach Süden: Aozou, 280 km (einige Spuren, keine Wegzeichen); nach Südosten: Eghei, 140 km; nach Nordwesten: Wau-el-Kebir, 300 km (→ Skizze 9 am Ende dieses Buches). 2 km nach dieser Kreuzung betritt man eine Gebirgsgegend. Rechts der Piste erhebt sich ein alleinstehender Tafelberg, der Gara Smeraldi, ein alter, erloschener Vulkan.

Anschliessend fährt man wieder ohne Schwierigkeit auf hartem Serir. Beim Kilometer 165 erreicht man wieder eine Kreuzung, hier mit Steinen bezeichnet: Richtung Nord: Wau-en-Namus (deutliche Spuren, aber keine Wegzeichen); Richtung Ost: Djebel Eghei. Richtung West: Wau-el-Kebir. In Richtung Südwest: Keine Bestimmung, jedoch deutliche Spuren Richtung Tibesti (→ Skizze 10 am Ende dieses Buches).

Die Piste setzt sich in einem breiten Tal fort. Der Boden ist meist hart mit einigen sandigen, aber leicht zu passierenden Stellen. Die Landschaft ist sehr schön: Schwarze Berge heben sich von hellem Sand ab.

Beim Kilometer 210 verengt sich das Tal, und man betritt einen Oued, der sich zwischen Bergen durchwindet. Die Piste ist nicht markiert, aber die Beschaffenheit des Geländes schliesst jedes Verirren aus. Leicht zu befahrende Sandstrecke, unterbrochen von Bodenwellen mit tiefen Fahrrinnen. In diesem Gebiet hat die Winderosion sehr schöne Felsformen geschaffen.

Kilometer 225: Das Tal weitet sich und die Wegmarkierung erscheint wieder.

Kilometer 236: Verzweigung. Die Wegzeichen führen in die Höhe, aber viele Spuren gehen im Wadi geradeaus weiter. Die markierte Piste gelangt auf eine Hochfläche, wo man beim Kilometer 256 einer dritten Kreuzung begegnet; die mit Steinen ausgelegten Pfeile geben an: Richtung Ost: Zouma (die nach Kufra einzuschlagende Richtung). Nach Süden: Baya (→ Skizze 11 am Ende dieses Buches).

Kilometer 262: Man betritt wieder ein Berggebiet auf einer sehr schlechten steinigen Piste, die durch weisse Steinpfosten markiert ist.

Kilometer 266: Wieder ein Pfeil aus Steinen am Boden. Die Bestimmung ist leider nicht mehr lesbar.

Kilometer 272: Man erreicht einen Pass (Zouma) und eine weitere Kreuzung. Nur in einer Richtung ein Pfeil: Gegen Osten, Richtung Eghei. Man findet auch Angaben nach Wau-el-Kebir (450 km) und Aozou (400 km).

Beim Kilometer 280 befindet sich wieder ein Pfeil am Boden: Er weist nach NNW und die Richtung — UAU —. Anschliessend ist die Piste so steinig, dass nicht mehr als 20 km/Std. gefahren werden kann.

Ab Kilometer 287 treten Fesch-Fesch-Zonen und Sandfelder auf. Grossartige Landschaft: Vom Wind merkwürdig geformte schwarze Felsen, umgeben von weissem Sand.

Beim Kilometer 303 erreicht man die berühmte «Kathedrale», einen eigentümlich zugeschliffenen Berg, so benannt durch den deutschen Reisenden Eberhard Klitzsch, einer der eindrücklichsten Orte der ganzen Strecke.

Kilometer 305: Auf alleinstehenden Felsen finden sich Felszeichnungen mit Darstellungen von Giraffen, Gazellen und Elefanten.
Die Fortsetzung der Strecke Richtung Hosenofu und Rebiana wird immer sandiger. Sie verläuft auf einem Hochplateau und ist nur mit leichten Fahrzeugen mit Vierradantrieb oder solchen mit sehr starkem Motor zugänglich.
Ab Kilometer 315 gelangt man wieder auf härteren Grund und verlässt die eigentliche Bergzone. Die Piste setzt sich auf einer Ebene fort, in der sich vereinzelte kleine Bergreste erheben. Man fährt ohne Schwierigkeit auf dem Serir, mit einigen sandigen Passagen.
Nach dem Kilometer 335 setzt die Wegmarkierung aus. Beim Kilometer 350 folgt ein 9 km langer Abschnitt von hartem Sand. Es handelt sich um die ersten Ausläufer des Rebiana-Sandmeers.
Vom Kilometer 359 an treten einige besonders weiche Fesch-Fesch-Zonen auf.
Kilometer 387: Schwierige Durchquerung eines Lavabrockenfeldes, das praktisch nicht zu umgehen ist, worauf eine etwas besser befahrbare Hammada folgt. Wegmarkierung durch kleine Steinmännchen.
Kilometer 398: Man betritt das Rebiana-Sandmeer. Die Dünenketten, erst noch durch Kieszonen getrennt, folgen sich bald ohne Unterbruch. Man fährt fast immer zwischen den Dünenketten und überquert diese nur selten. Wo der Sand sehr hart ist, kann man den zahlreichen Spuren folgen. Sobald aber weicher Sand auftritt, verschwinden die Spuren vollständig.
Kilometer 418: Eine Zone von sehr weichem und feinem Sand. Nur besonders kräftigen Vierradantriebsfahrzeugen gelingt es durchzukommmen. Auch bei grosser Geschwindigkeit sitzt man häufig im Sand fest.
Kilometer 463: Der pyramidenförmige Berg von Hosenofu taucht auf, und beim Kilometer 465 kann man sich nach dem Skelett eines «sitzenden» Kamels orientieren (das schon von E. Klitzsch in seiner Beschreibung von 1962 erwähnt wird). Man erreicht den Brunnen von Hosenofu beim Kilometer 474.

Hosenofu: Rechteckiger Schachtbrunnen, einige Kilometer westlich des gleichnamigen Berges. Kamel- und Ziegenskelette. Wüstenfüchse. Trinkwasser in etwa 10—20 m Tiefe.

Vom Brunnen bis zu den Dünen sind ungefähr 10 km Fesch-Fesch zu durchqueren. Dann folgt eine Strecke von 16 km in nordöstlicher Richtung, gegen den Nordrand der Hochfläche hin. Man fährt zwischen zwei Dünenketten auf ziemlich festem Grund.
Kilometer 576: Man erblickt das Plateau von Rebiana, vor dem ein kleiner, pyramidenförmiger Berg aufragt. Der Brunnen von Rebiana ist von sehr weichem Sand umgeben.

Rebiana: Brunnen. Kleine Oase. Wasser. Einige Lebensmittel. Kein Treibstoff.

Von Rebiana führen zwei Wege nach Kufra. Die nachstehend beschriebene Strecke ist die kürzere, aber auch schwierigere. Sie führt ausschliesslich durch ein Dünengebiet, während die andere Route (ca. 60 km länger) nur 40—50 km Sand durchquert.
Man verlässt Rebiana Richtung Süd und fährt über ein ausgedehntes Sandfeld. Beim Kilometer 13 folgt man auf etwa 1000 m einer Düne in südwestlicher Richtung. Von Kilometer 14 bis 17 sind mehrere Dünenketten auf schwierigen Passagen zu überwinden. Sodann nimmt man Kurs auf einen Tafelberg, den man rechts (westlich) umfährt. Es folgt eine Fesch-Fesch-Zone, worauf man ab Kilometer 26 wieder einer Dünenkette folgt. Nun fährt man gegen Nordosten. Nach etwa 10 km auf feinem weichem Sand zwischen zwei Dünenketten überquert man eine dieser Ketten in südlicher Richtung. Bis zum Kilometer 62 überwindet man so noch weitere Dünenketten, dort, wo es jeweils am besten erscheint.
Beim Kilometer 62 ist das Ende des Dünengebiets erreicht, und man kommt wieder auf harten Grund. Man fährt zwischen den Dünen und den Bergen und stösst dann auf ein

7 km breites Sandmeer. Auf dieser ganzen Strecke ist die Orientierung sehr schwierig, um so mehr, als die Spuren fortwährend durch den feinen Sand verdeckt werden. Beim Kilometer 78 ist ein Pass zu überwinden. Viel Fesch-Fesch, schwieriger Anstieg, da der kleinste Windstoss alle Unebenheiten mit Sand ausfüllt und den harten Grund der Piste verdeckt. Nach den Spuren scheint es, dass die leichten Fahrzeuge den Pass vermeiden, indem sie in nordöstlicher Richtung über die Dünen fahren. In ständigem Auf und Ab geht die Fahrt bis zum Kilometer 103 weiter, bald auf hartem Grund, bald in äusserst weichem Fesch-Fesch, was die Fahrer wie auch die Fahrzeuge auf eine harte Probe stellt.

Beim Kilometer 103 ist ein grosses Sandfeld talwärts in Richtung Ost zu durchqueren, dann folgt wieder Serir von guter Festigkeit und, ab Kilometer 105, Wellblech. Die Piste ist wieder leicht erkennbar; zahlreiche Spuren schliessen sich an.

Vom Kilometer 131 bis Kufra sind noch einige Sandstellen zu durchqueren.

Kufra: Zu dieser Oase gehören mehrere Dörfer, wovon El Giof das grösste ist. Lebensmittel. Treibstoff. Hotel. Reisende, die beabsichtigen, Richtung Sudan weiterzufahren, müssen hier die libyschen Ausreiseformalitäten erledigen (Zoll, Kontrolle der Pässe und der Wagenpapiere, Rückgabe der libyschen Kontrollschilder). In El Giof ist auch die Bewilligung zur Fortsetzung der Fahrt nach dem Süden einzuholen, die nur sehr schwer erhältlich ist. Leider bieten die Kufra-Oasen nicht mehr viel Sehenswertes, da der Beton überall die traditionelle Bauweise verdrängt hat. Nur die Seen im Osten und Westen der Oase lohnen einen Besuch. Beginn der Strecke 150, Ende der Strecke 148.

146. Bu-Gren - Sirte - Es Sider - Ajedabya   546 km

→ Libyen im Kapitel 7.
Asphaltstrasse, stellenweise ziemlich schmal und gewunden.

Sirte: Kleine Stadt. Lebensmittel. Treibstoff. Hotel im Lokalstil.
Es Sider: Dorf. Treibstoff (unsicher).
Ajedabya: Städtchen. Lebensmittel. Treibstoff. Hotel im Lokalstil.
Beginn der Strecken 147 und 149.

147. Ajedabya - Augila - Galio - Bir-el-Harasc   ca. 730 km

→ Libyen im Kapitel 7.
Asphaltstrasse bis Galio, dann nicht durchwegs markierte Piste. Für diese Strecke sind bis zur Oase Kufra ausreichende Wasser-, Lebensmittel- und Treibstoffreserven mitzuführen, da keine Versorgungsmöglichkeit besteht.

Die ersten 228 km der Strecke sind, wie erwähnt, asphaltiert und stellen grundsätzlich keine Probleme. Nur die Versorgung mit Treibstoff kann in Frage gestellt sein, da die genannten Orte nicht regelmässig Nachschub erhalten.

Augila: Palmenhain. Wasser. Lebensmittel. Treibstoff (unsicher).
Galio: Palmenhain. Wasser. Lebensmittel. Treibstoff (letzte Tankstelle vor Kufra). Anmelden bei der Polizei. Moderne Bauten. In Galio ist die Asphaltstrasse zu Ende.

Nach Galio durchläuft die Piste einen Serir, der keine Probleme an den Fahrer stellt. Wegzeichen fehlen, es ist jedoch unmöglich, die Piste zu verlieren, da sie bis Megid der Ölleitung folgt.

Megid: Erdölförderungslager. Wasser findet sich 12 km westlich des Lagers. Motorpumpe.

Nach Megid verläuft die Piste in südlicher Richtung, zwischen dem Calansho-Serir im Westen und der Calansho-Sandwüste im Osten. Sie ist alle Kilometer markiert durch 2 m hohe Stangen, auf denen 1 m lange Bleche horizontal befestigt sind.

Sarir: Erdölförderungsstation. Einige Kilometer südlich von Sarir befindet sich eine Wellblechhütte aus der Zeit der italienischen Besetzung, die als Orientierungspunkt dienen kann.

Die Piste setzt sich auf dem Serir fort bis zur Abzweigung nach rechts zur Oase Bir-el-Harasc, die etwa 25 km westlich davon liegt. Reisende nach Kufra fahren bei dieser Verzweigung geradeaus.

Bir-el-Harasc: → Strecke 144.
Beginn der Strecke 148, Ende der Strecke 144.

---

148. Bir-el-Harasc - Kufra ca. 180 km

→ Libyen im Kapitel 7.
Leider besitzen wir keine detaillierte Beschreibung dieser Piste, die ziemlich schwierig ist und einige sehr sandige Stellen aufweist. Für diese Strecke sind daher unbedingt geländegängige Fahrzeuge in einwandfreiem Zustand und sehr gute Wüstenerfahrung notwendig.
Was die Orientierung betrifft, wird diese Piste, obwohl sie nicht markiert ist, keine besonderen Schwierigkeiten bieten: Sie folgt zuerst dem im Nordosten aufragenden Djebel el Gardeba und führt dann durch eine Art Engpass zwischen dem Djebel Fadil im Westen und dem Djebel el Hauaisc im Osten. Darauf wendet sie sich genau südlich in Richtung Kufra, wobei sie unterwegs den Garet-el-Giaheid westlich umgeht.

Kufra: → Strecke 145.
Beginn der Strecke 150, Ende der Strecke 145.

---

149. Ajedabya - Benghazi - El Merj - El Beida - Derna - Tobruck - Musa'ad (Libyen) - Soloum (Ägypten) - Mersa-Matrouh - El Alamein - Alexandria 1269 km

---

→ Libyen und Ägypten im Kapitel 7.
Zur Beachtung: Die libysch-ägyptische Grenze ist nicht immer offen. Die Schliessung oder Öffnung der Grenze ist abhängig vom jeweiligen Stand der politischen Beziehungen zwischen diesen beiden Ländern.
Gute Asphaltstrasse, stellenweise schmal und kurvenreich. Starker Lastwagenverkehr.

Benghazi: 145 000 Einwohner. Alle touristischen Erleichterungen. Zweitgrösste, moderne Stadt des Landes und wichtiger Hafen, gegründet 446 v. Chr. durch einen Bruder des Königs von Kyrene.
El Merj: Kleine Stadt. Treibstoff.

Ein lohnenswerter Abstecher von 29 km führt zu den Ruinen von Ptolemais in der Nähe des Dorfes Toulmeitha am Mittelmeer.

Ptolemais: Früher Hafen von Barca (alter Name von El Merj), gegründet im 6. Jh. v. Chr. Von dem ägyptischen König Ptolemäus I. zur Stadt erhoben, von den Griechen und dann von den Römern besetzt, kam sie später unter die Herrschaft von Byzanz und schliesslich der Araber. Um das Jahr 1050 verschwand die Stadt von der Bildfläche.
Alle diese Herrschaftsperioden hinterliessen ihre Baudenkmäler, deren Ruinen noch heute besichtigt werden können. Man findet hier ein griechisches Theater, römische Villen mit schönen Mosaiken, zwei römische Theater und ein Amphitheater sowie einen kleinen byzantinischen Palast.
El Beida: Moderne Stadt. Lebensmittel. Treibstoff. Hotel.
Unweit von El Beida befinden sich die Ruinen von Kyrene.
Kyrene: 631 v. Chr. durch griechische Einwanderer (von der Insel Santorin) gegründet. Die Stadt gewann rasch an Bedeutung, so dass sie 200 Jahre später als die zweitgrösste des griechischen Reiches galt. 115 und 116 n. Chr. durch die Juden geplündert, wurde sie im 3. Jh. durch ein Erdbeben endgültig zerstört. Zahlreiche griechische Bauten sind in gutem Zustand erhalten (Apollotempel, Theater, Zeustempel usw.).
Tobruck: Kleine Stadt. Lebensmittel. Treibstoff. Hotel.

Musa'ad: Dorf. Libyscher Grenzposten.

Soloum: Dorf. Ägyptischer Grenzposten.

Mersa Matrouh: 12 000 Einwohner. Lebensmittel. Treibstoff. Hotels.
Hübsches, sehr schön gelegenes Städtchen.
Falls man durch die Grenzbehörden die Bewilligung erhält, kann man in die 306 km südöstlich gelegene Oase Siwa fahren.

El Alamein: Dorf. Soldatenfriedhöfe der berühmten Schlacht von El Alamein (1942).

Alexandria: 1 800 000 Einwohner. Lebensmittel. Treibstoff. Hotels. Die 331 v. Chr. durch Alexander den Grossen gegründete Stadt ist einer der wichtigsten Handelshäfen des östlichen Mittelmeers. Herrliche Sandstrände (siehe auch Strecke 154).

Sehenswürdigkeiten: Pompejus-Säule, die Katakomben von Kom el Chougaia, das Museum griechisch-römischer Altertümer, das Fort Kait, an der Stelle des berühmten Leuchtturms von Alexandria (der zu den sieben Weltwundern des Altertums zählte), das hydrobiologische Institut und das Museum im Palast Montazah.
Beginn der Strecken 154 und 155.

150. Kufra - Djebel Uweinat (Ain Zueia und Ain Doua) ca. 325 km

→ Libyen im Kapitel 7.

Die Befahrung dieser Piste stellt mit Ausnahme von einigen schwierigen Dünenpassagen keine grossen Probleme. Trotzdem ist gute Wüstenerfahrung und ein allradangetriebenes Fahrzeug in ausgezeichnetem Zustand unerlässlich. Starker Lastwagenverkehr (verglichen mit anderen Wüstenstrecken) zwischen Kufra, Djebel Uweinat und El Fasher (Sudan).

Bevor man die Oase Kufra verlässt, ist Proviant, Wasser und Treibstoff für ungefähr 1500 km einzukaufen, da die nächsten Versorgungsmöglichkeiten für Proviant und Treibstoff sich erst im Sudan, in Dongola oder El Fasher, befinden. Anderseits ist Dieseltreibstoff zurzeit im Sudan praktisch nicht erhältlich. Für Besitzer von Dieselfahrzeugen empfiehlt es sich daher, in Kufra soviel Treibstoff wie möglich zu tanken. In Kufra sind ferner die für die Weiterfahrt in den Sudan notwendigen Bewilligungen (nur sehr schwer erhältlich) einzuholen. Schliesslich müssen in Kufra noch alle Ausreiseformalitäten erledigt und die beim Eintritt in Libyen ausgehändigten provisorischen Nummernschilder zurückerstattet werden.

Man verlässt Kufra (El Giof) in Richtung SSW und fährt beim Lager der Bewässerungsfirma vorbei. Die allgemeine Richtung zielt nach El Tallab. Der Djebel Attalab wird rechts umgangen: Man fährt ungefähr 10 km nach Südosten, überquert die Hügelketten und gelangt auf Sandfelder und schliesslich auf die Kieswüste (Serir).

Die Piste ist in Abständen von 1 km durch Eisenpfähle markiert. Die Spuren sind auf fast 5 km Breite wahrzunehmen, sie verschwinden jedoch ziemlich bald. Man vermeidet die Lastwagenspuren, die sich zu weit von der Piste entfernen. Meist handelt es sich um Schmugglerfahrzeuge, die den Grenzposten von Uweinat umgehen und weiter im Süden die sudanesische Grenze überqueren.

Zwischen Kufra und Uweinat sind vier Dünenketten zu traversieren. Die letzte, 25 km vor Uweinat, die sogenannte Archenu-Düne, ist 10 km breit und am schwersten zu bewältigen, da sie mit zahlreichen Weichsandzonen durchsetzt ist. Man findet die beste Durchfahrt jedoch ziemlich leicht.

Der Djebel Uweinat ist ein aus der weiten Ebene aufragendes Gebirgsmassiv. Grossartige Landschaft. Besonderes Interesse bietet der Berg für Prähistoriker, da sich in seiner Umgebung zahlreiche Werkzeuge und Felszeichnungen finden.

Ain Zueia (Dj. Uweinat): Wasser. Polizeiposten. Das Wasser wird in einer 3 km langen Leitung vom Djebel Uweinat herzugeführt. Libysche Ausreiseformalitäten.
Beginn der Strecken 151 und 152.

Ain Doua (Dj. Uweinat): Wasserstelle, 11 km östlich von Ain Zueia, am Südfuss des Djebel Uweinat.

151. Djebel Uweinat (Libyen) - Nukheila (Sudan) - El Atrun - Wadi Howar - El Fasher   ca. 1110 km

→ Libyen und Sudan im Kapitel 7.

Nur Personen mit grosser Wüstenerfahrung, ausgerüstet mit sehr starken Geländefahrzeugen in einwandfreiem Zustand, dürfen sich auf diese Piste wagen. Es muss im Geleit gefahren werden. Eine Karte im Massstab 1:500 000 sowie die entsprechenden Luftaufnahmen leisten ausgezeichnete Dienste (zu beziehen bei der Firma Leerco, Salt Lake City, USA). Diese Unterlagen sind jedoch nur für den nördlichen Sudan verfügbar. Für den südlichen Teil besteht eine Kartenserie im Massstab 1:250 000, herausgegeben vom «Survey Department» in Khartum. Die Karten sind älteren Datums und sehr schwer erhältlich.

Man verlässt den Djebel Uweinat (Ain Zueia) in südlicher Richtung und fährt einem Bergrücken entlang, der sich links der Piste befindet. Unmittelbar nach diesem Berg wendet man sich nach Osten und durchquert ein Gebiet mit Dünen und Steinen.

Dann setzt man den Weg in südlicher Richtung fort, bis man zu einem Korridor zwischen zwei Dünen kommt, an dessen Ausgang man nach links in nordöstlicher Richtung weiterfährt. Man erreicht die Senke von Nukheila nach einer Distanz von ungefähr 400 km. Diese Piste wurde im Jahre 1925 vom Prinz Kemal-el-Din zurückgelegt.

Nukheila: Oase mit einem See und Palmen. Sehr schöne, unbewohnte Gegend. Ende der Strecke 379.

Die anschliessende Strecke bis El Atrun (150 km) durchläuft zunächst in Richtung SSW ein kiesbedecktes Gebiet, wo nur wenig Dünen auftreten. Man bemerkt noch alte Spuren.

Die Piste wendet sich später Richtung Süd, dann SSO. Man durchquert im «Slalom» ein Gebiet, übersät mit grossen Steinblöcken, zwischen denen sich weicher Sand ausbreitet. Von Zeit zu Zeit stösst man auf ein Steinmännchen als Wegmarkierung. Kurz vor El Atrun zeigen sich zur Linken (östlich der Piste) einige Berge mit eigentümlichen Felsformen, dann folgt eine Kette von Wanderdünen, die nicht immer leicht zu traversieren sind.

El Atrun: Sträucher, eventuell Wasser (die Pumpstation funktioniert nicht). Eine neue Anlage sowie ein Polizeiposten sollen noch in diesem Jahr gebaut werden. Zurzeit ist der Ort unbewohnt, doch da es sich um einen bedeutenden Karawanen-Kreuzpunkt handelt, trifft man bisweilen einige Nomaden.

Südlich von El Atrun benützt jede Nomadengruppe ihre eigene Karawanenpiste zu den weiter im Süden gelegenen Weidegründen. Diese Pisten sind zu meiden, da sie meist in einer Sackgasse enden.

Die von den Lastwagen befolgte Piste verlässt El Atrun in südöstlicher Richtung und biegt dann nach SSW ab. Man fährt über weite, sandige Flächen mit sehr spärlichem Graswuchs. Nach 90 km erreicht man Wadi Howar.

Wadi Howar: Grosse Bäume. Wasser. Pumpstation ausser Betrieb.

Zwischen dem Wadi Howar und dem Wadi Magrur sind ausgedehnte Sandflächen zu durchqueren. Die gelegentlich auftretenden Dünenketten werden leicht bewältigt.

Wadi Magrur: Wasser. Kulturen. Bevölkerung. Sehr malerischer Ort.

Nach Wadi Magrur folgt die Piste dem Cañon der Meidob Hills Richtung Malha (40 km). Sehr schöne Landschaft.

Malha: Krater, in dessen Mitte sich ein See befindet.

Von Malha bis El Fasher ist die Piste markiert aber in sehr schlechtem Zustand (Staub, Schlaglöcher). Immerhin kann sie auch von normalen Fahrzeugen befahren werden.

Mellit: Wasser. Polizei (anmelden!). Einreiseformalitäten für den Sudan. Der Posten ist nicht immer besetzt; man muss daher bisweilen nach Nyala (Strecke 218) weiterfahren, da El Fasher keinen Zollposten besitzt.
El Fasher: Provinzhauptstadt. Post. Flugplatz. Bank. Restaurants. Markt. Ersatzteil-Geschäfte. Rationierter Treibstoff. Wasser. Kein Zollposten.
Beginn der Strecken 217 und 218, Ende der Strecken 216 und 378.

152. Djebel Uweinat (Libyen) - Selima (Sudan) - Abu Hamid ca. 620 km

→ Libyen und Sudan im Kapitel 7.
Bis zur Oase Selima verläuft diese Strecke ausserhalb markierter Pisten. Gründliche Wüstenerfahrung und Geländefahrzeuge in einwandfreiem Zustand sind daher unerlässliche Voraussetzung. Es muss auch im Geleit gefahren werden. Bis Dongola (→ Strecke 173) ist keine Treibstoffversorgung möglich.
Man verlässt Djebel Uweinat (Ain Zueia) in östlicher Richtung. Nach 30 km wird die libysche Grenze, gekennzeichnet durch eine Metalltafel, erreicht. Die deutlichsten Spuren verlaufen gegen Osten, dann mehr und mehr gegen Norden. Diesen Spuren nicht weiter folgen, sondern zwischen dem Djebel Uweinat, den man links hinter sich lässt, und dem Djebel Kissu zur Rechten in Richtung Osten fahren (der Djebel Kissu ragt südöstlich des Djebel Uweinat steil aus der Ebene). Der Boden ist anfänglich sehr steinig. Man fährt weiter nach Osten und erreicht etwa beim Kilometer 230 zwei Dünenketten (Barchane, Sicheldünen), die man nördlich umfährt, an der Stelle, wo dies am leichtesten scheint.
Unmittelbar hinter diesen Dünen befindet sich ein aufgegebenes Treibstofflager (Ölfässer und Treibstoffkanister (4 Gallonen) mit Aufschrift «Air Fuel»).
Weiterfahrt in Richtung OSO. Man folgt einer Markierung von Eisenstangen und Benzinkanistern.
Beim Kilometer 410 gelangt man auf eine alte Karawanenpiste, die «Strasse der 40 Tage». Diese Piste ist im Abstand von 2 km durch Benzinkanister mit der Aufschrift «Air Fuel» markiert. Sie verläuft auf etwa 30 km nach Osten, dann Richtung Nordost und erreicht 50 km nach dem Richtungswechsel die Oase Selima.

Selima: Aufgegebene Oase. Brunnen und Palmen. In dieser Gegend findet man Sandrosen.
Beginn der Strecke 379, Ende der Strecke 341.

Von Selima zum Nil sind 130 km schlechter Piste zurückzulegen. Sie führt in gerader Linie nach Südosten. Zu Beginn sind zahlreiche Felsstufen zu überqueren, anschliessend Sandfelder und Serir.
Die letzten Kilometer vor dem Nil sind gebirgig. Der Berg Abri auf dem Ostufer des Nils kann als Bezugspunkt dienen, da er von weit her sichtbar ist.

Abu Hamid: Malerisches Dorf, freundliche Bevölkerung. Grossartige Landschaft.
Beginn der Strecke 172, Ende der Strecke 169.

153. Djebel Uweinat (Libyen) - Djebel Kissu (Sudan) - Sesibi ca. 670 km

→ Libyen und Sudan im Kapitel 7.
Wie die meisten in diesem Gebiet beschriebenen Strecken verläuft auch diese ausserhalb bezeichneter Pisten. Um Risiken soweit wie möglich auszuschliessen, muss man über

ein geländegängiges Fahrzeug in tadellosem Zustand sowie eine gründliche Wüstenerfahrung verfügen und ausserdem im Geleit von mindestens 2 Wagen fahren.
Von Djebel Uweinat (Ain Zueia) ausgehend, steuert man den steil aufragenden Djebel Kissu an, den man im Süden umfährt.
Beim Kilometer 40 dreht man gegen Südosten. Beim Kilometer 66 beginnt eine kleine NO/SW-orientierte Bergkette. Beim Kilometer 72 ist ein niedriger Pass zu überwinden und, 1 km weiter, einige Dünen.
Anschliessend wenden sich die Spuren immer mehr gegen Süden und verlaufen sich in einem sehr sandigen Gebiet, in welchem einige Hügel aufragen.
Die allgemeine Richtung der Spuren ist nun SSE. Es handelt sich zweifellos um die 1925 von Prinz Kemal-el-Din befolgte Piste (→ die Generalkarte Afrikas im Massstab 1:1 Mio, Blatt NF 35, UWEINAT).
Beim Kilometer 100 beginnt eine Hügelzone, deren Durchquerung keine Probleme stellt, wenn das Fahrzeug eine genügend hohe Bodenfreiheit besitzt. Zahlreiche Fahrrinnen.
Etwa beim Kilometer 180 werden die Fahrspuren immer schwächer und verschwinden schliesslich ganz, so dass der Kompass zu Hilfe genommen werden muss. Man fährt in östlicher Richtung weiter.
Beim Kilometer 275 zeigt sich wieder eine Kette von Barchanen (niedrige Sichel-Dünen) auf hartem Grund, die man ohne Schwierigkeit nach 6 km in südlicher Richtung überqueren kann.
Fortsetzung der Fahrt auf bald sandigem, bald steinigem Grund. Beim Kilometer 360 kreuzt man die NNO/SSW-orientierte Piste Selima—Laqiya-el-Arbain (Strecke 379).
Bei Kilometer 376 ist eine flache Düne zu überqueren, dann folgt ein steiniges Gelände bis zum Kilometer 400, wo sich wieder einige flache Dünen befinden.
Bei Kilometer 440 stösst man wieder auf eine ca. 10 km breite Kette von Barchanen.
Um das Einsanden zu vermeiden, folgt man den Korridoren mit hartem Grund zwischen den Dünen. Anschliessend gelangt man auf Sandsteinschichten, die nach Osten abfallen, unterbrochen von sandigen Tälern. Man hält so gut wie möglich die östliche Richtung bei, was nicht immer leicht fällt, da die Hammadas zwischen den Tälern von grossen Steinen übersät sind, denen man ständig ausweichen muss. Auf diesem Streckenabschnitt kann man praktisch nicht schneller als 20 km/Std. vorwärts kommen.
Ab Kilometer 485 fährt man während rund 50 km durch eine Art von «versteinertem Wald», und eine Hammada von aussergewöhnlichem Farbenreichtum. Die Hammada setzt sich fort bis zum Nil, unterbrochen von sandigen Tälern und kleinen Restbergen. Das letzte Drittel der Strecke ist sehr mühsam.
Bei Kilometer 667 zeigen sich die ersten Spuren Richtung Süden und Dongola. Man fährt jedoch nach Osten weiter in Richtung Sesibi, das man ungefähr beim Kilometer 670 erreicht.

Sesibi: Kleines Dorf am Nilufer. Wasser. Kein Treibstoff. Der Ort ist sehr malerisch, die Bevölkerung liebenswürdig und gastfreundlich. In der Umgebung finden sich zahlreiche Tempelruinen.
Beginn der Strecke 173, Ende der Strecke 172.

---

154. Alexandria - El Giza (Gizeh) - Kairo (Wüstenstrasse)   225 km

→ Ägypten im Kapitel 7.

Ausschiffung im Hafen von Alexandria
Die Hafenbehörden haben ein kompliziertes System von Formularen aller Art entwickelt, die bei der Ankunft im Hafen ausgefüllt werden müssen. Es ist praktisch unmöglich, diese Formalitäten allein in kurzer Zeit zu erledigen. Mehr noch, wer sich allein in

dieses Abenteuer stürzt, wird viel Zeit damit verbringen, von einem Amt zum andern zu eilen, er wird ausserdem sein Geld in Bakschischen ausgeben und zum Schluss seine Nerven verlieren.

Selbst wenn dies auf den ersten Blick teuer erscheint, ist es vorzuziehen, sich an einen der zahlreichen Agenten zu wenden, die bereit sind — für rund 60 US-$ — Ihnen bei der Bewältigung dieser amtlichen Scherereien zu helfen. Die Formalitäten werden rasch und mit einem Minimum von Trinkgeldern erledigt. In gewissen Fällen (z.B. Fahrzeugen mit Vierradantrieb) sind die Trinkgelder wohl dazu bestimmt, die Zulassungskosten für solche Fahrzeuge zu decken.

Auch rechtsgelenkte Fahrzeuge brauchen eine Bewilligung — die nur in Kairo erhältlich ist! In der für diesen Gang erforderlichen Zeit muss der Wagen im Hafen zurückgelassen werden.

Alexandria: → Strecke 149.

Die Wüstenstrasse stellt die schnellste Verbindung zwischen Alexandria und Kairo dar, obwohl es sich nicht um eine Autobahn handelt wie die in Strecke 155 beschriebene Deltastrasse. Die Wüstenstrasse befindet sich in ausgezeichnetem Zustand und durchquert keine Ortschaften.

Man verlässt Alexandria auf der Küstenstrasse Richtung Libyen. Nach 13 km biegt man links zum Ackerbaudorf El Amiriya ab.

Beim Kilometer 61 zweigt links eine Strasse nach Abu el Matâmir ab, ein Abstecher für Reisende, die sich für Archäologie und insbesondere für koptische Klöster interessieren. Man folgt der Strasse auf 20 km, biegt dann nach rechts und fährt dem Kanal Noubariyeh während 17 km entlang. Nach der Brücke über den Kanal wendet man sich gegen Südwesten und gelangt nach weiteren 3 km nach Kellia.

Die erst seit 1964 bekannte Stätte war vom 6. bis 9. Jh. ein religiöses Zentrum mit rund 700 Klöstern. Die Ausgrabungen werden gemeinsam vom «Institut Français d'Archéologie Orientale» in Kairo und von der Universität Genf geleitet. Ausser den Kloster-Ruinen sind auch noch Freskenreste aus dem 7. Jh. sowie Töpfereien zu besichtigen.

Nach dem Besuch von Kellia kehrt man auf dem gleichen Weg zur Hauptstrasse zurück. Man fährt Richtung Kairo weiter und erreicht bei Kilometer 122 das Rest-House Wadi Natrun. Hier zweigt die Piste zu den koptischen Klöstern im Tal des Wadi Natruns ab.

Es würde zu weit führen, hier jedes der vier im 4. Jh. gegründeten Klöster in allen Einzelheiten zu beschreiben.

Deir Suriani besitzt 3 Kirchen. In einer der Kirchen (El Adrah) sind byzantinische Fresken sowie zahlreiche Ikonen zu sehen. Man kann auch das Refektorium und den befestigten Teil des Klosters, den Kasr (Wachtturm) besuchen.

Deir Amba Bishoi gleicht weitgehend dem oben erwähnten Kloster; es hat fast den gleichen Grundriss.

Deir Baramus besitzt 4 Kirchen, wovon die interessanteste dem heiligen Makarius geweiht ist. Besonders sehenswert sind die Ikonostase und die Kanzel aus dem 13. Jh.

Deir Makaryus ist das südlichste Kloster des Wadi Natruns. Es ist von besonderem Interesse, weil es gegenwärtig eine neue Blüte erlebt: Es zählte 1977 40 Mönche, während 1969 nur 6 Mönche anwesend waren. Drei sehr alte Kirchen sind zu bewundern.

Von diesem Kloster aus führt eine Piste auf die Hauptstrasse beim Kilometer 136.

Kilometer 199: Obligatorischer Halt beim Polizeiposten.

Die Pyramiden von Gizeh: El Giza, Vorort von Kairo, ist weltweit für seine drei grossen Pyramiden (Cheops, Chephren und Mykerinos) sowie die Sphinx bekannt. Man besichtigt auch das Museum der Barke, die Tempel und die Mastabas. Einzelheiten sind einem Führer zu entnehmen.
Die südlich von Gizeh gelegenen Baudenkmäler sind in der Strecke 156 erwähnt.
Man fährt über die El-Gamaa-Brücke (oder die El-Giza-Brücke) nach Kairo.

Kairo: 7 000 000 Einwohner (Gross-Kairo 10 Mio). Alle touristischen Erleichterungen einer grossen Stadt. Hotels. Jugendherberge: Übernachtung 25 Piaster / US-$ 0.34 pro Person. Campingplatz, 15 km vom Stadtzentrum entfernt: Man fährt über die El-Gamaa-Brücke, dann 12 km nach Süden in Richtung Pyramiden. Abzweigen auf die zwischen Cheops und Chephren hindurch führende Strasse. Das Camping befindet sich 2 km weiter, unmittelbar nach Sahara City, rechts der Strasse. Es ist sehr schmutzig, ausserdem wimmelt es von heulenden Hunden.

Zur Beachtung: Reisende, die sich nach dem Ägyptenbesuch in andere Länder Afrikas begeben und die dazu notwendigen Visa in Kairo einholen möchten, sollten so bald wie möglich bei den entsprechenden Gesandtschaften vorsprechen, da die Wartefristen sehr lang sein können.

Wir können an dieser Stelle nur die wichtigsten Reichtümer dieser Stadt nennen (die Beschreibungen sind in einem Führer nachzulesen). Zu besichtigen sind unbedingt: die Moscheen Ibn Tulun, Sultan Hassan, El Ashar und Ak Sunkur (oder blaue Moschee), die Zitadelle Saladins, der Turm von Kairo, die Paläste Manial, Abdin und der El Gawhara, die Kirchen Mary Gregis (orthodox) und St. Georg (koptisch).

Die Liebhaber von Museen werden in Kairo verwöhnt. Die Stadt besitzt einige der schönsten Museen der Welt, wenn auch die Anordnung des Ausstellungsgutes bisweilen etwas veraltet scheint. Die Sammlungen des Ägyptischen Museums sind von unvergleichlicher Reichhaltigkeit und umfassen alle Kulturepochen des Landes. Da einige Säle sehr dunkel sind und auch die elektrische Beleuchtung gelegentlich aussetzt, ist die Mitnahme einer Taschenlampe empfehlenswert.

Das Museum für islamische Kunst zeigt zahlreiche Gegenstände sowohl aus dem ägyptischen Bereich wie auch der gesamten islamischen Welt.

Das Koptische Museum beherbergt die bedeutendste Sammlung koptischer Kunst der Welt. Es gibt hier Objekte verschiedenster Art zu bewundern wie Töpfereien, Architekturfragmente, Manuskripte, Textilien, Ikonen und Metallarbeiten.

Man besuche auch Alt-Kairo (wo sich die Mehrzahl der koptischen, griechischen und römischen Baudenkmäler befinden) sowie den Bazar Khan el Khalili in der Nähe des Opernplatzes, eines der belebtesten Orte der Stadt. Die dem Bazar benachbarten Gassen sind die interessantesten, weil sie ihren ursprünglichen Charakter bewahrt haben und nicht von touristischen Souvenirgeschäften überflutet wurden.

Beginn der Strecken 156, 157 und 158, Ende der Strecke 155.

---

155. Alexandria - Kairo, über die «Autobahn»   223 km

→ Ägypten im Kapitel 7.

→ Strecke 149 (Beschreibung von Alexandria) und 154 (Bemerkungen über die Ausschiffung im Hafen von Alexandria).

Die Deltastrasse zwischen Alexandria und Kairo ist keine eigentliche Autobahn, wie man sie in Europa kennt. Sie besitzt zwar vier Fahrspuren (die nicht durch einen Mittelstreifen getrennt sind), steht jedoch Fahrzeugen aller Art, ja selbst Radfahrern, Karren und Tieren offen. Bei der Durchquerung von Dörfern verengt sich die Strasse auf zwei Fahrbahnen, wodurch der Verkehr stark verlangsamt wird. Auf der ganzen Strecke muss sehr vorsichtig gefahren werden. Die Ortschaften sind nicht interessant.

Kairo: → Strecke 154.
Beginn der Strecken 156, 157 und 158, Ende der Strecke 154.

---

156. Kairo - Sakkara - El Faiyum - Beni Suef   ca. 150 km

→ Ägypten im Kapitel 7.

Die Strecke ist durchgehend asphaltiert. Schwierigkeiten entstehen höchstens durch den intensiven Verkehr, vor allem bei der Ausfahrt aus Kairo.

Man verlässt Kairo auf der Strasse von El Giza. 1,5 km vor dem Hotel Mena-House biegt man links ab und fährt auf einer schmalen Strasse einem Kanal entlang Richtung Sakkâra.

Die Strasse führt zu den wichtigsten Denkmälern dieses Gebietes wie:

1. **Die Pyramiden von Abusir** (5. Dynastie).
2. **Die Pyramiden und das Gräberfeld von Sakkâra.** Die ältesten Denkmäler von Sakkâra gehen auf die 3. Dynastie zurück.

3. **Die Pyramiden und Gräberfelder von Sakkâra-Süd.** Dazu gehören 3 Gruppen von Denkmälern. Die Nord-Gruppe umfasst Bauten der 6. und 5. Dynastie, die Gebäude der Mittelgruppe stammen aus der 6. und 4. Dynastie. Zur Südgruppe gehören 2 Pyramiden der 13. Dynastie.

4. **Die Pyramiden von Dahschûr** (13. Dynastie).

Um auf die Wüstenstrasse nach El Faiyum zu gelangen, verlässt man die bis hierher benützte Strecke auf einer Strasse nach rechts, die zwischen der schwarzen Pyramide Sesostris III. und der weissen von Amenemhat II. (Pyramide von Dahschûr) hindurch führt.

Hat man die Wüstenstrasse erreicht, so fährt man auf dieser 51 km weiter bis zu einer Verzweigung. Die Strasse rechts setzt sich bis zum See Birket el Karun fort, wo sich ein kleiner Gasthof befindet. Die Strasse endet im Fischerdorf Schakschuk. Der See ist (seit dem Altertum) sehr fischreich, die Fischerei ist daher auch die wichtigste Einkommensquelle der Uferbewohner.

Die Strasse links führt über das befestigte Dorf Sennuris, das wegen seiner eigenartigen Bauweise einen Besuch verdient, nach Faiyum.

El Faiyum: Etwa 200 000 Einwohner (mit Vororten). Treibstoff. Lebensmittel. Kein Hotel. Die Stadt liegt ca. 40 m unter dem Meeresspiegel. El Faiyum ist die Hauptstadt der Depression, die im Altertum «Land des Sees» genannt wurde. Sie liegt im Zentrum eines ausgedehnten Bewässerungssystems, mit riesigen uralten Schöpfrädern. Ausser einer Moschee des 15. Jh. und einer Koptischen Kirche besitzt El Faiyum aber keine Sehenswürdigkeiten. Die in der unmittelbaren Umgebung gelegene alte Stadt Krokodilopolis-Arsinoe (wo der krokodilköpfige Gott Sobek verehrt wurde) ist heute nur noch ein ausgedehntes Ruinenfeld.

Zwischen El Faiyum und Beni Suef kann man noch die Pyramide von Hawâra, die Grabstätte des Königs Amenemhat III. der 12. Dynastie, besichtigen. Südlich davon liegen die Reste des schon im Altertum berühmten Labyrinths, das in Wirklichkeit ein Totentempel mit 3000 Räumen auf 2 Stockwerken war.

19 km nach El Faiyum erreicht man das Dorf El Lahun, in dessen Nähe sich die von Sesostris II. erbaute Pyramide erhebt.

Beni Suef: 30 m. 150 000 Einwohner. Hotel, nicht sehr teuer, gegenüber dem Bahnhof. Treibstoff. Lebensmittel. Grosses Landwirtschaftszentrum mit einem bedeutenden Baumwollmarkt.
Beginn der Strecke 159, Ende der Strecke 157.

---

157. Kairo - El Badrashein - El Wasta - Beni Suef   128 km

→ Ägypten im Kapitel 7.
Verkehrsreiche Asphaltstrasse. Vorsicht vor allem bei Ortsdurchfahrten.

El Badrashein: Kleiner Flecken, ohne Unterkunfts- und Versorgungsmöglichkeiten. Von hier aus kann man die Ruinen von Memphis sowie die verschiedenen in Strecke 156 erwähnten Stätten erreichen. Von der Hauptstrasse nach rechts abbiegen und auf kleinem Strässchen bis zum Ausgang des Dorfs Badrashein fahren. Das ausgedehnte Ruinenfeld von Memphis liegt in einem Palmenhain. Bemerkenswert ist aber nur der Koloss Ramses II. und die Alabastersphinx.

Man fährt im Niltal weiter. In der Nähe des Dorfes El Matanieh befinden sich die

Pyramiden von Lischt: Zwei schlecht erhaltene Pyramiden, 3 km westlich von El Matanieh. Die nördliche ist ein Grabmal Amenemhats I., während die südliche, einst von einem doppelten Mauerrechteck umgeben, das Grab von Sesostris I. enthält.

Nach 5 km längs des Nils erreicht man das Dorf Rikka. Ausgangspunkt zur Besichtiggung der

Pyramide von Medun: Von Snofru (4. Dynastie) errichteter Bau, der ursprünglich 8 Stufen besass und heute noch deren 3 aufweist. In der Umgebung wurden zahlreiche Gräber gefunden.

164

8 km weiter nilaufwärts gelangt man nach

El Wasta: Kleiner Flecken. Kein Hotel. Lebensmittel. Treibstoff. In El Wasta zweigt die Eisenbahnstrecke nach Faiyum ab. Hier kann der Nil mittels einer Fähre überquert werden.
Beni Suef: → Strecke 156.
Beginn der Strecke 159, Ende der Strecke 156.

158. Kairo - Suez - Port Safaga   623 km

→ Ägypten im Kapital 7.
Durchgehend asphaltierte Strasse, in mittelmässigem Zustand.

Kairo - Suez   134 km

Gute, durchgehend geteerte Strasse. Nach 14 km: Heliopolis, ein reizvoller, weisser Vorort Kairos, dessen Gärten in Kontrast zu der dahinterliegenden Wüste stehen. Die Strasse verläuft zwischen Sand und Dünen durch eine etwas einförmige Landschaft. Bei Kilometer 71, «Resthouse» und Treibstoff. Bevor man in Suez anlangt, erheben sich zur Rechten die Ataka-Berge, die ersten Gipfel der langen Gebirgskette längs des Roten Meeres. Von weitem sind die Gasometer und Schornsteine von Suez sichtbar.

Suez: Am Südeingang des Suezkanals, Transithafen an der Wasserstrasse Europa—Asien/Ostafrika/Australien. 120 000 Einwohner. Sämtliche Erleichterungen.
Da die Stadt von keinem besonderen Interesse ist, kann man sie umgehen, indem man 10 km vorher in westlicher Richtung nach Ein Sokhna abzweigt.

Suez - Hourghada (Ghardaka)   436 km

Die geteerte, auf den ersten 50 km ziemlich mittelmässige Strasse, wird in der Folge etwas besser und erlaubt zügiges Fahren. Sie führt auf langen Strecken dem Meer entlang. Angenehmes Meerbad zwischen dem Ufer und dem 30 bis 50 m entfernten Korallenriff. Weiter hinaus sollte man sich nicht wagen (Haifische!).

Ein Sokhna: (Kilometer 50). Der Name der kleinen Ortschaft bedeutet «warm».Tatsächlich gibt es hier ungefähr 100 m vom Meer entfernt eine warme Schwefelquelle. Lebensmittel. Treibstoff.

Ab Ein Sokhna wird die immer noch asphaltierte und gut unterhaltene Strasse ziemlich schmal, gewunden und verläuft hoch über dem Meer. Vorsichtig fahren.
Beim Kilometer 132, Ras Zafarana (Benzin in Kanistern), kleiner Hafen an der Mündung des Wadi Arabah. Hier zweigt gegen Westen eine ziemlich gute Piste nach dem 48 km entfernten koptischen Antonius-Kloster, dem ältesten Ägyptens, ab.
Beim Kilometer 157 zweigt gegen Westen eine Piste zu dem 11 km entfernten Paulus-Kloster ab. Es ist kleiner und weniger reich als das Antonius-Kloster, aber vor grösseren Verbauungen verschont.
Kilometer 267: Ras Gharib, Benzin in Kanistern, ultramoderner Club. Die asphaltierte Strasse entfernt sich vom Meer.
Kilometer 361: Ras Gemsa, auf einem Vorgebirge, am Ende des Golfes von Suez.

Hourghada (Ghardaka): (Kilometer 395 von Suez.) Hotel-Restaurant «Hourghada» und «Resthouse». Lebensmittel. Treibstoff. Unterwasserjagd. Erdölfeld. Sehenswert: Das interessante Hydrobiologische Museum.

Hourghada - Port Safaga   53 km

Die weiterhin asphaltierte Strasse führt den Ausläufern des Djebel El-Sahyib entlang.

Port Safaga: Kleiner Hafen, schöner Strand, «Resthouse». Phosphatgewinnung.
Beginn der Strecken 160 und 161.

159. Beni Suef - El Minya - Mallawi - Asyut - Qena   524 km

→ Ägypten im Kapitel 7.
Gute Asphaltstrasse auf der ganzen Strecke. Starker Verkehr.

El Minya: 39 m. 150 000 Einwohner. Lebensmittel. Treibstoff. Mehrere sehr kleine, einfache Hotels. Ausser 2 Moscheen und einer Zuckerfabrik (die älteste des Landes) besitzt die Stadt keine Sehenswürdigkeiten. Dank der Unterkunftsmöglichkeiten kann sie als Ausgangspunkt für die nachstehenden Ausflüge dienen:

1. **Zaouiyet el Mayitîn:** Man überquert den Nil mit der Fähre und fährt dann nach Süden. Das Dorf besitzt einen modernen Friedhof — Wallfahrtsstätte gewisser Einwohner von El Minya — sowie eine antike Nekropole mit dem Grab von Nefersekheru der 18. Dynastie.
2. **Tehneh-el-Djebel und Deir-el-Adrah:** Diese beiden Stätten liegen ebenfalls auf dem Ostufer, aber nördlich der Nilfähre. In Tehneh-el-Djebel, dem Tehne der Antike, sind zahlreiche Felsengräber und ein Koloss Ramses' III. zu sehen. Deir-el-Adrah ist ein koptisches Kloster aus dem 4. Jh.
3. **Nekropole von Beni Hasan:** Ebenfalls auf dem Ostufer des Nils gelegene Stätte. Man kann sie mit der Fähre von Abu Qurqâs erreichen. Zu besichtigen sind etwa 40 Felsengräber, wovon einige mit Malereien geschmückt; sie gehören der 11. und 12. Dynastie an.
4. **Tell-el-Amarna:** Hauptstadt Amenophis' IV. (Gemahl der Nofretete), Pharao der 18. Dynastie. Die Stadt, die den Namen Achetaton trug, war nur während 25 Jahren bewohnt. Die Reste sind sehr spärlich. Man erreicht sie mit Hilfe einer Nilfähre, etwa 60 km südlich von El Minya, oder ca. 10 km nach Mallawi (→ unten). Interessanter ist zweifellos die Nekropole. Die zahlreichen Felsengräber sind mit Skulpturen geschmückt, die vom Alltagsleben in Achetaton in seiner Glanzzeit berichten.
Zwischen El Minya und Mallawi kann man die ausgedehnte Ruinenstätte von Hermopolis besuchen, wo nach einer gewissen Überlieferung die Welt erschaffen wurde. Nicht weit davon befinden sich die Ruinen von Tima-el-Gabal. Das wichtigste Baudenkmal ist der Grabtempel des Petosiris, mit schönen Skulpturen.

Mallawi: Kleine Stadt, malerisch, vor allem an Markttagen. Lebensmittel. Treibstoff. Kein Hotel. Sehenswert ist das Lokalmuseum mit interessanten Gegenständen der Umgebung.

12 km vor Asyût zweigt nach rechts eine Asphaltstrasse ab, die zu den Oasen El Kharga und Baris (Strecke 341) führt.

Asyût: 200 000 Einwohner. Lebensmittel. Treibstoff. Hotels. Jugendherberge. Moderne Stadt mit Universität, ohne besondere Sehenswürdigkeiten. Staudamm, errichtet um die Jahrhundertwende.

Von Sidfâ bis Sohâg entfernt sich die Strasse vom Nil.

Sohâg: Städtchen. Lebensmittel. Treibstoff. Jugendherberge. Haupterwerbstätigkeit ist die Baumwoll-Industrie. Sohâg ist vor allem bekannt durch zwei Klöster der Umgebung, am Wüstenrand: Deir el Abyad: das sogenannte Weisse Kloster aus dem 4. Jh. Das früher wegen seiner Manuskripte berühmte Kloster wird heute noch von koptischen Familien bewohnt. Deir el Ahmar: auch das Rote Kloster genannt, nach der Ziegelfarbe der Umfassungsmauer; es enthält schöne Kapitelle.

Man fährt weiter das Niltal aufwärts und erreicht El Balyana, von wo aus die 10 km entfernten Tempel von Abydos besucht werden können.

Abydos: Eine der ältesten Städte Ägyptens. Die beiden wichtigsten Baudenkmäler sind der reich geschmückte Tempel Sethos' I. (19. Dynastie), dem Kult des Osiris (Totengott) geweiht, sowie der Tempel Ramses' II., von Ramses II., dem Sohn Sethos' I., als Totentempel errichtet. Obwohl stark beschädigt, zeigt er noch sehr gut erhaltene Malereien. Abydos besitzt ausserdem noch eine Reihe von übereinander gebauten Tempeln, die alle Osiris geweiht waren. Der älteste davon reicht in die Zeit vor der 1. Dynastie zurück.

Nach dem Ort Nag Hammâdi führt die Strasse auf der Krone eines Staudammes auf das andere Nilufer. Falls man die Kultstätten von Dendera besuchen will, bleibt man besser auf dem linken, westlichen Ufer des Nils und überquert den Fluss erst in Qena. Zwischen Nag Hammâdi und Qena gibt es übrigens keine weiteren Sehenswürdigkeiten.

Dendera: Die Baudenkmäler sind mehrheitlich in der Epoche der letzten Ptolemäer entstanden. Der Hathortempel, der Göttin der Liebe geweiht, ist sehr gut erhalten und grossartig ausgeschmückt. Eine Besonderheit ist die Nord-Süd-Lage (gewöhnlich sind die Tempel Ost-West ausgerichtet, d. h. senkrecht zum Nil). Ausserdem sind in Dendera noch zwei Mammisi (Geburtshäuser), ein heiliger See und ein Isistempel sowie eine koptische Kirche (wahrscheinlich aus dem 5. Jh.) zu besichtigen.

Qena liegt 6 km von Dendera entfernt, auf dem rechten, östlichen Ufer des Nils.

Qena: 60 000 Einwohner. Lebensmittel. Treibstoff. Kein Hotel. Die Stadt ist bekannt durch die Herstellung poröser Krüge für ganz Ägypten, ausgezeichnet für die Kühlhaltung des Wassers.
Beginn der Strecke 163, Ende der Strecken 160 und 162.

160. Port Safaga - Qena — 161 km

→ Ägypten im Kapitel 7.
Am Nordeingang von Port Safaga zweigt nach Westen die ausgezeichnete Gebirgsstrasse nach Qena und dem Niltal ab.

Qena: → Strecke 159.
Beginn der Strecke 163, Ende der Strecken 159 und 162.

161. Port Safaga - Quseir — 85 km

→ Ägypten im Kapitel 7.
Gute Asphaltstrasse am Ufer des Roten Meeres. Es gibt keine Sehenswürdigkeiten und keine Versorgungsmöglichkeiten für Benzin und Lebensmittel.

Quseir: 3000 Einwohner. Lebensmittel. Treibstoff. Kein Hotel. Fischerhafen. Das von einer Festung überragte Städtchen besitzt eine Moschee und einen Basar. Quseir ist durch eine Werkbahn mit den Phosphatminen im Hinterland verbunden.
Beginn der Strecken 162 und 164.

162. Quseir - Qift - Qena — 216 km

→ Ägypten im Kapitel 7.
Asphaltstrasse von mittelmässiger Qualität, auch Isthmus-Strasse genannt.

Bir-el-Hammamât: Noch heute von Beduinen aufgesuchte Oase im Wadi gleichen Namens. Die Steinbrüche im Hammamât-Gebirge wurden seit der 5. Dynastie bis ins Neue Reich ausgebeutet und lieferten einen grossen Teil der zum Bau von Theben und anderer Städte und Tempel Ober-Ägyptens notwendigen Steine, wovon zahlreiche Inschriften zeugen.

Bei Qift, 23 km südlich von Qena, stösst man auf die Strecke 163.

Qena: → Strecke 159.
Beginn der Strecke 163, Ende der Strecken 159 und 160.

163. Qena - Qift - Luxor - Edfu-Bahnhof — 192 km

→ Ägypten im Kapitel 7.
Gute Asphaltstrasse, verkehrsreich.

Qift: Städtchen mit einem bedeutenden Markt. Dank der Nähe des Roten Meeres (weniger als 200 km, → Strecke 162) war Qift (das alte Koptos) schon im frühesten Altertum eine wichtige Handelsstadt und Umschlagsplatz.

9 km nach Qift führt rechter Hand eine Abzweigung von 5 km nach Qûs, das eine schöne Moschee besitzt. Etwa 7 km südlich von Qûs liegt das Dorf Garagûs mit einer Handwerkergenossenschaft, in der vor allem Kinder arbeiten.
Die Strasse führt nahe am Dorf El Madâmûd vorbei, wo sich Ruinen eines Tempels aus griechisch-römischer Zeit befinden.

Luxor: 39 000 Einwohner. Lebensmittel. Treibstoff. Hotels. Jugendherberge. Campingplatz gegenüber dem Luxor-Hotel. Luxor, heute eine kleine Provinzstadt, steht an der Stelle der glanzvollsten Metropole der alten Welt, der hunderttorigen Stadt Theben. Von Luxor aus werden die reichen Baudenkmäler der beiden Nilufer besucht, die hier jedoch nur kurz erwähnt werden können:

Luxor:
1. **Der Tempel:** Die 1883 vom Archäologen Maspéro begonnenen Ausgrabungen sind heute noch nicht zu Ende geführt. Daraus erhellt sich die Bedeutung und Kompliziertheit dieses Baudenkmals, das von Amenophis III. und Ramses II. (18. Dynastie) an der Stelle eines Tempels der 12. Dynastie erbaut und dem Kult des Gottes Amon geweiht war. Von diesem Tempel stammt der Obelisk der Place de la Concorde in Paris. Das Bauwerk ist reich mit Reliefs geschmückt.
2. **Das Museum:** Es besitzt schöne und mit Sorgfalt ausgestellte Sammlungen ägyptischer Kunst, worunter die Mauer der Talataten und die Statue Amenophis' III. die bemerkenswertesten Schätze sind.

Karnak:
Die Tempelstadt von Karnak liegt etwa 3 km nordöstlich vom Luxor-Tempel. Es handelt sich um drei Tempelbezirke, jeder für sich von einer Ziegelmauer umgeben.
1. **Der Bezirk des Amontempels:** Ein Viereck von ungefähr 2400 m Umfang, das mehrere Bauten enthält: den grossen Amontempel, den Tempel Sethos' II., den Tempel Ramses' III., das Heiligtum der Barken, den grossen Säulensaal, den Ptah-Tempel, die 10 Pylonen, den Chonstempel usw. Die verschiedenen Bauetappen des Amon-Tempels reichen vom Mittleren Reich bis zur römischen Zeit. Ausserdem kann man noch ein interessantes Museum besichtigen.
2. **Der Bezirk des Mut:** Er hat die Form eines Trapezes und ist noch nicht vollständig ausgegraben. Bis heute freigelegt sind der Mut-Tempel, der Tempel Ramses' III. und der Tempel Amenophis' III.
3. **Der Bezirk des Mont-Tempels** und des **Maat-Tempels**, beide stark zerfallen.

Westliches Nilufer:
Nach dem Westufer führen mehrere Fähren. Die Überfahrt kostet etwa 10 Piaster pro Person (US-$ 0.14). Als «Verkehrsmittel» stehen zur Verfügung: Esel oder Fahrräder zu £E 1.— (US-$ 1.46) pro Tag oder Taxi zu £E 3.— (US-$ 4.38) pro Tag. Bei diesen Tarifen handelt es sich selbstverständlich um Tagespreise. Für den Besuch der Denkmäler auf dem Westufer des Nils wird ein Eintritt von £E 3.— (US-$ 4.38) erhoben.
1. **Der Tempel Sethos' I.:** Der vom Pharaonen Sethos I. begonnene und von Ramses II. vollendete Tempel ist reich geschmückt.
2. **Das Tal der Könige:** In den 62 Felsengräbern dieses Tales waren einst die Könige der 18., 19. und 20. Dynastie beigesetzt. Sie wurden alle (schon im Altertum) ausgeraubt, ausgenommen das Grab des Tutanchamon, wodurch dieser sonst unbekannte Pharao berühmt wurde.
3. **Nekropole von Dra Abu-el-Nega** mit den Gräbern der Könige der 17. Dynastie.
4. **Deir-el-Bahari:** Zwei Totentempel, eingebettet in einen Felskessel: Tempel der Hatschepsut und derjenige von Mentuhotep I. Beide sind sehr gut erhalten.
5. **Die Nekropolen el Assassif und el Kokah:** Eine Anzahl unterirdischer Grabräume aus der 25. und 26. Dynastie.
6. **Nekropole von Scheich Abd-el-Kurnah:** Gräber wichtiger Persönlichkeiten der 18. Dynastie. Reicher Schmuck.
7. **Ramesseum:** Totentempel Ramses' II., stark zerfallen. Einige Reliefs sind aber noch gut erhalten.
8. **Nekropole von Kurnet Murai:** Kleiner Hügel mit Gräbern hoher Beamter, zum Teil reich geschmückt.
9. **Deir el Medîne,** deren Stadt der Nekropolenarbeiter, ihre Nekropole und der Tempel. Diese Stadt ist der einzige Zeuge von Volkswohnquartieren des alten Ägyptens, der bis heute erhalten blieb.
10. **Tal der Königinnen:** Etwa 80 Gräber aus der 19. und 20. Dynastie.
11. **Medinet Habu:** Mehrere Tempel sowie ein Pavillon Ramses' III. Reiche Ausschmückung.
12. **Die Memnon-Kolosse:** Die beiden Statuen stellen den Pharao Amenophis III. dar.

Nach Luxor ist der Zustand der Strasse etwas weniger gut. Unterwegs sind noch folgende Denkmäler zu besichtigen: der Tempel von Sua (Esne) auf dem linken, westlichen Ufer des Nils, erreichbar über eine Damm-Brücke, sowie die Tempel von Elkab, direkt an der Nilstrasse gelegen.

Edfu-Bahnhof: Etwa 3 km von der eigentlichen Stadt entfernt, die über eine (nicht in der Michelin-Karte eingezeichnete) Brücke zu erreichen ist.
Beginn der Strecke 166, Ende der Strecke 165.
Edfu: Kleine Stadt. Lebensmittel. Treibstoff. Restaurant. Die Stadt wurde berühmt durch den Horustempel, nach dem Tempel von Karnak die grösste Anlage des Landes. Er stammt aus dem Jahre 327 v.Chr. und ist reich geschmückt.

164. Quseir - Marsa Oumbarek - Marsa Alam   145 km

→ Ägypten im Kapitel 7.
Gute Asphaltstrasse am Ufer des Roten Meeres.

Marsa Oumbarek: Kleiner Hafen, 7 km von den Goldminen Oum Rous entfernt. Keine Versorgungsmöglich-keiten.
Marsa Alam: Fischerdorf. Kein Treibstoff.
Beginn der Strecken 165 und 167.

165. Marsa Alam - Edfu-Bahnhof   230 km

→ Ägypten im Kapitel 7.
Asphaltstrasse. Diese Strecke ist die letzte Verbindung zwischen dem Roten Meer und dem Niltal. Beim Kilometer 180 befindet sich 1 km links der Strasse ein kleiner Tempel Sethos' I., der Amon geweiht ist.

Edfu-Bahnhof: → Strecke 163.
Beginn der Strecke 166, Ende der Strecke 163.

166. Edfu-Bahnhof - Kom Ombo - Assuan   110 km

→ Ägypten im Kapitel 7.
Ganze Strecke gute Asphaltstrasse.

Kom Ombo: Grosser Flecken. Lebensmittel. Treibstoff. Kein Hotel. Zentrum eines jungen, durch Bewässerung geschaffenen Kulturlandes (Zuckerrohr und Baumwolle). Schöner Doppel-Tempel aus der Ptolemäerzeit, dem krokodilköpfigen Sobek und dem falkenköpfigen Haroëris (Horus) geweiht.
Assuan: 246 000 Einwohner. Lebensmittel. Treibstoff. Hotels. Camping am Stadtrand, ca. 25 Piaster (US-$ 0.36) pro Nacht. Jugendherberge. Die moderne Stadt, Mittelpunkt des Fremdenverkehrs, ist uninteressant. Nicht zu versäumen sind dagegen die folgenden Sehenswürdigkeiten:
Insel Elephantine und das Assuan Museum mit Funden aus der Umgebung und Unter-Nubien. Dicht neben dem Museum befindet sich der Nilmesser, der seit vielen Jahrhunderten die Höhe der Flut anzeigt.
Eine andere Insel, früher als Kitchener Insel bekannt und heute als Blumen-Insel bezeichnet, besitzt einen herrlichen botanischen Garten.
Auf dem linken Nilufer sind zahlreiche Felsengräber des ausgehenden alten Reiches zu besichtigen, sowie die Ruinen des Simeonsklosters, eines der grössten koptischen Klöster des Landes, das vom 7. bis ins 13.Jh. besetzt war.
Die Staudämme: Der erste Damm von 1912 bildete schon einen Stausee von 5 Milliarden Kubikmeter Inhalt, der mit 275 km Länge einen Teil Nubiens unter Wasser setzte.
Der Hochdamm (Sadd el Aali) hat ein Volumen von 17 mal dasjenige der Cheopspyramide und staut eine Wassermenge von 157 Milliarden Kubikmeter. Er kann in Begleitung eines Führers besichtigt werden.
Insel Philae: Die berühmten Tempel werden zum Teil auf der Insel Aegilka wieder aufgebaut.
Von Assuan aus kann man die Tempel von Abu Simbel (→ Strecke 169) besuchen, entweder per Flugzeug oder mit dem Tragflügelboot. Die Kosten dieses Ausfluges betragen ungefähr £E 20.— (US-$ 29.20).
Beginn der Strecken 169 und 170, Ende der Strecke 168.

167. Marsa Alam - Berenice - Bir Shalatein   260 km

→ Ägypten im Kapitel 7.
Für diese Strecke ist eine besondere Bewilligung notwendig.
Asphaltstrasse bis Berenice, dann schlechte, wenig unterhaltene Piste. Für diesen Teil der Strecke sind Vierradantriebsfahrzeuge unerlässlich, und es muss im Geleit gefahren werden, ferner sind Wasser-, Lebensmittel- und Treibstoffreserven notwendig für die Fortsetzung der Fahrt bis Kassala (Sudan, → Strecke 182). Die Monate Juni bis Oktober sind zu vermeiden, da die Hitze unerträglich ist.

Berenice: Kleines Dorf. Wasser. Lebensmittel. Kein Treibstoff. Berenice, eine Gründung von Ptolemäus II.
Philadelphus (um 275 v. Chr.) war ein wichtiger Hafen am Roten Meer in günstiger Lage an einer Bucht.

Nach Berenice beginnt die bald sandige, bald steinige Piste. Gute Markierung.

Bir Shalatein: Kleines Dorf, eines der ärmsten der Gegend. Ausser Wasser keine Versorgung möglich.
Beginn der Strecken 168 und 171.

168. Bir Shalatein - Assuan 369 km

→ Ägypten im Kapitel 7.
Sehr schlechte Piste, die nur mit geländegängigen Fahrzeugen in gutem Zustand zu bewältigen ist. Fahren im Geleit unerlässlich. Keine Versorgung mit Lebensmitteln und Treibstoff möglich.

Assuan: → Strecke 166.
Beginn der Strecken 169 und 170, Ende der Strecke 166.

169. Assuan - Abu Simbel (Ägypten) - Tempel Amara (Sudan) - Abu Hamid 500—600 km

→ Ägypten und Sudan im Kapitel 7.
Zur Beachtung: Für diese Piste sind gute Wüstenerfahrung, allradangetriebene Fahrzeuge in einwandfreiem Zustand, gute Karten und nicht zuletzt eine langwierig und nur schwer erhältliche Sonderbewilligung notwendig.
Alle ägyptischen Ausreiseformalitäten müssen in Assuan erledigt werden.
Man verlässt Assuan über den alten Staudamm und fährt dann Richtung Flugplatz.
15 km vom Stadtzentrum und 1,5 km vor dem Flugplatz zweigt man nach Westen ab auf einer Asphaltstrasse, die zu den Grip-Mines-Steinbrüchen führt, die etwa 85 km von Assuan entfernt sind.
Nach 40 km hört der Asphalt auf; die Strasse biegt nach Südwesten ab.
Starker Lastwagenverkehr bis zu den Grip-Mines. Man umgeht die Steinbrüche im Westen und folgt einer durch 2 m hohe, gelb-schwarze Pfosten markierten Piste. Diese ist im allgemeinen gut, weist aber einige Sandstellen auf.
Die zahlreichen Spuren, die gegen den Nasser-See abzweigen, stammen fast alle aus der Zeit vor dem Bau des Staudammes, sie führten zu Ortschaften, die heute unter dem Wasserspiegel liegen.
Nach 270 km Piste wird Abu Simbel erreicht.

Abu Simbel: Modernes Hotel. Die beiden Felsentempel sind in den Jahren 1963—1972 dank der Unesco-Hilfe auf den heutigen Standort verbracht worden. Der Grosse Tempel oder Tempel Ramses' II. ist Amon geweiht.
Seine Fassade schmücken 4 Kolossalstatuen Ramses' II. von 20 m Höhe. Das Innere des Tempels umfasst drei Hauptsäle, die vollständig mit Flachreliefs (Kriegsszenen) bedeckt sind.
Der Kleine Tempel, auch Hathortempel genannt, besitzt ebenfalls eine mit Riesenstandbildern (Ramses II. und Nofretiri) geschmückte Fassade (6 Statuen von 10 m Höhe). Die Flachreliefs im Innern stellen Opferszenen dar.

Man verlässt die Tempelstätte Richtung Nordwest, um die Berge und den südlich der Tempel entstandenen kleinen Seearm zu umgehen.
Nach 40 km in dieser Richtung biegt man nach SSW ab und folgt einer Piste, die immer steiniger wird, aber gelegentlich auch über Stellen mit weichem Sand führt.
Im grossen und ganzen folgt die Piste der Karawanenstrasse Sudan—Ägypten. Man kreuzt die Pisten Bir Misâha—Wadi Halfa und Selima—Wadi Halfa. Es ist nicht möglich, den Nil auf der Höhe von Wadi Halfa zu überqueren, da hier keine Fähre existiert.

Tempel von Amara: An dieser Stätte gibt es nichts mehr zu besichtigen, da die Fundamente nach Abschluss der Grabungen zugeschüttet wurden.
Abu Hamid: → Strecke 152.
Beginn der Strecke 172, Ende der Strecke 152.

170. Assuan (Ägypten) - Wadi Halfa (Sudan) (per Schiff) - Abu Hamed (3 Tage und 2 Nächte auf Schiff) Piste 369 km

→ Ägypten und Sudan im Kapitel 7.
Eine Pistenverbindung zwischen Assuan und dem früheren Dorf Wadi Halfa besteht nicht. Daher muss der Schiffsweg benützt werden. Abfahrt der Schiffe in beiden Richtungen jeweils Montag und Donnerstag, um 16 Uhr in Assuan und um 14 Uhr in Wadi Halfa. Nur die ägyptischen Schiffe nehmen Fahrzeuge auf, die höher als 2,05 m sind. Personen, die über ein Fahrzeug mit Schlafgelegenheit verfügen, bleiben mit Vorteil mit diesem in dem für die Fahrzeuge reservierten Teil des Schiffes. Sie reisen bequemer als in der Passagierabteilung und können ihren Wagen auch besser überwachen. Wasser und Proviant für 3 Tage mitnehmen. Die Ausreiseformalitäten werden in Assuan erledigt.
Adressen der Schiffsgesellschaft für die Reservierung:
1. **Im Sudan:** Nile Navigation Co. Ltd, P.O.-Box 927, Khartum (Sudan), Tel. 77 191 und 76 257.
2. **In Ägypten:** Nile Valley River Transport Corporation. P.O.-Box 122, Assouan (Ägypten), Tel. 3348
Tarife: (Juli 1979)
a) Passagiere, pro Fahrt
1. Kl.: £E 9.670/US-$ 14.11
2. Kl.: £E 7.190/US-$ 10.49
3. Kl.: £E 2.890/US-$ 4.21
b) Fahrzeuge, pro Fahrt
VW-Bus: £E 60.000/US-$ 87.60
Die Reise dauert 3 Tage und 2 Nächte.
Bei der Ausschiffung in Wadi Halfa können angesichts der primitiven Einrichtungen Schwierigkeiten entstehen.

Wadi Halfa: Sudanesischer Grenzposten. Bahnhof. Grosser Markt.
Beginn der Strecke 376.
Von Wadi Halfa bis Khartum kann das Fahrzeug auf die Bahn verladen werden, die zweimal wöchentlich verkehrt. Der Plattformwagen, der 2 VW-Busse aufnehmen kann, kostet ungefähr £ sud. 140.— / US-$ 350.—, die Personen bezahlen £ sud. 3.50/US-$ 8.75 in der 4. Kl. (das bedeutet Übernachten im Fahrzeug).

Zwischen Wadi Halfa und Abu Hamed besteht praktisch keine Piste, man kann den Weg kaum verlieren, da er der Bahnlinie entlang führt. Die Durchquerung der nubischen Wüste sollte nur mit geländegängigen Fahrzeugen in gutem Zustand unternommen werden. Es ist verboten und auch gefährlich, zur Vermeidung der Pistenschwierigkeiten das Bahngeleise zu benützen. Proviant, Wasser und Treibstoff für 400 km sind notwendig. Wasser ist an der Bahnstation Nr. 6 etwa 200 km nach Wadi Halfa erhältlich. Die Bahnlinie nie aus den Augen verlieren. Der Boden ist im allgemeinen fest, doch treten auch einige Abschnitte mit weichem Sand auf.
In Wadi Halfa kann man eine mündliche Bewilligung für die Fahrt nach Khartum erhalten. Vorteilhafter ist jedoch ein Führer. Einer unserer Korrespondenten hat sehr gute Erfahrung gemacht mit Herrn Assadan (Auskunft im Nil Hotel), der einen sehr guten Orientierungssinn besitzt. Bis Khartum ist mit 2 Tagen Fahrt zu rechnen. Der Führer kostet £ sud. 45.—/US-$ 112.50.

Abu Hamed: Dorf. Lebensmittel. Treibstoff. Unterkunft möglich.
Beginn der Strecken 178 und 179.

171. Bir Shalatein - Halaib (Ägypten) - Dungunab (Sudan) - Muhammad Qol - Port Sudan - Suakin - Sinkat - Haiya   733 km

→ Ägypten im Kapitel 7.
Sehr schlechte Piste längs der Küste des Roten Meeres, wobei steinige Strecken mit Weichsandstellen abwechseln. Treibstoffreserven für 600 km notwendig.

Halaib: Auch unter dem Namen Mars-el-Halaib bekannt. Kleines Dorf (Fischerei und Schafzucht). In der Umgebung Manganerz-Minen. Wasser. Lebensmittel (sehr unsicher). Kein Treibstoff.

Zwischen Halaib und Dungunab wird unbemerkt die ägyptisch-sudanesische Grenze überschritten.

Dungunab: Fischerdorf. Wasser.
Muhammad Qol: Fischerdorf. Wasser.

Südlich dieses Dorfes wird die Piste noch schwieriger: Steiniges, unebenes Gelände, streckenweise weicher Sand. Sie verlässt die Küste und wendet sich ins Landesinnere, wobei sie einen Berg umgeht.

Port Sudan: Haupthafen des Sudans am Roten Meer. 135 000 Einwohner. Alle touristischen Erleichterungen. Wie vielerorts im Sudan ist die Treibstoffversorgung nicht gesichert. Einreiseformalitäten des Sudans. Port Sudan ist Endstation der Eisenbahnlinie von Khartum über Atbara sowie von Kassala. Auf dem Seeweg ist die Stadt durch regelmässigen Frachtschiffdienst der «Polish Ocean Lines» mit Europa verbunden. Ausser der schachbrettartigen Anlage besitzt die Stadt nichts Bemerkenswertes.

Asphaltstrasse längs der Küste des Roten Meeres bis Suakin.

Suakin: Kleiner Hafen. Treibstoff. Lebensmittel. Hotel (einfach).

Asphaltstrasse über den Akaba-Pass. Steilstrecken.
Bei der Talfahrt nach dem Pass stösst man auf die Eisenbahnlinie, der man auf grosse Strecken folgt.

Sinkat: Kleines Dorf. Wasser. Treibstoff.

Die Fortsetzung der Route Richtung Kassala ist nur von Oktober bis Juni befahrbar. Es empfiehlt sich, im Geleit von mindestens 2 Fahrzeugen zu fahren, um sich auf den äusserst schwierigen Strecken im Gebirge oder im weichen Sand gegenseitig Hilfe leisten zu können. Wüstenausrüstung sowie Reserven an Treibstoff, Öl, Wasser und Proviant sind unerlässlich.
Die Asphaltierung der Piste Sinkat—Atbara ist im Gange.

Haiya: Eisenbahn- und Strassenknotenpunkt, wo sich die Strassen und Bahnlinien nach Atbara (Strecke 182) und Kassala (Strecke 181) trennen.
Beginn der Strecke 182, Ende der Strecke 181.

172. Abu - Sesibi (linkes Nilufer)   ca. 180 km

→ Sudan im Kapitel 7.
Zur Beachtung: Diese unmarkierte und äusserst schwierige Piste darf nur von Personen mit geländegängigen Fahrzeugen in einwandfreiem Zustand und im Geleit befahren werden. Ausserdem sollten sie grosse Erfahrung in weglosen Gebieten besitzen.
Das einzige Mittel, um sich in diesem Gebiet nicht zu verlieren, besteht darin, so nahe wie möglich am Nil zu bleiben. Die Kehrseite dieser Methode ist jedoch die sehr schlechte Piste, die mit Steinen übersäte Trockentäler durchquert.

Tempel von Seddenga: Von Amenophis III. erbauter, stark verfallener Tempel. Unweit davon befinden sich einige Pyramiden in demselben Zustand.

Das ganze Gebiet ist von zahlreichen Bauern bewohnt.

Tempel von Sulb: Dieser Tempel stammt ebenfalls von Amenophis III. und ist dem Luxor-Tempel nahe verwandt (→ Strecke 163). Schöne Flachreliefs.

Sesibi: → Strecke 153.
Beginn der Strecke 173, Ende der Strecke 153.

---

173. Sesibi - Dongola (linkes Nilufer)   147 km

→ Sudan im Kapitel 7.

Diese Strecke darf nur von Personen mit Fahrzeugen in einwandfreiem Zustand sowie Erfahrung auf schwierigsten Strecken befahren werden. Die sehr schlechte Piste führt dem Nil entlang und ist «gespickt» mit Hindernissen aller Art wie Rinnen, trockene Flussbette, steile Anstiege und ebensolche Talfahrten usw.

Doch die Mühe lohnt sich: Die Gegend ist sehr malerisch und von freundlichen Menschen bewohnt. Sehenswert sind die fetischgeschmückten und bemalten Häusergiebel.

Dongola: Stadt. Treibstoff (gegen Gutscheine). Lebensmittel (Gemüsemarkt, Brot frühmorgens). Wasser. Restaurant. Anmelden bei der Polizei! Auf dem rechten Ufer des Nils, das man mit Hilfe einer Fähre erreichen kann (£sud. 2.— / US-$ 5.— pro Fahrzeug) befindet sich die Ausgrabungsstätte von Kawa, wo 3 Tempel freigelegt wurden.
Beginn der Strecken 174 und 175, Ende der Strecke 376.

---

174. Dongola - Abu Dom   177 km

→ Sudan im Kapitel 7.

Wellblechpiste, markiert durch 2 m hohe, schwarzweisse Stangen, nur mit Vierradantrieb zu bewältigen.

El Khandaq: Kleines Dorf ohne Versorgungsmöglichkeiten. Malerische Häuser. Reste von Befestigungen.

Vom Kilometer 76 an (ab Dongola) treten zahlreiche Sandstellen und tiefe Rinnen auf, die nur mit Vierradantrieb überwunden werden können.

Beim Kilometer 125 ist die Piste schwierig zu finden. Viele Spuren verlieren sich gegen Süden. Man lässt sie unbeachtet und folgt weiterhin dem Nillauf.

Debba: Dorf. Lebensmittel. Debba ist ein wichtiger Karawanen-Treffpunkt und besitzt einen interessanten Markt.

Abu Dom: Weiler. Keine Versorgungsmöglichkeit.
Beginn der Strecke 177, Ende der Strecke 176.

---

175. Dongola - Karima   190 km

→ Sudan im Kapitel 7.

Schwierige Piste von unterschiedlicher Beschaffenheit. Markierung nicht durchgehend. Von Dongola aus setzt man mit der Fähre auf das rechte Nilufer über. Tarif: £sud. 2.—/ US-$ 5.— pro Fahrzeug.

Die ersten 10 km der Piste sind sehr sandig, später wird der Boden etwas fester. Man gelangt in ein Berggebiet. Vorsicht: Weichsandstellen in den Talfahrten. Die ersten

50 km sind in Abständen von 1 km markiert, allerdings sind die Wegzeichen teilweise umgestürzt und nicht mehr sichtbar. Später wird die Markierung noch lückenhafter.
Beim Kilometer 74 ist eine Dünenzone von 2 km zu überqueren, die aber keine Schwierigkeiten bietet.
Vom Kilometer 76 an ist die Piste bis Karima stark versandet, und nur selten zeigt sich fester Boden.
Beim Kilometer 160 verschwinden die Wegzeichen vollständig und die wenigen Spuren sind schwer zu verfolgen. Einige feste Passagen.
In der Umgebung von Kilometer 184 findet man versteinertes Holz.

Karima: Grössere Stadt. Lebensmittel. Treibstoff. Endstation der Bahnlinie von Abu Hamed. Vermietung von geländegängigen Wagen zum Besuch der zahlreichen, sehenswerten Ausgrabungsstätten der Umgebung. Man lässt sich mit Vorteil von einem Führer begleiten.

Rechtes Ufer:
Napata: Am Fusse des Djebel Barkal. Ehemalige Hauptstadt des Königreichs von Kusch. Grosser Amon-Tempel mit schönen Flachreliefs, die wahrscheinlich auf die 25. Dynastie zurückgehen.
Barkal, östlich des gleichnamigen Berges, ist eine Nekropole, die vermutlich um 300 v. Chr. angelegt wurde. Hier finden sich die schönsten Pyramiden des Sudans.
El Kurru: Die Pyramiden dieser Nekropole sind stark zerstört, doch sind noch einige Grabräume mit sehr schönen Malereien zu sehen. Die Anlage ist um 600 v. Chr. entstanden.
Linkes Ufer (Umgebung des Dorfes Merowe):
Mit einer alle 2 Stunden verkehrenden Fähre kann man auf das linke Ufer übersetzen (Tarif: £ sud. 2.— / US-$ 5.— pro Fahrzeug). Bei grossem Andrang werden zusätzliche Fahrten ausgeführt, wofür meist der doppelte Preis verlangt wird.
Nuri: Ausgedehnte Totenstadt der 25. Dynastie mit 58 Pyramiden.
Ghazali: Befestigte Kirche und Kloster in grossartiger Lage.
Beginn der Strecke 176, Ende der Strecke 178.

---

176. Karima - Korti - Abu Dom   113 km

→ Sudan im Kapitel 7.
Schlechte, zum Teil stark versandete Piste in einer Halbwüste.
Man verlässt Karima mit der Nilfähre (→ Strecke 175). Im Dorf Merowe (Sehenswürdigkeiten, → Strecke 175) wählt man die Piste rechts, die dem linken Nilufer entlang führt und einige Dörfer durchquert.
Korti, das grösste unter ihnen, ist eine hübsch gelegene Oase, ohne Versorgungsmöglichkeiten.
Unterwegs stösst man auf Dünen, die bis an das Flussufer reichen.

Abu Dom: → Strecke 174.
Beginn der Strecke 177, Ende der Strecke 174.

---

177. Abu Dom - Omdurman - Khartum   367 km

→ Sudan im Kapitel 7.
Diese schwierige Piste durchquert die Wüste in Richtung SSO und führt teilweise über weichen Sand. Es empfiehlt sich, im Geleit zu fahren und einen Führer mitzunehmen. Man kann sich auch mit dem Chauffeur eines sudanesischen Lastwagens verständigen, der die gleiche Strecke fährt und im Notfall Hilfe leisten kann. Die Piste ist meistens überschwemmt und von Juli bis September unbefahrbar für jede Art von Fahrzeug. Wegmarkierung durch weissgestrichene Stangen. Im Oktober und November ist die Landschaft grün, in der übrigen Jahreszeit jedoch wüstenhaft.

Bis zum Kilometer 17 durchquert die sehr schlechte Piste ein mit grossen Steinen übersätes Hügelgebiet. Viele versandete Abhänge und einige schwierige Oued-Überquerungen.
Nach dem Kilometer 17 gelangt man in ein Berggebiet.
Beim Kilometer 63: Brunnen und einige Nomadenhütten. Die Bevölkerung dieses Wüstenstrichs ist sehr arm. Nützliche Geschenke werden mit Dankbarkeit angenommen.
Kilometer 80: Anstieg auf einen Hügel. Vierradantrieb unerlässlich.
Kilometer 106: Brunnen und Weiler.
Ab Kilometer 128: grosse Ebene.
Kilometer 160: Weiler mit etwa 5 Häusern.
Kilometer 203 und 209: Weiler. Bis zum Kilometer 273 ist die Wellblechpiste von tiefen Rinnen zerfurcht.
Ab Kilometer 273 wird die Piste besser; die Rinnen sind weniger tief.
Kilometer 287: Einige Nomandenhütten rechts der Piste.
Kilometer 309: Alleinstehendes Haus.
Zwischen Kilometer 307 und 317 sehr sandiger Abhang, von tiefen Rinnen zerfurcht.
Kilometer 319: Häuser beiderseits der Piste.
Kilometer 339: Ortschaft mit Brunnen.

Omdurman: 300 000 Einwohner. Lebensmittel. Treibstoff. Hotels. Grosse, malerische Stadt, religiöses Zentrum des Landes.
Sehenswert sind die Suks, wo man zahlreiche Handwerker bei der Arbeit sehen kann; die alten Forts der Derwische; das Haus des Kalifen mit dem Museum; das Mausoleum des Mahdi.

Von Omdurman führt eine Brücke über den Nil nach Khartum.

Khartum: 378 m. 335 000 Einwohner. Alle Erleichterungen der grossen Stadt. Unterkunft, gutes Essen und schönes Schwimmbad im deutschen Club (Doppelzimmer £sud. 10.— / US-$ 25.— pro Nacht, plus Mitglieds-Tageskarte £sud. 0.50 / US-$ 1.25 für die Gratis-Benützung der Duschen und des Schwimmbades sowie den Zugang zum Restaurant).
Treibstoff wird nur gegen Gutscheine abgegeben, die man sich beim Innenministerium, Dep. Tourismus, beschaffen muss. Im Sudan herrscht gegenwärtig ein grosser Treibstoffmangel.
Khartum, Regierungssitz der Republik Sudan, ist keine alte Stadt, wurde sie doch — nach ihrer Zerstörung — zu Beginn des Jahrhunderts im Kolonialstil wieder aufgebaut und besitzt daher keine alten Bauten.
Zu besichtigen sind: der Zoo mit schöner regionaler Fauna; das Sudanesische Nationalmuseum (interessante Objekte aus prähistorischer und historischer Zeit); das ethnographische Museum (zurzeit im Umbau), das Gegenstände aller Stämme des Sudans enthält.
Sehenswert ist auch der Zusammenfluss des Weissen und des Blauen Nils.
Zur Beachtung: In Khartum ist die Bewilligung für Fahrten in die südlichen Teile des Landes einzuholen. Diese Bewilligung wird durch das Innenministerium ausgestellt; die Wartefrist dauert 3 bis 14 Tage.
Umgebung: Khartum-Nord, 150 000 Einwohner, am rechten Ufer des Blauen Nils. Industriestadt.
Beginn der Strecken 183, 184 und 377, Ende der Strecken 180 und 214.

178. Abu Hamed - Karima   ca. 250 km

→ Sudan im Kapitel 7.
Ziemlich schlechte Piste, jedoch ohne Orientierungsschwierigkeiten, da sie bis Karima der Eisenbahnlinie entlangführt. Immerhin ist ein geländegängiges Fahrzeug in einwandfreiem Zustand unerlässlich.

Karima: → Strecke 175.
Beginn der Strecke 176, Ende der Strecke 175.

Feilschen ist üblich, aber bieten Sie nie weniger als die Ware wirklich wert ist.

179. Abu Hamed - Berber - Atbara · 246 km

→ Sudan im Kapitel 7.

Obgleich diese Strecke eine wichtige Verkehrsachse darstellt, ist sie sehr schwierig und nur von Oktober bis Juni normal befahrbar; während der übrigen Monate ist sie überschwemmt und unbrauchbar. Man muss im Geleit von mindestens 2 Fahrzeugen fahren und sich zwischen Abu Hamed und Berber von einem Führer begleiten lassen, da sich die Piste erheblich von der Bahnlinie und dem Fluss entfernt.

Die schwierigsten Stellen zwischen Abu Hamed und Atbara sind die Übergänge der Oueds, trockene Flussbette, die mit weichem Sand ausgefüllt sind, dies besonders zwischen Abu Hamed und Dagash und dann wieder zwischen Nadi und Gananita.

Alle Reisenden sind verpflichtet, ihre Abreise und Ankunft auf dem Polizeiposten von Abu Hamed bzw. Berber zu melden.

Berber: 35 000 Einwohner. Lebensmittel. Handwerkszentrum.

Atbara: 66 000 Einwohner. Bezirkshauptort. Lebensmittel. Treibstoff. Hotel mit Restaurant. Gegen Osten zweigt die sehr schwierige Piste nach Haiya und Port Sudan ab (→ Strecke 181). Eisenbahnknotenpunkt. Beginn der Strecken 180 und 181.

180. Atbara - Meroe - Shendi - Wad ben Naqa - Khartum-Nord - Khartum · 312 km

→ Sudan im Kapitel 7.

Diese Piste kann in den Monaten Juli bis September durch Regenfälle unterbrochen sein. In der Trockenzeit zeigen sich Schwierigkeiten nur bei der Überquerung der Oueds und einiger Weichsandzonen.

Man verlässt Atbara über die Eisenbahnbrücke. Asphaltstrecke bis El Damer, dann gut markierte Piste.

Meroe: Bei der Ortschaft Kabushiya etwas nordöstlich der Eisenbahnlinie gelegene Ruinenstadt. Meroe war von 650 v. Chr. bis 350 n. Chr. die Hauptstadt des Reiches Kusch. Sie gab der meroitischen Kultur den Namen. Zu der Ausgrabungsstätte von Meroe gehören die Königsstadt, wo noch Bäder aus dem 2. Jh. v. Chr. zu sehen sind, die Totenstadt mit rund 30 Pyramiden und die Königliche Nekropole, die ebenfalls einige schöne Pyramiden aufweist.

Shendi: 25 000 Einwohner. Lebensmittel. Treibstoff. Sehr einfache Unterkunft. Shendi lebt von der Baumwollindustrie.

Etwa 5 km nach Shendi zweigt nach links eine schwierig zu findende Piste ab, die nur für geländegängige Fahrzeuge geeignet ist. Sie führt zu den Tempeln von Musawwarat es Sufra (ca. 30 km) und zur Ausgrabungsstätte von Naga (ca. 50 km). Diese Piste ist in der Michelin-Karte 154 eingetragen.

Musawwarat es Sufra: Mehrere Tempel, worunter der Tempel des Löwengottes Apedemak, der restauriert wurde. Er stammt aus meroitischer Zeit und besitzt u. a. grossartige Tiefreliefs mit Elefantendarstellungen.

Naga: Meroitische Ruinen. Der Tempel des Löwengottes ist der besterhaltene Tempel des Sudans. Der Amontempel zeigt interessante Reliefs.

Eine direkte Piste Richtung Wad Ben Naqa führt zur Hauptpiste zurück.

Wad Ben Naqa: Zwei meroitische Tempel. Die noch nicht abgeschlossenen Ausgrabungen erstrecken sich auf eine ganze Stadt.

Khartum-Nord: → Strecke 177.

Khartum: → Strecke 177.

Beginn der Strecken 183 und 184, Ende der Strecken 177 und 214.

181. Atbara - Haiya   291 km

→ Sudan im Kapitel 7.
Sehr schlechte Piste. Um diese Strecke ohne Unannehmlichkeiten zurückzulegen, sind wenigstens zwei im Geleit fahrende Geländewagen notwendig. Starker Lastwagenverkehr.
Keine Orientierungsprobleme, da die Piste auf der ganzen Länge der Eisenbahnlinie Atbara—Haiya—Port Sudan folgt.
Die ersten 60 km sind in sehr schlechtem Zustand, sehr staubig und von tiefen Fahrrinnen durchfurcht. Dann wird die Piste etwas besser, aber nicht mühelos. Die letzten Kilometer vor Haiya sind wieder sehr schlecht. Achtung vor Dornsträuchern.

Haiya: → Strecke 171.
Beginn der Strecke 182, Ende der Strecke 171.

182. Haiya - Derudeb - Ungwatiri - Erida - Mitatib - Aroma - Kassala   404 km

→ Sudan im Kapitel 7.
Diese Route kann nur von Oktober bis Juni benützt werden. Es ist von Vorteil, im Geleit von wenigstens zwei geländegängigen Fahrzeugen zu fahren, um sich auf den schwierigen Streckenabschnitten im Gebirge oder im Weichsand gegenseitig Beistand leisten zu können. Ausrüstung für die Wüste unerlässlich, ebenso Reserven an Treibstoff, Öl, Lebensmitteln und wichtigen Ersatzteilen.
Die Piste folgt erst der Bahnlinie über eine steinige Hochfläche und führt dann in Windungen nach Derudeb hinunter. Eine neue Strasse, parallel zur Eisenbahnlinie, ist gegenwärtig im Bau.

Derudeb: Dorf. Wasser. Dieseltreibstoff, kein Benzin.

Nach gewissen Berichten bestehen zwei Möglichkeiten zur Weiterfahrt nach Ungwatiri: Die eine (ohne Gewähr) folgt den Bahngeleisen; die andere (in der Michelin-Karte wiedergegeben) verläuft mehr östlich den Berghängen entlang. Sie soll in Regenzeiten besser sein als die erstgenannte, da sie höher liegt.

Ungwatiri: Eisenbahnstation. Keine Versorgungsmöglichkeit.

Von Ungwatiri bis Erida fährt man wieder der Bahn entlang.

Erida: Bahnstation, Keine Versorgung möglich.

Kurz nach Erida überquert die Piste die Geleise der Bahn und entfernt sich gegen Osten. Vor Mitatib kehrt sie wieder zur Bahnlinie zurück.

Mitatib: Bahnstation. Keine Versorgungsmöglichkeit.

Man gelangt in ein dicht bevölkertes Landbaugebiet, wo man leicht den Weg verlieren kann.

Aroma: Dorf. Wasser. Treibstoff. Camp-Hotel. Bahnhof. Etwas Industrie (Karton, Baumwolle).

Bei der Ausfahrt von Aroma, Brücke über den Fluss Gash. Anschliessend Asphaltstrasse durch bebaute Felder bei Kassala.

Kassala: Kleine Stadt. Wasser. Lebensmittel. Treibstoff. Hotel. Handels- und Industriezentrum. Reisende in Richtung Äthiopien erledigen hier die Ausreiseformalitäten des Sudans.
Beginn der Strecke 192, Ende der Strecke 183.

183. Khartum - Kassala   486 km

→ Sudan im Kapitel 7.

Selbst in der Trockenzeit ist diese Route nur mit geländegängigen Fahrzeugen zu bewältigen. In der Regenzeit, von Juli bis November, ist die Strasse unbefahrbar. Die Strasse ist geschottert und im allgemeinen in gutem Zustand bis auf die Durchquerung der Trockenflüsse, deren Bett stark sandig ist. Baumwollkulturen. In der trockenen Jahreszeit ist der Boden sehr rissig.

Für diese Strecke muss man alles Notwendige an Lebensmitteln und Treibstoff mitnehmen, da unterwegs keine Versorgung möglich ist.

Wenn der Fluss Atbara in der Trockenzeit seinen niedrigsten Stand erreicht hat, kann man direkt von Sarsereib (Amara Abu) nach Kassala fahren, indem man die Furt benützt. Im Zweifelsfalle ist es jedoch besser, die SSW-Strasse, die der Eisenbahnlinie Kassala-Kosti entlangführt, zu wählen und den Fluss Atbara auf der Eisenbahnbrücke von Butana zu überqueren: Breite 3 m. Achtung auf die Züge, deren Ankunft nicht angekündigt wird!

New Halfa: Diese Stadt wurde erst vor wenigen Jahren angelegt, um die durch den Bau des Hochdammes von Assuan (Ägypten) aus dem nubischen Niltal vertriebenen Bewohner anzusiedeln.

Khashm el Girba: Kleines Dorf. Der Ort wurde berühmt durch den gleichnamigen Staudamm am Fluss Atbara, der die Bewässerung von rund 100 000 Hektaren Wüste ermöglicht. Das so gewonnene Kulturland wird jetzt von den früheren Bewohnern Nubiens bebaut.

Kassala: → Strecke 182.
Beginn der Strecke 192, Ende der Strecke 182.

184. Khartum - Wad Medani   177 km

→ Sudan im Kapitel 7.
Ganze Strecke asphaltiert.

Wad Medani: 407 m. 106 000 Einwohner. Lebensmittel. Treibstoff. Hotels (Continental, El Gezira, El Kwawad). Bedeutende Industriestadt (Baumwolle und Autoreifen) im Gezira-Bewässerungsgebiet. Das im Staubecken von Sennar (→ Strecke 185) gesammelte Wasser wird durch nahezu 7000 km Kanäle auf die Kulturen verteilt.
Beginn der Strecken 185 und 186.

185. Wad Medani - Barakat - Sennar - Kosti   229 km

→ Sudan im Kapitel 7.

Asphaltierte Strasse bis Barakat. Übrige Strecke Piste, die in den Monaten Juli, August und September infolge der Regenfälle nicht befahrbar ist. In der Trockenzeit muss auf dieser schwierigen Piste im Geleit von mindestens zwei Wagen gefahren werden.

Vor Ankunft in Sennar zweigt man nach rechts Richtung Kosti ab. Die Piste führt über die Eisenbahngeleise und verläuft dann links davon (im Gegensatz zur Darstellung in der Michelin-Karte).

Sennar: Grössere Stadt. Lebensmittel. Treibstoff (nur selten). Bescheidenes Hotel. Sennar ist vor allem bekannt durch den während der englischen Besetzungszeit errichteten Bewässerungs-Staudamm. Von 1959 bis 1961 fügte eine deutsche Firma noch ein Elektrizitätswerk hinzu, welches das ganze Gebiet bis Khartum mit Strom versorgt.

Kosti: 65 000 Einwohner. Lebensmittel. Treibstoff (selten). Hotel. Industrie. Kosti ist Ausgangspunkt der Nilschiffahrt in den Süden des Landes (→ Strecke 188).
Beginn der Strecken 187, 188 und 213.

186. Wad Medani - Gedaref (Sudan) - Azezo (Äthiopien) 611 km

→ Sudan und Äthiopien im Kapitel 7.
Neue Asphaltstrasse bis Gedaref.

Gedaref: Kleine Stadt. Keine Versorgungsmöglichkeit.

Nach Gedaref folgt wieder Piste: Wellblech bis etwa 30 km vor der Grenze, anschliessend sehr schlecht (grosse Steine, Flussbettdurchquerungen, Sand).
Ausreiseformalitäten des Sudans in Gallabat.
Die Einreiseformalitäten in Äthiopien erfolgen in Metema.

Azezo: Dorf. Treibstoff (selten).
Beginn der Strecke 198, Ende der Strecke 197.

187. Kosti - El Jebelein - Geigar - Renk - Paloich - Malakal - Bor - Malek - Gemmeiza - Mongalla - Juba   1121 km

→ Sudan im Kapitel 7.

Kosti - Renk - Paloich - Malakal   511 km

Diese Strecke ist nur in der Trockenzeit (November—April) benützbar mit geländegängigen Fahrzeugen, die im Geleit von mindestens zwei Wagen fahren. Ausgeprägtes Wellblech.

El Jebelein: Dorf, ohne Besonderheit. Treibstoff (selten). Hotel.
Geigar: Dorf, ohne Besonderheit. Treibstoff (selten). Hotel.
Renk: Kleines Dorf. Treibstoff (selten). Hotel mit angenehmem Restaurant.
Von Renk aus kann man mit Unterstützung des «District Commissioner» einen Ausflug zu den Dinka-Dörfern der Umgebung unternehmen. Die sehr gastfreundlichen Dinka haben eine dunkle Hautfarbe und leben äusserst primitiv in strohgedeckten Hütten aus getrocknetem Lehm.
Paloich: Dorf, ohne Besonderheit. Treibstoff (selten). Hotel.
Malakal: 386 m. 35 000 Einwohner. Resthouse (unbehaglich). Kein Treibstoff. Griechischer Laden, wo man Früchtekonserven, Bier, Most und einige andere Produkte findet. Bescheidener Markt (Früchte, Gemüse, Tee, Eier — selten frisch). Militärkontrolle. Ende der Strecke 386.
Provinzhauptort mit modernem Flugplatz, der als Ausweichflugplatz dient, wenn derjenige von Khartum infolge von Sandstürmen geschlossen werden muss.
Nordwestlich von Malakal sind die Shilluk zu Hause, hochgewachsene Eingeborene, mit ähnlicher Lebensweise wie die oben erwähnten Dinka, die sich aber von den letzteren durch ihre Sprache unterscheiden.

Malakal - Ayod - Bor - Mongalla - Juba   610 km

Ende der Strecke 387 in Ayod.
Diese Piste ist im Prinzip nur von Mitte Dezember bis Mitte April und nur für im Geleit fahrende Wagen mit Vierradantrieb geöffnet. Tiefe Löcher, Wellblech, etwas Sand in der Gegend von Juba. Man melde sich unaufgefordert beim Militär in den durchfahrenen Ortschaften.

Bor (410 km südlich von Malakal): Hotel. Kein Treibstoff. Beginn der Strecke 387.

In den Gebieten südlich von Malakal ist es üblich, sich dort, wo man die Nacht verbringen will, an den «District Commissioner» zu wenden. Dieser spricht gewöhnlich englisch und ist immer bereit zu helfen.
Hotels in Malek, Gemmeiza und Mongalla.

Juba: Endstation der Nilschiffahrt (→ Strecke 188). 10 000 Einwohner. Hauptstadt der Provinz Equatoria. Hotel Jubo (von der Regierung verwaltet) und Hotel Africa (billiger). Unterkunft mit dem Fahrzeug bei der protestantischen Kirche (All Saints Cathedral) in einem Garten mit Wasser und WC. Lebensmittel.

Ausreiseformalitäten (ungefähr 3 Stunden): Die Einwanderungsbüros erteilen das Ausreisevisum und geben den «Travel permit» ab, der zur Fahrt an die Grenze berechtigt. Das Zollamt bei der Post erledigt die Ausreiseformalitäten für das Fahrzeug.

Einreiseformalitäten: Die Einwanderungsbüros kontrollieren das Einreisevisum. Das Zollamt nimmt die Registrierung des Fahrzeuges vor. Die Formalitäten dauern meist sehr lange, weil die Beamten häufig abwesend sind.

Juba liegt im Zentrum des reichen Jagdgebietes des Sudans (Safaris) und ist im übrigen durch ganzjährig befahrbare Pisten an das Strassennetz Zentral- und Ostafrikas angeschlossen.

Beginn der Strecken 189 und 190, Ende der Strecken 188 und 231.

---

188. Kosti - Malakal - Juba, bzw. Wau (per Schiff)   ca. 9 Tage

→ Sudan im Kapitel 7.

Die Nilschiffahrt wird von der Sudan River Transport Corporation verwaltet. Adresse: P.O.Box 29, Khartum North, Sudan.

Die Schiffe dieser Gesellschaft sind sauber und gut unterhalten (wenigstens in der 1. Klasse). Sie verfügen über Ein- und Zweibettkabinen mit fliessendem Wasser und Bad. Der Speisesaal ist gut durchlüftet; die Bedienung ausgezeichnet.

Diese Bemerkungen sind nur für die neuen Schiffe mit Schraubenantrieb zutreffend. Die alten Schiffe (mit Schaufelrädern) sind bedeutend weniger bequem.

Die Kabinen der 2. Klasse sind eng (Kajütenbetten) und besitzen weder fliessendes Wasser noch Bad, doch stehen einige Duschen zur Verfügung.

Die 3. Klasse ist nicht empfehlenswert. Es gibt keine Kabinen, keine richtigen Liegebetten; man kann seinen eigenen Apparat zum Kochen mitbringen.

Tarife:	1. Klasse		2. Klasse		3. Klasse	
	£ sud.	US-$	£ sud.	US-$	£ sud.	US-$
Kosti—Malakal	16.200	40.50	8.100	20.25	4.05	10.12
Juba	43.170	107.92	28.770	71.92	10.805	27.01
Wau	37.425	93.56	19.230	48.09	9.240	23.11

Tarif für Fahrzeuge (Land-Rover 109):
Kosti—Juba: £ sud. 118.80 / US-$ 297.—.

Zulässige Maximalhöhe 2,02 m. Man kann auch ungedeckte Schiffe erhalten, auf welchen keine Vorschriften betreffend Höhe bestehen.

Ermässigungen: Studenten erhalten Ermässigungen bis zu 50 % auf den obenstehenden Tarifen. Die dafür notwendigen Papiere sind beim Informations- und Kulturministerium in Khartum einzuholen.

Mahlzeiten: In den obigen Tarifen sind die Mahlzeiten nicht inbegriffen. Für die Mahlzeiten (englische Küche) sind etwa £ sud. 2.700.— / US-$ 6.75 pro Tag zu rechnen.

Reisedauer: Sie ist abhängig von der Fahrtrichtung (mit oder gegen die Strömung) sowie vom Wasserstand des Flusses (Hoch- oder Niederwasser). Von Kosti bis Juba dauert die Reise etwa 9 Tage, in der Gegenrichtung nur 6 Tage. Diese Angaben sind nicht verbindlich, da Maschinenschäden und Verspätungen ziemlich häufig sind. Für Reisende der 3. Klasse empfiehlt sich die Mitnahme von Proviant für die 1 1/2fache Reisedauer, da die Versorgung während der Fahrt nicht immer möglich ist.

Fahrplan:
Kosti—Juba: 1 Abfahrt pro Woche, Mittwoch, 10.00 h.
Juba—Kosti: 1 Abfahrt pro Woche, Sonntag, 5.30 h.
Wir besitzen keinen Fahrplan nach Malakal und Wau.

Gepäck: Reisende der 1. Klasse dürfen 50 kg, diejenigen der 2. Klasse 40 kg Gepäck in die Kabine mitnehmen.

Es empfiehlt sich, die Fahrkarten 2 Wochen im voraus zu bestellen und eine Aussen-kabine zu wählen (ruhiger und kühler).

Juba: → Strecke 187.
Beginn der Strecken 189 und 190, Ende der Strecken 187 und 231.
Wau: → Strecke 226.
Beginn der Strecken 227 und 228, Ende der Strecke 226.

189. Juba - Ngangala - Torit - Kapoeta - Lotimi (Sudan) - Lokichokio (Kenia) - Lodwar - Sigor - Sebit - Kitale - Soy ca. 1144 km

→ Sudan und Kenia im Kapitel 7.
Diese Route nach Kenia berührt Uganda nicht. Da die Treibstoffversorgung äusserst schwierig ist, sind Reserven für die ganze Distanz notwendig.
An der Grenze zwischen Sudan und Kenia gibt es keine Kontrollposten. Die Ausreise-formalitäten des Sudans sind daher vor der Abfahrt in Juba zu erledigen. Die Einreise-kontrolle für Kenia erfolgt in Kitale.

Juba - Ngangala - Torit 130 km
Man verlässt Juba über die Nilbrücke. In Ngangala stösst man auf die von Mongalla (→ Strecke 187) kommende Piste, die durch einen neuangelegten Nationalpark führt.
Von Juba bis Torit, gute Piste, ohne Schwierigkeiten.
Vor Torit wird ein Flussbett überquert, was nach Gewittern mit Schwierigkeiten ver-bunden sein kann.

Torit: Anmeldung beim Militärposten. Keine Versorgungsmöglichkeit.

Torit - Kapoeta 176 km
Nach Torit fährt man 30 km auf einer neuangelegten Piste weiter und gelangt dann an einen Fluss, den man auf einer neuen Brücke überquert.
Die Piste ist anschliessend leidlich, aber von Steinen übersät. Einige Steilstrecken, hie und da etwas Morast. 112 km nach Torit ist ein Fluss mit sandigem Bett zu überqueren.
Nach Torit verändert sich die Vegetation: Kurzes Gras, die Bäume werden seltener, an ihrer Stelle erscheinen Dornbüsche. Die Landschaft hat Gebirgscharakter.
Bis Kapoeta ist die Strecke markiert. Vor Kapoeta ist noch ein breites und sehr sandiges Flussbett zu überqueren.

Kapoeta: Kleines Dorf. Lebensmittel (unsicher). Polizeikontrolle.

Kapotea - Lokichokio 128 km
Die Piste, oder besser gesagt die Spuren, führen 500 m nach dem Polizeiposten nach links. Man fährt Richtung Ost, wobei man einen Berg in der Form des Fudschijama ansteuert, diesen aber links liegen lässt. Es gibt keine Piste, die Spuren sind jedoch deutlich erkennbar. Zahlreiche Furten über Flüsse mit sandigem Bett. Steile, manchmal sehr lange Zufahrten, für normale Fahrzeuge unpassierbar und für Geländewagen nur mit kleinen, reduzierten Gängen. Einige Abschnitte von gestampfter Erde können nach Gewittern heikel befahrbar sein.
Die Grenze zwischen Sudan und Kenia ist nicht markiert, man überquert sie also un-bemerkt. **Achtung:** Man fährt links in Kenia.
Das Grenzgebiet wird von verschiedenen Volksgruppen bewohnt, die sowohl durch ihre Lebensweise, wie auch durch ihren Schmuck und ihre Waffen bemerkenswert sind. Viele Wildtiere.
Die Piste bessert sich merklich, sobald man den Boden Kenias betritt.

Lokichokio - Lodwar   240 km

Gute Piste bis Lodwar.
Die Gegend ist dünn besiedelt, hauptsächlich durch Hirten des Turkana-Stammes. Sie
sind vollkommen nackt, und die Frauen tragen schwarze Perlenketten.
Ihre Herden (Dromedare und Ziegen) suchen das kümmerliche Futter zwischen Dorn-
gewächs, der einzigen Vegetation dieses Landstrichs.

Lodwar: Kleiner Ort. Lebensmittel selten und teuer. Treibstoff (teuer).
Vorzügliche Werkstätte in der katholischen Mission.

Von Lodwar lohnt sich ein Abstecher zum Turkana-See (früher Rudolphsee), vor allem
nach Eliye Springs (ca. 80 km), wo man sich nach der Fahrt durch den Sudan erfrischen
kann.
Man findet hier ein Schwimmbad (am Seeufer), ein Camping (Sh. 30.— / US-$ 3.90 pro
Person), ein Restaurant und eine Reihe von teuren Bungalows (Sh. 300.— / US-$ 39.—
für 2 Personen, mit Nachtessen und englischem Frühstück, Preis 1976). Ausgezeichnete
Fischfilets.
Achtung: Die letzten zwei Kilometer vor dem Lodge sind ein mit Palmenzweigen be-
legter Weg. Vorsichtig fahren.
Sehr schöne Wüstenlandschaft (Sand, Dromedare, Skorpione, Hitze usw.).

Lodwar - Kitale   ca. 400 km

Eine neue Strasse ist zurzeit zwischen Lodwar und Kitale im Bau. Man benützt zuerst
auf etwa 40 km die alte Piste bis Lokichar und fährt dann auf der neuen Strasse bis
Sigor weiter. Viele Umleitungen infolge der Baustellen.

Sigor: Dorf. Keine Versorgungsmöglichkeiten.

Nach Sigor dringt die Piste in eine Schlucht und beginnt zu steigen. Sie wird sehr
schmal. Die starken Steigungen, in einer Höhenlage von 2500 m und mehr, machen
zuweilen den Gebrauch des Vierradantriebs notwendig.
Auch die Vegetation verändert sich: Aus der Halbwüste der Ebene gelangt man auf
blühende, fruchtbare Hochflächen.

Sebit: Dorf. Keine Versorgungsmöglichkeiten.

Nach Sebit wird die Piste wieder breit und macht kurz vor Kitale einer ausgezeichneten
Asphaltstrasse Platz.

Kitale: Stadt. Lebensmittel. Treibstoff. Hotel. Einreiseformalitäten für Kenia. Kontrolle des Grenzpassier-
scheinheftes.
Kitale besitzt einen malerischen Markt, zahlreiche Läden sowie Banken.
Von hier aus kann ein Ausflug zum Mont Elgon und seinem sehr schönen Nationalpark unternommen werden.

Sehr gute Asphaltstrasse von Kitale bis Soy.

Soy: Dorf. Treibstoff. Hotel.
Beginn der Strecke 259, Ende der Strecke 258.

---

190. Juba - Nimule (Sudan) - Gulu (Uganda)   281 km

→ Sudan und Uganda im Kapitel 7.
Entgegen der Angabe in der Michelin-Karte 154 ist in Nimule kein sudanesischer
Grenzposten vorhanden. Die Ausreiseformalitäten sind daher in Juba zu erledigen.

Man verlässt Juba über die gebührenpflichtige Nilbrücke. Gute, in allen Jahreszeiten befahrbare Piste bis Nimule.

Nimule: Stadt an der Grenze Sudan/Uganda. Lebensmittel. Treibstoff. Einfache Unterkunft. Nationalpark.

Der Zollposten von Uganda befindet sich am Stadtausgang von Nimule. Gute, ganzjährig befahrbare Piste bis Gulu.

Gulu: Kleine Stadt. Lebensmittel. Treibstoff. Garage. Hotel (The Acholi Inn, UGS 150.—/US-$ 19.50 pro Person und Nacht.
Beginn der Strecke 191, Ende der Strecke 247.

191. Gulu - Kampala   338 km

→ Uganda im Kapitel 7.
Ausgezeichnete Asphaltstrasse durch hügelige Landschaft.
Man fährt über den Victoria-Nil auf der Karuma Bridge, in der Nähe der gleichnamigen Fälle. Diese Brücke befindet sich an der Ostecke des Kabarega-Nationalparkes (früher Murchison Park, → Strecke 247).
Später durchquert die Strasse eine unendliche Sumpfebene (ein verlandeter Teil des Victoria-Sees).

Kampala: Hauptstadt von Uganda. Ca. 60 000 Einwohner. Alle touristischen Erleichterungen einer grossen Stadt.
Kampala hat unter den Ereignissen im Frühjahr 1979 stark gelitten.
Besichtigungen: Nationalmuseum, das Parlamentsgebäude, Kunstgalerie Makerere und der Hindu-Tempel.
Umgebung: Der botanische und zoologische Garten in Entebbe, der auch Tiger beherbergt.
Beginn der Strecke 258.

192. Kassala (Sudan) - Sabderat (Äthiopien) - Tessenei - Barentu - Agordat - Keren - Asmara   432 km

→ Äthiopien im Kapitel 7.
Die Ausreiseformalitäten des Sudans sind in Kassala zu erledigen.
Brücke über den Fluss Gash. Bis Sabderat (Kilometer 35), dem ersten Dorf nach der äthiopischen Grenze, fährt man auf einer Naturstrasse, die nach schweren Regenfällen und in der Regenzeit nicht befahrbar ist. Nach diesem Dorf hat die Strasse Schotterbelag und ist ziemlich gut, wenn auch staubig und bergig. Starke Gefälle.

Tessenei: Kilometer 75. Äthiopischer Zoll. Bank. Hotel. Post und Telegraph. Garage. Treibstoff.
Barentu: Kilometer 194. Hotel. Post. Telegraph. Treibstoff.
Agordat: Kilometer 259. Bahnhof. PTT. Hotel. Garage. Treibstoff.

Kurz nach dieser Ortschaft ist die Strasse geteert und in gutem Zustand bis Asmara.

Keren: Kilometer 341. Sämtliche touristischen Erleichterungen.

Überquerung des Flusses Anseba auf einer Brücke.

Asmara: Hauptort von Eritrea. Sämtliche touristischen Erleichterungen. Die von den Italienern am Rande der äthiopischen Hochebene erbaute Stadt ist die zweitgrösste des Landes und hat aus der Kolonialzeit ein gewisses Gepräge bewahrt.
Besichtigungen: St.-Josefs-Kathedrale, Marienkirche, das archäologische Museum, die Moschee und der kaiserliche Palast.
Beginn der Strecken 193, 194 und 195.

193. Asmara - Massawa   115 km

→ Äthiopien im Kapitel 7.

Höhenunterschied von 2500 m auf 115 km sehr gut angelegter und geteerter Strasse. Die Distanz kann per Auto in 2^1/2 Stunden oder mit der täglich verkehrenden Schmalspurbahn in 4 Stunden zurückgelegt werden.

Ghinda: Kleine Stadt am Zusammenschluss von Schiene und Strasse. Hübsches Tal. Das Klima wird wärmer.

Dongollo: Heisse Mineralwasserquellen. Abziehen in Flaschen.

Kurz nach dieser Ortschaft wird die Landschaft wegen der geringen Höhe wüstenähnlich, trocken und steinig. In dieser dürren Gegend ist am Ort der Schlacht von Dogali, wo die von Ras Alula befehligten äthiopischen Kräfte im Jahre 1887 die Italiener schlugen, ein kleines Denkmal errichtet worden. Die Gräber zur Rechten bergen die gefallenen Äthiopier, die zur Linken die Italiener.

Vom Fuss der Hügel, etwa 20 km vor Massawa, führen Strasse und Schiene in gerader Linie durch die Wüste nach Massawa und ans Ufer des Roten Meeres.

Massawa: Seit mehreren Jahrhunderten ein sehr wichtiger Hafen. Die Stadt erstreckt sich über Halbinseln und Inseln, die durch Deiche verbunden sind. Der ursprünglich arabische Charakter der Stadt ist verschwunden und hat modernen Bauten Platz gemacht. Mehrere vorzügliche Hotels, alle touristischen Erleichterungen. Ausgezeichnete Möglichkeiten für Unterwasserjagd und Hochseefischerei.

194. Asmara - Adi Abun   157 km

→ Äthiopien im Kapitel 7.

Gute Asphaltstrasse bis zur Brücke über den Mereb, dann Piste von gestampfter Erde in gutem Zustand.

Adi Abun: Kleines Dorf. Wasser. Treibstoff.

Beginn der Strecken 196 und 197.

195. Asmara - Decamere - Adi Caieh - Senafe - Adigrat   195 km

→ Äthiopien im Kapitel 7.

Ganze Strecke asphaltiert. Starker Verkehr von Sattelschleppern und Autobussen. Trinkwasservorrat für die ganze Strecke mitnehmen.

Decamere: Kleines Städtchen. Treibstoff.

Adi Caieh: Kleines Dorf. Treibstoff.

Lohnenswerter Ausflug zu den Ruinen von Cohaito, etwa 15 km südöstlich des Dorfes, erreichbar mit geländegängigen Fahrzeugen auf einer Piste, die zwischen Kilometer 121 und 122 links von der Strasse Asmara—Adigrat abzweigt. Cohaito war eine wichtige Stadt des Königreichs von Axum. Sehenswert sind die Felsengräber, ein Wasserreservoir, dessen Pfeiler schöne Beispiele der axumitischen Kunst sind, sowie schöne Fresken. Die einheimische Bevölkerung leistet gerne Führerdienste.

Senafe: Kleines Dorf. Treibstoff.

Etwa 1 km südlich des Dorfes liegen die Ruinen von Matara, einer alten Stadt des Königreichs von Axum. Sie gilt sogar als der älteste bewohnte Ort von ganz Eritrea. Hier wurde der Obelisk von Matara gefunden.

Adigrat: Kleine Stadt. Lebensmittel. Bank. Treibstoff. Garage.

Beginn der Strecke 199, Ende der Strecke 196.

196. Adi Abun - Inticho - Debre Damo - Adigrat 103 km

→ Äthiopien im Kapitel 7.
Bergpiste von gestampfter Erde, in gutem Zustand, doch nur bei trockenem Wetter befahrbar.
Kurz nach Adi Abun führt eine Abzweigung von 5 km nach links (Piste) zu den Ruinen von Yeha.

Yeha: Einst eine der Hauptstädte des Landes. Man kann hier noch die Ruine eines dem Mondgott geweihten Tempels sowie eine koptische Kirche sehen.

Inticho: Kleines Dorf ohne Versorgungsmöglichkeiten.

Debre Damo: Kleines Dorf, in dessen Nähe sich ein koptisches Kloster befindet. Die Kirche stammt vermutlich aus dem 4. Jh. n. Chr. und gilt als eine der ältesten Äthiopiens.
Das auf einem steilen Fels thronende Kloster ist noch heute von ungefähr 300 Mönchen bewohnt und darf nur von Männern besucht werden. Es ist nur an einer Stelle mit Hilfe eines Seiles zu erklettern.

Adigrat: → Strecke 195.
Beginn der Strecke 199, Ende der Strecke 195.

197. Adi Abun - Axum - Enda Sellasie - Adi Arkai - Debark - Gondar - Azezo 394 km

→ Äthiopien im Kapitel 7.
Gute Piste von gestampfter Erde, die zwischen Adi Arkai und Debark den 3100 m hohen Wolkefit-Pass überquert.

Axum: Kleine Stadt. Lebensmittel. Treibstoff. Hotel. Axum ist eine wichtige Handels- und Gewerbestadt, aber auch ein religiöses Zentrum der koptischen Kirche. Bis zum 10. Jh. war sie die Hauptstadt des Landes und besitzt noch zahlreiche interessante Kunstdenkmäler:
Den Palast von Tekla Maryam, der mit seinen Mauern auch den Palast von Amda Mikael umschliesst; die Stelen, die zur Erinnerung an Verstorbene errichtet wurden. In der Regel sind es reichgeschmückte Monolithen, deren grösster (umgestürzt) 33,3 m lang ist. Sie stammen wahrscheinlich aus dem 4. Jh.
Zu besichtigen ist ferner das in den Fels gehauene Bassin, das sog. «Bad der Königin von Saba», die Kathedrale Maryam Seyon (oder Maria Sion), die nach der Überlieferung im Jahre 340 n. Chr. erbaut wurde (heutiger Bau aus dem 16. Jh.).

Enda Sellasie: Städtchen. Treibstoff.

Die Strasse führt in die Schlucht des Taccaze-Flusses (Brücke) hinunter, um am andern Ufer wieder auf die Hochfläche zu klettern.

Adi Arkai: Kleines Dorf. Treibstoff (selten). Schöner Blick auf die umliegenden Berge.

Die Piste überwindet den Wolkefit-Pass.

Debark: Kleines Dorf. Treibstoff (selten). Debark ist Ausgangspunkt für einen Besuch des nahen Semyen-Nationalparks.

Gondar: Stadt. Lebensmittel. Treibstoff. Hotel. Gondar, eine alte Kaiserstadt, ist heute ein lebhaftes Handelszentrum.

Sehenswürdigkeiten: Die kaiserliche Mauer mit den 12 Toren umschliesst sehr gut erhaltene Paläste, wie denjenigen des Kaisers Fasilidas (1632—1667) und Yassu des Grossen (ca. 1700), die Bibliothek des Kaisers Tsadik Yohannes (1667—1682) und andere Bauten, so z. B. die Sängerhalle, das Brauthaus und mehrere Kirchen (St. Michael, «die Herrliche» und das «Schatzhaus der Maria», das schöne Malereien enthält).
Ausserhalb der Mauer: Der Palast von Ras Mikael Sehul, das Grabmal des Pferdes, das «Hühnerhaus» und das Bad Fasiladas. Etwa 2 km von der Stadt entfernt erhebt sich die Kirche Debra Berhan Selassie, vollständig ausgeschmückt mit wundervollen Wandmalereien, die zu den schönsten des Landes gehören.

Asphaltstrasse zwischen Gondar und Azezo.

Azezo: → Strecke 186.
Beginn der Strecke 198, Ende der Strecke 186.

198. Azezo - Addis Zemen - Bahar Dar - Danghela - Debre Markos - Debre Libanos - Addis Abeba   748 km

→ Äthiopien im Kapitel 7.
Piste in gutem Zustand, dann Asphaltstrasse bis Addis Abeba.

Addis Zemen: Städtchen in der Nähe des Tana-Sees. Wasser. Treibstoff.
Bahar Dar: Stadt. Lebensmittel. Wasser. Treibstoff. Hotel. Industrieort, ohne Sehenswürdigkeiten, aber Ausgangspunkt für zwei Ausflüge:
1. Die Fälle des Blauen Nils, erreichbar auf einer Piste von 30 km.
2. Die Kirchen und Klöster des Tana-Sees, insgesamt 14, die meisten mit sehr schönen Malereien geschmückt.
Danghela: Dorf. Treibstoff.
Debre Markos: Kleine Stadt. Wasser. Treibstoff. Lebensmittel. Hotel. Der Haupterwerb der Stadt ist der Handel mit Kaffee, Rindern und Getreide. Sie besitzt eine schöne Brücke über einen Zufluss des Blauen Nils.
Debre Libanos: Kirche und Kloster in einiger Entfernung von der Hauptstrasse, am Rande einer tiefen Schlucht.
Addis-Abeba: 2400 m. Hauptstadt Äthiopiens. Alle touristischen Erleichterungen. Malerische Stadt mit vielen Eukalyptusbäumen.
Sehenswert sind vor allem: die Africa Hall, Sitz der OUA (Organisation für die afrikanische Einheit), mit ihren wundervollen Glasfenstern des äthiopischen Künstlers Afework Tekle; der Palast Menelik II., erbaut 1892; das Nationalmuseum; der Löwe von Juda; der neue Markt (Mercado), einer der grössten Afrikas (Samstag und Mittwoch); die St.-Georgs-Kathedrale, von Kaiser Menelik II. nach seinem Sieg bei Adowa erbaut; die Dreieinigkeits-Kirche und die grosse Moschee im Zentrum des neuen Marktes.
Beginn der Strecke 204, Ende der Strecke 203.

199. Adigrat - Quiha - Maichew - Weldiya - Dessie - Kembolcha   510 km

→ Äthiopien im Kapitel 7.

Adigrat - Quiha   114 km

Schotterstrasse in gutem Zustand, aber viel Staub. Ganzjährig befahrbar.

Ugurro: Von hier aus können zwei kleine Abstecher zu den Felsenkirchen von Kirkos und Abraha-Atsbha ausgeführt werden.
Quiha: Hotel. Treibstoff. Abzweigung der Strasse nach Makale (12 km).

Quiha - Maichew - Weldiya   253 km

Diese von der italienischen Armee vor dem Zweiten Weltkrieg erbaute Strasse besass auf der ganzen Länge von Massawa nach Addis Abeba einen Hartbelag. Seither wurde sie erneuert und mit einem harten Schotterbelag versehen, um den Unterhalt leichter und weniger kostspielig zu gestalten. Sie ist jedoch derart staubig, dass es gefährlich ist, schneller als 50 bis 60 km/Std. zu fahren, selbst auf geraden Strecken. Nach dem Dorf Enda Medhane Alem, 60 km südlich von Quiha, steigt die Strasse in vielen Windungen zum Amba Alaji-Pass (3250 m) hinauf. Steile Talfahrt auf der anderen Seite.

Weldiya: Ein Hotel. Treibstoff. Lebensmittel.
Abzweigung einer Piste nach Lalibela (3 oder 4 Tage mit dem Maultier). Lalibela ist das Zentrum der berühmten Felsenkirchen. Für den Besuch ist ein Empfehlungsschreiben des Informationsministeriums in Addis Abeba an den Patriarchen von Lalibela von Vorteil.

Weldiya - Dessie - Kembolcha   143 km

Schotterstrasse, sehr staubig, aber in gutem Zustand.

Dessie: 2470 m. Grössere Ortschaft. Hotel-Restaurant, ärztliche Beratungsstelle. Treibstoff. Lebensmittel.

Kembolcha: Hier zweigt nach Osten die Wüstenstrasse zum Hafen Assab am Roten Meer ab (Strecken 200 und 201).
Beginn der Strecken 200 und 203.

200. Kembolcha - Mille — 130 km

→ Äthiopien im Kapitel 7.
Asphaltstrasse bis Bati, dann Piste bis zur Abzweigung der Strecke 202, einige Kilometer vor Mille. Treibstoffreserven für 460 km notwendig.

Bati: Kleines Dorf mit einem Brunnen und einem interessanten Markt (jeden Montag).

Kurz bevor man Mille erreicht, gelangt man an eine Verzweigung. Die asphaltierte Strasse nach rechts führt nach Awash (→ Strecke 202). Asphalt von der Kreuzung bis Mille.

Mille: Kleiner Ort ohne Versorgungsmöglichkeit.
Beginn der Strecken 201 und 202.

201. Mille - Sardo - Assab — 330 km

→ Äthiopien im Kapitel 7.
Gute Asphaltstrasse durch die flache Danakil-Wüste, dann durch ein sehr schönes vulkanisches Gebiet. In Tendaho und Logia findet man gelegentlich Treibstoff. Etwa 290 km nach Mille fährt man am Vulkan Moussa Ali vorbei.

Assab: Hafen. Lebensmittel. Treibstoff. Hotel. Die Stadt besitzt eines der unerträglichsten Klimas ganz Afrikas, sehr heiss und gleichzeitig sehr feucht. Wichtigster Hafen Äthiopiens, der durch regelmässige Frachtschiffdienste mit Europa verbunden ist. Industrien, zur Hauptsache Salinen und Raffinerien.
Assab ist zurzeit der einzige Ort, wo man ohne grosse Schwierigkeit ans Rote Meer gelangen kann.

202. Mille - Awash — 480 km

→ Äthiopien im Kapitel 7.
Diese gute Asphaltstrecke stellt die schnellste Verbindung zwischen Assab und Addis Abeba dar. Sie durchquert den südlichen Teil der Danakil-Salzwüste.

Awash: Kleine Stadt. Wasser. Treibstoff. Hotel. Awash befindet sich am Eingang des gleichnamigen Nationalparks, in dem man unter anderem Krokodile sehen kann.
Beginn der Strecke 206, Ende der Strecke 205.

203. Kembolcha - Debre Sina - Debre Berhan - Addis Abeba — 378 km

→ Äthiopien im Kapitel 7.
Asphaltstrasse auf der ganzen Strecke.
Kilometer 49: Brücke über den Fluss Borchenna.
Kilometer 123: Die Strasse benützt ein trockenes Flussbett in einem engen Tal. Der Abschnitt ist nach starken Regenfällen unpassierbar.
Anschliessend klettert die Strasse in vielen Windungen zum Termaber-Pass auf 3230 m Höhe. Steile Talfahrt.

Debre Berhan: Grosses Strassendorf. Lebensmittel. Treibstoff. Hotel.

Addis Abeba: → Strecke 198.
Beginn der Strecke 204, Ende der Strecke 198.

204. Addis Abeba - Debre Zeit - Mojo   70 km

→ Äthiopien im Kapitel 7.
Gute Asphaltstrasse. Je nach Reiseziel sind ausreichende Reserven zu beschaffen (Nairobi 6 Reisetage, Djibouti 4 Reisetage). Auf dieser Strasse gelangt man ins «Rift Valley» (ostafrikanischer Graben).

Debre Zeit: Kurort, zwischen zwei Seen vulkanischen Ursprungs gelegen. Lebensmittel. Treibstoff. Hotels.
Mojo: Kleines Dorf. Treibstoff. Lebensmittel.
Beginn der Strecken 205 und 207.

205. Mojo - Nazareth - Awash   155 km

→ Äthiopien im Kapitel 7.
Gute Asphaltstrasse auf der ganzen Strecke.

Nazareth: Industriestadt. Lebensmittel. Treibstoff. Nazareth liegt in der Nähe des Koka-Dammes, der den Fluss Awash aufstaut. Nicht weit davon kann man Krokodile und Nilpferde beobachten.
Awash: → Strecke 202.
Beginn der Strecke 206, Ende der Strecke 202.

206. Awash - Mieso - Asbe Tafari - Kulubi - Alemaya - Harrar - Alemaya - Dire Dawa - Aysha - Daouenlè (Äthiopien) - Ali Sabieh (Republik Djibouti) - Djibouti   704 km

→ Äthiopien und Republik Djibouti im Kapitel 7.
Schlechte Schotterstrasse bis Mieso, dann gute Bergpiste, ebenfalls beschottert, bis Kulubi.
Von Kulubi nach Harrar und von Harrar nach Dire Dawa: Asphaltstrecke.
Nach Dire Dawa folgt eine sehr schlechte Piste, die nur mit Vierradantriebsfahrzeugen zu bewältigen ist. Es empfiehlt sich, den Wagen bis Djibouti auf die Bahn zu verladen, die zweimal wöchentlich verkehrt.
22 km nach dem Grenzposten der Republik Djibouti (Ali Sabieh) beginnt wieder der Asphalt, der bis nach Djibouti anhält.

Mieso: Städtchen. Treibstoff. Bahnstation der Linie Addis Abeba—Djibouti.
Asbe Tafari: Städtchen auf den ersten Anhöhen der Ahmar-Berge. Treibstoff. Bescheidenes Hotel. Markt.
Kulubi: Dorf, dessen Kirche St. Gabriel ein Pilgerziel ist. Die farbenfrohen Pilgerfahrten finden Ende Dezember statt.
Alemaya: Dorf an der Strasse Dire Dawa—Harrar. See. Wenn man Harrar nicht besuchen will, kann man direkt nach Dire Dawa weiterfahren. In diesem Fall sind von der Gesamtdistanz Awash—Djibouti 68 km abzuziehen.
Harrar: 50 000 Einwohner. Lebensmittel. Treibstoff. Hotel. Die Stadt Harrar stammt aus dem 7. Jh. Die in den Felshöhlen der Umgebung entdeckten Felsbilder beweisen aber, dass das Gebiet schon vor 20 000 Jahren bewohnt war.
Sehenswürdigkeiten: Der immer sehr lebhafte und farbenreiche Marktplatz, wo Produkte aus Somalien, Djibouti und dem Innern Äthiopiens ausgetauscht werden. Der Palast Meneliks II., errichtet für diesen Kaiser, der jedoch nie in diese Stadt kam.
Das Mausoleum und der Palast von Ras Makonnen, dem Vater Haile Selassies, sind gute Beispiele der lokalen Architektur des 19. Jh. Interessant sind ferner die Medhane-Alem-Kathedrale, die Jami-Moschee und die Michaels-Kirche.
Abends kann man vor den Stadtmauern der Hyänenfütterung beiwohnen. Die Tiere, sehr zahlreich in dieser Gegend, werden von einem Mann der Stadt aus der Hand gefüttert.
In Harrar befindet sich ein Haus, in welchem der französische Dichter Rimbaud gewohnt haben soll.
Auskunft über die Besuchsmöglichkeiten der Felsbilder in der Umgebung von Harrar im Ras Hotel.

Dire Dawa: 1207 m. 70 000 Einwohner. Lebensmittel. Treibstoff. Hotel. Die Stadt entstand am Anfang des Jahrhunderts während des Bahnbaues der Strecke Addis Abeba—Djibouti. Hier befindet sich auch die Verwaltung der Bahngesellschaft. Viele Einwohner sprechen französisch.
Dire Dawa ist eine Industriestadt und besitzt ausser dem Palast des Herzogs von Harrar keine Sehenswürdigkeiten.

Aysha: Bahnstation. Ausreisekontrolle durch äthiopische Zoll- und Militärorgane.

Daouenlè: Bahnstation. Erneute Zoll- und Militärkontrolle für die Ausreise.

Ali Sabieh: Kleines Dorf der Republik Djibouti. Bahnstation. Treibstoff. Unterkunftsmöglichkeit. Einreisekontrolle durch Zoll und Militär der Republik Djibouti.

Djibouti: 65 000 Einwohner. Alle touristischen Erleichterungen einer grossen Stadt. Der besondere Reiz der Stadt ist ihre Lage am Golf von Tadjoura. Sie besitzt aber auch einen interessanten Markt. Djibouti ist durch regelmässigen Frachtschiffdienst mit Europa verbunden.

207. Mojo - Shashamane - Awasa - Yirgalem - Wendo   263 km

→ Äthiopien im Kapitel 7.
Durchgehend asphaltierte Strecke ohne Verkehrsschwierigkeiten. Die Strasse verläuft im Talgrund des «Rift Valley», von hohen Bergen gesäumt, worunter der Mt. Cacca (4190 m), der höchste Gipfel Äthiopiens. Man erkennt ihn östlich der Straase, kurz vor Ankunft in Shashamane.

Shashamane: Kleine Stadt. Keine Versorgungsmöglichkeit. Die Stadt besitzt ein interessantes Lokal-Museum; in der Umgebung: Heisse Quellen.

Awasa: Kleiner Ort mit Tabakindustrie. Lebensmittel. Treibstoff. Hotel. Camping. In der Nähe befindet sich der kleine Awasa-See.

Yirgalem: Kleine Stadt. Keine Versorgungsmöglichkeit.

Wendo: Dorf. Treibstoff.
Beginn der Strecken 208 und 209.

208. Wendo - Negele - Hudat - Wachille - Moyale   542 km

→ Äthiopien im Kapitel 7.
Gute, zu jeder Jahreszeit befahrbare Piste. Die anschliessende Strecke kann nur mit einem für die Wüstenfahrt ausgerüsteten, einwandfreien Fahrzeug, wenn möglich mit Vierradantrieb, befahren werden. Von Wendo bis Negele führt die Piste durch herrliche Wälder, anschliessend durchquert sie ein Savannengebiet. Von Wendo bis Moyale empfiehlt sich zur Zeit eher die in 209 beschriebene Strecke, da sie in weit besserem Zustand und vollständig asphaltiert ist.

Kebre Mengisti: Dorf. Treibstoff. In der Nähe des Dorfes befinden sich grosse Goldminen.

Negele: Dorf. Wasser. Lebensmittel einheimischer Art. Treibstoff. Garage.

Von Negele bis Moyale sind bisweilen tiefe Gräben zu durchqueren. Über den Fluss Dawa, kurz vor Hudat, führt eine gute Holzbrücke.

Moyale: → Strecke 209.
Beginn der Strecke 210, Ende der Strecke 209.

209. Wendo - Dilla - Yabello - Mega - Moyale   454 km

→ Äthiopien im Kapitel 7.
Diese Strecke, heute vollständig asphaltiert, stellt die beste Verbindung zwischen Äthiopien und Kenia dar. Leider sind die Tankstellen sehr selten. Der mitgeführte

Treibstoff sollte daher wenigstens bis Isiolo (Kenia, → Strecke 212) ausreichen, wo die Versorgung gesichert ist.

Dilla: Kleine Stadt. Treibstoff. Hotel. Aufenthaltsort im Berggebiet mit schöner Tropenvegetation.
Yabello: Kleine Stadt, etwas westlich der Hauptstrasse. Wasser. Treibstoff.
Mega: Kleine Stadt. Wasser. Sehenswert ist der Krater El Sod, 10 km nordöstlich der Stadt.
Moyale: Stadt. Wasser. Hotel. Treibstoff im Stadtteil auf kenianischem Boden. Äthiopische Ausreiseformalitäten. Der Grenzposten von Kenia befindet sich 1,5 km nach dem äthiopischen Posten.
Beginn der Strecke 210, Ende der Strecke 208.

210. Moyale (Äthiopien) - Marsabit (Kenia) - Archer's Post   367 km

→ Kenia im Kapitel 7.
Achtung: In Kenia herrscht Linksverkehr.
Die Ausbauarbeiten an der internationalen Strecke Addis Abeba (Äthiopien)—Nairobi (Kenia) sind gegenwärtig im Gang. Sie verursachen eher Unannehmlichkeiten und Verkehrsverzögerungen. Die Piste führt durch sehr trockenes und heisses Savannengebiet; sie kann mit jeder Art von Fahrzeug benützt werden.

Marsabit: Stadt, mitten im gleichnamigen Naturreservat. Wasser. Treibstoff. Hotel.
Das Marsabit-National-Reservat hat eine Ausdehnung von ca. 600 km². Es ist von Dezember bis Mitte März und von Juni bis Mitte Oktober geöffnet. Camping und Lodges (Unterkünfte). Treibstoff. Wasser. Dieser Park ist vor allem berühmt durch seinen Wald, seine Kraterseen, seine Elefanten und besonders durch die grossen Kudu-Antilopen, die man hier in grossen Mengen antrifft.
Bei der Ankunft müssen sich die Reisenden beim D.C. Office, beim Polizeiposten oder beim Chef der Wildhüter melden.
Archer's Post: Dorf. Treibstoff. Übernachtungsgelegenheit im Samburu Game Lodge, im Samburu-Park.
Das Samburu-Reservat beherbergt zahlreiche Elefanten, Büffel, Rhinozeros, Löwen, Geparden und Leoparden. Treibstoff beim Lodge. Man muss vor 18 Uhr im Park ankommen, da hier ein Nachtfahrverbot besteht. Es wird eine Eintrittsgebühr erhoben. Vorausbestellung notwendig.
Samburu Game Lodge: Eine Anzahl Bungalows, mit Steinen aus der Gegend und Zedernholz am Ufer des Flusses Ewaso Nyiro errichtet. Schwimmbad, elektrischer Strom, Bäder, Warmwasser. Bar usw. Ein wahres Paradies nach der Durchquerung der rauhen Wüste.
Beginn der Strecken 211 und 212.

211. Archer's Post - Maralal - Baragoi - South Horr - Asis Safari Camp - Allia Bay - Illerit   ca. 413 km

→ Kenia im Kapitel 7.
Diese Strecke kann von allen Fahrzeugen in gutem Zustand befahren werden, sofern sie für die Wüstenfahrten ausgerüstet sind; sie führt in eines der letzten, noch nicht vom Tourismus verdorbenen Gebiete dieses Kontinents und wird besonders den Freunden afrikanischer Flora und Fauna zusagen.
Man verlässt Archer's Post auf der Strasse durch das Samburu-Reservat (Strecke 210) und fährt etwa 17 km bis zu einem Rangerhaus (Wildhüter). Nach diesem Posten verlässt man das Reservat, und das freie Campieren ist wieder erlaubt.
Nun fährt man etwa 20 km auf einer schwierigen Piste dem Ewaso-Nyiro-Fluss entlang. Viele Steine, üppige Vegetation, die gelegentlich über die Piste wuchert. Sobald man die ersten Eingeborenen-Hütten erreicht, wendet man sich im rechten Winkel nach Norden und folgt dann den deutlichsten Spuren. So gelangt man nach 12 km auf die Piste Wamba—Maralal, auf der man nach links (Westen) Richtung Maralal weiterfährt. Diese Ortschaft wird nach 55 km auf guter Piste in abwechslungsreicher Landschaft erreicht. Mehrere Pässe sind zu überwinden und ebenso viele Täler zu durchqueren. Bei allen Verzweigungen ist immer die Piste rechts einzuschlagen.

Maralal: Kleines Dorf. Treibstoff (letzte Tankstelle dieser Strecke). Safari Lodge.

Nach Maralal ist die Piste steinig, unterbrochen von einigen Sandstellen, doch ohne besondere Schwierigkeiten. Man fährt durch die Dörfer Baragoi, South Horr und gelangt schliesslich nach Lolengalani. Auf dieser ganzen Strecke (160 km) kann man die artenreiche Fauna beobachten, vorwiegend Zebras, Antilopen, Giraffen und Löwen. Die Eingeborenen (Samburus) lassen sich nur mit vorheriger Einwilligung fotografieren — ein Gebot der Höflichkeit, das man nicht missachten sollte.

Lolengalani: Safari-Camp in der Nähe des Turkana-Sees (früher Rudolphsee).

Nach diesem Ort ist die Piste von Lavabrocken übersät und daher ziemlich schlecht. Tiefe Fahrrinnen. Man gelangt zum Asis Safari Camp. Während 18 km fährt man anschliessend auf der Piste von North Horr über Lavafelder in Richtung einer Bergkette. Man überquert sie jedoch nicht, sondern fährt auf den Spuren nach links weiter über Lavafelder und gelangt direkt nach Allia Bay.

Allia Bay: Jagdlager, meist unbesetzt.

Auf etwa 7 km zurückfahren bis zu einer Verzweigung. Hier biegt man nach Norden ab, Richtung Illerit.
17 km nach der Verzweigung gelangt man an eine Wasserstelle, die in ihrer Mitte von einer Palmengruppe beschattet ist. Hübscher Ort.
18 km nach dieser Wasserstelle zeigt sich wieder eine Verzweigung. Die Piste rechts führt nach Saberei. Man fährt jedoch nach links, Richtung Illerit.
8 km weiter befindet sich links der Piste eine Quelle. Man kann hier im Wagen campieren. Die Wasserstelle wird von zahlreichen Wildtieren aufgesucht; es wäre deshalb unvernünftig, die Nacht im Zelt zu verbringen.
Zwischen Allia Bay und Illerit sind mehrere trockene Flussbette zu durchqueren; infolge der steilen Ufer ist der Zugang oft recht schwierig.
18 km nach der Quelle erreicht man Illerit.

Illerit: Militärposten. Unaufgefordert anmelden. Illerit steht nicht auf der Michelin-Karte. Der Militärposten befindet sich etwas südlich von Banya Fort.

Von Illerit kann man entweder auf der gleichen Strecke nach Archer's Post zurückkehren oder über Sabarei und North Horr nach Marsabit auf der Strecke 210 fahren. Diese Variante bietet einige Schwierigkeiten: mehrere trockene Flussbette, einen sehr steilen Pass, bald nach dem Dorf Dukana, und kurz vor North Horr eine Lehmwüste, die in der Regenzeit unbefahrbar ist.
Kurz nach North Horr gelangt man an eine Verzweigung. Die Piste links führt nach Marsabit (Strecke 210), während die Piste rechts 18 km vor dem Asis Safari Camp wieder die Hinweg-Piste erreicht.

---

212. Archer's Post - Isiolo - Nanyuki - Kiganjo - Fort Hall - Nairobi   312 km

→ Kenia im Kapitel 7.
Gute Asphaltstrasse auf der ganzen Strecke. Auffällig ist die zunehmende Verkehrsdichte wie auch das hohe Fahrtempo.
Die Strasse führt durch wundervolle Berglandschaft, überragt vom höchsten Gipfel der Gegend, dem Mount Kenya (5202 m).

Isiolo: Lebensmittel. Treibstoff. Hotel.
Nanyuki: 1946 m. Kleine Stadt. Lebensmittel. Treibstoff. Hotel.
Nanyuki liegt, wie zahlreiche Tafeln verkünden, genau auf dem Äquator. Endstation der Bahnlinie von Nairobi und Ausgangspunkt für Ausflüge ins Mount-Kenya-Gebiet.
Kiganjo: Dorf, Ende der Strecke 375.

Fort Hall: 1204 m. Kleine Stadt. Lebensmittel. Treibstoff. Garage. Kleines Museum mit Waffen der Eingeborenen.
Nairobi: 1661 m. 510 000 Einwohner. Alle touristischen Erleichterungen einer grossen Stadt. Stromspannung in der Stadt: 220/240 Volt.
Hotels: 1. Kat.: Hilton, New Stanley (Treffpunkt der Globetrotter), Intercontinental.
2. Kat.: Brunner's Hotel, New Avenue, Embassy.
Camping-Gelegenheit im Garten von Mrs. Roche, gegenüber dem Aga-Khan-Hospital. Dieser Ort ist sicher; er liegt 10 Autominuten vom Stadtzentrum entfernt. Wasser und Duschen zur Verfügung. Preis: Sh. 10.— / US-$ 1.30 pro Person. Eine andere Campinggelegenheit befindet sich 12 km vom Stadtzentrum, im Westwood Country Club. Vom Camping Jamturipark ist aus Sicherheitsgründen abzuraten.
Achtung: Jedes unbewachte Fahrzeug wird aufgebrochen. Um Diebstähle zu vermeiden, sollte der Wagen ständig von einer Person besetzt sein. Man kann ihn auch vor einem Polizeiposten parkieren (keine absolute Sicherheit!).
Nairobi ist die Hauptstadt Kenias und das wichtigste Handelszentrum ganz Ostafrikas. Angenehmes, halbtropisches Klima. Die Stadt ist sehr modern und besitzt ausser den vielen neuzeitlichen Bauten keine Sehenswürdigkeiten.
Beginn der Strecken 260 und 261, Ende der Strecke 259.

---

213. Kosti - Tendelti   95 km

→ Sudan im Kapitel 7.
Piste in ziemlich schlechtem Zustand, in der Regenzeit unbrauchbar.

Tendelti: Kleine Ortschaft. Keine Versorgungsmöglichkeit.
Beginn der Strecken 214 und 215.

---

214. Tendelti - Ed Dueim - Khartum   356 km

→ Sudan im Kapitel 7.
Piste in gutem Zustand. Ab Djebel Aulia Asphaltstrasse bis Khartum. Die Strecke kann in Regenzeiten unbrauchbar sein.

Ed Dueim: Städtchen am Nil. Lebensmittel. Treibstoff. Bescheidenes Hotel.
Khartum: → Strecke 177.
Beginn der Strecken 183 und 184, Ende der Strecken 177 und 180.

---

215. Tendelti - Umm Ruwaba - El Obeid   225 km

→ Sudan im Kapitel 7.
Sehr schlechte Piste, die in der Regenperiode unterbrochen sein kann. Um die Strecke ohne Schwierigkeiten zu bewältigen, ist ein geländegängiges Fahrzeug in einwandfreiem Zustand unerlässlich.

Umm Ruwaba: Ende der Strecke 385.
El Obeid: Stadt. Lebensmittel. Treibstoff (mit Bewilligung der Polizei). Hotel. El Obeid ist die wichtigste Stadt des westlichen Sudans und besitzt einen grossen Markt.
Beginn der Strecken 216 und 382, Ende der Strecken 229 und 377.

---

216. El Obeid - Fasher   452 km

→ Sudan im Kapitel 7.
Die Piste von El Obeid nach Fasher befindet sich zur Zeit in sehr schlechtem Zustand. Um diese Strecke zurückzulegen, muss man über ein geländegängiges Fahrzeug in einwandfreiem Zustand verfügen. Proviant und Treibstoff ist für die ganze Distanz notwendig, da die Versorgung unterwegs fragwürdig ist.

El Fasher: → Strecke 151.
Beginn der Strecken 217 und 218, Ende der Strecken 151 und 378.

217. El Fasher - Kebkabiya - El Geneina   356 km

→ Sudan im Kapitel 7.
Piste in sehr schlechtem Zustand, was den Gebrauch eines Vierradantriebs notwendig macht. Die meist steinige Strecke weist stellenweise tiefe Fahrrinnen auf. Das Fahrtempo übersteigt kaum 30 km/Std.
Infolge der politischen Spannungen zwischen dem Sudan und Tschad muss die Strecke unter militärischer Begleitung zurückgelegt werden. Der Grenzübertritt nach dem Tschad ist meistens unmöglich.
Nach verschiedenen Informationen sind die Zollposten von El Fasher und El Geneina aufgehoben worden. Demnach wäre es nicht mehr möglich, den Sudan auf dieser Piste zu verlassen. An ihrer Stelle müsste die Strecke 218 über Nyala benützt werden, wo sich gegenwärtig die Zollstelle befindet.

Kebkabiya: Militärposten. Anmelden!
El Geneina: Stadt. Lebensmittel. Treibstoff (selten). Unterkunftsmöglichkeit. Ausreisezollposten des Sudans (anscheinend nach Nyala versetzt, → Strecke 218). Hübsches, lebhaftes Städtchen mit Terrassencafés längs der Strassen.
Beginn der Strecke 219, Ende der Strecke 218.

218. El Fasher - Nyala - El Geneina   584 km

→ Sudan im Kapitel 7.
Diese Route kann während der Regenperiode unterbrochen sein.
Die Piste, in relativ gutem Zustand, durchquert ein sehr malerisches Gebiet. Falls genügend Zeit zur Verfügung steht, lohnt sich ein Abstecher zum Djebel Marra, wo grossartige Landschaften den Reisenden erwarten.

Nyala: Treibstoff. Wasser. Lebensmittel. Ausreiseformalitäten des Sudans.

Sehr schlechte Piste von Nyala bis El Geneina, auf welcher unbedingt Vierradantriebsfahrzeuge anzuraten sind.

El Geneina: → Strecke 217.
Beginn der Strecke 219, Ende der Strecke 217.

219. El Geneina (Sudan) - Adré (Tschad) - Abéché - Ati - Massaguet - Diermaya - N'Djamena   967 km

→ Sudan und Tschad im Kapitel 7.
Diese Piste darf nur unter Geleit von Militärfahrzeugen befahren werden. Fotografieren ist auf dieser ganzen Strecke im Tschad untersagt. Die Einhaltung des Verbots wird häufig streng kontrolliert.
Gute Piste bis Adré.

Adré: Grenzposten des Tschad. Einreiseformalitäten. Übernahme durch die Militäreskorte. Die Stadt liegt in einer hübschen Gegend an einem See. Australischer Priester.

Von Adré bis Abéché bleibt die Piste gut. In der Regenperiode kann sie jedoch unterbrochen sein. Zahlreiche und strenge Militärkontrollen.

Abéché: Stadt. Lebensmittel. Treibstoff. Garage. Flugplatz. Die Stadt besitzt mehrere Moscheen und einige Suks, wo sehr schöne Kamelhaardecken hergestellt werden.

Schnelle, aber staubige Piste bis Ati.

Ati: Kleine Stadt. Flugplatz.

Verhältnismässig gute Piste bis Massaguet. Das Gebiet weist eine reiche Vogelwelt auf.

Massaguet: Dorf. Hier stösst man auf die aus dem Niger kommenden Strecken 131 und 137 sowie die Strecke 337.

Von Massaguet an fährt man auf schlechtem Asphalt bis N'Djamena.

Diermaya: Beginn der Strecke 337.
N'Djamena: → Strecke 178.
Beginn der Strecken 80 und 220, Ende der Strecken 78, 131 und 137.

220. N'Djamena - Mandélia - Guelengdeng   156 km

→ Tschad im Kapitel 7.
Auf der ganzen Strecke sehr schmale Asphaltstrasse. Die Gegend ist flach und eintönig.

Mandélia: Interessantes Elefantenreservat.
Guelengdeng: Kleines Dorf.
Beginn der Strecken 221 und 222.

221. Guelengdeng - Manda - Sarh - Maro (Tschad) - Kabo (Zentralafr. Rep.) - Bouca - Bangui   1036 km

→ Tschad und Zentralafrikanische Rep. im Kapitel 7.
Diese Piste ist nur in der Trockenzeit befahrbar. Bis in die Nähe von Sarh nur wenig Wellblech, nachher ausgiebig. Bis Bousso durchquert man eine eintönige Ebene.

Manda: Kleines Dorf, wenige Kilometer vor Sarh. Wildreservat in hübscher Landschaft.
Sarh: Die grösste Stadt des südlichen Tschads. Lebensmittel. Treibstoff. Hotel.
Beginn der Strecke 338, Ende der Strecke 343.

Von Sarh bis zur Grenze nur schwaches Wellblech.

Maro: Grenzposten des Tschads, von 17—07 Uhr geschlossen. Ausreiseformalitäten des Tschads (oft mühselig).
Kabo: Grenzposten der Zentralafrikanischen Republik. Einreiseformalitäten. Die Zollbeamten verlangen bisweilen eine Gebühr für die Öffnung des Postens.

Nach der Grenze ist das Wellblech stark ausgeprägt. Vor Damara tiefe Spalten und Rinnen in der Strasse. Die einheimische Bevölkerung ist sehr freundlich; die Vegetation wird dichter und die Bäume zahlreicher. Ab Damara, wo die Strecke 224 nach Bangassou abzweigt, ausgezeichnete Asphaltstrasse mit Gebühr.

Bangui: Am Oubangui-Fluss. 305 000 Einwohner. Alle touristischen Erleichterungen einer grossen Stadt. Mehrere Hotels. Das Hotel Minerva ist ebenso gut wie teuer. Dem Protestantischen Jugendzentrum ist es gesetzlich untersagt, Ausländer zu beherbergen. Vor dem Rock Hotel ist Campieren möglich, aber nicht empfehlenswert (Diebstähle). Treibstoff ist meistens rationiert und teuer (Fr. CFA 120—125.— / US-$ 0.56—0.58 pro Liter).
Das Restaurant Banguise offeriert gute Mahlzeiten.
Polizei- und Zollkontrolle am Stadtrand.
Nach Ankunft in Bangui ist unverzüglich beim Einwanderungsdienst die Aufenthaltsbewilligung für die Stadt einzuholen. Der Reisepass muss während 24 Stunden bei diesem Büro deponiert werden. Die Bewilligung ist 10 Tage gültig und ist für Schweizer gratis. Angehörige anderer Staaten bezahlen Fr. CFA 2000.— / US-$ 9.40. Der Ausweis muss bei Verlassen der Stadt der Ausgabestelle zurückgegeben werden. Man beginne die Rückgabe-Formalitäten bereits 48 Stunden vor Abreise, da sie sehr lang sind.
Man findet in Bangui eine Land-Rover-Vertretung sowie eine ausgezeichnete Saurer-Vertretung unter Leitung eines Deutschschweizers (Mech. Werkstätte «Cattin», beim Kilometer 5 — jedermann kennt sie).
In Bangui befindet sich eine sudanesische Botschaft. Hat man die Absicht, in den Sudan zu fahren, kann man hier den «Road Permit» einholen (→ Sudan im Kapitel 7). Es ist jedoch von Vorteil, die Formalitäten vor Verlassen der Schweiz einzuleiten und sich eventuell die Antwort nach Bangui nachsenden zu lassen.
Die Zentralafrikanische Republik befindet sich zur Zeit in einer schwierigen Wirtschaftslage, wodurch Importprodukte übermässig verteuert werden.

Bangui, Hauptstadt der Zentralafrikanischen Republik, ist eine hübsche und ruhige Stadt. Die beste Jahreszeit für den Besuch ist die Zeit von Januar bis März. Der Name der Stadt bedeutet in der Bobangui-Sprache «Stromschnellen».
Sehenswert: Das Bobanda-Museum, die Kathedrale, die St.-Pauls-Mission, der Markt, die Höhenstrasse und das Haussaviertel.
Beginn der Strecken 224 und 232, Ende der Strecke 223.

222. Guelengdeng - Bongor - Lai - Doba - Goré (Tschad) - Bemal (Zentralafr. Rep.) - Bossangoa - Bossembele 825 km

→ Tschad und Zentralafrikanische Rep. im Kapitel 7.

Guelengdeng - Bongor 84 km
Sehr schmale Asphaltstrasse. Flache, monotone Landschaft bis in die Nähe von Bongor, wo man in die reizvolle Logono-Ebene kommt.

Bongor: Grüne Oase in trockener Sahellandschaft. Montags malerischer Markt. Hotel. Treibstoff. Lebensmittel. In der Umgebung sind die granatenförmigen Hütten der Mului sehenswert.

Bongor - Lai 148 km
In jeder Zeit benutzbare Schotterstrasse dem Logone entlang. Regensperren bei schlechtem Wetter. Personenwagen können meistens nach einigen Stunden weiterfahren. Schlaglöcher. Anbau von Baumwolle.

Lai: Unmöblierte Unterkunft. Garage. Treibstoff. Lebensmittel. Kunsthandwerk (Korbmacherei und Töpferei). Stadt mit 6000 Einwohnern, eine kleine, grüne Insel in einer weiten, oft überschwemmten Ebene. Sehr wildreiches Gebiet.

Lai - Doba - Goré 217 km
Die Schotterstrasse folgt weiter dem Logone und verlässt die flache und öde Überschwemmungsebene, auf die eine einförmige Steppe folgt. Schlaglöcher.

Doba: Treibstoff. Man kreuzt die Strecke 343.
Goré: Zoll des Tschads, sehr schnell erledigt. Primitive Unterkunftshütten ohne Komfort. Üppige Landschaft, wildreiches Gebiet. Treibstoff.

Goré - Bossangoa (ZAR) 230 km
30 km südlich von Goré befindet sich die Grenze der Zentralafrikanischen Republik. Die Kontrolle erfolgt allerdings erst in Bemal. Ziemlich gute Strasse, ohne Belag. Schlaglöcher.

Bossangoa: Hotels. Garage. Treibstoff. Lebensmittel. Morgens sehr lebhafter Markt. Reiches Wildgebiet. Moderne Kirche.

Bossangoa - Bossembele 146 km
Im allgemeinen gute Strasse, ohne Belag, die kurvenreich durch ziemlich monotone Hügellandschaft führt.

Bossembele: → Strecke 89.
Beginn der Strecke 223, Ende der Strecke 89.

223. Bossembele - Boali - Bangui 157 km

→ Zentralafrikanische Republik im Kapitel 7.
Schlechte Piste: Fahrrinnen, Quergräben, Wellblech, Steintreppen. 20 km vor Bangui bessert sich die Piste und wird Asphaltstrasse 12 km vor dieser Stadt.

Boali: Dorf. Elektrizitätswerk. Schöne Wasserfälle am Mbali-Fluss.
Bangui: → Strecke 221.
Beginn der Strecken 224 und 232, Ende der Strecken 221, 325 und 344.

224. Bangui - Damara - Sibut - Grimari - Bambari - Alindao - Kembé - Bangassou 748 km

→ Zentralafrikanische Republik im Kapitel 7.

Bangui - Bambari 385 km

Asphaltstrasse mit Gebühr bis Sibut (185 km). Sie führt durch ein Hügelland mit dichter Baumsavanne. Nach Damara, wo man sich von der Strecke 221 aus dem Tschad trennt, wird das Gelände flacher und geht in eine monotone Buschsteppe über.

Sibut: Treibstoff. Unterkunftshütten ohne Komfort.
Beginn der Strecke 327. Die Polizei gibt Auskunft über deren Zustand.

Piste in schlechtem Zustand (Wellblech, Schlaglöcher) mit zahlreichen Holz- oder Betonbrücken, durch Buschsavanne und Galeriewälder. Baumwollkulturen.

Grimari: Treibstoff. Camp-Hotel.
Bambari: 21 000 Einwohner. Zweitgrösste Stadt der Zentralafrikanischen Republik. Alle touristischen Erleichterungen, ausgenommen Bank. Keine Sehenswürdigkeiten.

Bambari - Alindao - Bangassou 363 km

Strasse ohne Belag, aber in gutem Zustand, durch eine sich lichtende Baumsavanne. Riesige Termitenhügel. Da ein Teil der Brücken eingestürzt ist, müssen die Flüsse jeweils auf Furten durchquert werden, deren Zugang nicht immer leicht ist.

Kembé: Treibstoff. Unterkunft ohne Komfort.

5 km nach Kembé überbrückt die Strasse den Kotto. Etwas oberhalb stürzt dieser Fluss über einen prächtigen, 30 m hohen Fall. Je mehr man sich Bangassou nähert, desto dichter wird der Wald. Die Strasse, obwohl schmal, bleibt verhältnismässig gut. 30 km vor Bangassou darf man die Wendung der Strasse nach links nicht übersehen.

Bangassou: 10 000 Einwohner. Hotel. Garage. Treibstoff. Lebensmittel. Zoll. Keine Bank.
Beginn der Strecken 225 und 238.

225. Bangassou - Rafai - Dembia - Zemio - Mboki - Obo (Zentralafr. Rep.) - Tambura (Sudan) 651 km

→ Sudan und Zentralafrikanische Republik im Kapitel 7.
Achtung: Die Ausreiseformalitäten der Zentralafrikanischen Republik sind in Bangassou zu erledigen. Diese Stadt besitzt auch die letzte Tankgelegenheit vor Wau (Sudan, → Strecke 226).
Der Strassenzustand verschlechtert sich zusehends, je mehr man sich der Grenze nähert (grosse Löcher, tiefe Rinnen, Schlamm, Felsstufen, grosse Steine). Die Strecke ist nur mit einem gut ausgerüsteten Geländefahrzeug zu bewältigen.
Die Fähren sind im allgemeinen in gutem Zustand und kostenlos. Nur die Zufahrten sind oft schwierig (Schlamm). Die Brücken dagegen sind nicht immer in gutem Zustand und meist sehr schlüpfrig.
Die nachstehend genannten Missionen werden von Baptisten geleitet. Will man dort die Nacht verbringen, so sind einige grundlegende Verhaltensregeln zu beachten, um bei den Missionaren keinen Anstoss zu erregen.

1. Alkohol und Tabak sind unbedingt zu meiden. Wasser steht zur Verfügung.
2. Die Baptistenmissionen nehmen nur ungern unverheiratete Paare auf. Verheiratete Paare werden jedoch sehr freundlich empfangen.
3. Gut englisch sprechende Reisende werden den langen Bibellesungen an den Abenden nicht entgehen. Nur wer an den Lesungen teilnimmt, darf im Gebäude der Mission übernachten. Andere Reisende erhalten nur Erlaubnis zum Campieren im Garten (sofern sie die Punkte 1 und 2 respektieren).
4. Die Missionen in Rafai und Obo verfügen über Werkstätten, wo man schweissen kann. Das dafür notwendige Material sowie der Treibstoff für die Stromgruppe sind jedoch mitzubringen.

Die Eingeborenenstämme längs dieser Strecke sind ethnologisch bemerkenswert (Tropenwald und sudanesische Steppe), freundlich und hilfsbereit.
Fähre etwa 1 km vor Rafai.

Rafai: Dorf. Flugplatz. Mission.
Dembia: Dorf. Elfenbeinschnitzerei.
Zemio: Dorf. Flugplatz. Mission. Bei der Polizei anmelden.

Bei der Verzweigung 15 km nach Zemio nach rechts weiterfahren.

Mboki: Dorf. Polizeiposten (anmelden). Lepraspital. Flugplatz.
Obo: Dorf. Polizeiposten (anmelden). Flugplatz. Mission. Garage.

Die 107 km von Obo bis Bambouti weisen den schlechtesten Zustand der ganzen Strecke auf.

Bambouti: Kleines Dorf. Letzte Polizeikontrolle in der Zentralafrikanischen Republik.

5 km weiter erreicht man die Grenze des Sudans.

Sudanesische Grenze: Polizeikontrolle. Kein Zoll.

38 km gute Piste bis Tambura.

Tambura: Dorf. Polizeiposten. Beim Postenchef ist eine schriftliche Bestätigung einzuholen, wonach man legal in das Land eingereist ist. Dieses Dokument ist allen folgenden Polizeikontrollen des Sudans vorzuweisen.
Beginn der Strecken 226 und 230.

226. Tambura - Wau   265 km

→ Sudan im Kapitel 7.
Holperige Piste durch ein interessantes Gebiet, wo zuweilen Elefantenherden anzutreffen sind. Die Eingeborenen jagen mit der Lanze, was sehr grossen Mut voraussetzt.

Wau: Kleine Stadt. Lebensmittel. Treibstoff (mit Bewilligung der Polizei). 2 Gasthäuser. Griechischer Club (gute Küche). Endpunkt der Nil-Schiffahrt von Kosti (→ Strecke 188) und der Eisenbahnlinie von Khartum (→ Strecke 227).
Beginn der Strecken 227 und 228, Ende der Strecke 188.

227. Wau - Babanusa (per Bahn)

→ Sudan im Kapitel 7.
Der Zustand der Pisten in diesem Gebiet des Sudans ist so schlecht, dass für die 539 km von Wau nach Babanusa der Verlad des Wagens auf die Bahn zu empfehlen ist.
Wird diese Lösung gewählt, so hat man mit einigen Tagen Wartefrist zu rechnen, bevor man das Fahrzeug verladen kann.
Tarif: ungefähr £ sud. 100.— bis 115.— / US-$ 250.— bis 287.50, je nach Gewicht des Wagens (Beispiel Land-Rover).

Personen, die diese Ausgabe einschränken möchten, können im Wagen bis Aweil (149 km, → Strecke 228) fahren, wo das Fahrzeug ebenfalls nach Babanusa verladen werden kann.
Tarif ab Aweil: £ sud. 70.— / US-$ 175.—.

Babanusa: Bahnknotenpunkt. Zusammenschluss mit der Linie von Nyala.
Beginn der Strecke 229, Ende der Strecke 228.

228. Wau - Aweil - Wed Weil - Sumeih - El Muglad - Babanusa   539 km

→ Sudan im Kapitel 7.
Die Route kann nur in der Trockenzeit befahren werden. Sehr schlechte Piste, daher ist der Verlad des Wagens auf die Bahn bis Babanusa zu empfehlen (Tarife → Strecke 227).
Nur geländegängige Fahrzeuge können die Schwierigkeiten dieser Strecke bewältigen.
Etwa 6 km nach Wau, nichtsignalisierte Verzweigung. Nach links fahren. Zwischen diesem Punkt und El Muglad ist die Michelin-Karte ungenau: So kreuzt man z. B. zwischen Wau und Aweil mehrere Male die Eisenbahnlinie; anderseits führen Piste und Bahnlinie an Wed Weil vorbei.

Aweil: 149 km nach Wau. Letzte Möglichkeit, das Fahrzeug nach Babanusa zu verladen (→ Strecke 227).
Wed Weil: 40 km nach Aweil. Man kreuzt die Eisenbahnlinie.

5 km nach Wed Weil: Schwierige Flussüberquerung.

Sumeih: 114 km nach Wed Weil.

Von hier aus fährt man 90 km weit dem Bahndamm entlang und zum Teil auf diesem. Dafür ist fast 1 Tag zu rechnen. 56 km nach Sumeih überquert man den Bahr el Arab auf der Eisenbahnbrücke. Die Spurbreite bereitet dem Land-Rover Schwierigkeiten. Während der Trockenzeit kann man jedoch das Flussbett durchqueren. 32 km nach der Brücke beginnt eine gute Piste.

El Muglad: 202 km nach Sumeih. Benzin. Verpflegung.
Babanusa: → Strecke 227.
Beginn der Strecke 229, Ende der Strecke 227.

229. Babanusa - El Odaiya - El Obeid   372 km

→ Sudan im Kapitel 7.
Diese Strecke ist nur mit geländegängigen Wagen zu befahren.
Die 100 km Piste bis El Odaiya sind zum Teil sehr sandig und schlecht. Dann folgen 121 km Piste mit tiefen Spurrinnen bis Abu Zabad. Von hier sind noch 151 km Piste zurückzulegen.

El Obeid: → Strecke 215.
Beginn der Strecken 216 und 378, Ende der Strecken 215 und 377.

230. Tamburo - Yambio - Maridi - Garmabe - Yei   533 km

→ Sudan im Kapitel 7.
Die auf dieser Strecke benützte Piste ist in ziemlich gutem Zustand; sie wird regelmässig unterhalten. Bis Yambio ist sie als gut zu bezeichnen. Nachher treten viele Schlaglöcher auf.

Achtung: In jeder Ortschaft hat man sich unaufgefordert bei den Lokalbehörden und oft auch beim Zoll zu melden. Das Fahrzeug wird ebenfalls sehr häufig kontrolliert.

Yambio: Dorf. Polizeiposten.

Maridi: Kleines Dorf. Polizeiposten. Im Garten des deutschen Caritas-Hilfswerks kann campiert werden.

Richtung Yei zweigt man bei der ersten Kreuzung, auf die man stösst, nach rechts ab (vor dem Polizeiposten).
Die Piste von Garmabe befindet sich in schlechtem Zustand. Die Löcher sind zahllos, und nach Gewittern verwandelt sich die Piste in einen wahren Morast.

Garmabe: Dorf.

Yei: Dorf. Lebensmittel. Bank. Polizei. Einreisekontrolle und Zoll.
Yei ist ein sehr hübscher Ort, der leider von Militär überlaufen ist.
Beginn der Strecke 231, Ende der Strecke 248.

231. Yei - Juba   153 km

→ Sudan im Kapitel 7.
Breite Piste, bald ausgesprochen schlecht und für den Fahrer sehr ermüdend (Wellblech), bald in sehr gutem Zustand.

Juba: → Strecke 187.
Beginn der Strecken 189 und 190, Ende der Strecken 187 und 188.

232. Bangui (Zentralafr. Rep.) - Zongo (Zaire) - Boyabo - Bogilima - Gemena   249 km

→ Zaire im Kapitel 7.
Die Zollformalitäten für die Ausreise aus der Zentralafrikanischen Republik sind vor Verlassen der Stadt Bangui zu erledigen. Sie finden in der Nähe des Hotels Rock statt und dauern etwa 1 Stunde.
Überquerung des Oubangui-Flusses mit einer Fähre der Strassenbauverwaltung. Die Landestelle am gegenüberliegenden Ufer ist jetzt betoniert. Der Tarif beträgt ungefähr Fr. CFA 2000.— / US-$ 9.40 für einen Land-Rover mit 3 Personen.

Zongo: Dorf. Zoll- und Polizei-Eintrittskontrolle von Zaire.

Die ersten 30 km ab Zongo sind schlecht (20 km/Std.), dann wird die Piste etwas besser. Vorsicht bei nicht ausgebauten Anlegestellen der Fähren. Die Strecke nach Gemena ist als gut zu bezeichnen.

Boyabo: Dorf. Keine Versorgungsmöglichkeit.

Von Boyabo gibt es drei Varianten für die Fahrt nach Gemena. Nur Variante 1 ist ganz in der Michelin-Karte eingezeichnet.

Variante 1

Boyabo - Bogilima - Gemena   156 km

Je mehr man sich Gemena nähert, desto schlechter wird die Piste.

Bogilima: Dorf. Keine Versorgungsmöglichkeit.

Wenige Kilometer südlich des Dorfes befindet sich eine Fähre, deren Zufahrten recht schwierig sind.

Gemena: Kleine Stadt. Lebensmittel. Verschiedene Geschäfte.
Beginn der Strecken 233 und 234.

Variante 2

Boyabo - Libenge - Gemena   ca. 227 km

Schlechte Piste bis über Libenge hinaus. Die Piste nach Bozene wählen und 8 km nach
der Fähre nach links abzweigen. Man fährt während 50 km auf einer guten (auf der
Michelin-Karte nicht eingezeichneten) Piste. Ca. 50 km vor Gemena stösst man auf die
Piste Bogilima—Gemena.
Die Fähre von Bozene soll nach gewissen Berichten ausser Betrieb sein.

Variante 3

Boyabo - Bokada - Gemena

Wenig befahrene Strecke mit mittelmässigen Pisten. Man durchquert eine ziemlich
schwach bevölkerte Savannengegend. Wählt man diese Piste, so erkundigt man sich bei
Europäern und lässt sich bis zum Beginn der Piste führen (vor allem, wenn man von
Gemena her kommt). Die Piste zwischen Bokada (siehe Strecke 325) und Gemena ist auf
der Michelin-Karte nicht eingezeichnet. Zweimal sind Fähren zu benützen, die in
schlechtem Zustand sind; Zu- und Wegfahrten mittelmässig, vor allem bei niedrigem
Wasserstand.

233. Gemena - Karawa - Businga - Lisala   370 km

→ Zaire im Kapitel 7.
Bis Businga, Piste in relativ gutem Zustand. In Trockenzeiten kann sie sogar mit
normalen Wagen befahren werden. Von Businga bis Lisala ist sie sehr schlecht.

Karawa: Dorf. Keine Versorgungsmöglichkeit. Kein Treibstoff.
Businga: Städtchen. Keine Versorgungsmöglichkeit. Kein Treibstoff.
Lisala: Wichtiger Flusshafen am Zaire. Geburtsstadt von Präsident Mobutu.
Gelegentlich ist Treibstoff erhältlich bei der katholischen Mission, die auch über eine gute Werkstätte verfügt.
Hotel.
In Lisala kann man sich mit dem Fahrzeug nach Kinshasa oder Kisangani einschiffen..., sofern der Verladekran
in Betrieb steht (→ Strecke 315).
Fahrkosten (pro Person) von Lisala nach einer dieser Städte:
3. Klasse Z. 14.60 / US-$ 9.49 (inkl. 1 Mahlzeit)
2. Klasse Z. 22.45 / US-$ 14.59 (inkl. 2 Mahlzeiten)
1. Klasse Z. 56.— / US-$ 36.40 (inkl. 3 Mahlzeiten)
Fahrzeuge: Je nach Wagen Z. 270.— bis 294.65 / US-$ 175.50 bis 191.50.
Abfahrten: Das Schiff verlässt Lisala Richtung Kisangani jeden Samstag (Verspätungen von 3—4 Tagen sind
häufig).
Die Fahrt dauert 3 Tage. Die Schiffe sind schmutzig und überladen, aber das Erlebnis ist einzigartig.
Beginn der Strecke 235, Ende der Strecke 234.

234. Gemena - Akula - Diobo - Lisala   338 km

→ Zaire im Kapitel 7.
Bis Akula fährt man auf einer neueren Piste, die jedoch bereits einen ziemlich schlech-
ten Zustand aufweist, durch lichten Wald. Verschiedene Kulturen (Kaffee, Kakao,
Palmen, Hevea).

Akula: Dorf.

12 km von diesem Dorf entfernt, Gratis-Fähre über den Mongala-Fluss, die auch Lastwagen transportiert. Zufahrt zur Anlegestelle in schlechtem Zustand.

Mittelmässige Piste bis Diobo. Die Fahrrinnen sind zahlreich und oft sehr tief.
In Diobo kann man nach links abzweigen und auf einer sehr guten Piste nach Binga fahren. Die Bewohner dieses Dorfes sind sehr gastfreundlich und lassen sich gerne fotografieren, mit Ausnahme der Eingeborenen in europäischer Kleidung, die oft politisch aktiv und den Weissen gegenüber feindlich eingestellt sind.
Nach Diobo ist die Piste etwas besser. Etwa 90 km nach der Fähre von Akula eine stark versandete Steigung.

Lisala: → Strecke 233.
Beginn der Strecke 235, Ende der Strecke 233.

---

235. Lisala - Bumba - Lolo   ca. 230 km

→ Zaire im Kapitel 7.
Von Lisala nach Bumba ist die Piste zuerst auf 50 km ausgezeichnet. Darauf folgen 50 km schlechte Piste; die restlichen 57 km sind mittelmässig. 10 km vor Bumba, ausgeprägtes Wellblech.

Bumba: Wichtiger Flusshafen. Lebensmittel (beschränkt). Treibstoff ist bisweilen auf dem schwarzen Markt erhältlich (zu ungefähr 1.— US-$ pro Liter) bei Angehörigen der grossen Kolonie von Portugiesen und Griechen, die am Flussufer Kramläden besitzen.
Mission der Barmherzigen Schwestern, 2 km ausserhalb der Stadt an der Strasse nach Aketj (Strecke 236). Hier ist auch Camping möglich.
Ausgangspunkt einer Eisenbahn Richtung Bondo (Strecke 238) und Mungbere (Strecke 245).
Das Fahrzeug kann auch per Schiff Richtung Kinshasa und Kisangani transportiert werden (→ Strecke 315).
Tarif: Bis Kisangani: Land-Rover 109: Z. 221.— / US-$ 143.65; Passagiere (3. Klasse, 1 Mahlzeit pro Tag inbegriffen): Z. 11.— / US-$ 7.15.

Die anschliessende Piste steht im Ausbau. Man fährt durch einige kleine, sehr primitive Dörfer. Zahlreiche Affen.

Lolo: Kleines Dorf. Keine Versorgungsmöglichkeit.
Beginn der Strecken 236 und 237.

---

236. Lolo - Aketi - Masipiri   ca. 180 km

→ Zaire im Kapitel 7.
Piste in sehr schlechtem Zustand, besonders in der Umgebung von Aketi. Die Strecke, kaum befahrbar in der trockenen Jahreszeit, ist in der Regenzeit praktisch unpassierbar. Grosse Pfützen vor der Durchfahrt auf Tiefe prüfen.

Aketi: Kleine Stadt. Kein Treibstoff. Keine Lebensmittel.

Gleicher Pistenzustand bis Masipiri.

Masipiri: Dorf. Keine Versorgungsmöglichkeit.
Beginn der Strecke 239, Ende der Strecke 238.

---

237. Lolo - Basoko - Lokutu - Isangi - Yangambi - Kisangani   ca. 456 km

---

→ Zaire im Kapitel 7.
Mittelmässige Piste, unbrauchbar in Regenzeiten.
Kurz nach Lolo zweigt man nach rechts ab und gelangt zu einer taxfreien Fähre über den Itimbiri-Fluss. Die Zufahrt zur Fähre ist schwierig und gefährlich.
Anschliessend schmale, schlechte Piste, die nur 25 km/Std. zulässt, bis Basoko.

Basoko: Dorf am Zaire-Fluss. Keine Versorgungsmöglichkeit.

In Basoko geht man an Bord einer taxfreien Fähre. Sehr schöne Überfahrt von 55 Minuten über den Zaire nach Lokutu.

Lokutu: Dorf (früher Elisabetha), ohne Versorgungsmöglichkeit.

Ab Lokutu folgt eine sehr schlechte Piste (15 km/Std.) durch den hier sehr schönen Tropenwald.

Isangui: Dorf. Keine Versorgung möglich.

In Isangui setzt man wieder über den Zaire (Gratisfähre). Bis zum Dorf Yangambi bleibt die Piste schlecht.

Yangambi: Dorf. Camp-Hotel. Eventuell Treibstoff.

Gute, neuere Piste bis Kisangani. Kurz vor dieser Stadt ist noch eine Gratisfähre zu benützen.

Kisangani: Grosse Stadt. Alle Erleichterungen. Das Hotel Olympia ist Treffpunkt der Globetrotter. Zimmer zu Z. 5.— / US-$ 3.25, gute Mahlzeiten für Z. 20.— / US-$ 13.—. Camping-Möglichkeit im Hof dieses Hotels (Z. 1.— / US-$ 0.65). Es ist auch möglich, in der St.-Gabriel-Mission zu übernachten. Bis zum Flugplatz fahren (Asphalt), dann 3 km weiter auf einer Piste. Die Mission befindet sich rechter Hand.
Treibstoff: Die Versorgung ist sehr schwierig. Man wendet sich am besten direkt an den europäischen Chef der Gesellschaft Zaire-Fina, deren Büros gegenüber dem (geschlossenen) Hotel Zaire-Palace liegen. Man kann so Gutscheine für eine beschränkte Treibstoffmenge erhalten. Nicht vergessen, auch einige Liter Diesel für die Antriebsmotoren der Fähren mitzunehmen.
Klima heiss und feucht. Am Stadtrand: Elfenbeinschnitzerei-Werkstatt. Zwei Bierbrauereien (die «Bralima» ist einen Besuch wert). Ein Ausflug zu der (sehr touristischen) Fischereistation Wagenia lohnt sich ebenfalls, dagegen sind die Stanley-Fälle weniger interessant. Warnung vor Dieben... selbst in Uniform.
Vor Verlassen der Stadt sind Trinkwasser- und Lebensmittelvorräte einzukaufen.
Beginn der Strecken 249 und 255, Ende der Strecken 241 und 315.

238. Bangassou (Zentralafr. Rep.) - Monga (Zaire) - Bondo - Likati - Masipiri   330 km

→ Zaire im Kapitel 7.
Sehr schlechte Piste. Unfreundliche Bevölkerung nördlich von Bondo.
Die Ausreiseformalitäten der Zentralafrikanischen Republik sind vor Abreise in Bangassou zu erledigen. Wenn man das Glück hat, sofort einen Zöllner und einen Polizeibeamten zu finden, dauern die Formalitäten nur kurze Zeit.
Man verlässt Bangassou mit der Gratisfähre über den M'bomou-Fluss, die jedoch sehr oft stillgelegt ist. Um sie in Gang zu bringen, sind zwei 12-Volt-Batterien notwendig. Wenn die Fähre nicht in Betrieb ist, kann man den Fluss auch auf Pirogen überqueren. Der Preis beträgt ungefähr Fr. CFA 5000—10 000.— für einen Land-Rover, je nach Gewicht. Die Einreiseformalitäten in Zaire werden in Ndu, 500 m von der Ausschiffungsstelle, vorgenommen.
Die letzten 10 km vor Monga sind besonders schlecht, speziell die Brücken.

Monga: Dorf. Obligatorische Kontrolle durch den Einwanderungsdienst.

12 km nach Monga muss sehr langsam gefahren werden: Eine halbverfallene Brücke, von der Vegetation überwuchert, ist leicht zu verfehlen, und man läuft Gefahr, das Wagenchassis zu beschädigen.
16 km nach Monga, Überquerung des Bili-Flusses auf einer Fähre in schlechtem Zustand. Das Schiff wird mit Stangen über den Fluss vorwärtsgestachelt und darf nicht fotografiert werden. Fahrt durch den Wald. Schöne Bambusbestände. Baumwollkulturen.

Die Piste verschlechtert sich zusehends, so dass nicht schneller als 10 km/Std. gefahren werden kann.

Bondo: Städtchen. Lebensmittel. Treibstoff (meistens). Hotel. Bondo ist Endstation einer Bahnlinie von Bumba (→ Strecke 235); der Zug fährt 1mal alle 2 Wochen.
3 km vor Bondo befindet sich eine protestantische Mission. Sie empfängt auch Touristen und verfügt über eine Reparaturgrube.

Man verlässt Bondo auf der Fähre über den Fluss Uele. Die Piste dringt in den feuchten Äquatorialwald. Tägliche Regenschauer, oft von kurzer Dauer. Gute Piste, häufige Wasserpfützen.
In dieser Gegend kann man mit Armbrust und Giftpfeilen bewaffnete Jäger antreffen.

Masipiri: → Strecke 236.
Beginn der Strecke 239, Ende der Strecke 236.

---

239. Masipiri - Buta 74 km

→ Zaire im Kapitel 7.
Gute Piste (60 km/Std. mit Land-Rover); Vorsicht bei Schlaglöchern.

Buta: Wichtiges Handelszentrum am Rubi-Fluss. 11 000 Einwohner. 2 Hotels. Baumwollverarbeitung. Treibstoff (unsicher). Lebensmittel beschränkt. Sehr billige Früchte (Ananas und Papayas). Bank.
Beginn der Strecken 240 und 241.

---

240. Buta - Titule - Bambesa - Bambili - Baranga 322 km

→ Zaire im Kapitel 7.
Sehr schlechte Piste, mit unzähligen Löchern, Wellblechabschnitten und Schlammstellen. Man erreicht nicht mehr als 20 km/Std.

Titule: Dorf. Keine Versorgung möglich.
| Der sehr schlechten Piste nach Isiro (über Langulu) ist die weit bessere Strecke 243 ab Baranga vorzuziehen.

Schlechte Piste bis Bambesa; man fährt durch den feuchten Tropenwald. Nachher tritt dichte Baumsavanne an die Stelle des Tropenwaldes.

Bambesa: Städtchen. Keine Versorgungsmöglichkeit.

Gute Piste nach Bambili.

Bambili: Dorf. Lebensmittel. Treibstoff. Camp-Hotel. Andenken aller Art werden sehr billig angeboten. Man kann sie auch gegen leere Flaschen oder Büchsen eintauschen.

Ziemlich schlechte Naturstrasse in bewaldeter, hügeliger Landschaft. Zahlreiche Dörfer mit kunstvoll verzierten Rundhütten. Dicht bevölkerte Gegend. Die Piste ist von Mangobäumen gesäumt.

Baranga: Dorf. Keine Versorgungsmöglichkeit.
Beginn der Strecken 242 und 243.

---

241. Buta - Banalia - Kisangani 321 km

→ Zaire im Kapitel 7.
Diese Piste befindet sich in gutem Zustand und erlaubt einen guten Durchschnitt (60—70 km/Std.).
Vor Banalia Gratisfähre, leicht zugänglich.

Banalia: Dorf. Kein Treibstoff.

Die Piste Banalia—Kisangani wurde erneuert und bietet daher keine Schwierigkeiten, abgesehen von etwas Wellblech auf den letzten 25 km vor Kisangani.
Auf der ganzen Strecke kann man bei den Eingeborenen billig einkaufen. Warnung vor Dieben.

Kisangani: → Strecke 237.
Beginn der Strecken 249 und 255, Ende der Strecken 237 und 315.

242. Baranga - Niangara - Makilimbo   170 km

→ Zaire im Kapitel 7.
Piste, abwechselnd durch Savannen- und Waldgebiet. Hügellandschaft. Zahlreiche, kunstvoll geschmückte Hütten. Dichte Bevölkerung.

Niangara: Städtchen. Lebensmittel. Hotel. Handels- und Industrieort.

Vorsicht: Die Piste weist auf der ganzen Länge viele Kurven auf.

Makilimbo: Dorf. Keine Versorgungsmöglichkeit.
Beginn der Strecke 246, Ende der Strecke 244.

243. Baranga - Poko - Isiro   166 km

→ Zaire im Kapitel 7.
Mittelmässige Piste, die keine höheren Geschwindigkeiten zulässt.

Poko: Kleine Stadt. Kein Treibstoff. Deutsche Mission, die Radioverbindung mit Deutschland besitzt.
Isiro: Bedeutende Stadt. Lebensmittel. Treibstoff. Hotels. Mission. Wichtiger Verkehrsknotenpunkt (Bahn, Strasse, Flugzeug). Handelszentrum.
Beginn der Strecken 244 und 245.

244. Isiro - Makilimbo   124 km

→ Zaire im Kapitel 7.
Sehr kurvenreiche Savannenpiste.

Makilimbo: → Strecke 242.
Beginn der Strecke 246, Ende der Strecke 242.

245. Isiro - Mungbere - Mambasa   322 km

→ Zaire im Kapitel 7.
Gute Piste auf den ersten 110 km, dann mittelmässig bis Andudu und darüber hinaus sehr schlecht.

Mungbere: Dorf. Keine Versorgungsmöglichkeit.

Nach Mungbere dringt die Piste wieder in den Tropenwald. Pygmäen verkaufen Felle, Pfeile und andere handwerkliche Gegenstände.

Mambasa: Kleiner Ort. Kein Treibstoff. Mission (sehr gute Zimmer). Keine Lebensmittel. Holz- und Elfenbein-schnitzerei.
Beginn der Strecke 250, Ende der Strecke 249.

246. Makilimbo - Dungu - Faradje - Aba 282 km

→ Zaire im Kapitel 7.
Die Piste führt abwechselnd durch Savanne und Wald. Kurven, ausgefahrener Weg. Hügelgebiet. Zahlreiche Hütten sind kunstvoll geschmückt.

Dungu: Dorf. Kleines Hotel.

Ab Dungu weicht der Wald endgültig der Steppe. Hügeliges Gelände und weite Horizonte. Die Piste bleibt mittelmässig.
Etwa beim Kilometer 73 nach Dungu zweigt nach links eine Sekundärpiste ab, die nach wenigen Kilometern in den Garamba-Nationalpark führt.

Garamba-Nationalpark: Auf 500 000 Hektaren bietet dieser Park einen guten Überlick über die sudanesische Flora und Fauna. Bemerkenswert ist das sehr seltene weisse Nashorn. Eine primitive Unterkunft bietet die Elefanten-Zähmungsstation von Gangala-na-Bodio.

Faradje: Städtchen. Lebensmittel. Hotel. Handelszentrum.

Nach Faradje tritt viel Wellblech auf. Monotone Savannenlandschaft sudanesischer Art.

Aba: Dorf an der Grenze Zaire/Sudan. Zollformalitäten für den Grenzübertritt nach dem Sudan. Garage. Hotel. Beginn der Strecken 247 und 248.

---

247. Aba - Aru (Zaire) - Arua (Uganda) - Pakwach - Anaka - Gulu 438 km

→ Zaire und Uganda im Kapitel 7.

Aba - Aru - Arua 186 km

Die Strasse von Aba nach Aru und weiter nach Arua ist ohne Belag und in miserablem Zustand auf den ersten 70 km. Auf diesem Abschnitt sind 25 Brücken zu überqueren; meist bestehen nur noch die Hauptträgerbalken, und auch diese sind verbogen, unregelmässig. Vor dem Befahren einer solchen Brücke müssen etwa vorhandene Zwischenräume überdeckt werden. Falls dies nicht möglich ist, muss man sich unbedingt führen lassen, um sicher über die Brücke zu gelangen.
Die restlichen 100 km bis Aru sind in ausgezeichnetem Zustand. Fahrzeit bis Aru etwa 1 Tag. Die Piste durchquert die Heimat des sehr wenig bekleideten Nilvolks der Kakwa. Gebirgsstrecke.

Aru: Zollposten von Zaire und von Uganda. Der eigentliche Grenzübergang nach Uganda erfolgt 9 km nach Aru. Katholische Mission (freundlich).

Arua: «Resthouse», Garage. Treibstoff. Lebensmittel.

Arua - Pakwach - Anaka - Gulu 252 km

Eine zu jeder Jahreszeit befahrbare Schotterstrasse durch Bergland. Abwechslungsreiche Landschaften und herrliche Ausblicke. Der Albert-Nil wird auf einer Brücke in Pakwach überquert.

Pakwach: Eisenbahn. Treibstoff. Läden. Lebensmittel.

Die gute Schotterstrasse führt dem «Kabalega Falls National-Park» entlang, dem grössten Reservat Ugandas. Ein Besuch lohnt sich. Unterkunft im Paraa Safari Lodge oder im Chobe Safari Lodge, beide von der Uganda Hotels Ltd. geleitet. Der Park kann im Wagen besichtigt werden. Nilüberquerung mit der Fähre. Tierbeobachtung ist auch vom Boot aus in der Nähe des Paraa Lodge möglich.

Gulu: → Strecke 190.
Beginn der Strecke 191, Ende der Strecke 190.

248. Aba (Zaire) - Yei (Sudan) 60 km

→ Zaire und Sudan im Kapitel 7.
Lateritpiste, schlecht von Aba bis Laso, dann sehr gut bis Yei. Fährt man von Yei aus weiter bis Juba (→ Strecke 231), so hat man die Möglichkeit, ein Nilschiff Richtung Kosti (→ Strecke 188) zu benützen.
Die Ausreiseformalitäten von Zaire erfolgen in Aba.

Yei: → Strecke 230.
Beginn der Strecke 231, Ende der Strecke 230.

249. Kisangani - Nia Nia - Fangstation Epulu - Mambasa 525 km

→ Zaire im Kapitel 7.

Kisangani - Nia Nia 330 km
In Madula, 20 km nach Kisangani, nach links abzweigen. Die Strasse ist verhältnismässig gut unterhalten. Der Asphaltbelag weist jedoch Löcher auf. Langsam fahren und rechtzeitig vor den Löchern bremsen, da die scharfen Ränder die Reifen beschädigen. Unterwegs kann man Andenken aller Art kaufen. Die Nacht nicht an abgelegenen Orten verbringen. Die Missionen sind seit dem Bürgerkrieg verlassen.
Asphalt bis Madula, anschliessend Piste. Der frühere Asphaltbelag zwischen Batama und Bafwasende ist stark beschädigt und mühsam für den Fahrer. Nach Bafwasende, gute Piste bis Nia Nia. Affen in grosser Zahl.

Nia Nia - Fangstation Epulu 110 km
Gute, neue Piste. Die Pygmäen zeigen sich manchmal agressiv.
In der Fangstation Epulu befindet sich eine Okapi-Zucht. Übernachtungsmöglichkeit in den Resthouses (5 Zaire) oder Camping (5 Zaire / US-$ 3.25 pro Person).
Tarif für die Besichtigung: 1 Person: 2 Zaire / US-$ 1.30
1 Fotoapparat: 1 Zaire / US-$ 0.65
1 Filmapparat: 1 Zaire / US-$ 0.65
Mit dem Leiter der Station kann um den Preis gefeilscht werden.
Achtung: Auf der Brücke nach der Station ragen aus dem Belag Eisenstücke heraus, die das Fahrzeug beschädigen könnten.

Station Epulu - Mambasa 85 km
Vor kurzem erneuerte Piste. Längs der Strasse, in der Nähe von Mambasa, liegen einige Pygmäendörfer. **Achtung:** Pygmäen sind manchmal brutal und schrecken nicht davor zurück, die Besucher mit Pfeil und Bogen zu vertreiben...

Mambasa: → Strecke 254.
Beginn der Strecke 250, Ende der Strecke 245.

250. Mambasa - Komanda - Oysha - Beni - Rwindi - Goma (Zaire) - Gisenyi (Rwanda)   600 km

→ Zaire im Kapitel 7.

Mambasa - Komanda   94 km

Es gibt keine direkte Piste mehr zwischen Mambasa und Beni. Man fährt auf der Piste nach Komanda. Fahrbahn in sehr schlechtem Zustand (nicht mehr als 25 km/Std. im Land-Rover).
Beim Kilometer 63 befindet sich links der Strasse die Lolwa-Mission, die von sehr freundlichen Amerikanern geleitet wird. Guter Campingplatz. Autoreparatur-Rampe.
Kurz vor Komanda kommt man aus dem Wald heraus und die Piste bessert sich.

Komanda: Dorf. Keine Versorgungsmöglichkeit.
Beginn der Strecke 381.

Komanda - Oysha - Beni   125 km

Schlechte Piste, tiefe Fahrrinnen. Man fährt zwischen zwei sehr hohen Erdwällen.
Beim Kilometer 12 zweigt links die 13 km lange Strasse zum Mount Hoyo ab. Angenehmes Hotel, wo man essen kann. Camping möglich beim Hotel. Gelegenheit zum Besuch von Pygmäendörfern und Grotten.
Einige Kilometer vor Oysha verhindern drei grosse Schlammlöcher in der Strasse nach starken Regenfällen die Durchfahrt. Amerikanermission in Oysha. Camping-Möglichkeit. Man erkundige sich in der Mission über einen Besuch bei den Pygmäen: Sich von einem eingeborenen Führer begleiten lassen; kurze Fahrt im Auto, dann 3 km zu Fuss durch den Urwald. Dieser Ausflug lohnt sich, vor allem wegen der Schönheit des Tropenwaldes.
Zwischen Oysha und Beni ist die Fahrbahn trotz regelmässigem Unterhalt in sehr unterschiedlichem Zustand: von passabel bis sehr schlecht. Bei Schönwetter ist der schneebedeckte Gipfel des Ruwenzori (5119 m) sichtbar.

Beni: Treibstoff. Brot. Hotel Beni. Elfenbein- und Holzschnitzerei-Werkstätten (Warnung vor Ebenholzfälschungen mittels schwarzer Schuhwichse!).

Beni - Rwindi - Goma (Zaire) - Gisenyi (Rwanda)   381 km

Gute Piste von Beni bis Goma, dann Asphaltstrasse bis Gisenyi.

Rwindi: Schöner Virunga-Nationalpark. Viele Nilpferde.
Interessante Pirschfahrten, namentlich nach Vitshumbi, einem Fischerdorf am Ufer des Idi-Amin-Dada-Sees, früher Eduard-See (Marabus). Im ganzen Park herrscht Camping-Verbot.

Nach Rwindi weist die Strasse einen Lavaschotterbelag auf, der die Reifen beschädigen könnte.
Vor Goma gibt es mehrere tätige Vulkane.

Goma: Garagen. Restaurants. Hotels. Geschäfte (Mücken-Spray!). Eingeborene verkaufen Masken, Halsketten, Gegenstände aus Holz und Tierfelle. Achtung vor Diebstahl.
Falls das Visum abgelaufen ist, kann es beim Chef des Touristenbüros ohne Schwierigkeiten verlängert werden.
Ein Ausflug zum Nyiragongo-Krater lohnt sich. Man kann das Fahrzeug unter der Obhut eines Europäers zurücklassen, aber nicht, ohne es vorher ausgeräumt zu haben (Diebstahlrisiko trotz Überwachung). Auskunft bei der Fremdenverkehrsagentur Somaco, B.P. 444. Man rechnet 2 Tage für den Ausflug. Die Nacht verbringt man auf dem Gipfel in einer Hütte. Sämtliches Material wird von der Agentur geliefert.

Die Ausreiseformalitäten von Zaire werden am Ausgang von Goma erledigt. Visum für Rwanda an der Grenze erhältlich. Sehr lange Einreiseformalitäten. Gleich nach der

Grenze liegt links das Hotel «Edelweiss». Gelegenheit zum Baden im Kiwu-See, einem der wenigen Gewässer Afrikas, wo keine Bilharziose-Gefahr besteht. Maskenverkauf. Rechtsverkehr.
Die Strasse von Goma nach Gisenyi ist asphaltiert.
Die Landschaft erinnert an die Schweiz. Es sind hier viele Schweizer Entwicklungshelfer tätig.

Gisenyi: Hübscher Ferienort am Kiwu-See. Drei Hotels 1. Klasse (gute Aufnahme im Hotel Edelweiss). Man kann sich einige Liter Treibstoff verschaffen durch ein Gesuch an die Gerichtsbehörde (Parquet).
Beginn der Strecken 251 und 252.

251. Gisenyi - Ruhengeri - Kigali   181 km

→ Rwanda im Kapitel 7.
Kürzeste Verbindung zwischen Gisenyi und Kigali. Neue Asphaltstrasse auf dem Abschnitt Gisenyi—Ruhengeri, die am Fuss der Vulkane entlangführt und einen 2500 m hohen Pass überquert.

Ruhengeri: Kleine Stadt (Camping und Mahlzeiten beim «Maison d'accueil»).
Mission. Hotel Muhabura mit Restaurant.
Die Gegend ist von vielen Gorillas «bevölkert».
Besichtigung des Parks der Vulkane; Eintrittskarte Fr.Rw 600.— / US-$ 6.42 pro Person (ohne zeitliche Beschränkung) + Fr.Rw 200.— / US-$ 2.14 pro Tag für den Führer.

Nach Ruhengeri fährt man zuerst auf einer Piste in schlechtem Zustand. Die letzten 45 km vor Kigali sind asphaltiert.

Kigali: 1550 m. 60 000 Einwohner. 4 Hotels. Alle touristischen Erleichterungen. Kigali ist die Hauptstadt von Rwanda. Angenehmes Klima während des ganzen Jahres. Keine Sehenswürdigkeiten.
Treibstoff: Ein Gutschein ist erhältlich für 60 Liter, wofür man 2 Tage Schlange stehen muss...
Beginn der Strecke 257, Ende der Strecke 253.

252. Gisenyi - Kibuye   114 km

→ Rwanda im Kapitel 7.
Malerische Strasse am Ufer des Kiwu-Sees. Fahrbahn in gutem Zustand.

Kibuye: Städtchen am Kiwu-See. Kleines Hotel. Badestrand.
Beginn der Strecken 253 und 254.

253. Kibuye - Gitarama - Kigali   139 km

→ Rwanda im Kapitel 7.
Schlechte Strasse, die jedoch gegen Kigali immer besser wird.

Gitarama: Kleine Ortschaft. Keine Versorgungsmöglichkeit.
Kigali: → Strecke 251.
Beginn der Strecke 257, Ende der Strecke 251.

254. Kibuye - Cyangugu   138 km

→ Rwanda im Kapitel 7.
Ziemlich schlechte Piste am Ufer des Kiwu-Sees.

Cyangugu: Kleine Stadt an der Grenze von Rwanda und Zaire. Hotel.
Beginn der Strecke 256, Ende der Strecke 255.

255. Kisangani - Lubutu - Walikale - Bukavu (Zaire) - Cyangugu (Rwanda)   713 km

→ Zaire und Rwanda im Kapitel 7.

Schlechte Asphaltstrasse bis Pene Tungu, dann sehr gute, breite Piste bis Lubutu. Nach Lubutu wird die Piste sehr schmal. Obwohl beschottert, sollte sie nur im Geleit mit wenigstens einem Land-Rover oder ähnlichem Fahrzeug befahren werden. Dazu gehört eine unerlässliche Ausrüstung mit Seilen, Winde, Äxten und Sägen. Dieser Zustand setzt sich bis einige Kilometer über Kabunga hinaus fort, wo man wieder auf guten Asphalt kommt, bis Cyangugu.

Bukavu: Lebensmittel. Treibstoff. Hotels. Die Ausreiseformalitäten von Zaire werden hier erledigt.
Bukavu ist ein angenehmer, blumengeschmückter Aufenthaltsort am Kiwu-See. Die Landschaft erinnert in manchen Zügen an die Schweiz.
Von Bukavu aus kann man den sehr interessanten Kahuzi-Biega-Nationalpark besuchen. Eintrittskarten beim Büro der Nationalparks gegenüber dem Hotel Kivu in Bukavu, 20 Zaire / US-$ 13.— pro Person. Im Preis inbegriffen ist ein Führer, drei Gehilfen und ein Wächter für das Auto, das an der Strasse bleiben muss.
Cyangugu: Einreiseformalitäten von Rwanda. → Strecke 254.
Beginn der Strecke 256, Ende der Strecke 254.

256. Cyangugu (Rwanda) - Bujumbura (Burundi) - Kigoma (Tansania) - Sumbawanga - Mbala (Sambia) - Nakonde   ca. 1340 km

→ Rwanda, Tansania, Sambia und Burundi im Kapitel 7.

Cyangugu (Rwanda) - Bujumbura (Burundi)   ca. 145 km

Gute Asphaltstrasse bis an die Grenze von Burundi, dann Piste bis Bujumbura. Die Formalitäten (Ausreise aus Rwanda und Einreise in Burundi) werden direkt an der Grenze erledigt.

Bujumbura: 785 m. Etwa 100 000 Einwohner. Alle touristischen Erleichterungen einer grossen Stadt.
Schiffsverbindung nach **Kigoma** (Tansania).
Abfahrt jeden Freitagmittag. Ankunft in Kigoma Samstag 7 Uhr.
Tarif:
1. Klasse, pro Person, einfache Fahrt: Fr.Bur. 955.—/US-$ 10.60
3. Klasse, pro Person, einfache Fahrt: Fr.Bur. 417.—/US-$ 4.62
Fahrzeuge werden ebenfalls mitgeführt, doch ist uns der Tarif nicht bekannt.
Das 1899 durch die Deutschen gegründete Bujumbura ist heute eine moderne und lebhafte Stadt in angenehmer Lage auf den Hügeln am Tanganyika-See, ein herrlicher Ort für Wassersportfreunde.

Bujumbura - Rumonge - Makamba - Mugina (Burundi) - Kigoma (Tansania)   ca. 250 km

Erdpiste in ziemlich schlechtem Zustand. Der Asphalt erscheint wieder auf den letzten Kilometern zwischen Simbo und Kigoma. Ausgebaute Furt zwischen Bururi und Makamba.

Rumonge: Dorf. Keine Versorgung möglich.

Kurz nach dem Dorf Bururi Abzweigung einer Piste nach links. Sie führt zur Quelle des Nils, etwa 70 km von der Abzweigung entfernt.

Makamba: Dorf. Treibstoff (eventuell).
Mugina: Grenzposten von Burundi.

Nach Überschreiten der Grenze von Tansania gelangt man in den Gombe-Nationalpark, der eine Fläche von 155 km² besitzt. Zahlreiche Schimpansen.

Kigoma: Kleine Stadt. Lebensmittel. Treibstoff. Hotel. Schiffstation. Hier legt das Schiff von Bujumbura an (→ oben).
In Kigoma besteht auch eine Schiffsverbindung mit Kalemie oder Kalundu (Zaire).
Tarife: (Einfache Fahrt, pro Person)

	1. Klasse	3. Klasse
Kigoma—Kalundu:	Sh. 96.— / US-$ 12.48	Sh. 42.— / US-$ 5.40
Kigoma—Kalemie:	Sh. 71.— / US-$ 9.23	Sh. 32.— / US-$ 4.16

Abfahrt nach Kalundu: Donnerstag 14 Uhr. Ankunft in Kalundu: Freitagmorgen 7 Uhr.
Abfahrt nach Kalemie: Samstag 16 Uhr. Ankunft in Kalemie: Sonntagmorgen 7 Uhr.
Ein regelmässiger Schiffsdienst besteht auch nach Mpulungu (Sambia). Auskunft über Fahrzeiten und Tarife beim Hafenchef.
Unweit von Kigoma, in Udjidji, erinnert eine Tafel daran, dass der Journalist Stanley am 10. November 1871 den Afrikaforscher Livingstone an dieser Stelle aufgefunden hat.

Kigoma - Uvinza - Mpanda - Namanyere - Sumbawanga - Kasesya (Tansania/Sambia) - Mbala   750 km

Piste in gutem Zustand, die mit jeder Art Fahrzeug befahren werden kann, aber nur in der Trockenzeit.
Die an dieser Strecke liegenden Ortschaften sind nicht interessant. Sie bieten jedoch alle einfache Unterkunftsmöglichkeiten sowie Treibstoffversorgung (ohne Garantie).

Sumbawanga: Städtchen. Lebensmittel. Treibstoff. Camp-Hotel. Ausreise-Zollkontrolle von Tansania.
Kasesya: Grenzposten zwischen Tansania und Sambia. Zollkontrolle beider Länder.
Mbala: Kleine Stadt. Lebensmittel. Treibstoff. Hotel.

Mbala - Nakonde   194 km

Im allgemeinen sind auch die Naturstrassen in Sambia ausgezeichnet und gestatten (in der Trockenzeit) Geschwindigkeiten von 100 km/Std.

Nakonde: Dorf. Keine Versorgungsmöglichkeit.
Beginn der Strecken 269 und 270, Ende der Strecke 268.

---

257. Kigali (Rwanda) - Kayonza - Kibungo (Rwanda) - Rusumofälle (Tansania) - Rulenge - Biharamulo - Geita - Mwanza - Nyahanga - Ushashi - Ikizu - Banagi - Serengeti-Park - Arusha   1211 km

---

→ Rwanda und Tansania im Kapitel 7.

Kigali - Kayonza - Kibungo (Rwanda) - Rusumofälle (Tansania)   170 km

Dank einer neuen Brücke über den Fluss Kagera in der Nähe der Rusumofälle kann man sich jetzt ohne Schwierigkeiten von Rwanda nach Tansania begeben. Zwischen Kigali und der Brücke wurde vor kurzem eine Asphaltstrasse eröffnet.

Kayonza: Dorf. Keine Versorgungsmöglichkeit.
Von Kayonza aus kann ein Ausflug in den Akagera-Nationalpark unternommen werden. Die Besichtigungs-Erlaubnis ist erhältlich beim Konservator am Parkeingang. Gleichzeitig wird ein rwandischer Führer zugeteilt. Die Besuche können eine halbe Stunde nach Sonnenaufgang beginnen und dürfen nicht länger als bis eine halbe Stunde nach Sonnenuntergang dauern. Die Fahrt erfolgt im Auto, auf Pisten von insgesamt 150 km Länge. Zahlreiche Tierarten, relativ wenig Wildkatzen. Achtung auf die Tse-Tse-Fliege. Wagenfenster schliessen! Das Unterkunfts-Lodge befindet sich in Gabiro.
Kibungo: Dorf. Keine Versorgungsmöglichkeit.

Die Brücke über den Kagera bildet die Grenze zwischen Rwanda und Tansania (Gebühr werktags Fr.Rw 200.— / US-$ 2.14, sonntags Fr.Rw 500.— / US-$ 5.35). Sehr lange Zollformalitäten an der tansanischen Grenze.
Achtung: In Tansania wird links gefahren.

Rusumofälle: Schöne Wasserfälle des Kagera-Flusses.

Rusumofälle - Rulenge - Mwanza   398 km

Gute, aber langsame Bergpiste.

Rulenge: Treibstoff. Mission (Unterkunft, Camping, Duschen). Offizielle Wechselstube.

In Lusahanga eine neue Tankstelle (Super). In Richtung Mwanza wird das Benzin billiger.
Man hüte sich vor der Tse-Tse-Fliege, welche die Schlafkrankheit (Trypanosomiase) überträgt und deren Stich zudem schmerzhaft ist. Bei jedem Halt die Autofenster schliessen. Mückenspray benützen!
Nach 150 km, von der Grenze an gerechnet, bessert sich die immer noch ungeteerte Strasse Richtung Geita. Auf den letzten Kilometern vor Mwanza ist sie asphaltiert.
Achtung: Keine Strassengebühr für die Asphaltstrasse nach Mwanza bezahlen. Diese darf nur von organisierten Reisegruppen und kommerziellen Fahrzeugen verlangt werden. Die Fähre von Busisi ist gratis.

Mwanza: 28 000 Einwohner, am Victoria-See. Regionales Handelszentrum für die hier angebaute Baumwolle, einige Fabriken, Seehafen, Hotels, Flugplatz, alle touristischen Erleichterungen. Vorteilhafte Preise für Speisen und Getränke in den Restaurants.
Angenehmer und gut eingerichteter Campingplatz: Nach Bujora fahren, 17 km in Richtung Musoma, bei der Tafel Sukuma Museum links abzweigen und noch 2 km fahren.

Mwanza - Eingang zum Serengeti-Park   144 km

Die ersten 32 km sind asphaltiert, dann leichtes Wellblech. Wir raten davon ab, den beim Kilometer 144 gelegenen ersten Eingang zum Serengeti-Park zu benützen, da diese direkte Piste zum Seronera-Lodge während der Regenzeit nicht befahrbar ist. Bei Trockenheit können nur Fahrzeuge mit Vierradantrieb, und auch dann nur mit sehr geringer Geschwindigkeit, fahren. Deshalb braucht der Umweg über Ushashi-Banagi weniger Zeit. Neue Piste im Bau.

Serengeti-Parkeingang - Ushashi - Banagi - Seronera Lodge   183 km

Strasse in ziemlich gutem Zustand während der Trockenzeit. Kann nach starken Regenfällen unpassierbar sein, vor allem infolge einer überschwemmten Furt. Vorsichtig fahren, da das Chassis beschädigt werden kann.
Die Eintrittskarte zum Park gilt jeweils für 24 Stunden. Preis pro Person: Sh. 30.— / US-$ 3.90; pro Wagen Sh. 60.— / US-$ 7.80. Das Programm so berechnen, dass sich unnütze Ausgaben vermeiden lassen. Einige Kilometer vor dem Lodge befindet sich ein Campingplatz. Tarif: Sh. 30.— / US-$ 3.90 pro Person und pro Tag. Die Quittung ist sorgfältig aufzubewahren und beim Verlassen des Parks vorzuweisen. Wird dies unterlassen, so fakturiert die Parkverwaltung Sh. 40.— / US-$ 5.20 pro Person und pro Tag für wildes Camping.
Beim Lodge findet man eine Tankstelle, Autoreparaturwerkstätte und ein Immigrationsbüro für Visumverlängerungen. Es gibt zwei Lodges: ein altes, das langsam zerfällt, und ein neues.
Mit etwas Glück kann man einen Leoparden auf einem Baum entdecken. Im allgemeinen bietet jedoch eine Pirschfahrt durch den Ngorongoro-Krater mehr. Auf die heimtückischen Pfade durch Dornenbüsche und Wasserläufe achten.

Seronera Lodge - Krater-Lodge Ngorongoro   145 km

Strasse ohne Belag, aber in ziemlich gutem Zustand; gewisse Teilstücke sind im Ausbau begriffen; an diesen Stellen empfiehlt es sich im allgemeinen, knapp neben der Piste zu fahren.
Unterwegs stösst man auf riesige Herden von Zebras, Gnus und Antilopen, später auch Giraffen.

Der Ngorongoro-Nationalpark ist von 6.00 bis 19.00 Uhr geöffnet.
Tarif: Sh. 30.— / US-$ 3.90 pro Person; Sh. 50.— / US-$ 6.50 pro Wagen.
Ausgeprägtes Wellblech. Vorsicht beim Aufstieg zum Krater. In den steilsten Stellen den Motor nicht forcieren (Motortemperatur beachten). Auf dem Kraterrand ist die Piste in schlechtem Zustand. Die Massai sind oft unfreundlich!
Die Fahrt ins Kraterinnere (700 m tief und 16 km breit) ist nur Wagen mit Vierradantrieb gestattet. Ein solches Fahrzeug kann im Lodge gemietet werden. Preis für einen 7plätzigen Land-Rover mit Chauffeur für einen halben Tag ungefähr Sh. 300.—/ US-$ 39.— oder, pro Person, Sh. 60.— bis 100.—/US-$ 7.80 bis 13.—. Man sollte sich dieses Erlebnis nicht entgehen lassen. Beste Tageszeit: Vormittag.

Krater-Lodge: In Rundholz erbaut, 1963 eingeweiht. Aller Komfort, sehr angenehmer Rahmen, 105 Betten. Camping gegenüber dem Lodge verboten. Hotel, Garage, Mechaniker, Treibstoff, Pressluft. In diesem Gebiet gibt es der grossen Höhe wegen (ca. 2700 m) keine Mücken und Tse-Tse-Fliegen. Es empfiehlt sich, einige warme Kleidungsstücke für die ersten Morgenstunden und die Abende mitzunehmen.

Krater-Lodge Ngorongoro - Arusha   171 km

Um den ganzen Krater herum ist die Strasse in schlechtem Zustand. Sie verbessert sich später und ist ab Makuyuni, wo sie in die Strecke 262 mündet, bis Arusha geteert.
Unterwegs: Manyara-Nationalpark, vor allem wegen seiner Büffelherden, Waldelefanten und Nashörner berühmt.
Tarife: Besucher Sh. 30.— / US-$ 3.90 pro Tag, Fahrzeuge Sh. 60.— / US-$ 7.80 pro Tag, Camping Sh. 20.— / US-$ 2.60 pro Person und pro Tag.
Hotel, 10 km vor dem Parkeingang, an der Strasse Ngorongoro—Arusha. Angenehme Unterkunft, ausgezeichnete Küche, Schwimmbad. Garage. Treibstoff. Freies Camping ist längs der Parkgrenze auf den vom Parkwächter bezeichneten Plätzen zugelassen. Es empfiehlt sich, eigene Wasserreserven und alle notwendigen Lebensmittel mitzubringen, damit man unabhängig ist.

Arusha: 19 000 Einwohner, gemässigtes Klima. Ausgangspunkt für Pirschfahrten in den Nationalparks. Alle touristischen Erleichterungen; Garagen, Tankstellen, Geschäfte, Hotels. Campinggelegenheit beim Jachtclub am Duluti-See, 13 km von Arusha Richtung Moshi. Wegweiser bei einer Caltex-Tankstelle.
Umgebung: Arusha Nationalpark, mit dem Gipfel des Mt. Meru (4565 m).
Beginn der Strecken 262 und 263. Ende der Strecke 261.

258. Kampala - Jinja - Tororo - Malaba - Broderick Falls - Soy   350 km

→ Uganda und Kenia im Kapitel 7.
Auf der ganzen Strecke gute Asphaltstrasse.

Jinja: Zweitgrösste Stadt des Landes. Lebensmittel. Treibstoff. Hotel. Die unweit des Owen-Falls-Staudamms gelegene Stadt ist ein bedeutendes Industriezentrum.
Tororo: Kleine Stadt. Lebensmittel. Treibstoff. Hotel. Tororo breitet sich am Fuss eines 150 m hohen Felsens aus, von dessen Gipfel man weit über die Grenze Kenias schauen kann.
Malaba: Dorf. Ausreisekontrolle von Uganda und Einreisekontrolle von Kenia. **Achtung:** Man fährt links in Kenia.
Broderick Falls: Dorf, ohne Versorgungsmöglichkeit.
Man überbrückt den Fluss Nzoia.
Soy: → Strecke 189.
Beginn der Strecke 259, Ende der Strecke 189.

Die in dem Führer erwähnten Preisangaben entsprechen leider nicht immer der aktuellen Situation; Ihre neuesten Informationen sind nützlich für andere Reisende.

259. Soy - Eldoret - Nakuru - Gilgil - Naivasha - Nairobi ca. 360 km

→ Kenia im Kapitel 7.
Gute Asphaltstrasse auf der ganzen Strecke. Etwas südlich vom Dorf Timboroa zeigt eine Tafel den Äquator an.

Eldoret: 2094 m. 30 000 Einwohner. Lebensmittel. Treibstoff. Hotels. Land-Rover- und VW-Vertretung (Garage GMC).
Eldoret ist ein Landwirtschaftszentrum im Mittelpunkt eines durch Südafrikaner aus Transvaal kolonisierten Gebietes.
Nakuru: 1894 m. 66 000 Einwohner. Die hübsche Stadt mit ihren niedrigen Häusern ist vor allem durch ihren See bekannt. Der Nakuru-See, heute bedroht durch die industrielle Ausdehnung der Stadt, ist ein Nationalpark, der neben vielen anderen Vogelarten etwa 2 Millionen Flamingos enthält.
Interessanter Ausflug zum Riesenkrater (13 km Durchmesser) des Mount Menengai.
Gilgil: Städtchen. Lebensmittel. Treibstoff. Kleines Hotel.
Beginn der Strecke 375.
Naivasha: Kleine Stadt. Lebensmittel. Treibstoff. Hotel. Ferienort mit einem hübschen See, von den Bewohnern Nairobis häufig aufgesucht.
Nairobi: → Strecke 212.
Beginn der Strecken 260 und 261, Ende der Strecke 212.

260. Nairobi - Mtito Andei - Voi - Mombasa 492 km

→ Kenia im Kapitel 7.
Ganze Strecke gute Asphaltstrasse.

Mtito Andei: Kleines Dorf. Lebensmittel. Treibstoff. Hotel. Mtito Andei befindet sich an einem der Haupteingänge des Tsavo-Nationalparks, dem grössten Reservat Kenias, mit einer Fläche von 20 813 km^2. Dank der vielen Lodges kann der Park in kleinen Etappen besichtigt werden. Er beherbergt eine grosse Zahl von Elefanten sowie viele Raubkatzen, die aber schwierig zu beobachten sind.
Die Strasse Nairobi—Mombasa führt quer durch das Reservat hindurch.
Voi: Kleines Dorf am Rande des Tsavo-Parks. Hotel.
Mombasa: 350 000 Einwohner. Alle touristischen Erleichterungen einer grossen Stadt. Camping beim Turga Lodge, 20 km südlich der Stadt.
Zweitgrösste Stadt des Landes, auf einer kleinen Insel. Wichtiger Hafen an der Ostküste Afrikas.
Neben modernen Vierteln besitzt Mombasa mehrere interessante Baudenkmäler: Das Fort Jesus, 1593 von den Portugiesen erbaut, enthält heute ein Museum. Der Hindu-Tempel mit vergoldeter Kuppel. Im arabischen Viertel der Stadt sind schöne geschnitzte Türen zu sehen.
Schiffsverkehr nach Asien: Die Shipping Corporation of India (Büros an der Kilindiri Road) betreibt eine Frachtschiffslinie zwischen Mombasa und Bombay (Indien), die aber keine Passagiere aufnimmt. Der Preis für einen Fahrzeug-Transport beträgt ungefähr US-$ 420.—.
Der Flug nach Bombay kostet etwa SFr. 620.— / US-$ 362.60 pro Person.
Beginn der Strecke 324.

261. Nairobi - Kajiado - Namanga (Kenia) - Arusha (Tansania) 277 km

→ Kenia und Tansania im Kapitel 7.
Gute Asphaltstrasse auf der ganzen Strecke. Unterwegs hat man Gelegenheit, verschiedene Andenken zu tieferen Preisen als in Nairobi zu kaufen, vor allem bei der Zollstation. Bei klarem Wetter kann man auf dem Streckenabschnitt in Tansania den Gipfel des Kilimandjaro wahrnehmen.

Kajiado: Kleine Ortschaft. Viele Geschäfte. Treibstoff.

Nach Kajiado durchquert die Strasse das Massaigebiet, dessen Bewohner sich bisweilen unfreundlich zeigen. Die Massai haben sich nie mit der Grenze zwischen Kenia und Tansania auf ihrem Territorium einverstanden erklärt.
Vor Namanga gelangt man in den Amboselipark (→ unten), der ganz auf dem Boden Kenias liegt.

Namanga: Grenzdorf. Zollposten für beide Länder. Gutes Hotel.
Amboseli-Nationalpark: Sehr schönes Wildreservat, das von Namanga aus besucht wird. Zwei Lodges, ein Lager mit festen Zelten, schöner Campingplatz.
Von Namanga aus können auch Kilimandjaro-Besteigungen durchgeführt werden. Dieser Berg von 5895 m befindet sich ganz auf dem Boden Tansanias.
Die Tour nimmt etwa 8 Tage in Anspruch und ist infolge der grossen Höhe (Bergkrankheit!) sehr ermüdend. Ein gutes Bergsteigertraining ist unerlässlich.
Die Dienste eines Trägers und eines offiziellen Führers sind sehr teuer. Die Tour sollte jedoch nicht allein durchgeführt werden; besser ist es, nach Oloitokitok (Kenia) zu fahren und dort einen Träger zu mieten. Die Tarife sind dort weniger hoch. Die Besteigung kann sehr gut auch von Marangu (Tansania) aus unternommen werden (→ Strecke 263, unter Himo).

Nach der Grenze betritt man ein Steppengebiet mit sehr hohen Gräsern und Dorngebüsch, das viele Wildtiere beherbergt. Will man in diese Steppe eindringen, um das Wild zu beobachten, so ist darauf zu achten, dass die hohen Gräser die Luftzufuhr zum Motor nicht verstopfen.

Arusha: → Strecke 257.
Beginn der Strecken 262 und 263. Ende der Strecke 257.

262. Arusha - Dodoma - Iringa   689 km

→ Tansania im Kapitel 7.
Asphaltstrasse bis Dodoma, dann verbesserte Naturstrasse, von jeder Art Fahrzeug befahrbar.
91 km südlich von Arusha zweigt nach links eine Piste ab, die nach 8 km zum Eingang des Tarangire-Nationalparks führt.

Tarangire-Nationalpark: Dieses Reservat ist 2500 km^2 gross und liegt in einer sehr wildreichen Gegend (viele Arten). Da nur eine einzige Unterkunftsmöglichkeit besteht, sollte man sich vor Abfahrt in Arusha über Tel. Nr. 3625 nach dem vorhandenen Platzangebot erkundigen.
Kondoa Irangi: Städtchen. Lebensmittel (beschränkt). Treibstoff (selten). In der Nachbarschaft des Ortes befinden sich Felsmalereien der Steinzeit. Sie stellen zur Hauptsache Tiere und Jagdszenen dar.
Dodoma: 1131 m. Stadt. Lebensmittel. Treibstoff. Hotel. Mittelpunkt eines Schlachtviehzuchtgebietes. Seit einiger Zeit wird auch der Weinbau gepflegt. Landeshauptstadt seit 1. Oktober 1973.
Iringa: 1710 m. 20 000 Einwohner. Lebensmittel. Treibstoff. Hotel. Keine Sehenswürdigkeiten.
Von Iringa aus kann man auf guter Piste zum 110 km entfernten Ruaha-Nationalpark fahren. Zweitgrösster Park des Landes (nach Serengeti, → Strecke 257) mit über 300 Tierarten. Hier finden sich die grössten Elefantenherden Tansanias. Schönes Camping.
Beginn der Strecke 268, Ende der Strecke 267.

263. Arusha - Moshi - Himo - Same - Korogwe - Msata   427 km

→ Tansania im Kapitel 7.
Ganze Strecke gute Asphaltstrasse.

Moshi: 809 m. 30 000 Einwohner. Lebensmittel. Treibstoff. Hotels. Moshi ist der Mittelpunkt eines Kaffee-Anbaugebiets, am Fusse des Kilimandjaro.

Himo: Dorf. Keine Versorgung möglich.
Von Himo aus führt eine Sekundärstrasse nach Marangu, wo Kilimandjaro-Besteigungen organisiert werden.
Marangu: 1300 m. Dorf. Lebensmittel. Treibstoff. Hotel.
Wie in Strecke 261 erwähnt, sind die Kilimandjaro-Touren sehr teuer: Für eine begleitete Tour von 5 Tagen sind etwa 150.— US-$ einzusetzen.
Man kann sich auch an das Marangu-Hotel wenden, das ebenfalls solche Touren für etwa 35.— US-$ organisiert. Dieses Hotel vermietet die notwendige Ausrüstung.
Achtung: Die Kilimandjaro-Besteigung ist kein Spaziergang. Gute Gesundheit und Bergsteigertraining sind unerlässlich.
Same: Kleine Stadt. Lebensmittel. Treibstoff. Manganerzgruben.
Korogwe: Stadt. Lebensmittel. Treibstoff. Hotel. Tee- und Sisalkulturen.
Msata: Kleines Dorf. Keine Versorgungsmöglichkeit.
Beginn der Strecken 264 und 265.

---

264. Msata - Chalinze ca. 40 km

→ Tansania im Kapitel 7.
Gute Asphaltstrasse.

Chalinze: Dorf. Treibstoff.
Beginn der Strecken 266 und 267.

---

265. Msata - Bagamoyo - Kunduchi - Dar-es-Salaam ca. 120 km

→ Tansania im Kapitel 7.
Gute Erdpiste, die einige Kilometer vor Kunduchi einer Asphaltstrasse weicht.
Kurz vor Bagamoyo ist ein Fluss auf einer Gratisfähre zu überqueren.

Bagamoyo: Stadt. Treibstoff.
Die sehr alte Stadt war früher die Hauptstadt der deutschen Kolonie Tanganyika. Zentrum des Sklaven- und Elfenbeinschmuggels. Im 19. Jh. war sie auch Ausgangspunkt zahlreicher Forschungsreisen, darunter derjenigen von Livingstone und Stanley. Der arabische Einfluss ist heute noch an vielen reich geschmückten Türen zu erkennen.
Kaole: Kleines Dorf, 5 km südlich von Bagamoyo mit der Ruine einer 800 Jahre alten Moschee und Gräbern aus dem 14. Jh.
Kunduchi: Städtchen. Lebensmittel. Treibstoff. Hotels.
Sehenswert: Das Grab Sharifu Musa's, eines Nachkommen Mohammeds.
Dar-es-Salaam: 530 000 Einwohner. Alle touristischen Erleichterungen. Grosse moderne Stadt, gegründet 1827 durch den Sultan von Sansibar.
Wenig Sehenswürdigkeiten, abgesehen von einigen Bauten futuristischer Architektur wie das New Africa Hotel, die Universität oder das Nationalmuseum mit schönen kunsthandwerklichen Sammlungen.
Das Freiluftmuseum zeigt Beispiele der ländlichen Bauweise Tansanias.
In der Umgebung der Stadt können geschnitzte Ebenholz-Gegenstände gekauft werden, die von Eingeborenen des hier lebenden Makonde-Stammes verfertigt werden.
Ende der Strecke 266.

---

266. Chalinze - Dar-es-Salaam 109 km

→ Tansania im Kapitel 7.
Ganze Strecke gute Asphaltstrasse. Starker Verkehr vor Dar-es-Salaam. Camping längs dieser Strasse ist sehr riskant; es ist dringend davon abzuraten.

Dar-es-Salaam: → Strecke 265.
Ende der Strecke 265.

267. Chalinze - Morogoro - Mikumi-Nationalpark - Iringa   388 km

→ Tansania im Kapitel 7.
Gute Asphaltstrasse auf der ganzen Strecke. Campieren längs dieser Strecke ist gefähr-
lich, es ist daher dringend davon abzuraten (es kommt vor, dass die Polizei ohne
Warnung von der Waffe Gebrauch macht).

Morogoro: Stadt. Lebensmittel. Treibstoff. Hotels. Landwirtschaftszentrum in schöner Lage am Fusse der
Uluguru-Berge.

Mikumi-Nationalpark: Dieses kleine Reservat (ca. 3200 km^2) ist ausserordentlich reich an Wildtieren aller Art.
Unterkunft in zwei Lodges und einem eingerichteten Camping.
Nicht selten stösst man im Mikumi-Park auf Trupps von 20 Löwen sowie Giraffen- oder Elefantenherden von
50 Tieren. Auch Büffel, Flusspferde und Antilopen können bisweilen beobachtet werden.
Die Fahrt durch den Park ist kostenlos.

Iringa: → Strecke 262.
Beginn der Strecke 268, Ende der Strecke 262.

268. Iringa - Mbeya - Tunduma (Tansania) - Nakonde (Sambia)   534 km

→ Tansania und Sambia im Kapitel 7.
Gute Asphaltstrasse auf der ganzen Strecke.

Mbeya: 1710 m. 15 000 Einwohner. Lebensmittel. Treibstoff. Hotel. Das kleine Städtchen liegt inmitten der
Poroto-Berge, einer der schönsten Gegenden Ostafrikas. Zahlreiche Goldminen.

Tunduma: Dorf und Zoll an der Grenze zwischen Tansania und Sambia.
Aus Sambia kommende Reisende werden lange verhört über ihre Herkunft und den Grund der Reise.

Nakonde: → Strecke 256.
Beginn der Strecke 269 und 270, Ende der Strecke 256.

269. Nakonde - Isoka - Mpika - Kabwe - Lusaka   973 km

→ Sambia im Kapitel 7.
Ausgezeichnete Asphaltstrasse. Wenig Verkehr.

Isoka: Kleine Stadt. Lebensmittel. Treibstoff. Resthouse.
Mpika: Kleine Stadt. Lebensmittel. Treibstoff. Hotel.

145 km südlich von Mpika zweigt rechts eine Piste von 100 km ab, die zum Living-
stone-Denkmal von Chitambo führt. Hier steht der Baum, unter welchem im Mai 1873
das Herz des Forschers begraben wurde.
Kurz nach der genannten Abzweigung sind rechts der Strasse die Höhlen und Felszeichnungen von Nsalu zu besichtigen, die auf auf die Steinzeit zurückgehen. Für den Besuch
der Höhlen wird eine kleine Eintrittsgebühr erhoben.
Kurz vor der Ortschaft Kanona führt eine Piste nach links zu den über 70 m hohen sehr
schönen Kundalila-Fällen des Kaombe-Flusses. Campinggelegenheit in der Nähe der
Fälle.

Kabwe: 1181 m. 98 000 Einwohner. Lebensmittel. Treibstoff. Hotel. Blei- und Zinkbergwerk. Sehenswert ist
der grosse Baum, unter dem sich die ersten Bewohner der Stadt versammelten.

Lusaka: 1296 m. 401 000 Einwohner. Alle touristischen Erleichterungen einer grossen Stadt.
Die Hauptstadt von Sambia verdankt ihr schnelles Wachstum den Kupferminen in der Umgebung. Aus Sambia
stammen nahezu 30 % der Weltproduktion dieses Metalls. Der berühmte «Kupfergürtel», etwa 350 km nördlich
von Lusaka, umfasst 7 Städte, wovon Ndola die wichtigste ist.

216

Von Lusaka kann man sich per Flugzeug oder im Auto in den Kafue-Nationalpark begeben. Der nächstgelegene Eingang befindet sich 276 km westlich von Lusaka (gute Asphaltstrasse).
Mehrere Unterkunftsmöglichkeiten im Park.
Mit seinen 22 500 km^2 ist der Kafue-Park einer der grössten Afrikas. Hier sind fast alle Tierarten des Kontinents versammelt.
Beginn der Strecke 271, Ende der Strecke 270.

270. Nakonde - Nyala (Sambia) - Chitipa (Malawi) - Chisenga - Nyika-Nationalpark - Rumphi - Mzuzu - Nkhata Bay - Nkhotakota - Salima - Lilongwe - Mchinji (Malawi) - Chipata (Sambia) - Lusaka 1621 km

→ Sambia und Malawi im Kapitel 7.
Diese Route führt zu einem grossen Teil über Erdpisten, die in der Trockenzeit keine Schwierigkeiten bieten. In Malawi gibt es nur wenige Asphaltstrecken. Nach Verlassen von Malawi, ist die Strasse bis Lusaka asphaltiert.
Von Nakonde fährt man in nordöstlicher Richtung und biegt nach 27 km nach rechts ab. Diese Piste führt zum Grenzposten von Sambia, Nyala.

Nyala: Grenzposten von Sambia. Ausreiseformalitäten.
Chitipa: Dorf. Einreisekontrolle von Malawi durch Zoll und Polizei. Treibstoff. Die Tankstelle des Dorfes verfügt nicht immer über Diesel. Bei Bedarf wende man sich an den Lehrer.
Chisenga: Dorf. Zollkontrolle. Treibstoff. Bescheidenes Resthouse.

Von Chisenga benützt man eine Piste, die über die Hochfläche des nördlichen Malawi zum Nyika-Nationalpark führt.

Nyika-Nationalpark: Der auf durchschnittlich 2300 m Höhe gelegene Park beherbergt zahlreiche Zebras und Antilopen. Man kann hier billig übernachten und auch bei den Wächtern Honig kaufen.

Die Piste setzt sich Richtung Rumphi fort (Resthouse, Treibstoff) und erreicht dann Mzuzu.

Mzuzu: 16 200 Einwohner. Lebensmittel. Treibstoff. Resthouse.

Weiterfahrt Richtung Nkhata Bay auf einer Asphaltstrasse.

Nkhata Bay: Lebensmittel. Treibstoff. Resthouse. Camping am Ufer des Malawi-Sees (erst durch das Dorf, dann am Hafen vorbeifahren, anschliessend über eine Brücke und einen kleinen Hügel hinauffahren. Das Camping befindet sich am Ende der 2. Strasse links. Gratis. Kein Wasser, kein WC. Badegelegenheit im See).
Nkhata Bay ist eine Dampferstation am Malawi-See. Auskunft im Hafen.

Man fährt auf der Piste am Seeufer weiter. Viele Brücken. Asphalt nach der Brücke über den Dwangwa.

Nkhotakota: Kleine Stadt. Lebensmittel. Treibstoff. Resthouse. Bank an Markttagen.

Anschliessend wieder Piste in gutem Zustand.

Salima: Dorf. Treibstoff.
Von Salima kann man nach Salima Lake Shore fahren, wo ein Hotel und Camping-Gelegenheit vorhanden ist. Baden im See möglich, da keine Bilharziose-Gefahr droht.

Asphaltstrasse bis Lilongwe.

Lilongwe: 1067 m. 103 000 Einwohner. Lebensmittel (Supermarkt). Treibstoff. Hotels. Seit kurzer Zeit ist Lilongwe die neue Hauptstadt von Malawi. Viele moderne Bauten.

Asphaltstrasse bis Mchinji.

Mchinji: Dorf. Ausreisekontrolle von Malawi.

Asphalt bis Chipata.

Chipata: 1104 m. Kleine Stadt. Lebensmittel. Treibstoff. Resthouse. Einreisezollposten von Sambia.
Von Chipata führt eine 140 km lange Piste (Asphaltierung im Gange) nach Mfuwe im südlichen Teil des Luangwa-Nationalparks. Zweitgrösstes Reservat des Landes (etwa 10 000 km^2). Drei Lodges bieten komfortable Unterkunft. Man kann hier Elefanten, Löwen, Büffel, Giraffen, Leoparden, Krokodile und viele Vögel beobachten.

Gute Asphaltstrasse bis Lusaka.

Lusaka: → Strecke 269.
Beginn der Strecke 271, Ende der Strecke 269.

---

271. Lusaka - Kafue - Verzweigung südlich Kafue   55 km

→ Sambia im Kapitel 7.
Gute Asphaltstrasse.

Kafue: Dorf. Treibstoff.

Man überquert den Fluss Kafue (Brücke).

Verzweigung südlich von Kafue: Beginn der Strecken 272 und 273.

---

272. Verzweigung südlich Kafue - Mazabuka - Choma - Livingstone (Sambia) - Victoria Falls (Rhodesien)   ca. 435 km

→ Sambia und Rhodesien im Kapitel 7.
Gute Asphaltstrasse auf der ganzen Strecke.

Mazabuka: Kleine Ortschaft am Kafue-Stausee. Treibstoff.
Choma: Städtchen. Lebensmittel. Treibstoff. Hotel.
Livingstone: 58 000 Einwohner. Lebensmittel. Treibstoff. Hotels. Ausreisezoll von Sambia.
Die 1905 gegründete Stadt trägt den Namen des berühmten Afrikaforschers. Bis 1935 war sie die Hauptstadt des Landes. Der frühere Regierungspalast ist heute ein nationales Denkmal. Nationalmuseum (Anthropologie und Geschichte).

Achtung: Die Grenze zwischen Sambia und Rhodesien ist seit dem 9. Januar 1973 geschlossen. Um von Livingstone nach Victoria Falls zu gelangen, geht man folgendermassen vor:
Der geteerten Strasse am linken Ufer des Sambesi folgen. Vor Mambova links abbiegen auf eine Piste, die zum Ufer des Sambesi in Kazangula (Sambia) führt. Einschiffung auf eine starke Motorfähre nach Kasane (Botswana; → Strecke 299), das sich genau gegenüber befindet. Von dort begibt man sich direkt nach Rhodesien (Grenzposten Kasungula, durchgehend geöffnet von 06—18 Uhr). Auf rhodesischem Boden Asphaltstrasse dem Sambesifluss entlang nach dem Dorf Victoria Falls.
Es ist nicht ratsam, in Botswana zu reisen: Die Strassen sind schlecht und die Hotellerie wenig entwickelt. Eine Ausnahme bildet das «Chobe Game and River Resort», wo von der Holiday Inns Organisation ausgezeichnete Unterkunft geboten wird.

Victoria Falls: Die Sambesi-Fälle sind die grössten Wasserfälle der Welt: 1600 m breit und 106 m hoch. Um einen guten Überblick zu gewinnen, sollte man sie im Flugzeug überfliegen.
Viele Campingplätze. Hotels.
Eintrittszollposten von Rhodesien.
Achtung: In Rhodesien wird links gefahren.
Beginn der Strecke 274, Ende der Strecke 299.

273. Verzweigung südlich Kafue (Sambia) - Kariba Dam (Rhodesien) - Kariba - Sinoia   376 km

→ Sambia und Rhodesien im Kapitel 7.
Gute Asphaltstrasse auf der ganzen Strecke. In Rhodesien wird links gefahren.
Achtung: Die Grenze zwischen Sambia und Rhodesien ist seit 9. Januar 1973 geschlossen. Die Strecke kann daher zurzeit nicht benützt werden.

Kariba Dam: Dieser Staudamm (erbaut 1957—1961) ist einer der grössten der Welt. Der dadurch entstandene Kariba-See ist 5180 km^2 gross. Camping-Gelegenheit in der Nähe. Man überquert den Sambesi auf der Dammkrone.
Kariba: Stadt. Lebensmittel. Treibstoff. Hotel. Gemeinsamer Zollposten von Sambia und Rhodesien, gegenwärtig geschlossen.
Die Stadt wurde zurzeit des Dammbaus für die hier beschäftigten Werkleute errichtet. Italienische Arbeiter erbauten die Sta-Barbara-Kirche zum Andenken an die verstorbenen Kameraden.
Sinoia: Kleine Stadt. Lebensmittel. Treibstoff. Hotels. **Sehenswert:** die Sinoia-Grotten nördlich der Stadt. Die riesige Kluft von 100 m Breite und 50 m Tiefe diente seinerzeit dem Stamm des Häuptlings Chinoia als Zufluchtsort bei Angriffen durch andere Stämme.
Beginn der Strecken 275 und 276.

274. Victoria Falls - Wankie - Bulawayo   451 km

→ Rhodesien im Kapitel 7.
Gute Asphaltstrasse auf der ganzen Strecke.

Wankie: 29 000 Einwohner. Lebensmittel. Treibstoff. Hotel (Baobab, Einzelzimmer mit Frühstück R $ 7.25 / US-$ 10.44).
Wankie ist vor allem interessant durch den unweit der Stadt gelegenen Wankie-Nationalpark. Unterkunft findet man in ganzen Park, in einem der drei Lodges, zum Preis von R $ 3.75 bis 12.— / US-$ 5.40 bis 17.28. Reservierungen beim Central Booking Office, P.O.B. 8151, Causeway, Salisbury, Tel. 70 60 77.
Parkeintrittskarte: R $ 3.— / US-$ 4.32.
Der Wankie-Nationalpark ist 13 000 km^2 gross und beherbergt eine sehr grosse Zahl von Tieren. Falls sich die Gelegenheit bietet, sollte man den eindrucksvollen Schauspiel des Elefantenbades beiwohnen.
Bulawayo: 1357 m. Ca. 340 000 Einwohner. Alle touristischen Erleichterungen einer grossen Stadt.
Das 1894 gegründete Bulawayo ist eine sehr moderne Stadt mit zahlreichen Unterhaltungsmöglichkeiten.
Sehenswürdigkeiten: das Nationalmuseum, wo die Geschichte des Landes dargestellt ist, das Eisenbahnmuseum, die Stadtparks sowie die Ruinen von Khami aus dem 17. Jh., 22 km westlich der Stadt.
Sehenswert ist auch der Rhodes-Matopos-Nationalpark, nicht allein der Tiere wegen, sondern auch wegen seiner Landschaften und des Grabes von Cecil Rhodes.
Eintrittskarte: R $ 1.— / US-$ 1.44.
Beginn der Strecken 280 und 281, Ende der Strecke 279.

275. Sinoia - Hartley - Gatooma - Que Que - Gwelo   262 km

→ Rhodesien im Kapitel 7.
Gute Piste von Sinoia bis Hartley, dann Asphalt auf dem Rest der Strecke.
Alle berührten Ortschaften sind Industriezentren und bieten kein touristisches Interesse. Man findet jedoch in allen Orten Lebensmittelgeschäfte, Tankstellen sowie ein oder mehrere Hotels.

Gwelo: 67 000 Einwohner. Lebensmittel. Treibstoff. Hotels. Camping- und Caravaningplätze.
Beginn der Strecke 279, Ende der Strecke 278.

276. Sinoia - Salisbury - Umwuma - Fort Victoria   418 km

→ Rhodesien im Kapitel 7.
Gute Asphaltstrasse auf der ganzen Strecke.

Salisbury: 1471 m. 566 000 Einwohner. Alle touristischen Erleichterungen einer grossen Stadt. Hauptstadt von Rhodesien. Die Stadt wurde erst 1890 gegründet. Sie besitzt daher keine alten Bauwerke.
Einen Besuch wert ist die Rhode's Gallery mit Ausstellungen alter und zeitgenössischer Werke und das Queen Victoria Museum, dessen Sammlungen die Bewohner und die Tiere des Mashonalandes (Gebiet zwischen Salisbury und Fort Victoria) zum Gegenstand haben. Salisbury besitzt auch schöne, von Bäumen gesäumte Avenuen.
Umwuma: Kleine Stadt. Lebensmittel. Treibstoff. Hotel (Falcon, R $ 5.—/US-$ 7.20 pro Person, mit Frühstück).
Umwuma liegt in der Nähe des kleinen Sebakwe-Nationalparks, wo Gelegenheit zum Angeln besteht.
Fort Victoria: 1068 m. 20 000 Einwohner. Lebensmittel. Treibstoff. Hotels.
Die 1890 erbaute Stadt ist heute ein Landwirtschafts- und Touristenzentrum. Von Interesse sind die in unmittelbarer Nähe gelegenen Ruinen von Zimbabwe sowie die beiden Nationalparks Kyle und Mushandike.
1. **Ruinen von Zimbabwe:** Diese rätselhaften Überreste wurden 1898 entdeckt. Sie bestehen aus folgenden Teilen:
— Tempelanlage, von einem Trockenmauerring umgeben, der einen Durchmesser von 110 m hat und bis zu 10 m hoch ist, mit Türmen und Eingängen.
— Das Ruinental, vermutlich die Stadt der Arbeiter (zeitweise über 10 000).
— Die befestigte Akropolis auf einem 106 m hohen Felshügel.
Bis heute hat noch niemand mit Sicherheit den Ursprung erklären können. Alle Vermutungen über die möglichen Erbauer — Araber, Phönizier, Bantus — sind unbefriedigend.
2. **Kyle-Nationalpark:** 35 km von Fort Victoria entfernt, umgibt einen Stausee. Man findet hier vor allem mehrere Arten von Antilopen. Eintritt: R $ 1.— / US-$ 1.44).
3. **Mushandike-Nationalpark:** → Strecke 278.
Beginn der Strecken 277 und 278.

277. Fort Victoria - Beit Bridge   288 km

→ Rhodesien im Kapitel 7.
Gute Asphaltstrasse auf der ganzen Strecke. Hügeliges Savannengebiet mit vielen Bäumen.

Beit Bridge: Lebensmittel. Treibstoff. Hotel (Beit Bridge, R $ 4.50 / US-$ 6.48 für Einzelzimmer mit Frühstück). Motel (Peter's, R $ 6.— / US-$ 8.64 für Einzelzimmer mit Frühstück). In Beit Bridge befinden sich die Grenzposten Rhodesiens und der Republik Südafrika.
Beginn der Strecke 282, Ende der Strecke 280.

278. Fort Victoria - Mushandike-Nationalpark -
Shabani - Selukwe - Gwelo   229 km

→ Rhodesien im Kapitel 7.
Gute Asphaltstrasse auf der ganzen Strecke.

Mushandike-Nationalpark: Dieser Park, in 40 km Entfernung von Fort Victoria, liegt an einem Stausee. Er ist besonders reich an Vögeln. Eintritt: R $ 1.— / US-$ 1.44.
Shabani: 17 000 Einwohner. Lebensmittel. Treibstoff. Hotel (Nilton, R $ 6.75 / US-$ 9.72 für Einzelzimmer mit Frühstück). Caravaning.
Selukwe: Kleine Stadt. Lebensmittel. Treibstoff. Hotel (Grand Hotel, R $ 4.50/US-$ 6.48 für Einzelzimmer mit Frühstück). Motel (Selukwe, gleicher Preis wie das Hotel). Caravaning.
In der Umgebung: Goldmine.
Gwelo: → Strecke 275.
Beginn der Strecke 279, Ende der Strecke 275.

279. Gwelo - Bulawayo {#279} 164 km

→ Rhodesien im Kapitel 7.
Gute Asphaltstrasse auf der ganzen Strecke.

Bulawayo: → Strecke 274.
Beginn der Strecken 280 und 281, Ende der Strecke 274.

280. Bulawayo - Gwanda - Beit Bridge 327 km

→ Rhodesien im Kapitel 7.
Gute Asphaltstrasse auf der ganzen Strecke.

Gwanda: Kleine Stadt. Lebensmittel. Treibstoff. Hotel (Hardy's, R $ 4.60 / US-$ 6.82 pro Person und Nacht mit Frühstück). Caravaning.
Zahlreiche Goldminen in der Umgebung der Stadt.
Beit Bridge: → Strecke 277.
Beginn der Strecke 282, Ende der Strecke 277.

281. Bulawayo - Plumtree (Rhodesien) - Ramaquabane (Botswana) - Francistown 193 km

→ Rhodesien und Botswana im Kapitel 7.
Achtung: In Rhodesien und in Botswana wird links gefahren.
Asphaltstrasse bis Plumtree, dann verbesserte Piste bis Francistown. Die Strassen in Botswana sind im allgemeinen in ziemlich schlechtem Zustand.

Plumtree: Kleine Stadt. Lebensmittel. Treibstoff. Hotel (Plumtree, R $ 5.— / US-$ 7.20 für Einzelzimmer mit Frühstück). Caravaning.

Der rhodesische Grenzposten befindet sich einige Kilometer nach Plumtree, derjenige von Botswana gleich jenseits der Grenze.

Ramaquabane: Dorf. Keine Versorgungsmöglichkeiten.
Francistown: 1066 m. 22 000 Einwohner. Lebensmittel. Treibstoff. Hotels.
Die Stadt wurde nach 1869 bei der ersten in Südafrika von Weissen ausgebeuteten Goldmine erbaut. Wie alle Pionierstädte wirkt sie etwas altmodisch.
Das Handwerkszentrum Lekgaba verkauft Holz- und Elfenbeinschnitzereien.
Beginn der Strecke 302, Ende der Strecke 301.

282. Beit Bridge (Rhodesien) - Messina (Südafrika) - Louis Trichardt - Pietersburg - Pretoria - Johannesburg 563 km

→ Südafrika im Kapitel 7.
Achtung: In Südafrika wird links gefahren.
Asphaltstrasse bis Johannesburg. Bis Louis Trichardt durchquert man die Soutpansberge (Scheiteltunnel H. F. Verwoerd). Autobahn von Pretoria bis Johannesburg. Die Zollkontrollen erfolgen für beide Länder in Beit Bridge.

Messina: Kleine Stadt. Lebensmittel. Treibstoff. Hotels.
Louis Trichardt: Kleine Stadt. Lebensmittel. Treibstoff. Hotels.

In Louis Trichardt zweigt eine Strasse zum nördlichen Teil des Krüger-Nationalparks ab; der nächste Eingang befindet sich ca. 160 km entfernt.

Krüger-Nationalpark. Eintrittspreise:
Personen: Erwachsene R 1.90 / US-$ 2.18 / Kinder (6—16 Jahre) R 0.70 / US-$ 0.80

Fahrzeuge:	Eintrittsgebühr	Tagesgebühr
bis 1500 kg	R 1.20 / US-$ 1.38	R 0.75 / US-$ 0.86
bis 1500 kg, mit Caravan oder Anhänger	R 2.40 / US-$ 2.76	R 1.25 / US-$ 1.43
1500—3000 kg, mit oder ohne Caravan oder Anhänger	R 2.40 / US-$ 2.76	R 1.25 / US-$ 1.43
über 3000 kg, mit oder ohne Caravan oder Anhänger	R 6.00 / US-$ 6.90	R 3.10 / US-$ 3.56

Bemerkung: Fahrzeuge von über 8164 kg sind im Park nicht zugelassen.

Der riesige Krüger-Park wird durch ein Netz von etwa 1600 km Strassen erschlossen. Die Geschwindigkeit ist auf 40 km/Std. beschränkt. Abends hat man sich unbedingt in einem der Camps einzufinden und dort zu übernachten. Es ist strikte verboten, von der Piste abzuweichen oder den Wagen zu verlassen. Sehr viele Tiere in prachtvoller Natur. Treibstoff, Lebensmittel, Restaurants und Freiluftküchen in den Camps.

Pietersburg: Stadt. Lebensmittel. Treibstoff. Hotels.

Von Pietersburg aus kann man über Tzaneen und Gravelotte den Eingang Phalaborwa des Krüger-Nationalparks erreichen (ca. 260 km).

Etwa 180 km südwestlich von Pietersburg beginnt bei Warmbad eine Autobahn (parallel zur Hauptstrasse) Richtung Pretoria, die es erlaubt, diese Stadt zu umfahren, ebenso Johannesburg (sofern man weiter in den Süden reist).

Pretoria: 1400 m. 575 000 Einwohner. Alle touristischen Erleichterungen einer grossen Stadt. Regierungshauptstadt des Landes; grosse, moderne Stadt mit sehenswerten, neuzeitlichen Bauten. Zu besichtigen ist auch das Voortrekker-Denkmal, das an die Pioniere erinnert, das Paul-Krüger-Haus, das Transvaal-Museum (sehr interessantes archäologisches Museum), das Staatsmuseum für Kulturgeschichte mit Sammlungen der Buschmänner-Kunst sowie der Zoologische Garten.

Johannesburg: 1753 m. 1 500 000 Einwohner. Alle touristischen Erleichterungen einer grossen Stadt. Mit ihren Wolkenkratzern hat diese grosse Stadt ganz amerikanischen Charakter. Sehr interessant ist eine geführte Besichtigung der Goldminen. Auskunft durch das «Chamber of Mines, 5 Holland Street, P.O.B. 609, Johannesburg». Man sollte sich auch die Tänze der Bantu-Grubenarbeiter ansehen. Johannesburg besitzt zahlreiche Museen, die hier nicht alle genannt werden können, wie z.B. das Museum der Felsmalereien, das Kriegsmuseum, das Museum Bensusan (Fotografie) und viele andere. Mit Unterstützung des Ministeriums für Bantu-Angelegenheiten kann auch die Bantu-Stadt Soweto besichtigt werden.
Beginn der Strecken 283, 284 und 285.

283. Johannesburg - Potchefstroom - Klerksdorp - Warrenton   411 km

→ Südafrika im Kapitel 7.
Ausgezeichnete Asphaltstrasse auf der ganzen Strecke.
Man verlässt Johannesburg auf einer Autobahn.

Potchefstroom: Mittelgrosse Stadt. Lebensmittel. Treibstoff. Hotels.
Sehenswert: die Nederduits Hervormde Kerk.

Klerksdorp: Stadt. Lebensmittel. Treibstoff. Hotels.
Man besuche die Felszeichnungen von Stowlands-on-Vaal.

Warrenton: Kleine Stadt. Lebensmittel. Treibstoff. Hotel.
Beginn der Strecke 286, Ende der Strecke 303.

Informieren Sie sich immer über die gegenwärtige Situation des zu bereisenden Landes.

284. Johannesburg - Kroonstad - Willem-Pretorius-Nationalpark - Winburg - Bloemfontein   419 km

→ Südafrika im Kapitel 7.

Man verlässt Johannesburg auf einer Autobahn.

Ausgezeichnete Asphaltstrasse auf der ganzen Strecke. Sie führt über Hochflächen durch Savannen, teilweise auch Wald.

Kroonstad: 1369 m. Mittelgrosse Stadt. Lebensmittel. Treibstoff. Hotels.
Die Stadt kann auf einer Autobahn umfahren werden.

Willem-Pretorius-Nationalpark: Das kleine Reservat, das den Stausee Alleman's Kraal umgibt, wird vor allem von Anglern besucht.
Tarif: Fahrzeuge: R 2.— / US-$ 2.30.
Unterkunft: R 5.50—6.— / US-$ 6.32—6.90 (Hütte für 2 Personen).
In der Nähe des Reservats sind prähistorische Hütten aus Trockenmauerwerk (in der Art der «Bories» in Südfrankreich) zu sehen.

Winburg: Kleine Stadt. Lebensmittel. Treibstoff. Hotels.
Eigenartiges Rathaus in der Form eines Burenkarrens.

Bloemfontein: 1393 m. 190 000 Einwohner. Alle touristischen Erleichterungen einer grossen Stadt. Sie kann auf einer Autobahn umfahren werden.
Die 1864 durch Major Douglas Warden gegründete Stadt befindet sich im geographischen Zentrum des Landes.
Sehenswert ist der Raadsaal, Sitz des Provinzrates, der alte Raadsaal, Versammlungsort des Rates zur Zeit der Stadtgründung, das Nationalmuseum mit einer schönen Skelettsammlung (vor allem Dinosaurier), das Kriegsmuseum (Burenkrieg) sowie zahlreiche schöne Stadtparks.
Beginn der Strecken 287 und 288.

285. Johannesburg - Heidelberg - Standerton - Volksrust - Newcastle - Ladysmith - Estcourt - Pietermaritzburg - Durban - Port Edward (Südafrika) - Port St. Johns (Transkei) - Umtata (Transkei) - East London (Südafrika) - King William's Town

ca. 1400 km

→ Südafrika und Transkei im Kapitel 7.

→ Skizzen 12 und 13 am Ende dieses Buches.

Autobahn bis Heidelberg, dann ausgezeichnete Strasse bis kurz vor Estcourt, wo sich eine Autobahn bis Durban anschliesst. Über die weitere Strecke siehe nach Durban.

Die meisten durchfahrenen Orte sind nur von beschränktem Interesse für den Touristen. Sie verfügen über mindestens 1 Hotel, Geschäfte für die Verproviantierung sowie eine oder mehrere Tankstellen.

Ladysmith: Stadt. Lebensmittel. Treibstoff. Hotels.
Zu besichtigen ist die Allerheiligenkirche sowie in der Umgebung das Schlachtfeld Wagon Hill (Burenkrieg).

Unweit von Colenso, Richtung Estcourt, ist noch der Ort zu sehen, wo der junge Winston Churchill im Burenkrieg gefangengenommen wurde.

Estcourt: Stadt. Lebensmittel. Hotels. Sehenswert: das Haus von Gerrit Maritz.
Natur-Reservat Giants Castle, etwa 60 km westlich der Stadt (Eintrittsgebühr: R 2.50 / US-$ 2.87) an der Ostflanke der Drakensberge. Es beherbergt 12 Arten von Antilopen sowie Raubvögel (Adler und Bartgeier).

Pietermaritzburg: 676 m. 170 000 Einwohner. Alle touristischen Erleichterungen einer grossen Stadt.
Die malerische, blumengeschmückte Stadt wurde 1838 durch die Voortrekkers (Siedler) gegründet.
Sehenswürdigkeiten: das Natal-Museum mit interessanter völkerkundlicher und paläontologischer Abteilung, der Alexandra-Park (am schönsten in den Monaten Juli und August, wenn die Sukkulenten blühen), der Löwenpark, 22 km entfernt abseits der Strasse nach Durban, sowie der Queen-Elisabeth-Park mit einer Vielzahl von Tieren.

Zwischen Pietermaritzburg und Durban kann man das Eingeborenen-Dorf 100 Hills besichtigen (für Touristen gebaut!).

Durban: 850 000 Einwohner. Alle touristischen Erleichterungen einer grossen Stadt.
Durban erstaunt den Besucher durch sein ausserordentliches Völkergemisch. In dieser Stadt findet man auch die meisten Asiaten des Landes (sie überwiegen sogar die weisse Bevölkerung). Diese Buntheit findet sich auch in den Verkehrsmitteln. Der Tourist kann die Stadt vom Rikshaw aus betrachten.
Sehenswert: das Aquarium, der Schlangenpark, der Indische Markt, der Orientalische Basar, das Alte Fort, das Historische Museum und das Durban-Museum sowie verschiedene Parks und ein botanischer Garten.

Man verlässt Durban auf der Küstenstrasse Richtung Süden. Sie ist bis Port Edward asphaltiert. Dieses Gebiet ist ein wahres Ferienparadies, Badeorte wechseln mit schönen Stränden auf mehr als 150 km ab. Beim Baden auf Haie achtgeben!
Überall findet man ohne Mühe Unterkunft und Verpflegung.
Nach Port Edward fährt man auf einer Piste weiter, die keine andere Schwierigkeit als die zahlreichen Schlaglöcher bietet.
Nach der Überbrückung des Umtavuna-Flusses befindet man sich in der Transkei. Die Hauptstadt dieses seit Herbst 1976 unabhängigen Landes ist Umtata.
Achtung: Visum obligatorisch für die **Transkei** sowie für die Rückkehr nach Südafrika (nach Besuch der Transkei).
Das wilde Camping ist nur erlaubt mit einer Bewilligung, die in Umtata eingeholt werden muss. Die Bevölkerung von Transkei darf nicht fotografiert werden.
Etwa 15 km nach Port Edward muss man links abbiegen, um den «ertrunkenen Wald» zu sehen. Die Sehenswürdigkeit besteht in einigen fossilen Meertieren sowie einigen versteinerten Baumstämmen. Der «Wald» ist nur bei Ebbe zu sehen.
Weiterfahrt auf der Piste nach Bizana, Flagstaff und Lusikisiki.

In Lusikisiki zweigt eine Piste ab zum Fischerdorf Mboty. Die letzten 10 km sind nur bei trockenem Wetter befahrbar.
Mboty: Kleines Dorf. Die Fischer verkaufen ihren Fang.
Lagune mit herrlichem Strand von 4 km Länge. Etwas nördlich von diesem Strand befinden sich Felsen und ein Wasserfall, der direkt ins Meer stürzt.

Sehenswerte Magwa-Fälle (142 m hoch) kurz vor Port St. Johns.

Port St. Johns: Seebad. Lebensmittel. Treibstoff. Hotels. Camping.
Diese kleine Stadt ist der wichtigste Ferienort der Transkei. Sie ist von steilen Klippen umgeben und bietet mehrere schöne Strände. Die Eingeborenen verkaufen Austern, Fische und Muscheln für wenig Geld.

Die Piste führt wieder ins Hinterland Richtung Umtata. Sehr schöne Landschaft.

Umtata: 25 000 Einwohner. Lebensmittel. Treibstoff. Hotel.
Umtata ist die moderne, saubere Hauptstadt der Transkei. Ausgangspunkt für Ausflüge ins Landesinnere.

Man könnte auf einer guten Asphaltstrasse direkt nach East London gelangen, aber es lohnt sich, auf den Pisten weiterzufahren über Mkanduli, Elliotdale, Alderley und Nyokana nach Qora Mouth.

Qora Mouth: Dorf. Lebensmittel. Hotels.
Kleines Seebad, bekannt durch das Hole-in-the-Wall, einen steil ins Meer abfallenden Fels, der durch die unermüdlichen Bewegungen von Ebbe und Flut durchbohrt wurde.

Weiterfahrt über Nyokana und Willowvale. Kurz vor Butterworth und East London wird der Fluss Kei, der die Südgrenze der Transkei bildet, überquert.

East London: 130 000 Einwohner. Lebensmittel. Treibstoff. Hotels.
Moderne Stadt und Seehafen in raschem Wachstum.
Sehenswert: das Aquarium mit 30 Behältern und über 100 Fischarten; das Museum mit einer Abteilung Meeresbiologie, wo man den berühmten Coelacanthus sehen kann, einer Abteilung Anthropologie (hauptsächlich die Stämme der Transkei) und schönen Vogelsammlungen.
In der Wollbörse von East London wird die gesamte Wollproduktion des Landes umgesetzt. Jeden Dienstag kann man bei der Versteigerung zusehen.

Eine Autobahn und anschliessend eine gute Asphaltstrasse führt von East London nach King William's Town.

King William's Town: Stadt. Lebensmittel. Treibstoff. Hotels.
King William's Town war bis 1864 Hauptstadt der selbständigen Kaffern-Kolonie. Von besonderem Interesse ist das kleine Museum mit einer schönen Sammlung von Säugetieren, ferner die Dreifaltigkeitskirche.
Beginn der Strecke 289, Ende der Strecke 288.

286. Warrenton - Kimberley - Britstown - Victoria West - Three Sisters   515 km

→ Südafrika im Kapitel 7.
Gute Asphaltstrasse auf der ganzen Strecke.

Kimberley: 1223 m. 110 000 Einwohner. Alle touristischen Erleichterungen einer grossen Stadt. Kimberley geht zurück auf das Jahr 1871, als die ersten Diamanten in der Umgebung gefunden wurden. Die Anlage der Stadt wurde stark durch die Diamantensucher beeinflusst: die Strassen winden sich zwischen den offenen Gruben hindurch.
Sehenswert: das «Big Hole», eine der grössten von Menschenhand geschaffenen Gruben. Dieses «grosse Loch» ist 1068 m tief und hat einen Durchmesser von 463 m. Es lieferte 14,5 Millionen Karat Diamanten. Interessantes Grubenmuseum in der Nähe.
Die Bantu-Galerie besitzt eine reiche Sammlung von handwerklichen Gegenständen und Kostümen der Bantu.
Britstown: Stadt. Lebensmittel. Treibstoff. Hotel.
Victoria West: Stadt. Lebensmittel. Treibstoff. Hotel. In der Umgebung wurden zahlreiche archäologische Funde gemacht.
Three Sisters: Dorf. Keine Versorgungsmöglichkeit.
Beginn der Strecke 290, Ende der Strecke 287.

287. Bloemfontein - Three Sisters   475 km

→ Südafrika im Kapitel 7.
Autobahn bis Trompsburg, dann gute Asphaltstrasse auf der übrigen Strecke. Schöne Landschaften.

Three Sisters: → Strecke 286.
Beginn der Strecke 290, Ende der Strecke 286.

288. Bloemfontein - Aliwal North - Queenstown - King William's Town   564 km

→ Südafrika im Kapitel 7.
Gute Asphaltstrasse auf der ganzen Strecke. Pass über den Stormberg.

Aliwal North: Kleine Stadt. Lebensmittel. Treibstoff. Hotels. Bekanntes Thermalbad.
Queenstown: Stadt. Lebensmittel. Treibstoff. Hotels. Wichtiges Viehzuchtzentrum mit einem interessanten kleinen Museum.
King William's Town: → Strecke 285.
Beginn der Strecke 289, Ende der Strecke 285.

289. King William's Town - Grahamstown - Port Elizabeth - Humansdorp - George - Oudtshoorn - Mossel Bay - Swellendam - Somerset West - Kapstadt   1131 km

→ Südafrika im Kapitel 7.
Gute Asphaltstrasse auf der ganzen Strecke. Zwischen Humansdorp und George fährt man auf der berühmten Garden Road.

Grahamstown: Stadt. Lebensmittel. Treibstoff. Hotels. Malerisches Städtchen, 1812 von den ersten Siedlern gegründet. Sehenswert: das Settlers Memorial Building, das Albany Museum, die Kathedrale und das Fort Selwyn.

Bei Coega, Beginn einer Autobahn, die Port Elizabeth umgeht und sich bis einige Kilometer über Humansdorp hinaus fortsetzt.

Port Elizabeth: 480 000 Einwohner. Alle touristischen Erleichterungen einer grossen Stadt. Die Gegend von Port Elizabeth war schon sehr früh bekannt, ist doch der Portugiese Bartholomäus Dias 1488 hier an Land gegangen. 300 Jahre später wurde Fort Frederick gegründet und schliesslich 1820 Port Elizabeth, das heute die zweitgrösste Stadt der Kap-Provinz ist.
Sehenswürdigkeiten: der Campanile, von dem sich eine sehr schöne Aussicht über die Stadt bietet; das Oceanarium und die Delphine; das Museum, der Schlangenpark. Ausflug mit dem Apple Express, der malerischen alten Schmalspurbahn. Der Addo-Elefantenpark, 64 km nördlich der Stadt, verdient auch einen Besuch.

Weiterfahrt auf der Küstenstrasse. Von Humansdrop an trägt sie den Namen Garden Road und führt durch eine wundervolle Landschaft. Am schönsten ist sie im Frühling (September bis November), wenn die meisten Pflanzen blühen.
Zwischen George (sehenswerte, holländische reformierte Kirche) und Oudtshoorn überquert man den Outeniqua-Pass in den gleichnamigen Bergen.

Oudtshoorn: Kleine Stadt. Lebensmittel. Treibstoff. Hotel. Das Städtchen ist vor allem bekannt für seine Straussenzucht. Man kann die Farmen besichtigen (sehr interessant), es ist auch möglich, einen Spazierritt auf dem Rücken der Strausse zu unternehmen — für empfindliche Personen nicht empfehlenswert — diese Vögel laufen sehr schnell (gegen 90 km/Std.).
Etwa 30 km nördlich der Stadt befinden sich die Cango-Tropfsteinhöhlen, die man unbedingt besuchen sollte. Blitzaufnahmen sind während der Besichtigung nicht gestattet. Will man trotzdem fotografieren, so ist ein Stativ mitzunehmen.

Man überquert nochmals die Outeniqua-Berge, nun auf dem Robinson-Pass und gelangt nach Mossel Bay.

Mossel Bay: Seebad. Lebensmittel. Treibstoff. Hotels.
Sehenswert: der Postamts-Baum, wo man im 16. Jh. die Botschaften hinterliess, sowie das Muschel-Museum mit rund 700 interessanten Stücken.

Man fährt danach durch eine sehr schöne Gegend und gelangt nach Swellendam.

Swellendam: Kleine Stadt. Lebensmittel. Treibstoff. Hotel. Diese Stadt besitzt noch viele Häuser im altholländischen Stil. 6 km südlich der Stadt kann man den Bontebok-Nationalpark besichtigen, der Herden einer sehr seltenen Antilopenart, den Buntböcken, beherbergt.
Caledon: Kleine Stadt. Lebensmittel. Treibstoff. Hotel. Caledon sollte man in der ersten Hälfte September aufsuchen, zur Zeit der Blumenschau, wo über 500 verschiedene Arten zu bewundern sind.

Autobahn von Somerset West bis Kapstadt.

Kapstadt (Cape Town): 1 100 000 Einwohner. Alle touristischen Erleichterungen einer grossen Stadt. Moderne Stadt (gegründet 1652), die noch stets weiter um sich greift, in bewundernswerter Lage, überragt von dem berühmten Tafelberg.
Sehenswürdigkeiten: das alte Stadthaus mit der sehr interessanten Michaelis-Kollektion (holländische Gemälde aus dem 17. Jh., Rembrandt-Stiche), die Lutherische Kirche, die Groote Kerk (geschnitzte Kanzel), der Botanische Garten, das Südafrikanische Museum (Kunsthandwerk der Buschmänner und Urgeschichte), die alte holländische Windmühle sowie verschiedene Gebäude im kapholländischen Stil, die hier nicht alle genannt werden können.

Umgebung: Man verfehle nicht eine Besteigung des 1067 m hohen Tafelberges (Luftseilbahn), um die grossartige Aussicht zu geniessen (sehr schön auch in der Dämmerung). Empfehlenswert ist eine Fahrt zum Kap der Guten Hoffnung, indem man auf der einen Seite der Halbinsel hinfährt und auf der andern wieder zurück.
Die Botanischen Gärten, der Zoo und das Rondevlei Vogelreservat sind ebenfalls interessant.
Beginn der Strecke 291, Ende der Strecke 290.

290. Three Sisters - Beaufort West - Worcester - Paarl - Kapstadt   563 km

→ Südafrika im Kapitel 7.
Ausgezeichnete Asphaltstrasse bis Paarl, dann Autobahn bis Kapstadt.

Beaufort West: Kleine Stadt. Lebensmittel. Treibstoff. Hotel. Sehenswertes altes Rathaus.
Worcester: Stadt. Lebensmittel. Treibstoff. Hotel. Sehenswert: das Museum, der Drostdy und der Karoo-Garten. Weinbauzentrum.
Paarl: Stadt. Lebensmittel. Treibstoff. Hotels. Weinbauzentrum. Mehrere Bauten im kapholländischen Stil, darunter das Stadthaus. Zu besichtigen sind auch die Kellereien der Kooperativen Winzervereinigung, die zu den grössten der Welt zählen. Bei einem Besuch der Kellerei Nederburg erhält man Gratiswein und Essen.
Umgebung: Stellenbosch. Diese Universitätsstadt besitzt noch sehr schöne Bauten aus der Kolonialzeit, rund um den schönen Platz in der Stadtmitte, den Braak.
Kapstadt: → Strecke 289.
Beginn der Strecke 291, Ende der Strecke 289.

291. Kapstadt - Springbok - Vioolsdrif (Südafrika) - Noordoewer (Südwestafrika)   724 km

→ Südafrika und Südwestafrika im Kapitel 7.
Achtung: In Südafrika und Südwestafrika wird links gefahren.
Gute Asphaltstrasse auf der ganzen Strecke. Lebensmittel und Treibstoff in den meisten durchfahrenen Ortschaften.

Springbok: Stadt. Lebensmittel. Treibstoff. Hotels. Bergbaustadt (Kupfer), die nur wenig Sehenswürdigkeiten besitzt wie z. B. die Hochöfen aus dem Jahre 1866 und die blumenreiche Umgebung.
Vioolsdrif: Städtchen. Lebensmittel. Treibstoff. Unterkunft.

Zwischen Vioolsdrif und Noordoewer wird die Grenze zwischen Südafrika und Südwestafrika (Namibia) überschritten.

Noordoewer: Dorf. Lebensmittel. Treibstoff. Garage. Unterkunft.
Beginn der Strecken 292 und 293.

292. Noordoewer - Ai-Ais - Fish River Canyon - Holoog - Seeheim - Keetmanshoop   ca. 340 km

→ Südwestafrika im Kapitel 7.
Achtung: In Südwestafrika wird links gefahren.
Etwa 39 km nach der Grenze verlässt man die Hauptstrasse nach links und fährt auf einer guten Piste durch eine Stein- und Sandwüste. Sie führt zu den heissen Quellen von Ai-Ais.

Ai-Ais: Die heissen Quellen von Ai-Ais wurden 1850 entdeckt. Sie wurden zu einem Luxus-Bad ausgebaut. Sie sind nur in der Trockenzeit (von März bis Oktober) geöffnet.
Fish River Canyon: Nach seiner Ausdehnung der zweitgrösste Canyon der Welt: 110 km lang und 700 m tief. Von Ai-Ais aus kann man eine Fahrt auf dem Grund der Schlucht unternehmen.

Weiterfahrt auf der Piste bis zum Dorf Holoog, dann links abbiegen auf die Piste, die der Eisenbahnlinie folgt. In Seeheim (wo sich das Schmelenhaus, das älteste Haus des Landes, befindet) stösst man auf die Asphaltstrasse Keetmanshoop—Bethanie. Nach rechts weiterfahren.

Keetmanshoop: Stadt. Lebensmittel. Treibstoff. Hotel. Wichtigste Stadt des südlichen Südwestafrikas. Sie besitzt einige schöne alte Häuser.
22 km nordöstlich der Stadt befindet sich der «Kokerboomwoud» mit 250 der sehr seltenen Köcherbäume (Aloe dichotoma).
Beginn der Strecken 294 und 295, Ende der Strecke 293.

293. Noordoewer - Grunau - Keetmanshoop   335 km

→ Südwestafrika im Kapitel 7.
Gute Asphaltstrasse, auf der man schnell Keetmanshoop erreicht. Treibstoff und Unterkunft in Grunau und Narubis.

Keetmanshoop: → Strecke 292.
Beginn der Strecken 294 und 295, Ende der Strecke 292.

294. Keetmanshoop (Südwestafrika) - Kalahari-Gemsbok-Park (Südafrika)   332 km

→ Südwestafrika im Kapitel 7.
Achtung: In Südwestafrika und Südafrika wird links gefahren.
Piste, die in der Regenzeit unbrauchbar ist. Ein allradangetriebenes Fahrzeug ist unbedingt zu empfehlen. Treibstoffreserven für 400 km notwendig.
Diese Piste führt über Koës und Twee Riviere zum Eingang Mata Mata des Kalahari-Gemsbok-Parks.

Kalahari-Gemsbok-Park: Am Rande der Kalahariwüste gelegener Nationalpark. In diesem Park leben seltene Tiere, darunter das Red Hartebeest. Man kann auch Löwen, Gemsböcke, Springböcke und Geparde antreffen. Beste Besuchszeit: März—Oktober.
Im Reservat gibt es drei Rastlager: Twee Rivieren, zugleich das Verwaltungszentrum, Mata Mata an der Grenze zu Südwestafrika und Nossob, 139 Kilometer nördlich von Twee Rivieren. Die Lager sind mit Zwei- und Vier-Bett-Hütten ausgestattet. Es gibt keine Restaurants, aber eine begrenzte Menge an Konserven und Benzin sind erhältlich.

Eintrittsgebühren (1978):
Pro Fahrzeug mit 5 (oder weniger) Insassen und einer Nutzlast von:

weniger als 2000 Kilo	R 3,30 / US-$ 3.79
2000 bis 3000 Kilo	R 4,50 / US-$ 5.17
Zusätzliche Insassen (über 6 Jahren)	R 0,25 pro Person / US-$ 0.28
Kinder unter 6 Jahren frei	
Caravan oder Trailer	R 1,10 / US-$ 1.26

Anmerkung: Fahrzeuge mit einer Nutzlast von mehr als 3000 Kilo werden nicht in den Nationalpark gelassen. Tagesbesucher bezahlen nur die Eintrittsgebühren.

Unterkunftsgebühren pro Nacht (1978):

Familienhäuschen mit kleiner Küche: maximal 4 Personen	R 15,50 / US-$ 17.82
Häuschen mit Dusche und Toilette: maximal 2 Personen	R 10,30 / US-$ 11.84
Einfaches Häuschen: maximal 2 Personen	R 5,50 / US-$ 6.32
Weitere Gäste in den oben genannten Unterkünften:	
Betten, die von der Verwaltung gestellt werden:	
für Erwachsene (über 16 Jahren) pro Person	R 2,20 / US-$ 2.53
für Kinder (unter 16 Jahren) pro Person	R 1,10 / US-$ 1.26
Betten, die von den Besuchern gestellt werden:	
Erwachsene pro Person	R 1,10 / US-$ 1.26
Kinder	R 0,60 / US-$ 0.69

Alle Rondavels sind mit komplett eingerichteten Küchen ausgestattet.

Man fährt auf dem gleichen Weg nach Keetmanshoop zurück (→ Strecke 292).

295. Keetmanshoop - Mariental - Windhoek   508 km

→ Südwestafrika im Kapitel 7.
Gute Asphaltstrasse auf der ganzen Strecke, die eine Halbwüste durchquert. Treibstoff und Unterkunft in folgenden Ortschaften: Asab, Mariental, Kalkrand und Aris.
24 km östlich von Asab (Piste) ragt ein eigenartig geformter Fels auf, der Mukorob, auch Finger Gottes genannt.

Mariental: Städtchen. Lebensmittel. Treibstoff. Unterkunft. In der Nähe eine Staumauer (Hardap Dam) und See. In Stampriet, 63 km östlich von Mariental, fördern artesische Brunnen täglich mehrere Millionen Liter Wasser.
Windhoek: Ca. 100 000 Einwohner. Lebensmittel. Treibstoff. Hotels. Die 1890 durch einen deutschen Offizier gegründete Stadt weist heute unter den Städten des südlichen Afrikas das schnellste Wachstum auf. Hauptstadt von Südwestafrika (Namibia).
Sehenswert: die Meteoritensammlung im Verwoerd-Park, Gebäude im deutschen Kolonialstil, die drei deutschen Schlösser, die Alte Feste mit einem Kulturmuseum.
Beginn der Strecken 296, 304 und 305.

296. Windhoek - Gobabis - Buitepos (Südwestafrika) - Mamuno (Botswana) - Ghanzi - Sehitwa   744 km

→ Südwestafrika und Botswana im Kapitel 7.
Achtung: In Südwestafrika und Botswana fährt man links.
Asphaltstrasse bis Gobabis. Anschliessend gute Sandpiste bis zur Grenze, dann sehr schlechte Piste mit weichem Sand (und tiefen Radspuren) bis zum Schluss der Strecke. Ein geländegängiges Fahrzeug ist hier sehr zu empfehlen. Treibstoff mitnehmen, da es vor Ghanzi keinen gibt.

Gobabis: Kleine Stadt. Lebensmittel. Treibstoff. Unterkunftsmöglichkeit.
Endstation der Eisenbahnlinie aus Windhoek, Ende der geteerten Strasse.
Buitepos: Dorf. Zollstation. Zollformalitäten für die Ausreise aus Südwestafrika. Das Zollamt ist ununterbrochen von 8—16 Uhr offen.
Mamuno: Dorf. Grenzposten. Einreiseformalitäten in Botswana. Treibstoff.
Achtung: Die Einfuhr von frischem Fleisch nach Botswana ist strikte verboten.
Beginn der Strecke 332.

Ab Mamuno wird die Piste sehr schlecht. Ihr Zustand ist übrigens typisch für alle Pisten in Botswana. Man fährt durch eine Steppe, in der kleine Büsche wachsen.

Ghanzi: Kleine Stadt. Lebensmittel. Treibstoff (nicht immer). Hotel.
Von Ghanzi aus führt eine direkte Piste nach Gaborone (→ Strecke 303).
Ende der Strecke 332.
Sehitwa: Dorf. Eventuell Treibstoff vorhanden.
Beginn der Strecken 297 und 298.

297. Sehitwa - Tsau - Shakawe   310 km

→ Botswana im Kapitel 7.
Sehr schlechte, eintönige Piste, die in der Regenzeit unbefahrbar ist. Es empfiehlt sich dringend, im Geleit mit mindestens zwei gut ausgerüsteten, geländegängigen Fahrzeugen zu fahren, die über Treibstoffreserven für mindestens 800 km verfügen.
Auf dieser Strecke können archäologisch orientierte Reisende die Buschmann-Höhlenmalereien der Tsodido Hills anschauen, und wer sich für Anthropologie und Ethnologie interessiert, kann Buschmänner treffen und sich eventuell einige Tage bei ihnen aufhalten.

Tsodido Hills: Zu diesen Hügeln kommt man auf einer Piste, die etwa 5 km vor Shakawe von der Hauptstrasse abzweigt. Sie befinden sich etwa 40 km süd-südwestlich von diesem Dorf.
Hier sind ungefähr 2000 den Buschmännern zugeschriebene Höhlenmalereien zu sehen. Der grösste Teil davon befindet sich auf dem zweiten Hügel. Bis auf eine oder zwei Jagdszenen stellen sie fast alle Tiere dar.
Stilistisch mit den in Rhodesien und im Transvaal entdeckten Malereien verwandt, gehen sie ungefähr auf das Jahr 2000 vor Christi zurück.
Shakawe: Buschmann-Dorf. Keine Lebensmittel. Die Grenze nach Angola ist geschlossen. Es ist möglich, einige Tage bei den Buschmännern zu verbringen.

Bis nach Sehitwa zurückfahren.

298. Sehitwa - Toteng - Maun ca. 100 km

→ Botswana im Kapitel 7.
Die Piste ist in schlechtem Zustand (viele Schlaglöcher), aber mit jedem Fahrzeug befahrbar.
Zwischen Sehitwa und Toteng führt die Piste am Ngami-See vorbei, wo man, je nach Wasserstand, Flamingos und Pelikane beobachten kann. In der Nähe des Sees sieht man auch viele andere Vogelarten.

Toteng: Dorf. Keine Lebensmittel.
Maun: Kleine Stadt. Lebensmittel. Treibstoff. Garagen. Hotel. Obst und Gemüse kann man beim Lehrer kaufen, der es aus dem eigenen Garten holt... Campieren möglich beim Crocodile Lodge oder beim Okavango Lodge, einige Kilometer ausserhalb der Stadt Richtung Chobe-Park.
Maun ist Ausgangspunkt für den Besuch des Okavango-Deltas und des Moremi-Nationalparks.
Okavango-Delta: Um diese Gegend zu besichtigen, in der der Papyrus wächst und wo man viele Vogelarten sehen kann, fliegt man am besten nach den «Chief Islands», verbringt dort einige Tage (in einfachen Strohhütten) und fährt mit dem Kanu nach Maun zurück.
Moremi-Nationalpark: → Strecke 299.
Beginn der Strecken 299, 300 und 301.

299. Maun - Shorobe - Kachikau - Kasane (Botswana) - Kazungula (Rhodesien) - Victoria Falls 478 km

→ Botswana und Rhodesien im Kapitel 7.
Schwierige Piste, bei Regenwetter durch viele Schlammpfützen erschwert. In dieser Zeit ist ein geländegängiges Fahrzeug unerlässlich. Treibstoff für die ganze Strecke mitnehmen.

Shorobe: Dorf. Keine Versorgung möglich.

Kurz nach dem Dorf zweigt nach links eine Piste (in schlechtem Zustand) ab, die zum Moremi-Nationalpark führt.
Moremi-Nationalpark: In diesem 1800 km^2 grossen Park ist die südafrikanische Fauna — von der Tse-Tse-Fliege (Wagenfenster schliessen) bis zum Löwen — grossartig vertreten. Der Park ist Besitz des Tswana-Volkes.
Normalerweise besucht man das Reservat in Begleitung eines Führers. Andernfalls empfiehlt es sich, bei der Einfahrt eine detaillierte Karte zu verlangen, um sich nicht zu verirren. Im Park oder in der unmittelbaren Umgebung sind mehrere (sehr einfache) Lodges.
Man kehrt zur Hauptpiste zurück und fährt in nord-östlicher Richtung (links) weiter. Nach einigen Kilometern erreicht man den Chobe-Nationalpark.
Chobe-Nationalpark: Der Eintrittspreis entspricht US-$ 10.—. (Dieser Tarif gilt für eine Woche mit einem Zuschlag von US-$ 2.— pro Person und pro Nacht.) Campieren im Savuti Camp.

Der Park ist vor allem für seine riesigen Elefanten- und Gnuherden berühmt. Auch Löwen, Nilpferde, Büffel und Zebras sowie zahlreiche Vogelarten kann man beobachten.

Kachikau: Dorf. Keine Lebensmittel.

Kasane: Dorf. Grenzstation. Ausreiseformalitäten Botswanas.
Treibstoff in 16 km Richtung Kazungula. Camping beim Safari Lodge.
Weiterfahrt mit der Fähre nach Kazangula (Sambia) möglich. Bei der Einreise nach Sambia stellen die Zöllner viele Fragen über die Herkunft der Reisenden und die Gründe ihrer Reise. (Fortsetzung → Strecke 272).

Kazungula: Dorf. Grenzposten Rhodesiens, geöffnet von 8—16 Uhr.

Schotterstrasse bis Victoria Falls.

Victoria Falls: → Strecke 272.
Beginn der Strecke 274, Ende der Strecke 272.

300. Maun - Makalambedi - Rakops - Orapa - Serowe - Palapye ca. 675 km

→ Botswana im Kapitel 7.
Achtung: Man fährt auf keiner der in Michelin-Karte 155 ab Maun angegebenen Pisten. Schlechte Piste bis Serowe. Dann gute Piste. Diese Strecke ist nur mit Fahrzeugen mit Vierradantrieb und in der Trockenzeit möglich. Die Dörfer sind malerisch (Tswana-Volk), aber ohne Versorgungsmöglichkeit. Man muss also Wasser, Lebensmittel und Treibstoff für die ganze Strecke mitnehmen.

Serowe: Dorf. Lebensmittel (beschränkt). Treibstoff (selten). Hotel (gut). Typisches Tswana-Dorf mit Hütten aus Trockenlehm und Strohdächern, oft von Pfählen gestützt. Die Aussenwände sind manchmal verziert. In der Mitte des Dorfes befinden sich die «Kgotla» (Versammlungsort des Stammes) und das Haus des Häuptlings.
Palapye: Kleine Stadt. Lebensmittel. Treibstoff. Hotel.
Beginn der Strecke 303, Ende der Strecke 302.

301. Maun - Nata - Francistown 499 km

→ Botswana im Kapitel 7.
Piste in relativ gutem Zustand, mit jedem Fahrzeug befahrbar. Treibstoff in Gweta und Nata. Man fährt in der Nähe der Nationalparks Makgadikgadi Pans und Nxai Pans vorbei, in denen viele Flamingos zu sehen sind.

Nata: Dorf. Lebensmittel (beschränkt). Treibstoff.
Francistown: → Strecke 281.
Beginn der Strecke 302, Ende der Strecke 281.

302. Francistown - Palapye 156 km

→ Botswana im Kapitel 7.
Asphaltstrasse bis Seruli, anschliessend gute Piste, ohne Schwierigkeiten. Man findet in jeder Ortschaft Treibstoff.

Palapye: → Strecke 300.
Beginn der Strecke 303, Ende der Strecke 300.

Wenn ein neuer Strassenabschnitt geteert worden ist, teilen Sie uns bitte mit, wieviele Kilometer.

303. Palapye - Mahalapye - Gaborone - Lobatse - Ramatlabama (Botswana) - Mafeking (Südafrika) - Vryburg - Warrenton   705 km

→ Botswana und Südafrika im Kapitel 7.
Piste von Palapye bis Mahalapye, dann Asphaltstrasse bis Lobatse, anschliessend gute Piste bis Ramatlabama und wieder gute Asphaltstrasse bis Warrenton.

Mahalapye: Kleine Stadt. Lebensmittel. Treibstoff. Hotel.

Gaborone: 20 000 Einwohner. Lebensmittel. Treibstoff. Hotels.
Diese sehr moderne Stadt entstand 1964. Im Jahre 1966 wurde sie nach der Unabhängigkeitserklärung Hauptstadt von Botswana.
Sehenswert: das Nationalmuseum und die Nationalversammlung, ein Bauwerk, das man weder mit einem Bahnhof noch mit einer Turnhalle verwechseln sollte.

Lobatse: 13 000 Einwohner. Lebensmittel. Treibstoff. Hotels.
Sitz des Obersten Gerichts des Landes.

Ramatlabama: Dorf. Grenzstation zwischen Botswana und der Republik Südafrika, geöffnet von 7—20 Uhr. Zollformalitäten für beide Länder.

Mafeking: Stadt. Lebensmittel. Treibstoff. Hotels.

Vryburg: Stadt. Lebensmittel. Treibstoff. Hotels.

Warrenton: → Strecke 283.
Beginn der Strecke 286, Ende der Strecke 283.

304. Windhoek - Okahandja   72 km

→ Südwestafrika im Kapitel 7.

Okahandja: 1439 m. Stadt. Lebensmittel. Treibstoff. Hotels.
Hübsche kleine Stadt. Hier sind die wichtigsten Häuptlinge des Herero-Volkes begraben. Das Volk gedenkt seiner toten Häuptlinge jedes Jahr im August.
Sehenswert: der Bahnhof (1901), die Kirche der Rhein-Mission (1876) und der Zoo (privat), der 3 km nördlich der Stadt liegt.
Beginn der Strecke 307, Ende der Strecke 306.

305. Windhoek - Namib Game Reserve - Walvisbaai - Swakopmund   383 km

→ Südwestafrika im Kapitel 7.
Piste in relativ gutem Zustand. Kein Treibstoff vor Walvisbaai (349 km).
31 km nach Göllschau (72 km ab Windhoek) nimmt man links eine Piste, die nach 19 km zu einer Kreuzung führt; dort biegt man nach rechts ab, um auf eine andere Piste zu gelangen, die zum Canyon des Flusses Kuiseb führt. In der Nähe kann man Höhlenmalereien sehen.

Namib Game Reserve: Schöner Nationalpark mit sehr seltenen Tieren Afrikas. Hier kann man Gemsböcke, Hyänen, Schakale, Zebras und viele andere Tiere sehen. Falls man die Hauptstrasse verlassen, ein Picknick im Park abhalten oder dort zelten will, muss man zuerst eine Genehmigung beim «Nature Conservation Officer», Municipal Building, Post Street, Swakopmund, 9180, P.O. Box 51, Tel. 21 72, einholen.

Walvisbaai: Kleine Stadt. Lebensmittel. Treibstoff. Hotels.
Vor der Gründung von Kapstadt (Südafrika) war Walvisbaai der wichtigste Hafen im Süden Afrikas. Heutzutage bewundern dort die Touristen die Lagune mit den vielen Flamingos.

Swakopmund: Stadt. Lebensmittel. Treibstoff. Hotels.
Die Stadt weist noch zahlreiche Bauten aus der deutschen Kolonialzeit auf. In den Sommermonaten befand sich dort die administrative Hauptstadt der deutschen Siedler.
Sehenswert: die protestantische Kirche und das Museum.
Beginn der Strecken 306 und 308.

306. Swakopmund - Usakos - Okahandja   302 km

→ Südwestafrika im Kapitel 7.
Gute Asphaltstrasse auf der ganzen Strecke. Treibstoff in Usakos und Karibib.

Usakos: Stadt. Lebensmittel. Treibstoff. Hotel.
Im Erongo-Gebirge, nördlich der Stadt, kann man viele Felsmalereien sehen.
Okahandja: → Strecke 304.
Beginn der Strecke 307, Ende der Strecke 304.

307. Okahandja - Otavi - Grootfontein - Tsumeb - Operet   ca. 520 km

→ Südwestafrika im Kapitel 7.
Gute Asphaltstrasse auf der ganzen Strecke.

Otavi: Marktflecken. Lebensmittel. Treibstoff. Unterkunft.

Grootfontein: Kleine Stadt. Lebensmittel. Treibstoff. Hotel.
Grootfontein wurde 1920 berühmt, als der Hoba-Meteorit, der als der grösste in der Welt gilt, auf dem Gut Hoba-West in der Nähe der Stadt entdeckt wurde. Er besteht u.a. aus Eisen und Nickel und wiegt beinahe 60 Tonnen. Man kann ihn täglich von 8 bis 18 Uhr besichtigen. Eine Piste, die kurz nach Verlassen von Grootfontein von der Strasse nach Tsumeb links abgeht, führt dorthin.

Tsumeb: Kleine Stadt. Läden. Garage.

Operet: Kontrollposten für die Einreise in die «restricted area» Ovambo. Um das Land zu besuchen, ist eine Sondergenehmigung notwendig (→ Strecke 309).
Beginn der Strecke 309, Ende der Strecke 308.

308. Swakopmund - Hentiesbaai - Uis (The White Lady) - Weltwitschia - Outjo - Okaukuejo - Namutoni - Operet   ca. 780 km

→ Südwestafrika im Kapitel 7.
Wellblechpiste, die mit jedem Fahrzeug befahrbar ist. Schöne Sahel-Landschaft.

Hentiesbaai: Kleine Stadt. Lebensmittel. Treibstoff. Hotel.

Uis: Zinn-Bergwerk. Lebensmittel. Treibstoff. Hotel.
Nicht sehr weit von Uis entfernt befindet sich der Brandberg. Dieses Bergmassiv überragt eine eigentümliche Gegend von wüstenähnlichem Charakter; zahlreiche Höhlenmalereien, wovon die schönsten unter dem Namen «White Lady» bekannt sind. Man braucht eine Genehmigung, um sie zu besichtigen. Diese ist an folgenden Adressen erhältlich: Dr. A.M. Weber, Roon Street, Swakopmund 9180; The Commissioner of Damara Affairs, Khorixas 9221; The Secretary of Mines, Uis Tin Mine 9183; The State Museum, Windhoek 9100.

Weltwitschia (auch Khorixas genannt): Hotel.
45 km westlich der Stadt kann man den versteinerten Wald (Versteendewoud) sehen, der vor 200 Millionen Jahren v.Chr. entstanden sein soll. Besucher brauchen eine Genehmigung (die man beim National Monument Council, Museum Library Building, Private Bag 13250, Windhoek 9100, Tel. 5367, erhält.

Outjo: Kleine Stadt. Lebensmittel. Treibstoff. Hotel.

Okaukuejo: Einfahrt in den Etosha-Nationalpark. Lodge.
Sehr gut eingerichtet (Lodges, Camping- und Picknickplätze). Der Nationalpark wurde um die Salzsümpfe von Etosha angelegt. Man kann dort viele Tierarten (Elefanten, Zebras, Giraffen) beobachten. Da der Park zum Ovambo-Land gehört, ist eine Genehmigung notwendig (→ Strecke 309).

Namutoni: Lodge im Etosha-Nationalpark.

Operet: → Strecke 307.
Beginn der Strecke 309, Ende der Strecke 307.

309. Operet - Oshikango (Südwestafrika) - Roçadas (Angola) - Lubango - Huambo - Dondo 1426 km

→ Südwestafrika und Angola im Kapitel 7.
Gute Asphaltstrasse bis Ondangua, anschliessend Piste bis Oshikango. Dann wieder Asphaltstrasse auf dem Rest der Strecke.
Achtung: Die Grenze zwischen Angola und Südwestafrika ist zurzeit geschlossen. Man kann also diese Route nicht benützen.
Für die Einreise in das Ovambo-Land (das zwischen Operet und der angolanischen Grenze liegt) braucht man eine Genehmigung. Diese ist beim «Chief Bantu Affairs Commissioner», Private Bag 13180, Windhoek 9100, erhältlich.

Oshikango: Kleine Stadt. Lebensmittel. Treibstoff. Unterkunftsmöglichkeit.
Grenzstation zwischen Südwestafrika und Angola. Diese Grenze ist zurzeit geschlossen.

Untenstehende Informationen stammen aus der Zeit vor der Unabhängigkeit (1975) und konnten infolge der verworrenen Lage in Angola nicht überprüft werden.

Roçadas: Stadt. Lebensmittel. Treibstoff. Hotel.

Im Süden des Landes ist die Landschaft sehr schön. Je mehr man nach Norden fährt, um so eintöniger wird sie.

Lubango (ehem. Sa da Bandeira): Kleine Stadt in 1800 m Höhe. Lebensmittel. Treibstoff. Hotels.
Lubango ist die höchstgelegene Stadt des Landes. Sie ist von schönen Bergen umgeben, und das Klima ist sehr angenehm. Vieles erinnert an die portugiesische Kolonialzeit. Interessantes Museum.
Huambo: (ehem. Nova Lisboa) Kleine Stadt. Lebensmittel. Treibstoff. Hotel.
Dondo: Kleine Stadt. Lebensmittel. Treibstoff. Hotel.
Interessantes ethnographisches Museum; es gehört der Diamantgruben-Gesellschaft Angolas und besitzt zahlreiche Aufnahmen folkloristischer Musik aus dem Nord-Osten des Landes.
Beginn der Strecken 310 und 311.

310. Dondo - Negage 314 km

→ Angola im Kapitel 7.
Gute Asphaltstrasse auf der ganzen Strecke.

Negage: Kleiner Marktflecken. Lebensmittel. Treibstoff. Hotel.
Beginn der Strecke 312, Ende der Strecke 311.

311. Dondo - Luanda - Caxito - Uige - Negage 565 km

→ Angola im Kapitel 7.
Gute Asphaltstrasse auf der ganzen Strecke. Schöne Landschaft, Kaffeeanbau.

Luanda: 280 000 Einwohner. Alle touristischen Einrichtungen, die eine Grossstadt bieten kann.
Das 1576 von den Portugiesen gegründete Luanda ist eine interessante Stadt. Besonders sehenswert:
Die Festung Sao-Miguel (17. Jh.), die Avenida Marginal (eine grosse Geschäftsstrasse), die Kathedrale und die Kirche Nossa Senhora da Nazaré, beide aus dem 17. Jh., das Angola-Museum und das Kaffee-Museum.
Achtung: Reisenden nach Süden wird empfohlen, in Luanda südafrikanische Devisen zu kaufen, da es vor Tsumeb (Südwestafrika) keine Wechselmöglichkeit mehr gibt.
Caxito: Marktflecken. Lebensmittel. Treibstoff. Unterkunftsmöglichkeit.
Uige (ehem. Carmona): Höhe 826 m. Lebensmittel. Treibstoff. Hotel.
Zentrum des Kaffee-Anbaues. Uige besitzt auch ein interessantes ethnographisches Museum, in dem man vor allem die bekannten Holz- und Elfenbeinskulpturen des Kongo-Volkes sehen kann.
Negage: → Strecke 310.
Beginn der Strecke 312, Ende der Strecke 310.

312. Negage - Banza-Sosso (Angola) - Kizenga (Zaire) - Inkisi-Kisantu ca. 420 km

→ Angola und Zaire im Kapitel 7.
Piste auf der ganzen Strecke. Ein Fahrzeug mit Vierradantrieb ist zu empfehlen.
Achtung: Die Grenze zwischen Angola und Zaire ist zurzeit geschlossen, so dass es nicht möglich ist, diese Strecke zu fahren.

Banza-Sosso: Dorf. Grenzposten Angolas.
Kizenga: Dorf. Grenzposten Zaires.
Inkisi-Kisantu: Dorf. Lebensmittel. Treibstoff. Unterkunftsmöglichkeit. Schöner botanischer Garten.
Von Ankisi-Kisantu führt eine schlechte Piste zu den 60 m hohen Zongo-Wasserfällen.
Beginn der Strecken 313 und 314.

313. Inkisi-Kisantu - Kinshasa ca. 120 km

→ Zaire im Kapitel 7.
Gute Asphaltstrasse auf der ganzen Strecke.

Kinshasa: 2 000 000 Einwohner. Höhe 307 m. Alle touristischen Erleichterungen, die eine grosse Stadt bieten kann. Ausreise aus Zaire, Zoll- und Polizeikontrolle.
Kinshasa ist die grösste Stadt Schwarz-Afrikas. Sie besteht aus einer modernen Stadt und einem alten afrikanischen Stadtkern.
Nach Kinshasa flüchteten viele Angolesen, als kurz vor der Unabhängigkeit die portugiesische Repression herrschte.
Sehenswert: der Elfenbeinmarkt, wo man günstige Elfenbeinschnitzereien kaufen kann, das Museum afrikanischer Kunst und Archäologie, die M.P.R.-Siedlung in N'Sele, der Berg Ngaliema und dessen botanischer Garten und die vielen Märkte. Interessant sind auch die Stromschnellen des Zaire (ehem. Kongo).
Beginn der Strecken 315 und 316.

314. Inkisi-Kisantu - Matadi ca. 325 km

→ Zaire im Kapitel 7.
Asphaltiert auf der ganzen Strecke. In der Nähe der Stadt Mbanza-Ngungu (touristisches Zentrum) befinden sich prähistorische Höhlen.

Matadi: Ca. 145 000 Einwohner. Lebensmittel. Treibstoff. Hotels.
Wichtigster Seehafen Zaires. Viele Schiffslinien verbinden Matadi mit der übrigen Welt. Hübsche, malerische Stadt. Wichtiger Staudamm im Bau in Inga (in der Nähe der Stadt).

315. Kinshasa - Kisangani, mit dem Schiff 9 Tage

→ Zaire im Kapitel 7.
Von Kinshasa ist es möglich, mit dem Schiff nach Kisangani zu fahren. Die (zumindest in der ersten Klasse) komfortablen Schiffe fahren einmal wöchentlich von Kinshasa nach Kisangani. Die Reise dauert neun Tage. Die Fahrzeuge werden mittransportiert.
Das Schiff legt in folgenden Häfen an: Bolobo, Mbandaka, Lisala (→ Strecke 233), Bumba (→ Strecke 235), Basoko und Kisangani (→ Strecke 237).
Adresse der Schiffsgesellschaft: Office National des transports, B.P. 474, Kinshasa, Zaire, Tel. 2 46 39.

Preise: Sich bei der Gesellschaft erkundigen, am besten telefonisch. Es ist zwar teuer, aber man ist sicher, eine Antwort zu bekommen.
Die sehr malerische Strecke ist die Mühe wert.
Auf den meisten Zuflüssen des Zaire verkehren Schiffe (von Kinshasa oder Mbandaka aus).
Zwischen Kinshasa und Matadi kann man wegen der Stromschnellen den Fluss nicht hinunterfahren.

Kisangani: → Strecke 237.
Beginn der Strecken 249 und 255, Ende der Strecken 237 und 241.

316. Kinshasa (Zaire) - Brazzaville (Kongo) - Loubomo 390 km

→ Zaire und Kongo im Kapitel 7.
Nach Erledigung der Ausreise-Formalitäten von Zaire setzt man mit der Fähre über den Fluss Zaire nach Brazzaville.

Brazzaville: 300 000 Einwohner. Höhe 307 m. Alle touristischen Erleichterungen die eine grosse Stadt bieten kann. Einreise-Formalitäten im Kongo.
1890 von Savorgnan de Brazza gegründet, war die Stadt 1940 Hauptstadt des von General de Gaulle ausgerufenen freien Frankreichs. Von dieser Zeit an begann sie sich zu entwickeln.
Sehenswert: die Basilika Sainte Anne du Congo, deren 5000 m^2 grosses Dach mit 200 000 Faience-Ziegeln bedeckt ist, das Nationalmuseum für Geschichte und Ethnographie, das neue Krankenhaus, das Poto-Poto-Viertel, in welchem viele Handwerker arbeiten, der Markt und der Hafen.
Eine Schiffslinie verbindet die Stadt mit Bangui (Zentralafr. Republik), aber wir besitzen keine näheren Angaben über diese Verbindung.

Von Brazzaville nach Kinkala ist die Strasse geteert. Dann führt eine sehr schlechte Piste bis nach Loubomo.

Loubomo (ehem. Dolisie): Stadt. Lebensmittel. Treibstoff. Hotel. Ausreiseformalitäten für Reisende nach Gabun.
Beginn der Strecken 317 und 318.

317. Loubomo - Pointe Noire 208 km

→ Kongo im Kapitel 7.
Sehr schlechte Piste zwischen Loubomo und Tchiedjili (das nicht auf der Michelin-Karte 155 angegeben ist). Man überquert das Mayombé-Gebirge. Sehr schöne Landschaft. Geländegängiges Fahrzeug unerlässlich. Eisenbahntransport möglich, aber sehr teuer.
Auf der weiteren Strecke ist die Strasse asphaltiert, aber in sehr schlechtem Zustand.

Pointe Noire: 80 000 Einwohner. Lebensmittel. Treibstoff. Hotels. Wichtiger Hafen und Industrie-Stadt, Pointe Noire ist auch ein bei den Kongolesen beliebter Aufenthaltsort. Die Stadt breitet sich fächerartig aus, was ihr einen kuriosen Aspekt verleiht.
Paradies der Fischer, die in den vielen Seen in der Umgebung ihrer Lieblingsbeschäftigung nachgehen können. Pointe Noire besitzt auch sehr schöne Strände.

318. Loubomo (Kongo) - Mont Fouari-Reservat (Gabun) - N'Dendé - Bifoun 654 km

→ Kongo und Gabun im Kapitel 7.
Die bis N'Dendé schlechte Piste wird auf der zweiten Hälfte der Strecke besser. Die meisten Pisten in Gabun sind in sehr schlechtem Zustand. Dies ist vor allem auf das

sehr schlechte Klima, das in diesem äquatorialen Land herrscht, zurückzuführen. Geländegängige Fahrzeuge sind dringend zu empfehlen.
Die Formalitäten für die Ausreise aus Kongo sind zu erledigen, bevor man Loubomo verlässt.
Die Zollkontrolle Gabuns findet kurz nach dem Mont Fouari-Jagdreservat statt.
Das Reservat beherbergt viele Tierarten.

N'Dendé: Kleine Stadt. Lebensmittel. Treibstoff. Kleines Hotel (6 Zimmer). Gute Jagdmöglichkeit in der Gegend.

Von N'Dendé ist es möglich, eine nach Osten abgehende Piste einzuschlagen, die nach M'Bigou führt. (Ein Fahrzeug mit Vierradantrieb ist hier unerlässlich.)

M'Bigou: Dorf. Hotel-Camping. Das Dorf ist für sein Kunsthandwerk bekannt. Die Eingeborenen meisseln und polieren Steinskulpturen, die fast immer Menschen, in ganzer Figur oder als Büste, darstellen.
Lambaréné: Stadt. Lebensmittel. Treibstoff. Hotels. Lambaréné liegt auf einer Insel des Flusses Ogooué und wurde 1913 berühmt, als der elsässische Arzt und Musiker Albert Schweitzer dort ein Lepra-Krankenhaus einrichtete. Man kann dieses am Nordufer des Ogooué gelegene Spital besichtigen.
Bifoun: Dorf. Keine Versorgung möglich.
Beginn der Strecken 319 und 320.

319. Bifoun - Oyam - Kango - Kougouleu - Libreville   174 km

→ Gabun im Kapitel 7.
Durchgehend asphaltierte Strecke. Kurz vor Kango überquert die Strasse den Gabon-Fluss auf einer neuen Brücke.
Vor Kougouleu kreuzt man das Trasse der im Bau befindlichen gabonesischen Eisenbahn, das ab Oyam parallel zur Strasse verläuft.

Libreville: Etwa 80 000 Einwohner. Alle touristischen Einrichtungen, die eine Grossstadt bieten kann.
Sehr moderne Stadt. Ursprünglich war sie Zufluchtsort der von den Franzosen in Freiheit gesetzten Sklaven.
Angenehmer Aufenthaltsort mit vielen Stränden.
Sehenswert: das ethnographische Museum, dessen Sammlung die Geschichte der Hauptvölker des Landes aufzeichnet, das Cap Estérias und das Handwerker-Dorf.

320. Bifoun - Alembe - Oyem - Bitam (Gabun) - Ambam (Kamerun) - Ebolowa   573 km

→ Gabun und Kamerun im Kapitel 7.
Auf der ganzen Strecke Piste in relativ gutem Zustand. Man fährt durch den feuchten Äquatorial-Wald. Den Grenzfluss Ntem überquert man mit der Fähre.

Alembe: Dorf. Keine Versorgung möglich. Einige Kilometer nördlich vom Dorf überquert man den Äquator.
Oyem: Marktflecken. Lebensmittel. Treibstoff. Hotel.
Bitam: Dorf. Hotel. Zollamt (Ausreise aus Gabun).
Ambam: Dorf. Zollamt (Einreise nach Kamerun). Man hat sich unaufgefordert anzumelden.
Ebolowa: Stadt. Lebensmittel. Treibstoff. Hotels. Wichtiges Handelszentrum. Nutzholzindustrie.
Beginn der Strecken 321 und 322, Ende der Strecke 321.

321. Ebolowa - Lolodorf - Kribi - Adjap - Akom II - Bitane - Ebolowa   365 km

→ Kamerun im Kapitel 7.
Die Piste, die voll Schlaglöcher ist, führt durch das Pygmäenland. Jedes der oben genannten Dörfer hat seinen eigenen Charakter und seine eigenen Gebräuche. Dem Reisenden wird die Gelegenheit geboten, am Dorfleben teilzunehmen und einigen Lokalfesten beizuwohnen.

Kribi: 13 000 Einwohner. Wichtiger Badeort. Lebensmittel. Treibstoff. Hotels. Neben sehr schönen Stränden bietet Kribi auch verschiedene Sehenswürdigkeiten. Eine der interessantesten sind zweifellos die Wasserfälle des Flusses Lobé, der 7 km südlich der Stadt direkt in den Ozean stürzt.
Ebolowa: → Strecke 320.
Beginn der Strecke 322, Ende der Strecke 320.

322. Ebolowa - Yaounde   177 km

→ Kamerun im Kapitel 7.
Piste bis einige Kilometer vor Mbalmayo, dann gute Asphaltstrasse bis Yaoundé.

Yaoundé: → Strecke 86.
Beginn der Strecke 93, Ende der Strecken 86, 91 und 92.

323. Hirhafok - Idelès - Tazrouk - Tamanrasset   297 km

→ Algerien im Kapitel 7.
Diese kaum befahrene Piste führt durch eine besonders schöne Gegend, in der man eine der höchstgelegenen Oasen des Hoggars besuchen kann.
Einige Stellen der Strecke wurden verbessert und verbreitert, die übrige Piste ist ziemlich schmal, doch mit wenig Steinen und ohne steile Steigungen.
In der Umgebung von Tahifet führt die Piste durch einige sandige Oueds, in denen Einsandungsgefahr für das Fahrzeug besteht, besonders wenn man in Richtung Tahifet—Tazrouk reist.
Diese Strecke wird praktisch nie von Lastwagenfahrern benützt. Man begegnet höchstens alle drei oder vier Tage einem Touristenfahrzeug, es kann aber auch vorkommen, dass wochenlang niemand vorbeifährt. Aus diesem Grunde ist es ratsam, nur mit geländegängigen Fahrzeugen und im Geleit zu reisen.
Auf der bei Strecke 112 beschriebenen Piste fährt man Richtung Idelès zurück. 3,5 km vor dieser Ortschaft biegt man nach rechts in Richtung Süden ab. An der Kreuzung sind Wegweiser angebracht. Die Piste steigt von Plateau zu Plateau immer höher hinauf, und das sich darbietende Panorama wird immer schöner.
Obwohl es keine Markierung gibt, kann man praktisch nicht von der Route abkommen, da man nirgends aus der Piste herausfahren kann.
41 km nach der Kreuzung erreicht man den höchsten Punkt der Strecke, der auf dem kleine Kerkour-Plateau in 2020 m Höhe liegt.
Nach einer Talfahrt, während der man 50 m an Höhe verliert, kommt man bei Kilometer 46 an eine Kreuzung mit Wegweisern und fährt dann weiter in Richtung Tazrouk.
Nachdem man 26 km ostwärts gefahren ist, erreicht man die Oase Tazrouk.

Tazrouk: Höhe 1820 m, fast keine Lebensmittel. Die Oase Tazrouk liegt am Hang eines kleinen Tals. Wegen der Höhe gibt es dort keine Palmen, dagegen viele Gärten und Bäume, wie Pappeln, Aprikosen- und vor allem riesige Feigenbäume.

238

Die Bevölkerung ist sehr gastfreundlich, bietet den traditionellen Tee an und ist für jedes Geschenk — seien es Streichhölzer, Kleider, Brot usw. — dankbar. Der Reisende findet dort wenig zu kaufen, es sei denn, wenn er Glück hat, Ledersachen.

Nach dem Besuch von Tazrouk kehrt man zur obenerwähnten Kreuzung zurück und fährt nach Süden weiter.

Auf einem steinigen Plateau führt die Piste durch viele ausgetrocknete Oueds und einige Sandfelder. Fast unmerklich steigt man bis zum Azrou-Pass an, der in 1950 m Höhe liegt.

Unmittelbar nach dem Pass verlässt man das Plateau und fährt auf einem guten Weg in ein 300 m tiefer liegendes Tal hinunter. Einsandungsgefahr für Fahrzeuge mit schwachen Motoren oder ohne Vierradantrieb. In umgekehrter Richtung können sogar gutausgerüstete Fahrzeuge im Sand steckenbleiben.

74 km nach der Kreuzung erreicht man die Oase Tahifet.

Tahifet: Höhe 1420 m, kleine Oase. 100 m von der Piste entfernt. Viele Seribas von Tuaregs im benachbarten Tal. Das Dorf besteht aus Hütten aus Trockenlehm.

Man fährt Richtung Süden weiter und durchquert mehrere kleine, zum Teil sandige Täler. Stellenweise starker Strauchwuchs. Verschiedene steinige Hügel sind zu überfahren. Die Piste setzt sich noch einige Kilometer nach Südwesten fort, nimmt dann allmählich südliche Richtung ein (20 km nach Tahifet) und biegt dann ganz nach Osten um. Man kann sich unmöglich verirren, da die Piste sehr leicht zu erkennen ist.

Etwas später fährt man wieder auf mehrere Kilometer nach Süden und schlägt schliesslich die westliche Richtung nach Tamanrasset ein.

53 km nach Tahifet erreicht man erneut eine Kreuzung mit einem grossen Wegweiser, worauf eine Piste angegeben ist, die in südöstlicher Richtung zu der 10 km von dort entfernten Ruine des Bordj Tarahouahout (Fort Motylinski) führt.

10 km nach dieser Kreuzung kann man in der Ferne das Gebirge sehen, das die Piste Tamanrasset—Assekrem (→ Strecke 118) säumt.

Kurz bevor sie in die Piste Tamanrasset—Assamaka (→ Strecke 64) mündet, teilt sich die Piste in mehrere Zweige.

Tamanrasset: → Strecke 63.
Beginn der Strecke 64, Ende der Strecken 63, 115, 116, 118 und 119.

324. Mombasa - Malindi - Garsen - Lamu - Mombasa   698 km

→ Kenia im Kapitel 7.

Asphaltstrasse in gutem Zustand von Mombasa bis Malindi. Die meisten Ortschaften an dieser Strecke sind Badeorte mit Hotels und anderen Erleichterungen.

Malindi: Grosser Badeort an einer Lagune. Zahlreiche Hotels. Alle Erleichterungen.
Die Lagune von Malindi ist ein sehr interessantes Unterwasser-Reservat. Die Korallenriffe sind reich an Tieren und Pflanzen aller Art und daher ein beliebtes Zeil der Taucher.

Fortsetzung der Fahrt auf einer Piste, die für alle Fahrzeuge geeignet, aber in der Regenzeit zeitweise unterbrochen ist. Mehrere Fähren, die durch Brücken ersetzt werden sollen (sie sind gegenwärtig im Bau).

Garsen: Dorf. Treibstoff (gelegentlich).

Man verlässt Garsen auf einer Fähre über den Tana-Fluss. Der Zugang nach Lamu erfolgt ebenfalls mittels Fähre. Da Motorfahrzeuge in dieser Stadt nicht zugelassen sind, muss der Wagen bei der Abfahrtsstelle der Fähre unter Bewachung zurückgelassen werden.

Lamu: Alte Stadt in arabischer Architektur. 2 Hotels. Alle Erleichterungen. Treibstoff (bei der Fähre). Man kann Schiffe oder Esel mieten zur Besichtigung der auf einer Insel gebauten Stadt. **Sehenswert** sind mehrere Forts und einige interessante Moscheen.

Rückfahrt nach Mombasa auf der gleichen Strecke.

325. Businga - Molegbe - Bosobolo - Zongo (Zaire) - Bangui - (Zentralafr. Republik)   ca. 470 km

→ Zaire und Zentralafr. Republik im Kapitel 7.
Von Touristen nur wenig befahrene Piste in ziemlich gutem Zustand. Gastfreundliche Bevölkerung. Vorsicht ist jedoch geboten bei den «Sicherheitskommissaren» in den Dörfern, die oft die neuen Vorschriften über die Reisen der Ausländer nicht kennen. Bis Molegbe führt die Piste durch Wald und betritt anschliessend die Savanne.
Molegbe: Dorf. Keine Versorgung möglich.

Man folgt der Piste nach Bosobolo bis zu dieser Ortschaft.

Bosobolo: Grosses Dorf. Mission.

Weiterfahrt auf der Piste Richtung Libenge bis zum Dorf Bumbala (nicht in der Michelin-Karte eingetragen), etwa 36 km nach Bokada. Unweit von Bumbala befindet sich die Plantage Lola, nach der man rechts auf eine nicht in der Michelin-Karte angegebene Piste abzweigt. Diese mündet in die Piste Libenge-Zongo, etwa 40 km vor Zongo (Strecke 232).

Zongo: → Strecke 232. Ausreiseformalitäten von Zaire. Die Fähre nach Bangui (Tarif: Fr.CFA 2000.— / US-$ 9.40) muss herbeigeholt werden.
Bangui: → Strecke 221.
Beginn der Strecken 224 und 232, Ende der Strecken 221, 223 und 344.

326. Arlit - Iferouane - Timia - El Mecki - Agadez   ca. 546 km

→ Niger im Kapitel 7.
Diese Piste durch das Aïr-Bergland stellt eine gute Variante zur Strecke 65 dar.
Obgleich es sich um eine Piste der Kategorie C handelt, ist keine Bewilligung dafür notwendig, doch sollten sich die Reisenden vor Abfahrt bei den Polizei- und Zollbehörden melden.
Diese Piste weist nur sehr wenig Verkehr auf. Wir empfehlen daher das Fahren im Geleit; eine Verpflichtung dazu besteht jedoch nicht.
Die Treibstoffreserven müssen für die ganze Strecke ausreichend sein.
Beim Verlassen von Arlit lässt man sich durch die Polizei oder den Zoll den Weg weisen, da zahllose Spuren in alle Richtungen verlaufen und die richtige Spur nur sehr schwer zu finden ist. Dieser Zustand hält bis zum Kilometer 74 an (Abzweigung von Gougaram), wo man nach links fährt. Die Piste ist gut (für einen Land-Rover). Sie führt durch strauchbewachsene Gegenden.
Nach der Abzweigung von Gougaram ist die Piste leicht zu finden, ein kurzes Stück ist sogar markiert.

Iferouane: Wichtigste Oase des Aïr-Berglandes, malerisch. Keine Versorgung möglich.

Von Iferouane bis El Mecki gibt es praktisch keinen Verkehr.

Timia: Hübsch gelegene Oase, ohne Versorgungsmöglichkeiten. Sehr freundliche, aber arme Bevölkerung.

Schwierige Bergpiste von Timia bis El Mecki. Der Vierradantrieb ist Voraussetzung. Viele Fahrrinnen.

El Mecki: Dorf. Ausbeutung der Zinnminen. Keine Versorgung möglich.

45 km vor Agadez mündet die Piste in die Strecke 65.

Agadez: → Strecke 65.
Beginn der Strecken 67 und 68, Ende der Strecken 65 und 136.

327. Sibut (Strecke 224) - Mbrés - Ndélé - Koumbala - Tiroungoulou - Birao (Zentralafr. Republik) - Umm Dafog (Sudan) - Nyala (Strecke 218) 1098 km

→ Zentralafr. Republik und Sudan im Kapitel 7.
Zwischen Ndélé und Nyala wird diese Piste nicht mehr unterhalten. Sie weist daher praktisch keinen Verkehr auf. Treibstoff muss für die ganze Strecke mitgeführt werden. Diese Route kann nur von November bis März und ausschliesslich mit geländegängigen Wagen befahren werden.
Man verlässt Sibut (Strecke 224) über eine Brücke und zweigt 100 m nach dieser Brücke nach links auf eine Erdpiste ab, die auf den ersten 20 km sehr schlecht ist.
Anschliessend folgt eine gute Laterit-Piste, unterbrochen von einigen Weichsandzonen, bis zu einer Verzweigung 10 km vor Crampel.
Nach dieser Verzweigung ist die Laterit-Piste in schlechtem Zustand, mit zahlreichen Fahrrinnen, Weichsandstellen und zutagetretendem Fels. Nach dem Dorfe Mbrés bessert sich der Zustand etwas. Überall sind billig Früchte zu kaufen.

Ndélé: Kleines Dorf. Kleiner Markt. Gutes Quellwasser. Brot. Restaurant (Bier). Campieren möglich bei der katholischen Mission, deren Kirche von weitem sichtbar ist.
Ende der Strecke 338.

Die Fortsetzung der Piste bis Birao führt durch hügelige Buschsavanne, mit reicher Tierwelt. Wer sich die Zeit nimmt, wird Affen, Antilopen, Warzenschweine, Giraffen, Flusspferde, Elefanten und vielleicht sogar Löwen beobachten können.
5 km nach Ndélé gelangt man an eine Kreuzung. Die Piste nach links führt nach Quadda. Man fährt geradeaus. Die Piste ist auf 39 km wieder sehr schlecht, dann folgt eine neue Piste, parallel zur alten, bis Koumbala.

Koumbala: Lager der Gesellschaft «Safarafric». Übernachtungsgelegenheit im Lager (Fr.CFA 500.— / US-$ 2.35), wo Bier und Mineralwasser sehr teuer sind. Das Lager verfügt über eine Werkstätte mit Schweissanlage, wo Reparaturen ausgeführt werden können.
Gelegenheit zu einem Abstecher (mit Führer) zu den eindrucksvollen Matakil-Fällen (12 km).

Die neue Parallelpiste setzt sich noch etwa 6 km fort. Anschliessend fährt man wieder auf der alten Piste bis Birao. Sie ist in sehr schlechtem Zustand (tiefe Fahrrinnen). Zahlreiche Holzbrücken.

Birao: Grosses Dorf mit schattigen Alleen. Ausreiseformalitäten der Zentralafr. Republik. Polizei. Zoll. Gendarmerie. Post. Bank. Markt (Angebot beschränkt). Mission. Wasser. Kein Treibstoff.

Bis zum Grenzposten Umm Dafog führt die sehr schlechte Piste durch eine Sumpfzone.

Umm Dafog: Sudanesischer Grenzposten. Einreiseformalitäten. Mission. Gutes Wasser.

Von Umm Dafog bis Nyala führt die Piste durch ein sandiges Gebiet, unterbrochen von zahlreichen, ebenfalls sehr sandigen Oueds.

Nyala: → Strecke 218.

328. Zuara (Strecke 124) - Nalut - Derg - Edri - Brak - Sebha 784 km

→ Libyen im Kapitel 7.

Man verlässt Zuara auf einer vierbahnigen Asphaltstrasse, die nachts beleuchtet ist. Anschliessend zweibahnige Asphaltstrasse. Zwischen El Uotia und Giosh sind Bauarbeiten im Gange, weshalb auf der alten Piste westlich der neuen Strasse gefahren werden muss. Die Piste ist alle 20 km durch 2 m hohe Steinpyramiden markiert.

Beim Kilometer 118 (ab Zuara) erreicht man die schlechte Asphaltstrasse Tripoli—Giosh.

Giosh: Dorf. Keine Versorgung möglich.

Nach Giosh fährt man auf einer neuen Asphaltstrasse, die 100 km/Std. zulässt.

Nalut: Grosses Dorf. Unterkunftsmöglichkeit. Lebensmittel. Treibstoff.

Derg: Dorf. Keine Versorgungsmöglichkeit.
Man kreuzt die Strecke 334; die Strasse nach Westen führt nach Ghadames, wo der Grenzübergang nach Algerien meist geschlossen ist (→ Strecke 334).

Die Piste nach Edri ist leicht zu finden. Kurz nach der Kreuzung bei Derg befindet sich rechter Hand eine kleine Moschee. Man fährt über einen grossen Platz in Richtung auf einen kleinen Hügel.

Diese Piste ist nur sehr wenig befahren. Ein geländegängiger Wagen ist unerlässlich, das Fahren im Geleit empfohlen (aber nicht obligatorisch).

Die Strecke Derg—Edri lässt sich in drei Hauptabschnitte unterteilen:
Die ersten 50 km verlaufen in einem steinigen Trockenflussbett. Es ist jedoch möglich, auf einer Parallelpiste zu fahren, die aber sehr sandig und von tiefen Rinnen durchfurcht ist. Fahrgeschwindigkeit im Land-Rover max. 35 km/Std.

Vom Kilometer 50 bis 314 gute Erdpiste, die durch Steinmännchen gekennzeichnet ist. Einige kurze Wellblechstellen, die aber leicht zu umgehen sind. Durchschnitt 70 km/Std. im Land-Rover.

Vom Kilometer 315 an folgt eine sehr harte Wellblechpiste durch eine Berglandschaft. Die wenigen Ausweichstellen sind derart versandet, dass man noch langsamer vorwärts kommt als auf dem Wellblech. 25 km/Std. im Land-Rover.

Bis nach Auenat Uennin ist die Piste alle 5 km durch 1 m hohe Betonpyramiden markiert, anschliessend bis nach Edri durch zahlreiche, gut sichtbare Steinmännchen.

Bir Gazeil: Verlassene Steinhütte. Brunnen ohne Wasser.

Achtung: Die mit Fähnchen markierten Pisten führen zu den Erdölfeldern der Gesellschaft TOTAL. Diese Pisten haben entweder nordöstliche oder südliche Richtung, während die Hauptpiste nach Edri südöstliche Richtung einnimmt.

Kilometer 128 (ab Derg): Kreuzung mit einer Nord-Süd-Piste.

Kilometer 276: Grosse Kreuzung mit folgenden Wegweisern:
1. «A. Ouenin» 48 km; 2. «Brak» 308 km; 3. «Derj» 292 km; 4. «Tunis» 1224 km; 5. «Sebha» 587 km.

Man folgt diesem letzteren Wegweiser.

Kilometer 310: Von Westen mündet eine Piste ein. Wegmarkierung durch Steinmännchen.

Kilometer 314: Steile Talfahrt. Man verlässt die Hochfläche der Hammada el Homra und gelangt zum Brunnen von Auenat Uennin.

Kilometer 317: Auenat Uennin: Eingestürztes Gebäude. 200 m südlich davon ein Brunnen, der in 2 m Tiefe klares Wasser enthält.

Kilometer 338: Marabut (Heiligengrab) rechts der Piste.
Kilometer 362: Einige verfallene Hütten rechts der Piste.
Kilometer 403: Steinpyramide, 2 m hoch, bezeichnet «ASTRO 16».
Kilometer 464: Edri: Hübsche Oase. Gelegentlich Treibstoff.
2 km nach Edri beginnt die Asphaltstrasse, die man bis Sebha nicht mehr verlässt.

Brak: Oase. Treibstoff.

12 km östlich von Brak zweigt nach rechts eine neue Asphaltstrasse ab, die 33 km östlich von Sebha in die direkte Route Sebha—Hon mündet (Strecke 123).

Sebha: → Strecke 122.
Beginn der Strecken 123 und 125, Ende der Strecke 122.

329. Ouangologoudou (Strecke 27) - Ferkessedougou   44 km

→ Elfenbeinküste im Kapitel 7.
Piste, auf der Asphaltierungsarbeiten im Gange sind. Viele Baustellen, starker Lastwagenverkehr.

Ferkessedougou: 12 000 Einwohner. Lebensmittel. Treibstoff. Gutes Hotel. Zuckerrohrplantagen. Zuckerfabrik.
Beginn der Strecken 349 und 359.

330. Man - Danané (Elfenbeinküste) - Sanniquellie (Liberia) - Gbarnga - Zorzor - Voinjama - Foya (Liberia) - Bwedu (Sierra Leone) - Pendembu - Daru Junction - Joru - Kenema - Bo - Freetown   984 km

→ Elfenbeinküste, Liberia und Sierra Leone im Kapitel 7.
Auf der Strecke 29 einige Kilometer zurückfahren. Man verlässt die Asphaltstrasse nach rechts und benützt eine Piste, die einige Wellblechstellen aufweist.

Danané: Kleine Stadt. Lebensmittel. Treibstoff. Unterkunft. Polizeiliche Ausreiseformalitäten der Elfenbeinküste. Beginn der Strecke 360.

Schmale und schlechte Piste bis zur Grenze von Liberia. Vorsicht beim Kreuzen von Lastwagen und Taxis. Der Zollposten der Elfenbeinküste befindet sich direkt an der Grenze; er ist sonntags geöffnet.
Eine neue Brücke führt über den Fluss Nipoué, der die Grenze bildet.
Einreiseformalitäten (Zoll und Polizei) am Ende der Brücke; auch dieser Posten ist sonntags geöffnet.
Achtung! In Liberia, Kontrolle im Einwanderungsamt jeder grösseren Ortschaft. Im allgemeinen sind diese Kontrollen nicht zu übersehen, da die Strasse meistens durch ein Seil oder eine Schranke vor dem betreffenden Büro abgesperrt ist. Man kann sich nur schwer mit den Beamten verständigen, da ihr Englisch einen besonderen «Tonfall» besitzt...
Nach der Grenze ist die Piste etwas breiter. 70 km/Std. Durchschnitt im Land-Rover.

Sanniquellie: Kleine Stadt. Lebensmittel. Treibstoff. Unterkunft. Visumskontrolle im Einwanderungsamt, das auch sonntags geöffnet ist.

Weiterfahrt auf der Piste, die noch besser wird. Treibstoff in den meisten Ortschaften. Unterkunft in Gbarnga und Zorzor.

Voinjama: Flecken. Lebensmittel. Treibstoff. Unterkunftsgelegenheit. Die Abzweigung Richtung Grenze von Sierra Leone befindet sich in der Ortschaft: gegenüber der Shell-Tankstelle nach links fahren.

Piste in ziemlich gutem Zustand (60 km/Std. im Land-Rover). Wegen der Grenznähe verlangen die Behörden den Verkehr im Geleit.

Foya: Dorf. Treibstoff. Letzte Passkontrolle auf liberianischem Boden.

Sehr mittelmässige Piste bis zur Grenze, wo sich die Ausreiseformalitäten Liberias abwickeln.

Schlechte bis sehr schlechte Piste bis zum Grenzposten von Sierra Leone: 4 Polizeikontrollen und 3 Zollkontrollen.

Achtung: In Sierra Leone sind die Polizeikontrollen längs der Strassen häufig. Sie finden an festen Punkten statt, die durch ein Seil oder eine Schranke über die Strasse markiert sind. Diese Kontrollen sind vor allem dazu bestimmt, die Steuern der Eingeborenen einzukassieren, die keine Quittung über deren Bezahlung vorweisen können. Bei diesen Kontrollen werden auch die Strassengebühren der Taxis erhoben (die Beamten versuchen bisweilen, diese Gebühren auch von den Touristen zu verlangen, was unbedingt verweigert werden muss).

Bwedu: Dorf. Das Visum ist beim Einwanderungsamt der Ortschaft kontrollieren zu lassen. Treibstoff.

Die schlechte Piste lässt nicht mehr als 20 km/Std. im Land-Rover zu.

Pendembu: Städtchen. Lebensmittel. Treibstoff. Unterkunftsmöglichkeit. Bank. Da die Bank nicht über ein Telefon verfügt, nimmt sie nur Währungen entgegen, deren Wechselkurse sie kennt. Dies ist z. B. nicht immer der Fall bei US-$.

Asphaltstrasse ab Pendembu, mit zahlreichen Schlaglöchern.

Daru Junction: Gelegentlich Treibstoff.

Nach Daru Junction fährt man wieder auf teilweise schlechter Piste (Steine, Wellblech).

Kenema: Bedeutender Ort. Lebensmittel (2 teure Supermärkte). Treibstoff. Banken. VW-Vertretung (nicht sehr gut). Post. Telefon. Unterkunftsmöglichkeit. Diamantmine, die besichtigt werden kann.

4 km nach Kenema beginnt eine gute Asphaltstrasse.

Bo: Kleine Stadt. Flugplatz.

Asphaltstrasse bis Freetown. Zahlreiche Schlaglöcher, 3 Abschnitte sind vollkommen zugrunde gerichtet. Einer dieser Abschnitte ist durch eine Tafel «Achtung! Unfälle» gekennzeichnet. Die beiden anderen befinden sich auf den letzten 70 km vor Freetown. Grösste Vorsicht ist geboten, denn die «Wellen» der Strasse sind so tief, dass der Wagen nicht selten Sprünge von mehreren Metern ausführt, wenn man mit zu hoher Geschwindigkeit davon überrascht wird.

Freetown: Hauptstadt von Sierra Leone. Alle Erleichterungen einer grossen Stadt.
Sehenswert: Der Regierungspalast, die Deputiertenkammer, das Fourrah Bay College (älteste Universität Westafrikas), das Museum von Sierra Leone, das Zentrum der Künste und der Technik (Handwerk des Landes), der Markt und die Insel Bunce.

---

331. Koutiala (Mali, Strecke 16) - Bobo-Dioulasso (Obervolta)   215 km

→ Mali und Obervolta im Kapitel 7.
Achtung! Reisende, welche diese Strecke in der Richtung Obervolta—Mali fahren, haben sich vor Verlassen von Bobo-Dioulasso bei der Sicherheitspolizei über die notwendigen Formalitäten zu erkundigen. Diese bestehen normalerweise in einem Stempel

«Vu au départ» im Pass des Reisenden, sowie in einer Steuermarke von Fr.CFA 200.—/ US-$ 0.94, erhältlich beim Steueramt (nur morgens). Diese Marke wird bei der ersten Polizeikontrolle auf die Verkehrsbewilligung geklebt. Ohne sie wird die Bewilligung verweigert.

Reisende, die von Bobo-Dioulasso nach San (Strecke 13) oder Mopti (Strecke 14) fahren, zweigen kurz nach Kouri nach rechts auf eine ausgezeichnete Asphaltstrasse ab (Abzweigung im rechten Winkel, kein Wegweiser), was einen Umweg über Koutiala (etwa 3 Autostunden) erspart.

Die ganze Strecke ist asphaltiert und in sehr gutem Zustand.

Kouri: Grenzposten von Mali. Ausreiseformalitäten.

Falamana: Polizeiliche Einreiseformalitäten in Obervolta. Der Fahrer hat eine «Verkehrsbewilligung» auszufüllen. Dieses Formular muss bei allen Strassenkontrollen unterwegs (es gibt deren etwa 5 oder 6) zur Unterzeichnung vorgewiesen werden. Die Bewilligung muss bei der letzten Polizeikontrolle am Stadtrand von Bobo-Dioulasso zurückgegeben werden.

Fo: Einreiseformalitäten von Obervolta.

Bobo-Dioulasso: → Strecke 20.
Beginn der Strecken 21 und 347, Ende der Strecken 20, 27 und 358.

---

332. Mamuno (Strecke 296) - Nojane - Hukuntsi - Kang - Ghanzi (Strecke 296)   684 km

→ Botswana im Kapitel 7.

Diese Strecke kann nur mit einem robusten Geländefahrzeug in gutem Zustand zurückgelegt werden. Das Fahren im Geleit wird empfohlen, da diese Route nur sehr wenig Verkehr aufweist. Treibstoff-Verbrauch eines Land-Rovers Diesel: 22 l/100 km.

Man verlässt Mamuno in südlicher Richtung und folgt der Grenze von Südwestafrika (Namibia). Nicht die auf der Michelin-Karte 155 angegebene Piste benützen, sie ist in sehr schlechtem Zustand.

Nojane: Kleines Eingeborenendorf. Von Dänen geleitetes Spital. Fährt man die Strecke allein, sollte man den Direktor dieses Spitals ersuchen, per Radio das Spital von Hukuntsi über die Abfahrt und die ungefähre Ankunftszeit in Hukuntsi zu unterrichten. So kann im Falle einer Verspätung eine Hilfsaktion organisiert werden. Für die Strecke Nojane—Hukuntsi ist eine Wasserreserve mitzuführen, da keine Wasserstellen vorhanden sind.

Sehr sandige und schmale Piste durch ein Savannengebiet mit Dorngebüsch und Salzmulden. Die Piste ist leicht zu finden, obschon sie nicht markiert ist.

Zahlreiche Wildtiere und eingeborene Buschmänner.

Hukuntsi: Eingeborenendorf. Nicht vergessen, seine Ankunft im Spital zu melden. Gelegentlich findet man Treibstoff (alle Sorten) in dem von Europäern geführten Resthous-Store.

Etwas weniger Sand bis Kang.

Kang: Dorf. Wasser. Eventuell Treibstoff im Store, aus dem Fass. Spital.

Zwischen Kang und Ghanzi ist die Piste anfänglich äusserst sandig und bis Takatshawane durch Lastwagen mit tiefen Rinnen durchfurcht. Das anschliessende Stück wurde verbessert und besitzt stellenweise sogar einen Kiesunterbau.

Ghanzi: → Strecke 296.

Selbst während der Reise sollten Sie von Zeit zu Zeit die Einführung dieses Führers durchlesen: wichtige Einzelheiten könnten Ihnen sonst entgehen.

---

333. Dassa-Zoume (Strecke 55) - Savalou - Bassila - Djougou - Natitingou (Strecke 33)   344 km

→ Benin im Kapitel 7.
Ganze Strecke auf einer Piste in gutem Zustand, für alle Fahrzeuge geeignet. Die Angaben betreffend Treibstoff-Versorgung sind richtig. Sehr schöne Waldlandschaften.

Savalou: Kleine Stadt. Lebensmittel. Treibstoff. Unterkunft möglich.
Sehenswert: Montagne de Savalou und die typische Architektur der Stadt.
Bassila: Dorf. Treibstoff.
Djougou: Kleine Stadt. Lebensmittel. Treibstoff. Hotel.
Das sehr malerische Städtchen hält an seiner Tradition und seinen Gebräuchen fest.

20 km nördlich von Djougou gelangt die Piste in das Hügelland der Taneka, deren Dörfer besonders malerisch sind.
12 km vor Natitingou zweigt nach rechts eine Piste zum Kota-Wasserfall, einer interessanten Naturerscheinung, ab.

Natitingou: → Strecke 33.

---

334. Tripoli (Strecke 124) - Azizia - Gharian - Yefren - Bir Alagh - Derg - Ghadames   561 km

→ Libyen im Kapitel 7.
Die ersten 193 km dieser Strecke werden auf einer Asphaltstrasse zurückgelegt, die anfänglich in gutem Zustand, dann von der Kreuzung kurz vor Yefren an ziemlich ausgefahren ist.
Anschliessend folgt eine Piste bis Derg. Sie kann von allen Fahrzeugen benützt werden.
Nach Derg, gute Asphaltstrasse bis Ghadames.
Man verlässt Tripoli in Richtung Azizia, wo man volltankt. Nach der Durchfahrt durch das Dorf Gharian schlägt man die Richtung von Yefren ein. Kurz vor diesem Ort nach links Richtung Giado abzweigen (die Strasse durch Yefren führt direkt nach Giosh (Strecke 328).
49 km nach dieser Verzweigung beginnt linker Hand die Piste Richtung Bir Alagh und Derg.
Nach 15 km erblickt man etwa 500 m östlich der Piste ein von Bäumen umgebenes Haus, wo man auch Wasser findet. Die Starkstromleitung, die jetzt parallel zur Piste verlief, wendet sich hier gegen Osten.
13 km nach diesem Ort ein Brunnen.
35 km nach dem Brunnen überqueren Wasserleitungen die Piste in Richtung Ost-West.
30 km weiter wird Bir Alagh erreicht.

Bir Alagh: 3 eingezäunte Gebäude. Wasser.

Beim Kilometer 41 (ab Bir Alagh) eine Verzweigung, wo man südwestliche Richtung einschlägt. Die Piste verläuft in einem Oued.
Kilometer 137: Wasserstelle und ein Haus mit zwei Kamelsätteln, das aber sonst unbewohnt scheint.
Die Fahrt wird nun in Richtung SSW fortgesetzt. Eine weitere Wasserstelle, bewohnt.
Die Piste beschreibt anschliessend grosse Kreisbogen und nimmt bisweilen südliche oder sogar südöstliche Richtung ein. Hauptrichtung bleibt aber SSW.
Kilometer 182: Einmündung einer Piste von Nordwest. 5 km weiter erscheint die Radioantenne von Derg am Horizont.

Kilometer 201: Man erreicht die Asphaltstrasse Nalut-Derg (Strecke 328) und gelangt beim Kilometer 205 nach Derg.

Derg: → Strecke 328.

Sehr gute Asphaltstrasse bis Ghadames.

Ghadames: Grosse Oase. Lebensmittel. Treibstoff. Hotel. Gelegentlich kann man hier volkstümlichen Aufführungen beiwohnen.
Die Grenze zwischen Libyen und Algerien ist meistens geschlossen.

335. Ndouci (Strecke 30) - Tiassalé - Divo - Lakota - Sassandra - San Pedro - Grand Béréby - Tabou   503 km

→ Elfenbeinküste im Kapitel 7.
Diese Strecke führt in ein Gebiet der Elfenbeinküste, das erst seit jüngster Zeit dem Tourismus zugänglich ist. Man fährt im ersten Teil auf sehr guten Asphaltstrassen und anschliessend auf guten Waldpisten, die stellenweise etwas Wellblech aufweisen. Vorsicht beim Kreuzen von Holztransporten, die oft sehr schnell fahren und sich nicht um den Gegenverkehr kümmern.
Asphaltstrasse bis zur Kreuzung 3 km vor Lakota.

Tiassalé: Dorf. Lebensmittel. Treibstoff. Garage. Arzt.
Divo: Dorf. Lebensmittel. Treibstoff. Garage. Arzt. Unterkunftsmöglichkeit.

3 km vor Lakota zweigt man nach links auf eine gute Piste ab.

Lakota: Städtchen. Lebensmittel. Treibstoff. Unterkunftsmöglichkeit. Garage. Arzt.
Ende der Strecke 362.

Nach Lakota eine gute Piste bis zur Kreuzung südlich von Zaïdon. Anschliessend ist die Piste weniger gut, aber auch für normale Wagen gut befahrbar. Die letzten 13 km vor Sassandra sind ausgesprochen schlecht.

Sassandra: Kleine Stadt an der Mündung des gleichnamigen Flusses. Lebensmittel. Treibstoff. Garage. Arzt. Hotel.

Man fährt 13 km auf derselben Strecke zurück und wendet sich dann nach links. Gute Waldpiste. 53 km nach dieser Abzweigung gelangt man auf die Asphaltstrasse Soubré—San Pedro (Strecke 361). Links abzweigen.

San Pedro: Touristenort im Ausbau. Lebensmittel. Treibstoff. Arzt. Hotel. Strandbadanlagen im Bau. Ultramoderner Hafen.

Auf der Asphaltstrasse 7 km zurückfahren, dann nach links auf eine Waldpiste in gutem Zustand abbiegen bis zur Überquerung des Flusses Niéro (etwa 34 km nach der Abzweigung), anschliessend weniger gute Piste.

Grand-Béréby: Kleiner Badeort. Lebensmittel. Zahlreiche Touristen von organisierten Reisen. Schöner Strand im Schatten der Kokospalmen.

Gleiche Strecke 8 km zurückfahren, dann nach links die Piste Richtung Tabou einschlagen. Sich vor Abfahrt über ihren Zustand informieren, da sie in Regenzeiten unbrauchbar sein kann.

Tabou: Ziemlich zerstreute Ortschaft im Kolonialstil. Lebensmittel. Treibstoff. Arzt.

Von Tabou aus besteht die Möglichkeit, auf Waldpisten (bis Guiglo) und eine Asphaltstrasse den Ort Duékoué auf der Strecke 29 zu erreichen. Wir besitzen jedoch keine Beschreibung dieser Route.

336. Danané (Strecke 330) - Sipitou - Biankouma - Touba - Odienné - Tiéfinzo (Elfenbeinküste) - Manankoro (Mali) - Bougouni (Strecke 19)   638 km

→ Elfenbeinküste und Mali im Kapitel 7.
Kleine Bergpiste durch eine sehr schöne Tropenwaldgegend bis Biankouma.
Auf diesem ganzen Streckenabschnitt ist kein Treibstoff erhältlich.
Kurz vor Gouéssesso befindet sich links der Piste eine Lianenbrücke für Touristen. Unweit davon ein Hotel.

Biankouma: Dorf. Treibstoff (selten).

Ab Biankouma fährt man auf einer breiten Savannenpiste in gutem Zustand, die jedoch einige sehr schlechte Wellblechstellen aufweist.

Touba: 440 m. 5000 Einwohner. Lebensmittel. Treibstoff. Arzt. Unterkunftsmöglichkeit. Sehr schöne Gebirgsgegend.

Odienné: 435 m. 20 000 Einwohner. Markt. Arzt. Hotel. Treibstoff. Garage. Malerische Stadt. Schöne Moschee.
Ende der Strecke 348.

Tiéfinzo: Ausreiseformalitäten der Elfenbeinküste.

Manankoro: Einreiseformalitäten von Mali. Brücke in sehr schlechtem Zustand, häufig durch den Fluss Dégou abgeschnitten.

Bougouni: → Strecke 19.

337. Djermaya (Strecke 131) - Mani - Hadjer el Hamis - Tourba - Massaguet (Strecke 131)   ca. 290 km

→ Tschad im Kapitel 7.
Diese Rundfahrt ermöglicht es, die unmittelbare Umgebung des Tschad-Sees zu entdecken. Sie kann ohne Schwierigkeit mit einem VW-Bus ausgeführt werden, sofern dieser für Wüstenstrecken ausgerüstet ist.
Savannenpiste in relativ gutem Zustand von Djermaya bis Hadjer el Begui, leicht zu finden.

Hadjer el Begui: Kleiner, von Schutthalden umgebener Felshügel, von dessen Höhe aus sich eine schöne Rundsicht bietet.

Von Hadjer el Begui kann man zum Dorf Gité am Ufer des Tschad-Sees fahren. Die Piste (40 km hin und zurück) ist sehr schwierig und ausserdem sehr staubig. Von Gité aus kann man eine Pirogenfahrt auf dem Tschadsee unternehmen.
Bis Tourba ist die Piste unmarkiert und schwierig zu finden. Man muss den Kompass zu Hilfe nehmen und dauernd die Ost-Richtung einhalten. Einige Abschnitte sind sehr versandet.
Von der Weiterfahrt nach Massakori (Strecke 131) ist abzuraten, da die Piste vollständig versandet ist.

Hadjer el Hamis: Sehr interessanter Basaltfelsen direkt am Ufer des Sees, schon von weitem sichtbar. Diese Natursehenswürdigkeit lohnt allein schon die Reise.

Ab Tourba bietet die Piste, obwohl immer noch unbezeichnet, keine grossen Schwierigkeiten mehr, mit Ausnahme einiger sandiger Passagen. Findet man die Piste bei der

Wegfahrt von Tourba nicht, hält man mit dem Kompass genau südliche Richtung. Die Strecke 131 ist nicht zu verfehlen.

Massaguet: → Strecke 131.

---

338. Sarh (Strecke 221) - Chari-Fähre (Tschad) - Golongosso (Zentralafr. Republik) - Niaméré - Ndélé (Strecke 327) ca. 350 km

→ Tschad und Zentralafr. Republik im Kapitel 7.
Diese Route stellt eine interessante Variante zur Strecke 121 von Sarh Richtung Süden dar. Sie durchquert ein an Wildtieren aller Art reiches Gebiet. Die Piste bietet wenig Schwierigkeiten, ausser in Regenzeiten.
Man folgt zunächst der Strecke 121 nach Süden. Nach 35 km biegt man nach links auf die Piste ab, die zur Motorfähre über den Chari führt.
Anschliessend gute, aber schmale Piste bis zur Fähre mit Handbetrieb über den Fluss Bahr Aouk, der die Grenze zwischen dem Tschad und der Zentralafr. Republik bildet.

Golongosso: Kurze Passkontrolle.

Gute Savannenpiste bis Ndélé.

Ndélé: → Strecke 327.

---

339. Foumban (Strecke 84) - Kumbo - Nkambé - Wum - Bamenda (Strecke 380) 359 km

→ Kamerun im Kapitel 7.
Die hier beschriebene Strecke führt über die sog. «Ringroad». Sie liegt in einer Gebirgsregion mit herrlichen Landschaften und interessanten Dörfern.
Die Route ist mit jeder Art von Fahrzeug zu befahren, weist aber einige Steilstrecken auf. Ein wenig belasteter Wagen ist dabei von Vorteil.
Bis Kumbo gute Piste am Fuss des Mbam-Massivs.

Kumbo: Dorf. Bar. Lebensmittel. Treibstoff.

Schöne Bergpiste, die von Tal zu Tal über mehrere Pässe führt. Zahlreiche Missionen und Plantagen. Freundliche Bevölkerung.

Nkambé: Dorf. Strenge Polizeikontrolle (Geheimpolizei) am westlichen Dorfausgang.

Auf der Weiterfahrt sind starke Steigungen zu überwinden, wobei oft im ersten Gang gefahren werden muss (hoher Treibstoffverbrauch). Einige Abschnitte sind in der Regenzeit unbrauchbar. Vor Wum durchquert die Piste eine 22 km lange Ebene, die vor kurzem als Nationalpark eingerichtet wurde (Name noch nicht bekannt).

Wum: Dorf. Lebensmittel. Treibstoff. Garage. Käserei, eingerichtet durch die Schweizer Entwicklungshilfe.

Zahlreiche Missionen bis Bamenda.

Bamenda: → Strecke 380.

340. Errachidia (Ksar-es-Souk, Strecke 2) - Boudenib - Bouarfa - Figuig (Marokko) - Beni-Ounif (Algerien, Strecke 40)   383 km

→ Marokko und Algerien im Kapitel 7.
Gute Asphaltstrasse auf der ganzen Strecke.
Man verlässt Ksar-es-Souk auf der Strasse Richtung Erfoud. Bei der Abzweigung nach 27 km fährt man links nach Boudenib, wobei mehrere Furten zu überqueren sind.

Boudenib: Dorf. Bei einem Dorfbewohner ist Treibstoff erhältlich. Auskunft erteilt die Lokalbehörde.

Am Dorfrand von Bouânane ist eine Brücke im Bau, anstelle der in der Michelin-Karte 153 angegebenen Furt, die bei Hochwasser unbrauchbar ist.
20 km nach Bouânane steht eine Brücke in Reparatur. Mit Hilfe der dabei beschäftigten Soldaten kann die alte Furt benützt werden.
Anschliessend gute Strasse bis zum Schluss der Strecke mit zahlreichen, nicht sehr tiefen Furten. Beim Brunnen von Mengoub eine wichtige Kreuzung. Man fährt nach links auf der Asphaltstrasse Richtung Bouarfa. Geradeaus führt eine Piste direkt nach Figuig, anfangs auf einige Kilometer asphaltiert, dann aber schlecht. In der Zeit, in der die Oueds Hochwasser führen, ist diese Piste geschlossen. Nach rechts eine verminte Piste Richtung Béchar (Strecke 40).

Bouarfa: Dorf. Treibstoff.

Man fährt auf der Strasse nach Figuig. Zahlreiche Furten.

Figuig: Ausreiseformalitäten von Marokko.
Beni-Ounif: → Strecke 40. Die Grenzformalitäten in Algerien sind sehr langwierig, vor allem hinsichtlich der Devisen, die deklariert werden müssen.

341. Asyut (Strecke 159) - El Kharga - Baris - El Maks - Bir Abu Husein - El Shab (Ägypten) - Selima (Sudan, Strecke 152)   ca. 622 km

→ Ägypten und Sudan im Kapitel 7.
Offiziell ist der Touristenverkehr nur bis El Kharga gestattet. Darüber hinaus ist er grundsätzlich verboten, aus dem einfachen Grund, weil es an der Grenze keinen Posten gibt zur Erledigung der Ausreiseformalitäten. Versucht man, diese Formalitäten in El Kharga vorzunehmen, so wird die Fortsetzung der Reise bestimmt verweigert. Will man die Fahrt trotzdem unternehmen, so verlässt man Ägypten ohne Formalitäten und ohne Rückgabe der provisorischen Polizeischilder, die beim Betreten des Landes ausgehändigt wurden.
Ein Geländefahrzeug ist unerlässlich für diese Strecke. Treibstoffreserven für mindestens 1500 km, da bis Khartum keine Möglichkeit zum Tanken besteht.
Man verlässt Asyut Richtung Kairo. Nach 12 km zweigt links eine Asphaltstrasse nach El Kharga ab. Bei der Abzweigung ein Militärposten und eine Tafel «Not allowed for foreigners» (Verboten für Ausländer). Weist man seine Papiere vor (insbesondere das Grenzpassierscheinheft), so kommt man ohne weiteres durch die Kontrolle. Man muss sich jedoch bewusst sein, dass man auf dieser Piste das Land auf illegale Weise verlässt, da die Ausreise im Grenzpassierscheinheft nicht abgestempelt wird. Man achte daher darauf, dass die Einreise im Sudan sogleich nach Ankunft in diesem Lande im Grenz-

passierscheinheft vermerkt wird, damit bei der Rückerstattung der Kaution keine Unannehmlichkeiten entstehen. Die Bestätigung der Rückkehr ins Ursprungsland, ausgestellt durch die Zollbehörde, erleichtert diese Rückerstattung.

El Kharga: Hübsches, sauberes Städtchen. Lebensmittel. Treibstoff. Angenehme Bevölkerung.

Schlechte Asphaltstrasse bis Baris. Hübsche Landschaften, Dünen, Palmen, Berge, Weiden.

Baris: Kleine Oase ohne Versorgungsmöglichkeit.

Nach Baris folgt eine gute Schotterpiste, mit schwachem Wellblech, parallel zur alten Asphaltstrasse (in Reparatur). Reizvolle Hügellandschaft.
Kilometer 19 (von Baris): Oase El Maks.
Kilometer 20: Die Piste nimmt SSO-Richtung. Schwaches Wellblech.
Kilometer 22: Ein Dünengürtel wird durchquert. Sandige Piste; unter dem Sand ist der Boden hart.
Kilometer 28: Die Spuren zerstreuen sich; der Boden ist wieder sandig. Einige Wegzeichen (Eisenstangen). Die Piste ist für alle Fahrzeuge geeignet.
Ein Kilometer weiter ist der Grund wieder etwas härter; die Piste verläuft zwischen Dünen. Zahlreiche Kamelspuren.
Ende des Dünengürtels beim Kilometer 44. Die Piste durchquert nun einen Serir mit einigen sandigen Mulden. Den Spuren, obwohl zerstreut, ist leicht zu folgen. Weiterhin viele Kamelspuren.
Kilometer 55: Wegzeichen (Eisenstange). Man gelangt in ein Hügelgebiet! Der Boden wird härter, aber holperig.
Kilometer 65: Borloch mit einem Eisenrohr (1,50 m hoch, 30 cm Durchmesser).
Anschliessend ist die Piste markiert durch arabische Wegweiser und unbeschriftete Holztafeln.
Die Piste ist mehr und mehr uneben.
Kilometer 90: Man fährt auf weichem Serir; die Landschaft wird flacher.
Kilometer 99: Ein Wegweiser gibt an: 130 km El Shab; 130 km Baris.
Kilometer 125: Hammada, harter Grund, deutliche Spuren. Man gelangt wieder in ein Gebiet von Hügeln, mit sandigen Ebenen dazwischen.
Kilometer 141: Wieder harter Serir, gute Piste. Einige alleinstehende Berge.
Kilometer 151: Tafel. Schwieriges Sandfeld (Vierradantrieb notwendig). Steile, sandige Steigungen, unterbrochen von felsigen Passagen.
Bis Kilometer 157: Weicher Serir, der allmählich in Sandfelder übergeht, die gut tragen. Ende der Bergzone.
Ab Kilometer 198: Ein Hügelgebiet beginnt. Sandige Abhänge.
Kilometer 201: Fundstellen von versteinertem Holz.
Kilometer 205: Bir Abu Husein. Ein Benzinfass mit schmutzigem, öligem Wasser und eine Tafel mit dem Namen des «Brunnens». Dieser ist leicht zu verfehlen, da man das Fass mit einem Wegzeichen verwechseln kann.
Kilometer 207: Ende der Hügelzone. Sand- und Serirebene.
Kilometer 234: 4 m hohe Eisenstange. Sandige Ebene, vereinzelte Felsen am Horizont. Alte Spuren, denen schwierig zu folgen ist. Markierung durch 3—4 m hohe Eisenstangen oder senkrecht eingepflanzte Kamelknochen.
Kilometer 256: Schwierige Passage durch sandige Mulden mit grossen, schwarzen Steinen. Vierradantrieb unerlässlich.
Kilometer 262: El Shab. Verlassene Militärbaracken. Palmen, Tamarisken, Gras. Sehr schönes Gebiet zwischen Sanddünen und Hügeln.
Kilometer 276: Sehr weiches Sandfeld. Rechts der Piste ein kleines Haus auf einem Hügel. Schöne Gegend. Die Piste steigt auf einem sandigen Abhang an; Vierradantrieb einschalten.

Kilometer 279: Etwas härterer Boden. Die Markierung ist unregelmässig, die Piste jedoch leicht zu finden.
Kilometer 297: Kleine Holztafel. Eigentümlicher Berg rechts der Piste.
Kilometer 302: Tafel mit Pfeil und arabischer Beschriftung. Es handelt sich wohl um die Grenze zwischen Ägypten und dem Sudan. Die Piste führt in eine sandige Ebene, wo die Spuren schwer zu finden sind. Landschaft mit schwarzen Hügeln und Bergen.
Kilometer 309: Selima. → Strecke 152.

342. N'Djamena (Tschad) - Logone Birni (Kamerun) - Zina - Maroua (Strecke 82)   ca. 200 km

→ Kamerun und Tschad im Kapitel 7.
Ganze Strecke gute Piste, jedoch nur in der Trockenzeit befahrbar.
Man verlässt N'Djamena, nach Erledigung der Ausreiseformalitäten, mit der Fähre über den Chari (→ Strecke 78). Die Einreiseformalitäten Kameruns finden in Kousseri statt.
Bis in die Nähe des Dorfes Zina folgt die Piste mehr oder weniger dem Fluss Logone.

Logone Birni: 15 000 Einwohner. Jagdlager mit 2 Zimmern.
Kleine, malerische Stadt, Sitz eines Sultanats.
Zina: Dorf. Feldspital, geleitet von einem Tessiner (Dr. Maggi). Sehr freundliche Bevölkerung.

Nach Zina fährt man dem Nationalpark Wasa + Mora entlang (→ Strecke 80), den man von der offiziellen Station im Süden des Parks aus besuchen kann.

Maroua: → Strecke 82.

343. Gouna (Strecke 83) - Bougouma - Tcholliré - Nationalpark Boubandjidah (Kamerun) - Beïnamar (Tschad) - Moundou - Doba (Strecke 222) - Sarh (Strecke 221)   581 km

→ Kamerun und Tschad im Kapitel 7.
Bei der Wegfahrt von Gouna folgt man auf rund 20 km der Strecke 83 und biegt dann nach links auf eine Piste ab, die den Bénoué-Nationalpark durchquert (Strecke 83).
Vor Bougouma führt die Piste über den Fluss Bénoué. Auf einem kleinen Abstecher zu Fuss längs des Flusses kann man leicht die Flusspferde beobachten.

Tcholliré: Malerisches Dorf. Festung. Letzter Polizeiposten des Landes. Hier sind die Ausreiseformalitäten Kameruns zu erledigen.
Nationalpark Boubandjidah: Dieses 1968 gegründete Reservat ist sehr interessant. Es umfasst 220 000 ha und ist somit das grösste des Landes. Man findet hier Antilopen, Büffel, Elefanten und Löwen. Unterkunftsgelegenheit im Lager Rhinocéros oder Boubandjidah.

Die Piste, die nach Beïnamar führt, ist in ziemlich schlechtem Zustand und nur in der Trockenzeit befahrbar.

Beïnamar: Dorf. Einreiseformalitäten des Tschads auf dem Polizeiposten des Ortes.

Gute Piste bis Moundou, von Tapolan jedoch nur in der Trockenzeit befahrbar.

Moundou: Kleine Stadt. Lebensmittel. Treibstoff. Banken. Markt. Hotel.

Anschliessend Piste in gutem Zustand bis Sarh.

Doba: Dorf. Treibstoff. Man kreuzt die Strecke 222 (Guelengdeng—Bossembélé).
Sarh: → Strecke 221.
Beginn der Strecke 338.

344. Bangui - M'Baiki - Boda - Carnot - Berbérati - Gamboula (Zentralafr. Republik) - Kenzou (Kamerun) - Batouri - Bertoua   730 km

→ Zentralafr. Republik und Kamerun im Kapitel 7.
Bis M'Baiki gute Asphaltstrasse durch den Tropenwald.

M'Baiki: Kleine Stadt. Lebensmittel. Treibstoff. Hotel.

Die anschliessende Piste bis Carnot ist schlecht. Die Regenfälle machen die Fahrt besonders schwierig. Nicht selten wird sie durch Wasserläufe unterbrochen. Ein Geländefahrzeug ist unerlässlich.

Boda: Dorf. Gelegentlich Treibstoff.
Carnot: Grosses Dorf. Treibstoff (selten). Lebensmittel. Hotel.

Nach Carnot bessert sich die Piste. Man kann die Toutoubou-Fälle besichtigen.

Berbérati: 15 000 Einwohner. Lebensmittel. Treibstoff (selten). Hotel.

Zwischen Berbérati und Gamboula ist eine neue Strasse im Bau.

Gamboula: Ausreiseformalitäten der Zentralafr. Republik.
Kenzou: Einreiseformalitäten (Polizei) Kameruns.

Die Piste in ziemlich schlechtem Zustand führt durch ein Gebiet mit malerischen Dörfern.

Batouri: 7000 Einwohner. Lebensmittel. Garage. Zollformalitäten Kameruns.

Gute Piste bis Bertoua.

Bertoua: → Strecke 90.
Beginn der Strecken 91 und 92, Ende der Strecke 90.

345. Talcho (Strecke 71) - Abala (Niger) - Andéramboukane (Mali) - Ménaka - Ansongo (Strecke 53)   ca. 440 km

→ Niger und Mali im Kapitel 7.
Diese gute, markierte Piste bildet eine interessante Variante für Reisende, die von Tahoua nach Gao fahren möchten, ohne den Umweg über Niamey zu nehmen. Da zwischen Talcho und der Grenze von Mali kein Zollposten besteht, müssen die Ausreiseformalitäten des Niger in Tahoua (Strecke 69) erledigt werden, oder aber in Niamey, wenn man vom Süden kommt.
Man verlässt Talcho Richtung Niamey. Ungefähr halbwegs zwischen Talcho und Fillingué zweigt man nach rechts ab, auf die Piste, die nach Abala führt.

Abala: Dorf. Interessanter Markt am Donnerstag.
Andéramboukane: Dorf. Grenzposten von Mali.
Ménaka: Brunnen und Dorf. Erneute Zollkontrolle von Mali.

Nach Ménaka verschlechtert sich die Piste.

Ansongo: → Strecke 53.

346. Kogoni (Strecke 52) - Nara (Mali) - Abdel Bagrou (Mauretanien) - Néma - Oualata - Oujdaf - Akreijif - Tichit - Tidjikda - Kiffa - Mbout - Kaedi - Boghe - Rosso (Strecke 7) ca. 2000 km

→ Mali und Mauretanien im Kapitel 7.

Diese sehr schwierige Strecke wickelt sich grösstenteils auf unbezeichneten Pisten oder in weglosen Gebieten ab. Sie steht daher nur Fahrern offen, die mit allen Problemen der Wüste vertraut sind, im Geleit von mehreren Geländewagen fahren und imstande sind, im Falle von schweren Pannen ihre Fahrzeuge selbst zu reparieren.

Bis Nara ist die Piste schlecht und bisweilen in der Regenzeit unterbrochen.

Nara: Dorf. Treibstoff. Ausreiseformalitäten von Mali. Brunnen, etwas ausserhalb der Ortschaft.

Man fährt auf der Piste, die am Flugplatz vorbei Richtung Grenze führt. Gleicher Zustand der Piste wie vor Nara.

Abdel Bagrou: Dorf (nicht nur ein Brunnen, wie in der Michelin-Karte 153 eingetragen). Polizeiposten.

Bis Néma verläuft die Piste in einem sehr breiten Tal.

Néma: 400 m. 6500 Einwohner. Wasser. Treibstoff (selten). Einreiseformalitäten von Mauretanien. Schöne Moschee und zahlreiche, mit Malereien geschmückte Häuser.

Die Piste nach Oualata führt dem Plateau von Néma entlang. Nach 10 km wenden sich die Spuren zum Fuss dieses Plateaus hin, und die Piste klettert in vielen Kehren auf die Hochfläche, wobei sie zahlreiche Erosionsgräben überquert. Die Abfahrt nach Oualata ist ausgebaut.

Oualata: Halbverfallene Stadt. Wasser.
Einst eine der bedeutendsten Karawanenstädte und religiöses Zentrum, ist Oualata heute zu Dreivierteln verlassen, aber immer noch sehr schön. Die meisten Häuser sind mit traditionellen Motiven geschmückt, die jedes Jahr aufgefrischt werden. Die Moschee gilt als eine der ältesten des Landes.
In der Blütezeit liessen sich zahlreiche Gelehrte des Islams in Oualata nieder, und ihre Bibliotheken waren so berühmt, dass man aus aller Welt hierher kam, um sie zu studieren.

Zwischen Oualata und Tichit ist die Piste nur stellenweise markiert. Es ist jedoch vorteilhafter, nicht diesen Wegzeichen zu folgen und sich an den Fuss der Dahr-Oualata-Berge zu halten, da man sonst in eine arge Steinwüste gerät. Das Gelände ist in jedem Fall schwierig. Die Überquerung des Aklé erfolgt auf einem wahren Sandmeer. Man fährt daher so nahe wie möglich am Berg, wo es weniger Sand gibt. Diesen Zustand findet man auch nach dem Brunnen von Oujaf wieder. Kurz vor Akreijif ein schmaler Engpass, wo ein Unimog knapp durchkommt.

Akreijif: Dorf (10—15 Bewohner). Wasser. Eingesandete Moschee, die gegenwärtig ausgegraben wird.

Die Piste durchquert eine Ebene und einen Salzsee, an dessen Ende ein Flugfeld für Tichit angelegt wurde.

Tichit: 200 m. Stadt. Wasser. Sehr schöne, alte Stadt mit charakteristischen Steinhäusern (Trockenmauern). Schöne Moschee.

Die Orientierung auf der Piste nach Tidjikda ist sehr schwierig. Sie zieht sich einem mehrere Kilometer tiefen Dünengebiet entlang, wo man häufig im Sand festsitzt.

Zik: Brunnen.

Von Zik aus hält man sich mit Hilfe des Kompasses so nahe wie möglich am Fusse einer Hochfläche und fährt bei der ersten Gelegenheit auf diese hinauf.

Tidjikda: Stadt. Lebensmittel. Treibstoff (selten). Wasser. Unterkunftsmöglichkeit.
Die am Treffpunkt mehrerer Täler erbaute Stadt besitzt eine sehr schöne Architektur. Man findet einen interessanten Markt und, in der Umgebung, zahlreiche jungsteinzeitliche Stätten.

Von Tidjikda führen mehrere Pisten nach Kiffa. Man erkundige sich vor Abfahrt nach der besten Möglichkeit. Sie sind alle in jedem Fall sehr schwierig zu bewältigen, ganz besonders die in der Michelin-Karte 153 angegebene, stark versandete Piste, die längs der Brunnen Eriera und Bou Adrima führt.

Kiffa: 4000 Einwohner. Lebensmittel. Treibstoff (selten). Unterkunftsmöglichkeit.

Bis Kaedi eine sehr schlechte, unebene Piste.

Kaedi: 15 000 Einwohner. Lebensmittel. Treibstoff. Unterkunftsmöglichkeit.
Die Versorgung ist gegen Ende der Regenzeit meist schwierig, wenn der Sénégal-Fluss nicht mehr schiffbar ist und die Strassenverbindungen für den Lastwagenverkehr noch nicht wiederhergestellt sind.

Von Kaedi aus bestehen 2 Möglichkeiten, um Rosso auf der Strecke 7 zu erreichen: 1. Eine sehr schlechte Piste, die dem Sénégal-Fluss entlang nach Leggah führt und dann, den R'kiz-See im Norden umgehend, nach Rosso gelangt. 2. Man überquert den Sénégal-Fluss von Kaedi nach Thilogne (Sénégal), fährt dann auf einer Asphaltstrasse über Richard Troll bis zur Strecke 7 und setzt mit der Fähre nach Rosso über.

Rosso: → Strecke 7.

---

347. Bobo-Dioulasso - Diébougou - Gaoua - Kampti   232 km

→ Obervolta im Kapitel 7.
Man verlässt Bobo-Dioulasso auf der Strecke 21. Nach 16 km Fahrt biegt man nach rechts auf die Piste von Diébougou ab. Sie besteht aus mittelmässigem Wellblech und weist einige Löcher auf und durchquert viele Dörfer in einer Buschsavanne.

Diébougou: Dorf. Lebensmittel. Treibstoff. Bescheidenes Hotel. In der Nähe des Dorfes kann man die Reservate Bontoli und Léo besuchen.

Man fährt auf der Piste rechter Hand Richtung Süden bis Gaoua. Ihr Zustand ist ziemlich gut.

Gaoua: 329 m. Kleine Stadt. Lebensmittel. Sehr grosses Spital. Polizei.
Gaoua ist eines der Zentren des Lobi-Volks. Man findet hier von den Lobi hergestellte Gewebe und Holzstatuetten.

Man verlässt Gaoua in Richtung Lokosso. Nach 1 km vom Stadtrand zweigt man nach links Richtung Kampti ab.

Kampti: Lobi-Dorf. Markt. Polizeiposten. Kein Treibstoff.
In diesem Dorf bezahlt man noch gewisse Einkäufe mit Kauri-Muscheln, die vom indischen Ozean eingeführt und hier anstelle von Geld verwendet werden.

Von Kampti kann man noch auf einer sehr schlechten Piste mit viel Wellblech und Schlaglöchern nach Lorhopeni.

Lorhopeni: Dorf. In der Nähe befinden sich interessante Ruinen.

---

348. Korhogo (Strecke 28) - Boundiali - Odienné (Strecke 336)   238 km

→ Elfenbeinküste im Kapitel 7.
Wellblechpiste auf der ganzen Strecke. Eine neue Strasse ist im Bau und soll 1980 dem Verkehr übergeben werden.

Boundiali: 6000 Einwohner. Lebensmittel. Treibstoff. Hotel. Polizeipräfektur.
Boundiali liegt im Zentrum einer für ihr Brauchtum bekannten Gegend. So besteht bei zahlreichen Festen Gelegenheit, die Volkstänze zu sehen.
Odienné: → Strecke 336.

349. Ferkéssédougou - Korhogo   68 km

→ Elfenbeinküste im Kapitel 7.
Eine neue Strasse ist im Bau auf der ganzen Strecke. Zahlreiche Baustellen. Einige Kilometer nach Ferkéssédougou überquert die Piste den Weissen Bandama und erreicht das Dorf Sinématiali.
Das Gebiet ist sehr reizvoll. Man fährt durch fruchtbare Ebenen.

Korhogo: → Strecke 28.
Beginn der Strecke 348.

350. Nouakchott (Strecke 7) - Jreida - Nouadhibou - Ad Dakhla (Mauretanien) - Lemsid (Marokko) - El Aaiun   ca. 1500 km

→ Mauretanien und Marokko im Kapitel 7.
Diese sehr schwierige Strecke können nur Fahrer bewältigen, die mit allen Problemen der Wüste vertraut sind, über geeignete Fahrzeuge verfügen und bei schweren Pannen selbst Reparaturen vornehmen können.
Die ersten 5 km verlaufen auf einer Asphaltstrasse, dann folgt eine Piste zwischen Dorngebüsch.

Jreida: (früher Coppolani). Kleine Stadt in der Nähe eines Militärlagers.
Keine Versorgungsmöglichkeit.

Von Jreida an besteht die Möglichkeit, auf dem Sandstrand zu fahren (nur bei Ebbe), ein einzigartiges Erlebnis, aber nicht ganz ungefährlich. Der Sand kann gelegentlich unter dem Gewicht des Wagens zusammenbrechen. Das Ausgraben kann Stunden dauern, und man läuft Gefahr, von der Flut überrascht zu werden und den Wagen aufgeben zu müssen.
Es ist daher vorzuziehen, die Piste zu benützen, die 4—5 km im Landesinnern verläuft, auch wenn man auf der harten Wellblechpiste weniger angenehm fährt als auf dem Sand. Keine Orientierungsschwierigkeiten. Die Piste erstreckt sich zwischen dem Ozean und der Sebkha von Ndagamcha bis zum Fischerdorf Tikattane (ungefähr 110 km von Nouakchott).
Bis zum Kap Timiris ist eine Anzahl von Dünen zu überwinden.

Cap Timiris: Fischerdorf, dessen Bewohner sich ziemlich unfreundlich gegenüber Fremden verhalten. Ihre Fangmethode ist wohl einzigartig. Nach dem Auslegen der Netze schlagen die Fischer mit langen Stöcken auf das Wasser, worauf sich die Fische in grossen Schwärmen sammeln. Die Delphine, angezogen durch diese Fischbänke, machen sich auf deren Verfolgung und jagen sie dadurch in die Netze der Fischer. Dieser Brauch war Gegenstand eines Films der UNESCO.

Die Brunnen längs dieser Strecke weisen alle stark salziges Wasser auf. Man benötigt daher eine Süsswasserreserve, die bis Nouadhibou ausreicht; auch die Nomaden, denen man unterwegs begegnet, freuen sich über solches Wasser.
Nördlich von Cap Timiris ist die Piste alle 5 Kilometer durch 5 m hohe Eisenstangen markiert. Sie führt westlich von Chami vorbei und erreicht die Eisenbahnlinie Nouadhibou—Zouerate in der Nähe des Dorfes Boulanouar. Die gut unterhaltene Schotterpiste folgt dem Bahngeleise bis Nouadhibou.

Nouadhibou: 20 000 Einwohner. Alle Erleichterungen. Hotel der Gesellschaft COMINOR und Hotel Culpéa. Erz- und Fischerhafen, der seine Entstehung in jüngster Zeit den ersten Luftpostflügen (aéropostale) verdankt. Auf seinem Flugplatz landeten Piloten wie Mermoz und Saint-Exupéry. Die «Robbenküste» der Halbinsel gegen den Atlantik hin ist sehr malerisch. In Nouadhibou sind die Ausreiseformalitäten Mauretaniens zu erledigen.

Bis Bir Gandus, einem kleinen Ort auf einem Hügel, führt eine Asphaltstrasse, deren Zustand so schlecht ist, dass man oft mit Vorteil neben der Strasse fährt. Die anschliessende Piste bietet kaum Schwierigkeiten. Sie führt mehreren, sehr malerischen Sebkhas entlang. Wenn sie unter Wasser stehen, begrünt sich die Umgebung, und man glaubt sich in eine Voralpenlandschaft versetzt. Von Aargub bis Ad Dakhla folgt die Piste der Küste. Grossartige Landschaft. Die neue Grenze zwischen Mauretanien und Marokko verläuft etwas südlich von Ad Dakhla.

Ad Dakhla (früher Villa Cisneros): Stadt. Gelegentlich Treibstoff. Einreiseformalitäten Marokkos.

Nördlich von Ad Dakhla ist die Piste durch weisse Stangen markiert. Bis Cap Bojador ist ihr Zustand gut. Sehr schöne Landschaften. Der Leuchtturm dieses Kaps ist schon von weitem sichtbar. Ab Cap Bojador ist die Strasse bis El Aaiun asphaltiert.

El Aaiun: → Strecke 5. Beginn der Strecke 6, Ende der Strecken 5 und 43.

---

351. Kaduna (Strecke 102) - Kurmin-Goro (Strecke 100)   266 km

→ Nigeria im Kapitel 7. Diese Strecke erlaubt eiligen Reisenden, die hintereinander die Strecken 102 und 100 fahren, den Umweg über Zaria und Jos zu vermeiden. Treibstoff in allen wichtigen Ortschaften. Die erste Hälfte der Route führt über ausgezeichnete Asphaltstrassen, während die zweite Hälfte weniger gut ist und zahlreiche Schlaglöcher aufweist.

Kurmin-Goro: → Strecke 100.

---

352. Makurdi (Strecke 100) - Gboko - Gakem - Bansara (Strecke 97)   198 km

→ Nigeria im Kapitel 7. Aus dem nördlichen Nigeria kommende Reisende, die nach Kamerun fahren, können auf dieser Strecke den Umweg über Enugu vermeiden. Vor kurzem angelegte Asphaltstrasse von Makurdi bis Gboko.

Gboko: Grosses Dorf. Lebensmittel. Treibstoff. Kleines Hotel.

Breite, neue Asphaltstrasse bis Gakem.

Gakem: Dorf. Keine Versorgungsmöglichkeit.

Anschliessend sehr schlechte Piste, deren letzter Abschnitt früher asphaltiert war.

Bansara: → Strecke 97.

353. Garoua (Kamerun) - Yola (Nigeria) - Numan - Gombe (Strecke 104)   351 km

→ Kamerun und Nigeria im Kapitel 7.
Der östliche Abschnitt dieser Strecke bis Yola ist auf keiner Karte verzeichnet. Die Piste führt dem Fluss Bénoué entlang und ist in Regenzeiten nicht befahrbar. Die Ausreiseformalitäten Kameruns sind vor Verlassen von Garoua zu erledigen.

Yola: Stadt. Lebensmittel. Treibstoff. Garage. Bescheidenes Hotel.
Einreiseformalitäten Nigerias.

Ausgezeichnete Asphaltstrasse von Yola bis Gombe.

Numan: Treibstoff. Unterkunftsmöglichkeit.
Gombe: → Strecke 104.

354. Kaduna (Strecke 102) - Pambeguwa (Strecke 103)   122 km

→ Nigeria im Kapitel 7.
Diese breite, vor kurzer Zeit angelegte Asphaltstrasse ergibt die kürzeste Verbindung zwischen Kaduna und Jos.

Pambeguwa: → Strecke 103.

355. Kontagora (Strecke 102) - Birni Yauri - Yelwa - Koko - Jega - Birni Kebbi - Argungu - Sokoto - Illela (Nigeria) - Birni Nkonni (Niger)   572 km

→ Nigeria und Niger im Kapitel 7.
Diese Strecke stellt die kürzeste Verbindung zwischen Lagos und Birni Nkonni dar. Es handelt sich um eine breite Asphaltstrasse in sehr gutem Zustand, die durch Gebiete führt, welche vom Tourismus noch wenig berührt sind und deren Bewohner noch nach alten Bräuchen leben. Unterkunftsmöglichkeiten in Yelwa und Sokoto.

Birni Yauri: Beginn der Strecke 356.
Illela: Ausreiseformalitäten Nigerias.
Birni Nkonni: → Strecke 56.
Beginn der Strecke 72. Ende der Strecken 70 und 56.

356. Birni Yauri (Strecke 355) - Rofia - Wawa (Borgu-Reservat)   158 km

→ Nigeria im Kapitel 7.
Eine Piste, in relativ gutem Zustand, die in das interessante Borgu-Wildreservat führt. Kurz nach Birni Yauri setzt man auf einer Fähre über den Niger und erreicht Rofia.

Wawa: Bescheidene Unterkunft im Wildreservat.

357. Strecke 109, Kilometer 173 von Illizi - Strecke 111, Kilometer 112 von Fort Gardel 119 km

→ Algerien im Kapitel 7.

Diese Strecke verbindet die Routen 109 und 111 quer durch das Arar-Massiv im Tassili N'Ajjer. Ein geländegängiges Fahrzeug ist unerlässlich und das Fahren im Geleit zu empfehlen.

Nach Regenfällen sollte diese Piste nicht benützt werden, da sie mehrere Oueds durchquert. Obschon schlecht markiert durch vereinzelte Steinmännchen, ist die Piste doch gut zu erkennen, da die unmittelbare Umgebung nicht befahren werden kann. Die Piste wird nicht unterhalten.

Die ersten Kilometer sind gut und verlaufen in einer Ebene.

Kilometer 9: Man fährt zwischen 2 Felsen hindurch und gelangt in eine andere Ebene.

Kilometer 10: Sandfeld auf 500 m.

Ab Kilometer 14: Man durchquert eine Steinwüste.

Kilometer 21: Die Piste senkt sich in ein Tal. Nach 500 m, steile Talfahrt, bei Regenwetter vollkommen unbrauchbar. Man erreicht den Talgrund beim Kilometer 22. Die grossen Steine auf der Piste zwingen zum Schrittfahren.

Ab Kilometer 23: Ein Oued im Talgrund wird mehrmals überquert.

Kilometer 25: Charakteristische Berge rechts der Piste.

Ab Kilometer 38: Die Piste wird immer steiniger. Sich nicht von den zahlreichen Pisten verleiten lassen, die von der Hauptpiste abweichen; teilweise machen sie mehr und mehr kehrt und biegen schliesslich nach Norden ab.

Man durchquert wieder mehrere Oueds mit steilen Böschungen.

Kilometer 71: Man fährt auf etwa 200 m in einem Trockenflussbett. Die Ausfahrt ist durch ein Steinmännchen auf der linken Seite markiert.

Man gelangt auf eine unendliche Steinwüste, die sich bis zum Kilometer 96 fortsetzt. Hier wird die Piste sandig, ist aber stets leicht zu erkennen.

Kilometer 97: Verzweigung: Die Piste setzt sich Richtung Süden fort.

Ab Kilometer 106: Die Piste ist schwer zu erkennen. Man hält die Richtung SSO bei.

Beim Kilometer 110 kreuzt man die alte Piste Fort Gardel—Amguid. Ein eisernes Wegzeichen trägt die Aufschrift FG 112/AM 530.

Von diesem Punkt an fährt man direkt südlich. Ab Kilometer 113 weisen Steinmännchen den Weg zur neuen Piste Fort Gardel—Amguid, die man beim Kilometer 112 erreicht.

358. Sabou (Strecke 21) - Koudougou - Dédougou - Bobo-Dioulasso 327 km

→ Obervolta im Kapitel 7.

Von Sabou aus schlägt man die Piste nach Koudougou ein.

Reisende, die von Ougoudougou kommen, fahren besser nicht bis Sabou, sondern benützen die direkte Strasse nach Koudougou, die einige Kilometer vor Sabou nach rechts von der Strecke 21 abzweigt.

Koudougou: Kleine Stadt. Lebensmittel. Treibstoff nicht immer. Hotel.

Anschliessend sehr gute Piste bis Dédougou.

Dédougou: Dorf. Treibstoff (gelegentlich).
Beginn der Strecke 366.

Nach Dédougou fährt man Richtung Südwest und Bobo-Dioulasso. Sehr gute Piste bis Boudoukoy. Nach diesem Dorf ist die Piste in schlechtem Zustand mit zahlreichen Schlaglöchern, bis zur Abzweigung zum «Flusspferdtümpel» (Mare aux Hippopotames).

Etwa 50 km vor Bobo-Dioulasso, Abzweigung zu der sehenswerten «Mare aux Hippopotames», einer Tränkstelle, wo sich viele Flusspferde einfinden.

Bobo-Dioulasso: → Strecke 20.
Beginn der Strecken 21 und 347, Ende der Strecken 20, 27 und 331.

359. Ferkessedougou - Niakaramandougou (Strecke 28) 115 km

→ Elfenbeinküste im Kapitel 7.
Ausgezeichnete Asphaltstrasse auf der ganzen Strecke.

Niakaramandougou: → Strecke 28.

360. Danané (Strecke 330) - Lieupleu 26 km

→ Elfenbeinküste im Kapitel 7.
Diese Strecke führt zur grössten Lianenbrücke der Elfenbeinküste.
Man verlässt Danané Richtung Toulépleu. 4 km nach dem Dorf Bounta weist eine Holztafel den Weg zur Lianenbrücke, die sich kurz nach dem Dorf Lieupleu befindet. Auf der ganzen Strecke stark befahrene, schlechte Piste. Schöne Tropenwaldlandschaften.

361. Yabayo (Strecke 362) - San Pedro (Strecke 335) 153 km

→ Elfenbeinküste im Kapitel 7.
Ausgezeichnete Asphaltstrasse auf der ganzen Strecke.

Soubré: 132 m. Kleine Stadt. Lebensmittel. Treibstoff. Hotel. Arzt.

39 km vor San Pedro mündet die Strasse in die von Ndouci kommende Strecke 335.

San Pedro: → Strecke 335.

362. Guetuzon (Strecke 29) - Issia - Yabayo - Gagnoa - Lakota (Strecke 335) 323 km

→ Elfenbeinküste im Kapitel 7.
Vollständig asphaltierte Strecke in gutem Zustand. Die Strasse durchquert den Tropenwald, in den verschiedne Plantagen eingestreut sind (Kokospalmen, Bananen, Kaffee, Ölpalmen). Zahlreiche Dörfer mit einigen Lebensmitteln.
Zwischen Yabayo (Beginn der Strecke 361) und Gagnoa benützt man eine neue Strasse, die noch nicht in den Karten eingetragen ist. Dieser Abschnitt misst 70 km.

Gagnoa: Kleine Stadt. Lebensmittel. Treibstoff. Bank. Arzt.
Lakota: → Strecke 335.

Unsere Beschreibungen sind manchmal etwas kurz gefasst; Ihre Erfahrungen helfen uns, sie zu vervollständigen.

363. Tazole (Strecke 136) - Adrar Madet - Achegour (Strecke 134)   516 km

→ Niger im Kapitel 7.

Diese schwierige Piste führt über unmarkierte Pisten, die oft schwer zu erkennen sind. Sie steht grundsätzlich nur solchen Reisenden offen, welche die Probleme der Wüstenfahrt gut kennen und über ein Geländefahrzeug verfügen, das sie bei Panne auch selbst zu reparieren imstande sind. Wenn möglich im Geleit fahren. Für diese Piste sind Reserven an Wasser, Lebensmitteln und Treibstoff notwendig.

Man verlässt Tazole in nördlicher Richtung und fährt dann dem östlichen Rand des Air-Berglandes entlang. Zahlreiche Strausse und Gazellen.

Beim Kilometer 156 erreicht man den ausgetrockneten Brunnen Tcherozerine, dann in südöstlicher Richtung weiterfahren. Man entfernt sich vom Air und fährt nordöstlich der Areschima-Berge vorbei.

40 km vor dem Adrar Madet ist ein Dünengürtel von 25 km Tiefe zu überwinden.

Die Piste ist stellenweise stark versandet.

Beim Kilometer 354 erreicht man das Massiv Adrar Madet, an dessen Fuss einige Büsche wachsen. Man umgeht den Berg im Norden und fährt zuerst in südöstlicher, dann in östlicher Richtung weiter.

Achegour: → Strecke 134.

364. Fachi (Strecke 135) - Termit Ouest   517 km

→ Niger im Kapitel 7.

Diese Strecke erfordert sehr gute Wüstenerfahrung, ein geländegängiges Fahrzeug sowie ausreichende Reserven an Wasser, Treibstoff und Lebensmitteln. Wenn immer möglich im Geleit fahren.

Kamelkarawanen benötigen für die Strecke Fachi—Termit Ouest 4 bis 5 Tage, auf einer Piste quer durch das Erg des Ténéré, die jedoch für Motorfahrzeuge nicht geeignet ist. Sie müssen das Erg auf einem riesigen Umweg von 500 km im Westen umfahren. Auf dieser Route gibt es weder Bezugspunkte noch irgendwelche Spuren.

Man verlässt Fachi in südwestlicher Richtung und folgt den Kamelspuren auf 170 km bis Tanout.

Die Piste ist mit derjenigen von Bilma nach Fachi (Strecke 135) vergleichbar. Sie führt den Dünenketten entlang, wo der Sand im allgemeinen ziemlich hart ist, doch treten auch einige sehr weiche Stellen auf, wo Sandgitter notwendig sind.

Beim Kilometer 170 wendet man sich auf feinsandigen Dünen nach Süden.

Vom Kilometer 200 an gruppieren sich die Dünen zu Ketten. Man fährt gegen SSO, um sie senkrecht zu ihrer Laufrichtung zu überqueren. Im ganzen sind rund 40 solcher Dünenketten zu überwinden, wovon ein Dutzend schwierig sind. Vorsicht bei «abgebrochenen» Dünen oder solchen mit sehr steilem Abhang.

Beim Kilometer 265 hält man südöstliche Richtung. Kameldorn tritt auf, die Dünen sind kleiner und ungeordnet, es sind noch einige Ketten zu überschreiten. Zahlreiche Gazellen, Herden von Antilopen.

Nach und nach nimmt man östliche Richtung ein.

Beim Kilometer 330 erscheint ein Berg im Blickfeld. Es handelt sich wohl um die Monts Kassror. Vom Kilometer 350 an fährt man diesen im Norden entlang, später im Osten und hält dann wieder nach Süden auf das Termit-Massiv zu. Man überquert nacheinander Dünen und Mulden, in welchen man den Weg zwischen grossen Steinen suchen muss.

Vom Kilometer 465 an betritt man von Norden her das Gebiet von Termit. Wagen-spuren treten auf sowie Markierungen für Flugzeuge. Das Termit-Massiv wird westlich umfahren. Die Pisten sammeln sich und bilden schliesslich eine einzige Piste.

Termit Ouest: → Strecke 140.
Beginn der Strecke 140.

365. Tazenakht (Variante der Strecke 5) - Foum Zguid - Zagora   212 km

→ Marokko im Kapitel 7.
Diese Strecke führt über die Pisten S 510, 6810 und 6953. Sie sind mit jeder Art von Fahrzeugen zu befahren; für Wagen mit normalem Antrieb werden jedoch einige Schwierigkeiten auftreten.
Sehr schöne Landschaften. Grosse Kontraste zwischen der Wüste und den fruchtbaren Oasen, in denen freundliche Menschen wohnen.
Man verlässt Tazenakht auf der Piste S 510 und überquert zuerst den Pass (Tizi) Taguergoust (1640 m) und anschliessend den Tizi-n-Timlaine (1190 m). Kurz nach diesem Pass fährt man auf der Piste 6810 Richtung Südosten nach Foum Zguid. Sie be-findet sich in ziemlich gutem Zustand und kann ohne Schwierigkeiten mit einem VW-Bus befahren werden. Mehrere Furten auf grossen Steinen, etwas Wellblech.

Foum-Zguid: Oase. Einige Lebensmittel. Wasser. Getränke.
Viel Militär. Passkontrolle.

Die Piste 6953 ist in gutem Zustand bis zur Oase Bou Rbia, in deren Nähe sich Zeltlager von sehr armen Hirten befinden, die sich über Aspirin-Tabletten sehr freuen.
Nach Bou Rbia ist die Piste auch weiterhin für VW-Busse befahrbar, doch wird sie immer schwieriger. Die Schwierigkeiten bestehen vor allem in den Furten, von denen einige sehr schmal und tief sind. Halbwegs zwischen Bou Rbia und Zagora ist ein Oued von 1 km Breite zu überqueren. Das Bett besteht aus feinem Kies, unterbrochen von drei 50 m breiten Sandfeldern. Da man im Kies keinen Anlauf nehmen kann, müssen Fahrzeuge mit Normalantrieb Sandgitter oder Winden zu Hilfe nehmen.

Zagora: → Strecke 4. Reisende, die über die obige Strecke nach Zagora kommen, müssen ihre Pässe zur Kontrolle vorweisen.
Ende der Strecke 4.

366. Dédougou (Strecke 358) - Djibasso (Obervolta) - Bébéna (Mali) - Tominian (Strecke 14)   191 km

→ Obervolta und Mali im Kapitel 7.
Breite Wellblechpiste mit einigen Löchern. Schlechter Abschnitt zwischen Djibasso und Bénéna. Die Piste ist mit allen Fahrzeugen befahrbar.

Djibasso: Dorf. Ausreiseformalitäten von Obervolta.
Bénéna: Dorf. Einreisezoll von Mali.
Tominia: → Strecke 14.

367. Accra (Strecke 30) - Cape Coast   163 km

→ Ghana im Kapitel 7.
Gute Asphaltstrasse. Unterwegs schöne Strände im Schatten von Palmen. Die Pisten, die ans Meer führen, sind allerdings ziemlich schwer zu finden. Meist enden die Abzwei-

gungen in kleinen Fischerdörfern (die auch sehr hübsch sind). Mit etwas Glück stösst man auf eine Piste, die nicht zu einem Dorf, sondern zu einem der kleinen, einsamen Strände führen, die nicht sehr steinig sind und wo man einige ruhige Tage verbringen kann.

Cape Coast: Kleine Stadt. Lebensmittel. Treibstoff. Hotels. Mehrere Festungen in der Umgebung.

368. Tibati (Strecke 84) - Bagodo - Kalaldi - Strecke 85 (zwischen Meiganga und Lokoti)　　238 km

→ Kamerun im Kapitel 7.
Diese Route erlaubt den von Süden kommenden Reisenden, von der Strecke 84 zur Strecke 85 zu gelangen, ohne den Umweg über Ngaoundéré zu machen. Es handelt sich um eine neue, breite Asphaltstrasse, die zwischen Meinanda und Lokoti in die Strecke 85 einmündet.

369. Ait Melloul (Strecke 5) - Agadir - Essaouira - Safi - El Jadida - Casablanca - Rabat - Kenitra - Souk-el-Arba-du-Rharb - Ksar-el-Kébir - Larache - Tanger - Ceuta (Strecke 1)　　993 km

→ Marokko im Kapitel 7.
Die ganze Strecke ist asphaltiert und in gutem Zustand. Starker Verkehr im Gebiet zwischen Casablanca und Tanger.

Agadir: 15—50 m. 62 000 Einwohner. Alle Erleichterungen einer grossen Stadt.
Die durch das Erdbeben vom 1. März 1960 dem Erdboden gleichgemachte Stadt ist heute wieder aufgebaut. Von der früheren Stadt sind nur die Mauern der alten Kasbah übriggeblieben. Das neue Agadir hat eine schöne Lage und interessante moderne Bauten, worunter das Postamt besonders charakteristisch ist.
Essaouira: 30 000 Einwohner. Alle Erleichterungen einer grösseren Stadt.
Essaouira, das frühere Mogador, ist eine befestigte Stadt. Sie besitzt bemerkenswerte Suks, wo man Schmuck, Einlegearbeiten und Möbel findet. Auch der Fischerhafen verdient einen Besuch. Schönes Marinetor.

Von Essaouira fährt man landeinwärts bis Ounara (Treibstoff), wo man nach links Richtung Sebt-des-Gzoula abzweigt. Hier wieder nach links Richtung Safi. In der Umgebung dieser Stadt findet man Orangen- und Tomatenkulturen.

Safi: 10—60 m. 130 000 Einwohner. Lebensmittel. Treibstoff. Hotels.
Sehenswert: Die Festungen, die Stadtmauern, die Suks, das Töpferviertel und der Hafen.
Man folgt der Küstenstrasse (S 121). Schöne Ausblicke auf das Meer.

El Jadida: 4 m. 56 000 Einwohner. Alle Erleichterungen.
Sehr schöne Festungsstadt, die auf die portugiesische Zeit zurückgeht. Sehenswert sind die Stadtmauern, der Hafen und die portugiesische Zisterne. Einige schöne alte Häuser in der Stadt.
Azemmour: 17 500 Einwohner. Lebensmittel (Suk am Dienstag). Treibstoff. Hotel.
Festungsstadt mit schönen Mauern. Sie lebt von den Kulturen des Hinterlandes.

Weiterfahrt auf der Küstenstrasse (S 130) nach Casablanca.

Casablanca: 19 m. 1 510 000 Einwohner. Alle Erleichterungen der grossen Stadt.
Grösste Stadt und wichtigster Hafen des Landes. Casablanca ist sehr modern und steht in grossem Gegensatz zum übrigen Land. Nur die alte Medina erinnert daran, dass man sich in Marokko befindet.
Rabat: 15—60 m. 370 000 Einwohner. Alle Erleichterungen. Hauptstadt Marokkos.
Rabat, dessen Geschichte bis ins 8. Jh. zurückgeht, ist eine der schönsten Städte des Landes. Zahlreiche alte Bauten, mehrere Museen.

Salé: 17 m. 156 000 Einwohner. Alle Erleichterungen.
Schöne alte Stadt. Zahlreiche Suks und Handwerkerbuden.

10 km nach Salé erreicht man den exotischen Garten von Rabat-Salé mit Flora aus der ganzen Welt. Der Besuch ist sehr interessant.

Kénitra: 10 m. 140 000 Einwohner. Alle Erleichterungen.
Bedeutender Hafen. Die Stadt weist keine besonderen Sehenswürdigkeiten auf.

Weiterfahrt über Souk-el-Arba-du-Rharb und Ksar-el-Kébir nach Larache.

Larache: 5—40 m. 46 000 Einwohner. Alle Erleichterungen. Markt am Mittwoch und Sonntag. Moderne Stadt in angenehmer Lage.

4 km nach Larache befinden sich linker Hand die besuchenswerten Ruinen der römischen Stadt Lixus.

Asilah: 10 m. 15 000 Einwohner. Markt am Donnerstag.
Sehenswert sind die Altstadt und die Stadtmauern. Schönes Stadttor.

12 km vor Tanger zweigt nach links eine Asphaltstrasse von der Hauptstrecke ab. Sie führt zum Kap Spartel (sehr schöner Ausblick aufs Meer). Unterwegs kann man noch die römische Ruinenstätte Cotta und die Grotten des Herkules besuchen.

Tanger: 5—90 m. 188 000 Einwohner. Alle Erleichterungen.
Schöne Stadt mit einem modernen und einem interessanten alten Teil. Zahlreiche alte Bauwerke, mehrere Museen und Gärten. Grosser Markt.

12 km nach Tanger führt die Strasse in der Nähe des Kaps Malabata vorbei, wo sich eine herrliche Aussicht auf Tanger bietet.

Ceuta: 10—60 m. 69 000 Einwohner. Alle Erleichterungen.
Ceuta ist eine spanische Enklave, in malerischer Lage auf der Landenge zwischen dem Festland und dem Monte Hacho (der als eine der Säulen des Herkules gilt).
Beginn der Strecke 1.

---

370. Medenine (Strecke 124) - Foum Tatahouine - Guermessa - Ghoumrassen - Beni Kheddache - Medenine ca. 150 km

→ Tunesien im Kapitel 7.
Diese Strecke führt zu den Berber-Höhlendörfern und den Oasen im Süden Tunesiens.
Asphaltstrasse bis Foum Tatahouine.

Foum Tatahouine: Grosse Oase. Lebensmittel (Markt am Montag und am Donnerstag). Treibstoff. Hotels. Bank.

Ausflüge von Foum Tatahouine aus: Die Berberdörfer Chenini und Douirat verdienen einen Besuch und sind auf einer Rundfahrt (Piste ohne Schwierigkeiten) erreichbar. Leider sind die Dörfer häufig überschwemmt von Touristen organisierter Reisen.
Von Douirat führt eine Piste zu der 75 km westlich gelegenen Oase Ksar Rhilane. Man folgt der Piste nach Chenini und zweigt dann nach links ab. Beim Kilometer 12 verzweigt sich die Piste nochmals, die beiden Spuren vereinigen sich allerdings beim Kilometer 20. Beim Kilometer 24, markierte Kreuzung: nach rechts fahren.
Eine weitere Kreuzung beim Kilometer 29: nach links abzweigen. Beim Kilometer 62 überquert man eine breite Nord-Süd-Piste, die einer Erdölleitung entlang verläuft. 13 km weiter, beim Kilometer 75, gelangt man nach Ksar Rhilane.

Ksar Rhilane: Oase, ausgedehnte Palmenhaine. Keine Versorgung möglich mit Treibstoff oder Lebensmitteln. Unterkunftsgelegenheit in einem Camp-Hotel mit sehr sympathischem Patron. Man kann sich an einer heissen

Quelle in der Nähe des Camp-Hotels waschen. Die Oase ist von grossen Dünenfeldern umgeben. Man kann sie zu Fuss in westlicher Richtung überqueren und erreicht nach 3 km die Ruinen des Ksars Rhilane, eine alte Festungsanlage.

Eine gute Piste führt von Tatahouine nach Guermessa.

Guermessa: Höhlendorf. Es empfiehlt sich, zu Fuss vom neuen Dorf im Tal zum alten Ksar auf dem Bergkamm hinaufzusteigen. Es gibt zwar eine fahrbare Piste, die jedoch einen Umweg von 10 km macht.

6 km nach Guermessa erreicht man Ghoumrassen.

Ghoumrassen: Höhlendorf, zu dem auch eine direkte Piste von Foum Tatahouine führt (22 km).

Auf der Piste von Ghoumrassen nach Beni Kheddache erreicht man nach 6 km die alten Ghorfas des Ksar Haddada, die heute zu einem Hotel umgebaut sind. Beim Kilometer 20 dieser holperigen Piste zweigt nach rechts eine Piste ab, die nach Medenine (Strecke 124) führt, aber nach Ksar Kheracheta unbefahrbar ist.

Beni Kheddache: Altes Troglodytendorf mit Resten von Ghorfas. Markt am Montag und Donnerstag.

Von Beni Kheddache aus kann man einen Abstecher nach den Ghorfas von Ksar Hallouf machen: 24 km hin und zurück durch eine schöne Berggegend. Gute Asphaltstrasse bis Medenine.

Medenine: → Strecke 124.

371. Gouré (Strecke 138) - Boultoum - Qualeram - Aborak - Tejira - Tanout (Strecke 67) ca. 235 km

→ Niger im Kapitel 7.
Diese Piste ist ohne Führer nur sehr schwer zu finden. Ein Fahrzeug mit Vierradantrieb in gutem Zustand und eine gute Wüstenerfahrung sind unerlässlich.
Die Piste führt durch grossartige Landschaften und durchquert zahlreiche Eingeborenendörfer, wo kaum jemand französisch spricht. Für diese Strecke benötigt man ungefähr 2 Tage.
Nach Auskunft des Militärpostens in Aborak besteht eine Pistenverbindung zwischen diesem Dorf und Termit (→ Strecke 140).

Tanout: → Strecke 67.

372. Abomey (Strecke 55) - Ketou (Benin) - Meko (Nigeria) - Abeokuta (Strecke 102) 190 km

→ Benin und Nigeria im Kapitel 7.
Auf dieser Strecke kann man den starken Verkehr und die langen Wartezeiten an den Zollposten der Küstenstrasse umgehen (Strecke 57, Zollämter von Igolo (Benin) und Idiroko (Nigeria), wenn man von Cotonou nach Lagos fahren will). Schöne Landschaften, hübsche Dörfer.
Sehr gute Piste bis Ketou.

Ketou: Dorf. Ausreiseformalitäten von Benin. Freundliche Zollbeamte.

Von Ketou bis Meko sind 30 km schlechte Piste zu befahren.

Meko: Dorf. Einreisezoll von Nigeria. Sympatische Beamte.

Asphaltstrasse bis Abeokuta.

Abeokuta: → Strecke 102.

373. Gabès (Strecke 124) - Matmata - Douz - Kebili - Tozeur (Strecke 106)   251 km

→ Tunesien im Kapitel 7.

Gute Asphaltstrasse bis Matmata. Matmata ist der Name eines Bergmassivs, in das mehrere Höhlendörfer eingegraben sind, worunter auch Matmata.

Matmata: Dorf. Lebensmittel. Treibstoff. Hotel Marhala, im Stil der Höhlenwohnungen. Viele Touristen.
Die Behausungen von Matmata sind folgendermassen angelegt:
Ein zylindrischer Schacht (8—12 m ∅) wird 7—10 m tief in den Fels- oder Lehmboden gegraben. Auf diesen Innenhof öffnen sich, meist in 2 Stockwerken, die Ställe, Vorratsräume, Schlafzimmer, Küche und Wohnhalle, letztere oft reich geschmückt.

Von Matmata aus kann eine Rundfahrt durch das Matmata-Massiv unternommen werden:
Auf der Strasse nach Gabès 15 km (bis zum neuen Dorf Matmata) zurückfahren. Hier zweigt eine gute Piste nach Südwesten ab, die nach 18 km zum Dorf Beni Zeltene führt.

Beni Zeltene: Sehr malerisches Berber-Höhlendorf. Unterirdische Ölmühlen.

Auf schlechter Piste gelangt man nach 8 km zur Verzweigung von Ain Tounine. Nach rechts weiterfahren. Die Piste klettert in die Berge und erreicht nach 7 km (von der Abzweigung) das Dorf Toujane.

Toujane: Romantisches Dorf (Steinhäuser). Sehr gutes Quellwasser.

Die Piste setzt sich in Richtung Téchine fort und überquert zuerst einen niedrigen Pass. Der Weg ist sehr steil und steinig, sehr schwierig für Wagen ohne Vierradantrieb. Beim Kilometer 6 und 14 links abzweigen. Beim Kilometer 15 befinden sich zwei Wegweiser aus Stein. Man verlässt die Hauptpiste (die nach Matmata führt) und folgt dem Wegweiser nach Téchine, das man beim Kilometer 19 erreicht.

Téchine: Höhlendorf mit sehr gut erhaltenen «Häusern». Freundliche Bewohner. Unterirdische Ölmühlen, die durch Kamele betrieben werden. Malerische Landschaft.

Von Téchine nimmt man die nördliche Richtung. Nach 4 km stösst man auf die Hauptpiste von Matmata.
Man verlässt Matmata in südwestlicher Richtung nach Douz. Die Piste ist gut und kann mit jedem Fahrzeug befahren werden. Mit Ausnahme der ersten und der letzten Kilometer ist die Landschaft ziemlich eintönig. Die Strecke macht den langen Umweg über Gabès und El Hamma überflüssig.

Douz: Grosse Oase. Läden. Treibstoff. Hotels. Bank. Quelle. Viehmarkt jeden Freitag. Im Winter findet hier alljährlich das berühmte Kamelfest mit Reiterspielen, Kamelrennen, Fantasia usw. statt.

Weiterfahrt nach Kebili auf guter Asphaltstrasse.
Wer über ein geländegängiges Fahrzeug verfügt, kann statt der direkten Strecke den Umweg über die im Dünengebiet südwestlich von Douz liegenden Oasen Sabria, El Faouar und Touiba wählen.
Besitzt man jedoch kein solches Fahrzeug, kann man immerhin eine kürzere Rundfahrt durch die Dünen über die Oasen Nouil und Blidet unternehmen.

Kebili: Dorf. Lebensmittel. Treibstoff. Bank. Hotel.

Von Kebili aus überquert eine Piste den Schott el Djerid nach Tozeur. Der früher über den riesigen Salzsee angelegte Damm ist heute leider in ziemlich schlechtem Zustand, so dass man über weite Strecken auf der Salzkruste fahren muss, was in Trockenzeiten gefahrlos ist. Nach starken Regenfällen besteht jedoch Einsinkungsgefahr. Gegenwärtig wird an der Wiederherstellung des Dammes gearbeitet. In absehbarer Zeit wird man daher den Schott el Djerid in jeder Jahreszeit überqueren können.

Tozeur: → Strecke 106.

---

374. Diapaga (Strecke 35) - Park des W - Koudoufälle (Obervolta) - Kérémou (Benin) - Kandi (Strecke 55)   303 km

→ Obervolta und Benin im Kapitel 7.
Die Strecke ist mit allen Fahrzeugen befahrbar. Immerhin ist ein geländegängiges Fahrzeug vorzuziehen, da sich einige Abschnitte in sehr schlechtem Zustand befinden.
Über die Bestimmungen für den Parkbesuch → Strecke 35.
Man verlässt Diapaga, indem man einen trockenen Bachlauf überquert. Die Piste ist zu Beginn schmal und steinig. Im Park des W verbreitert sie sich etwas und überwindet mehrere steile Strecken und einige Trockenflussbette. Grossartige Landschaft bis Kérémou. Man fährt an den Koudoufällen vorbei.
Nach dem Grenzübertritt nach Benin (kein Zollposten) bessert sich die Piste. Zu erwähnen ist noch, dass die Piste von Kérémou nach Kodio nur mit Vierradantrieb befahren werden kann.
Beim Verlassen des W-Parks auf der Benin-Seite ist wiederum eine Gebühr von Fr.CFA 1000.— / US-$ 4.70 zu entrichten.
Zwischen Kérémou und Kandi ist die Piste in sehr schlechtem Zustand (ausgeprägtes Wellblech).

Kandi: → Strecke 55.

---

375. Gilgil (Strecke 259) - Nyahururu - Nyeri - Kiganjo (Strecke 212)   186 km

→ Kenia im Kapitel 7.
Vollständig asphaltierte Strecke über Weidegebiete, die an das Greyerzer Land erinnern.

Nyahururu: Ehemals Thomson's Falls, 2360 m. Alle Erleichterungen. Schöne Wasserfälle.
Nyeri: Kleine Stadt. Alle Erleichterungen. Ausgangsort für den Besuch des interessanten Aberdare-Nationalparks (Unterkunft im Treetops-Hotel).
Kiganjo: → Strecke 212.

---

376. Wadi Halfa (Strecke 170) - Dongola   400 km

→ Sudan im Kapitel 7.
Die (mündliche) Bewilligung zum Befahren dieser Strecke erhält man in Wadi Halfa. Die Piste ist nicht markiert, aber leicht zu finden, obschon sie sich in schlechtem Zustand befindet.
Sie folgt auf der ganzen Strecke dem Nillauf, man kann daher den Weg kaum verlieren.
Einige Abschnitte mit weichem Sand, sonst keine grösseren Schwierigkeiten.
Ein Vierradantriebsfahrzeug ist jedoch zu empfehlen.

Dongola: → Strecke 173.

→ Sudan im Kapitel 7.

Piste in schlechtem Zustand, aber mit geländegängigen Fahrzeugen befahrbar. Der Vierradantrieb ist besonders von Vorteil nach Bara, wo grosse Weichsandstrecken auftreten.

Asphaltstrasse bis Omdurman, wo man südliche Richtung einschlägt.

Kilometer 47 (von Khartum): Militärlager.

Kilometer 61: Qoz Abu Dulu. Die Piste wird sandig und überquert die letzten Ausläufer einer Dünenkette. Tiefe Fahrrinnen.

Ungefähr beim Kilometer 107: Die Piste verlässt den Qoz Abu Dulu und wird wieder besser. Etwas Wellblech.

Kilometer 125: Brunnen, einige Häuser aus Trockenziegeln und Strohhütten.

Umm Inderaba wird beim Kilometer 137 erreicht.

Bis Kilometer 159 stark ausgefahrene Piste über eine grasbewachsene Ebene; tiefe Fahrrinnen.

Kilometer 239: Weiler mit zwei Häusern, durch eine arabische Tafel angezeigt.

Ab Kilometer 248 wird die Piste sehr schlecht. Sehr tiefe Fahrzeugspuren, die hauptsächlich von Lastwagen in der Regenzeit herrühren.

Gabra, Kilometer 293. Die Piste nach Bara ist schwer zu finden, da die meisten Spuren nach Nordwesten Richtung Hamrat el Kuz führen. Man fährt auf den Fahrspuren Richtung Südwest. Weicher Sand in einem buschbestandenen Gebiet.

Kilometer 311: die Piste bessert sich.

Kilometer 313: Ortschaft, die entweder Garfa oder Umm Gamnak sein muss.

Nach diesem Ort ist die Pister wieder sehr sandig und führt durch eine vegetationsreiche Steppe. Die Rinnen sind so tief, dass sogar ein Land-Rover Schwierigkeiten hat. Die Büsche stehen zu beiden Seiten der Piste so dicht, dass man diese nicht verlassen kann.

Kilometer 345: Grosses Dorf.

Kilometer 349: Dorf. Die Piste wird etwas besser; weniger tiefe Rinnen.

Kilometer 375: Dorf. Hübsche, von Strohpalisaden umgebene Hütten.

Kilometer 380: Man erreicht das Städtchen Bara. Die Piste, stark zerfurcht und sehr sandig, führt von hier an einer Telegraphenleitung entlang.

Zwischen Kilometer 392 und 415 sind die Fahrrinnen besonders tief und sandig.

Vom Kilometer 427 an verläuft die Piste auf hartem Grund, in gutem Zustand.

El Obeid: → Strecke 215.
Beginn der Strecken 216, 229 und 382, Ende der Strecke 215.

378. Djebel Uweinat (Libyen) - El Fasher (Sudan)   ca. 980 km

→ Libyen und Sudan im Kapitel 7.

Die direkte Nord-Süd-Piste von Djebel Uweinat nach El Fasher ist nicht markiert, aber trotzdem leicht zu befolgen. Ein Geländefahrzeug ist unerlässlich und das Fahren im Geleit zu empfehlen. Die Ausreiseformalitäten Libyens sind vor der Abfahrt in Djebel Uweinat zu erledigen.

Die Piste verlässt Djebel Uweinat Richtung Süden. Man folgt den Spuren der Fiat-Lastwagen, die sudanesische Saisonarbeiter nach Libyen transportieren. Die Lastwagen bewältigen die Strecke in ungefähr 5 Tagen.

Sehr schöne Landschaft, wo die Vegetation dichter wird, je mehr man nach Süden kommt. 100 km nördlich von Mellit (Strecke 151) zeigen sich die ersten Dörfer mit Kulturen und Rinderzucht.

Im Dorf Amara Gedid, 40 km nördlich von Mellit, verzweigt sich die Piste. Man wählt die Piste nach Westen Richtung Kutum, von wo man nach 100 km El Fasher erreicht.

El Fasher: → Strecke 151.
Beginn der Strecken 217 und 218, Ende der Strecke 216.

379. Selima (Strecke 152) - Nukheila (Strecke 151)   ca. 480 km

→ Sudan im Kapitel 7.

Diese Strecke ist zum grössten Teil unmarkiert und nur geeignet für Reisende mit sehr grosser Wüstenerfahrung und einem Geländefahrzeug in gutem Zustand. Ferner sind bis El Fasher (Strecke 151) ausreichende Reserven an Lebensmitteln, Wasser und Treibstoff notwendig.

Es gibt zwei Möglichkeiten, um von Selima nach Nukheila zu gelangen: Die erste führt durch den Laquiya Arbain-Cañon, 150 km lang und etwa 150 m tief, aber der Eingang und der Ausgang der Schlucht sind nur äusserst schwer zu finden und zu passieren.

Man verlässt die am Nordrand eines tiefen Beckens gelegene Oase Selima in Richtung SSW (230 ° des Kompasses). Nach 20 km erreicht man den Südrand des Beckens bei einer Felsbarriere, die man überquert.

Die Fahrt nach 210 ° fortsetzen bis zum Kilometer 36. Hie und da ein Wegzeichen, einige seltene Kamelspuren.

Richtung 235 ° folgen bis zum Kilometer 41, dann bis zum Kilometer 48 Richtung 250 °. Weiter in Richtung 210 ° bis Kilometer 52, wo man eine Ost-West-Piste kreuzt («Convoy route 1934»). Markierung durch Viergallon-Ölkanister, Eisenstangen usw. Man folgt der Westpiste (270 °) bis zum Kilometer 70, wo sie scharf nach Nordwesten abbiegt.

Hier trennen sich die beiden Pisten:

a) **Piste über Laquiya Arbain:** Bei der Biegung die markierte Piste Richtung Südwest (214 °) und durch sandige und kiesige Mulden weiterfahren bis zum Kilometer 100. Hier neue Orientierung (230 °) bis zum Kilometer 170. Einige Steinmännchen als Wegzeichen. Der Boden ist mehr und mehr mit scharfkantigen Steinen bedeckt bis zum Rand der Schlucht.

Fortsetzung der Fahrt Richtung 210 ° bis zum Kilometer 220. Man erreicht den Djebel el Bik am Eingang zum Laquiya Arbain-Cañon. Der Abstieg der Kamelpiste in die Schlucht ist durch ein Dutzend Steinmännchen markiert. Diese Piste ist jedoch nicht für Fahrzeuge zu empfehlen, da sie an einer riesigen, den Zutritt zur Schlucht versperrenden Düne endet. Man muss daher den Schluchteingang viel mehr westlich suchen.

Von dieser Strecke ist dringend abzuraten, denn wenn man noch relativ leicht in die Schlucht hineinkommt, so ist der Ausgang praktisch unmöglich. Ausserdem kennen wir keine Einzelheiten der Piste vom Cañon-Ausgang bis Nukheila. Wir können nur gerade sagen, dass sie nicht sehr schwierig ist, da sie ein Gelände gleicher Art wie in der Variante b durchquert.

b) **Piste westlich von Laquiya Arbain:** Von der Kurve beim Kilometer 70 in Richtung 264 ° weiterfahren bis zum Kilometer 200 und zum 213 m hohen Felsbuckel Burg el Tuyur. Von hier an fährt man in Richtung 215 ° bis zum Kilometer 470 weiter und gelangt in die Bergzone von Nukheila. Das Gelände ist auf der ganzen Strecke flach und leicht zu befahren.

Nukheila: → Strecke 151.

380. Bafoussam - Bamenda - Bachuo-Akagbé - Mamfé (Strecke 95) 226 km

→ Kamerun im Kapitel 7.

Asphaltstrasse bis Bamenda. Bei den letzten Häusern von Bafoussam lohnt sich ein kleiner Abstecher (Abzw. nach rechts, bei einer Schule, gegenüber Wegweiser AEROPORT) zum Häuptlingshaus und zum See von Baleng. Die Bauten dieses Häuptlingspalastes zählen mit denjenigen von Bandjoun und Bafoussam zu den schönsten des Landes.

Rund 10 km nach Bafoussam zweigt eine Piste zum 50 km entfernten Dschang ab, Zentrum der Holzschnitzerei des Bamileke-Stammes. Hotel und Schwimmbad. Man fährt rechts Richtung Bamenda weiter. Kurz vor Santa (grosser Gemüsemarkt) überschreitet man die Grenze zwischen den Provinzen Ost- und West-Kamerun. In der letzteren ist die Amtssprache Englisch.

Bamenda: Provinzhauptstadt. Lebensmittel. Treibstoff. 3 Hotels.
Grosser Markt mit einigen aus Nigeria stammenden Produkten, einheimischen Produkten wie Gemüse, Butter und Milch sowie sehr schönen Stoffen und Autoersatzteilen. Von Schweizern geführter Laden (Handwerk). Ende der Strecke 339.

Schmale, aber ziemlich gute Urwaldpiste bis Bachuo-Akagbé, wo man die Strecke 95 und die Asphaltstrasse erreicht.

Mamfé: → Strecke 95.
Beginn der Strecke 387.

381. Komanda (Strecke 250) - Bunia - Djugu - Nioka - Aru (Strecke 347) 340 km

→ Zaire im Kapitel 7.

Angesichts der grossen Schwierigkeiten nach Djugu kann diese Strecke nur mit geländegängigen Wagen befahren werden.

Gute Piste von Komanda bis Bunia, durch waldloses, hügeliges Gebiet.

Bunia: 1200 m. Stadt. Lebensmittel. Ersatzteile für Land-Rover.
Interessanter Markt. Campingmöglichkeit bei der belgischen Mission, ausserhalb der Stadt in Richtung Aru.

Die ersten 15 km des Abschnitts Bunia—Djugu sind ausgezeichnet, dann wird die Piste sehr schlecht, weist starke Gefälle auf und ist von grossen Steinen übersät.

Djugu: Dorf. Keine Versorgungsmöglichkeit. Mehrere Hotels.

Von Djugu bis zur Kreuzung 15 km nach Nioka gute, breite Piste. Man lässt die schöne Piste (nach Mahagi und zur Grenze Ugandas) rechts liegen und fährt nach links weiter auf einer sehr schmalen und schlechten Piste hügelauf und hügelab: Steintreppen, tiefe Schlaglöcher, Quer- und Längsrinnen. Es handelt sich eher um einen Fusspfad als um eine Fahrpiste, die im übrigen nach Regenfällen glitschig und gefährlich ist.

Die letzten 30 km vor Aru sind in besserem Zustand und leichter befahrbar.

Aru: → Strecke 247.

Ehemalige Reisende haben uns geholfen, diese Broschüre zusammenzustellen, helfen Sie jetzt denjenigen, die nach Ihnen reisen werden.

382. El Obeid - Kadugli   280 km

→ Sudan im Kapitel 7.
Piste in schlechtem Zustand bis Kilometer 99, dann mittelmässiger Asphalt.
Man verlässt El Obeid in Richtung Südwest, indem man der Telegraphenleitung folgt.
Sich nicht durch die zahlreichen Spuren Richtung Süd verleiten lassen.
Kilometer 46: Grössere Ortschaft.
Die Piste wird holperig und sehr schlecht. Schwierige Durchquerung mehrerer Trocken-
flussbette.
Kilometer 71: Kreuzung. Geradeaus fahren.
Kilometer 85: Man stösst auf die Eisenbahnlinie, der man bis zum Kilometer 98 folgt.

Dubaibat (Kilometer 98): Dorf ohne Versorgungsmöglichkeit.

Die Piste überquert die Bahngeleise und setzt sich in südlicher Richtung fort.
Kilometer 99: Beginn der Asphaltstrecke.

Dilling (Kilometer 153): Grössere Ortschaft. Markt. Lebensmittel.

Südlich von Dilling ändert sich die Landschaft. Anstelle der bisherigen Halbwüste
erscheint eine Buschsavanne, in der Affenbrotbäume (Baobab) und rosablühende
Büsche wachsen. Die Dörfer bestehen aus runden Strohhütten, die sehr typisch für diese
Gegend sind.
Man erreicht die ersten Ausläufer der Nuba-Berge. Theoretisch benötigt man eine Be-
willigung, um dieses Gebiet zu bereisen. Man braucht sie jedoch erst in Kadugli anzu-
fordern.
Kilometer 241: Grössere Ortschaft.

Kadugli (Kilometer 280): Grosser Ort. Lebensmittel. Verwaltung der Nuba-Region.
Anmeldung bei der Polizei obligatorisch, die im allgemeinen die Bewilligung zur Weiterfahrt nach Kau (Strecke
385) verweigert.
Achtung: Die Polizei von Kadugli verlangt fast immer die Vorweisung der Verkehrsbewilligung (Road Permit),
die jedermann für den Besuch der südlichen Gebiete des Sudans besitzen sollte. (→ Sudan im Kapitel 7). Verfügt
man nicht über diese Bewilligung, so kann man immer mit den Beamten diskutieren und vorgeben, dass man
sich auf dem Weg nach Norden befinde. Im allgemeinen gibt es in den südlichen Regionen keine Strassensperren
oder Polizeikontrollen, so dass man trotzdem weiterfahren kann. Sollte man trotzdem einmal feststellen, dass
der Road Permit fehlt (z.B. wenn man in einem Dorf um Auskunft fragt), so riskiert man höchstens, höflich,
aber bestimmt, nach Norden zurückgewiesen zu werden.
Die Landschaft im Gebiet um Kadugli ist grossartig.
Beginn der Strecken 383 und 384.

383. Kadugli - Djebel Heiban - Kologi   192 km

→ Sudan im Kapitel 7.
Diese abgelegene Strecke führt in die Berge. Der normale Weg nach Kologi führt über
die Strecke 384.
Vor Verlassen von Kadugli den Weg nach Heiban erfragen, da der Beginn der Piste
schwer zu finden ist.
Beim Kilometer 10, Kreuzung. Die Piste links führt nach Delami. Man fährt nach rechts
Richtung Heiban.
Beim Kilometer 16 eine weitere Kreuzung. Nach links fahren. Schönes Gebiet. Man
durchquert zahlreiche, von Palmen beschattete Dörfer. Die Strohdächer der Häuser
sind mit Kalebassen geschmückt. Die Piste schlängelt sich durch die hügelige Gegend,
zwischen hohen Gräsern, Affenbrotbäumen und Gebüsch. Sie ist in ziemlich gutem Zustand, aber die Trockenflüsse sind entweder sandig oder steinig, aber immer schwierig
zu überqueren.

Ab Kilometer 39 werden die Hügel steiler und die Piste holperiger.
Beim Kilometer 64 ein Dorf. Pumpstation. Nach diesem Dorf ist die Piste sehr schlecht und steinig.
Kilometer 77: Verzweigung. Die Piste links führt nach Delami. Geradeaus fahren.

Heiban (Kilometer 87): Schönes Bergdorf, von Bäumen umgeben. Kreuzung: Links geht es nach Delami. Man fährt rechts, Richtung Kologi und Talodi. Die Piste ist sehr schlecht: viele Steine und Schlaglöcher.

Kaoda (Kilometer 111): Dorf mit Steinhäusern. Schule. Die Lehrer sind sehr gastfreundlich.

Kilometer 117: Nach links abbiegen (Haarnadelkurve) Richtung Kologi!
Kilometer 138: Kreuzung; nach rechts fahren. Zahlreiche Trockenfluss-Überquerungen, die besonders schwierig sind.
Kilometer 146: Kreuzung der Strassen Tosi-Rashad und Heiban-Kologi. Nach Kologi geradeaus fahren.
Kilometer 166: Man gelangt auf die Hauptpiste Talodi-Kologi (Strecke 384). Weiterfahren Richtung Tosi.
Von Kilometer 170 bis 171 führt die Piste am Fusse des Djebel Tosi entlang (der Berg befindet sich linker Hand). Auf seiner Südflanke wurden Felsmalereien gefunden, die Leoparden, Rinder und Giraffen darstellen.
Kilometer 172: Kreuzung. Geradeaus weiterfahren. Die Piste ist etwas besser, aber die Flussbettüberquerungen sind immer schwierig.

Kologi: Dorf, ohne Versorgungsmöglichkeit.
Beginn der Strecken 385 und 386, Ende der Strecke 384.

---

384. Kadugli - Talodi - Kologi ca. 165 km

→ Sudan im Kapitel 7.
Schwierige Piste, in schlechtem Zustand, nur mit Geländefahrzeugen befahrbar. Keinerlei Versorgungsmöglichkeit auf der ganzen Strecke.
Beim Kilometer 26 mündet die Piste in die Strecke 383.

Kologi: → Strecke 383.
Beginn der Strecken 385 und 386, Ende der Strecke 383.

---

385. Kologi - Rashad - Umm Ruwaba (Strecke 215) ca. 280 km

→ Sudan im Kapitel 7.
Auf dieser schwierigen Strecke kann man nach dem Besuch eines Teils des Nuba-Landes wieder nach Norden fahren. Nur geländegängige Fahrzeuge sind dafür geeignet. Keine Versorgungsmöglichkeiten.

Rashad: Dorf. Unterkunftsmöglichkeit.
Umm Ruwaba: → Strecke 215.

---

386. Kologi - Kau - Kodok - Malakal ca. 280 km

→ Sudan im Kapitel 7.
Die Piste von Ostam einschlagen. Nach 25 km steiles Gefälle. Viele Vögel. Die Strecke weist nur sehr wenig Verkehr auf. Sehr schwierige Überquerung der Trockenflüsse.
Kilometer 51: Kreuzung. Nach rechts abbiegen.

Kilometer 57: Wasserstelle im Wald, 500 m weiter ein Dorf. Sehr primitive Nuba-Bevölkerung, zweifellos ursprünglicher als diejenige von Kau. Das Dorf und die Wasserstelle liegen etwas abseits der Piste und sind ziemlich schwer zu finden.
Die Fortsetzung der Piste ist ebenfalls sehr schwer zu finden; es handelt sich eher um eine Art Maultierweg, der sich zwischen Bäumen und Gebüsch hindurchwindet.
Kilometer 65: Dorf.

Kau (Kilometer 73): Am Eingang dieses hübschen Dorfes befinden sich Steinhäuser und grosse Affenbrotbäume. In einem der Steinhäuser ein staatlicher Laden, der nur blaue Farbe und Zwiebeln verkauft. Der Händler ist ein Araber und spricht englisch. Anmeldung beim «Omda» (eine Art Dorfvorstand) obligatorisch. Im allgemeinen wird er die Reisenden zum Nachbardorf Niaro begleiten, wo die Polizeikontrolle stattfindet.
Im Dorf Kau darf nicht fotografiert und gefilmt werden. Die Eingeborenen sind gehalten, sich ausserhalb der Häuser zu bekleiden. Wer die Vorschrift verletzt, wird für zwei Jahre verbannt. Zweifellos hat das Buch von Leni Riefenstahl die Behörden auf die Sitten der Dorfbewohner aufmerksam gemacht, worauf strenge Bekleidungsvorschriften erlassen wurden.
Ausser den durch Organisationen wie Lama oder Bitsch herbeigeführten Touristen sind fremde Besucher selten in dieser Gegend. Die Bevölkerung hat ihre Eigenart und Gastfreundlichkeit weitgehend bewahrt. Die Anfänge der «Verwestlichung» sind daher eher die Folge behördlicher Massnahmen als des Verderbs durch den Tourismus. Die Eingeborenen leiden unter Lepra und Malaria und betteln ständig um Medikamente.
Es gibt kein gutes Quellwasser im Dorf.

Die Fortsetzung der Strecke ist nur während der Trockenzeit befahrbar.
Kilometer 78: Man erreicht den Djebel Iskat und seine klare Quelle, die etwa 50 m über dem Fuss des Berges entspringt.
Kilometer 82: Die Strecke mündet in die von Niaro kommende Piste.

Fungor (Kilometer 83): Dorf, kleiner und primitiver als Kau.

Die Piste setzt sich unmittelbar hinter den Felsen von Fungor nach rechts fort. Sie ist sehr undeutlich und führt durch ein Gebiet mit hohen Gräsern (Vorsicht: Buschbrandgefahr!).
Kilometer 127: Ausgebranntes Wrack eines Toyota-Lieferungswagens links der Piste. Achtung auf die im hohen Gras versteckten Nadelbäume.
Kilometer 144: Ein Pfahl, der wahrscheinlich die Grenze des südlichen Sudans, d.h. die Grenze zwischen den Provinzen Kordofan im Norden und Ober-Nil im Süden markiert.
Kilometer 145: Beginn einer Zone lichten Waldes. Sehr holperige Piste, zahlreiche Löcher, Querrinnen.
Kilometer 174: Dorf in einer Lichtung.
Kilometer 185: Dorf.

Kodok (Kilometer 195): Kleine Strohhüttenstadt. Einige Steinhäuser im Zentrum des Ortes. Polizeiposten mit Gefängnis. Militärposten. Anmeldung bei der Polizei. Lebensmittel nur beschränkt vorhanden. Kein Treibstoff. Ausser Militär- und Polizeiwagen keine anderen Fahrzeuge. Der ganze Verkehr des Ortes wickelt sich per Schiff auf dem Nil ab.

Die Piste nach Malakal wird nur sehr selten benützt und ist sehr häufig überschwemmt. Viele Brücken sind weggespült. Die noch vorhandenen Brücken sind schwierig zu überqueren (steile Anfahrten, stark beschädigter Belag).
Nur im Januar besteht kein Risiko, im Schlamm festzufahren. Zur Vermeidung von schlammigen Abschnitten sind oft grosse Umwege zu machen, wobei die Gefahr des Verirrens gross ist.
Die zahlreichen Dörfer längs des Nils sind von den Shilluks bewohnt, ein sehr ursprüngliches Volk, das noch nach alten Sitten lebt. Die Shilluks tragen farbige Kleidung, die Lanzen sind mit Leder und Federn geschmückt. Zuweilen tragen sie Schilde aus Krokodilhaut.
Kilometer 273: Militärposten (kein Funk). Die Militärs sind unfreundlich und sind nicht gerne behilflich bei der Suche nach einer Fähre nach Malakal.
Kilometer 278: Dorf mit einer Anlegestelle für Fähren. Leider besteht an dieser Stelle keine offizielle Fähre für die Nilüberquerung. Die evangelische Entwicklungshilfe

(Lutheraner) verfügt über eine Fähre mit 1,5—2 Tonnen Tragkraft, die sie aber nicht gerne ausleiht, selbst gegen Bezahlung. Am besten schickt man jemand über das Wasser, um eine der vielen, am Quai von Malakal liegenden Fähren herbeizuholen.

Malakal: → Strecke 187.

387. Bor (Strecke 187) - Pibor - Akobo - Waat - Ayod (Strecke 187)   523 km

→ Sudan im Kapitel 7.

Diese Piste kann nur mit einem Geländefahrzeug in sehr gutem Zustand befahren werden. Ausserdem sind Reserven an Wasser, Lebensmitteln und Treibstoff mitzunehmen, da die Versorgungsmöglichkeiten sehr beschränkt sind.

Man verlässt Bor in östlicher Richtung. Die Piste von Pibor geht entgegen den Angaben in der Michelin-Karte von Bor und nicht von Malek aus.

Die ersten 20 km sind gut, anschliessend ist die Piste leidlich, aber nur in der Trockenzeit (Januar/Februar) befahrbar. Während der ersten 50 km führt sie durch mehrere interessante Dörfer. Dann folgen 100 km Wüste mit vielen Gazellen. Auf den letzten 50 km vor Pibor begegnet man einer sehr primitiven Bevölkerung.

Pibor: Dorf. Keine Versorgung möglich.

Von Pibor bis Akobo sehr schlechte Wellblechpiste, von Rinderherden in Regenzeiten stark zerstampft.

Akobo: 403 m. Dorf in unmittelbarer Nähe der äthiopischen Grenze.

Von Akobo bis Waat ist die Piste sehr schlecht. Tiefe Fahrrinnen, von hohen Gräsern verdeckt. Steppenbrandgefahr. Die letzten Kilometer sind gut.

Waat: Dorf. Keine Versorgung möglich.

Die ersten 30 km nach Waat sind in ausgezeichnetem Zustand. Anschliessend viel Sand, in monotoner Wüstenlandschaft mit Gestrüpp.

Ayod: → Strecke 187.

388. Calabar - Ekang (Nigeria) - Otu (Kamerun) - Mamfé (Strecke 95)   164 km

→ Nigeria und Kamerun im Kapitel 7.

Auf dieser Strecke kann man von Calabar nach Mamfé fahren und vermeidet so den Umweg über Strecke 96 und Mfum.

Man verlässt Calabar Richtung Akamkpa. Am Stadtrand nach einer Mobil-Tankstelle rechts abzweigen. Asphaltstrasse (einige Schlaglöcher) bis Ekang.

Ekang: Dorf. Nigerianische Ausreiseformalitäten (Zoll und Polizei).

Piste bis Otu.

Otu: Dorf. Einreiseformalitäten Kameruns (Zoll und Polizei).

Nach Otu schmale Urwaldpiste mit zahlreichen Löchern. Die herrliche Tropenwaldlandschaft lässt die Schwierigkeiten der Piste etwas vergessen. 30 km nach Otu erreicht man die Strecke 95. Sehr schlechte Piste bis Mamfé.

Mamfé: → Strecke 95.
Ende der Strecke 380.

3.Teil: Anhang

ACHTUNG: Die Seiten, deren Nummern *kursiv* gedruckt sind, existieren nur in der Ausgabe für Deutschland. Die Seiten deren Nummern unterstrichen sind, gibt's nur in de für die deutschsprchige Schweiz bestimmten Ausgabe. Alle anderen Seiten sind in beiden Ausgaben identisch.

	Seite
PLAN DES FÜHRERS	
Vorwort	2. Umschlagseite
1. Teil: Vorbereitung und Ablauf der Reise	3
1. Allgemeines über die Reise	3
2. Wahl des Fahrzeuges	15
3. Ausrüstung des Fahrzeuges	26
4. Das Fahren	33
5. Ausrüstung des Passagiere	38
6. Papiere und Reisedokumente	52
7. Wichtige Informationen über bestimmte Länder	58
2. Teil: Beschreibung der Strecken	75
- Allgemeines	75
- Strecken	75
3. Teil: Anhang	275

CHECK LISTE	Paragraph	Seite
A		
ADAC:		
-Antrag auf Ausstellung eines Triptik oder Carnet	3. Teil	*339*
Adressen:		
-Automobilclubs in Europa	3. Teil	314
-Diplomatische Vetretungen		
in Afrika	3. Teil	328/334
in Europa	3. Teil	325/333
-Fremdenverkehrsbüros	3. Teil	331/338
-Impfzentern	5.2.6.	44
Allgemeines:		
-über das Fahrzeug	2.1.	15
-über die Reise	1.	3
-über die Strecken	2. Teil	275
Arabische Zahlen:	3. Teil	310
Ausrüstung des Fahrzeuges:	3.	26
-Einrichtung	3.9.	32
-Entsandungsausrüstung	3.3.	27
-Ersatzteile	3.6.	30
-Minimalausrüstung	3.1.	26
-Öle	3.8.	32
-Reifen	3.4.	28
-Werkzeug	3.7.	31
-Zusätzliche Ausrüstung	3.2.	27
Ausrüstung der Passagiere:	5.	38
-Apotheke	5.2.5.	44
-Campingausrüstung	5.5.	50
-Funkgeräte	5.8.	52
-Impfungen	5.2.1.	39

	Paragraph	Seite
-Kleidung	5.1.	38
-Lebensmittel	5.3.	47
-Medikamente	5.2.4.	42
-Photoausrüstung	5.6.	51
-Schusswaffen	5.7.	52
-Wasser	5.4.	47
Automobilclubs (Adressen):	3. Teil	314
B		
Bankgarantie:	6.6.	54
Bargeld:	6.8.2.	55
Benzinmotor:		
-Wahl	2.5.2.	19
-Pannen	2.8.1.	21
Berichtigungen:		
-Wie man - darstellt	3. Teil	320
-Senden Sie uns Ihre -	3. Teil	321
Bordbuch:	1.15.	15
C		
Camping:		
-Ausrüstung	5.5.	50
-Geschirr	5.5.3.	50
-Matratzen	5.5.2.	50
-Schlafsäcke	5.5.2.	50
-Zelte	5.5.1.	50
Carnet de passages:	6.5.	53
-ADAC - Antrag	3. Teil	*339*
-ÖAMTC - Antrag	3. Teil	343
-TCS - Gesuch	3. Teil	341
Check-Liste:	3. Teil	275
D		
Diebstahl:	1.12.	13
-Versicherung	6.9.5.	57
Dieselmotor:		
-Wahl	2.5.1.	18
-Pannen	2.8.2.	24
Diplomatische Vertretungen:		
-in Afrika	3. Teil	328/334
-in Europa	3. Teil	325/333
E		
Einführung:	1.1.	3
Einrichtung des Fahrzeuges:	3.9.	32
Einsanden:	4.1.1.	34
-Entsandungsausrüstung:	3.3.	27
Entfernungen (Karten):	1.3.	6
-in Afrika	1.3.	7
- in Europa	1.3.	6
Entsandungsausrüstung:	3.3.	27
-Einsanden	4.1.1	34

	Paragraph	Seite
Ersatzteile:	3.6.	30

F

	Paragraph	Seite
Fahren (das):	4.	33
-Aufgeweichte Pisten	4.3.	37
-Einsanden	4.1.1.	34
-Flüsse (Übergang)	4.2.	36
-Wüste (in der)	4.1.	33
Fahrzeug:	2, 3 & 4.	15,26 & 33
-Antriebsarten	2.4.	18
-Ausrüstung	3.	26
-Automobilclubs (Adressen)	3. Teil	314
-Benzinmotor (Wahl)	2.5.2.	19
-Benzinmotor (Pannen)	2.8.1.	21
-Dieselmotor (Wahl)	2.5.1.	18
-Dieselmotor (Pannen)	2.8.2.	24
-Einrichtung	3.9.	32
-Einsanden	4.1.1.	34
-Entsandungsausrüstung	3.3.	27
-Erfahrungen mit dem -	3. Teil	323
-Ersatzteile	3.6.	30
-Fahren (das)	4.	33
-Flussübergang	4.2.	36
-Grenzpassierscheinheft	6.5.	53
-Heimschaffung	6.9.2.	56
-Markenvertretungen	2.7.	21
-Öle	3.8.	32
-Pannen	2.8.	21
-Reifen	3.4.	28
- - schein	6.4.	53
-Technische Handbücher	3.5.	29
-Treibstoff	4.4.	38
-Typen	2.6.	19
-Unfall	1.11.	13
-Versicherungen	6.9.	55
-Wahl	2.	15
-Werkzeug	3.7.	31
-Zulassung	2.3.	17
Festellung der Motorpannen:	2.8.	21
Flüsse (Übergang):	4.2.	36
Formalitäten:		
-andere	6.10.	58
-Legende der - tabelle	3. Teil	319
-Tabelle	3. Teil	318
-Siehe auch Kapitel 7	7.	58
-Errata	3. Teil	
Fremdenverkehrsbüros:	3. Teil	331/338
Fremdwährungen (Kurse der -)	3. Teil	317
Führerschein:	6.4.	53
Funkgeräte:	5.8.	52

G

	Paragraph	Seite
Garantien:		
-Bankgarantie	6.6.	54
-Hinterlegung von -	6.7.	54
Geldüberweisungen:	6.8.4.	55
Geschirr:	5.5.3.	50
Grenzpassierscheinheft:	6.5.	53

	Paragraph	Seite
Grenzübergänge:	1.7.	10
Gutschein für Nachträge:	1. Teil	1

H

	Paragraph	Seite
Haftpflichtversicherung:	6.9.1.	55
Handbücher (technische):	3.5.	29
Haustiere:	1.14.	14
Heimschaffung (Auto):	6.9.2.	56
Hilfsoperationen:	4.1.3.	36
-Sicherheitsregeln i.d. Wüste	4.1.2.	34
Hygienemassnahmen:	5.2.3.	40

I

	Paragraph	Seite
Identitätskarte:	6.1.	52
Impfungen:	5.2.1.	39
Impfzentren (Adressen):	5.2.6.	44
Impfzeugnis:	6.3.	53

K

	Paragraph	Seite
Karten:	1.15.	15
-Entfernungen in Afrika	1.3.	7
-Entfernungen in Europa	1.3.	6
-Identitäts -	6.1.	52
-Strassenzustand (Afrika)	1.3.	7
-Streckenübersicht	3. Teil	306 à 308
Kaskoversicherung:	6.9.6.	57
Kautionen (andere):	6.7.	54
Kleidung:	5.1.	38
Korrekturen:		
-Senden Sie uns Ihre -	3. Teil	320
-Wie man Berichtigungen...	3. Teil	321
Krankenversicherung:	6.9.3.	57
Krankheiten:		
-Krankenversicherung	6.9.3.	57
-Medikamente	5.2.4.	42
-Schutz gegen	5.2.2.	40
Kreditbrief:	6.8.3.	57
Kurse der Fremdwährungen:	3. Teil	317

L

	Paragraph	Seite
Länder:		
-wichtige Informationen	7.	58
Lebensmittel:	5.3.	47

M

	Paragraph	Seite
Matratzen:	5.5.2.	50
Medikamente:	5.2.4.	42
Motor:		
-Benzin (Wahl)	2.5.2.	19
-Benzin (Pannen)	2.8.1.	21
-Diesel (Wahl)	2.5.1.	18
-Diesel (Pannen)	2.8.2.	24

O

	Paragraph	Seite
ÖAMTC:		
-Grenzdokumentantrag	3. Teil	343
Öle:	3.8.	32
Ortsverzeichnis:	3. Teil	278

P

	Paragraph	Seite
Pannen (Feststellung der):	2.8.	21
Papiere:	6.	52
-Fahrzeugschein	6.4.	53
-Führerschein	6.4.	53
-Grenzpassierscheinheft	6.5.	53
-Impfzeugnis	6.3.	53
-Personalausweis	6.1.	52
-Reisepass	6.1.	52
-Versicherungen	6.9.	55
-Zahlungsmittel	6.8.	55
-Andere Papiere	6.10.	58
Pass:	6.1.	52
Passagiere:		
-Ausrüstung der -	5.	38
-Haustiere	1.14.	14
-Reisegefährten	1.13.	14
-Rückreiseversicherung	6.9.4.	57
Personalausweis:	6.1.	52
Photoausrüstung:	5.6.	51
Pisten (aufgeweichte):	4.3.	37
Plan des Führers:	3. Teil	275
Postsendungen:	1.9.	12

R

	Paragraph	Seite
Radio:		
-Funkgeräte	5.8.	52
-Sendungen	1.10.	13
Reifen:	3.4.	28
-Reparatur der -	3.4.2.	28
-Wahl der -	3.4.1.	28
Reise:	1.	3
-Allgemeines über die -	1.	3
-Apotheke	5.2.5.	44
-Dokumentation	1.15.	15
-Führer	1.15.	15
-Gefährten	1.13.	14
-Kosten	1.4.	7
-Pass	6.1.	52
-Scheks	6.8.1.	55
-Verhalten	1.6.	9
Rückreiseversicherung:	6.9.4.	57

S

	Paragraph	Seite
Sahara-Ausdrücke:	3. Teil	309
Schiffsverbindungen:	1.8.	11
Schlafsäcke:	5.5.2.	50
Schusswaffen:	5.7.	52
Schutzbrief (TCS -):	3. Teil	339
Sicherheit:		
-Hilfsoperationen	4.1.3.	36
-Sicherheitsregeln	4.1.2.	34
Skizzen:	3. Teil	297 - 205
Strassenzustände (Karte):	1.3.	7
Strecken:		
-Allgemeines über die -	2. Teil	275
-Beschreibung der -	2. Teil	275
-übersicht (Karten)	3. Teil	306 - 303

T

	Paragraph	Seite
Tabellen:		
-Formalitäten	3. Teil	319

	Paragraph	Seite
-Kurse der Fremdwährungen	3. Teil	317
-Motorpannen	2.8.	21
-Wetter in Afrika	1.2.	5
TCS:		
-Aufnahmegesuch	3. Teil	339
-Bestellung für Schutzbr.	3. Teil	339
-Gesuch für Zolldokumente	3. Teil	341
Technische Handbücher:	3.5.	29
Treibstoff:	2.5.	18
-Benzinmotor	2.5.2.	19
-Dieselmotor	2.5.1.	18
-Preis in Afrika	3. Teil	316
-Qualität	4.4.	38
-Verbrauch	4.4.	38
Triptik (ADAC-Antrag):	3. Teil	339

U

	Paragraph	Seite
Unfall:		
-Versicherung	6.9.3.	57
-Verhalten bei einem -	1.11.	13
Unterkunft:	1.5.1.	8

V

	Paragraph	Seite
Verbrauch:	4.4.	38
Verpflegung:	1.5.2.	9
Versicherungen:	6.9.	55
-Diebstahl	6.9.5.	57
-Haftpflicht	6.9.1.	55
-Heimschaffung (Fahrzeug)	6.9.2.	56
-Kasko	6.9.6.	57
-Kranken	6.9.3.	57
-Rückreise (Passagiere)	6.9.4.	57
-Unfall	6.9.3.	57
Vertretungen:		
-Automobilmarken	2.7.	21
-Diplomatische in Afrika	3. Teil	328 - 334
-Diplomatische in Europa	3. Teil	325 - 333
Visa:	6.2.	52
Vorwort:	2. Umschlagseite	

W

	Paragraph	Seite
Wasser:	5.4.	47
Werkzeug:	3.7.	31
Wetter in Afrika:	1.2.	4
Wüste:		
-Fahren in der -	4.1.	33
-Hilfsoperationen	4.1.3.	36
-Minimalausrüstung	3.1.	26
-Sicherheitsregeln in der -	4.1.2.	34
-Zusätzliche Ausrüstung	3.2.	27

Z

	Paragraph	Seite
Zahlen (arabische):	3. Teil	310
Zahlungsmittel:	6.8.	55
-Bargeld	6.8.2.	55
-Geldüberweisung	6.8.4.	55
-Kreditbrief	6.8.3.	55
-Reiseschecks	6.8.1.	55
Zelte:	5.5.1.	50
Zulassung:	2.3.	17
-in Deutschland	2.3.2.	17
-in Österreich	2.3.3.	17
-in der Schweiz	2.3.1.	17

INDEX DES LOCALITES

Abréviations

ORTSVERZEICHNIS

Abkürzungen

ALG	Algérie	ALG	Algerien
ANG	Angola	ANG	Angola
BEN	Bénin	BEN	Benin
BOT	Botswana	BOT	Botswana
BUR	Burundi	BUR	Burundi
CAM	Caméroun	CAM	Kamerun
C-I	Côte d'Ivoire	C-I	Elfenbeinküste
CON	Congo	CON	Kongo
DJI	Djibouti	DJI	Dschibuti
EGY	Egypte	EGY	Aegypten
ESP	Espagne	ESP	Spanien
ETH	Ethiopie	ETH	Aethiopien
GAB	Gabon	GAB	Gabun
GAM	Gambie	GAM	Gambia
GHA	Ghana	GHA	Ghana
H-V	Haute-Volta	H-V	Obervolta
KEN	Kenya	KEN	Kenia
LIA	Libéria	LIA	Liberia
LIB	Libye	LIB	Libyen
MAI	Malawi	MAI	Malawi
MAL	Mali	MAL	Mali
MAR	Maroc	MAR	Marokko
MAU	Mauritanie	MAU	Mauretanien
NIA	Nigéria	NIA	Nigeria
NIG	Niger	NIG	Niger
OUG	Ouganda	OUG	Uganda
RAS	République d'Afrique du Sud	RAS	Südafrikanische Republik
RCA	République Centrafricaine	RCA	Zentralafrikanische Republik
RHO	Rhodésie	RHO	Rhodesien
RWA	Rwanda	RWA	Rwanda
SEN	Sénégal	SEN	Senegal
S-L	Sierra-Leone	S-L	Sierra-Leone
SOA	Sud-Ouest Africain	SOA	Süd-West Afrika
SOU	Soudan	SOU	Sudan
TAN	Tanzanie	TAN	Tansania
TCH	Tchad	TCH	Tschad
TOG	Togo	TOG	Togo
TRA	Transkei	TRA	Transkei
TUN	Tunisie	TUN	Tunesien
ZAI	Zaïre	ZAI	Zaïre
ZAM	Zambie	ZAM	Sambia

Nom de la localité Ortsname	Pays Land	No du trajet Streckennummer	Nom de la localité Ortsname	Pays Land	No du trajet Streckennummer
A			Aguéguë	BEN	57
Aaiun	MAR	5	Aguelhok	MAL	51
Aargub	MAU	350	Aho (Pic)	NIG	129
Aba	NIA	98	Ahouenehamt	ALG	119
Aba	ZAI	246	Aï-Ais	SOA	292
Abadla	ALG	41	Ain Ben Tilli	ALG	42
Abakaliki	NIA	97	Ain Doua	LIB	150
Abala	NIG	345	Ain Kerma	ALG	108
Abdel Bagrou	MAU	346	Ain Sefra	ALG	38
Abéché	TCH	219	Ain Tounine	TUN	373
Abengourou	C-I	30	Ain Zueia	LIB	150
Aberdare (Ntl. Park)	KEN	375	Air	NIG	363
Abeokuta	NIA	102	Ait Benhaddou	MAR	5
Abidjan	C-I	30	Ait Melloul	MAR	5
Abomey	BEN	55	Ajedabaya	LIB	146
Abong-Mbang	CAM	92	Akagera (Ntl. Park)	RWA	257
Aborak	NIG	371	Akakous	LIB	122
Abou-Simbel/Abu Simbel	EGY	169	Akamkpa	NIA	388
Abousir/Abusir	EGY	156	Akar-Akar (Plateau)	ALG	119
Abraha-Atsbha	ETH	199	Aketi	ZAI	236
Abri (Mont/Berg)	SOU	152	Akjoujt	MAU	7
Abu Dom	SOU	174	Aklé	MAU	346
Abu El Matâmir	EGY	154	Akobo	SOU	387
Abu Hamed	SOU	170	Akom II	CAM	321
Abu Hamid	SOU	152	Akreijif	MAU	346
Abu Qurqas	EGY	159	Akula	ZAI	234
Abu Zabad	SOU	229	Alderley	TRA	285
Abydos	EGY	159	Alemaya	ETH	206
Accra	GHA	30	Alembe	GAB	320
Achegour	NIG	134	Alexandrie/alexandria	EGY	149
Adaodo	ALG	119	Alindao	RCA	224
Ad Dakhla	MAR	350	Ali Sabieh	DJI	206
Addis Abeba	ETH	198	Aliwal North	RAS	288
Addis Zemen	ETH	198	Alleman's Kraal	RAS	284
Adi Abun	ETH	194	Allia Bay	KEN	211
Adi Arkai	ETH	197	Amadror (Plaine/Ebene)	ALG	110
Adi Caieh	ETH	195	Amara Abu (Sarsereib)	KEN	236
Adigrat	ETH	195	Amara Gedid	SOU	378
Adjap	CAM	321	Amara (Temple/Tempel)	SOU	169
Adjiri (Guelta)	ALG	121	Amba Alaji (Col/Pass)	ETH	199
Admer (Erg d')	ALG	120	Ambam	GAM	320
Adrar	ALG	46	Amboseli (Ntl Park)	KEN	261
Adrar (Massif/Massiv)	ALG	357	Amerzgane	MAR	5
Adrar Madet	NIA	363	Amguid	ALG	108
Adrar Marianou	ALG	120	Anaka	ZAI	247
Adrar Tin Amali	ALG	121	Andéramboukane	MAL	345
Adré	TCH	219	Andudu	ZAI	245
Afilale	ALG	119	Anécho	TOG	30
Aflou	ALG	39	Anefis	MAL	51
Agadem	NIG	133	Anemiter	MAR	5
Agadez	NIG	65	Anseba (Rivière/Fluss)	ETH	192
Agadir	MAR	369	Ansongo	MAL	53
Agdz	MAR	4	Aoulef	ALG	47
Agnibilekrou	C-I	30	Aozou	LIB	141
Agordat	ETH	192	Arbre du Ténéré	NIG	134

Nom de la localité / Ortsname	Pays / Land	No du trajet / Streckennummer	Nom de la localité / Ortsname	Pays / Land	No du trajet / Streckennummer
Archer's Post	KEN	210	Bagamoyo	TAN	265
Areschima (Monts/Berge)	NIG	363	Bagodo	CAM	368
Argungu	NIA	355	Bahar Dar	ETH	198
Arhil	ALG	49	Bahr Aouk	TCH	338
Arlit	NIG	65	Bahr el Arab	SOU	228
Arly	H-V	35	Baleng (Lac/See)	CAM	380
Arly (Ntl. Park)	H-V	35	Bama	NIA	79
Aris	SOA	295	Bamako	MAL	11
Aroma	SOU	182	Bambari	RCA	224
Arrigui (Lac/See)	NIG	130	Bambesa	ZAI	240
Arsinoë	EGY	156	Bambili	ZAI	240
Aru	ZAI	247	Bambouti	RCA	225
Arua	OUG	247	Bamenda	CAM	380
Arusha	TAN	257	Banagi	TAN	257
Asab	SOA	295	Banalia	ZAI	241
Asbe Tafari	ETH	206	Banco (Ntl. Park)	C-I	30
Asilah	MAR	369	Bandama Blanc	C-I	349
Asis Safari Camp	KEN	211	Bandiagara	MAL	18
Asmara	ETH	192	Banfora	H-V	27
Assab	ETH	201	Bangassou	RCA	224
Assamaka	NIG	64	Banganté	CAM	86
Assekrem	ALG	63	Bangui	RCA	221
Assekrem (Refuge/Hütte)	ALG	117	Bani (Rivière/Fluss)	MAL	14
Assouan/Assuan	EGY	166	Banjul	GAM	10
Asyut	EGY	159	Bansara	NIA	97
Ataka (Montagnes/Berge)	EGY	158	Banya Fort	KEN	211
Atakor (Chaine/Massiv)	ALG	117	Banyo	CAM	84
Atakpamé	TOG	31	Banza-Sosso	ANG	312
Atar	MAU	7	Bapit (Lac/See)	CAM	84
Atbara	SOU	179	Bara	SOU	377
Ati	TCH	219	Baragoi	KEN	211
Auennat Uennin	LIB	328	Barakat	SOU	185
Augila	LIB	147	Baranga	ZAI	240
Awasa	ETH	207	Barentu	ETH	192
Awash	ETH	202	Baris	EGY	341
Aweil	SOU	228	Barkal	SOU	175
Axum	ETH	197	Barra	GAM	10
Ayod	SOU	187	Basoko	ZAI	237
Ayorou	NIG	53	Bassila	BEN	333
Ayos	CAM	92	Basunda	SOU	186
Aysha	ETH	206	Batama	ZAI	249
Ezemmour	MAR	369	Batchenga	CAM	86
Azezo	ETH	186	Bathurst (Banjul)	CAM	10
Azizia	LIB	334	Bati	ETH	200
Azrou (Col/Pass)	ALG	323	Batié (Col/Pass)	CAM	87
			Batouri	CAM	344
B			Bauchi	NIA	104
Babanusa	SOU	227	Baya	LIB	145
Bab-bou-Idir	MAR	3	Beaufort West	RAS	290
Baboua	RCA	89	Béchar	ALG	40
Bachuo-Akagbé	CAM	95	Bedouaram	NIG	133
Badi	SEN	9	Bethanie	SOA	292
Bafia	CAM	86	Beinamar	TCH	343
Bafoussam	CAM	84	Beit Bridge	RHO	277
Bafwasende	ZAI	249	Belhirane	ALG	107
Baga	NIA	139	Beloko	RCA	89

Nom de la localité Ortsname	Pays Land	No du trajet Streckennummer	Nom de la localité Ortsname	Pays Land	No du trajet Streckennummer
Bemal	RCA	222	Bobo-Dioulasso	H-V	20
Bénéna	MAL	366	Boda	RCA	344
Ben Gardane	TUN	124	Bogilima	ZAI	232
Benghazi	LIB	149	Bokada	ZAI	232
Beni	ZAI	250	Bolobo	ZAI	315
Beni Abbès	ALG	44	Bondo	ZAI	238
Beni Hasan	EGY	159	Bondoukuy	H-V	358
Beni Isguen	ALG	59	Bongor	TCH	222
Beñi Kheddache	TUN	370	Bonne Espérance (Cap)		
Benin City	NIA	101	(Guten Hoffnung, Kap)	RAS	289
Beni Ounif	ALG	40	Bontebok (Ntl. Park)	RAS	289
Beni Suef	EGY	156	Bontiol (Réserve/Res.)	H-V	347
Beni Zelten	TUN	373	Bor	SOU	187
Bennmado	TCH	131	Borchenna (Riv./Fluss)	ETH	203
Bénoué (Réserve/Reservat)	CAM	83	Bordj-Moktar	ALG	51
Bénoué (Rivière/Fluss)	CAM	343	Bordj Omar Driss	ALG	108
Berber	SOU	179	Bordj Perez	ALG	51
Berberati	RCA	344	Borgu (Réserve/Res.)	NIA	356
Berekum	GHA	30	Borodougou	H-V	20
Berenice	EGY	167	Boromo	H-V	21
Bertoua	CAM	90	Bosobolo	ZAI	325
Biankouma	C-I	336	Bossangoa	RCA	222
Bibundi	CAM	94	Bossembélé	RCA	89
Bidon V	ALG	51	Bossembélé II	RCA	89
Bifoun	GAB	318	Bosso	NIG	139
Bigou	H-V	34	Bou Adrima	MAU	346
Bili (Rivière/Fluss)	ZAI	238	Bouaflé	C-I	29
Bilma	NIG	132	Bouaké	C-I	28
Binga	ZAI	234	Bouânane	MAR	340
Bir Abu Husein	EGY	341	Bouar	RCA	89
Bir Alagh	LIB	334	Bouarfa	MAR	340
Birao	RCA	327	Bou Azoua	TUN	106
Bir-el-Hammamat	EGY	162	Boubandjidah Ntl. Park	CAM	343
Bir-el-Hamri	ALG	106	Boudenib	MAR	340
Bir-el-Harasc	LIB	144	Bougoumé	CAM	343
Bir Gandus	MAU	350	Bougouni	MAL	19
Bir Gazeil	LIB	328	Boukombé	BEN	33
Bir Misâha	EGY	169	Boukoula-Tchévi	CAM	104
Bir Moghrein	MAU	6	Boulanouar	MAU	350
Birnin Kebbi	NIA	355	Boultoum	NIG	371
Birni-Nkonni	BEN	56	Boumalne-du-Dadès	MAR	2
Birni Yauri	NIA	355	Boundiali	C-I	348
Bir Shalatein	EGY	167	Bounta	C-I	360
Biskra	ALG	106	Bourarhet (Erg)	ALG	109
Bitam	GAB	320	Bou Rbia	MAR	365
Bitane	CAM	321	Bourem	MAL	52
Bittou	H-V	36	Bourrah	CAM	81
Biu	NIA	104	Bousso	TCH	221
Bizana	TRA	285	Bouza	NIG	72
Bla	MAL	13	Boyabo	ZAI	232
Blida	ALG	58	Bozène	ZAI	232
Blidet	TUN	373	Bralima	ZAI	237
Blitta	TOG	31	Brak	LIB	328
Bloemfontein	RAS	284	Brandberg (Massif)	SOA	308
Bo	S-L	330	Brazzaville	CON	316
Boali	RCA	223	Brézina	ALG	39

Nom de la localité Ortsname	Pays Land	No du trajet Streckennummer	Nom de la localité Ortsname	Pays Land	No du trajet Streckennummer
Brikama	GAM	10	Chinguetti	MAU	7
Britstown	RAS	286	Chipata	ZAM	270
Broderick Falls	KEN	258	Chirfa	NIG	120
Broulkou	TCH	131	Chisenga	MAI	270
B.U.C.	LIB	142	Chitambo	ZAM	269
Bu Craa	MAR	6	Chitipa	MAI	270
Buea	CAM	94	Chobe (Ntl. Park)	BOT	299
Bu Gren	LIB	123	Choma	ZAM	272
Buitepos	SOA	296	Chott-el-Djerid	TUN	373
Bujora	TAN	257	Choum	MAU	7
Bujumbura	BUR	256	Chutes du Nil Bleu		
Bukavu	ZAI	255	(Fälle des Blauen Nils)ETH		198
Bulawayo	RHO	274	Cinkassé	TOG	36
Bumba	ZAI	235	Cinzarra	MAL	13
Bumbala	ZAI	325	Cohaito	ETH	195
Bunia	ZAI	381	Colenso	RAS	285
Burg el Tuyur	SOU	379	Constantine	ALG	106
Bururi	BUR	256	Coppolani	MAU	350
Businga	ZAI	233	Cotonou	BEN	55
Busisi	TAN	257	Cotta	MAR	369
Buta	ZAI	239	Crampel	RCA	327
Butana (Pont/Brücke)	SOU	183	Crater Lodge	TAN	257
Butembo	ZAI	250	Crocodilopolis	EGY	156
Butterworth	TRA	285	Cyangugu	RWA	254
Bwedu	S-L	330	Cyrène/Kyrene	LIB	149
Bwiam	GAM	10			

C

Nom de la localité	Pays	No	Nom de la localité	Pays	No
			D		
			Dabou	C-I	30
Cacca (Mont/Berg)	ETH	207	Dagash	SOU	179
Le Caire/Kairo	EGY	154	Dahchoûr/Dahschur	RGY	156
Calabar	NIA	96	Dahr Oualata	MAU	346
Calansho	LIB	147	Dakar	SEN	7
Caledon	RAS	289	Dallol Boboye	NIG	71
Cango (Grottes/Höhlen)	RAS	289	Daloa	C-I	29
Le Cap/Kapstadt	RAS	289	Damara	RCA	221
Cap Bojador	MAR	350	Damaturu	NIG	138
Cape Coast	GHA	367	Danakil (Désert/Wüste)	ETH	201
Cap Malabata	MAR	369	Dananè	C-I	330
Cap Spartel	MAR	369	Dandara/Dendera	EGY	159
Cap Timiris	MAU	350	Danghela	ETH	198
Carmona	ANG	311	Dan-Issa	NIG	74
Carnot	RCA	344	Daora	MAR	5
Casablanca	MAR	369	Daru Junction	S-L	330
Casamance/Casamanca	SEN	10	Dao Timni	NIG	126
Caxito	ANG	311	Daouenle	ETH	206
Ceuta	ESP	369	Dapaon	TOG	36
Chakchouk/Schakschuk	EGY	156	Dar-es-Salaam	TAN	265
Chalinze	TAN	264	Dassa-Zoumè	BEN	55
Chami	MAU	350	Daura	NIA	75
Char	MAU	7	Dawa (Rivière/Fluss)	ETH	208
Chari (Rivière/Fluss)	TCH	338	Debark	ETH	197
Chechaouen	MAR	1	Debba	SOU	174
Chellalla	ALG	39	Debre Berhan	ETH	203
Chenini	TUN	370	Debre Damo	ETH	196
Chichaoua	MAR	5	Debre Libanos	ETH	198
Chief Islands	BOT	298	Debre Markos	ETH	198

Nom de la localité / Ortsname	Pays / Land	No du trajet / Streckennummer	Nom de la localité / Ortsname	Pays / Land	No du trajet / Streckennummer
Debre Sina	ETH	203	Djoua (Dépression de)	ALG	109
Debre Zeit	ETH	204	Djougou	BEN	333
Decamere	ETH	195	Djourab (Erg)	TCH	131
Dédougou	H-V	358	Djugu	ZAI	381
De Gaulle (Rond-Point)	TCH	131	Doba	TCH	222
Dégou (Rivière/Fluss)	MAL	336	Dodoma	TAN	262
Deir-el-Adrah	EGY	159	Dogali	ETH	193
Dekoa	RCA	327	Dogon (Pays/Land)	MAL	18
Delami	SOU	383	Dogondoutchi	BEN	56
Dembia	RCA	225	Dokhara (Dunes/Dünen)	ALG	106
Derg	LIB	328	Dolisie (Loubomo)	CON	316
Derudeb	SOU	182	Dondo	ANG	309
Dessie	ETH	199	Dongola	SOU	173
Diaba	NIG	129	Dongollo	ETH	193
Diabali	MAL	52	Dosso	NIG	54
Diapaga	H-V	35	Douala	CAM	88
Dibella	NIG	133	Douentza	MAL	15
Diébiga	H-V	36	Doumé	CAM	92
Diébougou	H-V	347	Douirat	TUN	370
Diéma	MAL	11	Douz	TUN	373
Dilla	ETH	209	Dschang	CAM	380
Dilling	SOU	382	Dubaibat	SOU	382
Dindima	NIA	104	Duekoue	C-I	29
Dinka (Villages/Dörfer)	SOU	187	Dune Archenu	LIB	150
Diobo	ZAI	234	Dungu	ZAI	246
Dire Dawa	ETH	206	Dungunab	SOU	171
Dirkou	NIG	130	Dukana	KEN	211
Divo	C-I	335	Durban	RAS	285
Djado	NIG	120	Dwanga	MAI	270
Djanet	ALG	110	**E**		
Djebel Assar	ALG	109			
Djebel Attalab	LIB	150	East London	RAS	285
Djebel Aulia	SOU	214	Ebolowa	CAM	320
Djebel Ben Ghnema	LIB	127	Ed Dueim	SOU	214
Djebel Eghei	LIB	145	Ede	NAI	102
Djebel-el-Bik	SOU	379	Edéa	CAM	93
Djebel-el-Gardeba	LIB	148	Edein Muzruk	LIB	127
Djebel-el-Hauaisc	LIB	148	Edfou/Edfu	EGY	163
Djebel Sahyib	EGY	158	Edfou-Gare/Edfu-Bahnhof	EGY	163
Djebel Fadil	LIB	148	Edri	LIB	328
Djebel Idjerane	ALG	110	Egghidi-Uan Titagsin	LIB	122
Djebel Iskat	SOU	386	Ehi Atroun	TCH	131
Djebel Kissu	SOU	152	Ehi Dohar	NIG	131
Djebel Marra	SOU	218	Ehi Turba	NIG	131
Djebel Mekter	ALG	40	Ein Sokhna	EGY	158
Djebel Soda	LIB	123	Ekang	NIA	388
Djebel Tala Mellet	ALG	112	Ekok	CAM	95
Djebel Telertheba	ALG	112	Ekom (Chutes/Fälle)	CAM	87
Djebel Tosi	SOU	383	El-Abiod-Sidi-Cheikh	ALG	39
Djebel Umm el Adam	LIB	127	El Adeb Larache	ALG	109
Djebel Uweinat	LIB	150	El Alamein	EGY	149
Djenné	MAL	14	El Amiriya	EGY	154
Djerba (Ile/Insel)	TUN	124	El Atrun	SOU	151
Djermaya	TCH	131	El Badrashein	EGY	157
Djibasso	H-V	366	El Balyana	EGY	159
Djibouti/Dschibuti	DJI	206	El Bayad	ALG	39

Nom de la localité / Ortsname	Pays / Land	No du trajet / Streckennummer	Nom de la localité / Ortsname	Pays / Land	No du trajet / Streckennummer
El Beida	LIB	149	Es Sider	LIB	146
El Damer	SOU	180	Estcourt	RAS	285
El Djeddid	ALG	43	Etosha (Ntl. Park)	SOA	308
Eldoret	KEN	259	Ewaso Nyiro (Riv./Fl.)	ETH	206
El Faiyum	EGY	156	**F**		
El Faouar	TUN	373			
El Fasher	SOU	151	Fachi	NIG	135
El Foghaha	LIB	123	Fada N'Gourma	H-V	23
El Gem/El Djem	TUN	124	Fadnoun (Plateau)	ALG	109
El Geneina	SOU	217	Falmana	H-V	331
El Giof (Koufra/Kufra)	LIB	145	Fantaisie	LIB	141
El Giza	EGY	154	Faradje	ZAI	246
El Goléa	ALG	61	Farako (Chutes/Fälle)	MAL	19
Elgon (Mont, Ntl. Park)	KEN	189	Faya Largeau	TCH	131
El Hamma	TUN	373	F-Derick	MAU	7
Eliye Springs	KEN	189	Félou	MAL	11
El Jadida	MAR	369	Ferkessedougou	C-I	329
El Jebelein	SOU	187	Fès	MAR	1
El Kab	EGY	163	Figuig	MAR	340
El Khandaq	SOU	174	Filingué	NIG	71
El Kharga	EGY	341	Fish River Canyon	SOA	292
El Kurru	SOU	175	Flagstaff	TRA	285
El Lâhûn	EGY	156	Fo	H-V	331
Elliotdale	TRA	285	Foggaret-es-Zoua	ALG	114
El Madamud	EGY	163	Fort Arikine	ALG	121
El Maks	EGY	341	Fort Flatters	ALG	108
Wl Matanieh	EGY	157	Fort Gardel	ALG	109
El Meki	NIG	326	Fort Hall	KEN	212
El Merj	LIB	149	Fort Lallemand	ALG	107
El Minya	EGY	159	Fort Motylinski	ALG	323
El Muglad	SOU	228	Fort Polignac (Illizi)	ALG	109
El Obeid	SOU	215	Fort Victoria	RHO	276
El Odaiya	SOU	229	Fotokol	CAM	78
El Oued	ALG	106	Fouari (Mont/Berg)	GAB	318
El Shab	EGY	341	Foumban	CAM	84
El Sod (Cratère/Krater)	ETH	209	Foumbot	CAM	84
El Tallab	LIB	150	Foum-el-Khenegg	ALG	44
El Uotia	LIB	328	Foum Tatahouine	TUN	370
El Wasta	EGY	157	Foum Zguid	MAR	365
Enda Medhane Alem	ETH	199	Foya	LIA	330
Enda Sellasie	ETH	197	Francistown	BOT	281
Enneri-Lulu	NIG	131	Freetown	S-L	330
Enneri Maro	TCH	131	Friouta (Gouffre/Höhle)	MAR	3
Enneri Sherda	TCH	131	Fungor	SOU	386
Enneri Taho	TCH	131	**G**		
Entebbe	OUG	191			
Enugu	NIA	97	Gabès	TUN	124
Epulu (Station de l')	ZAI	249	Gabiro	RWA	257
Erfoud	MAR	2	Gaborone	BOT	303
Erida	SOU	182	Gabra	SOU	377
Eriera	MAU	346	Gafsa	TUN	106
Ermitage du Père de Foucauld/Einsidelei des			Gagnoa	C-I	362
			Gakem	NIA	352
Père de Foucauld	ALG	117	Galio	LIB	147
Erongo (Monts/Berge)	SOA	306	Gallabat	SOU	186
Essaouira	MAR	369	Gambaru	NIA	78

Nom de la localité Ortsname	Pays Land	No du trajet Streckennummer	Nom de la localité Ortsname	Pays Land	No du trajet Streckennummer
Gamboula	RCA	344	Gorē	TCH	222
Gananita	SOU	179	Gorēe (Ile/Insel)	SEN	7
Gandamia (Falaises)	MAL	15	Gouēssesso	C-I	336
Gangala-Na-Bodio	ZAI	246	Gougaram	NIG	326
Ganvié	BEN	55	Goulimime	MAR	5
Gao	MAL	51	Gombe	NIA	104
Gaoua	H-V	347	Gouna	CAM	84
Garagus	EGY	163	Goundam	MAL	52
Garamba (Ntl. Park)	ZAI	246	Gourē	NIG	138
Garden Road	RAS	289	Grahamstown	RAS	289
Garet el Djenoun	ALG	115	Graret el Bgar	LIB	127
Garet el Giaheid	LIB	148	Graret el Giaheid	LIB	148
Garfa	SOU	377	Graret es Sebaa	LIB	127
Garmabe	SOU	230	Grand-Bassam	C-I	30
Garoua	CAM	81	Grand-Béréby	C-I	335
Garoua-Boulai	CAM	85	Gravelotte	RAS	282
Garsen	KEN	324	Grimari	RCA	224
Gash (Rivière/Fluss)	SOU	182	Grip Mines	EGY	169
Gassi Touil	ALG	107	Grootfontein	SOA	307
Gatooma	RHO	275	Grunau	SOA	293
Gatrun	LIB	126	Guelb Richat	MAU	7
Gaya	NIG	55	Guelengdeng	TCH	220
Gbarnga	LIA	330	Guelta-Zemmur	MAR	6
Gboko	NIA	352	Guermessa	TUN	370
Gedaref	SOU	186	Guétuzon	C-I	29
Geidam	NIA	139	Guiglo	C-I	335
Geigar	SOU	187	Gulu	OUG	190
Geita	TAN	257	Gwanda	RHO	280
Gemena	ZAI	232	Gwelo	RHO	275
Gemmeiza	SOU	187	Gweta	BOT	301
George	RAS	289	**H**		
Gezira (Région/Gegend)	SOU	184			
Ghadamès	LIB	334	Habadra (Plaine/Ebene)	ALG	113
Ghanzi	BOT	296	Hadjer el Begui	TCH	337
Ghardaia	ALG	59	Hadjer el Hamis	TCH	337
Ghardaka	EGY	158	Haiya	SOU	171
Gharian	LIB	334	Halaib	EGY	171
Ghat	LIB	121	Hammada el Homra	LIB	328
Ghazali	SOU	175	Hammamet	TUN	105
Ghinda	ETH	193	Hamrat el Wuz	SOU	377
Ghoumrassen	TUN	370	Hardap Dam	SOA	295
Giado	LIB	334	Hardush el Aswed	LIB	141
Giant's Castle	RAS	285	Harrer	ETH	206
Gilgil	KEN	259	Hartley	RHO	275
Giosh	LIB	328	Hassi-bel-Guebbour	ALG	107
Gisenyi	RWA	250	Hassi Fahl	ALG	61
Gitarama	RWA	253	Hassi Issaouane	ALG	109
Gité	TCH	337	Hassi Issendjel	ALG	109
Gneir	LIB	123	Hassi Marroket	ALG	45/62
Gobabis	SOA	296	Hassi Messaoud	ALG	106
Gobo (Col/Pass)	NIG	131	Hassi Tabankort	ALG	109
Göllschau	SOA	305	Hassi Teraga	ALG	50
Golongosso	RCA	338	Haut-Nil	SOU	386
Goma	ZAI	250	Hauwara/Hachewara	EGY	156
Gombe (Ntl. Park)	TAN	256	Heiban	SOU	383
Gondar	ETH	197	Heidelberg	RAS	285

Nom de la localité Ortsname	Pays Land	No du trajet Streckennummer	Nom de la localité Ortsname	Pays Land	No du trajet Streckennummer
Heliopolis	EGY	158	Isiolo	KEN	212
Hentiesbaai	SOA	308	Isiro	ZAI	243
Hermopolis	EGY	159	Isna/Sua (Esna)	EGY	163
Hills, l'000	RAS	285	Isoka	ZAM	269
Himo	TAN	263	Issaouane (Erg)	ALG	109
Hirhafok	ALG	112	Issia	C-I	362
Hoba	SOA	307	Itimbiri (Rivière/Fl.)	ZAI	237
Hole-in-the-Wall	TRA	285	Iube/Uige	ANG	311
Holoog	SOA	292	Iwo	NIA	102
Hombori	MAL	15	**J**		
Hon	LIB	123			
Hosenofu	LIB	145	Jebbaren	ALG	110
Houndé	H-V	21	Jega	NIA	355
Hourghada	EGY	158	Jerma	LIB	122
Hoyo (Mont/Berg)	ZAI	250	Jibiya	NIA	74
Huambo	ANG	309	Jinja	NIA	74
Hudat	ETH	208	Jinja	OUG	258
Hukuntsi	BOT	330	Johannesburg	RAS	282
Humansdorp	RAS	289	Jos	NIA	100
I			Juba	SOU	187
			Jreida	MAU	350
Ibadan	NIA	102	**K**		
Idelès	ALG	112			
Idi Amin Dada (Lac/See)	ZAI/OUG	250	Kabarega Falls Ntl. P.	ZAI	247
Idiroko	NIA	57	Kabo	RCA	221
Idjef-Mellen	ALG	117	Kabunga	ZAI	255
Iférouane	NIG	326	Kabwe	ZAM	269
Ifrak	ALG	116	Kachikau	BOT	299
Igli	ALG	44	Kadugli	SOU	382
Igolo	BEN	57	Kaduna	NIA	102
Iharen	ALG	119	Kaedi	MAU	346
Ihérir	ALG	109	Kaffrine	SEN	9
Ikom	NIA	95	Kafué	ZAM	271
Ikot-Ekpene	NIA	98	Kafué (Ntl. Park)	ZAM	269
Illela	NIA	355	Kagera (Rivière/Fluss)	RWA	257
Illerit	KEN	211	Kahuzio-Biéga Ntl. Pk.	ZAI	255
Illizi	ALG	109	Kairouan	TUN	105
Ilorin	NIA	102	Kajiado	KEN	261
Imadouzène (Volcan)	ALG	117	Kalahari Gemsbok Park	RAS	319
Imarha	ALG	117	Kalaldi	CAM	368
In Abangarit	NIG	66	Kalemie	ZAI	256
In Amenas	ALG	109	Kalkrand	SOA	295
In Amguel	ALG	63	Kaloma	NIG	69
In Ecker	ALG	63	Kalundu	ZAI	256
In Ezzane	ALG	129	Kampala	OUG	191
In Gall	NIG	66	Kampti	H-V	347
In Guezzam	ALG	64	Kandé	TOG	31
Inkisi-Kisantu	ZAI	312	Kandi	NIG	55
In Laoulaouene	ALG	119	Kang	BOT	330
In Salah	ALG	62	Kango	GAB	319
In Tekadène	ALG	117	Kano	NIA	74
Inticho	ETH	196	Kanona	ZAM	269
In Waggeur	NIG	69	Kantchari	H-V	24
Irelli	MAL	18	Kaoda	SOU	383
Iringa	TAN	262	Kaole	TAN	265
Isangui	ZAI	237	Kaolack	SEN	8

| Nom de la localité | Pays | No du trajet | Nom de la localité | Pays | No du trajet |
Ortsname	Land	Streckennummer	Ortsname	Land	Streckennummer
Kaombe (Rivière/Fluss)	ZAM	269	Kimberley	RAS	286
Kaouar (Falaise/Steilh.)	NIG	131	King Williams Town	RAS	285
Kapoeta	SOU	189	Kinkala	CON	316
Karang	SEN	10	Kinshasa	ZAI	313
Karawa	ZAI	233	Kirawa	NIA	79
Kariba	RHO	273	Kirkos	ETH	199
Kariba Dam	RHO	273	Kisangani	ZAI	237
Karibib	SOA	306	Kitale	KEN	189
Karima	SOU	175	Kivu/Kiwu (Lac/See)	RWA	250
Karnak	EGY	163	Kizenga	ZAI	312
Karuma Bridge	OUG	191	Klerksdorp	RAS	283
Kasane	BOT	299	Kodok	SOU	386
Kasesya	TAN	256	Koes	SOA	294
Kassala	SOU	182	Kogoni	MAL	52
Kassror (Monts/Berge)	NIG	364	Koka (Barrage/Damm)	ETH	205
Kati	MAL	11	Kokerboom (Forêt/Wald)	SOA	292
Katiola	C-I	28	Koko	NIA	355
Kau	SOU	380	Kokobuma	CAM	95
Kawa	SOU	173	Kolda	SEN	10
Kaydar	SEN	7	Kologi	SOU	383
Kayes	MAL	11	Komadugu (Rivière/Fl.)	NIG	139
Kayna-Bayonda	ZAI	250	Komanda	ZAI	250
Kayonza	RWA	257	Kondio	H-V	374
Kazangula	ZAM	272	Kom Ombo	EGY	166
Kazungula	RHO	299	Kondoa Irangi	TAN	262
Kebili	TUN	373	Kongolam	NIA	75
Kebkebiya	SOU	217	Konongo	GHA	30
Kebre Mengisti	ETH	208	Kontagora	NIA	102
Keetmanshoop	RAS	292	Korbangou	TOG	36
Kei (Fleuve/Strom)	TRA	285	Kordofan	SOU	386
Kekem	CAM	87	Korhogo	C-I	28
Kellia	EGY	154	Koro	MAL	17
Kembé	RCA	224	Korogwe	TAN	263
Kembolcha	ETH	199	Koroko	H-V	20
Kenema	S-L	330	Koro-Koro	TCH	131
Kenitra	MAR	369	Korti	SOU	176
Kenya (Mount)	KEN	212	Kosti	SOU	185
Kenzou	CAM	344	Kota (Chutes/Fälle)	BEN	333
Keran (Ntl. Park)	TOG	36	Kotto (Rivière/Fluss)	RCA	224
Kérémou	BEN	374	Koudou (Chutes/Fälle)	BEN	374
Keren	ETH	192	Koudougou	H-V	21
Kerkour (Plateau)	ALG	323	Koufey	NIG	133
Ketama	MAR	1	Koufra	LIB	145
Ketou	BEN	372	Kougouleu	GAB	319
Khartoum/Khartum	SOU	177	Koukoun (Mont/Berg)	MAL	19
Khartoum-Nord	SOU	177	Koulouba (Grottes/Höh.)	MAL	11
Khasm El Girba	SOU	183	Koumbala	RCA	327
Khorixas	SOA	308	Koumi	H-V	20
Kibungo	RWA	257	Koungheul	SEN	9
Kibuye	RWA	252	Koupéla	H-V	22
Kidira	SEN	11	Kourgui/Kurgui	CAM	79
Kiffa	MAU	346	Kouri	MAL	331
Kigali	RWA	251	Koussa Arma	NIG	133
Kiganjo	KEN	212	Kousseri	CAM	78
Kigoma	TAN	256	Koutaba	CAM	84
Kilimandjaro	TAN	261	Koutiala	MAL	16

Nom de la localité Ortsname	Pays Land	No du trajet Streckennummer	Nom de la localité Ortsname	Pays Land	No du trajet Streckennummer
Kribi	CAM	321	Lodwar	KEN	189
Kriz	TUN	106	Logia	ETH	201
Kroonstad	RAS	284	Logone-Birni	CAM	342
Kruger (Ntl. Park)	RAS	282	Lokichar	KEN	189
Ksar-el-Boukhari	ALG	58	Lokichokio	KEN	189
Ksar el Kébir	MAR	369	Lokoti	CAM	368
Ksa-es-Souk (Errachidia)	MAR	2	Lokutu	ZAI	237
Ksar Haddada	TUN	370	Lola	ZAI	325
Ksar Hallouf	TUN	370	Lolengalani	KEN	211
Ksar Kherachefa	TUN	370	Lolo	ZAI	235
Ksar Rhilane	TUN	370	Lolodorf	CAM	321
Ksar Torchane	MAU	7	Lolwa	ZAI	250
Kuiseb (Rivière/Fluss)	SOA	305	Lomé	TOG	30
Kukawa	NIA	139	Lorhopeni	H-V	347
Kulubi	ETH	206	Loubomo (Dolisie)	CON	316
Kumasi	GHA	30	Loueur	LIB	126
Kumba	CAM	94	Louis Trichart	RAS	282
Kumbo	CAM	339	Loum	CAM	87
Kundalia (Chutes/Fälle)	ZAM	269	Luanda	ANG	311
Kunduchi	TAN	265	Luangwa (Ntl. Park)	ZAM	270
Kurmin-Goro	NIA	100	Lubango	ANG	309
Kutum	SOU	378	Lubutu	ZAI	255
Kwinella	GAM	10	Lusahanga	TAN	257
Kyle (Ntl. Park)	RHO	276	Lusaka	ZAM	269
			Lusikisiki	TRA	285
			Luxor	EGY	163

L

Nom de la localité	Pays	No du trajet
Ladysmith	RAS	285
Laghouat	ALG	58
Lagos	NIA	57
Lai	TCH	222
Lakota	C-I	335
Lalibela	ETH	199
Lama-Kara	TOG	31
Lambaréné	GAB	318
Lamordé-Torodi	NIG	25
Lamu	KEN	324
Langulu	ZAI	240
Laouni (Dunes/Dünen)	ALG	64
Laquiya Arbain	SOU	379
Larache	MAR	369
Laso	ZAI	248
Leggah	MAU	346
Léo (Réserve/Reservat)	H-V	347
Leptis Magna	LIB	124
Léré	MAL	52
Libenge	ZAI	232
Libreville	GAB	319
Licht/Lischt	EGY	157
Lieupleu	C-I	360
Lilomgwe	MAI	270
Lisala	ZAI	233
Little Gombi	NIA	104
Livingstone	ZAM	272
Lixus	MAR	369
Lobatse	BOT	303
Lobé (Fleuve/Strom)	CAM	321

M

Nom de la localité	Pays	No du trajet
Mabrous Timidinga	NIG	126
Madama	NIG	126
Madaoua	NIG	72
Madula	ZAI	249
Mafeking	BOT	303
Maghnia	ALG	3
Mahagi	ZAI	381
Magba	CAM	84
Magwa (Chutes/Fälle)	TRA	285
Mahalpye	BOT	303
Maichew	ETH	199
Maiduguri	NIA	77
Mainé-Soroa	NIG	138
Makgadigadi Pans	BOT	301
Makale	ETH	199
Makalondi	NIG	25
Makamba	BUR	256
Makilimbo	ZAI	242
Makurdi	NIA	100
Makuyuni	TAN	257
Malaba	OUG	258
Malha	SOU	151
Malakal	SOU	187
Malanville	BEN	55
Malawi (Lac/See)	MAI	270
Malek	SOU	187
Malindi	KEN	324
Mallawi	EGY	159

Nom de la localité Ortsname	Pays Land	No du trajet Streckennummer	Nom de la localité Ortsname	Pays Land	No du trajet Streckennummer
Mambasa	ZAI	245	Mboki	RCA	225
Mambova	ZAM	272	M'Bomou (Rivière/Fluss)	RCA	238
Mamfé	CAM	95	Mboti	TRA	285
Mamuno	BOT	296	Mbrés	RCA	327
Man	C-I	29	Mchinji	MAI	270
Manankoro	MAL	336	M. Cortier (Poste)	ALG	51
Manda	TCH	221	Medenine	TUN	124
Mandara (Lacs/Seen)	LIB	122	Mega	ETH	209
Mandelia	TCH	220	Megid	LIB	147
Mandigues (Monts/Berge)	MAL	11	Meidoum/Medum	EGY	157
Manayara, Lac (Ntl. Pk.)	TAN	257	Meiganga	CAM	85
Mao	TCH	137	Meknès	MAR	1
Marabout Moulay Hassan	ALG	63	Meko	NIA	372
Maradi	NIG	72	Mellit	SOU	151
Marangu	TAN	263	Memphis	EGY	157
Maraho	TCH	131	Menaka	MAL	345
Marcouba (Plaine/Ebene)	MAL	51	Menengai (Mount)	KEN	259
Maralal	KEN	211	Mengoub (Puits/Brunnen)	MAR	340
Mare aux Hippopotames	H-V	358	Meniet	ALG	63
Maridi	SOU	230	Mereb (Rivière/Fluss)	ETH	194
Mariental	SOA	295	Meredoua	ALG	114
Markala (Barrage/Damm)	MAL	12	Méroé	SOU	180
Maro	TCH	221	Merowe	SOU	175
Maroua	CAM	82	Mersa-Matrouh	EGY	149
Marrakech/Marrakesch	MAR	5	Mertoutek	ALG	110
Marsa Alam	EGY	164	Meski	MAR	2
Marsabit	KEN	210	Messina	RAS	282
Marsabit National Res.	KEN	210	Metameur	TUN	124
Marsa Oumbarek	EGY	164	Metema	ETH	186
Martap	CAM	84	Metlaoui	TUN	106
Mascara	ALG	3	Mfum	NIA	95
Masipiri	ZAI	236	Mfuwe	ZAM	270
Massaguet	TCH	219	M'Guiden	ALG	45
Massakori	TCH	131	Mhamid	MAR	4
Massawa	ETH	193	Midelt	MAR	2
Matadi	ZAI	314	Mieso	ETH	206
Matakil (Chutes/Fälle)	RCA	327	Mikumi (Ntl. Park)	TAN	267
Mata-Mata	SOA	294	Mile Six (Plage/Strand)	CAM	94
Matameye	NIG	75	Mille	ETH	200
Matara	ETH	195	Mindif (Pic)	CAM	82
Matmata	TUN	373	Missirikoro (Grottes)	MAL	19
Maun	BOT	298	Misurata	LIB	124
Mayo-Darlé	CAM	84	Mjeida	MAU	7
Mayombé (Monts/Berge)	CON	317	Mkanduli	TRA	285
Mazabuka	ZAM	272	Mogador	MAR	369
Mazoula	ALG	109	Mojo	ETH	204
M'Baïki	RCA	344	Molegbe	ZAI	325
Mbala	ZAM	256	Mombasa	KEN	260
Mbali (Rivière/Fluss)	RCA	223	Monastère de St. Antoine		
Mbalmayo	CAM	322	(Antonius Kloster)	EGY	158
Mbam (Massif/Massiv)	CAM	339	Monastère de St. Paul		
Mbandaka	ZAI	315	(Paulus Kloster	EGY	158
Mbanza Ngungu	ZAI	314	Monga	ZAI	238
Mbeya	TAN	268	Mongalla	SOU	187
M'Bigou	GAB	318	Mont Hacho	ESP	369
Mbinguè	C-I	28	Mopti	MAL	14

Nom de la localité Ortsname	Pays Land	No du trajet Streckennummer	Nom de la localité Ortsname	Pays Land	No du trajet Streckennummer
Mora	CAM	79	Ndélé	RCA	327
Moremi (Ntl. Park)	BOT	299	N'Dendé	GAB	318
Morogoro	TAN	267	Ndialegué	NIG	133
Moshi	TAN	263	N'Djamena	TCH	78
Mossel Bay	RAS	289	Ndola	ZAM	269
Mouchgueug	ALG	39	Ndouci	C-I	30
Moulay Hassan (Marabout)	ALG	63	Ndu	ZAI	238
Moulay Idriss	MAR	1	Nefta	TUN	106
Moundou	TCH	343	Negage	ANG	310
Moussa Ali	ETH	201	Negele	ETH	208
Moussoro	TCH	131	Nema	MAU	346
Moyale	ETH	209	Nema (Plateau)	MAU	346
Mpika	ZAM	269	New Halfa	SOU	183
Mpulungu	ZAM	256	Ngami (Lac/See)	BOT	298
Msata	TAN	263	Ngangala	SOU	189
Mtito Andei	KEN	260	Ngaoundéré	CAM	83
Mubi	NIA	104	Ngorongoro (Ntl. Park)	TAN	257
Mugina	BUR	256	Ngourti	NIG	133
Muhammad Qol	EGY	171	Nguigmi	NIG	133
Mukorob	SOA	295	Niaméré	RCA	338
Mungbere	ZAI	245	Niamey	NIG	53
Musa'ad	LIB	149	Niafounké	MAL	52
Mushandike (Ntl. Park)	RHO	278	Naimtougou	TOG	31
Musoma	TAN	257	Niangara	ZAI	242
Musawarat es Sufra	SOU	180	Niangoloko	H-V	27
Mwanza	TAN	257	Niakaramandougou	C-I	28
M'zab (Région/Gegend)	ALG	59	Niaro	SOU	386
Mzouzit	MAR	5	Niéllé	C-I	26
Mzuzu	MAI	270	Niéro (Rivière/Fluss)	C-I	335

N

Nom de la localité	Pays	No du trajet	Nom de la localité	Pays	No du trajet
			Nil (Source/Quelle)	BUR	256
			Nimule	SOU	190
Nabeul	TUN	105	Ningari	MAL	18
Nadi	SOU	179	Nioka	ZAI	381
Nachtigall (Chutes/Fälle)	CAM	86	Niokolo-Koba (Ntl. Park)	SEN	9
Naga	SOU	180	Nioro du Sahel	MAL	11
Nag Hammadi	EGY	159	Nipoué (Fleuve/Strom)	C-I	330
Nairobi	KEN	212	Nkambé	CAM	339
Naivasha	KEN	259	Nkhata Bay	MAI	270
Nakondé	ZAM	256	Nkhotakota	MAI	270
Nakuru	KEN	259	Nkongsamba	CAM	87
Nakuru (Lac/See)	KEN	259	Nojane	BOT	332
Nalut	LIB	328	Noordoewer	SOA	291
Namanga	KEN	261	North Horr	KEN	211
Namib Game Reserve	SOA	305	Nossob	SOA	294
Namoundjoga	TOG	36	Nouadhibou	MAU	350
Nampala	MAL	52	Nouakchott	MAU	7
Namutoni	SOA	308	Noubariyeh (Canal/Kan.)	EGY	154
Nanga-Eboko	CAM	91	Nouil	TUN	373
Nanyuki	KEN	212	Nouri/Nuri	SOU	175
Napata	SOU	175	Nouvelle Matmata	TUN	373
Nara	MAL	346	Nsalu	ZAM	269
Narubis	SOA	293	Ntem (Fleuve/Strom)	GAB	320
Nata	BOT	301	Nukheila	SOU	151
Natitingou	BEN	33	Numan	NIA	353
Nazareth	ETH	205	Nxai Pans	BOT	301
Ndagamcha	MAU	350	Nyahururu	KEN	375

Nom de la localité Ortsname	Pays Land	No du trajet Streckennummer	Nom de la localité Ortsname	Pays Land	No du trajet Streckennummer
Nyala	SOU	218	Oued Timesdelissine	ALG	116
Nyala	ZAM	270	Oued Tin Hiden	ALG	112
Nyeri	KEN	375	Oued Tora	ALG	116
Nyika (Ntl. Park)	MAI	270	Oued Zerzoua	ALG	117
Nyiragongo (Cratère/Kr.)	ZAI	250	Ouezzane	MAR	1
Nyokana	TRA	285	Oujaf	MAU	346
Nzoia (Rivière/Fluss)	KEN	258	Oujda	MAR	3

O

			Oum Rous	EGY	164
Obo	RCA	225	Ounara	MAR	369
Odiénné	C-I	336	Ouro Nguérou	MAL	15
Ondangua	SOA	309	Oury	H-V	21
Onitsha	NIA	98	Oussouye	SEN	10
Ohanet	ALG	109	Outeniqua	RAS	289
Okahandja	SOA	304	Outjo	SOA	308
Okaukuejo	SOA	308	Outoul	ALG	63
Okavango (Delta	BOT	298	Ouyou Bezedinga	NIG	133
Oleki (Mont/Berg)	NIG	128	Ovambo (Pays/Land)	SOA	309
Oloitokitok	KEN	261	Oyako (Chutes/Fälle)	MAL	11
Omdurman	SOU	177	Oyam	GAB	319
Operet	SOA	307	Oyem	GAB	320
Oran	ALG	3	Oysha	ZAI	250
Orida	NIG	129			

P

Orodara	H-V	20	Paarl	RAS	290
Oshikango	SOA	309	Pakwach	OUG	247
Oshogbo	NIA	102	Palapye	BOT	300
Ostam	SOU	386	Palimé	TOG	31
Otavi	SOA	307	Paloich	SOU	187
Oti (Rivière/Fluss)	H-V	36	Pama	H-V	34
Otu	CAM	388	Pambeguwa	NIA	103
Ouadane	MAU	7	Parakou	BEN	55
Ouagadougou	H-V	21	Pendembu	S-L	330
Ouahigouya	H-V	17	Pendjari (Ntl. Park)	BEN	35
Oualata	MAU	346	Pene-Tungu	ZAI	255
Ouangolodougou	C-I	27	Phalaborwa	RAS	282
Ouargla	ALG	60	Pibor	SOU	387
Ouarzazate	MAR	2	Pietermaritzburg	RAS	285
Oudjila	CAM	81	Pietersburg	RAS	282
Oudtshoorn	RAS	289	Plumtree	RHO	281
Oued Agdaodaou	ALG	109	Pointe-Noire	CON	317
Oued Anaïs	ALG	121	Ponio	TOG	36
Oued Bernélé	ALG	115	Porga	BEN	33
Oued Djaret	ALG	109	Poroto (Monts/Berge)	TAN	268
Oued El Ajaal	LIB	122	Port Edward	RAS	285
Oued Idelès	ALG	112	Port Elizabeth	RAS	289
Oued Ifrak	ALG	116	Porto-Novo	BEN	57
Oued In Daladje	ALG	119	Port Safaga	EGY	159
Oued Irharhar	ALG	115	Port S. Johns	TRA	285
Oued Rhir	ALG	106	Port Soudan/Port Sudan	SOU	171
Oued Sersouf Imidrar	ALG	109	Potchefstroom	RAS	283
Oued Tafassasset	ALG	112	Pogo	C-I	26
Oued Tamort	ALG	117	Poko	ZAI	243
Oued Tanezrouft-Amallane	LIB	122	Pretoria	RAS	282
Oued Teguerette	ALG	112	Ptolemais	LIB	149
Oued Tekhamat	ALG	109	Pulka	NIA	79
Oued Telouhat	ALG	112			

Nom de la localité Ortsname	Pays Land	No du trajet Streckennummer	Nom de la localité Ortsname	Pays Land	No du trajet Streckennummer

Q

Qârûn (Lac/See)	EGY	156
Qena	EGY	159
Qift	EGY	163
Qora Mouth	TRA	285
Qoz Abu Dulu	SOU	377
Quadda	RCA	327
Qualeram	NIG	371
Quatre-Chemins	ALG	108
Queen's Town	RAS	288
Que Que	RHO	275
Quiha	ETH	199
Quinquête (Plage/Str.)	H-V	20
Qûs	EGY	163
Quseir	EGY	161

R

Rabat	MAR	369
Rahama	NIA	103
Rafai	RCA	225
Ramaquabane	BOT	281
Ramatlabana	BOT	303
Ramatou-Plage	TOG	30
Rashad	SOU	385
Ras Gemsa	EGY	159
Ras Gharib	EGY	158
Ras Jedir	LIB	124
Ras Zafarana	EGY	158
Rêbiana	LIB	145
La Reculée	ALG	109
Reggane	ALG	48
Relizane	ALG	37
Renk	SOU	187
Rhodes-Matopos (Ntl. P.)	RHO	274
Rhormet-Quoua-Quoua	LIB	127
Rhumsiki	CAM	81
Richard Toll	SEN	346
Rikka	EGY	157
Rissani	MAR	2
R'Kiz (Lac/See)	MAU	346
Robinson (Col/Pass)	RAS	289
Roçadas	ANG	309
Rofia	NIA	356
Rosso	MAU	7
Ruaha (Ntl. Park	TAN	262
Rubi	ZAI	239
Lac Rudolph/Rudolfsee (Lac Turkana)	KEN	189
Ruhengeri	RWA	251
Rulenge	TAN	257
Rumonge	BUR	256
Rumphi	MAI	270
Rusumo (Chutes/Fälle)	TAN	257
Ruwenzori	RWA	250
Rwindi	ZAI	250

S

Sabarei	KEN	211
Sabderat	ETH	192
Sabou	H-V	21
Sabria	TUN	373
Sa da Bandeira	ANG	309
Safane	H-V	21
Safara	MAL	14
Safi	MAR	369
Sahr	TCH	121
Sahuda	NIA	104
Saida	ALG	38
Salal	TCH	131
Salé	MAR	369
Salima	MAI	270
Salima Lake Shore	MAI	270
Salisbury	RHO	276
Samburu (Réserve/Res.)	KEN	210
Same	TAN	263
San	MAL	13
Sanaga (Fleuve/Strom)	CAM	86
Sandaré	MAL	11
Sangha	MAL	18
Sanniquellie	LIA	330
San-Pedro	C-I	335
Sansanné-Mango	TOG	36
Santa	CAM	380
Saqqara/Sakkara	EGY	156
Saqqara-Sud/Sakkara-S	EGY	156
Sara	H-V	358
Sara	NIG	128
Sahr	TCH	221
Sarir	LIB	147
Sarniéré (Massif/Massiv)	MAL	15
Sarsereib	SOU	183
Sassandra	C-I	335
Saut du Moufflon	ALG	109
Savalou	BEN	333
Sbeitla	TUN	106
Sebakwe (Ntl. Park)	RHO	276
Sebha	LIB	122
Sebit	KEN	189
Sebka Oumm el Drouss Guebli	MAU	7
Sebka Oumm el Drouss Telli	MAU	7
Sebkra Kelbia	TUN	105
Seddenga (Temple/Temp.)	SOU	172
Seeheim	SOA	292
Sefrou	MAR	2
Seguedine	NIG	126
Ségou	MAL	12
Sehitwa	SOA	296
Selima	SOU	152
Selukwe	RHO	278

Nom de la localité Ortsname	Pays Land	No du trajet Streckennummer	Nom de la localité Ortsname	Pays Land	No du trajet Streckennummer
Semara	MAR	43	Soy	KEN	189
Semul Agasal	MAR	6	Springbok	RAS	291
Semyen (Ntl. Park)	ETH	197	Square Bresson	ALG	106
Senafe	ETH	195	Stampriet	SOA	295
Sennar	SOU	185	Standerton	RAS	285
Sennar (Barrage/Damm)	SOU	184	Stanley (Chutes/Fälle)	ZAI	237
Sennouris	EGY	156	Stellenbosch	RAS	290
Seno (Plaine/Ebene)	MAL	14	Stormberg	RAS	288
Serdeles	LIB	122	Stowlands on Vaal	RAS	283
Serengeti (Ntl. Park)	TAN	257	Swakin	SOU	171
Seronera	TAN	257	Suez	EGY	158
Serouenout	ALG	112	Sufetula	TUN	106
Serowe	BOT	300	Sukuma	TAN	257
Seruli	BOT	302	Sulb (Temple/Tempel)	SOU	172
Sesibi	SOU	153	Sunyani	GHA	30
Sevaré	MAL	14	Sumbawanga	TAN	256
Sfax	TUN	124	Sumieh	SOU	228
Shabani	RHO	278	Swakopmund	SOA	305
Shagamu	NIA	101	Swellendam	RAS	289
Shakawe	BOT	297			
Shashamane	ETH	207	**T**		
Shendi	SOU	180	Tabaloulet	ALG	62
Sherda	TCH	131	Tabankort	MAL	51
Shorobe	BOT	299	Tabi (Massif/Massiv)	MAL	15
Sibut	RCA	224	Tabla	NIG	71
Sidfa	EGY	159	Table (Montagne)/		
Sidi Abdallah-des-Rhiata	MAR	3	Tafelberg	RAS	289
Sidi Bel Abbès	ALG	3	Tabakouta	SEN	10
Sidi Merzoug	TUN	106	Tabou	C-I	335
Sido	MAL	19	Taccaze (Rivière/Fluss)	ETH	197
Sigor	KEN	189	Tademait (Plateau)	ALG	62
Sikasso	MAL	19	Tadjemout	ALG	63
Silet	ALG	63	Tadjoura (Golfe/Golf)	ETH	206
Simbo	TAN	256	Tadrart	LIB	122
Simenty	SEN	9	Tafraoute	MAR	5
Sinematiali	C-I	349	Taghit	ALG	44
Sinkat	SOU	171	Tahifet	ALG	323
Sinoïa	RHO	273	Tahoua	NIG	69
Sinoïa (Grottes/Höhlen)	RHO	273	Taibet	ALG	106
Sioua/Siwa (Oasis/Oase)	EGY	149	Takatshawane	BOT	330
Sipitou	C-I	336	Takieta	NIG	75
Sirte	LIB	146	Talcho	NIG	71
Skirring (Cap/Kap)	SEN	10	Talodi	SOU	384
Soba	NIA	103	Tamanrasset	ALG	63
Socna	LIB	123	Tambacounda	SEN	9
Sofara	MAL	14	Tambura	RCA	225
Sogakofe	GHA	30	Tamelhat	ALG	106
Sohâg	EGY	159	Tamrit	ALG	110
Sokoto	NIA	355	Tana (Fleuve/Strom)	KEN	324
Soloum	EGY	149	Tana (Lac/See)	ETH	198
Somba (Pays/Land)	TOG	32	Taneka (Collines/Hügeln)	BEN	333
Sommerset West	RAS	289	Tanganyika (Lac/See)	BUR	256
Soubré	C-I	361	Tanger	MAR	369
Souk-El-Arba-Du-Rharb	MAR	369	Tanout	NIG	67
South Horr	KEN	211	Tan-Tan	MAR	5
Soweto	RAS	282	Tan-Tan (Plage/Strand)	MAR	5

Nom de la localité / Ortsname	Pays / Land	No du trajet / Streckennummer	Nom de la localité / Ortsname	Pays / Land	No du trajet / Streckennummer
Tapol	TCH	343	Tiffoultoute	MAR	5
Tarahouahout	ALG	323	Tignère	CAM	84
Tarangire (Ntl. Park)	TAN	262	Tiguelguemine	ALG	63
Tarfaya	MAR	5	Tiguentourine	ALG	109
Taroudannt	MAR	5	Tikkattane	MAU	350
Taza	MAR	3	Tillabéry	NIG	53
Tazenakht	MAR	5	Timboroa	KEN	259
Tazole	NIG	136	Timelaouine	MAL	51
Tazzeka (Région/Gegend)	MAR	3	Timia	NIG	326
Tazerbo	LIB	144	Timimoun	ALG	45
Tazouai (Massif/Massiv)	ALG	117	Timoktène	ALG	49
Tazoumi (Mont/Berg)	ALG	115	Tin Alkoum	ALG	121
Tazrouk	ALG	323	Tindangou	H-V	33
Tchad (Lac/See)	TCH	131	Tindé	ALG	119
Tchériba	H-V	21	Tindi (Gara)	ALG	110
Tchérozerine	NIG	363	Tindouf	ALG	41
Tchiedjili	CON	317	Tinhérir	MAR	2
Tcholliré	CAM	343	Tin Fouyé	ALG	109
Tebessa	ALG	106	Tin Kourkour (Gara)	ALG	112
Téchine	TUN	373	Tinrhert	ALG	109
Teguiddan-Tesssoum	NIG	66	Tin Taradjeli (Col/Pass)	ALG	109
Tehneh-El-Djebel	EGY	159	Tin Taratimt	ALG	117
Tejira	NIG	371	Tin Telmrent	ALG	108
Tekerkiba	LIB	122	Tirhatimine	ALG	63
Tell-El-Amarna	EGY	159	Tiroungoulou	RCA	327
Telouet (Kasba)	MAR	5	Tiska (Mont/Berg)	ALG	120
Temacine	ALG	106	Tison (Lac/See)	CAM	83
Tendelti	SOU	213	Tit	ALG	63
Tendaho	ETH	201	Titule	ZAI	240
Ténéré	NIG	364	Tizi-N-Telouet	MAR	5
Tenindieri	C-I	28	Tizi-N-Timlaine	MAR	365
Tenkodogo	H-V	36	Tizi Tagueroust	MAR	365
Terbou	LIB	127	Tiznit	MAR	5
Termaber (Col/Pass)	ETH	203	Tlemcen	ALG	3
Termit-Ouest (West)	NIG	140	Tobrouck	LIB	149
Termit-Sud (Süd)	NIG	140	Tohat (Vallée/Tal)	ALG	48
Tesnou	ALG	63	Tombouctou	MAL	52
Tessalit	MAL	51	Tominian	MAL	14
Tessaoua	NIG	73	Tonga	CAM	86
Tessenei	ETH	192	Tonkoui (Mont/Berg)	C-I	28
Tetouan	MAR	1	Torit	SOU	189
Tezouai	ALG	119	Tororo	OUG	258
Thelepte	TUN	106	Tosi	SOU	383
Thilogne	SEN	346	Toteng	BOT	298
Thiou	H-V	17	Touba	C-I	336
Thomson's Falls	KEN	375	Touggourt	ALG	106
Three Sisters	RAS	286	Touiba	TUN	373
Tiassalé	C-I	335	Toujane	TUN	373
Tibati	CAM	84	Toukmatine (Pointe/Sp.)	ALG	111
Tichit	MAU	346	Toulépleu	C-I	360
Tidikelt (Plaine/Ebene)	ALG	49	Toummo	NIG	126
Tidikimar (Mont/Berg)	ALG	115	Tounfati	NIG	69
Tidjemaïene	ALG	119	Tourba	TCH	337
Tidjikda	MAU	346	Toussiana	H-V	27
Tiefinzo	C-I	336	Toussidé	TCH	131
Tienra	MAL	19	Toutoubou	RCA	344

Nom de la localité Ortsname	Pays Land	No du trajet Streckennummer	Nom de la localité Ortsname	Pays Land	No du trajet Streckennummer
Tozeur	TUN	106	Waat	SOU	387
Transkei	TRA	285	Wad Ben Naqa	SOU	180
Treicheville	C-I	30	Wadi-Halfa	SOU	170
Tripoli	LIB	124	Wadi Howar	SOU	151
Trompsburg	RAS	285	Wadi Magrur	SOU	151
Trouna	LIB	122	Wadi Natrun	EGY	154
Tsavo (Ntl. Park)	KEN	260	Wadi Zouila	LIB	127
Tsodido Hills	BOT	297	Wad Medani	SOU	184
Tsumeb	SOA	307	Wagenia	ZAI	237
Tuna-El-Gabal	EGY	159	Walwisbaai	SOA	305
Tunduma	TAN	268	Wamba	KEN	211
Turkana (Lac/See)	KEN	189	Wankie	RHO	274
Twee Rivieren	SOA	294	Wankie (Ntl. Park)	RHO	274
Tzaneen	RAS	282	Warmbad	RAS	282
			Warrenton	RAS	283
			Wasa & Mora (Ntl. Park)	CAM	80

U

Nom de la localité	Pays	No du trajet	Nom de la localité	Pays	No du trajet
			Wau	SOU	226
Uaddan	LIB	123	Wau-el-Kebir	LIB	127
Ubari	LIB	122	Wau-en-Namus	LIB	141
Uele (Rivière/Fluss)	ZAI	238	Wawa	NIA	356
Ugorro/Ugurro	ETH	199	Wed Weil	SOU	228
Uige	ANG	311	Weldiya	ETH	199
Uis	SOA	308	Weltwischia	SOA	308
Ujiji	TAN	256	Wendo	ETH	207
Uluguru (Monts/Berge)	TAN	267	Weygand (Poste/Posten)	ALG	51
Umm Dafog	SOU	327	White Lady	SOA	308
Umm-El-Araneb	LIB	125	Wikki (Source/Quelle)	NIA	104
Umm Inderaba	AOU	377	Willem Pretorius	RAS	284
Umm Gannak	SOU	377	Willowvale	TRA	285
Umm Ruwaba	SOU	215	Winburg	RAS	284
Umtata	TRA	285	Windhoek	SOA	295
Umtawuna (Rivière/Fluss)	RAS	285	Wolkefit (Col/Pass)	ETH	197
Umwuma	RHO	276	Worcester	RAS	290
Ungwatiri	SOU	182	Wum	CAM	339
Usakos	SOA	306			
Ushashi	TAN	257			
Uweinat (Serdelēs)	LIB	122			

V

Y

Nom de la localité	Pays	No du trajet	Nom de la localité	Pays	No du trajet
			Yabayo	C-I	361
			Yabello	ETH	209
Velingara	SEN	10	Yako	H-V	17
Versteendewoud	SOA	308	Yambio	SOU	230
Victoria	CAM	94	Yamoussoukro	C-I	28
Victoria Falls	RHO	272	Yangambi	ZAI	237
Victoria West	RAS	286	Yankari Game Reserve	NIA	104
Vioolsdrif	RAS	291	Yaoundé	CAM	86
Virunga (Ntl. Park)	ZAI	250	Yedseram (Rivière/Fl.)	NIA	79
Vitshumbi	ZAI	250	Yefren	LIB	334
Voi	KEN	260	Yeha	ETH	196
Voinjama	LIA	330	Yei	SOU	230
Volkrust	RAS	285	Yei Lulu (Col/Pass)	NIG	131
Volubilis	MAR	1	Yelwa	NIA	355
Vridi (Plage/Strand)	C-I	30	Yirgalem	ETH	207
Vryburg	BOT	303	Yola	NIA	353

W

Z

Nom de la localité	Pays	No du trajet	Nom de la localité	Pays	No du trajet
W (Ntl. Parks)	NIG, H-V, BEN	35	Zaglou	ALG	48

Nom de la localité Ortsname	Pays Land	No du trajet Streckennummer	Nom de la localité Ortsname	Pays Land	No du trajet Streckennummer
Zagora	MAR	4	Zliten	LIB	125
Zaïdon	C-I	335	Zongo	ZAI	232
Zaouatallaz	ALG	109	Zongo (Chutes/Fälle)	ZAI	312
Zaouiyet el Mayitin	EGY	159	Zoo Baba	NIG	133
Zaria	NIA	76	Zorzor	LIA	330
Zégoua	MAL	26	Zouar	TCH	131
Zembio	RCA	225	Zouarke	TCH	131
Ziguinchor	SEN	10	Zouerate	MAU	7
Zik	MAU	346	Zouila	LIB	126
Zimbabwe	RHO	276	Zouma (Col/Pass)	LIB	145
Zina	CAM	342	Zuara	LIB	124
Zinder	NIG	67	Zumri (Pic)	NIG	130

Schéma / Skizze 1

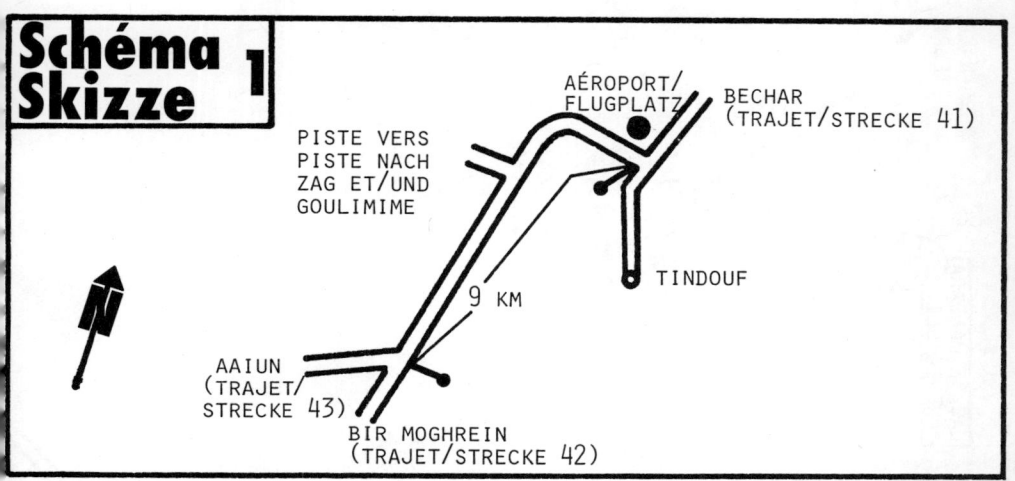

PISTE VERS
PISTE NACH
ZAG ET/UND
GOULIMIME

AÉROPORT/
FLUGPLATZ

BECHAR
(TRAJET/STRECKE 41)

TINDOUF

9 KM

AAIUN
(TRAJET/
STRECKE 43)

BIR MOGHREIN
(TRAJET/STRECKE 42)

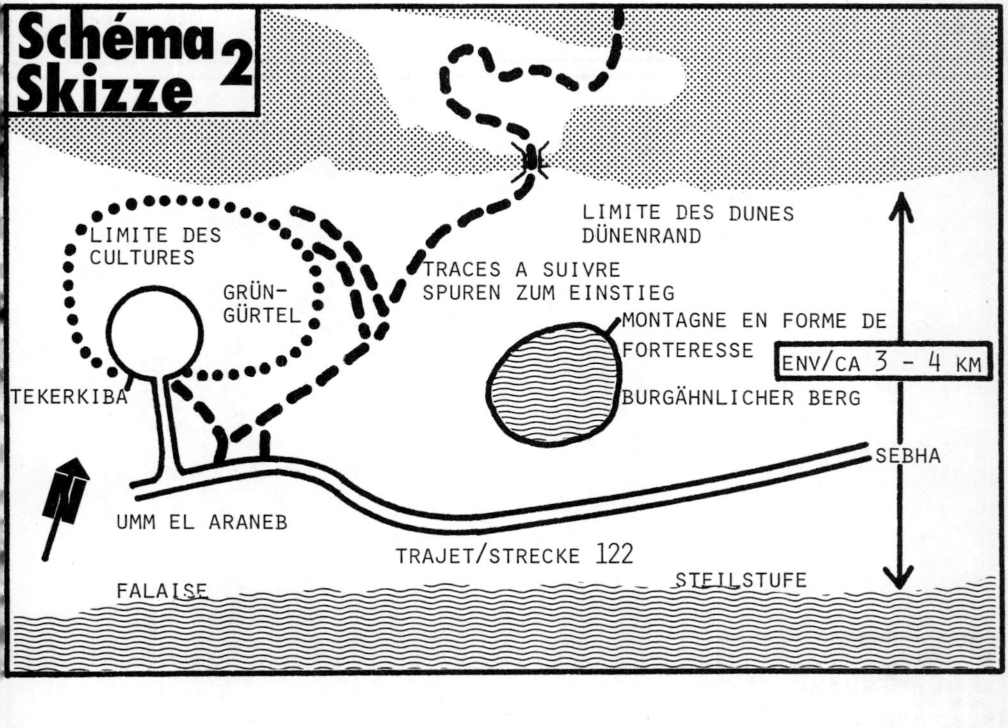

Schéma / Skizze 2

LIMITE DES DUNES
DÜNENRAND

LIMITE DES
CULTURES

GRÜN-
GÜRTEL

TRACES A SUIVRE
SPUREN ZUM EINSTIEG

MONTAGNE EN FORME DE
FORTERESSE

ENV/CA 3 - 4 KM

TEKERKIBA

BURGÄHNLICHER BERG

SEBHA

UMM EL ARANEB

TRAJET/STRECKE 122

FALAISE

STEILSTUFE

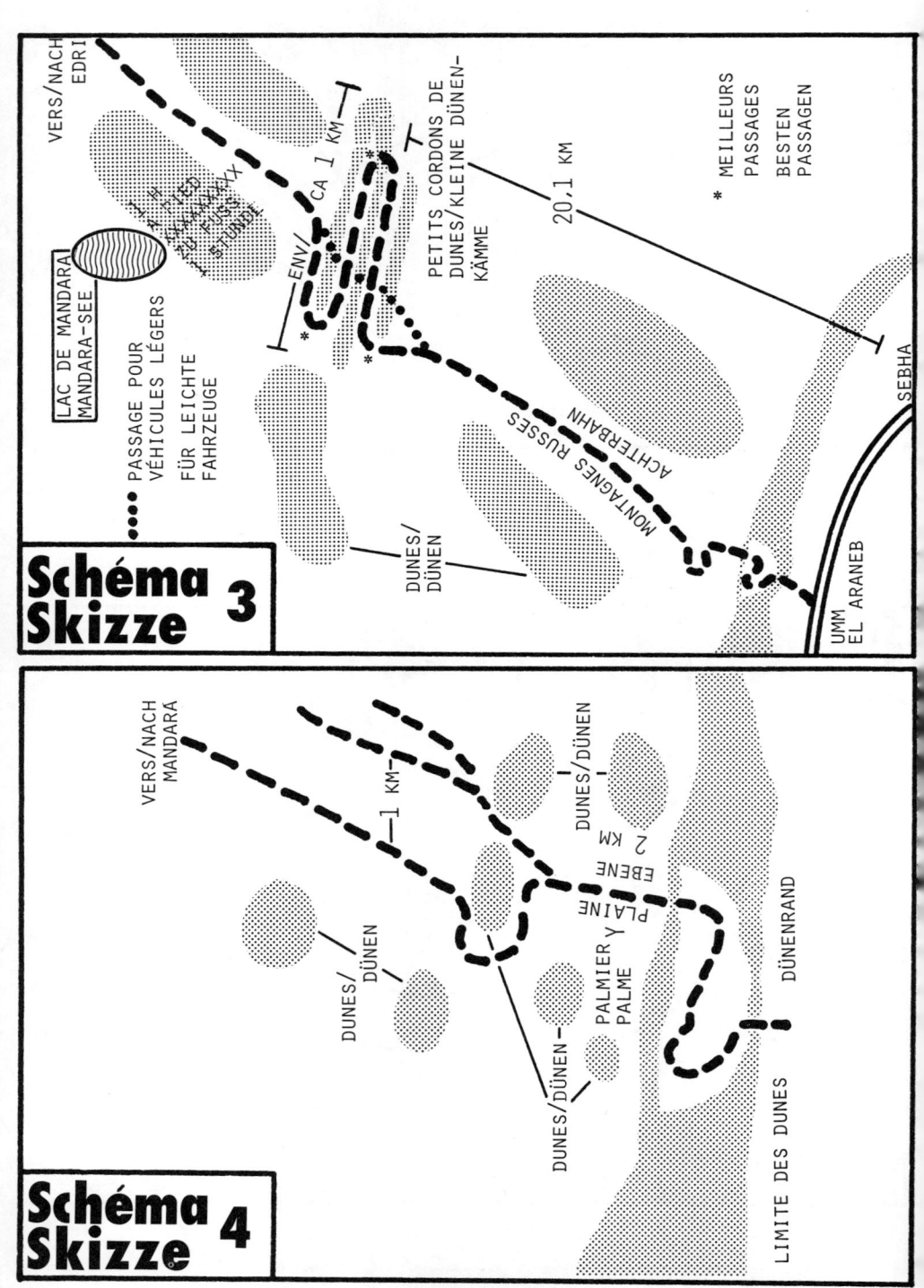

Schéma Skizze 5

SEBHA

VERS LE MARCHÉ
ZUM MARKT

N

A
B
C

D
E
F
G
C
G

H

H

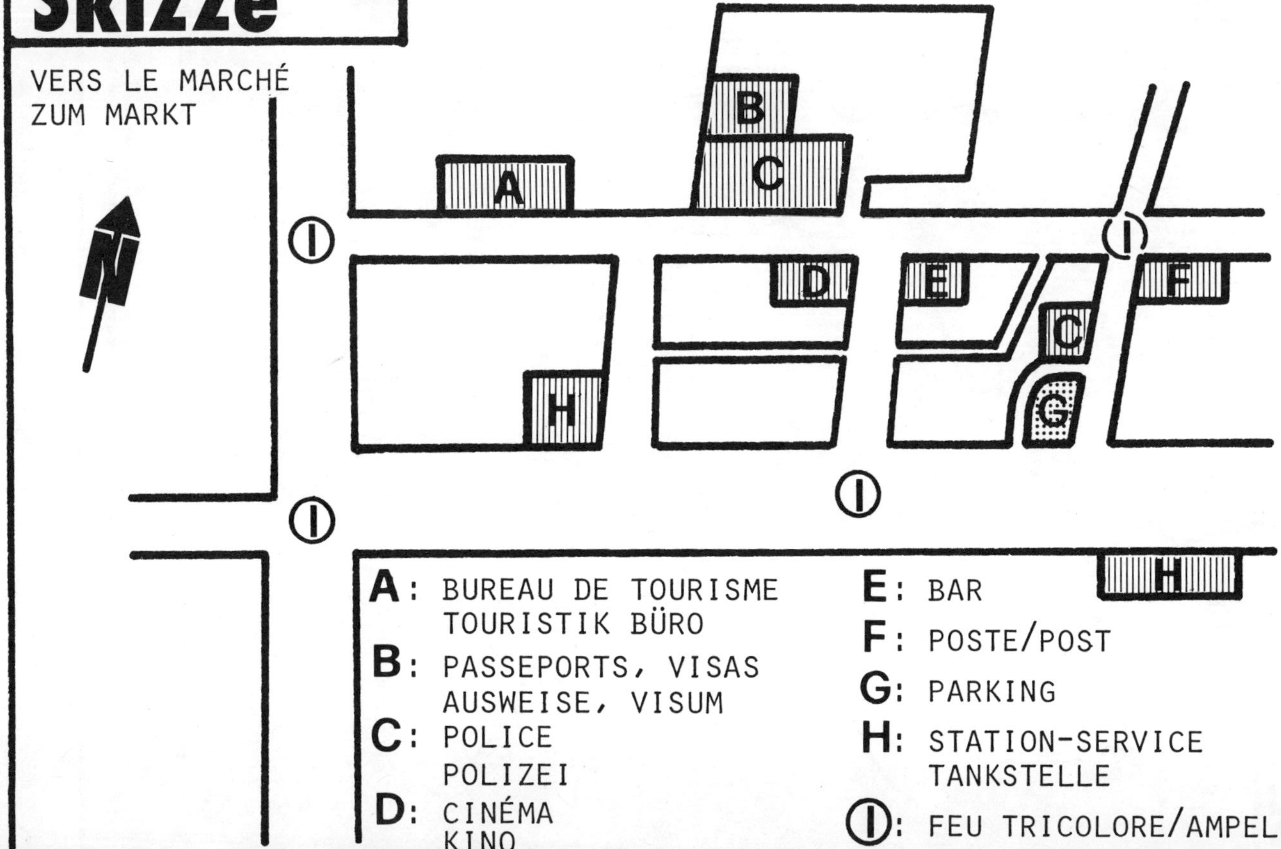

A: BUREAU DE TOURISME
TOURISTIK BÜRO

B: PASSEPORTS, VISAS
AUSWEISE, VISUM

C: POLICE
POLIZEI

D: CINÉMA
KINO

E: BAR

F: POSTE/POST

G: PARKING

H: STATION-SERVICE
TANKSTELLE

Ⓘ: FEU TRICOLORE/AMPEL

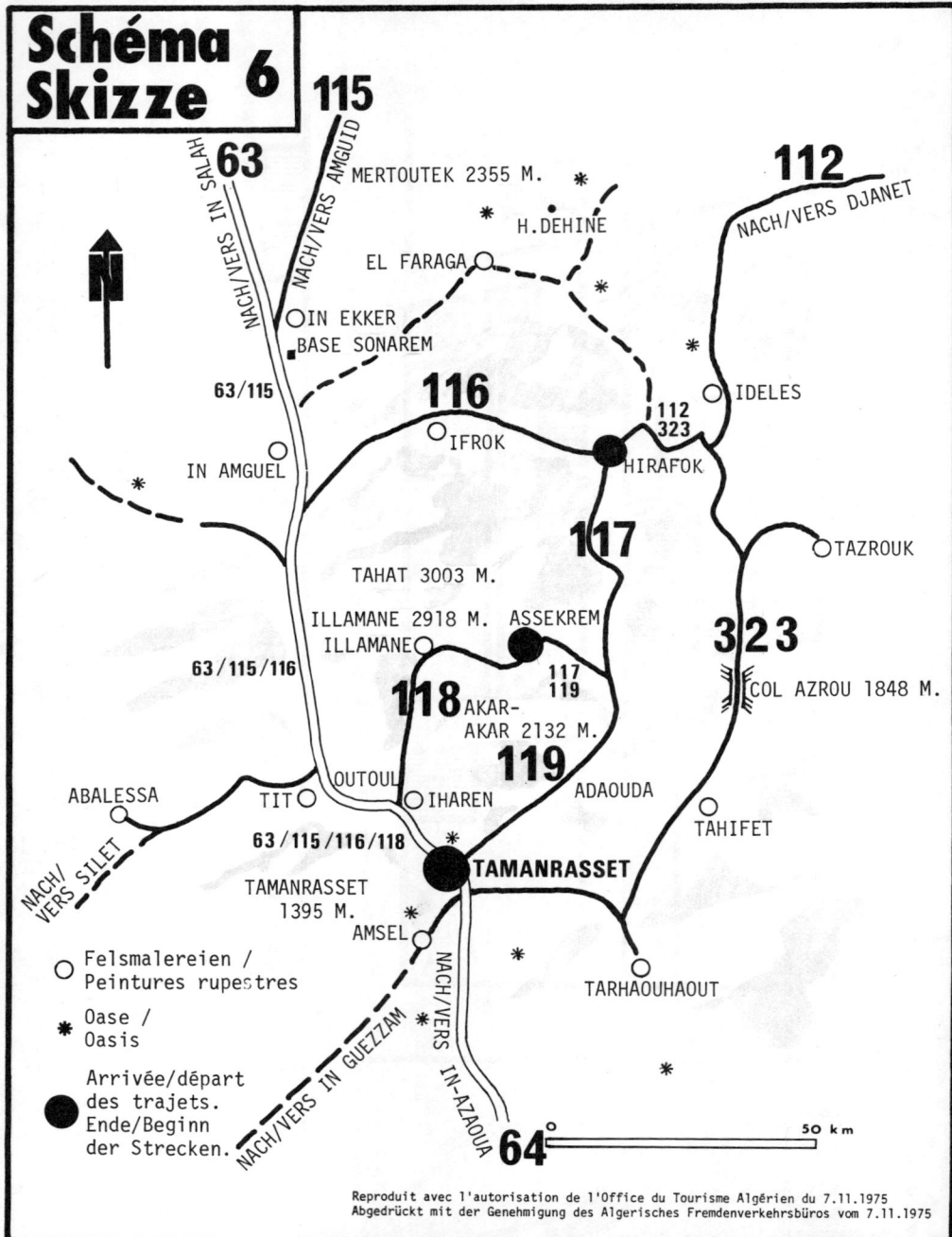

Schéma Skizze 6

115
63 NACH/VERS IN SALAH
NACH/VERS AMGUID
112
NACH/VERS DJANET

MERTOUTEK 2355 M.
H. DEHINE
EL FARAGA
IN EKKER
BASE SONAREM
63/115
116
IFROK
IN AMGUEL
112 323
IDELES
HIRAFOK
117
TAZROUK
TAHAT 3003 M.
ILLAMANE 2918 M. ASSEKREM
ILLAMANE
63/115/116
323
COL AZROU 1848 M.
117 119
118 AKAR-
AKAR 2132 M.
119
ABALESSA
OUTOUL
ADAOUDA
TIT IHAREN
TAHIFET
NACH/ VERS SILET
63/115/116/118
TAMANRASSET
TAMANRASSET 1395 M.
AMSEL
NACH/VERS IN GUEZZAM
NACH/VERS IN-AZAOUA
TARHAOUHAOUT
64
50 km

○ Felsmalereien / Peintures rupestres

✱ Oase / Oasis

● Arrivée/départ des trajets. Ende/Beginn der Strecken.

Reproduit avec l'autorisation de l'Office du Tourisme Algérien du 7.11.1975
Abgedrückt mit der Genehmigung des Algerisches Fremdenverkehrsbüros vom 7.11.1975

Schéma / Skizze 7

DUNE COUPÉE ET SES RISQUES
"ABGEBROCHENE" DÜNE UND IHRE
GEFAHREN.

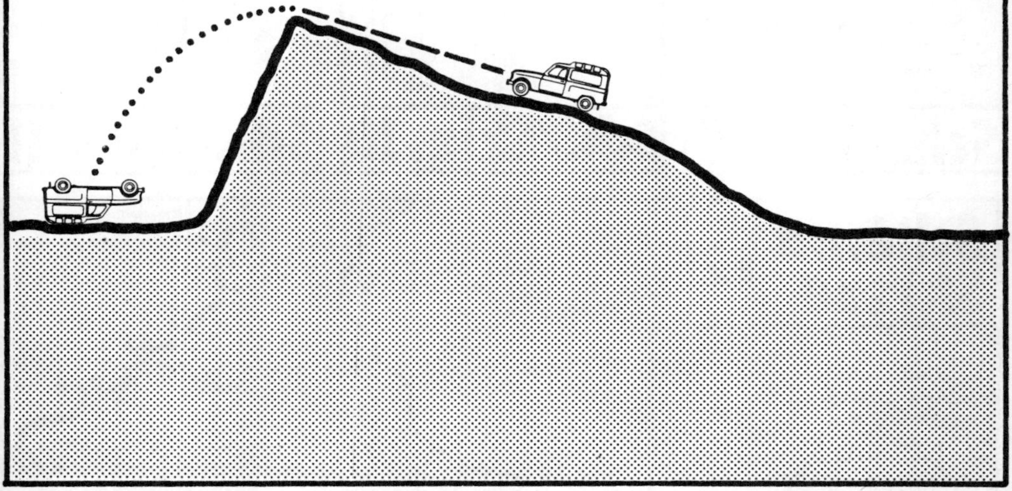

Schéma / Skizze 8

BILMA

A: BOULANGERIE BÄCKEREI
B: MONUMENT
C: POSTE/POST
D: SOURCE/QUELLE
E: POLICE/POLIZEI

VERS/NACH DIRKOU

DÉPÔT D'ORDURES SCHUTTPLATZ

DUNE DÜNE

VERS LES SALINES/ZU DEN SALZGÄRTEN

GIRATOIRE KREISVERKEHR

PLACE PLATZ

PLACE PLATZ

1ÈRE BALISE 1STER WEGZEICHEN

ANCIEN PHARE VERS/NACH FACHI
EHEM. LEUCHTTURM

F: EAU WASSER

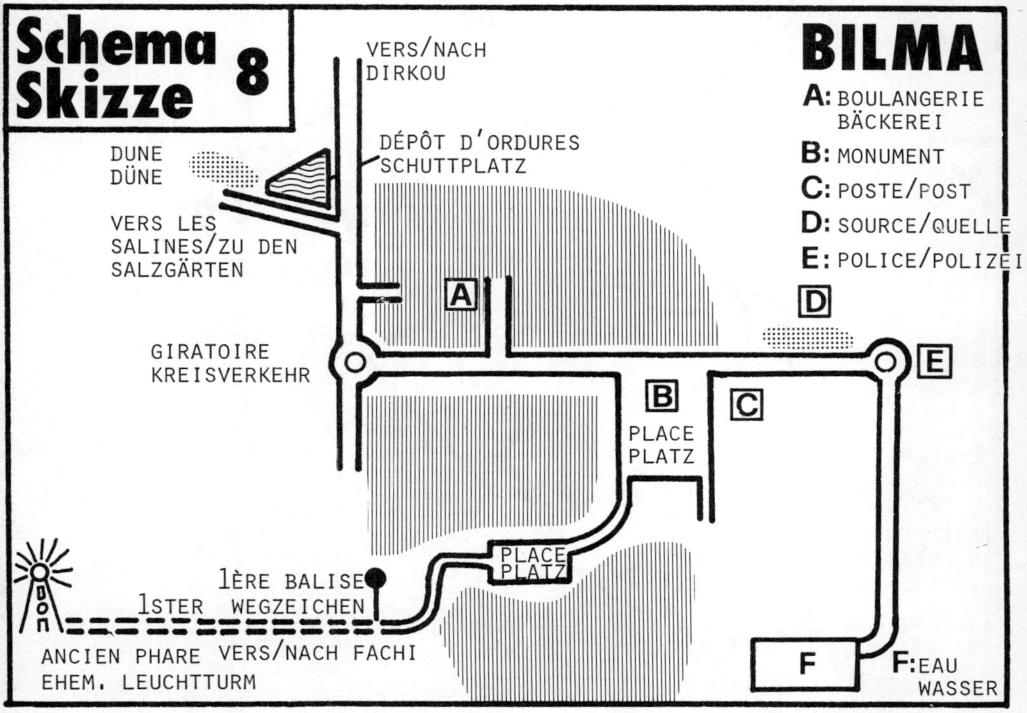

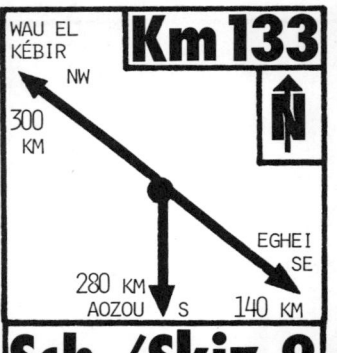

Km 133

WAU EL KÉBIR
NW
300 KM
EGHEI SE
280 KM
AOZOU S
140 KM

Sch./Skiz. 9

Km 165

WAU EN NAMUS
WAU EL KÉBIR
N
W
DJEBEL EGHEIE
SW
TIBESTI TRACES/SPUREN

Sch./Skiz. 10

Km 256

WAU EL KÉBIR
ZUMA E
S BAYA

Sch./Skiz. 11

Schéma Skizze 12

ESTCOURT
GIANT'S CASTLE WILDRESERVE
L E S O T H O
PIETERMARITZBURG 1 2
DURBAN

1: PARC AUX LIONS LÖWENPARK
2: 1000 HILLS
3: CHUTES DE MAGWA/MAGWA FÄLLE

— ROUTE GOUDRONNÉE TEERSTRASSE
■■■ PISTE
CARREFOURS KREUZUNGEN

T R A N S K E I

BIZANA
FLAGSTAFF
PORT EDWARD
LUSIKISIKI
UMTATA 3 MBOTY
PORT ST JOHNS
MKANDULI
ELLIOTDALE ALDERLEY
WILLOWALE
BUTTERWORTH
NYOKANA
QORA MOUTH

BLOEMFONTEIN TRAJET/STRECKE 288
KING WILLIAM'S TOWN
CAPE TOWN TRAJET/STRECKE 289
EAST LONDON

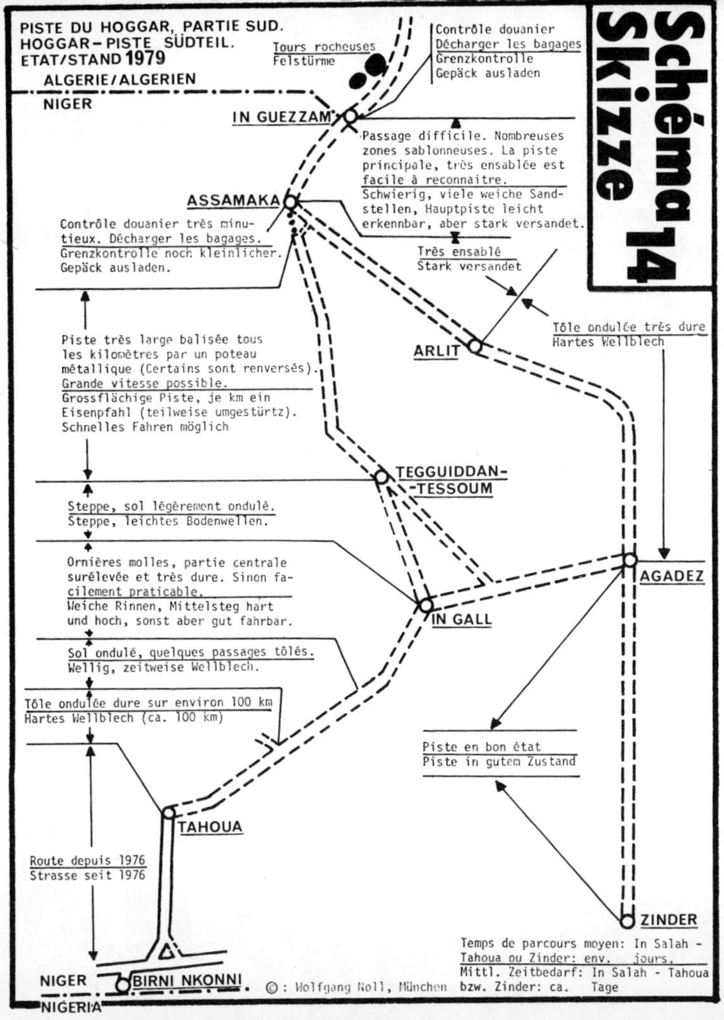

PISTE DU HOGGAR, PARTIE SUD.
HOGGAR-PISTE SÜDTEIL.
ETAT/STAND 1979
ALGERIE/ALGERIEN

Schéma Skizze 14

Tours rocheuses
Felstürme

Contrôle douanier
Décharger les bagages.
Grenzkontrolle
Gepäck ausladen

NIGER

IN GUEZZAM

Passage difficile. Nombreuses
zones sablonneuses. La piste
principale, très ensablée est
facile à reconnaître.
Schwierig, viele weiche Sandstellen, Hauptpiste leicht
erkennbar, aber stark versandet.

ASSAMAKA

Contrôle douanier très minu-
tieux. Décharger les bagages.
Grenzkontrolle noch kleinlicher.
Gepäck ausladen.

Très ensablé
Stark versandet

Tôle ondulée très dure
Hartes Wellblech

Piste très large balisée tous
les kilomètres par un poteau
métallique (Certains sont renversés).
Grande vitesse possible.
Grossflächige Piste, je km ein
Eisenpfahl (teilweise umgestürzt).
Schnelles Fahren möglich

ARLIT

TEGGUIDDAN-TESSOUM

Steppe, sol légèrement ondulé.
Steppe, leichtes Bodenwellen.

Ornières molles, partie centrale
surélevée et très dure. Sinon fa-
cilement praticable.
Weiche Rinnen, Mittelsteg hart
und hoch, sonst aber gut fahrbar.

AGADEZ

IN GALL

Sol ondulé, quelques passages tôlés.
Wellig, zeitweise Wellblech.

Tôle ondulée dure sur environ 100 km
Hartes Wellblech (ca. 100 km)

Piste en bon état
Piste in gutem Zustand

TAHOUA

Route depuis 1976
Strasse seit 1976

ZINDER

NIGER

BIRNI NKONNI

NIGERIA

Temps de parcours moyen: In Salah -
Tahoua ou Zinder: env. jours.
Mittl. Zeitbedarf: In Salah - Tahoua
bzw. Zinder: ca. Tage

© : Wolfgang Noll, München

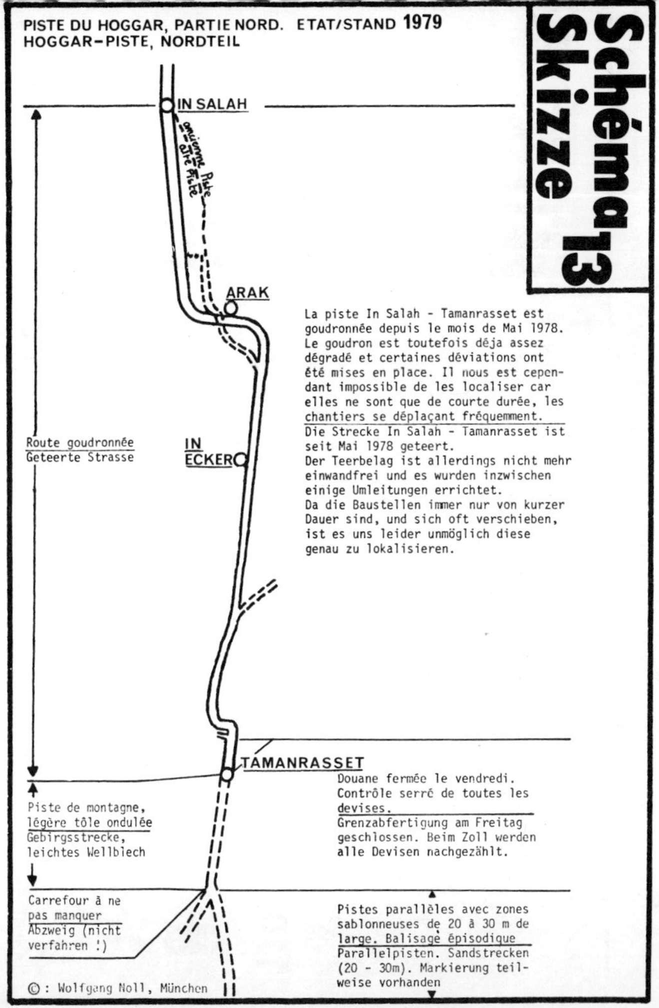

PISTE DU HOGGAR, PARTIE NORD. ETAT/STAND 1979
HOGGAR-PISTE, NORDTEIL

Schéma Skizze 13

IN SALAH

ancienne Piste
alte Piste

ARAK

La piste In Salah - Tamanrasset est
goudronnée depuis le mois de Mai 1978.
Le goudron est toutefois déjà assez
dégradé et certaines déviations ont
été mises en place. Il nous est cepen-
dant impossible de les localiser car
elles ne sont que de courte durée, les
chantiers se déplaçant fréquemment.
Die Strecke In Salah - Tamanrasset ist
seit Mai 1978 geteert.
Der Teerbelag ist allerdings nicht mehr
einwandfrei und es wurden inzwischen
einige Umleitungen errichtet.
Da die Baustellen immer nur von kurzer
Dauer sind, und sich oft verschieben,
ist es uns leider unmöglich diese
genau zu lokalisieren.

Route goudronnée
Geteerte Strasse

IN ECKER

TAMANRASSET

Piste de montagne,
légère tôle ondulée
Gebirgsstrecke,
leichtes Wellblech

Douane fermée le vendredi.
Contrôle serré de toutes les
devises.
Grenzabfertigung am Freitag
geschlossen. Beim Zoll werden
alle Devisen nachgezählt.

Carrefour à ne
pas manquer
Abzweig (nicht
verfahren !)

Pistes parallèles avec zones
sablonneuses de 20 à 30 m de
large. Balisage épisodique
Parallelpisten. Sandstrecken
(20 - 30m). Markierung teilweise vorhanden

© : Wolfgang Noll, München

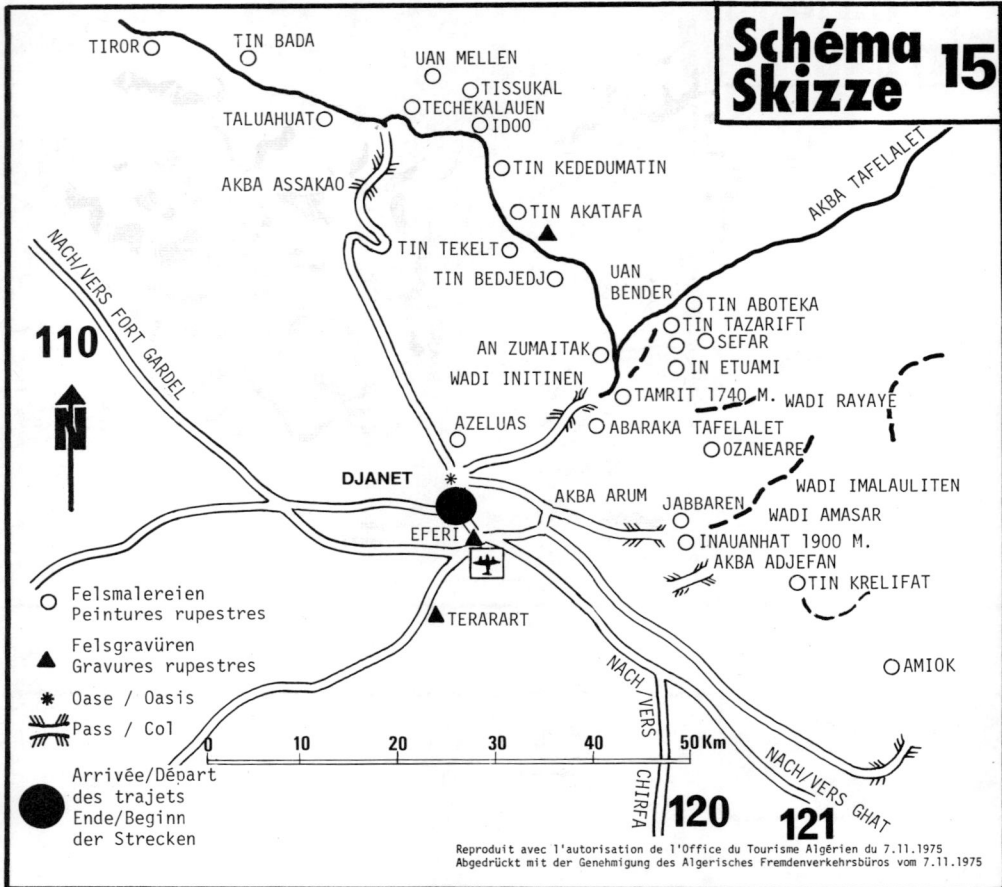

Schéma Skizze 15

TIROR○ TIN BADA○ UAN MELLEN○

○TISSUKAL
○TECHEKALAUEN
○IDOO

TALUAHUAT○

AKBA ASSAKAO

○TIN KEDEDUMATIN

○TIN AKATAFA ▲

TIN TEKELT○

TIN BEDJEDJ○

UAN BENDER

AKBA TAFELALET

○TIN ABOTEKA
○TIN TAZARIFT
○SEFAR
○IN ETUAMI

AN ZUMAITAK○

WADI INITINEN

TAMRIT 1740 M. WADI RAYAYE

AZELUAS

○ABARAKA TAFELALET
○OZANEARE

110

NACH/VERS FORT GARDEL

↑N

DJANET

EFERI ✈

AKBA ARUM

JABBAREN

WADI IMALAULITEN

WADI AMASAR

○INAUANHAT 1900 M.

AKBA ADJEFAN

○TIN KRELIFAT

▲TERARART

○AMIOK

○ Felsmalereien
   Peintures rupestres

▲ Felsgravüren
   Gravures rupestres

✳ Oase / Oasis

〰 Pass / Col

● Arrivée/Départ
   des trajets
   Ende/Beginn
   der Strecken

0   10   20   30   40   50 Km

NACH/VERS CHIRFA

120

NACH/VERS GHAT

121

Reproduit avec l'autorisation de l'Office du Tourisme Algérien du 7.11.1975
Abgedrückt mit der Genehmigung des Algerisches Fremdenverkehrsbüros vom 7.11.1975

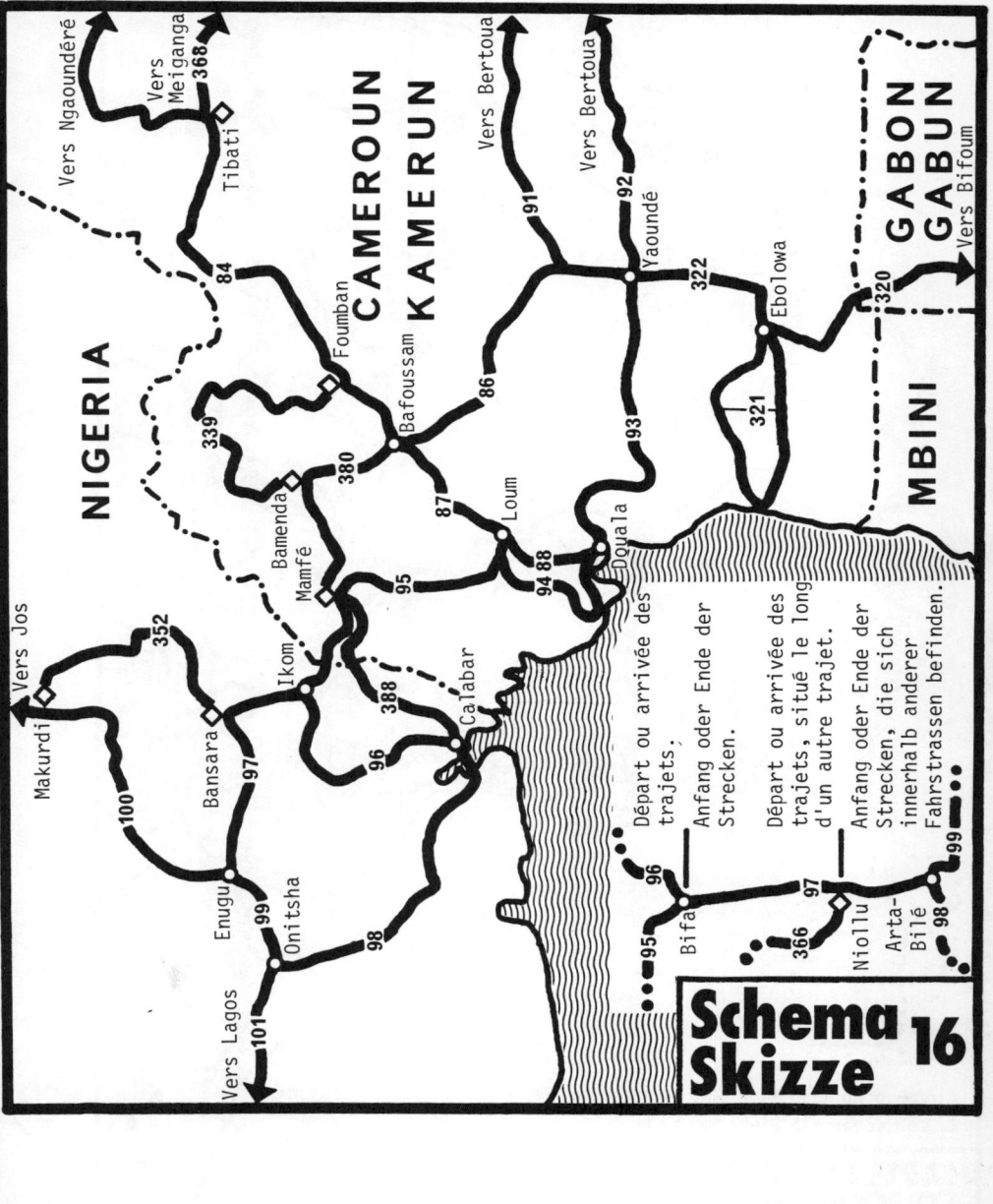

Schema Skizze 16

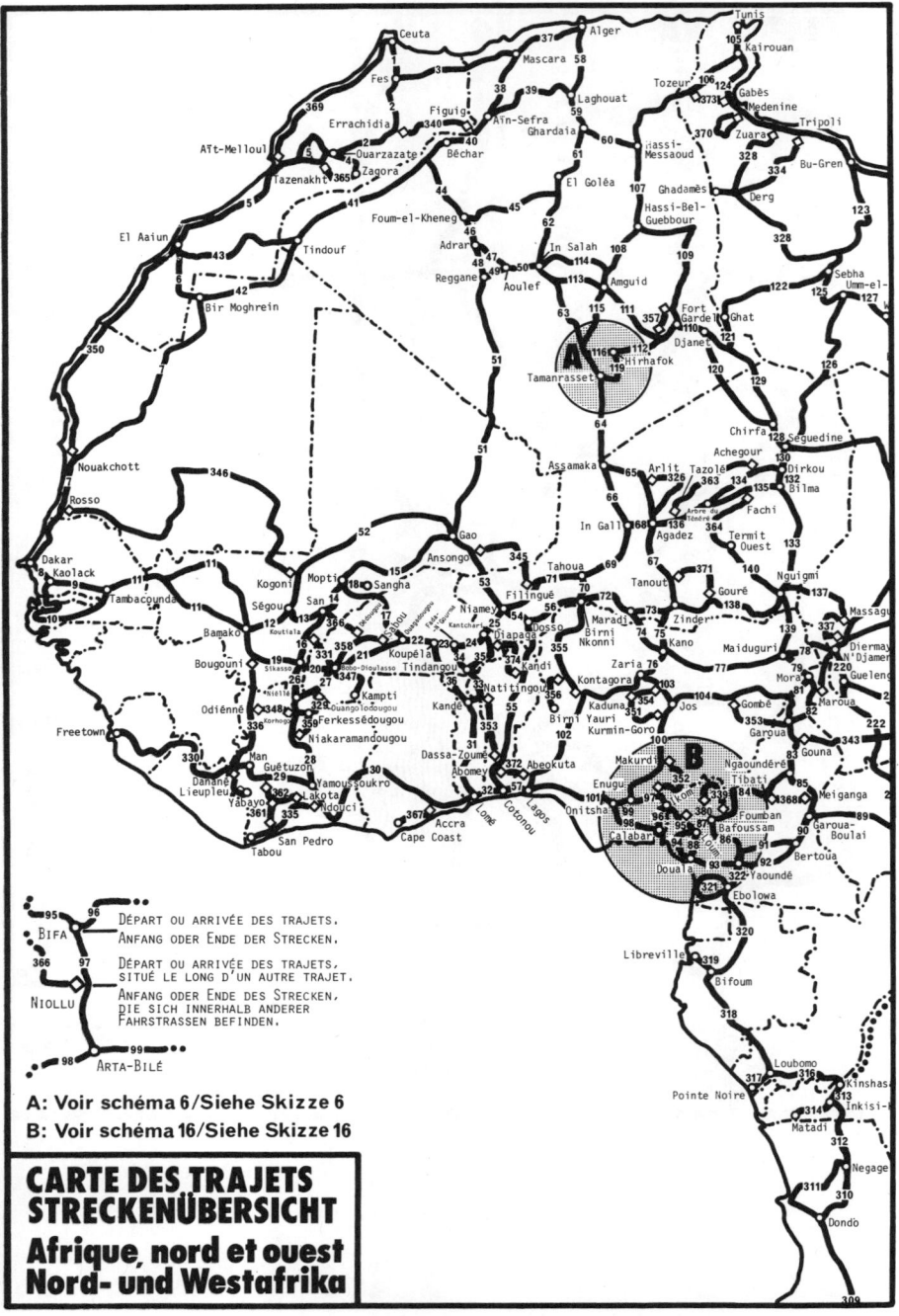

A: **Voir schéma 6/Siehe Skizze 6**
B: **Voir schéma 16/Siehe Skizze 16**

CARTE DES TRAJETS
STRECKENÜBERSICHT
Afrique, nord et ouest
Nord- und Westafrika

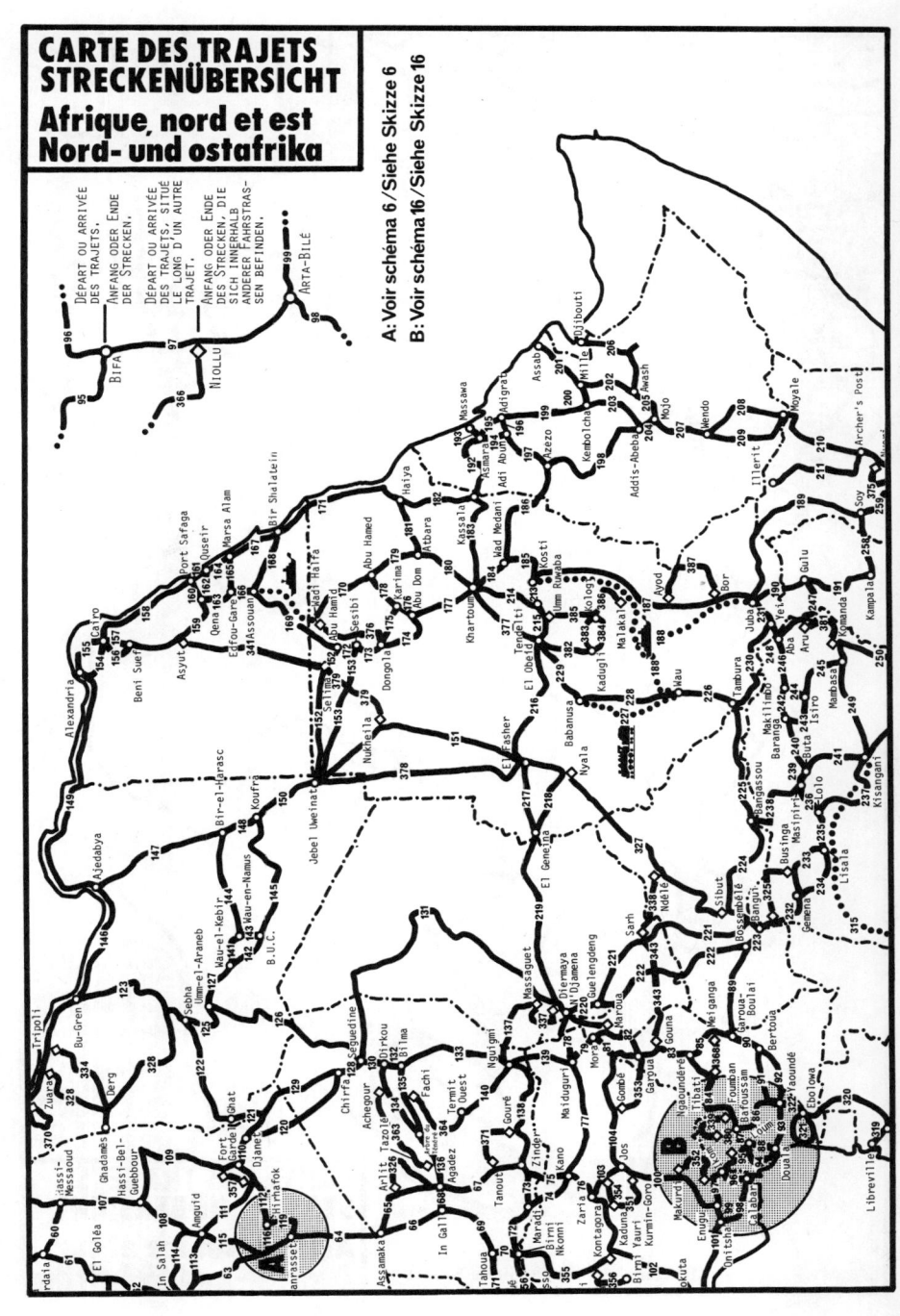

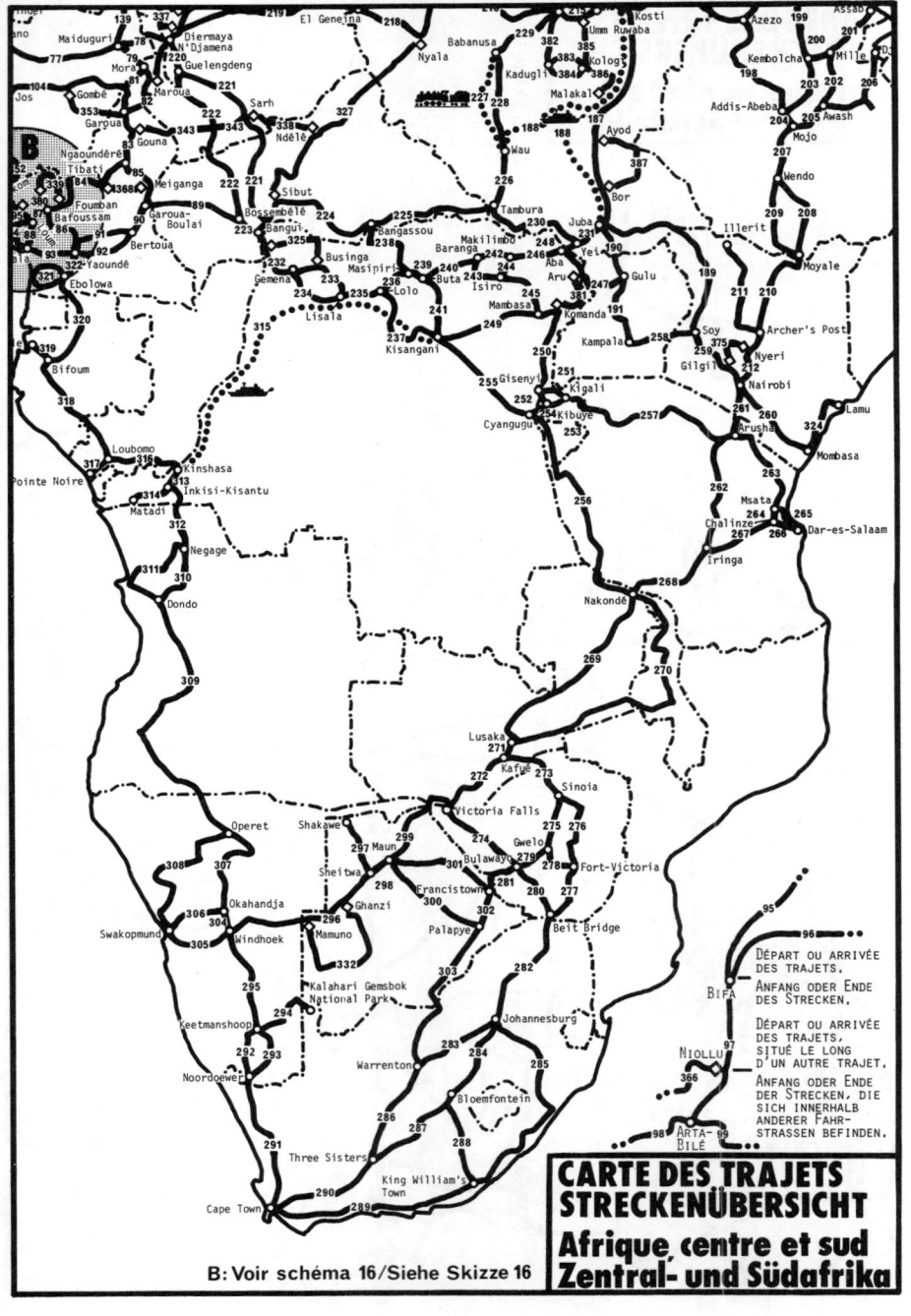

CARTE DES TRAJETS
STRECKENÜBERSICHT
Afrique, centre et sud
Zentral- und Südafrika

B: Voir schéma 16/Siehe Skizze 16

DÉPART OU ARRIVÉE
DES TRAJETS.
ANFANG ODER ENDE
DES STRECKEN.

DÉPART OU ARRIVÉE
DES TRAJETS,
SITUÉ LE LONG
D'UN AUTRE TRAJET.
ANFANG ODER ENDE
DER STRECKEN, DIE
SICH INNERHALB
ANDERER FAHR-
STRASSEN BEFINDEN.

Was bedeuten diese Sahara-Ausdrücke?

Adrar, Mz. idrarene	Berg
Aftut	Regstreifen zwischen zwei Dünen
Agadir, Mz. igudar	Schroffer Abhang, Festung
Aghbalu, Mz. ighbula	Quelle
Ain, Mz. aiun	Quelle
Akba	Steigung; Pfad in der Flanke eines Felsens oder Hügels
Ank	Pass, Gebirgspass
Anseur, Mz. ânaseur	Quelle
Areg	Düne
Ateuf	Wendung, Krümmung
Aurir	Bergspitze
Bab, Mz. bidane	Eingang, Tor
Barkanes	Kleine, halbmondförmige Dünen auf Regboden
Baten	Abhang einer Hochebene
Batha	Sandiges Flussbett
Bir, Mz. biar	Brunnen
Bordsch, Bordj Mz. borudsch	Fort, Unterstand
Chaba	Hohlweg, Gebirgspass
Chebka	Chaotische Gegend, wörtl. Netz
Chegga, Mz. cheggag	Spalte, Felsspalte
Chott	Salzsee, manchmal ausgetrocknet
Dschebel, Mz. dschebal	Berg
Enfida	Hohlweg
Erg	Dünengegend
Fech-Fech	Einförmiger Boden, scheinbar befahrbar, aber sehr weich
Fedsch	Gebirgspass
Foggara, Mz. fegaguir	Unterirdische Wasserfassung und Zuleitung, mit Zugangsschächten
Gara, Mz. gur	Tafelberg in einer Ebene
Ghaba	Wald
Ghedir	Teich, wasserführende Mulde
Guelb	Felsige Bergspitze, die aus einer Ebene herausragt
Guelta	Wasserstelle
Guemira	Steinmännchen oder Sandhaufen am Rand einer Piste als Wegzeichen
Hammada	Steinwüste
Hartani, Mz. harratine	Schwarze Bevölkerung der Oasen-Ackerbauer
Hassi, Mz. huasi	Wasserstelle
Kalaa, Kelaa, Guelaa	Festung
Kasba, Mz. ksabi	Zitadelle, befestigter Ort
Kef, Mz. kifane	Felsblock, Felsen
Khanga, Mz. kheneg	Gebirgspass
Koris	Westafrikanisch für Oued
Krechbas	Baumstümpfe
Ksar, Mz. ksur	Alte, befestigte Eingeborenenstadt
Kudia, Mz. kudiast	Rundlicher Hügel
Maghreb	Land des Westens, Abend
Medersa, Mz. mdares	Koranschule
Medina, Mz. medun	Arabische Stadt
Mellah	Jüdisches Quartier
Mercubas	Grasbüschel, in denen sich der Sand sammelt

Merdscha, Mz. mrudsch	Morast, Sumpf	**Rmel**	Sand, sandige Erde
Oasis	Palmenhain	**Sebkha**	Salzsee (oft ausgetrocknet)
Oued, Mz. ouidane	Fluss (in der Sahara ausgetrocknet)	**Seguia,** Mz. suagui	Kanal
		Suk, Mz. asuak	Markt
Outa	Ebene	**Tenia,** Mz. teniet	Gebirgspass
Redschem	Guemira	**Tizi**	Pass (Marokko)
Reg	Ebenes Gelände, gut befahrbar	**Wad, Wadi**	Oued
		Zauia, Mz. zuaui	Sitz einer religiösen Gemeinschaft
Rhurde	Sandberg		

Arabische Zahlen

Die Zahlen werden im Gegensatz zur arabischen Schrift wie bei uns von links nach rechts gelesen.

0 ♦	= sifr		16 ١٦	= sitt 'aschara
1 ١	= wa:hid		17 ١٧	= sab 'aschara
2 ٢	= ithna:n		18 ١٨	= thama:ni 'aschara
3 ٣	= thala:tha		19 ١٩	= tis' 'aschara
4 ٤	= arba'a		20 ٢٠	= 'ischru:n
5 ٥	= chamsa		30 ٣٠	= thala:thu:n
6 ٦	= sitta		40 ٤٠	= arba' u:n
7 ٧	= sab'a		50 ٥٠	= chamsu:n
8 ٨	= thama:nija		60 ٦٠	= sittu:n
9 ٩	= tis'a		70 ٧٠	= sab'u:n
10 ١٠	= 'aschara		80 ٨٠	= thama:nu:n
11 ١١	= ihda 'aschara		90 ٩٠	= tis'u:n
12 ١٢	= ithnata:'aschara		100 ١٠٠	= mi'a
13 ١٣	= thala:th 'aschara		200 ٢٠٠	= mi'ata:n
14 ١٤	= arba' 'aschara		1000 ١٠٠٠	= alf
15 ١٥	= chams 'aschara		2000 ٢٠٠٠	= alfa:n

Karten, Führer und Reisebücher (→ auch unter 1.15)

Die Liste der Karten, Führer und Reisebücher, die Sie nachfolgend finden, ist natürlich nicht vollständig. Sie soll Ihnen nur einen kleinen Überblick über das geben, was Sie in den spezialisierten Buchhandlungen vorfinden werden.
Die Adressen einiger Buchhandlungen finden Sie am Ende dieser Liste. Fordern Sie einen Katalog an, oder noch besser, gehen Sie persönlich vorbei.

Strassenkarten

Hierbei handelt es sich um thematische Karten. Die Angaben sind nach bestimmten Merkmalen und ihrer Bedeutung dargestellt und geordnet. Es ist immer nützlich, die Zeichenerklärung einer Karte gut zu studieren. Diejenige der Michelin-Karten ist in der Tat aussergewöhnlich reichhaltig.

— Bartholomew, Afrika (Nord und West), 1:5 000 000
— Michelin Nr.154, Afrika (Nord-Ost), 1:4 000 000
— Michelin Nr.155, Zentral- und Süd-Afrika, 1:4 000 000
— Kümmerly + Frey, Marokko, 1:1 Mio.
— Michelin Nr.172, Algerien-Tunesien, 1:1 Mio. und 1:500 000 und 1:300 000
— Michelin Nr.175, Elfenbeinküste, 1:800 000
— Kümmerly + Frey, Ägypten (Niltal bis Luxor), 1:750 000

Topographische Karten

Diese Karten werden auf Grund von Luftaufnahmen gezeichnet. Die Informationen sind also nicht ausgesucht (zum Beispiel finden Sie die gleiche Zeichnung, egal wie der Belag oder die Breite einer Strasse oder Piste ist). Topographische Karten sind nützlich bei der schwierigen Durchquerung der Sahara sowie für all diejenigen, die eine Gegend etwas näher und ausführlicher besichtigen wollen. Wir geben hier nicht eine Liste aller Karten, da sie sehr oft vergriffen oder im Neudruck sind. Erkundigen Sie sich bei den am Schluss angegebenen Buchhandlungen nach den zur Zeit erhältlichen Blättern.

— Karten I.G.N.
— Karten O.N.C.
— Karte A.M.S.

Daneben gibt es noch andere ausführliche Karten, die nur bestimmte Länder und Gegenden darstellen.

Reiseführer

— Erica de Bary: Wanderungen im Tassili
— U. + W.Bradorf: Götter, Gräber und Touristen, im Campingbus zu den Pharaonen
— Därr: Transsahara, Ausrüstung, Durchführung (Ausgabe 1979)
— Fust/Schmitz: 50 000 km durch Hitze, Staub und Sand
— J.Genth: Marokko, ein Urlaubsführer
— Hagen: Afrika Safari, aber wie?
— O.Lembeck: Ostafrika, Reisehandbuch, Kenia-Tanzania

- Chr. Pehlemann:
  - Nordsahara für jedermann
  - Dreimal Sahara
  - Mauritius, Ferienparadies im Ozean
- B. Pischel: Tunesien-Reiseführer
- Senft/Katschner: Bergwandern in Ostafrika
- Schettler: 100 000 km Orient, Nordafrika, Asien für Globetrotter
- Stud. Kreis Tourismus Starnberg: Tunesien verstehen
- Tesch: Afrika—Führer
- Tomkinson:
  - Kenia, ein Ferienführer
  - Tunesien, ein Ferienführer
- TCS Därr: Durch Afrika, Vorbereitungen, Streckenbeschreibungen
- H. Ziock: Ägypten
  - Handbuch für Reise und Wirtschaft: Afrika (3 Bände)
  - Klimahandbuch/Climatological handbook

Reiseführer nach Buchreihe

- DuMont-Kunstreiseführer: Algerien, Ägypten, Äthiopien, Marokko, Tunesien
- Goldstadt: Algerien, Marokko, Seychellen, Tunesien
- LN-Reiseführer: Ostafrika, Südafrika
- Mai's Auslandführer: die 8 Länder Ostafrikas, Westafrika, Zentralafrika
- Mai's Weltführer: Seychellen
- Nagel: Ägypten
- Grosser Polyglott: Marokko, Ägypten
- Kleiner Polyglott: Algerien, Ägypten, Äthiopien, Marokko, Ostafrika, Tunesien, Südafrika, Westafrika
- Reisen heute: Algerien, Elfenbeinküste, Kamerun, Marokko, Senegal, Schwarzafrika, Togo, Tunesien, Ägypten
- Touropa: Ägypten, Kenia, Westafrika-Kreuzfahrten
- Walter: Ägypten, Marokko, Tunesien
- Sprachführer Polyglott: Afrikaans, Ägyptisch-Arabisch, Tunesisch-Arabisch, Suaheli

Monographien

- E. de Bary: Im Bauch des Sandes (Libyen)
- Bockmühl/Schad: Mensch und Landschaft Afrikas
- R. Fedden: Ägypten
- A. Gagern: Sahara 10 000 Jahre zwischen Weide und Wüste
- Uwe George: In den Wüsten dieser Erde
- B. Joliat:
  - Äthiopien, Djibouti, Seychellen, Kenia
  - Traumländer der Welt, Algerien, Marokko, Tunesien
- F. + K. Kitamura: Marokko zwischen Tradition und Wandel
- Maquet/Ganslmayer: Die Afrikaner: Völker und Kulturen des Schwarzen Kontinents
- G. Mayr: Unter weissen Wilden
- Nwankwo: Mein Mercedes ist grösser als deiner (Nigeria)
- Nubische Märchen
- H. Schamp: Ägypten

- Senat Lübeck: Tunesien, Tradition und Tourismus
- H. Schiffers: Libyen
- Illa Tanner: Die Suche nach der sagenhaften Stadt (Timbuktu)

Reiseberichte

- R. Gardi: Tenere
- Gerd Heussler: Trans Sahara, 9 Monate Abenteuer vom Atlantik zum Nil
- R. Nehberg:
  - Drei Mann, ein Boot, der Blaue Nil
  - Drei Mann, ein Boot, zum Rudolfsee
- Werner Legère: Ich war in Timbuktu
- Wolf-Ulrich Kropp: Heisse Pfade, Abenteuerliche Fahrt durch den Schwarzen Kontinent, von Algier bis Kapstadt
- M. Schäfer: Wo die Welt noch wild ist
- Karl Rolf Seufert: Die Karawane der weissen Männer, Roman
- R. Siebert: Afrika Schwarz Weiss
- H. Trunec: Durch Urwald, Busch und Wüste

Geschichte/Ethnologie

- F. Ansprenger: Afrika, zu Politik und Zeitgeschehen
- D. Benhacine: Nordafrika aus erster Hand
- Beuchelt/Ziehr: Schwarze Königreiche
- Colin/Turnbull: Das Volk ohne Liebe, der soziale Untergang der Ik
- Cubitt/Richter: Südwestafrika
- B. Davidson: Afrikanische Königreiche
- Pfeffer: Ghana
- P. Randall: Südafrikas Zukunft
- H. Schiffers: Die Sahara und ihre Randgebiete

Natur

- H. Bechtel: Ostafrika in Farbe, Reiseführer für Naturfreunde
- Archie Carr: Flora und Frauna, Afrika
- Horst Hagen: Schutzgebiete
  - Ngorongoro
  - Tarangire
  - Lake Manyara
  - Amboseli-Serengeti
- Haltenorth/Diller: Bestimmungsbuch, Säugetiere Afrikas
- Schröder: Pflanzenreich der Tropen
- J. Williams: Die Vögel Ost- und Zentralafrikas

Kunst

- Berliner Festspiele: Afrika, Texte, Dokumente, Bilder
- Biedermann: Lexikon der Felsenbildkunst
- Holle: Ägypten
- August Macke: Die Tunisreise, Aquarelle und Zeichnungen
- u.v.a.

Bildbände

— Bannister/Johnson: Namibia, Afrikas herbes Paradies
— Cubitt/Helfet: Südafrika
— Delroisse: Dahomey
— Peter Fuchs: Sudan
— René Gardi:
  — Sahara
  — Auch im Lehmhaus lässt sich's leben
— H. Hagen: Karibuni, 300 Fotos von Wildschutzgebieten
— H. Harrer: Die letzten Paradiese der Welt
— Michel Huet: Afrikanische Tänze
— Hugot/Bruckmann: Zehntausend Jahre Sahara
— Oswald Iten: Schwarzer Sudan
— Johnson/Bannister: Okawango, Meer im Land, Land im Wasser
— W. Kremnitz: Afrika, die alten Staaten des Sudan
— Minder/Nigg: Marokko
— Office rwandais: Rwanda, Land des ewigen Frühlings
— Leni Riefenstahl: Die Nuba
— Tichy: Kenia
— Time Life: Die Sahara
— Walter Weiss: Ägypten
— u. v. a.

Wo erhält man diese Publikationen

In der Schweiz:

— Touring Club der Schweiz, Touristische Information, Postfach, 1211 Genf 3, Tel. 022 / 36 60 00 (nur Strassenkarten, Führer «Globetrotter schreiben für Globetrotter»)
— Travel Book Shop, G. Treichler, Seilergraben 11, 8001 Zürich, Tel. 01 / 34 38 83
— und in allen guten Buchhandlungen

In Deutschland:

— Därr's Expeditions-Service, Hauptstrasse 26, D-8011 Heimstetten/Mü, Tel. 089 / 903 15 19
— Afrika Buchhandlung, V. Keller, Klenzestr. 32, 8000 München 5
— Geographische Buchhandlung R. Michels, Rosental 6, 8000 München 2, Tel. 089 / 260 31 80
— und in allen guten Buchhandlungen

In Österreich:

— Freytag-Berndt u. Artaria KG, Kohlmarkt 9, 1010 Wien
— ÖAMTC, Schubertring 1-3, 1010 Wien

Diese Liste wurde zusammengestellt von der Buchhandlung Travel Book Shop in Zürich

Adressen der Automobilclubs in Europa

Die Adressen der Clubs befinden sich im Abschnitt 6.5. des ersten Teils dieses Führers.

Treibstoffpreise in Afrika

* Gallone, 3,8 Liter   ** Gallone, 4,5 Liter   + Angaben Ende 1977 oder früher

1.5.1979

Land	Währung	Benzin		Diesel	Oktanzahl	
		Normal	Super		Normal	Super
Açores/Azoren (Portugal)	Escudo à 100 centavos	23.—+	26.—	7.50+	85+	96+
Afrique du Sud/Südafrika	Rand à 100 cents	—.29	—.30	—.275	87	93—98
Afrique du Sud-Ouest/ Südwestafrika	Rand à 100 cents	—.295	—.301	—.27	87	93
Algérie/Algerien ⚑	Dinar à 100 centimes	1.45	1.55	—.50	80—90	96—98
Angola	Kwanza à 100 Lwei	12.50+	—	4.82	93	—
Bénin	Frs. CFA ouest à 100 cts.	68.—	71.—	58.—	86—88	92—94
Bophuthatswana	Rand à 100 cents	—.285	—.29	—	—	—
Botswana	Pula à 100 thebe	—.31	—.32	—.30	87	93
Burundi	Franc à 100 centimes	29.60+	31.30+	26.20+	83+	92+
Caméroun/Kamerun	Frs. CFA équat. à 100 cts.	91.40	100.40	80.30	83	93
Canaries	Peseta à 100 centimos	23.80	26.30	12.70	85—87	96
Cap Vert (Iles)/Kapverd. Ins.	Escudo à 100 centavos	—	—	—	—	—
Centrafr. Rép./Zentralafr. R.	Frs. CFA équat. à 100 cts.	145.—	130.—	85.—	85+	98+
Congo Rép. pop./Kongo V. R.	Frs. CFA équat. à 100 cts.	123.—	126.—	—	83+	93+
Côte d'Ivoire/Elfenbeinküste ⚑	Frs. CFA ouest à 100 cts.	122.—	130.—	78.—	87	95
Djbouti/Dschibuti	Frs. de Djibouti à 100 cts.	56.50+	61.50+	30.70+	83+	95+
Egypte/Ägypten	£ à 100 piastres = 1000 mill.	—.080	—.086	—.025	75	80—85
Ethiopie/Äthiopien	Birr à 100 cents	—.665+	—.78+	—.48+	81+	92+
Gabon/Gabun	Frs. CFA équat. à 100 cts.	103.—	124.—	55.50	85—90	92—94
Gambie/Gambia	Dalasi à 100 bututs	2.16***+	2.31***+	1.62***+	83+	93+
Ghana	Cedi à 100 pesewas	3.—**	3.50**	2.—**	84	95
Guinée/Guinea	Syli à 100 cauris	10.—+	—	—	70+	—
Guinée Bissau/Guinea Bissau	Peso à 100 centavos	8.60+	9.70*	—	—	—
Guinée équat./Äquat. Guinea	Ekpwele à 100 centimos	13.—+	16.—+	—	83+	93+
Haute-Volta/Ober-Volta ⚑	Frs. CFA ouest à 100 cts.	102.—	110.—	79.—	87+	95+
Kenya/Kenia	Shilling à 100 cents	2.84	2.96	2.04	83	95
Lesotho	Maluti à 100 cents	—.306	—.309	—.275	87	93
Liberia ⚑	Dollar à 100 cents	—	1.10*	1.06*	—	93
Libye/Libyen	Dinar à 1000 dirhams	—.041	—.046	—.035	87	98
Madagascar/Madagaskar	Franc à 100 centimes	91.80	108.30	51.70	87	95
Madère/Madeira (Portugal)	Escudo à 100 centavos	28.—	31.—	10.—	85	96
Malawi	Kwacha à 100 tambala	—.296	—.321	—.245	83—87	93
Mali	Franc à 100 centimes	180.—+	190.—+	124.55+	87+	95+
Maroc/Marokko ⚑	Dirham à 100 centimes	2.30	2.50	1.06	88	96
Maurice (Ile)/Mauritius	Roupie à 100 cents	—	9.15**	—	—	95+
Mauritanie/Mauretanien	Ouguiya à 5 khoums	19.—+	21.—+	13.20	87	95+
Mozambique	Escudo à 100 centavos	11.—+	13.—+	7.—+	80+	85+
Niger ⚑	Frs. CFA ouest à 100 cts.	97.—+	106.—+	66.—+	87+	93+
Nigeria	Naira à 100 kobo	—.153	—.168	—.110	84	92
Réunion (France)	Franc à 100 centimes	2.27+	2.37+	—	—	92
Rhodésie/Rhodesien	Dollar à 100 cents	—.28	—.284	—.199	83	93
Rwanda	Franc à 100 centimes	35.05	36.70	33.10	83	95
São Tomé e Principe	Dobra à 100 centavos	—	—	—	—	—
Sénégal	Frs. CFA ouest à 100 cts.	87.—+	91.—+	70.—+	87+	95+
Seychelles/Seychellen	Roupie à 100 cents	8.40+	8.95+	6.35+	—	—
Sierra Leone ⚑	Leone à 100 cents	—	1.51**	1.—**	—	—
Somalie/Somalien	Shilling à 100 cents	2.—+	—	1.50+	79—80+	—
Soudan/Sudan	£ à 100 piastres = 1000 mill.	—.75**	—.85**	—.55**	80—83	90
Swaziland	Lilangeni à 100 cents	—.284	—.292	—.275	87	93
Tanzanie/Tansania	Shilling à 100 cents	3.68	3.92	2.21	83	95
Tchad/Tschad	Frs. CFA équat. à 100 cts.	105.—	109.—	91.—	83	93
Togo	Frs. CFA ouest à 100 cts.	99.75	102.75	84.50	80	96—98
Transkei	Rand à 100 cents	—.29	—.30	—.275	87	93—98
Tristan da Cunha	£ à 100 pence	—	—	—	—	—
Tunisie/Tunesien	Dinar à 1000 millimes	—.192	—.205	—.066	88	95
Uganda	Shilling à 100 cents	5.09+	5.19+	2.55+	83+	95+
Zaïre	Zaïre à 100 makuta = 10 000 sengi	—	1.47	—.24	—	90
Zambia/Sambia	Kwacha à 100 ngwee	—.60	—.80	—.25	87	95

Die angegebenen **Treibstoffpreise** sind Durchschnittswerte vom **Winter 1978/79**. Sie können innerhalb jedes Landes von Region zu Region variieren und sind in Ländern mit hoher Inflationsrate schnellen Veränderungen unterworfen. Ohne gegenteilige Angaben gelten diese Preise pro Liter.

Afrika - Mittlere Kurse für Fremdenwährungen in der Schweiz, in Deutschland und in Österreich

Sommer 1979

Land	Währung	für	sFr.	DM	öS
Ägypten	Ägyptisches Pfund zu 100 Piastres = 1000 Millièmes	1 Pfund	2.39	2.58	15.98
Äquatorialguinea	Ekpwele zu 100 Centimos	100 Ekpwele	2.31	2.60	—
Äthiopien	Birr zu 100 Cents	1 Birr	1.63	—.88	6.03
Algerien	Algerischer Dinar zu 100 Centimes	100 Dinars	42.50	47.25	164.—
Angola	Kwanza zu 100 Lwei	100 Kwanza	5.10	6.20	49.35
Azoren	Portug. Escudo zu 100 Centavos	100 Escudos	3.56	3.95	26.24
Benin	CFA-Franc zu 100 Centimes	100 Francs	—.77	—.87	6.72
Bophutatswana	Rand zu 100 Cents	1 Rand	1.87	2.09	11.78
Botswana	Pula zu 100 Thebe	1 Pula	1.96	2.19	—
Burundi	Burundi-Franc zu 100 Centimes	100 Francs	1.81	2.01	17.06
Dschibuti	Dschibuti-Franc zu 100 Centimes	100 Francs	—.99	1.—	8.66
Elfenbeinküste	CFA-Franc zu 100 Centimes	100 Francs	—.77	—.87	6.72
Gabun	CFA-Franc zu 100 Centimes	100 Francs	—.77	—.87	6.72
Gambia	Dalasi zu 100 Bututs	1 Dalasi	—.80	—.92	8.66
Ghana	Cedi zu 100 Pesewas	1 Cedi	—.59	—.66	5.25
Guinea	Syli zu 100 Cauris	100 Sylis	8.35	9.70	73.50
Guinea-Bissau	Guinea-Peso zu 100 Centavos	100 Pesos	4.73	5.42	17.06
Kamerun	CFA-Franc zu 100 Centimes	100 Francs	—.77	—.87	6.72
Kanarische Inseln	Peseta zu 100 Centimos	100 Pesetas	2.31	2.59	17.94
Kap-Verde	Kap-Verde-Escudo zu 100 Centavos	100 Escudos	3.56	5.03	17.06
Kenia	Kenia Shilling zu 100 Cents	1 Shilling	—.21	—.24	1.80
Komoren	CFA-Franc zu 100 Centimes	100 Francs	—.77	—.87	6.72
Kongo	CFA-Franc zu 100 Centimes	100 Francs	—.77	—.87	6.72
Lesotho	Maluti zu 100 Cents	1 Maluti	1.98	2.08	11.78
Liberia	Liberianischer Dollar zu 100 Cents	1 Dollar	1.93	1.82	—
Libyen	Libyscher Dinar zu 1000 Dirhams	1 Dinar	5.51	6.13	30.45
Madagaskar	Madagascar-Franc zu 100 Centimes	100 Francs	—.75	—.87	6.72
Madeira	Portug. Escudo zu 100 Centavos	100 Escudos	3.56	3.95	26.24
Malawi	Kwacha zu 100 Tambala	1 Kwacha	1.99	2.23	17.06
Mali	Mali-Franc zu 100 Centimes	100 Francs	—.37	—.43	3.93
Marokko	Dirham zu 100 Centimes	100 Dirhams	40.50	46.72	310.65
Mauretanien	Ouguiya zu 5 Khoums	100 Ouguiya	3.72	3.91	—
Mauritius	Mauritius-Rupie zu 100 Cents	1 Rupie	—.27	—.30	2.62
Mozambik	Mozambik-Escudo zu 100 Centavos	100 Escudos	4.94	5.55	17.06
Niger	CFA-Franc zu 100 Centimes	100 Francs	—.77	—.87	6.72
Nigeria	Naira zu 100 Kobo	1 Naira	2.55	2.92	15.48
Obervolta	CFA-Franc zu 100 Centimes	100 Francs	—.77	—.87	6.72
Reunion	Französischer Franc zu 100 Centimes	100 Francs	39.—	43.51	—
Rhodesien	Rhodesischer Dollar zu 100 Cents	1 Dollar	2.35	2.68	14.96
Rwanda	Rwanda-Franc zu 100 Centimes	100 Francs	1.76	1.98	17.06
Sambia	Kwacha zu 100 Ngwee	1 Kwacha	2.03	2.31	17.06
São Tome und Principe	Dobra zu 100 Centavos	100 Dobras	4.62	5.18	17.06
Senegal	CFA-Franc zu 100 Centimes	100 Francs	—.77	—.87	6.72
Seschellen	Seschellen-Rupie zu 100 Cents	1 Rupie	—.24	—.27	2.57
Sierra Leone	Leone zu 100 Cents	1 Leone	1.61	1.71	14.70
Somalia	Somalischer Shilling zu 100 Cents	1 Shilling	—.26	—.29	2.15
Sudan	Sudanesisches Pfund zu 100 piastres = 1000 Millièmes	1 Pfund	4.08	4.53	32.28
Südafrika	Rand zu 100 Cents	1 Rand	1.87	2.08	11.78
Südwestafrika	Rand zu 100 Cents	1 Rand	1.87	2.08	11.78
Swaziland	Lilangeni zu 100 Cents	1 Lilangeni	1.87	2.09	11.78
Tanzania	Tanzania-Shilling zu 100 Cents	1 Shilling	—.21	—.24	1.41
Togo	CFA-Franc zu 100 Centimes	100 Francs	—.77	—.87	6.72
Transkei	Rand zu 100 Cents	1 Rand	1.87	2.08	11.78
Tschad	CFA-Franc zu 100 Centimes	100 Francs	—.77	—.87	6.72
Tunesien	Tunesischer Dinar zu 1000 Millièmes	1 Dinar	3.94	4.48	34.02
Uganda	Uganda Shilling zu 100 Cents	1 Shilling	—.21	—.24	1.73
Zaire	Zaire zu 100 Makuta = 10000 Sengi	1 Zaire	1.06	1.80	4.30
Zentralafrik. Republik	CFA-Franc zu 100 Centimes	100 Francs	—.77	—.87	6.72

Formalitäten-Tabelle

	Reisepass (muss mindestens für die Aufenthaltsdauer gültig sein)						Fahrausweis		Fahrzeugausweis		Haftpflichtversicherung		Grenzpassierscheinheft	
	Schweizer mit Visum	Schweizer ohne Visum	Deutsche mit Visum	Deutsche ohne Visum	Österreicher mit Visum	Österreicher ohne Visum	nationaler anerkannt	internationaler erforderlich	nationaler anerkannt	internationaler erforderlich	obligatorisch	nicht obligatorisch aber empfohlen	obligatorisch	nicht obligatorisch
Ägypten	35		35		35		×		×		18		×	
Äquatorial Guinea	×		×		×			×	23		23		23	
Äthiopien	30		×		×		22	22	22	22	22	22	22	22
Algerien		1/29	×/29		×/29		2	41	×		18			×
Angola	31		31		31		22	22	22	22	22	22	22	22
Benin	32			1	×			×		×	18		×	
Botswana		30	×			×	40			×	18		×	
Burundi	×		×		×			×		×	25		×	
Dschibuti	×		×		×			×		×	×		7	
Elfenbeinküste	90			1	×			×	42	43	21		×	
Gabun	90			1	×			×		×	21		×	
Gambien	×			1	×			×		×	18		×	
Ghana	×		×		×			×		×	18		×	
Guinea	9		9		9		23	23	23	23	23	23	23	23
Guinea Bissau	×		×		×			×		×		×	×	
Kamerun	33		×			4		×		×	18		×	
Kenia	90		6/1	×			1		1		21		×	
Kongo, Volksrepublik	34		5	×				×	44	41	21		×	
Lesotho	60		×		×			×		×	18		×	
Liberia	60		×		×		1		20			×	×	
Libyen	11		11		11		16/12		43	42	18		×	
Madagascar	30		×		×			44	41	20	18			24
Madeira		3	13		13		×		×		28			×
Malawi	90			1	×		12			×	18		×	
Mali	8		×		×			×	43	41			×	
Marokko		90	×			90		×	×		28			×
Mauretanien	90		×		×		43	42	43	41		×	×	
Mauritius	30			×	×			×		45	25			26
Mosambik	×		×							45	45		45	
Niger	30			1	×		43	42		×	25		×	
Nigeria	37		×		×			×		×	21		×	
Ober-Volta	90			1	×		1		20		21		41	44/19
Reunion		×		1			1	45			45	45		45
Rhodesien		×	×			×	43	41			45	45/18	×	
Rwanda	38	38		1	×			×	41	44	21		×	
Sambia	×		×		×			45	45		18		×	
Senegal	×			1	×			×		45	44	41	×	
Sierra Leone	90		×		×			×		45	×		×	
Somalia	30		×		×			45	44	41	12/25	45	×	
Sudan	90		×		×		44	41	12	46	21			27
Südafrika		90	×		×			×	17		18		×	
Südwestafrika		90	×		×			×	17		18		×	
Swasiland	60		×		×			×		×	21		×	
Tansania	90		×		×			×		×	25		×	
Togo	90			1	×		14	14			12	×	×	
Transkei	14		10	10	10	10		×	12		21		×	
Tschad	90			1	×		12	46		×	×		×	
Tunesien		90	×			×	42	43/1	×		28			×
Uganda	×			1/15	15		1		12	46	×		10	10
Zaire	30		×		×			×		×	×		×	
Zentralafrika		×		1	×		12	46	44	41	21		×	

Legende der Formalitäten-Tabelle

×: zutreffend
1. Für einen Aufenthalt bis zu 3 Monaten.
2. Eine von der algerischen Botschaft oder vom Konsulat im Ausland beglaubigte Übersetzung in französischer Sprache beilegen.
3. Nationale Identitätskarte genügt.
4. Für einen Aufenthalt von weniger als 12 Tagen.
5. Für einen Aufenthalt von weniger als 15 Tagen.
6. Kinderausweis mit Foto genügt.
7. Vorübergehende Einfuhr-Erklärung + Bankgarantie und Wiederausfuhr-Erklärung.
8. Für einen Aufenthalt von weniger als 7 Tagen. Verlängerung im Land möglich.
9. Es besteht keine Möglichkeit, ein Touristen-Visum zu erhalten; → unter Guinea, Kapitel 7.
10. Es stehen keine Informationen zur Verfügung.
11. Es ist obligatorisch, dem Reisepass eine arabische Übersetzung beizulegen, welche von einem offiziellen Übersetzer gemacht wurde. Adressen von Übersetzern erhält man bei den diplomatischen Vertretungen Libyens im Ursprungsland. Jeder Pass mit einem gültigen oder verfallenen Visum Israels wird abgelehnt.
12. Nur für Schweizer Bürger.
13. Für einen Aufenthalt von weniger als 2 Monaten.
14. Je nach Laune des Zöllners.
15. Den «Visitor's pass» erhält man bei der Einreise ins Land oder bei den diplomatischen Vertretungen Ugandas im Ursprungsland.
16. Bis 90 Tage. Arabische Übersetzung des Fahrausweises obligatorisch; diese kann nach Ankunft bei der schweiz. Botschaft erfolgen. Nach 90 Tagen muss ein libyscher Führerschein ausgestellt werden.
17. Internationaler Zulassungsschein nur für Schweizer Bürger obligatorisch.
18. An der Grenze oder im Ankunftshafen abzuschliessen.
19. Passierschein, gültig 1 Monat, an der Grenze ausgestellt ohne Kautionshinterlegung.
20. Auskünfte nur für Schweizer und Deutsche Staatsbürger gültig; keine Angaben für Österreicher vorhanden.
21. Abzuschliessen vor der Einreise ins Land.
22. Einfuhr von Motorfahrzeugen verboten in diesem Land.
23. Touristische Reisen unmöglich.
24. Gesuch für vorübergehende Einfuhr beim Chef der Zollbehörde in Tananarive einzureichen.
25. Ist bei den Versicherungsgesellschaften des betreffenden Landes abzuschliessen.
26. «Visitor's licence», gültig 6 Monate und Nummernschilder gegen Hinterlegung von Bargeld.
27. Die Fahrbewilligung ist vor der Abreise einzuholen (mehrere Monate im voraus), und zwar bei den diplomatischen Vertretungen Sudans im Herkunftsland. Ein ziemlich hoher Garantiebetrag wird **für jeden Mitfahrer des Fahrzeuges** erhoben.
28. Grüne Karte obligatorisch.
29. Reisepässe mit gültigem oder abgelaufenem Visum für Israel, Südafrika, Südkorea, Malawi, Taiwan oder Rhodesien werden zurückgewiesen.
30. Bis 30 Tage.
31. Land- und Seegrenzen für Touristen geschlossen.
32. Bis 3 Tage, wenn in der Schweiz ausgestellt; Verlängerung möglich, im Land anfragen.
33. Bis 20 Tage.
34. Bis 21 Tage.
35. Das Visum ist im Hafen oder an der Grenze erhältlich.
36. Gültig bis zu 30 Tagen. Obligatorischer Kauf von Cedi-Vouchers: C.70.— für den ersten Tag, C.20.— für jeden weiteren Tag.
37. Bis 28 Tage.
38. Schweizer Pass ohne Visum bis 10 Tage. Verlängerung möglich, oder Schweizer Pass mit Visum bis 30 Tage.
39. Bis 14 Tage.
40. Bis 365 Tage.
41. Nur für deutsche Staatsbürger gültig.
42. Nur für Schweizer und deutsche Staatsbürger gültig.
43. Nur für österreichische Staatsbürger gültig.
44. Nur für Schweizer und österreichische Staatsbürger gültig.
45. Nur für deutsche und österreichische Staatsbürger gültig; keine Angaben für Schweizer vorhanden.
46. Nur für deutsche und österreichische Staatsbürger gültig.

Wie man Berichtigungen darstellt

Ein Vorschlag, wie Sie uns eine in der Broschüre nocht nicht enthaltene Streckenbeschreibung übermitteln können (die angegebenen Ortsnamen und Streckennummern sind fiktiv):

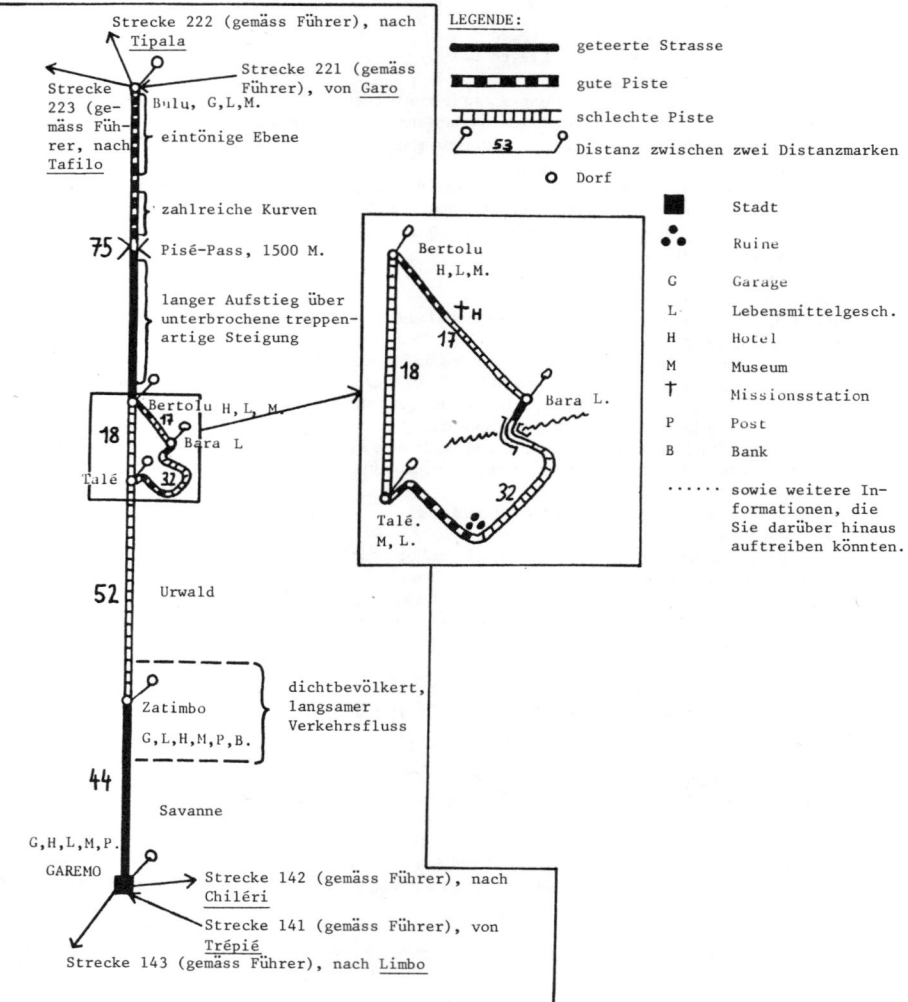

320

Senden Sie uns Ihre **Korrekturen**

damit die nächste Ausgabe noch vollständiger erscheinen kann. Vielen Dank zum voraus.

Für Leser die in der Schweiz wohnen:	Für Leser die in Deutschland od. Österreich wohnen:
TOURING CLUB DER SCHWEIZ Touristischer Dienst Postfach 401	Därr's Expeditions- Service Hauptstrasse 26
CH-1211 <u>GENF</u> 3 Schweiz	D-8011 <u>HEIMSTETTEN</u>/München Deutschland

Korrektur: DURCH AFRIKA - 5. Ausgabe

Datum meiner Reise:

_____

_____

_____

_____

_____

_____

_____

Teilen Sie uns Ihre Erfahrungen mit.....

Können Sie uns Ihre Erfahrungen Mitteilen, die Sie mit Ihrem Fahrzeug gemacht haben, wenn dieses im Zeitpunkt Ihrer Abfahrt, weniger als drei Jahre alt war und noch keine 60'000 Kilometer aufwies ?

Diese Nachforschung wird uns erlauben eine kleine Dokumentation zu verfassen, um so dem zukünftigen Reisenden nützliche Auskünfte zu erteilen.

1. KENNZEICHEN DES FAHRZEUGES

Fabrikmarke: .... Typ: .... Hubraum: ....

Treibstoff: Benzin   Diesel   Jahrgang: ....

Kilometerstand bei der Abfahrt: .... Totalgewicht mit Ladung (ohne Wasser-

und Benzin- reserve): ....

2. ANGEBRACHTE VERBESSERUNGEN VOR DER ABFAHRT (Nur wichtige Verbesserungen aufführen, Ausnahme jener welche notwendig sind, wie Filter, Schutzblech usw.).

Aufhängung: ....

Stossdämpfer: ....

Anderes: ....

3. VERBRAUCH, BELADEN

Strecke, gute Piste: .... Schlechte Piste, Sand, usw.: ....

4. SCHWIERIGKEITEN AN BESTIMMTEN TEILEN DES FAHRZEUGES

Grosse Pannen: ....

Kupplung: ....

Treibstoff (Oktanzahl): ....

Zündung: ....

Kühlung (Wirksamkeit): ....

Elektrizität: ....

Andere Pannen: ....

....

....

Senden Sie bitte diesen Fragebogen an den TCS oder an die Därr's.
Besten Dank zum voraus.

Achtung: Die folgenden Anschriften sind für in **Deutschland** wohnhafte Personen bestimmt.

1. Vertretungen afrikanischer Staaten in Deutschland

Ägypten, Arab. Rep.: Botschaft: 53 **Bonn,** Kronprinzenallee 2, Tel. (02221) 364008, 36 40 00.
Konsularabteilung: Wendelstadtallee 2, Tel. 36 56 67.
Generalkonsulate: **Frankfurt/M, Hamburg.**

Algerien: Botschaft: 53 **Bonn** 2, Rheinallee 32, Tel. (02221) 35 60 54,
Konsularabteilung: Löbestraße 1, Tel. 36 50 17/18.

Angola: Botschaft: Via Filippo Bernardini 21, I-00165 **Roma,**
Tel. (6) 63 06 15.

Äthiopien: Botschaft (mit Konsularabteilung): 53 **Bonn,**
Brentanostraße 1, Tel. (02221) 23 30 41, 23 30 43.

Benin: Botschaft (mit Konsularabteilung): 53 **Bonn** 2,
Rüdigerstraße 10, Tel. (02221) 34 40 31/32.
Konsulate: **Berlin, Bremen, Hannover, München.**

Botswana: Honorarkonsulat: 2 **Hamburg** 6, Sternstraßse 67,
Tel. (040) 43 11 01.

Burundi: Botschaft: 5307 **Wachtberg-Niederbachem,** Droßelweg 2,
Tel. (02221) 34 50 32, 34 50 82.

Elfenbeinküste: Botschaft (mit Konsularabteilung): 53 **Bonn** 1,
Königstraße 93, Tel. (02221) 21 20 98, 21 20 99.

Gabun: Botschaft (mit Konsularabteilung): 53 **Bonn** 2,
Kronprinzenallee 52, Tel. (02221) 35 40 84 / 85.
Honorargeneralkonsulat: **Hamburg,**
Honorarkonsulat: **Hannover-Herrenhausen.**

Gambia: Honorargeneralkonsulat: 6000 **Frankfurt / M.**
Broß-Straße 16, Tel. (0611) 77 90 56.
Honorarkonsulate: **Bremen, Hamburg, München,**
Düsseldorf, Berlin.

Ghana: Botschaft (mit Konsularabteilung): 53 **Bonn** 2,
Rheinallee 58, Tel. (02221) 35 20 11 / 15.
Generalkonsulate: **Düsseldorf, Stuttgart, Hamburg.**
Konsulate: **Berlin, Bremen.**

Guinea: Botschaft: 53 **Bonn** 1, Rochusweg 50, Tel. (02221) 23 10 97.

Kamerun: Botschaft: 53 **Bonn** 2, Rheinallee 53, Tel. (02221) 35 60 37/38.
Konsulate: **Düsseldorf, Frankfurt.**

Kenia:	Botschaft: 53 **Bonn 2,** Villichgasse 17, Tel. (02221) 35 60 41 / 43, 35 30 66 / 67. Generalkonsulat: **Frankfurt.**
Kongo, Volksrepublik:	Botschaft: 53 **Bonn 2,** Rheinallee 45, Tel. (02221) 35 70 85. Generalkonsulat: **Hamburg.**
Liberia:	/ Botschaft: 53 **Bonn 1,** Baunscheidtstraße 2, Tel. (02221) 23 10 00, 23 10 08. Generalkonsulat: **Hamburg.** Konsulate: **Frankfurt, Freiburg i. Br., Hannover, Kiel, Köln, München.**
Libyen:	Botschaft (mit Konsularabteilung): 53 **Bonn 2,** Beethovenstraße 12 a, Tel. (02221) 36 50 43 / 47.
Madagaskar:	Botschaft (mit Konsularabteilung): 53 **Bonn 2,** Rolandstraße 48, Tel. (02221) 33 10 57 / 58. Honorargeneralkonsulat: **Düsseldorf.** Konsulate: **Freiburg i. Br., Hamburg, Kiel, Mainz, Saarbrücken, Völklingen-Luisenthal.**
Malawi:	Botschaft: 53 **Bonn,** Bonn-Center H I 1103. Bundeskanzlerplatz, Tel. (02221) 21 30 59, Generalkonsulat: **Hamburg.** Konsulate: **Hamburg, München.**
Mali:	Botschaft (mit Konsularabteilung): 53 **Bonn 2,** Basteistraße 86, Tel. (02221) 35 70 48 / 49. Generalkonsulate: **Düsseldorf, München.** Konsulate: **Hamburg, Saarbrücken.**
Marokko:	Botschaft (mit Konsularabteilung): 53 **Bonn 2,** Mittelstraße 35, Tel. (02221) 37 40 75—78. Generalkonsulate: **Düsseldorf, Frankfurt.** Konsulat: **Hamburg.**
Mauretanien:	Botschaft: 53 **Bonn 2,** Bonner Straße 48, Tel. (02221) 36 40 24 / 25. Generalkonsulat: **Frankfurt.**
Niger:	/ Botschaft (mit Konsulat): 53 **Bonn 2,** Dürenstraße 9, Tel. (02221) 35 60 57 / 58. Konsulate: **Bonn, Hamburg, Mannheim.**
Nigeria:	Botschaft (mit Konsularabteilung): 53 **Bonn 2,** Goldbergweg 13, Tel. (02221) 32 20 72. Generalkonsulat: **Hamburg.**
Obervolta:	/ Botschaft: 53 **Bonn 2,** Wendelstadt Allee 18, Tel. (02221) 35 40 08. Generalkonsulat: **München.** Konsulate: **Düsseldorf, Mainz, Stuttgart-Vaihingen.**
Rwanda:	Botschaft: 53 **Bonn 2,** Plittersdorfer Straße 111, Tel. (02221) 35 50 58. Generalkonsulat: **München.**

Sambia:	Botschaft (mit Konsularabteilung): 53 **Bonn 2,** Mittelstraße 39, Tel. (02221) 37 68 11 / 13.
Senegal:	Botschaft (mit Konsularabteilung): 53 **Bonn,** Argelanderstraße 3, Tel. (02221) 22 59 08 / 09. Konsulate: **Berlin, Bremerhaven, Frankfurt, Hamburg, Hannover, Köln, München, Ravensburg, Saarbrücken.**
Sierra Leone:	Botschaft: 53 **Bonn 2,** Rheinallee 20, Tel. (02221) 35 17 64, 35 17 85. Generalkonsulat: **Hamburg.** Konsulat: **München.**
Somalia:	Botschaft (mit Konsularabteilung): 53 **Bonn 2,** Hohenzollernstraße 12, Tel. (02221) 35 50 84—86. Honorargeneralkonsulat: **München.** Konsulat: **Hamburg.**
Sudan:	Botschaft (mit Konsularabteilung): 53 **Bonn 2,** Habsburger-straße 8, Tel. (02221) 36 30 74 / 75.
Republik Südafrika:	Botschaft (mit Konsularabteilung): 53 **Bonn 2,** Auf der Hostert 3, Tel. (02221) 35 10 91. Generalkonsulate: **Hamburg, München.** Konsulate: **Berlin, Bremen, Düsseldorf, Hannover-Kleefeld, Stuttgart.**
Swasiland:	Honorargeneralkonsulat: 4 **Düsseldorf,** Worringer Straße 59, Tel. (0211) 35 08 66.
Tansania:	Botschaft: 53 **Bonn 2,** Theaterplatz 26, Tel. (02221) 35 34 77, 35 60 95 / 96. Konsulat: **Frankfurt.**
Togo:	Botschaft (mit Konsularabteilung): 53 **Bonn 2,** Beethovenstraße 13, Tel. (02221) 36 60 77 / 78. Konsulate: **Berlin, Bremen, Düsseldorf, Frankfurt, Hannover, Kiel, München, Stuttgart.**
Tschad:	Botschaft: 53 **Bonn 2,** Rheinallee 34, Tel. (02221) 35 70 01 / 02. Konsulate: **Mainz, Stuttgart-Bad Cannstatt.**
Tunesien:	Botschaft (mit Konsularabteilung: 53 **Bonn 2,** Godesberger Allee 103, Tel. (02221) 37 69 81 / 82 / 83. Generalkonsulate: **Köln, München.** Konsulat: **Hamburg, Hannover.**
Uganda:	Botschaft: 53 **Bonn 2,** Dürenstraße 36, Tel. (02221) 36 60 66 / 67 / 68. Konsulat: **München.**
Zaire:	Botschaft (mit Konsularabteilung): 53 **Bonn 2,** Im Meisengarten 133, Tel. (02221) 34 60 71 / 75. Generalkonsulate: **Bremen, München.** Konsulat: **Düsseldorf.**

Zentralafrikanische Republik:	Botschaft (mit Konsularabteilung): 53 **Bonn 2,** Dürenstraße 12, Tel. (02221) 35 40 77. Konsulate: **Berlin, Stuttgart.**

2. Deutsche Vertretungsbehörden in Afrika

Es ist selbstverständlich, daß die offiziellen deutschen Vertretungen im Ausland **in Notfällen** in Schwierigkeiten geratenen Landsleuten so weit als möglich helfen. Betrachten Sie aber die Botschaften und Konsulate nicht als Postbüros, Gepäckablage, Bankinstitute, Reisebüros, Anwaltpraxen usw.

Beachten Sie in diesem Zusammenhang folgendes:

— Man sollte Deutschland nicht ohne genügenden Versicherungsschutz verlassen (Unfall-, Diebstahl-, Reisegepäck-, Rechtsschutz-Versicherungen, ADAC-Schutzbrief). Erkundigen Sie sich bei Ihrer Versicherungsgesellschaft über den Versicherungsschutz im Ausland und die Möglichkeiten der Heimschaffung im Schadenfall.

— Nachsendungen per Post sind nicht an die deutschen Vertretungsbehörden im Ausland, sondern an die offiziellen Postämter der betreffenden Länder zu adressieren (postlagernd).

— Der Ersatz von verlorenen Reisepässen ist gebührenpflichtig.

— Bei finanziellen Schwierigkeiten versuchen die deutschen Vertretungen in erster Linie Geldüberweisungen von Angehörigen, Arbeitgeber, Bank usw. **vermitteln** zu helfen. Eine Bezahlung der Rückreise aus eigenen Mitteln wird erst als letzte Möglichkeit in Betracht gezogen.

Ägypten:	Botschaft: **Cairo-Dokki,** 20, Sharia Boulos Pacha Hanna, Tel. 80 60 15/17, 91 55 07 und 80 36 87. Generalkonsulat: **Alexandria,** 15, rue des Pharaons, P.O.B. Tel. 80 69 06.
Algerien:	Botschaft: **Algier,** 165, rue Sfindja, B.P. 664, Tel. 63 47 27, 63 48 45/46.
Äquatorialguinea:	siehe Botschaft Yaounde.
Äthiopien:	Botschaft: **Addis Abeba,** P.O.B. 660, Khabana. Tel. 12 04 33 und 12 04 53 und 12 06 68 und 12 07 09 und 12 08 17.
Angola:	Zwischen der Bundesrepublik Deutschland und Angola bestehen zurzeit noch keine diplomatischen Beziehungen.
Benin:	Botschaft: **Cotonou,** 7, route Inter-Etats, B.P. 504, Tel. 31 29 67/68.

Botswana:	Botschaft: **Gaborone,** 3092 North Ring Road, P.O.B. 315, Tel. 7 11 78, 7 12 20.
Burundi:	Botschaft: **Bujumbura,** 22, rue du 18-Septembre, B.P. 480, Tel. 32 11/12.
Elfenbeinküste:	Botschaft: **Abidjan,** 11, avenue Barthe, Imm. SMGL, B.P. 1900, Tel. 32 47 27.
Gabun:	Botschaft: **Libreville,** Avenue Alfred Marche, B.P. 299, Tel. 72 27 90.
Gambia:	siehe Botschaft Dakar.
Ghana:	Botschaft: **Accra,** No. 4, 7th Avenue Extension, North Ridge, P.O.B. 1757, Tel. 2 13 11.
Guinea:	Botschaft: **Conakry,** B.P. 540, Tel. 4 15 06.
Guinea Bissau:	siehe Botschaft Dakar.
Kamerun:	Botschaft: **Yaounde,** rue Horace Mallet, B.P. 1160, Tel. 22 00 56 und 22 05 66. Aussenstelle der Botschaft: **Douala,** boulevard de la Liberté 47, B.P. 509, Tel. 42 35 00.
Kenia:	Botschaft: **Nairobi,** Harambee Avenue, Embassy House, P.O.B. 30180, Tel. 2 66 61/63.
Kongo:	Botschaft: **Brazzaville,** Place de la Mairie, P.B. 2022, Tel. 81 29 90, 81 11 27. Honorarkonsulat: **Pointe-Noire,** Avenue du Gouverneur Parent, B.P. 1136, Tel. 94 01 20, 94 20 03.
Lesotho:	Botschaft: **Maseru,** Pioneer Road, Haus Nr. A1, P.O.B. MS 1641, Tel. 2 27 50.
Liberia:	Botschaft: **Monrovia,** Oldest Congotown, P.O.B. 34, Tel. 26 14 60 und 26 15 16.
Libyen:	Botschaft: **Tripolis,** Sharia Hassan el Mashai, P.O.B. 302, Tel. 3 38 27, 3 05 53.
Madagaskar:	Botschaft: **Antananarivo,** 101, rue du Pasteur Rabeony Hans (Ambodirotra), B.P. 516, Tel. 2 38 02/3, 2 16 91.
Malawi:	Botschaft: **Blantyre,** Kamuzu Highway, Tel. Limbe 65 08 60. Postanschrift: **Blantyre-Limbe,** P.O.B. 5695.
Mali:	Botschaft: **Bamako,** Badalabougou, Zone Est, Lotissement A6, B.P. 100, Tel. 2 32 99 und 2 37 15.

Marokko:	Botschaft: **Rabat,** 7, Zankat Madnine, B.P. 235, Tel. 325-32. Generalkonsulat: **Casablanca,** 42, avenue de l'Armée Royale, B.P. 165, Tel. 26 48 72/73. Generalkonsulat: **Tanger,** 47, avenue Hassan II. B.P. 195, Tel. 2 16 00.
Mauretanien:	Botschaft: **Nouakchott,** B.P. 372, Tel. 5 17 22, 5 17 29.
Moçambique:	Botschaft: **Maputo,** Rua de Mapulangwene 506, C.P. 1595, Tel. 74 47 14, 74 29 96.
Niger:	Botschaft: **Niamey,** avenue du Général de Gaulle, B.P. 629, Tel. 72 25 34 und 72 35 10.
Nigeria:	Botschaft: **Lagos,** 15 Eleke Crescent, Victoria Island, P.O.B. 728, Tel. 61 13 42, 61 10 11. Konsulat: **Ibadan-Dugbe,** Onireke Street, c/o Western Nigeria Technical Co. Ltd., Private Mail Bag 5148, Tel. 2 23 63. Konsulat: **Kaduna,** Ahmadu Bello Way 22, P.O.B. 430, Tel. 21 33 63.
Obervolta:	Botschaft: **Ouagadougou,** B.P. 600, Tel. 3 60 94, 3 60 96.
Rhodesien:	Es gibt zurzeit keine diplomatischen Beziehungen zwischen Deutschland und Rhodesien.
Rwanda:	Botschaft: **Kigali,** Rue de Bugarama, B.P. 355, Tel. 52 22 und 51 41.
Sambia:	Botschaft: **Lusaka,** United Nations Avenue, Stand No. 5209, P.O.B. RW 120 Lusaka, Tel. 5 18 99 und 5 19 13.
Senegal:	Botschaft: **Dakar,** 43, avenue Albert Sarrault, B.P. 2100, Tel. 2 61 63/64.
Sierra Leone:	Botschaft: **Freetown,** Santano House, 10 Howe Street, P.O.B. 728, Tel. 2 25 11/12.
Somalia:	Botschaft: **Mogadiscio,** via Mohammud Harbi, P.O.B. 17, Tel. 2 50 47 und 2 50 48.
Südafrika:	Botschaft: **Pretoria,** 180, Blackwood Street, Arcadia, P.O.B. 2023, Tel. 74-5931/33. Konsulat: **Durban,** 320, West Street, P.O.B. 80, Tel. 32 56 77/79. Honorarkonsulat: **East London,** 12 Kennaway building, Esplanade, P.O.B. 583, Tel. 2 55 31. Generalkonsulat: **Johannesburg,** 16, Kapteijnstreet, P.O.B. 4551, Tel. 725 15 19. Dienststelle: **Kapstadt,**

825, St.Martini Gardens, Queen Victoria Street,
P.O.B. 4273, Tel. 41 14 21.
Honorarkonsulat: **Port Elizabeth,** Maritime House,
P.O.B. 2159, Tel. 4 79 11.

Südwestafrika:	siehe Rhodesien.
Sudan:	Botschaft: **Khartoum,** Block 8D, 53, Baladia Street, P.O.B. 970, Tel. 7 79 95, 7 79 90.
Swasiland:	siehe Botschaft Maputo.
Tansania:	Botschaft: **Dar-es-Salaam,** NIC Investment House, Independence Avenue, P.O.B. 9541, Tel. 2 32 86/87. Honorarkonsulat: **Tanga,** P.O.B. 162, Tel. 31 38.
Togo:	Botschaft: **Lome,** Marina route d'Aflao, B.P. 1175, Tel. 23 38 und 23 70.
Tschad:	Botschaft: **N'Djamena,** Quartier Aéroport, concession Glo-Bac, B.P. 893, Tel. 30 90, 31 37.
Tunesien:	Botschaft: **Tunis,** 18, rue Felicien Challaye (Belvédère), B.P. 35, Tel. 28 12 46, 28 06 17.
Uganda:	Botschaft: **Kampala,** 9-11 Parliament Avenue, Embassy House, P.O.B. 7016, Tel. 5 67 67/68.
Zaire:	Botschaft: **Kinshasa,** 201 Avenue Lumpungu, B.P. 8400, Tel. 2 69 33, 2 69 34.
Zentralafrikanische Republik:	Botschaft: **Bangui,** Avenue du Président Gamal Abdel Nasser B.P. 901, Tel. 61 47 65, 61 07 46.

3. Afrikanische Fremdenverkehrsbüros in Deutschland

Ägypten:	Ägyptisches Fremdenverkehrsamt, 6 **Frankfurt/Main 1,** Kaiserstraße 64, Tel. (0611) 25 21 53, 25 23 19.
Äthiopien:	Ethiopian Airlines: 6 **Frankfurt/Main,** Kaiserstraße 61, Tel. (0611) 25 00 77, 23 32 20. 8 **München** 2, Herzog-Wilhelm-Straße 1 VI, Tel. (089) 26 90 40, 26 87 06. 2 **Hamburg** 2, Adenauerallee 10, Tel. (040) 24 69 43.
Kenia:	Staatliches Verkehrsbüro Kenia, 6 **Frankfurt/Main** 1, Hochstraße 53, Tel. (0611) 28 25 51/2.

Marokko:	Staatliches Marokkanisches Fremdenverkehrsamt, 4 **Düsseldorf,** Graf-Adolf-Straße 59. Tel. (0211) 37 05 51/2.
Sambia:	Sambia National Tourist Bureau, 6 **Frankfurt/Main,** Kaserstraße 23, Tel. (0611) 23 63 38/9.
Somalia:	Deutsch-Arabisches Reisebüro: 6 **Frankfurt/Main** 70, Oppenheimer Landstraße 48, Tel. (0611) 61 20 60. 5 **Köln** 1, Mauritius-Stein-Weg 85, Tel. (0221) 23 40 05.
Republik Südafrika:	Südafrikanisches Verkehrsbüro (SATOUR), 6 **Frankfurt/Main,** An der Hauptwache 11, Tel. (0611) 2 06 56.
Tunesien:	Fremdenverkehrsamt Tunesien, 6 **Frankfurt/Main,** Am Hauptbahnhof 6, Tel. (0611) 23 18 91/2. Fremdenverkehrsamt Tunesien, 4000 **Düsseldorf,** Graf-Adolf-Straße 100, Tel. (0211) 35 94 14.
Uganda:	Uganda Tourist Office, 6 **Frankfurt/Main,** Goethestraße 23, Tel. (0611) 28 19 59, 29 58 20.

Die übrigen afrikanischen Länder unterhalten in Deutschland keine Fremdenverkehrsvertretung.

Achtung: Die folgenden Anschriften sind für in **Österreich** wohnhafte Personen bestimmt.

1. Vertretungen afrikanischer Staaten in Österreich

Ägypten, Arab. Rep.	Botschaft: 1190 **Wien,** Gallmeyerg. 5, Tel. (0222) 36 11 34/35. Konsularabteilung: 1080 **Wien,** Trautsohngasse 6, Tel. (0222) 42 67 21.
Algerien:	Botschaft: CH-3006 **Bern,** Willadingweg 74, Tel. (031) 44 69 61/63.
Angola:	Botschaft: Via Filippo Bernardini 21, I-00165 **Roma,** Tel. (6) 63 06 15.
Benin:	Botschaft: D-53 **Bonn-Bad Godesberg,** Rüdigerstr. 10, Tel. 34 40 31/32.
Burundi:	Botschaft: D-5307 **Wachtberg-Nieder-Bachem bei Bonn,** Drosselweg 2, Tel. (02221) 34 50 32/82.
Gabun:	Botschaft: F-75016 **Paris,** av. Raphaël 26, Tel. 224 79 60/64.
Gambia:	Botschaft: GB-**London** SW7 1NH, Ennismore Gardens 60, Tel. 584 12 42/43.
Ghana:	Botschaft: CH-3007 **Bern,** Belpstrasse 11, Tel. (031) 25 78 53/54.
Guinea:	Botschaft: I-00197 **Roma,** via Luigi Luciani 41, Tel. 872 007, 804 505 & 870 360.
Kongo:	Botschaft: D-53 **Bonn-Bad Godesberg,** Rheinallee 45, Tel. 35 70 85.
Lesotho:	Botschaft: DK-1057 **Kopenhagen,** Holbergsgade 14, Tel. (01) 12 14 41.
Liberia:	Botschaft: D-5307 **Wachtberg-Nieder-Bachem** bei **Bonn,** Braunscheidtstr. 2, Tel. (02221) 23 10 00/23 10 08.
Libyen:	Botschaft: 1190 **Wien,** Gustav-Tschermak-G. 27, Tel. (0222) 34 91 72 & 34 14 68.
Malawi:	Botschaft: D-53 **Bonn,** Bonn-Center H I 1103, Bundeskanzlerplatz, Tel. (02221) 21 30 50, 21 30 59.
Mali:	Botschaft: D-53 **Bonn-Bad Godesberg,** Basteistr. 86, Tel. (0602221) 35 70 48/49.

Marokko:	Botschaft: CH-3005 **Bern,** Helvetiastrasse 42, Tel. (031) 43 03 62 & 43 03 63.
Mauretanien:	Botschaft: F-75116 **Paris,** rue de Montevideo 5, Tel. 504 88 54.
Niger:	Botschaft: B-1050 **Brüssel,** Avenue Fr. Roosevelt, Tel. 648 61 40.
Nigeria:	Botschaft: 1030 **Wien,** Ungarg. 46, Tel. (0222) 72 66 85/87.
Obervolta:	Botschaft: D-53 **Bonn-Bad Godesberg,** Wendelstadtallee 18, Tel. (0602221) 35 40 08.
Rwanda:	Botschaft: D-53 **Bonn-Bad Godesberg,** Pittersdorferstr. 111, Tel. (0602221) 35 50 58.
Sambia:	Botschaft: D-53 **Bonn-Bad Godesberg,** Mittelstrasse 39, Tel. (02221) 37 68 11/12/13.
Senegal:	Botschaft: 1010 **Wien,** Postg. 16, Tel. (0222) 63 84 64, 63 63 60.
Somalia:	Botschaft: D-53 **Bonn-Bad Godesberg,** Max-Franz-Strasse 13, Tel. (02221) 35 70 07/08.
Südafrika:	Botschaft: 1010 **Wien,** Renng. 10, Te. (0222) 63 06 56/59.
Sudan:	Botschaft: D-53 **Bonn-Bad Godesberg,** Habsburgerstrasse 8, Tel. (0602221) 36 30 74/75.
Tansania:	Botschaft: D-53 **Bonn-Bad Godesberg,** Theaterstrasse 2, Tel. (0602221) 35 34 77 & 35 60 95/96.
Togo:	Botschaft: D-53 **Bonn-Bad Godesberg,** Beethovenstrasse 13, Tel. (0602221) 36 60 77/79.
Tunesien:	Botschaft: 1010 **Wien,** Himmelpfortg. 20, Tel. (0222) 52 94 65/66.
Zaire:	Botschaft: 1130 **Wien,** Auhofstrasse 76, Tel. (0222) 82 51 36/37.

2. Österreichische Vertretungsbehörden in Afrika

Grundsätzlich helfen die österreichischen Vertretungsbehörden in allen Belangen, das heisst, es werden, falls notwendig, neue Pässe ausgestellt, sprachenkundige Ärzte vermittelt, Einweisungen in Krankenhäuser und in Notfällen Rückführungen in die Heimat veranlasst.

Zudem gewähren die österreichischen Botschaften und Konsulate Hilfe bei Schwierigkeiten finanzieller Natur. So werden zur Beschaffung von Bargeld Telefonanrufe in die Heimat vermittelt, damit die Angehörigen im Aussenministerium Geld deponieren können. Kommt, aus welchem Grund auch immer, eine Geldüberweisung nicht zustande, kann aus einem Fonds des Aussenministeriums ein beschränktes zinsloses Darlehen auf ein oder zwei Monate gewährt werden. Zudem gibt es einen Fonds des Innenministeriums, aus dem unter gewissen Umständen das Fahrgeld für die Heimreise geborgt wird.

Die Vertretungen reagieren andererseits sauer, wenn sie merken, dass die Hilfsbereitschaft ausgenützt wird. Es wird einmal, vielleicht auch zweimal geholfen, dann ist aber Schluss, ausser die Notlage sei wirklich sehr gross.

In diesem Zusammenhang ist zu sagen, dass man nicht ohne genügenden Versicherungsschutz auf Reisen gehen sollte (Unfall-, Diebstahl-, Reisegepäck-, Rechtsschutz-Versicherungen, ÖAMTC-Schutzbrief). Erkundigen Sie sich bei Ihrer Versicherungsgesellschaft über den Versicherungsschutz im Ausland und die Möglichkeiten der Heimschaffung im Schadenfall.

Ägypten, Arab. Rep.:	Botschaft (auch für Somalia, Sudan, Südjemen): 21, sharia Sadd El Aaly, Dokki, **Kairo.** Tel. 80 58 98, 80 25 65. Honorargeneralkonsulat: 8, Rue Eglise Debbane, **Alexandria.** Tel. 80 75 00.
Algerien:	Botschaft: Dar El-Kef, Appt 55, 7, Rue Shakespeare, Mouradia, **Alger.** Tel. 60 76 63, 60 65 18.
Angola:	→ Sambia Honorarkonsulat in **Luanda** zurzeit geschlossen.
Äquatorial-Guinea:	→ Nigeria
Äthiopien:	Botschaft (auch für Madagaskar und Mauritius): Old Airport Area, **Addis Abeba,** Post Adr. POB 137, Tel. 44 44 88, 44 65 36.
Benin:	→ Elfenbeinküste
Botswana:	→ Sambia
Burundi:	→ Zaire
Elfenbeinküste:	Botschaft (auch für Obervolta, Niger, Togo, Benin): Ambassade d'Autriche, 70 bis, Avenue Jean Mermoz, Cocody, **Abidjan.** Post Adr. PB 1837, Tel. 34 00 07, 34 00 65. Honorarkonsulat: 16, Rue Alphonse Daudet, **Abidjan,** Post Adr. BP 1369, Tel. 32 34 98, 32 53 61.
Gabun:	→ Zaire
Gambia:	→ Senegal

Ghana:	→ Nigeria Honorarkonsulat: Mobil House, Liberia Road, **Accra,** Post Adr. POB 564, **Accra,** Ghana, Tel. 65 3 28, 65 3 29.
Guinea:	→ Senegal
Guinea-Bissau:	→ Senegal
Kamerun:	→ Zaire Honorarkonsulat: 1, Avenue Douala Manga Bell, **Douala,** Post Adr. BP 1323, Douala, Tel. 42 11 19.
Kenia:	Botschaft (auch für Malawi, Tansania, Uganda): 2nd floor, City House, Corner Wabera Street/Standard Street, **Nairobi,** Post Adr. POB 30560, Nairobi, Tel. 28 2 81, 28 2 82, 33 32 72. Honorargeneralkonsulat: City House, 2nd floor, corner Wabera Street/Standard Street, **Nairobi,** Post Adr. POB 41737, Nairobi, Tel. 28 2 81, 28 2 82, 29 1 63. Honorarkonsulat: 3rd floor, Ralli House, Nyerere Avenue, **Mombasa,** Post Adr. POB 84045, Mombasa, Tel. 31 33 85, 31 33 86.
Kongo, Volksrepublik:	→ Zaire
Lesotho:	→ Republik Südafrika
Liberia:	→ Nigeria Honorargeneralkonsulat: Oldest Congo Town, **Monrovia,** Post Adr. Austrian Consul-General, POB 1435, Monrovia, Tel. 316.
Libyen:	Botschaft: Shara Ben Ashur, Garden City, **Tripoli,** Post Adr. POB 3207, Tel. 43 3 79, 43 3 93.
Madagaskar:	→ Äthiopien Honorarkonsulat: 448, Route Ciculaire, **Tananarive.** Tel. Tananarive 23 5 38.
Malawi:	→ Kenia Honorarkonsulat: Realty House, **Limbe,** Post Adr. POB 5133, Limbe. Tel. 50 8 44, 50 8 46.
Mali:	→ Senegal
Marokko:	Botschaft: 2, Rue de Tiddas, **Rabat.** Post Adr. BP 434, Tel. 64 0 03, 61 6 98. Honorargeneralkonsulat: 26, Boulevard de la Résistance, **Casablanca,** Tel. 27 96 15.
Mauretanien:	→ Senegal

Mauritius:	→ Äthiopien Honorarkonsulat: 1, Cordene Street, **Port Louis,** Tel. 2-3291.
Moçambique:	→ Sambia Honorargeneralkonsulat in **Maputo** zurzeit geschlossen.
Niger:	→ Elfenbeinküste
Nigeria:	Botschaft (auch für Liberia, Ghana, Sierra Leone, Äqua- torial-Guinea): Western House, 8—10 Broad Street, Block «A», 11th floor. **Lagos.** Post Adr. POB 1914, Lagos, Tel. 27 3 31, 26 6 61.
Obervolta:	→ Elfenbeinküste
Rwanda:	→ Zaire
Sambia:	Botschaft (auch für Angola, Moçambique, Botswana): Woodgate House, 3rd floor, Cairo Road, **Lusaka.** Post Adr. POB 1094, Tel. 73 1 16.
Senegal:	Botschaft (auch für Gambia, Guinea, Mali, Mauretanien, Guinea-Bissau, Kapverdische Inseln): 24, Boulevard Pinet Laprade (Entrée Rue Malan), **Dakar,** Post Adr. BP 3247, Tel. 232-76, 232-77.
Sierra Leone:	→ Nigeria Honorarkonsulat: No 1, Vincent Dave, Oft Wilkinson Road, **Freetown,** Sierra Leone, Post Adr. POB 497, Tel. 30 4 95.
Somalia:	→ Ägypten Honorarkonsulat: **Mogadiscio.** Hussein Building, POB 557.
Republik Südafrika:	Botschaft (auch für Lesotho, Swaziland): 10th floor, «Apollo Center» 405, Church Street/Corner Du Toit Street, **Pretoria.** Post Adr. POB 851. Honorarkonsulat: 103 Salisbury House, Smith Street, **Durban** 4001. Tel. 69 5 12. Honorargeneralkonsulat: 503 Montrose House, 36, Pritchard Street, **Johannesburg.** Tel. 834-1678. Konsularabteilung der Botschaft Pretoria: Cape Town Cen- ter, Block 3, Suite 832, Heerengracht, 8001 **Cape Town.** Tel. 47 17 78, 47 17 79.
Sudan:	→ Ägypten **Kartoum.** Slaves-Building, 5, Babiker-Badri Street, POB 1860, Tel. 77 1 70.
Swaziland:	→ Südafrika

Tansania:	→ Kenia Honorargeneralkonsulat: Independence Avenue 20 J, **Dar-es-Salaam.** Post Adr. POB 312, Tel. 20 4 17.
Togo:	→ Elfenbeinküste
Tschad:	→ Zaire
Tunesien:	Botschaft: 17, Avenue de France, 3e étage, **Tunis.** Post Adr. BP 1109 RP Tunis, Tel. 249 520, 259 842.
Uganda:	→ Kenia
Zaire:	Botschaft (auch für Volksrepublik Kongo, Kamerun, Gabun, Tschad, Zentralafrikanische Republik, Rwanda, Burundi, Demokratische Republik Sao Tome u Principe): Galeries Présidentielles, 6e étage, **Kinshasa.** Post Adr. BP 16 399 Kinshasa I, Tel. 22 1 19, 22 1 50.
Zentralafrikanische Republik:	→ Zaire

3. Ausländische Fremdenverkehrsbüros in Österreich

Tunesien:	Schubertring 10—12, 1010 **Wien.** Tel. (0222) 52 02 08/09.

Die übrigen afrikanischen Länder unterhalten in Österreich keine Fremdenverkehrsvertretung.

ADAC

Touristik und Grenzverkehr
Baumgartnerstraße 53
8000 München 70

Gebühren	DM
Risikozuschlag (RKS)	DM
Sonderprämie	DM
Bar/Bankbürgschaft	DM

Sperrkartei: ....
Beitrag bez. bis ....
Abh./Zust. ....

Bei nicht persönlicher Vorsprache bitte ADAC-Mitgliedskarte, Kopie des Zulassungsscheines und des Reisepasses oder des Personalausweises mit einsenden! Bitte mit Maschinen- oder Blockschrift ausfüllen.

Falsche Angaben ziehen Zurückweisung an der Grenze und zollstrafrechtliche Folgen nach sich. Für Anhänger ist gesonderter Antrag sinngemäß auszufüllen!

723.301

Antrag auf Ausstellung eines

Jahres- oder 3-Monats-Triptik
Jahres- oder 3-Monats-Carnet

} *Nichtzutreffendes streichen*

zur Abholung / durch Nachnahme bis ....
(Datum)

für ....gültig ab ....
(Land)

ADAC-Mitgl.-Nr. .... A/B

....
Familien- bzw. Firmen-Name   Vorname   Beruf

....
Wohnort im Bundesgebiet   Straße, Haus-Nr.

....
Ständige(r) Wohnsitz(e) im Ausland

....
Staatsangehörigkeit   geb. am   in

....
Paß/Personalausweis Nr.   ausgestellt am   von

Fahrzeugangaben:

Fahrgestell

Marke (bei Motorrad Rahmen)

Nr.

Motor

Marke

Nr.

Zylinderzahl   Kubikinhalt

Limousine, Cabriolet, Kombi, LKW, Autobus,
Anhänger, Roller/Krad mit/ohne Seitenwagen,
Moped

Marke der Karosserie

Farbe

Zahl der Sitzplätze

Reserveräder   Baujahr

Polizeiliches Kennzeichen

Ort der Zulassung

Leergewicht kg   Kfz.-Zeitwert DM

Radio Marke und Wert in DM
nur wenn fest eingebaut

Seitenwagen Marke und Nr.

Gewicht des Seitenwagens und Wert in DM

Diverses

bei Lkw. bzw. Anhänger: Aufbau

bei Anhänger Anzahl d. Achsen u. mont. Räder

bitte wenden!

339

Verpflichtungserklärung

1. Mir ist bekannt, daß das von mir beantragte Grenzdokument nur zu einer v o r - ü b e r g e h e n d e n Einfuhr in ein anderes Land benutzt werden darf. Ich werde daher das im Grenzdokument aufgeführte Fahrzeug gemäß den jeweiligen Zollvorschriften fristgerecht, spätestens bei Ablauf der Gültigkeitsdauer des Grenzdokuments, wieder ausführen und es im Ausland ausschließlich zu meinem persönlichen Gebrauch verwenden. Insbesondere werde ich das Fahrzeug im Zollausland weder verkaufen, vermieten, verleihen, verschenken, verpfänden oder sonstwie veräußern noch werde ich es anderen zur Benutzung überlassen.
Kann ich das Fahrzeug — z. B. wegen eines Unfalls — nicht oder nicht fristgerecht wiederausführen, werde ich die nächste Zolldienststelle einschalten, damit das Fahrzeug unter Zollverschluß genommen oder unter Zollaufsicht verschrottet wird. Ich werde veranlassen, daß die Zollschlußnahme oder die Verschrottung unter Zollaufsicht in das Grenzdokument eingetragen wird oder daß ich darüber eine andere amtliche Bescheinigung erhalte, die ich dem ADAC unverzüglich übersenden werde. Unkenntnis der Zollvorschriften geht zu meinen Lasten.

2. Das Grenzdokument ist Eigentum des ADAC. Ich werde es ihm deshalb nach Benutzung, spätestens jedoch bei Verfall, zollamtlich ordnungsgemäß abgefertigt zurückgeben. Ich ermächtige den ADAC, auf meine Kosten alle von ihm zur Löschung des Grenzdokuments für erforderlich gehaltenen Maßnahmen zu ergreifen. Ich verpflichte mich, dem ADAC auf erste Anforderung alle zur Löschung aufgewandten Kosten und Auslagen sowie alle Forderungen zu erstatten, die von der Zollverwaltung des Einfuhrlandes erhoben werden, auch wenn dieses Verlangen zu Unrecht gestellt wird.

3. Hiermit beantrage ich die Übernahme einer selbstschuldnerischen Bürgschaft der WINTERTHUR - GARANTIE in München gegenüber dem ADAC für alle aus der Ausgabe des Grenzdokuments etwa entstehenden Forderungen ausländischer Zollverwaltungen. Die Bürgschaftsprämie ist in den vom ADAC für das Grenzdokument erhobenen Gebühren enthalten. Mit Aushändigung des Grenzdokuments an mich gilt diese Bürgschaft als übernommen. Die in dieser Erklärung enthaltenen Verpflichtungen übernehme ich in der gleichen Weise und im gleichen Umfang auch gegenüber der WINTERTHUR-GARANTIE in München.

4. Der ADAC bemüht sich nach bestem Wissen, Informationen nach dem neuesten Stand zu erteilen und die Grenzdokumente schnell und sorgfältig auszustellen. Für Schäden irgendwelcher Art übernimmt er jedoch keine Haftung. Insbesondere wird die Haftung des ADAC u. der WINTERTHUR-GARANTIE in München für Schäden aus falschen oder unvollständigen Auskünften oder Fehlern im Grenzdokument sowie bei der Bearbeitung etwaiger Zollreklamationen ausgeschlossen.

5. Der ADAC ist berechtigt, aber nicht verpflichtet, ohne Nachweis der Berechtigung einen etwa empfangenen Bürgschaftsbetrag zurückzuzahlen
   a) an denjenigen, der das gelöschte Grenzdokument zusammen mit der Einzahlungsquittung des ADAC bei der ADAC-Hauptverwaltung, München 70, Baumgartnerstraße 53, vorweist,
   b) an mich persönlich, wenn ich mich bei Rückgabe des gelöschten Grenzdokuments durch einen amtlichen Personalausweis oder Reisepaß ausweise, und zwar auch ohne Vorlegung der Einzahlungsquittung des Bürgschaftsbetrages,
   c) durch Überweisung an mich gegen vorherige Einsendung des gelöschten Grenzdokuments, auch wenn er nicht Inhaber des Carnets ist, jedoch die dazugehörige Kassenquittung des ADAC vorlegen kann.
   d) an den Einsender des gelöschten Grenzdokuments, auch wenn er nicht Inhaber des Carnets ist, jedoch die dazugehörige Kassenquittung des ADAC vorlegen kann.

6. Die sich aus dieser Verpflichtungserklärung zwischen dem ADAC bzw. der WINTERTHUR-Garantie in München und mir ergebenden Rechtsbeziehungen beurteilen sich nach deutschem Recht.
GERICHTSSTAND IST MÜNCHEN FÜR KLAGEN DES ADAC ODER GEGEN DIESEN FÜR KLAGEN DER WINTERTHUR-GARANTIE, DEUTSCHE GARANTIE- UND KAUTIONS-VERSICHERUNGS-AKTIEN GESELLSCHAFT, MÜNCHEN ODER GEGEN DIESE.

I. Eigenhändige Unterschrift des Antragstellers bzw. gesetzl. Vertreters:

   Ort, Datum: ················

   Vor- und Zuname: ················

II. Eigenhändige Unterschrift des Fahrzeugeigentümers:

   Ort, Datum: ················

   Vor- und Zuname: ················

ÖSTERREICHISCHER AUTOMOBIL–, MOTORRAD–UND TOURING CLUB
1010 WIEN, SCHUBERTRING 1–3
Telefon 72 99 *

GRENZDOKUMENT—ANTRAG

G 10 DOKUMENT - NR. 11
5

12 DOKUMENT	13	14 LAUFZEIT	15 GARANTIE	16 HAFTUNG
○		① 3 MONATE	① BANK	① LT.RÜCKSEITE
② **Carnet de Passage**		② 1 JAHR	② SPARBUCH	
③ **Triptik**				
○				

	LV 79	Preis – Stufe 80			17 AUSSTELLDATUM 22						23 ABLAUFDATUM 28					
AUSGABESTELLE:		über 5PS ①	unter 5PS ②	An- hänger ③	J	J	M	M	T	T	J	J	M	M	T	T
ABHOLBEREIT AM:					BEARBEITER:											
BETRAG:					BELEG-NR.:											

Dokumentnehmer

G 11 (Spalte 5-12 wie G10)

13 STAAT 15	16 POSTLEITZAHL 19

20 ÖAMTC-MITGLIEDSNR. 26

29 FAMILIEN-(FIRMEN-)NAME,VORNAME	53 TELEFON-NR.
54 STRASSE,NR.	78
54 ORT / AUSLÄNDER-ADRESSE	78

G 12 (Spalte 5-12 wie G 10)

13 AUSLÄNDER-ADRESSE	37
38 AUSLÄNDER-ADRESSE	62

STAATSANGEHÖRIGKEIT	REISEPASS-NR.(NICHT BEI ÖSTERREICHERN)	BERUF

Fahrzeugbesitzer

	FAMILIEN-(FIRMEN-)NAME,VORNAME
	STRASSE,NR.
STAAT POSTLEITZAHL	ORT

FAHRZEUG-ART (LKW,ETC.)	27	FAHRZEUG-MARKE-TYPE	41	42 POL.KENNZ.(BOOTSNR.BZW.-MARKE) 53

FAHRGESTELL-NR.				MOTOR-NR.				
ZYLINDER-ANZ.	PS	○ OFFEN ○ GESCHLOSS.	GRUNDFARBE	ANZ.d.PLÄTZE	EIGENGEW.	BAUJAHR	WERT in öS	
RES.-RÄDER	RADIOMARKE		RADIOWERT öS	ZUBEHÖR				

GRENZDOKUMENT GÜLTIG FÜR (LÄNDER):

_____

GÜLTIGKEITSDAUER: _____

SICHERSTELLUNG (BETRAG):_____ ART:_____

DOKUMENT ÜBERNOMMEN AM:_____ UNTERSCHRIFT:_____

bearbeitet	eingelangt DV	gelocht	geprüft

230 064 h 6 75

343

VERPFLICHTUNGSERKLÄRUNG

Der Unterzeichnete erklärt hiemit, daß die in dem umseitigen Fragebogen von ihm gemachten Angaben der Wahrheit entsprechen, und versichert gleichzeitig ausdrücklich, daß er in den Ländern, für welche die Grenzdokumente beantragt werden, keinen Wohnsitz im Sinne der örtlich geltenden Gesetze oder zollrechtlichen Bestimmungen hat. Er versichert gleichzeitig, das Beförderungsmittel im Ausland nicht einer dort ansässigen Person oder Firma zur Benützung zu überlassen oder zu veräußern. Der Unterzeichnete erkennt an, von den Vorschriften über den Gebrauch der Grenzdokumente und insbesondere von der Pflicht zur Herbeiführung der rechtzeitigen Löschung Kenntnis zu haben. Er verpflichtet sich zur unbedingten Beachtung und Einhaltung aller in Frage kommenden behördlichen Vorschriften sowie der sonstigen zu erfüllenden Formalitäten. Insbesondere übernimmt der Antragsteller die Verpflichtung, das Beförderungsmittel innerhalb der Gültigkeitsdauer des Grenzdokumentes wieder aus dem betreffenden fremden Zollgebiet auszuführen, das Grenzdokument vorschriftsmäßig definitiv löschen zu lassen und es dem ÖAMTC, der Eigentümer des Grenzdokumentes ist und bleibt, unaufgefordert entweder persönlich zurückzugeben oder mit eingeschriebenem Brief zu übermitteln. Jede Übertragung an Dritte und Verfügung zugunsten derselben ist ausgeschlossen, ebenso ein Zurückbehaltungsrecht. Alle durch Nichtbeachtung dieser Bestimmungen erwachsenden Schadensfolgen einschließlich der Unkosten, die mit der Abwendung der Schäden verbunden sind, gehen zu Lasten des Unterzeichneten.

Weiter übernimmt der Unterfertigte die Haftung für alle durch Zuwiderhandlungen gegen in- oder ausländische Zoll- oder Steuergesetze sowie durch Abhandenkommen oder Mißbrauch des Grenzdokumentes seitens Dritter dem ÖAMTC bereits entstandenen oder in Zukunft etwa entstehenden Verbindlichkeiten. Der Unterfertigte verpflichtet sich, alle aus einem Anlaß der vorerwähnten Art geleisteten oder zu leistenden Zahlungen samt Spesen, die Zinsen oder sonstigen Auslagen dem ÖAMTC sofort nach Bekanntgabe in bar zu ersetzen. Der Unterzeichnete verpflichtet sich überdies, über Verlangen des ÖAMTC jederzeit, also insbesondere auch schon bei Antragstellung und ebenso bei Ablauf des Grenzdokumentes, falls dieses nicht in vollständig geregeltem Zustand an den ÖAMTC zurückgestellt wurde, eine vom ÖAMTC ausschließlich nach seinem Ermessen festzusetzende Kaution zur Deckung der den ÖAMTC möglicherweise treffenden Verbindlichkeiten zu erlegen. Verlangt der ÖAMTC derart den Erlag einer solchen Kaution schon bei Ausstellung des Grenzdokumentes und wird dieser Erlag verweigert, so ist der ÖAMTC berechtigt, die Ausstellung des Grenzdokumentes abzulehnen. Die Zahlung der eingeforderten Beträge oder der Erlag der verlangten Kaution kann dem ÖAMTC gegenüber nicht mit der Begründung verweigert werden, daß die Zollbeträge oder Ordnungsstrafen oder sonstwie in Betracht kommende Zahlungen von den betreffenden Behörden zu Unrecht eingefordert worden seien. Insbesondere schließt es alles, sei es in- oder ausländische Beschlagnahme oder Sicherstellung oder sonstige behördliche oder gerichtliche Verfügung über das Kraftfahrzeug die Verpflichtung des Unterfertigten zur Bezahlung auflaufender Zoll- oder sonstiger Gebühren oder zum Erlag der vom ÖAMTC begehrten Kaution in der von diesem bestimmten Höhe keineswegs aus. Abgesehen von dem vorerwähnten Recht des ÖAMTC, jederzeit den Erlag einer von ihm festzusetzenden Kaution zu verlangen, genügt die Tatsache der bloß im Gegenwärtigen Fälligkeit derartiger Zahlungsverbindlichkeiten gegenüber dem ÖAMTC zur Begründung seiner Ersatzansprüche aus dieser Verpflichtungserklärung gegen den Antragsteller als den eigentlichen Schuldner. Ebenso ist der Unterfertigte bei einer Auflösung oder Fusionierung des ÖAMTC dessen Rechtsnachfolger gegenüber in gleichem Umfang haftbar und verpflichtet.

Der Antragsteller verzichtet auf Ersatzansprüche jedweder Art aus nicht ordnungsgemäßer Ausstellung der Grenzdokumente oder unrichtiger Auskunfterteilung durch Organe des ÖAMTC.

Der Unterzeichnete verpflichtet sich, die Prämie für die Versicherung des Grenzdokumentes gleichzeitig mit der Entrichtung des Kaufpreises des bestellten Dokumentes zu bezahlen.

Der Unterzeichnete unterwirft sich für alle aus dieser Verpflichtungserklärung erwachsenden Streitigkeiten zwischen dem ÖAMTC und ihm der Zuständigkeit der Wiener Gerichte.

Die neben dem Antragsteller unterzeichnenden Eigentümer, gesetzlichen Vertreter und Bürgen übernehmen neben dem Antragsteller in gleicher Weise mit gleichem Gerichtsstand und im gleichen Umfange dem ÖAMTC gegenüber die gesamtverbindliche Haftung für alle Ansprüche gegen den Antragsteller aus dieser Verpflichtungserklärung.

Der Unterzeichnete erkennt an, daß die Befugnis zur Benützung der vom ÖAMTC bezogenen Grenzdokumente mit der Beendigung der Mitgliedschaft erlischt, und verpflichtet sich zur sofortigen Rückgabe sämtlicher vom ÖAMTC ausgefertigter Grenzdokumente bei Beendigung der Mitgliedschaft.

UNTERSCHRIFTEN

Name des Grenzdokumentennehmers (Mitgliedes): ....
(deutlich)

(Ort. Datum) ...., den .... 19...........

....
Unterschrift

Name des Eigentümers: ....
(deutlich)

(Ort. Datum) ...., den .... 19...........

....
Unterschrift

BÜRGSCHAFTSANGEBOT:

An den
Österreichischen Automobil-, Motorrad- und Touring-Club
1010 Wien, Schubertring 1-3
Ich (Wir) stelle(n) Ihnen folgendes Angebot:
Ich (Wir) übernehme(n) für die in der obigen Verpflichtungserklärung festgesetzten Verpflichtungen des

Herrn (Firma): ....
die volle Haftung als Bürge und Zahler.

Name: ....

Beruf: ....   Reisepaß (Personalausweis) Nr: ....

Wohnsitz (Sitz): ....

ausgestellt von: ....

...................................., am ....
Datum   Unterschrift

344

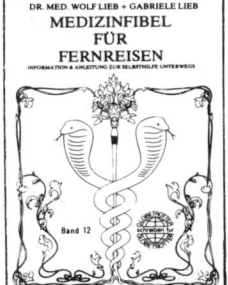

Haben Sie uns Ihre Korrekturen gesandt ?

Wenn nicht,
wollen Sie bitte daran denken:

<u>Für Leser die in Deutschland</u>
<u>oder Österreich wohnen:</u>

Därr's Expeditions-
Service
Hauptstrasse 26

D-8011 <u>HEIMSTETTEN</u> bei München
Deutschland

<u>Für Leser die in der Schweiz</u>
<u>wohnen:</u>

TOURING CLUB DER SCHWEIZ
Touristischer Dienst
Postfach 401

CH-1211 <u>GENF</u> 3
Schweiz

DFDS SEAWAYS

neu

Jetzt geht's im bekannten DFDS-Stil über das östliche Mittelmeer. Von Ancona nach Patras, Iraklion und Alexandria. Mit dem Auto oder ohne.

Vom 14.12.79 - 15.3.80

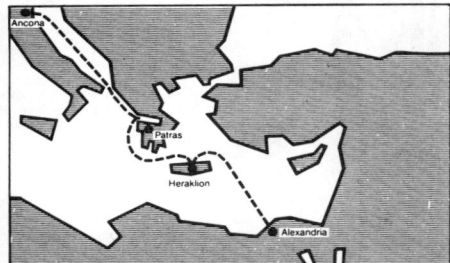

Liniendienste

Ancona–Patras freitags 23.00 Uhr
Patras–Ancona donnerstags 13.00 Uhr

Ancona–Iraklion freitags 23.00 Uhr
Iraklion–Ancona mittwochs 17.30 Uhr

Ancona–Alexandria freitags 23.00 Uhr
Alexandria–Ancona dienstags 19.00 Uhr

Patras ab DM 155.–, Iraklion ab DM 255.–, Alexandria ab DM 385.–, Rückfahrtsrabatt 20%

Hotelpauschalreisen

GRIECHENLAND: 4, 11, 18 etc. Tage in ausgewählten Athener Hotels 5 Tage (4 Nächte) mit Halbpension einschließlich Schiffsüberfahrt, **ab DM 390.–**

KRETA: 9, 16, 23 etc. Tage in ausgewählten, schön gelegenen Hotels. 9 Tage mit Halbpension einschließlich Schiffsüberfahrt, **ab DM 635.–**

ÄGYPTEN: 1–3 Wochen in ausgewählten Hotels in Kairo, Luxor oder Alexandria. 1 Woche mit Halbpension einschließlich Schiffsüberfahrt, **ab DM 945.–**

Minikreuzfahrten

KRETA: Ancona–Iraklion–Ancona mit 3 Tagen (2 Nächten) Aufenthalt. Zwei Ausflüge inkl. volle Verpflegung, **ab DM 620.–**

ÄGYPTEN: Ancona–Alexandria–Ancona mit ganztägigem Ausflug zu den Pyramiden und nach Kairo, inkl. volle Verpflegung, **ab DM 590.–**

5 Tage „Klassische Rundfahrt"
(4 Übernachtungen)

GRIECHENLAND: Festgelegte Rundreise mit dem eigenen Auto, Besuch in Olympia, Korinth, Athen und Delphi, inkl. Halbpension, **ab DM 745.–**

Hinweis:

DFDS fährt auch in's westliche Mittelmeer von Genua nach Tunis, Ibiza und Malaga. Nähere Informationen bei Ihrem Reisebüro oder direkt durch Seetours International.

Coupon AKG

Senden Sie mir den Prospekt
☐ östl. Mittelmeer ☐ westl. Mittelmeer

Name _____

Straße _____

PLZ/Ort _____

Seetours International
Abteilung DFDS SEAWAYS
Weißfrauenstraße 3
6000 Frankfurt am Main

Durch Afrika